肖春园 李晨辉 主编

教师自立式发展路径
（一）

学苑出版社

图书在版编目（CIP）数据

教师自立式发展路径 / 肖春园，李晨辉主编 . -- 北京：学苑出版社，2020.7
ISBN 978-7-5077-5969-3

Ⅰ.①教⋯　Ⅱ.①肖⋯　②李⋯　Ⅲ.①师资培养—研究　Ⅳ.① G451.2

中国版本图书馆 CIP 数据核字（2020）第 127822 号

责任编辑：任彦霞
出版发行：学苑出版社
社　　址：北京市丰台区南方庄 2 号院 1 号楼
邮政编码：100079
网　　址：www.book001.com
电子信箱：xueyuanpress@163.com
联系电话：010-67601101（销售部）　010-67603091（总编室）
印　刷　厂：北京虎彩文化传播有限公司
开本尺寸：787×1092　1/16
印　　张：44.50
字　　数：846 千字
版　　次：2020 年 7 月第 1 版
印　　次：2020 年 7 月第 1 次印刷
定　　价：120.00 元（全两册）

编委会

主　任：肖春园

副主任：李宝军　郭金明　李明喜　王　莉　潘照辉

主　编：肖春园　李晨辉

副主编：赵长河

编　委：（按照姓氏笔画排序）

马　静　王　玲　申　键　史　兵　许世勇
孙　燕　李春雷　杨　光　杨自强　陈文玲
孟兆军　黄艳霞　蒋海燕　韩立颖　蔡　巍
廖兴学

序

一读二教,自主发展
——中国教育科学研究院丰台实验学校的教师专业自主发展路径

支 梅

在丰台实验学校工作的 11 年,是我职业生涯的初启阶段,至今怀念学校相对宽松的管理,学校领导对老师们严慈相济的态度,余明忠老师用研修班的种种任务驱动我们及时将经验梳理成文、将教学设计变成课堂实践,再费尽心思提供发表的机会……让我体会到如何由他律转化为自律,由"要我"变成"我要"。从基层教师到教研员,从区级骨干到特级教师,回望来路,深深地感到学校作为教师成长发展的土壤,提供的文化养分,是教师成长最关键的因素。

教师专业自主发展路径是什么?这是每一个教育发展新时期,教育研究工作者和一线教师都要时时思考和付诸行动的问题。呈现在我们面前的,中国教育科学研究院丰台实验学校教师专业自主发展路径,就是在当下大力探索中国学生核心素养发展路径的教育发展新时期,一个富于成效、值得借鉴的路径,一个值得研究的教师专业自主发展的案例。浏览体现他们教师专业自主发展路径的系列丛书中的前两本,可以看出他们的教师专业自主发展路径是,一"读"二"教"。

他们的"读",体现的是作为教师这样一个特殊群体的职业特点,也是实现强化教师应有的"人文底蕴,科学精神"的路径。人文底蕴和科学精神是中国学生六个核心素养的前两项;培养学生核心素养的教师,当然应该要有相应的核心素养。教师的人文底蕴和科学精神,应该主要通过专业阅读获得。钱理群先生曾有关于教育的振聋发聩之声:"我们现在教育的最大问题,就是大家都不读书,老师不读书,学生也不读书。"丰台实验人,用自己高品位的专业阅读，努力解决着这个"教育的最大问题"。他们的读，有教育经典《给教师的建议》《教育方法学》《可见的学习》《正面学习》《教育的目的》，都曾经是全校寒暑假共读的书目；有专业期刊的，学校每年为每位教师订阅一本教师自选的专业期刊，他们还开展读刊用刊竞赛；有学校定期编印推出的反映课改热点的《教师阅读速推》。除了上述的规定动作的"读"，他们还鼓励教师自选动作的"读"。

他们的"教"的探索，有这样几个协调的特点。第一是读和教互动转化的协调。如与《可见的学习》呼应的"互联网＋背景下教学案设计"，就曾经是他们一段时间的"教"的探索。信息时代的今天，现学现用，活学活用，应该成为包括教师在内的今天的学习者的"学会学习"的能力。

第二是部分探索和全员跟进的协调。工作 5 年以下的青年班学员和 5 年以上的研修班学员，就是"教"的探索的主力军。任何一项教改探索的起初阶段，都不宜以全员运动的方式推进，而应该以试验的形式进行小范围的教改尝试。正是本着这个出发点，他们的教改实验常常先行在青年班和研修班中进行。如体现教学序列思考的"六件套"试验。他们的所谓"六件套"，是指一个教师试教研究课的前后，要完成的六个系列的专业动作，分别是"教学案设计""课堂实录""案例反思""论文总结""同行点评""课堂录像观察"。这六个专业动作，体现了预设与生成的互动，理论与实践的互动。

第三是长期教改和及时呼应的协调。他们已经举办了四届的"实验杯课堂教学大赛"和两届的"立人杯班会课大赛"，就是他们教改探索的有力平台。每届大赛，既有一以贯之的长期的教改主题，体现学校"立人文化"的学校发展中长期计划；也有呼应课改热点的年度主题，如今年的"实验杯课堂教学大赛"就是"单元教学整体设计"主题。

有了这样扎实的一读二教，实验学校的立人文化，也才能真正"立"得住，建得稳。有了这样扎实的一读二教，呼应中国学生核心素养培养的教师专业自主发展，也才有值得借鉴和推荐的价值。

是为序。

2019 年 11 月

（作者系北京教育学院丰台分院党委书记、常务副院长，特级教师、正高级教师）

前言

自立促进立人　师德助力师能

赵长河

中国教育科学研究院丰台实验学校，创始于1989年。而今，站在30年的节点，回望过往，展示当下，应该是承担继往开来之任的当下实验人的一份应有责任。当下的实验人，秉承"自立立人，日新日上"的校训精神，以"日新日上"的教育追求，践行着学校的"立人"文化。也因着当下实验人的教育实践，立人文化日益丰富。实验人用自己的教育实践，丰富着立人文化"立德立智立身立艺"的内涵，扎实践行校训精神，时时擦亮立人文化。

现在呈现出来的系列丛书《教师自立式发展路径》的（一）（二），就是实验人践行校训精神的一份展示。《教师自立式发展路径（一）》包含四个板块，分别是专业阅读评论与感悟、教学论说、教育论说、课题研究报告。

一个群体的文化，应该体现在这个群体的日常行为中，体现在这个群体无形的崇尚中。就此而言，一所学校是否书香校园，这所学校教师专业阅读的品位，理当是看取的角度之一。"专业阅读评论与感悟"，是实验人的专业阅读心得集。近年来，实验人借助中国教科院的专家引领，开展了一系列高品位的专业阅读。有《教育方法学》《可见的学习》《教育的目的》这样的教育经典，有学校为每位老师订阅的人手一册的学科专业期刊，这是规定动作。有老师自发阅读的人文和科学的经典，这是自选动作。此中的专业阅读心得，为数不少已经刊发于国家和省市级报刊。

板块"教学论说"，是教师的教学专业论文集。近年来，实验人教学论文的显著特点，就是一个"真"字，文章不写半句空。首先，实验人的论文中，来自自己课堂一线的案例多了，纯粹的为写论文而写论文的理论摘抄少了。其次，实验人的案例丰富了，在"教学论说"中，你可以看到来自丰台区期末试卷的案例，可以看到具体到某一天某一节课的案例，可以看到教研活动时争论的案例，……，举凡应该含有的教学案例，你几乎都能从实验人的"教学论说"中看到。这样的真写作堪称真教研。

板块"教育论说"，是教师的教育专业论文集。实验人教育论文的显著特点，是体现德育类专业阅读吸纳后的智慧化用和实践提炼。从教育论文中，可以看到《教育方法学》，可以看到《正面教育》，可以看到《给教师的建议》，可以看到《第五十六号教室》，可以看到《班主任》《中国德育》杂志，等等。教育论文远远超越了凡谈德育就是"爱"的泛泛而论。

《教师自立式发展路径（二）》，是教师的教学案例和叙事集。它包含五个版块，分别是四届实验杯案例、国市区竞赛案例、期刊发表的案例、日常课优秀案例、青研班教学案例。实验人的报刊发表案例，可以达到北大核心期刊和人大报刊转载的层级。我们已经连续举办四届的"实验杯"课堂教学大赛，成为促进教师课堂教学成长的得力平台，成为实验学校的教学探索品牌。遴选于其中的教学案例，也无愧于"精品"这两个字。

与教学论文一样，教学案例集的编选原则也是一个"真"字。因此，这些教学案例，不仅仅只是报刊发表和教学竞赛中的精品，也有日常课自荐案例这些"常品"中的"精品"。

对全体教师而言，我们要求每位教师每学期至少积累10个以上的教学案例。这样的案例，可长可短，长则千言，短可百字。这样的有名有姓、有班级有年级的真实案例，学期结束，甚至可以作为教科研成果申报奖励。这样的案例素材，保证了教学论文写作的"真"和"实"。这样的举措，既促进了教师主动反思、主动发展，也为学校积累了大量第一手校本化教研资料。

这里，我要着重说一下我们青年班和研修班教学案例的提炼和写作。工作5年以下的青年班与5年以上的研修班，发展定位不一，方向要求有异。

在青年班和研修班，我们实施研讨课案例教学设计系列"六件套"制度："教学案设计""课堂实录""案例反思""论文总结""同行点评""课堂录像观察"。"教学案设计"是预设，是"想教什么"；"课堂实录"是生成，是"实际教了什么"。预设与生成的落差，正是"案例反思"的切入点。这是提高教学能力绕不过去的环节。在前面这三个环节基础上，如果还能准确对接相关理论，写成"论文总结"那就又上了一个台阶。"案例反思""论文总结"写成了，还要回头看看"同行点评""课堂录像观察"，这些有助于进行修改完善。经过这样的课程训练，我们老师就有了基础教育阶段教师层面的严格的教研训练。这种教研训练的价值，绝不低于大学教师的学术训练。青年班，我们要求做到"六件套"中的前三项；研修班，我们要求完成"六件套"。我们及时在小初高各学部群里公布青研班教学案例，随时网上研讨。

与课堂教学大赛的"实验杯"呼应，我们亦已有了两届"立人杯"的班主任专业竞赛。我们的教育案例集，来自我们的"立人杯"竞赛案例。遵循全员德育的"立人"文化理念，我们教育案例的写作者，更大部分来自非班主任的任课老师。我们教育案例的写作主题，又有着阶段的写作重点，以此呼应我们德育课程的计划和设计。如每年的7月，是小学六年级和初高三老师对刚毕业的学生的个案研究，侧重一个个鲜活个体成长轨迹的完整描述和思考。而今，为了把握我校家长构成的特点，最大化形成家校合力，我们的教育案例写作，正在侧重家校合作的研究。

近年来，我校的课题研究呈现蓬勃发展之势，北京市十二五、十三五教育科学规划课题3项，结题1项，在研2项。丰台区级规划课题，结题6项，在研7项。丰台区教育系统党建课题，在研1项。课题研究，体现国家教育改革大势，服务学校教学改革方向，如北京市十三五教育科学规划课题，"立人文化促进的教师自立式专业发展策略研究"，"指向核心素养培养的研学旅行与学科交融的策略研究"，等等。"课题研究报告"板块，就是课题研究阶段成果的展示。

自立才能立人，日新才能日上。三十而立的实验人，将始终本着校训精神，珍惜与校俱来的创新初心，守护立德树人的立人文化。

求知于新，创造为本；教学于新，学为本根。教育于新，与时俱进；日上谓升，三省吾身。由知而智，格物以心；融汇中西，兼蓄古今。红日初升，其道大光；紫气东来，璨璨煌煌；丰台实验，日新日上。

2019年11月

目 录

一 | 专业阅读评论与感悟

教育哲学、学科本体和课程论的交融
　　——2017，一个语文老师对阅读的期待 ………………… 赵长河 003
寻求"模仿"与"变化"的均衡
　　——写在读完佐藤学《教育方法学》之后 ……………… 杨　咏 005
教育改革的执灯者
　　——读佐藤学《教育方法学》有感 ………………………… 邢若虹 009
"模仿模式"与"变化模式"
　　——《教育方法学》读后感 ………………………………… 陶陵宇 012
从教到学，从鱼到渔
　　——读《教育方法学》有感 ………………………………… 周昊洁 015
"小笔头"架起沟通桥
　　——《教育方法学》读后感 ………………………………… 胡雪青 019
一种教师文化，两种教学模式
　　——读《教育方法学》感想 ………………………………… 余　文 024
对话·回路　合作·引领
　　——《教育方法学》读后感 ………………………………… 李春林 026
当代教育环境下的教学含义新阐释
　　——《教育方法学》读书笔记 ……………………………… 张聪艺 030
理想教学：处理好教与学的度
　　——《教育方法学》读书心得 ……………………………… 徐　晓 033

定能生慧，问道于斯

　　——读《可见的学习》有感 ················· 韩红伟 038

你的设计如何让学习可见？

　　——《可见的学习》读后感 ················· 陶陵宇 043

对话·交流

　　——读《可见的学习》有感 ················· 程　祎 045

做热忱、专注、灵慧的教师

　　——《可见的学习》读后感 ················· 胡雪青 048

让教学走向生活世界

　　——胡塞尔"生活世界"理论的教学启示 ········· 管芳芳 051

过有意义的教师职业生活

　　——读《教师角色与教师发展新探》有感 ········ 王雅君 056

因为痛所以痛

　　——读《让教育真实地发生》有感 ············ 董学红 059

让教学真正发生的"真相"

　　——读《教学勇气》有感 ·················· 佟铁红 062

教育，因你我的努力而改变

　　——读《为生活重塑教育》有感 ············· 董　硕 065

师生共同过一种完整的教育生活

　　——《为生活重塑教育》读后感 ············· 范瑞英 067

润物于无声，教化于无痕

　　——有感于《教育方法学》 ················ 杨　光 070

二 教学论说

整合社会资源开展综合实践课程 ·············· 郭金明　赵红艳 075
基于数学阅读能力的培养教学探析 ····················· 王　敏 079
教科书插图分类教学研究 ···················· 成立曼　王　威 084
上好小学英语复习课的课例研究 ··············· 程　祎　李慧芳 089
多种途径引领学生感悟书法之美 ·························赵红艳 097

体现化学的创造之美

　　——谈2018北京市中考化学试题"生产实际分析题"……………………刘　宇　100

语文教学呼唤书法教育的回归………………………………………………何宏亮　105

基于核心素养的高中语文教学………………………………………………吕　静　110

初三英语教学中交际互动反馈式教学方法应用分析………………………郭　坤　114

体验、感悟、入门……………………………………………………………许世勇　118

高一英语衔接教学初探………………………………………………………王巧艳　121

在品德与生活教学中注重学生对生活的体验、认识和感悟…………………王　玲　141

读出自我，读懂人性

　　——《雷雨》整本书阅读指导………………………………………吴　玮　146

浅谈小学数学课堂中的人文关怀

　　——学名师如何教数学………………………………………………佟铁红　151

"美味"的英语课堂……………………………………………………………吕淑红　157

体现互动思维过程的英语阅读教学实例分析

　　——以人教版模块五第二单元阅读课教学为例……………………史　兵　163

读写结合的教学模式对高中生英语写作思维的培养………………………李　瑜　172

《边城》之"痛"………………………………………………………………王　惠　182

运用互联网＋提升物理复习课有效性………………………………………李春雷　187

化身VR魔法师，带学生穿越生物科技时空

　　——巧妙利用情境教学进行高三生物复习…………………………董卅姝　192

有效课堂微练笔的策略　让阅读教学美丽转身……………………………陈文玲　196

在联系中，读出"趣"味，提升能力

　　——以说明性文章《神秘的死海》为例………………韩红伟　陈文玲　武　芳　206

文本分析的角度和方法

　　——以人教版高中英语课文为例……………………………………徐鑫铭　215

细致、精准、高效

　　——着力打造语文高效课堂初探……………………………………赵丽苹　220

灾害就在身边

　　——地理教学渗透核心素养…………………………………………丁亚琴　224

基于科学史与模型构建的论证式教学研究

　　——以减数分裂教学过程为例………………………………成立曼　董卅姝　228

以分数的大小比较为例，浅谈培养学生解决问题的策略⋯⋯⋯⋯⋯⋯⋯⋯ 申　健　232
通过"篮球运球的教学"培养学生实践与探究能力的实践研究⋯⋯⋯⋯⋯ 郑雅楠　238
用激趣的手段培养低年级学生养成倾听的好习惯⋯⋯⋯⋯⋯⋯⋯⋯⋯⋯ 孙　燕　244

三 教育论说

"一网不捉鱼"
　　——微信群在班级管理中的作用⋯⋯⋯⋯⋯⋯⋯⋯⋯⋯⋯⋯⋯⋯⋯ 邢若虹　251
我的第一件 Nike 衫⋯⋯⋯⋯⋯⋯⋯⋯⋯⋯⋯⋯⋯⋯⋯⋯⋯⋯⋯⋯⋯⋯ 王　惠　254
微班会：开启德育大门的一把金钥匙
　　——浅谈微班会的特点⋯⋯⋯⋯⋯⋯⋯⋯⋯⋯⋯⋯⋯⋯⋯⋯⋯⋯⋯ 吕　静　257
改革开放 40 年，我和竹子共"zhu"梦
　　——竹梦轩主题班会课⋯⋯⋯⋯⋯⋯⋯⋯⋯⋯⋯⋯⋯⋯⋯⋯⋯⋯⋯ 成立曼　259
道理的诅咒⋯⋯⋯⋯⋯⋯⋯⋯⋯⋯⋯⋯⋯⋯⋯⋯⋯⋯⋯⋯⋯⋯⋯⋯⋯ 马　静　264
且说那一抹绿
　　——从教室中的绿植谈班级文化⋯⋯⋯⋯⋯⋯⋯⋯⋯⋯⋯⋯⋯⋯⋯ 徐　晓　268

四 课题研究报告

通过"学案导学"，提高学生数学预习实效性的实证研究⋯⋯⋯⋯ 韩红伟　杨晓红　273
运用正向激励提高数学课堂教学效率的研究报告⋯⋯⋯⋯⋯⋯⋯⋯⋯⋯ 佟铁红　284

一
专业阅读评论与感悟

教育哲学、学科本体和课程论的交融

——2017，一个语文老师对阅读的期待[①]

赵长河

正当时，这是 2016 年底，我正为学校青年班拟定未来三年专业阅读的方向和书目，《中国教育报》的读书栏约稿。我轻车熟路地拿出了一份书单，那是几年前我在一所学校与一批因读书聚到一起的同道啃读的书单。2017 年的阅读，我期待与我们曾经的啃读，穿越一样的美好。

这个书单的出笼，因着怀特海《教育的目的》中所言"由浪漫到精确到综合"的启示，也因着从哲学的高度看教育，从教育的高度看教学的启示。首先，我们确定要精确啃读的经典。"上手"并引领我们启程的，是精确的教育哲学阅读。至今历历在目的，是我们那时艰难而愉悦地行进在胡塞尔《现象学》和海德格尔《存在与时间》《林中路》中的身影。那一段，我们"上手"的书目还有怀特海《教育的目的》、博尔诺夫《教育人类学》、荣格《人格的发展》和维果茨基《思维与语言》等。

然后，我们又转身精确的学科本体阅读。因为那时开发校本阅读课程的需要，我们需要精确的学科本体的互文阅读。这样的互文阅读，最能洞开经典，捕捉教点。承担《论语》阅读课程开发的老师，按照商定，必须互文阅读的书目有杨伯峻、钱穆、李泽厚、程树德、张祥龙、李零、钱宁等的《论语》解读。这样的"精确"其实又隐含着"浪漫"，程树德集释本的丰厚，李泽厚的思想，李零的文艺，给予我们的是不一样的阅读愉悦，不一样的浪漫情怀。还记得那时，我们几位老师迷恋起刘亮程那种特有的对新疆农村的书写，那乡村哲学式的书写，迷恋起苇岸纯净的自然观察笔记体。于是，我们便形成了一个"人与自然"系列的螺旋上升的阅读。从苇岸《大地上的事情》，到刘亮程《一个人的村

[①] 本文发表于 2017 年 1 月 9 日《中国教育报》。

庄》，到梭罗《瓦尔登湖》，直至史怀泽的《敬畏自然》。教者的先读，使得校本阅读课程的开发，有了根本的保证。这样的阅读，那时已然寻常，成了我们对青年教师自觉修为、自我成长的美丽期待。期待是常新的，也是永恒的。这样交融精确和浪漫的阅读，我们也期待成为我们这个工作室，我们这个新的读书群体，迎接和穿越2017年的阅读路标。

学科本体的阅读，还得精要选择穿越、深入文本的工具，当然清晰地记得那时"上手"的工具。福斯特《小说面面观》，申丹《叙事、文体与潜文本》，曹文轩《小说门》，刘莉莉小说文本解读著作，孙绍振、钱理群、王富仁文本细读著作，李元洛《诗歌漫论》，孙玉石《中国现代主义诗潮史论》，林非《现代六十家散文札记》，《文心雕龙》，《人间词话》，等等。

淬炼思想、精选工具之后，我们还得借助课程论的催化剂，催化出我们的校本阅读课程。于是便有了王斌华《校本课程论》、崔允漷《校本课程开发》等的阅读，有了王荣生、李海林等语文课程论著作的系列阅读。此时，有必要停下来，和我们中学语文同行，一道郑重地注目王荣生、李海林团队。这是一个令人尊敬的团队，他们从还在煞有介事争论"语文是什么"的乱哄哄的争吵人群旁迅捷走过，真正深入"语文教什么"，真正落实言语教学，从而致力于语文学科本体的建设。这是一个令人尊敬的团队，他们的系列著作，他们已经完成并迅速再版的系列"文体教学教什么"，当然会成为2017年我们语文工作室必备的阅读书目。

精确的啃读之余，我们还需要浪漫的自主阅读。主食之外，我们还得有精致的小吃菜品。于是，那些文史哲相通的著作，黄仁宇，费正清，唐德刚，也会进入我们的案头床边。我们有属于语文老师的精致的报刊小吃，《新华文摘》，《人大复印资料》文史哲系列，《小说选刊》，《诗选刊》，《散文选刊》，等等。间或，有流行书籍这样的特色菜品推荐，我们也会鼓励老师们尝尝。我们那时还组织老师参与了这种精致小吃式的创客活动，比如《第五十六号教室》的雷夫的现场互动对话。

2017年，一个语文团队的阅读期许，会带给我们曾经的美好教育时光的穿越。

寻求"模仿"与"变化"的均衡
——写在读完佐藤学《教育方法学》之后①

杨 咏

教育学博士佐藤学教授是课程论、教学论、教师教育等领域的专家,在 30 多年的教育研究生涯中,他始终坚持深入课堂实际教学中观察、研究,在与教师的近距离沟通交流中,积极倡导推行"学习共同体"模式,并著有多本教育教学专著。这些著作,成为教育学范式研究的指路航标。近期,有幸拜读了日本著名教育学博士佐藤学的著作《教育方法学》。该书介绍了世界范围内近 30 年来教育学研究范式的转变,为读者建构各自的教育学观、展开独自的教育学设计提供了理论和方向性指导。其中,佐藤学博士关于两种教学概念,即"模仿模式"与"变化模式"的阐释,使读者联想到了近年来教学改革中关于培养学科核心素养的相关理论,也引导读者以此为基础探究本学科日常教学改革的方向。

佐藤学认为,"模仿模式"和"变化模式"均起源于古希腊。"模仿模式"是以知识、技能的传授和习得为基础的,"正如'模仿、再现'被当作'认识'的基础那样,'模仿模式'在科学技术飞跃发展的近代学校中,作为支配性模式被制度化了。可以说,将'教学'作为文化传承(传递)的实践这种常识性见解,就是这种'模仿模式'的教学概念",这种模式注重的是知识内容的传播。与此不同,"'变化模式'同样也是源于古希腊,以苏格拉底的'产婆术'为传统,将促进学习者思考态度及探究方法的形成作为基本理念的教学概念",这种模式更加注重研究如何纠正学习者思考问题的态度,引导学习者用正确的方法探究问题的实质,从而找到解决问题的方法。

在《教育方法学》一书中,"模仿模式"和"变化模式"还具有历史性和地理性的印记。从历史角度来看,两种模式可以说是欧美教育史上"实质陶冶"和"形式陶冶"的延

---

① 本文发表于《师道》2017 年第 12 期。

伸。17世纪捷克教育家夸美纽斯是推崇"实质陶冶"的典型代表，其教学论将教学比作印刷术，提出旨在让所有儿童掌握一切知识的教学技术，而他本人反对经院主义的教学过程，认为教学过程的基本程序是由对事物的直观到对事物的理解，再由对事物的理解到关于所理解事物的知识的记忆，最后是用语言把所记忆的知识表达出来。与此相对，赫尔巴特、克伯屈的教育学都是以"形式陶冶"为中心，特别是克伯屈的"两次学习"以及其中出现的"伴随学习"，即态度与道德的形成。佐藤学在《教育方法学》中有这样的描述："赫尔巴特的教育学是以'形式陶冶'的立场为轴心加以理论化的教育学。克伯屈也同样从'形式陶冶'的观点出发，在他所论述的'地图教学'中，'第一次学习'是关于地图知识的学习，同时形成学会操作技能的'第二次学习'，进而展开形成态度与道德的'伴随学习'，克伯屈大力强调这种'伴随学习'的价值。"佐藤学还指出，从地理角度说，亚洲教育文化似乎更侧重"模仿模式"，而欧美各国的教育则倾向于"变化模式"，强调个性化、独创性学习，强调学生通过思维碰撞，从而实现自我生成。

不过，佐藤学所说的"模仿模式"与"变化模式"，并不是两条平行线，彼此等距离运行，毫无关联，而是两种互补的教学概念，教学实践的关键是找到它们的均衡点。"均衡"一词，最直接的意思是力量的平衡，在这里的意思，是在教学中找到"模仿模式"与"变化模式"的最佳搭配方式。下面，我从这两种模式的辩证关系和实际运用两个方面来阐述自己的理解。

"模仿"和"变化"强调的知识层级不同。以文科课程为例，"模仿"主要培养学生养成获取和解读信息的能力、描述和阐释事物的能力，从而达成提炼信息的有效内容和价值，并对其进行分析与整合，形成关于复杂学科知识的纵横体系，把握事物的本质和规律，辩证地、历史地考察事物。"变化"则侧重于培养学生形成调动和运用知识、论证和探讨问题的能力，相较前者而言，这种能力似乎是在培养学生如何热爱智慧，此时"教学"定位为文化的再创造而非文化的传递。在传统教学目标中，"模仿"似乎更侧重于知识目标的达成，而"变化"则与能力目标，情感、态度、价值观目标的实现相关。在培养核心素养的背景下，要求教师应该立足于面对复杂的不确定情境时，综合运用所学知识、观念、方法解决实际问题，从而培养学生具有必备品格、关键能力与重要观点，这似乎更接近于"变化模式"。

但是，我们不能简单地把教育完全割裂成"模仿模式"和"变化模式"，正所谓"模中有变"，"变中有模"，两种模式相互统一，"模仿"是"变化"的基础，"变化"是"模仿"的升华。今天的教学过程，不可避免地会注重"模仿"，但教师也在结合教学要求，注重培养学生观察社会，分析、解决社会问题的能力，单纯的"模仿"是绝对没有出路的。正如佐藤学所言："试比较中国、韩国、日本的教学，尽管日本的教学以'模仿模式'为主，但也渗透了'变化模式'。现实的条件与教学实践的实际姑且不论，日本大半的教师希望脱离'模仿模式'的教学转向'变化模式'的教学。日本教学的难点在于，期待在'模仿模式'的文化性传统与制度性现实之下，转向欧美革新性教学的'变化模式'。"其实，即使是在美国，以"变化模式"为主要特征的白人教育体系，因为他们强调个人主义文化，相较于尊重伙伴与合作的黑人共同体文化（在这里注重"模仿模式"），也不完全被认可。无论是智慧本身还是爱智慧的态度，都是从模仿开始的，但世界是变化发展的，模仿肯定不是终点，变化是必然的。

读完此书，笔者一直在思考如何在教学实践中实现"模仿"与"变化"的最优平衡。以笔者的两则教学设计为例，其中便交互渗透着这两方面的痕迹。其一，在《经济生活》"征税和纳税"一课中，在设计教学过程时，一方面，笔者必须完成知识目标，例如讲授税收的基本特征、种类、性质、违反税法的行为，这大概属于"模仿模式"。但如果在其中添加了生活案例，围绕教师买房遇高额税费，缴不缴、缴多少、缴哪几类税这些问题时，学生就成为了课堂的主体，积极讨论、帮助老师出谋划策，最后得出结论：必须依法缴纳税费，因为税收"取之于民、用之于民"，依法纳税是公民应尽的义务，这便体现了"变化模式"的教学。显然，"模仿"与"变化"的结合，更有效地完成了教学目标，培养了学生的学科素养，因而更加行之有效。

其二，在《政治生活》中的"人大代表：肩负人民重托"这一课中，笔者设计了一节活动型课程。这一课分别由"走进人大代表""假如我当代表""肩负人民重托"三个环节组成，实现了由远及近，由他人及自己，由知识及能力再及价值观认同，由政治认同、理性精神、法治意识再及公共参与的立体式教育框架，效果良好。本课中，教师利用现有的教学资源，邀请本校一位特级教师（她曾经是山东省人大代表）参与课堂。在征得这位老师同意后，笔者设计了第一环节，即创造学生与人大代表零距离接触的机会。学生在预习文本知识后，用现场采访的方式向人大代表提问，这些问题既涉及书本知识，又有学生对书本知识外的困惑。"润物细无声"，虽然是为了让学生进入"模仿"环节，落实本目的相关知识，但又超越常规，效果可想而知。本课的第二、三环节，从"假如我当代表""肩负人民重托"为名，分小组模拟人大代表撰写建议，学生的建议涉及"校门口商贩经营混乱问题""程庄路交通拥堵"等五个方面。设计的目的是促进学生关注、思考身边的热点、难点问题，尊重学生的个性化学习要求，践行"躬行"之道，引导学生观察和分析社会问题。很明显，这些均属于"变化模式"的范畴，强调学生从已有知识出发，解析、明辨现实生活中的问题，做出理性的解释、判断和选择，以负责任的态度和行动促进社会和谐。

佐藤学说,"由于终身学习社会(学习型社会)的出现,学校教育的核心功能已经从对所定知识的传递转变为对终身学习者的培养。倘若与上述'模仿模式'与'变化模式'的教学概念相对应,可以说,终身学习社会的出现,迫使学校的教学与学习不得不从'模仿模式'向'变化模式'转换"。两种模式本身并不难理解,佐藤学的这一论断,国内大多数教育同行想必也没有意见,只是如何在文化传统与当前的制度性现实之下寻求教学改革的关键点,从而在两种模式中游刃有余,这才是问题的核心,它同样也是我们一线教师孜孜探究的改革之路。

教育改革的执灯者

——读佐藤学《教育方法学》有感

邢若虹

对于一本叫作《教育方法学》的书你会有什么期待吗？大面积的理论知识，仿佛带着你回溯到那个废寝忘食啃书只为通过那一次的考试，这其实是我对这本书的初印象。带着这一点的抵触情绪，我打开了这本书，也打开了一个对于教育新认识的大门。手不释卷地读了下来，对作者的敬佩和对教育方法的新体会充斥于心，现将感受分享。

回溯教育的发展史，从孔子杏坛讲学到夸美纽斯的《大教学论》，从"有教无类"到"公民"的教育，东西方教育的理念都是实现教育的普及，为之进行了无数次的改革和创新。而今天学校教育的确立，课程科学化逐步将教育过程系统化，科学化。学生仿佛一个个"原材料"，而学校是一个"加工厂"，可是棉花要加工成衣料，水稻要加工成食物，每种"原材料"都有不同的需求和发展，如何尽可能地将所有学生培养成适应社会发展的人呢？这是教育给我们这些教育"流水线"的员工——教师出的一道难题，这道难题就称之为教育方法，本书对教育方法给出了自己的见解，有很多值得我们学习，并应用在一线教学，顺应教育改革的要点。

改革起源于对现实情况的不满和所面临的危机，教育改革也不外乎是，过去的 20 世纪，教育学家和心理学家怀着对于现行教育的不满，一直以来试图寻找一种新的教育模式来将教育带到更高的境界，而这一工程也属于今天的教育界。课程是学习的载体，学生通过教师呈现的课程来进行学习活动，所以课程改革是教改中的重点，也是各个国家各个学段孜孜以求探索的要点。我们看到很多国家已经对于课程进行了不同程度的研究和改进，从教师"一言堂"到学生"自主学习"，从坐在教室到走到社会"开放课堂"，每一种课程呈现都有自己的优点和劣势。教育的前行就是从各种的尝试中，寻找出一种最适合现有社会、经济和文化的呈现方式。

　　教科书告诉我们，课程分为三个板块：课程的设计、课程的实施和课程的评价。习惯性地认为，课程的设计是专家们的事情，我们只要照着教材、课标和课程指导去做就好了，什么应该讲，讲到什么程度，都由专家决定，至于课程评价更是资深专家的任务，中考高考哪个也不由一个普通教师决定。我们的阵地似乎只有课程实施，而通过学习我发现从前认识的一个误区，课程的设计和评价也是教师教学工作的重要组成，是选择教学方法的依据和指导。

　　首先是教学设计。专家们自然是专业知识雄厚，但课程的设计并不能适应每个学校，即使是同样的教材也要因校制宜，做出适当的调整，这就是"校本化"。同时每个学校都应该结合地方风俗、学生构成等因素开发具有特色的校本课程，以达到学生的全面综合发展，而开发校本课程，是需要教师作为主体参与的。至于教育评价，中高考自然是指挥棒，但这只是属于终结性评价的一部分，而评价系统中还有一个至关重要的评价体系——形成性评价，这需要我们教师在教学过程中注重运用教学方法，关注学生成长。综上所述，教师在课程中的参与并不只局限于课程实施，而是全面的参与。树立正确的课程观是教师重要的任务，同时这也对教师教学方法选择提出了要求。

　　佐藤学告诉我们，通常情况下，课程的内容基于两个原理编制：一个是以学科为单位编制，关注的是学科有特有的"内容与形式"，也就是我们常说的"学问"。另一个以特定的主题为中心综合地组织多学科内容来编制，旨在通过学习了解社会和生活中的各种现状，获得解决现实问题的经验和思路。两种原理提出了两种思考问题的方式，一个是以学问内容为中心，一个是综合各个学科解决一个问题（主题）为中心。无法说清哪种更为优秀，因为在课程中，往往是两种思想逻辑的综合。我是生物老师，我的生物课上主要是以讲授生物学知识为主，看似更符合第一种逻辑，但在有的时候例如我要讲明白"环境污染"，那么必然绕不开酸雨等自然灾害的形成，这就需要化学学科的知识，更不能忽略人口在其中的重要作用，那么政治学、经济学必然要掺杂其中。要想完整地阐述一个课题，往往需要多学科参与，这又是体现了第二种思想。我认为，不拘于一定要选择一种思维方式，"黑猫白猫能捉到老鼠才是好猫"，教无定法，适合才是最好。

　　提起学校课程，首先想起的是课程表上那一节节整齐排布的课，这些课有教材、有专职教师参与，更有完整的评价体系。这是我们能看到的课程，我给他们取个名字叫"正式课程"，这些课程在我们划定为实施教育的时间里进行，相对的还有一些"非正式课程"。人是一种群居动物，在群体里，教育课程也是在不断发生的，尤其是在班级中。书中提到了一个有意思的发现，教室是学生在日常生活中反反复复进行着同一种体验的持续性场所，与监狱、精神病院等具有类似的特点，其中包含了三个关键词，分别是"群集""赞赏"和"权力"。学生在班级中学会遵守规矩，即使这些东西违背自己的本意，但在教师"赞赏"的帮助下能够逐渐适应群体的规则，不得不说这种"课程"有一定负面影响，但这也是学生成长为社会人的重要一步。

现今社会，计算机网络带来了信息技术革命，同时也引起教育方法的巨大变革，对此佐藤学也有自己的看法，他认为，计算机是一种工具，就和铅笔橡皮是一样的，他将计算机定义为"辅助教学"。现在的学校多数配备有基本的电教设备，计算机在教育中的应用相信所有一线教师都深有体会，一个 APP 学生的作业轻松批阅和统计完毕，一个视频千难万难的演示实验也可生动形象……但是，任何事物的出现不可能只有好处，而没有劣势。佐藤学也清醒地看到了这一问题，他在文章中提醒大家，计算机网络也是一把双刃剑，它剥夺了人与物的实际接触进而获得直接经验的过程，让教学流于形式化。这为我们敲响了警钟。一方面，我们不能因噎废食，一味否决网络的作用。有些人说以前教师可以徒手画地图，而现在的教师只会放 PPT，认为这是一种退步，提倡电脑退出教室。这就是一种偏激的看法，在现在课堂上学生可以通过应用和网络直接点开地图上的点，进而学习某个省市的具体知识，让知识立体化，形象化。这些都是比徒手画地图这种炫技行为更符合课堂要求。另一方面，我们也要看到计算机使用中的劣势，学生总是很容易忘记视频中演示的实验，哪怕那是解剖羊的心脏，但是却可以为实际演示中酒精溶解叶绿素得到的翠绿液体感慨不已。这是佐藤学要求我们对网络理性看待，结合实际合理应用。

教育改革不是一朝一夕的事情，我们身处其中，前有"古人"，后有"来者"。在这改革的洪流中，我们只能通过自己的努力做一名"执灯者"，为自己点一盏明灯，看清脚下走好每一步，为来者指引方向，让弯路更少一些。在现代教育改革中，教师的任务是很重的，看似减轻了工作量，却是对教师综合素质的一次重大考验，所以作为一名教师我们应当不断学习丰富自己的理论知识，让自己成为教育改革这一历史洪流中最称职的"执灯者"。

"模仿模式"与"变化模式"
——《教育方法学》读后感

陶陵宇

阅读了佐藤学教授《教育方法学》一书,知道了该书至今在日本已重印25次,而且在日本出版以来,读者群不断壮大,受到读者及市场的欢迎。可见,我们现有的教育大环境与教学实践一线是多么需要新型教育学的最前沿的知识。

课堂教学历来是学校教育的重中之重,也是教育家和一线教师关注的领域,佐藤学在这本专著中用了三个章节来探讨这个问题。他首先向我们呈现了两种教学概念,即"模仿模式"与"变化模式"。模仿模式起源于古希腊的"模仿、再现"的传统教学概念,指的是以知识与技能的传授与习得为基本的教学方式。音乐课堂中模仿教学模式尤为重要。我把这种模式也运用于我的音乐教学中。

音乐从生活中来,不是从书本中来,所以应当给学生一个真实的音乐生活,而不是一个人造的音乐生活。音乐不仅是课本上的符号,它无时不在我们的身边,教师应指导学生在生活中去发现、去探索、去了解音乐在生活中的不同功能,能根据生活需要选择音乐,来创造自己生活中的音乐。

在我们生活中,每天都能听到的各种声音,如"钟表声:铛—、嗒嗒""火车:鸣———、咔嚓、咔嚓""老牛叫声""小狗叫声""小鸡叫声""知了叫声""飞机从远处飞来又飞向远处,汽车从远处开来又开向远处"等等,我让学生发挥想象,把生活中的声音联系起来。于是学生利用生活中的声音创编出音乐小品:

1. "清晨,我还在睡,小闹钟叫醒了我。(铃———|铛—铛—|)

我穿好衣服,(哗哗|哗哗|)洗完脸,

(唰唰|唰唰|)刷完牙,

（嘀嘀 嘀·|）爸爸送我去学校。"

2."我家有个小农场，你听小鸡饿了：（叽叽 叽叽|）

老牛耕田：（哞—|哞—|哞—|哞—|）

小狗在叫：（汪汪|汪汪|）哦，家里来人了。"

"变化模式"同样起源于古希腊，是以苏格拉底的"产婆术"为传统，将促进学习者思考态度及探究方法的形成作为基本理念的教学概念。他对"学习"进行了再定义。

小学生，他们天生活泼、好玩好动、好奇心强、想象力丰富。要提高音乐课的教学质量，应根据儿童好动、好游戏的心理特点，把音乐学习与游戏、舞蹈有机结合起来，把抽象的音乐概念、复杂的音乐原理以及枯燥的技能训练，转化成生动有趣的游戏、舞蹈，使之形象化、具体化，让儿童通过自身的活动，把听、视、触等各种感知活动和运动、唱歌、表现、游戏、舞蹈等结合起来，从而把他们从座位的束缚中解放出来，让他们既动口、动手、动脚，也要动脑，通过教师的谆谆引导蹦蹦跳跳地进入音乐世界，在轻松愉快的气氛中获得音乐知识、技能，培养创造性思维能力。

我在教《洗手绢》一课时，在学生了解歌词，唱会歌词的情况下，我引导学生自己创编相应的动作来表达洗手绢这一劳动过程。当唱到"妈妈洗衣我也来"时，同学们有的挽起袖子，有的倒洗衣粉，还有的同学端来了脸盆。唱到"哎罗，哎罗，哎罗哎"一句时，同学们便随着音乐的节奏一下一下地搓了起来，宛然是一个个爱劳动的好孩子。这样，学生自己编、自己跳、自己学、自己乐，教与学融为一体，学与创有机结合，既有唱、又有舞，学生们一个个兴趣盎然，课堂气氛十分热烈。

《拉勾勾》一课中，我先做了一种读歌词的方式："金—勾勾，银—勾勾，小小 指头 勾——勾……"学生们立刻喊起来"不好听，不好听。""那怎么读好听呢？你们谁来读读？""金勾 勾，银勾 勾，小小 指头 勾一 勾……"我把学生说的节奏写到黑板上，接着问："还可以怎么读？"有的学生又这样读道："金勾 勾 一，银勾 勾 一，小小 指头 勾一 勾一……"他们边说我边把节奏写到黑板上。这样，就创编出2/4拍和3/4拍的两种节奏型。"我们用2/4拍来唱一唱《拉勾勾》"，学生们带着兴奋和自豪演唱了歌曲。"我们再听听叔叔阿姨创作3/4拍的《拉勾勾》和我们刚才唱的2/4拍有什么区别（放范唱）。"这样不仅让学生了解了歌词的韵律感，还明白了二拍子和三拍子对于歌曲的情绪有着不同的表现力。

随着时代的进步，学习的自主性、能动性、合作性的特征不断被强调，我们真切地感受到：学习的变革是通过摆脱有效地传递大量知识的产业主义模式的学校教育来展开的，同时，由于终身学习社会的出现，学校教育的核心功能已经从对所定知识的传递转变为对终身学习者的培养。因此，"学习"这一实践活动，既是建构客体间关系与意义的认知性、文化性实践，又是建构课堂中人际关系的社会性、政治性实践，同时也是建构自身内部关系的伦理性、存在性实践。今后，我会根据这三种实践的多层性重新认识学习。

从教到学，从鱼到渔
——读《教育方法学》有感

周昊洁

《教育方法学》是 2017 年寒假学校推荐的一本书，也是我拜读的佐藤学教授的第一本书。在这本书中，佐藤学教授综合概括了近 30 年来教育学研究范式的转变，同时也提出新的研究方向。本书聚焦教学、学习、课堂、课程、教师、教师教育、教育信息化等方面，整理分析了最新的教育学知识与问题，揭示了新的教育实践的方向。通读本书后，收获颇多。

关于教学模式的转变问题。"教"与"学"是每天都会发生的教师与学生之间的活动，佐藤学教授在本书的第五章"教与学：意义与关系的重建"中重点介绍了教学的概念、学习的定义域理论以及教学的模式。芝加哥大学教授杰克逊最早提出了两种教学概念："模仿模式"与"变化模式"。"模仿模式"指的是以知识与技能的传授与习得为基本的教学方式，在中国、韩国、日本等亚洲国家的教育中占支配性地位；而"变化模式"是将促进学习者思考态度及探究方法的形成作为基本理念的教学概念，它将"教学"定位为文化的再创造（改造）而非文化的传递。这不禁让我想到了我们中国有句古语叫"授人以鱼不如授人以渔"，"鱼"即是知识与技能，而"渔"是指学习知识与技能的方法与能力。与追求同步地、高效地传递大量知识、技能，通过个人间的竞争促进学生熟练掌握知识的中国、韩国、日本的"模仿模式"相比，欧美的教学中则以每个人都进行多样的、个人的探究、表现、互相分享，并承认差异的"变化模式"为主。前者追求"学会"，后者追求"理解"。在日常课堂中可以看到，"满堂灌"的教学模式也在逐渐被我们中国的教师所摒弃，教师们也会尽量在课堂上设计一定数量的探究性学习，以此激发学生的学习自主性与创造性。在日本，也有许多教师希望从"模仿模式"变革为"变化模式"。但是在努力变化的同时，我们也要理性地看待这样两种模式。比如佐藤学教授在书中提到的，从20世纪六七十年代，在作为"消除贫困"一环而普及的以黑人子弟为对象的"补偿教育"中，许多学校推进了基于学习的个性化与个别化的"变化模式"的教学改革，但这种尝试中的多数都以失败告终。其中一个原因是白人中产阶级的个人主义文化完全不同于尊重伙伴与合作的黑人共同体文化。可见，在社会发展的不同阶段，针对不同地域、文化背景的受教育者，两种教学模式各有利弊，每一种都不能被轻易否定。在我们的日常教学中，我个人觉得应该充分考虑学情，把握学生的最近发展区，对不同的知识点采取不同的教学模式，"鱼"和"渔"双管齐下，在有限的课堂教学时间里最大程度地提高教学效率。

我深刻体会到一个道理：授之以鱼且授之以渔。当然，我这里所说的"鱼"只是个打比方的说法，我这里的"鱼"指的是音乐知识与技能，而另一个"渔"则是指掌握音乐知识与技能的方法。在我的音乐课堂中，在多声部教学中，我是这样做的：

一、尽早给学生建立多声部和声意识

（一）从转变教学观念开始

多声部和声意识的建立首先要从转变教师的教学观念，转变常态的音乐教学开始。任何的学习都是循序渐进的，不断练习，不断积累，以量变引起质变。把我们以往在小学低段无意识的多声部教学变成有意识的合唱能力的培养，并在整个学期、整个学年、整个学段的教学中都有意识贯穿这一理念。丰富课堂内容，提高学生学习兴趣，让学生体会和声的丰富、变化、和谐之美，并投入到积极的音乐创造实践活动中去，这样才能有效建立学生的多声部和声意识，并切实全面地提高学生的多声部合唱能力。

（二）从第一个音符、第一节音乐课开始

一般情况下，我们都认为学生的多声部训练应从单音、单声部开始，循序渐进至和声、多声部，却不知这恰恰是造成"进步慢""事倍功半"的原因之一。中高段的学生一进入合唱就产生畏难情绪，是因为在他们低段的学习中一直是单声部占绝对的主导地位，他们缺乏多声部的意识和训练。其实，学生多声部的意识和训练可以从他们第一节音乐课、第一个音符就开始建立，使他们在耳濡目染中自然地接受并喜欢多声部，从小建立多声部的和声概念。

例如：在第一节音乐课的常规训练中，教师就可以渗透多声部的问好与再见：

2/4　5 3 — | 5 3 — | 5 1 2 | 3 - - | 5 3 — | 5 3 — | 2 3 2 | 1 -
（师）你好　　你好　　小朋友　好（生）你好　　你好　　老师您　好。

又如:"sol"和"mi"是小学低段学生最早进行唱名学习的两个单音。自编的双音歌《你是谁》:

5   3 | 5 5 3 | 5 5   3 3 | 5   5 3 |
嗨   嗨 你 是 谁, 我 在 微 笑 对   着 你,

这里虽然只有两个音级,又是基本上相同的节奏型,但是教师通过"踩脚印歌唱"的游戏——卡农,就可以使两个音级的声音结合,产生二声部的演唱效果:

二、合理进行多声部教学的训练

(一)节奏的多声部训练

训练可以从一个词组开始,慢慢地发展到一个句子、一首儿歌,随着语言节奏、教学手段的不断变化,节奏的多声效果不断丰富,学生的多声听觉和协调能力也将逐步建立起来。

例如:二年级的节奏练习:自编儿歌《北京是个好地方》。

4/4 北   京   是个好地   方, 北京 孩子 真正 棒,
    音 乐 课   我们一起   上, 歌声 传遍 北京 城。

1. 教师示范按节奏诵读,学生模仿。(教师踩脚表示恒拍)
2. 一组学生诵读儿歌,另一组学生拍击从儿歌分离出来的节奏。
3. 教师与学生,学生与学生进行轮奏练习。(用拍手和拍凳子区分音色)
4. 学生顺时针拍击节奏(拍手),教师逆时针拍击节奏(击鼓)形成二声部。
5. 教师为儿歌节奏配上固定节奏型:

   X XX X XX |
   手 拍腿 手 拍肩

6. 教师把固定节奏型拆分开来,分别送给持有不同打击乐器的小组,从而形成丰富的多声部节奏练习。实际效果为:

诵读:北   京   是个好地   方 |
拍手:X   X   XXXX   X |
小鼓:X   0   X   0 |
碰铃:0   XX   0   0 |
踩脚:X   X   X   X |

一条由语言提炼出来的节奏,经过师生之间的轮奏,顺时拍和逆时拍,打击乐伴奏

等灵活多变的组合，使学生在满怀兴趣、毫无负担的情况下，充分享受到了多声部的合作乐趣。

（二）歌曲与节奏的多声部训练

歌曲与节奏组合成的多声部是合唱的预备阶段，非常适合在一年级中运用。它既可以让学生在歌唱中感受多声部，又可以避免一年级学生由于音准的不稳定而带来声部混淆的矛盾。

1. 为歌曲选择不同的节奏型伴随歌唱。例如：一年级的《小青蛙找家》。

唱歌：3.5 1 5 | 1   0 | 3.5 1 5 | 2   0 ||
拍手：X XX | O   X | X   XX | O   X ||
踏脚：X X | X   X | X   X | X   X ||

2. 同一首歌曲旋律与节奏的二部卡农。

以上几种练习，一开始都可以分小组进行，培养学生相互配合的能力，当掌握到一定程度后，可以将难度提升，让学生一边歌唱，一边拍击，心、口、眼、手、脚同时进行，培养多声部协调能力。

（三）歌曲与顽固音型的多声部训练

比如《两只老虎》，以结束句的 1 5 1 作为顽固音型，一开始时由老师唱顽固音型，学生唱曲调，接着由部分学生唱顽固音型，其余的学生唱《两只老虎》曲调。当学生完全学会这种歌唱方式之后，就可由学生一小组对一小组，或是一对一单独地表演。歌曲与顽固音型是合唱教学的基础，尤其适合在低段进行，顽固音型不仅可以帮助学生在低段打下坚实的合唱基础，而且可以让学生体验到合唱的乐趣！

（四）卡农与简易合唱的多声部训练

卡农是深受学生喜欢的一种演唱形式，歌唱卡农也是发展二声部歌唱的最好准备。

在整个低段中，如果能有意识、有计划、有层次地坚持教学，那么，到了中高段，学生的多声部合唱能力一定会逐步形成。

以上即是我对本书通读后的所思所得。

"小笔头"架起沟通桥
——《教育方法学》读后感

胡雪青

虽然我已经有十多年的班主任经历了,但是面对一个又一个性格迥异的孩子,有时还是觉得力不从心。若教育不能走进每一个孩子的心灵深处,教育效果也就流于表面。在暑假中,我阅读了学校推荐的日本东京大学教育学博士佐藤学的著作《教育方法学》,这让我豁然开朗,为我的班主任工作开启了一扇明亮的窗。

这本书的第六章重点向我们介绍了"教室中对话(沟通)的结构"。佐藤学教授在书中提到了课堂教学中师生之间沟通的重要,还介绍了发言的内容及其结构,以及沟通的特色。这让我想起平时自己也是十分重视和学生之间的沟通的。还记得在五年级时,我在班里开展"小笔头"日记创作活动,通过日记和学生沟通,起到了良好的效果。下面就谈谈自己在这方面的体会。

一开始,抱着试试看的心情,开学初我向同学们说出了自己的想法,没想到同学们都很支持和喜欢。我们约定每天写一篇日记,根据自己当天学科作业完成情况自愿书写,字数不限,体裁不限,但要求内容一定要真实。同时,我承诺每篇日记我都会留下阅读感悟,并且日记内容绝对保密。谁先把一本日记写完就被评为我班的"写作小明星"。一段时间下来,同学们笔耕不辍,我也每日辛勤点评。没想到"小笔头"会带给我那么多的惊喜!

一、"小笔头"架起沟通桥——期待,让我们看到成长

小蕊,一个非常开朗的女孩,是我的得力小助手,负责管理全班纪律。最近,突然发现她上课不爱回答问题了,下课也听不到她爽朗的笑声,课间教室声音很大,却很少看见她主动管理。这是怎么回事?我疑惑不解,决定找她谈一谈。谈话的结果是,她满脸平静

地告诉我没怎样啊。于是，我决定换一种方式探究原因。

我在她的日记中主动写道：孩子，有什么困惑写下来，老师愿意做你的听众。

第二天，翻开日记本，只见上面写道："老师，我特别喜欢运动，非常想参加学校的体育队。可是妈妈不同意，她认为只要把学习搞好就行了，体育没多大用。老师，我知道我们家生活条件不是很优越，我想参加很多班妈妈都不同意，可是我觉得在运动场上才能展示我的实力。"

看了孩子的日记，我沉思了很久，在评语中写道："老师一直很欣赏你，在同学中你也有很高的威信，大家欣赏你的管理魄力，赞美你的运动才华，班集体不能缺少你。和妈妈好好谈一谈，期望看到原来的你。"

过了几天，正好是家长会，我单独把小蕊妈妈留下，谈了自己的看法：健康的体魄，良好的身体素质对孩子其实很重要，适当的运动既可以增强体质，又能精力充沛地继续学习。如果调节好时间，不但不会影响学习，反而有助于学习成绩的提高。过分遏制孩子的积极性可能会带来不良的后果。通过沟通，小蕊妈妈终于同意让孩子参加运动队。

我再一次看到了小蕊灿烂的笑容。我又在日记中写到：积极锻炼身体，期望看到越野赛中取得优异成绩；认真努力学习，期望听到课堂上精彩的发言。相信你，一定能做到！

接下来的日子，小蕊又恢复了以前的样子，不负众望，越野赛她奋力冲刺，取得了全年级第一名的好成绩；课间再次听到她在大胆管理的声音；单元检测，她取得了99分的全班最高分。

教育，绝对不是一件开花的活儿，它是种树，它是一种持续不断的扶持与忘我的漫长期待，它是一种为了终极放飞而无比宽厚温暖的拥抱。"小笔头"给了小蕊向老师敞开心灵的空间，"小笔头"也让我走进了孩子的心灵深处，了解他们，关爱他们，帮助他们。笔谈，不仅避免了面对面教育的尴尬，而且提供了心灵碰撞的平台。事实证明，给予学生们期待与扶持，学生们会用努力让家长和老师看到小树成长的喜悦。

二、"小笔头"擦亮监督镜——信任，让我们共同发展

婷婷，一个内向的女孩，很乖，却极少发表意见。一篇长长的日记却让我刚一看时很不舒服。日记中写道："老师，值日班长小惠记录了许多违纪的同学，包括班干部。我觉得记得应该。虽然小惠有很多毛病，也不招大家喜欢，但是我觉得她并不是一个不懂事的'爱哭鬼'，我觉得她是一个勇敢的人，敢于大胆管理和记录别人的缺点。而我却不能，我甚至不敢勇敢地和小惠玩。榜样不一定各方面都要好才是榜样，小惠就是我学习的榜样。我要学习她的勇敢。严师出高徒。如果严格，就没有人在课上随便说话；如果严格，就没

有人会不完成作业了。"

这是婷婷写的吗？我不禁反思自己，上周值日班长小惠确实记录了一批不守纪律的人名单，但是当时包括班长在内的许多同学都说小惠是以权谋私，故意记录。因为牵扯的同学太多，所以我也没有像往常一样太多说什么，没有批评教育违纪同学。现在想起来，我确实做得有些不妥。言必信，行必果。班级管理既然有制度，就要一视同仁。婷婷的日记写得一针见血，指出了我作为班主任的两个问题：值日班长小惠认真记录同学问题，我应该大力表扬她这种负责的精神，而我却用偏见的眼光看待她，漠视她的工作成绩，伤害了她的积极性；另外一些违纪同学不正视自己的错误，反而污蔑小惠以权谋私，这不利于他们错误的改正。长此以往，学生们会用逃避、开脱的方式解决问题，班级制度也就形同虚设，班级凝聚力也会越来越弱。

多么及时的一次提醒呀！婷婷是在向老师敞开她的心，她是一个多么关心集体的孩子呀！联想起婷婷在跑道上奋力拼搏的身影，在给后进生小成耐心讲题的情景……我不自觉地拿起笔，在婷婷的日记本中写道：谢谢你给老师的提醒，老师一定会引以为戒。

第二天，婷婷迫不及待地翻开日记本，看完评语后向我投来赞许的目光。我们不约而同地点点头。接下来，我多次和婷婷谈心，婷婷告诉我：每个孩子都特别盼望当值日班长的那一天，而且做了精心的准备。所以，我保留了值日班长轮换制，并进行了改进。现在，每一个同学都在认真履行自己值日班长的职责，许多老师都夸我们班纪律好，成绩优秀。

"小笔头"如一面镜子，让我看到了一个个关心集体的心灵，让我看到了班级管理中学生们的真实感受，让我能够及时地进行班级管理的调整。更重要的是，通过"小笔头"，我和更多孩子彼此信任。相信孩子，让每一个孩子参与班级民主管理、民主决策与民主监督，这既锻炼了孩子们的管理能力，又增强了孩子们的集体意识、民主意识、公民意识。信任，往往会产生美好的境界，信任会激发出孩子们无穷的智慧与潜能，班集体也会在师生彼此的信任中越来越优秀。

三、"小笔头"展示大才华——欣赏，让我们幸福绽放

一日，学完了古诗后，我收到了这样的一篇日记：

秋
——小涵
凉意之秋，
红枫遍地吹，

卷起向往，
卷起期望。

人走过，
愉悦，快慰，
不知为何？
凭神听……

凉意之秋，
枯叶遍地吹，
卷起失落，
卷起忧伤。

人走过，
迷惘，彷徨，
不知为何？
凭心听……
（老师，这是我作的一首短诗，送给您）

作为老师，怎可逊色？我回复了一篇：

暖意之春，
繁花遍地香。
卷起憧憬，
卷起希望。

人走过
幸福，安详。
我知为何，
凭鱼跃……
（这是我送给我的学生小涵的）

师生的互动，是情与情的交融，心与心的沟通。"小笔头"让学生的写作水平不断提高，"小笔头"也让老师的文采大有进步；"小笔头"让学生的思想与情感不断提升，"小笔头"也让老师的思考与情怀不断升华。学生成长，我也在成长，有的时候我在想"是这些可爱的学生成就了我"。

哲学家萨格雷说过：播种一种思想，收获一种行为；播种一种行为，收获一种习惯；播种一种习惯，收获一种性格；播种一种性格，收获一种命运。《教育方法学》这本书使我联想到：日记播种的是什么呢？是一种引导：一种来自于教师的温暖祝福，一种渐渐地沁入孩子心灵的真、善、美的力量……我在班主任历程中，也许还会遇到更多性格迥异的孩子，但现在我不会再忐忑与迷惑。我会用日记架起我和孩子心灵沟通的桥梁，用我的爱心和智慧，温暖每一颗幼小的童心，播撒每一粒希望的种子，传递出一份真、善、美的力量，让他们在爱的阳光雨露下茁壮成长。

一种教师文化，两种教学模式
——读《教育方法学》感想

佘 文

阅读佐藤学《教育方法学》，有如下感悟：

一、关于教师文化

所谓教师文化就是教师在职业共同体中所形成的一定模式的文化。第一次听说这种观点，感到很新颖，很有感悟。

对教师文化的研究大致有两个目标。其一是阐明默默制约着教师意识和行为的有形或无形的枷锁，并探索将教师从中解放出来的途径。其二是探讨教师专业性文化的可能性，探索如何构建教师间互相合作、共同成长的专业性共同体。

通过阅读并结合自己的实际情况，确实感到教师文化的存在。教师在学校这个特定的环境里工作，每天面对的是成长中的学生，背后是教育管理者的监管，还要面对社会的关注，应付个别家长的不满……长期下来使不少教师就像装在套子里的人，总要隐藏自己的人性，这个不能那个不敢，只有关上门才敢说自己的心里话。在这种压力下，不少教师都难以正确对待学生，总是想方设法管教学生。面对压力，不少教师都难以与同事合作互助，共享教育方法、教学资料，缺少团队意识。

二、皮格马利翁效应

皮格马利翁效应揭示了看不见的现象对教学结果的影响。

绝大多数情况下我们的工作重点都放在能力的培养和知识的传授上，忽视了对学生情感的关注。如果教师从内心关心、关爱每个学生，欣赏每个学生，相信他们的能力，那么学生就会从教师的期待中受到影响逐步取得更好的成绩。

回顾我的日常教学，受困于学校的目标压力、自身能力水平，一直就是致力于如何让学生理解所讲授的知识，如何让学生更快地运用知识，形成能力。为此不惜占用学生的时间，强迫学生记忆、训练，情急之时还要训斥学生、贬低学生，以激励其努力学习。很少顾及这样做虽然可以提高学生成绩，但却摧残了学生的情感，打击了他们的学习积极性，使他们逐渐懒于主动学习，缺少对新事物的探索精神，对学生的未来产生负面影响。其实学生在学习中从教师身上学到的许多高价值的东西，并不是知识本身，而多是在无意识地受到启发的事件中感悟到的。这就要求教师要在教学中注意自己的一言一行，要体现自己高尚的人格，要渗透对待事物的态度，让学生体会到要积极地对待事情，勇于探索新事物，敢于创造性地完成任务，和同学之间要互助协作等。

三、两种教学模式

模仿模式——指的是以知识与技能的传授与习得为基本的教学方式。

变化模式——将促进学习者思考态度及探究方法的形成作为基本理念的教学方式。

我们现在的教育教学方式多属于前者，尤其是为适应应试教育，教师不得不紧跟中高考指挥棒，调整教学内容、教学方法，以期取得更好的成绩。这样势必会影响学生的自然成长，抹杀学生的个性、创造性。但这不失为一种行之有效的方法，可以快速有效地把大量知识灌输给学生，迅速地培养学生的解题能力，便于教师评价学生的学习效果，同时也便于管理部门对教师的工作进行量化管理。

虽然我们也在推进"变化模式"进入课堂，关注学生情感态度价值观的培养，但做得还很不够，尤其是对学生终身学习的教育。社会发展日新月异，新知识、新技术、新观念不断涌现。媒体技术的更新，互联网的出现，令世界仿佛突然变得无限大，仿佛又显得很有限，轻点鼠标，你想要的就会呈现在你的眼前。曾经只有老师能告诉学生的，现在电脑却好像可以无所不能。我们老师还能做什么呢？所以作为教师，我们必须思考教育的变革，以适应这个飞速发展的社会。课堂教学确实需要传统教育方式，有些知识是需要教师传授的。但我们更要能做电脑做不了的事情，比如培养学生的价值观、人生观、良好的道德品质，我们要善于和学生交流，告诉他们做人的道理，教给他们探索世界的方法。

我们确实应该好好反思，如何解决这些难题，使教师能在轻松愉悦的环境中开展工作，提高教师的工作幸福感。

对话·回路　合作·引领
——《教育方法学》读后感

李春林

佐藤学先生的《教育方法学》，只恨相见太晚。它不仅让我对各种教育理论有了一个速览式的概貌，而且对自己的教学实践有了深刻的启迪。所以非常感谢学校领导和赵主任推荐和提供这本书。

事实上，明确知道佐藤学教授2016年与顾明远教授的大师级对话，被网络媒体界称为是教育界的"华山论剑"，所以临放寒假拿到《教育方法学》这本书时，虽然有写读后感的"作业"压力，但内心还是很欣喜的。

初读时由于个人理论修养之匮乏，甚是吃力，但我还是首先被佐藤学先生严谨的治学精神所震撼，被他深入浅出的语言所吸引。同时，初读这本书是在春节前，与静不下心有关吧，"第一章 教育方法学概要"的理论罗列之感甚强，因而读不进去，也读不下去。

春节后，考虑到要上交一份"读后感作业"，我换了个角度，阅读完"中文版序"以了解本书全貌之后，我很为自己当初的浅陋而汗颜！佐藤学先生在"中文版序"中有这样两段话："至今在日本重印25次。作为专业性强、内容艰涩的教科书可以受到读者和市场这样的欢迎，连执笔人本人也感到意外。可见，这也证明了我们现有的教育大环境与教学实践是多么需要新型教育学的最前沿知识。""在执笔本书时，我倾尽了所有智慧，希望可以在保证对相关领域的相关项目内容提供正确理解的同时，又可竭尽我的全力为读者提供一个在任何相关书籍中都未曾有过的对于这些知识的全新见解。本书既是综合概括了近三十年来教育学研究范式转变的航海图，又是提出新的研究方向的罗盘针。本书既是教育学的教科书，也是汇集了我对书中所网罗知识的独特的个人新见解的心血结晶。衷心地期望拙著可常伴读者左右，可以为建构读者各自的教育学观、展开独自的教育学设计贡献一

份力量。"（佐藤学 2015 年 11 月 18 日于东京）

受其触动，终于静下心来，花了三天时间，我认认真真读完《教育方法学》这本书，受益良多。下面谨撷取一二：

一、说文解字中透射出的严谨治学精神漫溢在字里行间

佐藤学先生撰写的"中文版序"开篇说："一门学科的基础教科书究竟用什么样的方式来编写、记述才好呢？我正是带着这样的自问自答开始执笔本书的。我认为，作为某一学术领域的教科书，它既应具备作为这一学科入门书的通俗易懂的特色，又应能网罗这一学科领域的最高研究水准的知识。"这样的文字深深打动着我，恐怕正是这一深植于作者内心的为读者着想，站在读者角度的责任担当精神，才有了后来的"译后记"中提到的那样："不同于以往的面向师范类院校学生的讲义资料式教科书，本书以为读者提供一个理论罗盘为目的，向读者详尽地介绍了近 30 年来教育学研究范式的变化及相关领域的最新研究成果，并按照与学校'病理'息息相关的'教学'、'学习'、'课程'、'教师'、'教师教育'、'教育信息化'等主题将相关研究进行了汇总与提炼。各章节既独立成章，又融会贯通。读者可以据此对学校教育实践进行深入分析、探究，并在此基础上展开全新的教育实践创造。全书还汇集了在其他相关知识的书籍中未曾有过的佐藤学教授独特、全新的见解。本书既为读者提供了汲取先进教育理论基础知识的平台，又为读者提供了一个探究教育实践的新航标。""本书如此受欢迎，与佐藤学教授崭新的编写视角及独到的编写框架密切相关。佐藤学教授多年来致力于课程开发及教师发展研究，除教育学理论的基础研究外，佐藤学教授积极开展教育实践学研究，密切关注学校现场，主张研究者应与一线教师协同合作，切实细致地'诊断'学校的各种'病症'，共同探索学校现场各种各样课题的解决方略。"

如果说，以上所言之"理论罗盘"，本人尚且一知半解，那么关于"探究教育实践的新航标"，本人是非常受启发的。

之前的课堂，自己在准备公开课，或者在备课时实质上也是一个过来人再学习的过程，连春兴老师一直强调教师要有"初学者"心态和视角，这些都直接影响着我的教学设计和课堂行为。一直期待自己所有的"教"，能够真正实现"不教"，显然现实依然骨感。从部分听课教师反馈来看，我上课还是有一些独到风格的，可这风格是什么？实质上别人未说，我自己也不清楚。经常的热情澎湃和学生的快乐满足，让我感受到有时候确实是个很棒的数学老师，可是这种心理体验难以常态化、预设化，随机性强，有时候似乎又不是备课不充分那么简单概括的缘由。

困扰很久，依然困惑的问题是：加工力，加工效率，而今来看，这两个想法还是有一定偏颇之处的。应该说是师生学习力，提升学生学习力效率不足吧？

读到佐藤学先生"只有勤奋学习的老师，才能教出勤奋学习的学生"这句话，还是很受鼓舞。勤奋这个条件，我还算是有的。那么结果不理想或者说成果不多的根源应该是在于自我学习力不足，陪伴、组织和促进学生学习力更不足所致。

今后课堂努力方向

1. 核心与整合

2. 对话与合作

3. 情境与现实

4. 反思与反馈

这，与"运用负空间艺术指导初中数学课堂实践研究"的课题不仅不冲突，反而属于策略范畴的内容，可谓好风凭借力啊！

可以说，佐藤学先生《教育方法学》这本书，它犹如一扇门，带我走进了一个教育教学理论的百花园；它更像一面镜子，反射出日常教学行为和课堂实施的诸多显然的和潜在的问题。目前我对佐藤学先生提出的一些观点式问题是这样理解的："真"教师是学生"学习的促进者，学习环境的设计者，终身学习的引领者"；"真"课堂是一种"自主的、活动的、合作的、反思的""对话性实践"。以此观之，审视这几年所进行的诸多教学自我反思和教学行为的自觉探索，我似乎一直都是在假教师的沼泽中挣扎，给学生提供了一种假课堂。——大道至简，我对在短短40分钟的课堂上进行的整合教学内容特点、学生学习方式、学习效果落实和教学课改方向具体做法存在诸多漏洞。

为了突破目前课堂学习效果"优生减少差生增多，中间生学得辛苦"的困境，"在平时的课堂上，无论教师还是学生，都在进行着极具教室中特有特征的复杂的语言游戏"（《教育方法学》第114页）。寓教师三个新角色与课堂四基的内在关联——角色引导行动，行动助力落实。

其一，从教师是学生"学习的促进者"来看，在践行课堂上要注重知识的发生发展过程，重视方法的意义和本质的解释与揭示方面。由于对教学内容的分析把握不够细致、不够深入、不够精准而导致课堂分配轻重、课堂内容主次、课堂节奏缓急等不够妥帖，结果便是课堂40分钟时间内以总结匆忙、练习缺失为表现形式的对话回路未建立，反馈评价未落实。简言之，这个问题本源在备课环节不精细，在为学生提供学习材料的呈现路径、组织方式方面需要调整。

课堂反思总结环节——基础知识理解；课堂练习评测环节——基本技能训练。即学生学科之知识素养。

　　其二，从教师是学生"学习环境的设计者"来看，课堂互动形式、沟通效力、对话结构以及学力差影响对话语反馈模式和反应速度的分析与关注。目前的课堂还是主要以教师话语权威为主，这里的理解是"发挥教师的主导作用"以"突出学生的主体地位"的含义在于，教师以初学者心态，以合作者姿态，用话语、活动等串联起学生的学习过程。与之同时，以语气平和、立场平等的语言，以真诚帮助、目标明确的期望来引发学生对于学习内容的兴趣和动力。

　　塑造课堂语言风格；打通课堂对话回路。即学生学科之人文素养。

　　其三，从教师是学生"终身学习的引领者"来看，坚持自主学习、加强跨界阅读等。研讨课的磨课经历，以及在面对教育教学工作中的问题和反思，还是有一定的自觉性，那么可以根据适当的时机，和学生加强交流和沟通，把自身的学习感悟等和学生分享、探讨。除此之外，继续坚持开展提高学生"自主学习力"的实践探索。这一点，目前已有的调整是：在学案的设计方面，不仅局限于以知识呈现、双基落实为内容的线性梳理，而是以学生现有学力为基础的问题序列，意在对学生的自主学习提供具体的方法指导，同时也对深入思考、精细阅读进行方向引导。

　　活动经验积累；思想方法体悟。即学生学科之精神素养。

　　今后，将去阅读更多佐藤学教授的著作，并在课堂实践过程中学以致用。

当代教育环境下的教学含义新阐释
——《教育方法学》读书笔记

张聪艺

寒假有幸拜读了佐藤学的《教育方法学》,从中受益颇多。《教育方法学》这部书我把它整体分为两部分:一部分是教育学的发展史;另一部分是与教学密切相关的内容。第一部分浅略阅读,重点放在第二部分上。通过阅读此书,略微发表自己的拙见如下:

我把书中与教学有关的因素主要归纳为三个:社会、家庭、教师。

第一因素——社会

教学与社会有着密切关系。佐藤学在书中写道:"各个时期的教育发展与教育家的思想是与当时社会状况紧密相联。"因此,教学受社会发展变化的影响也一直在发生着改变。在书中第三章,主要写日本的教学制度。随着社会的发展变化,日本教学面临着挑战。最初是明治末期大正自由教育改革,此次改革主要是以国家为中心的教育理念;到后来日本战后的10年进行新的教学改革,以国家为中心的教育理念向以儿童为中心的教育理念转换。当时日本文部省公布的《新教育指针》提出"尊重个性",并确定将儿童为中心课程创造作为民主教育原则的教育方针。其中最有名的是斋藤喜博的一系列教学改革实践成为日本战后民主教育教学改革的典型,他认为"课程的创造是通过对民族文化遗产的获得、发现、认识,在每个人心中培养出保障自由和权利的民主主义精神及尽可能实现稳步成长的精神的自我改革的过程,是实现学校改革的核心。"1980年飞速发展的日本,学校达到制度性数量扩充的最高峰,但却出现一系列校园暴力事件使学校解体。

出现这种危机的原因有两个:一是伴随着近代化的实现,学校的规范性与正统性衰退;二是由于考试竞争的激化与管理主义的指导,引发学校的窒息及教师的权力式权威性指导等日本学校历史上一直存在的各种问题喷发。可见，教学制度必须跟得上社会的发展变化。

这不得不让我联想到，我们国家现在有些像1980年快速发展的日本，学校越来越多，大学升学率越来越高，以至常常有学生问："老师，大学毕业生越来越多，可是他们并没有好的结果，那么我们为什么要学习、学习有什么用？"这一连串的问题，不管老师怎么回答他们都不能使他们满意，因此会有越来越多的同学出现不学、厌学的情绪。这是当代存在的一个共性问题，我们的教学急需改革以适应社会的发展。就好比有了互联网，我们的教学就不再是枯燥乏味的给学生讲课，而是可以利用好计算机多媒体向学生更清晰明了地展示丰富的知识。

第二因素——家庭

教学与家庭，二者看似没有直接必然的联系，但是学业成绩确是二者的桥梁。佐藤学提到"教室对话的研究，其中一个领域是儿童所属社会集体的语言与学力间关系的研究"。关于教室话语的研究，伯恩斯坦的"话语代码研究"和"芝麻街"的案例最为著名。"话语代码研究"的结论是：两种话语代码的差异是造成这两类家庭子女学业差异的原因。"芝麻街"的案例也证明：父母与子女一起做同一件事并且进行交流对孩子语言发展有帮助。

这不禁让我想起之前开家长会时数学老师表扬了一位同学的家长：

她说，针对数学测验不合格的同学，她有另外布置作业让学生回家做，但是只有一位家长是每天和孩子一块儿做，一块儿学习，所以在期中考试后这位同学的成绩很明显地提高，而其他同学也每天做，但是提高却不大。在后来的聊天中，我从孩子口中得知，他说我妈妈经常给我讲一些事实案例鼓励我学习，经常带我去参加公益活动，经常跟我一块儿做同一件事情，我们俩经常交流。听到这些，就不难理解为什么这个孩子成绩会提高得比其他同学快，他的妈妈意识到自己对孩子的影响太重要了。

同时这给我们的启示是儿童间的学力差距跟所属社会集体——家庭环境有关。家长注重儿童的学习，与儿童一块儿学习、交流、沟通，儿童提升就很快。由此可以看出家长与孩子的沟通和交流对孩子的影响非常大，尤其是从小学高年级开始，儿童开始有自己的思想，家长需要跟孩子建立良好的沟通，及时了解孩子情况，给予及时的指导。

第三因素——教师

大多数人认为教师的一张名片就是教学水平，而教学水平主要体现在教学模式和专业知识水平。

佐藤学提出教学的两个概念：模仿模式和变化模式。当我了解这两种模式的时候，回想自己的教学绝大部分时候都是一直在进行模仿模式，其实每次都是奔着让学生理解的目的，但结果往往到最后就是只要学会就好。那么如何朝着变化模式的教学发展，是未来需要探索改变的方向。

除此之外，书中还提到两种教学模式"技术性实践教学"和"反思性实践教学"。通过对比两种教学研究发现：技术性实践教学主要适用于一般性技术原理课堂；反思性实践教学适用于特定的某些堂课。我们在教学过程中，要能够把握好这两种教学模式的转换。

说到教师专业技术水平，在我们的印象中就是知识储备量的多少。佐藤学在书中提到"推动教师专业化发展的理论与实践存在着两种完全不同的谱系"："技术熟练者"型教师，也就是我们平时所说的专业知识储备量丰富的教师；"反思性实践家"型教师，主要是教师参与教育的各种问题情境、与儿童缔结活跃的关系，通过省察与熟虑有发现问题、解析问题、选择与判断问题的见识。这两种教师形象相互对立，但在教学中需要我们逐渐向两种形象靠拢，同时兼备。如果缺少其一，教学都不会是成功的。

以上是我读完本书之后根据自己理解总结出浅显的几点，自己的想法相对较少，尤其是对书中的一些理论概念还不是很清楚，还需要再慢慢地品读琢磨，希望自己可以慢慢提升，有自己的新想法与大家分享。

理想教学：处理好教与学的度
——《教育方法学》读书心得

徐 晓

"这本书非常实用，你一定要好好读"——每每在拿起与放下《教育方法学》这本书之时，脑海里便浮现赵长河老师的多次叮嘱，这简单却反复的几个字无疑浓缩了一位出色的特级教师对于这本书的肯定和诸多感思。

寒假放假前夕，赵老师拟了一个读书清单，我帮他从网上买了几本，其中就有佐藤学著的《教育方法学》。在读完这些书之后，赵老师筛选并推荐这本书作为寒假教学岗老师的必读书目，那时便是我第一次听到本文开头的那句话，也是第一次对这本书有了印象和感受——一本会让我获益良多的书。

阅读《教育方法学》的时候，有两点最突出的感受：一、纸张编排排版读起来让眼睛很舒服——每一页字数并不多、并且行间距够宽，有很多可以做笔记标注的留白；此外每章页数基本都为20页左右，精要不拖沓。二、正如佐藤学先生在序言中介绍的那般，作为某一学术领域的教科书，需要网罗这一学科领域最高研究水准的知识，而本书正是倾尽了作者所有的智慧去创作的，不但综合概括了近三十年来教育学研究范式转变的航海图，也是提出新的研究方向的罗盘针。虽然佐藤学先生尽量使自己创作的教科书的表述通俗易懂，但作为新手教师的我，对于专业性极强的这本书，阅读起来仍旧十分吃力，这源于我对书中诸多理论和术语的陌生和无知，正因此对这本心里很崇敬、看起来很舒服的书，我总是皱着眉拿起又放下，放下又拿起。

在我看来，这本书真的是包含太多内容，真正读懂它需要联想很多教学实例，查阅很多相关文献，同样的，着眼于篇章中的任意一部分研究也能延伸写出很多篇幅很长的论文。在本篇读书心得中，我着眼于"第六章教室中对话（沟通）的结构"的"第一节课堂教学中的语言行为分析——弗兰德斯的互动分析"的内容，谈一谈自己的一些思考。

这一节给我最大的感受是——课堂是灵活的，多变量的，老师和学生的表现无法完全用数据去量化，任何一种能够观察、预测和分析课堂语言行为的方法都是有局限的，因而要多种方法相综合。此外，课堂是以学生为中心的，我们无法将学生的行为整齐划一地进行统筹定性，可观察到的是有限的，我们需要用多种更自然的方法对学生进行监控和评价。

弗兰德斯的互动分析范畴理论是将师生在课内的语言行为划分为 10 种"分析范畴"，每隔 3 秒钟记录一次教学中师生的发言行为并将其分类，而后借助矩形阵表示数据进行分析的一种研究方法。这种分析范畴无法排除"主观性"。因为是以弗兰德斯的特定的教学观为前提的——以教师的发言行为占据对话支配地位的课堂为前提而设定的，因而一共划分的 10 种范畴中，他将教师的语言行为意义分为 7 种。但他认为学生"主导"地发言、教师"应对"学生发言的"间接性影响"为基调的教学更为理想。

除了研究本身并不中立和客观之外，我认为弗兰德斯划分的分析范畴与他所提倡的理想教学情况间存在矛盾——既然认为相比教师多讲授，以学生为中心，促使学生主动学习的课堂效果更好，那为何对于学生的语言行为只是单纯地划分为被动应答的"对应"和主动应答的"主导"这两种？学生在课堂上的应答无论是因为被提问进行的回答，还是主动去发言应声，都可以再划分为围绕课堂任务本身的有效作答和偏离主题的作答。也可以根据学生回答所表示和包含的功能意义来进行划分，比如：对应教师发言中的"维护权威性"的范畴，学生可以划分出针对问题表示"质疑"的范畴；对应老师的"包容"性发言，学生也会有作答时和其他相关知识点"混淆"的范畴；另外还有表示学生小组活动的"自由讨论""互相交流"，学生间因主观因素在同一问题答案上互相反驳较劲的"呛声""辩论"性范畴等等。弗兰德斯的分析范畴没有反映出学生的个性和意图，无疑这样分析出的结果是有研究局限性，缺乏课堂生动性和真实性的。

在第 102—105 页引用文化人类学和儿童中心主义对互动分析的批判这部分中，汉密尔顿指出："弗兰德斯的'互动分析'尽管有利于某一课堂与其他课堂标准化比较，但在揭示这一课堂的课堂文化、个性特征方面是缺乏有效性的。"比如，"互动分析"只对教师的发言进行了统计，但没有对教师的非语言类行为进行记录，比如：根据不同教师的表达习惯、倾向的不同以及课堂讲授容量的限制，有些同样表示对学生发言的赞赏和鼓励性的功能内容，没有直接用语言来表达，而是用眼神和微笑来传递的，那么统计出的结果中就会呈现出老师给予的表扬反馈不够。

第 102 页"互动分析仅仅关注表面的、可观察的行为，不考虑这些行为背后的意图"，这句话让我联想到第 64 页"阐释性评价"批判专注于数字的评价方式，提倡用更自然的方法去观察。这两处文字都在强调不只是关注于成绩这种可分析的数据，或者是课堂上可量化的学生表现，比如是否主动发言了，因为学生的思维变化是很难去观察的，而那才是我们教育真正应该去注意的部分。学生的可观察性行为又受到其自身的性格和习惯等多种因素的影响，比如有审慎性性格的学生看起来在发呆或许是在思考，而有回答行为的学生却是习惯性抢答，没有经过意识思维加工等等。第 104 页"皮格马利翁效应"中提到"在课堂教学的沟通过程中，存在着谁都能够明了地观察到的事实与不了解背景则难以理解的事实"。这就需要我们针对不同的学生以及课堂教学过程具体分析，像第 63 页"阐释性评价"所提倡的那样，通过灵活运用"基于参与观察法的观察记录""访谈""问卷"和"纪实作品"等多种方式对学生的语言和行为去观测和评价。

第 64 页"罗生门方法"阿特金提出："如果普遍接受并期待将所有的结果都置换成行为语言，那么课程一定会越来越强调可使之实现的要素。难以发现的重要结果、近乎不可能由行为语言置换的重要结果，将会趋于式微。"这句话恰恰指出了弗兰德斯"互动分析"的这一语言行为分析方法的弊端，可实现的要素主要集中在可观察的数据和行为，比如成绩的进退步，课堂上的活跃程度，但难以发现的便是学生对某学科的态度，思维方式和兴趣的浓厚等等，正如在上一段中我也提到，这无疑都是培养学生学科素质的重要要素。类似的，第 102 页汉密尔顿和德拉蒙特指出"互动分析过分偏重范畴化后所测定的内容"，这也印证了弗兰德斯的分析方法侧重的是对应的结果，而不是语言行为的本体。

既然弗兰德斯的分析重视结果更多，那么对于结果的分析是大体准确的吗？答案是否定的。一方面因为范畴的划定并不完善，尤其是对于学生行为的判定，因为分析常常会导致歪曲或者无视客体的特质，另一方面，对于持续的现象设定了固定范围，也会不可避免地产生某种偏见。比如，划分为"学生应答"的被动回答就意味着该生不积极学习吗？

第 103 页阿德尔曼和沃克指出："课堂教学中的'发言'不仅是信息传递的纬度，而且也是对知识意义构建的一种表现，是发言者自我认同的一种表现，还是发言者同他人联系的一种表现。但是，弗兰德斯的系统将'发言'的作用仅仅界定为'信息的传递'。"在上文中，我已经以教师的赞扬方式来举例，即在"互动分析"中，只要涉及教师赞扬的语言行为就归纳到"赞赏和鼓励"这个范畴中，但在实际的课堂教学中，赞扬方式不同，效果也不同，教师的用意也不同，因此划定到一类内容范畴的行为实际上相差很多。比如教师用"某某同学回答很准确"和"某某同学最近努力了"这两种语言表达，后者就体现出了教师想要拉近同学生的联系，传递出"我关注你"的意图。所以互动系统"并没有把发言看作意义的表达与沟通，或者说并没有把对话当作人们站在他者的角度重新发现自己的手段。"当学生听到老师对自己正确的答案反馈出"最近你努力了"的肯定，便会站在教师角度重新审视自己，给自己更多的肯定，获得更大的动力。以这种角度去分析监控课堂教学过程，便会研究出更为科学有效的调动学生兴趣，促进其自我学习的方法。

另外使我很感兴趣的是第104页中的两句话，"'沉默'承担着极其多样的复杂含义"以及"瞬间的一句话决定整个课堂走向的事例很多"。这两句话让我联想到一个课堂实例，即在自己讲《荆轲刺秦王》这篇文言文，讲到荆轲劝说樊于期自刎成功时，一个性格外向型同学发言说："荆轲是个老谋深算，很有心机的人，为了达到目的不择手段。"其实对于这段情节，确有见仁见智，也可以反映出荆轲聪明，了解他人，果敢坚持，以大局为重等正面形象，但该生发言之后，整个课堂的节奏就乱了，同学们一下子七嘴八舌讨论起来，都以网络流行语中的"充满套路"来进行概括荆轲的人格。在学习课文后面的情节时，同学们就倾向于从负面的角度去评价荆轲。这个例子便显示出了瞬间的一句话决定了课堂的走向的情况。而在混乱的讨论时，我则是首先采用了沉默来平定课堂秩序，接着向学生们传达了要客观地认识和评价历史人物的原则，不可只从负面角度去看课文中的主人公。在这里我面对学生混乱的沉默，其实便蕴含着多重含义："你们静一静，老师要讲话"，"你们现在在无意义地发挥，回到我们的教学轨道上来"，"现在课堂秩序很乱，我要压低气场以起震慑作用"……在弗兰德斯的互动分析中，除了教师和学生的发言还有个单独列出的范畴是非言语行为"沉默与混乱"，这些蕴含着多种功能，对课堂可能有关键性影响的要素，这个分析系统并没有进行细化分类，无疑是不够科学的。

以上是我对第六章第一节围绕弗兰德斯的互动分析理论的感想和质疑，通过这番思考，我更加明白课堂分析的复杂性，但有一点是肯定的——必须重视研究客体，必须以学生为中心。

第26页博比特的课程论与生产工程的类比，将教学过程看作是将"原料"（学生）变成"成品"（教育成果）的过程合理化，效率化；以及第63页提到的将行为目标的课程评价比喻为肥料实验的"农业植物学范式"；第59—62页缺乏"内容""认知"和"背景"的"过程—产出模式"。这几种理论都是忽略了学生的特点和认知思维变化的过程，仅以可观测到的指标和数据来分析课堂情况。

那怎样的做法是更可取的？第65—67页"技术性方法"侧重于用数据说话，重点侧重教材和教案的编定，在教学过程中倾向于按照既定计划开展，这是忽略了学生的个性和主观能动性的。而"罗生门方法"强调创造性教学活动，注重对教师素质的培养，重视在教学过程中即兴改变教学思路，这正是以教师为主导，以学生为中心，充分围绕学生学情来组织教学的思路。

第105页"皮格马利翁效应"理论提到"在教学这样复杂的、日常的、长期的沟通过程中,比起看得见的行为,眼睛所看不到的联系及感化起到重要作用的情况非常多",杰克逊在《不可教授的教学》中提到"回顾自身受教育的经历,从教师身上学到的许多有价值的东西,并不是从教师直接教授的内容中获得的,而多是在无意识地受到启发的事件中感悟到的",这就更要求教师注意平日里对自身的素养和积累。我联想到这个寒假引发诸多关注和讨论的一档文化节目《中国诗词大会》第二季,最终夺冠的是一位高二的女中学生,她的从容自若的气质以及信手拈来的古诗词列举,让人们过目不忘,赞不绝口。教育界的人士纷纷将眼光投向如何在教学中培养学生们对语文学科的兴趣。读完杰克逊的这句话,我想倘若作为语文老师的我也在日常中自身先多读古诗词类的书,在谈话中也可以引经据典,张口即来,那么应该会比只是督促学生背诵默写更能提高学生的兴趣。同样的"罗生门方法"也要求教师提高能力和素养,所以如果我在非课堂时间中持续加深对教材的文本解读,扩充对学生的认识方式,那么在课堂上即便是我无意识的行为,也会更符合教学的科学性,给学生正面影响的几率也会增加。

其实老师对学生的影响也不仅仅是教学成绩方面。我自身有穿旗袍的爱好,我也不止一次在学生的日记和表述中,感受到这看似只是我个人偏好的一件事,也给学生带来了不大不小的影响。比如说有的学生在教师节写给我的信中写道我让她感受到语文的古典美;比如讲到《雨巷》的时候,学生们一致认为丁香姑娘应该穿着旗袍,甚至有的学生认为是语文老师的样子。有的学生告诉我,相比她身边嘻哈风等一些很酷很时髦的穿衣风格,我的穿衣风格很吸引她,在她查阅一些资料后,喜欢上了旗袍和汉服的文化。不可否认,这些影响对于学生的成长也是很好的。

以上是我对《教育方法学》第六章第一节以及前文的一些感悟,限于个人阅历和涉猎范围,很多思考还很不成熟,逻辑性也不够严密衔接。但是仅仅是几页的内容,就给我这么多启发,确实是如赵长河老师所说的那句朴实的话——这是本实用的书。我想在以后的工作中,我会经常翻一翻这本书,会对这本书有着更多更深刻的理解,同时可以把萌生的念头在教学中发现更多的应用角度。

定能生慧，问道于斯
——读《可见的学习》有感

韩红伟

"我是谁？""我从哪里来？""我要到哪里去？"人类给自己提出的永恒的问题，也是永远解不开的谜题。感谢澳大利亚墨尔本教育研究所主任约翰·哈蒂（John Hattie）教授及其研究团队，感谢《可见的学习》，一个暑假静心的研读虽然不能完全解开迷题，但它却向我们开示了通向谜底的一扇门、一条路。"如何让学习可见？"更启迪我思考在今后的语文教学中"如何让阅读教学成为可见的学习？"

一、定能生慧——拜伏于研究团队的热忱与灵慧

初读此书，即拜伏于研究者的"热忱与灵慧"。哈蒂教授及其团队使用元分析的方法整理了自20世纪70年代末以来国际上关于教与学研究的主要成果，对迄今为止已经发现的、可能影响学习的因素按照效应量的大小进行了排序，并对这些因素及其影响逐一进行了分析和总结，提出了"可见的学习"原则。他们通过900余项元分析发现，在学校教育所有可控的变量中，教师是造成学生学习结果最大差异的来源。然而，仅仅承认教师能够造成最大差异不是本书的目的，帮助教师搞清楚是什么以及为什么造成了差异才是重点，这也是"可见的学习"之深远意涵所在——学校、教育领导者及教育研究者应该帮助教师思考他们正在对学生学习所产生的作用，并帮助教师找到有关这一作用的可靠证据。也就是说，教师要看得见自己的教对学生的学所产生的影响。为此，教师要成为自己教学的学习者，而学生要成为自己学习的教学者。所谓"可见"，简言之，就是教学者及学习者要知道自己的影响，这才是有效的教与有效的学之本源。

哈蒂教授指出，教师及学校领导者要正确地看待自己的作用和影响，其途径就是成为

其教学影响的评价者。他归纳出八个心智框架，以引导教师及学校领导者清楚地审视自己的角色与作用，对教学行动进行有效的反思和改进。

该书没有罗列繁杂的数据、艰涩难懂的公式、生异的教学模式或方法，而是将已经在教育生活中被证明有效可行的教学实践，化作教师可以直接运用的简明指导和操作要义，涉及教与学的方方面面，并将相应的有效学习和教学的原理渗透在故事和案例当中。本书值得所有致力于"最大程度地促进学习"的教师及教学研究者珍藏。

该书既从教师角度出发，又兼顾学生的立场，提供循序渐进的指导，包括课前准备、解读学习过程和课堂交流及课后追踪；提供检查单、练习、案例研究，描述最佳实践以辅助提升学生学业成就；全面涵盖了学习活动的众多领域，包括学生动机、课程、元认知策略、行为、教学策略和课堂管理。作者在书中提到不少学习策略，如自我监控、环境重建、复述和记忆等。

"如何让学习可见？"我想在这本书中我们会找到明确而可行的路径。

二、问道于斯——启迪在如何让阅读教学成为可见的学习

"如何让学习可见？"更启迪我思考在今后的语文教学中"如何让阅读教学成为可见的学习？"对这一问题的回答涉及另外三个互相关联的问题——"我要到哪里去？""如何到那里？"以及"下一步要到哪里？"教师不仅需要自己回答这三个问题，而且还要启发学生也自发地去寻找这些问题的答案。

（一）"要到哪里去"——设计清晰可见的阅读目标

这个问题也就是我们常说的"教学目标"。教师要十分清楚学生经过一个学年、一个学期、一个单元乃至一堂课的学习之后要达到的成功标准——即依据什么可以认为学生在这堂课上获得了成功，还要在上课之前将这些标准清晰地传达给学生并转换为学生的学习意图。可见的成功标准和学习意图是杰出教学的标志之一。

因此，在正式教学开始之前，我们要进行必要的教材分析和学情分析。即"我们现在在哪里"的分析是教学的起点，那么，"学生的阅读心理期待"——"我们要到哪里去"的分析，就是教学目标的指向，这两点之间的内容正是学生的"最近发展区"，是"学生最需要教什么"的教学内容。而另一方面，在教学内容相对确定的前提下，它的组织方式将会决定整个教学面貌甚至效果，因此，分析并遵循"学生的认知规律"也是学情分析的重要方面。

例如：在教学古诗《春望》和《示儿》时，我们就在完成阅读教学前进行了教材与学

情的分析，使教师和学生明确了学习的目标。

第一步，研读教材，明确目标：

新教材第9册第二单元有以下课文《古诗二首》——《春望》和《示儿》、现代诗《乡愁》《梅花魂》《白杨》。这五篇课文安排在一起，编者的意图是让学生感受到千百年来华夏儿女心中割舍不断的一份情感——家国情怀。学生学习的诗和课文只是单篇出现，单篇体会，没有形成家国情怀的系列。社会主义核心价值观中对"爱国"提出了明确要求，《北京市中小学语文学科教学21条改进意见》中要求我们传承中华文明，展现传统文化，让我们更爱我们的国家！语文课程丰富的人文内涵对学生精神领域的影响是广泛而深刻的。基于教材、学生的特点和核心价值观、改革意见和课标课题要求，我们把两首古诗《春望》和《示儿》连读，由两位教师分别执教同一个教学班。确立了核心教学目标，通过建立多种联系，对"家国情怀"形成解释、作出评价，体会中国人亘古不变的家国情怀。

第二步，设计学案，整体感知：

设计学案，引导学生初读古诗，与文本对话。按照解诗题——明诗意——知诗人——悟诗情的古诗阅读步骤与方法，整体感知，完成自学。帮助学生有意识地联系课文内容，将查找到的资料进行筛选，完成初次整理与加工，提高学生整体感知和提取信息的能力。

第三步，学情分析，修改设计：

教师根据学生学案的完成情况，及时反馈与分析，并调整自己的课堂教学设计。

教师明确了需要解决的问题是什么，让学生知道自己的学习意图是什么，知道在一堂课后如何评判自己是否达到了成功标准。这种基于问题的学习可以很好地帮助教师传达一个单元或一堂课的学习目标，通过创设真实情境，学生清楚地知道在学习之后需要解决的具有挑战性的问题是什么，也知道解决该问题的意义所在。

（二）"如何到那里？"——构建清晰可见的阅读路径

"取法乎上""教无定法"，学习目标清晰可见后，我们可以根据不同的文体特点，采用不同的教学方法，为学生阅读文本构建一条清晰可见的路径。

例如：1.情感体验类课文。

这类文章的阅读过程无不伴随着情感的活动。心理学研究表明，情感体验由浅入深可以分为入情、动情、悟情、抒情四个层次，我们可由此构建阅读路径。以《老人和海鸥》一课为例：

教学步骤一：披文入情，自由读课文，了解课文写了什么。

教学步骤二：破文动情，研读海鸥的举动，体悟亲人送别的血脉相连的悲痛之情。

教学步骤三：移文悟情，走进老人生前和海鸥相处的日子，体验老人与海鸥间亲人般的亲昵与幸福，并补充老人自身生活贫穷的材料，进一步升华感情。

教学步骤四：写话抒情，此时此刻，如果你就是海鸥，面对着这样一位老人，你想说什么？如果你是读者，是在场的观众……你会说什么？写下来。

以上四个教学步骤，以核心事件"海鸥悼念老人"为核心，从情感体验的四个层次由浅入深，构建了一个有中心、有场景而且相互关联的有机整体——人爱鸟，鸟爱人。实际上这也正是情感体验类课文的教学路径。

2. 写人叙事类课文。

以《卖木雕的少年》一课为例，"教材版"的导学系统只罗列学习目标，缺少引导学习者一步步达到目标的具体步骤，这就会导致教师在"教教材"中容易出现"不知道教什么，更不知道怎么教"的现象。语文教材不仅仅是学习内容的载体，还应该明示出学习过程的阶梯，可以这样进行设计：

教学步骤一：课文主要讲了什么，按事情发展顺序说说课文的主要内容。

教学步骤二："少年的眼睛里流露出一丝遗憾的神情。我也为不能把这件精美的工艺品带回国而感到遗憾。"这句话中有两个"遗憾"：

（1）结合下面的练习，具体说说"我"为什么遗憾。

①用上课文里的四字词语。

②"啊，不，路太远，这个太重……"我语无伦次。这话按正常语序应该怎么说？标上序号。

（2）卖木雕的少年为什么遗憾？

教学步骤三："这个小，可以带上飞机。少年将一件沉甸甸的东西送到我手里。啊！原来是一个木雕小象墩，和白天见到的一模一样，却只有拳头大小。"这句话中哪个词语特别触动你，请圈出来并在旁边写写批注。

这样的设计意图十分明确，紧紧扣住教材既定的学习目标，形成一个有机的序列，不仅把学习目标明示出来，还把抵达这些目标的学习流程相对固定下来，便于学习者按照台阶一步一步深入课文，一层一层接近学习目标，一点一点完成学习任务。学生解答问题的过程既是研读教材的过程，也是课堂学习过程。教材研读完了，一系列问题回答完了，学习目标自然也水到渠成地实现了。

（三）"下一步要到哪里？"——形成清晰可见的阅读期待

第三个问题是前两个问题的再次循环。这时，先前的成功标准成为学生学习的起点，在这一起点之上教师提出新的挑战性问题，将学生从表层知识的学习引向深层的概念性理解，从学习简单技能引向技能自动化。

在这一阶段教师和学生都需要问自己"为了获得更大的进步，我需要参与的新活动是什么"。

回答这个问题行之有效的一种方法是让学生做作业或进行一次测验。

当然，教师需要始终铭记于心的是，无论是测验还是作业的目的都不是排名或比较分数，而是对测验或作业的质量进行分析，以及在分析之后采取相应的行动。

对教师来说，相应的行动可以是请一位同事站在旁观者的角度，依据学生在测验或作业上的表现，在下一堂课开始之前，评价新的教学设计是否在考虑班上每一个学生已有的知识基础之后设定了合适的学习意图，这些意图与成功标准是否匹配。

对学生来说，他们需要从测验、作业，从教师和同伴那里获得准确可靠的反馈，告知他们已经处于学习的什么阶段，下一步应该前往哪一方向。他们需要的反馈不仅要告知他们错在哪里，而且要让他们"看得见"自己头脑中的迷思概念，并给出未来改进方向的建议。这样就帮助学生明确了新的阅读目标，形成清晰可见的阅读期待。

"教师要成为自己教学的学习者，而学生要成为自己学习的教学者"，读完《可见的学习》，收获颇丰。最重要的一点是帮助我静心反观自己的语文教学，可以站在一种全新的高度和视角思考，今后该如何通过自己的努力切实提高学生的阅读能力，全面提升语文学科素养。

你的设计如何让学习可见？
——《可见的学习》读后感

陶陵宇

暑假是老师的休整期，也是进行学习充电的好时候。期间我阅读了约翰·哈蒂（John Hattie）《可见的学习》一书，这是一本于2009年推出的惊世之作，凝聚了作者持续15年的研究成果，数据涉及成千上万名学生，书中对迄今为止已经发现的、可能影响学习的因素按照效应量的大小进行了排序，并对这些因素及其影响进行了分析和总结。由此可见，此书的作者用了大量的时间和实践证明阐述了教学的有效性。

在阅读中，首先了解什么是"可见"，什么是"学习"，由此生成"可见的学习"——可见的教与可见的学即是教师从学生的角度看待学习，学生将教学视为他们持续学习的关键。当教师成为自己教学的学习者，学生成为自己学习的教师时，对学生学习产生的效应最大。当学生成为自己的教师时，他们便表现出自我调节特征，而这一特征似乎也是学习者渴求的。

我认为这一观点和我们国内学生自主学习有一定关系，我也把这一观点运用到我的教学中，引导学生主动获取更多的知识，使他们具有独到的见解和丰富大胆的想象、创造能力。

例如：有些歌曲比较短小，朗朗上口，节奏有规律性，那么就可以完全改变歌词内容，给歌曲注入新的内涵。如三年级《拍皮球》一课，歌词是这样的：

"花皮球，真可爱，轻轻一拍就跳起来，

你拍拍，我拍拍，大家玩得多愉快，

嘭嗵嘭嗵嘭嗵嘭嗵，大家玩得多愉快。"

在学生学会歌曲之后，我出示了很多生动的投影片，有乐器的、有物品的，启发他

们:"同学们,你们看着这些图画,能把我们这首《拍皮球》改编成一首新的歌曲吗?"这时,有一些学生马上举手说:

"小铃铛,真可爱,轻轻一敲就响起来,

你敲敲,我敲敲,大家敲得多愉快,

叮叮当叮叮当,大家敲得多愉快。"

老师趁此机会开口说:"你真棒,都成为小小词作家了。"其他同学一听,也都争先恐后地说:"老师老师,我也行。"于是,"小毛毽"……"小花鼓"……"小提琴"……等等,甚至唱出了我出示图片以外的内容,整个教室成了新词创作音乐会,学生们在不知不觉中学习了歌曲,改编了歌曲,并创作了歌曲。

再如:在教唱歌《愉快的梦》中,我没有按传统的教唱法进行教学,而是在导语后直接播放《愉快的梦》的伴奏录音,让学生闭上眼睛,在音乐旋律中充分感受6/8拍子起伏动荡的感觉,然后请孩子们给歌曲起名字。孩子们回答:"听了这段美妙的音乐后,我好像置身于一条小船上,飘到了一座美丽的海岛,曲名叫《摇曳的梦幻》。""我好像长出了一对翅膀飞到了天上,在彩虹中飞舞,歌曲的名字我认为是《飞越彩虹》。"学生初步感受了解了拍子节奏的摇动感,同时发挥想象,感受音乐作品带来的愉悦,对学习歌曲发挥了铺垫作用,也大大活跃了学生的想象思维。

欣赏《苗岭的早晨》音乐片段,让他们边听边展开想象的翅膀,有的同学想到了清晨,小鸟在绿色的森林里自由自在地飞翔,有的想到了春风来了,大地苏醒了,鸟儿在欢快地歌唱……孩子们表达出自己充满个性的想象,在主动地探究中有的同学情不自禁地手舞足蹈,有的同学诗兴大发,他们的脸上洋溢着成功和自豪。

约翰·哈蒂(John Hattie)在书中指出:教师要知道不同的学习策略,并能够在学生不理解时使用策略帮助学生;能够针对需要理解的内容为学生提供指导和再指导,并因而能够最大程度地发挥反馈的作用。

书中没有罗列复杂的数据、难懂的公式,却充满了热忱,凝聚着专注,从开始到最后,让我们读者感受着他的胸怀,对真正教育研究者的智慧产生深深敬意。

对话·交流
——读《可见的学习》有感

程 祎

如今教师话语主导着课堂，而《可见的学习》的一大主题就是要改变课堂中听和说的比例，教师要减少讲授的比例，增加倾听的比例。也就是教师要将自己的"一言堂"逐渐改变为"对话·交流"模式的课堂。

现在大多数教学都是教师话语占据每堂课的70%—80%，随着年级的不断上升和班级规模的不断缩小，教师话语的比例也在不断增加！不管什么年级，如果教学具有挑战性和相关性，并在学业成就上提出严格要求，那么所有学生都会有更高的参与度，教师话语也会相应减少——而最大受益者要数那些处于边缘、可能掉队的学生。

教师话语也遵循一定的模式：教师发起——学生回应——教师评价，这一模式通常也被称为IRE模式。这个三步式的交互赋予教师话语主导地位，并支撑着教师话语一直持续下去，长期遵循IRE模式的话，会催生低阶认知思维的学习结果，限制和阻止学生话语和学生学习。课堂中只有很少一部分时间用来开展班级讨论或进行包括有意义观点讨论在内的师生互动，教师常常在学生还未回应前一部分话语的时候就开始转到下一部分的独白。教师会将所有学生都带入IRE模式当中，但通常是集体回答，学生逐渐学会"课堂的游戏规则"，常常人在心不在，被动地参与课堂学习。教师热衷于说话——澄清、总结、反思、分享个人经历、解释、更正、重复、表扬，等等。5%—10%的教师话语激发了较多的学生参与的对话或交流。这里并非指教师如何观察到这个结果在课堂中发生，而是指这结果是时时刻刻发生于课堂之中的。

教师话语占主导地位，还会带来一种课堂中形成的特定关系——主要是为了利于教师话语和控制知识传递，如"安静！好好表现，认真听。我问你的时候，你再回答我提出的问题"。"互动"指的是"告诉我,我刚才说了些什么。这样我就能检查你是否在听,然后我就能继续讲课"。我们需要纠正这种不平衡现象,作为教师也不妨独自分析一下自己的课堂,查看自己的话语在课堂中所占的比例。当然,某些信息和观点的直接传授是必须的——但是在很多课堂里,需要更少的教师主导话语,更多的学生话语和参与。

目前,对于教师来说,更为重要的任务是倾听。倾听需要对话——这就要由学生和教师提出共同关注的疑惑或问题,考虑和评价解决这些问题并从中学习的不同方式,交换并欣赏彼此的观点,最后一起解决问题。倾听不仅仅要尊重他人的观点、评价学生的观点,还要分享真正的思维深度以及产生质疑的信息加工过程,将对话看作让学生成功参与学习之必须。通过倾听,教师能够知晓学生带进课堂的是什么、采取了何种策略、先前学业成就如何、现有水平和期望水平之间的差距本质和范围。倾听也提供了各种机会,让学生的"心声"得到接纳,从而鼓励教师用最有效的教学方法传授新的或更加有效的策略和知识,帮助学生更好地实现学习目的。

我们的英语课堂要尽量让教师引导学生多说英语,启发学生爱说英语。我现在任教小学五、六年级的英语教学,经过小学阶段几年的英语学习,高年级学生已经具备了一定的语言基础和语言能力,形成了一定的语言习惯和学习兴趣。但由于传统的英语教学理念和教学方式的影响,阻碍了高年级学生口语表达技能的发展。由于高年级学生即将步入青春期,他们羞于表达,不愿多说,因此,本课可以话题为根,教师基于一定的话题意识,让学生围绕话题进行听说活动,鼓励学生表达,让学生有表达的欲望。教师还可以通过创设图片、工具、多媒体等情境来扩展话题情景,让学生有效地进行听说活动,深化学生理解的内容,丰富学生情感的表达。此外,话题资源库的建立也有助于丰富学生的听说内容,调动学生的学习积极性,促进学生语言运用能力的发展,提高学生用英语做事情的能力。

应该注意的是,作为教师的我们要"住嘴",并不是要让学生从事忙碌的工作,而是让学生发起富有成效的关于学习的话语。《可见的学习》中 Bakhtin 对"独白式"话语和"对话式"话语做了非常实用的区分。"独白式"教师主要考虑的是知识的传授。"对话式"话语的目的在于推进师生和生生之间的交流,展示学生所持观点的重要价值,帮助所有参与者分享和协作建构意义。想一想,我们在日常对话中做了什么呢?我们与他人的对话具有交涉性和参与性,最终会形成一定的意义,不管是一对一还是同伴间的对话都是如此——通常倾听与说话的比例相当。但是在课堂中,话语权往往掌握在教师手中,教师向学生提供解释、纠正和指导;学生的回应非常简单和保守,很少展开一段对话。错误经常被视为尴尬,教师力图最大限度地减少人人皆知的错误,以此避免学生"丢面子"。

总之，通过阅读《可见的学习》这本书，给我最大的启示就是，老师要把话语权留给学生，让学生真正参与到课堂中来。一节优秀的、成功的课，应该是由教师的引导、学生的质疑、老师的启发、学生的参与共同完成的。把课堂还给学生，让学生与老师、与同学互动起来，在共同的参与中学习知识、完成任务。同时，这也给老师的备课带来了很大的挑战，老师要在备课时设想到学生可能会提出的问题或者可能会质疑的知识点。最终，回到学生这个起点，站在学生的角度，准备自己的课堂设计。

做热忱、专注、灵慧的教师
——《可见的学习》读后感

胡雪青

假期里,我读了新西兰作家约翰·哈蒂写的《可见的学习》一书,读后感受颇深。联想自己平时的教育教学,觉得书中的许多观点对自己有很大帮助,也解答了平时的一些疑问。下面就谈谈自己的感受。

一、了解了"可见",就是教学者和学习者要知道自己的影响

1. 所谓"可见",简言之,就是教学者和学习者要知道自己的影响。"可见"首先指让学生的学对教师可见,确保教师能够明确辨析出对学生学习产生显著作用的因素,以确保学校中的所有人都能够清晰地知道他们对学生学习的影响。"可见"还指使教学对学生可见,从而使学生学会成为自己的教师——这是终身学习或自我调节的核心属性,这也是热爱学习的核心属性。"学习"是指我们如何去获知和理解学生的学习,然后为学生的学习做些事情。贯穿本书的主题是:我们必须保持学习的优先地位,并且以教学对学生的学习产生的影响作为思考教学的根本。

联想自己平时的教学,并没有仔细思考过这一问题。我要怎么教才能让学生可见地学,而每一个孩子又怎么学才能让老师可见,"可见的教和可见的学"会带来什么样的变化?从书中我知道,当学习有明确清晰的目标,具有适当的挑战,教师和学生都致力于确定所追求的目标是否实现以及实现的程度如何时,可见的教和学就会发生。可见的教和学,是教师从学生的角度看待学习,学生将教学视为他们持续学习的关键。证据明确显示,当教师成为自己教学的学习者,学生成为自己学习的教师时,对学生学习产生的效应最大。

2. 但是又一想，在平时的字词教学中，分阶段、有坡度地练习字词确实收到了良好的效果。

因为我是包班，平时课堂上没有充足的时间听写字词，尤其是一个词一个词地判更没时间。但基础知识必须熟练掌握，它是学习的关键。这个道理我在开家长会时、班会时早已和家长和学生们达成共识。所以我平时的要求，家长和学生都非常支持，他们知道这是在为自己学习。每次字词的期末复习分为四个阶段。第一阶段家长听写，查漏补缺。交上来后我看一遍，有的家长判得很认真，错字圈出来并让孩子在旁边改几遍，但也有家长糊弄。这一阶段字词的掌握效果并不是很好，两极分化。真正都掌握的也就20%左右。但是我会及时在微信里表扬负责的家长和全对的孩子。

第二阶段老师听写，同桌互判。我一定会头天留家长听写哪单元，第二天我就听写哪单元。我虽然不判，但是每一对同桌判完交上来后，我都要浏览一遍。我发现谁有错字没判出来，两个人都要提出批评并要改几遍。而对判得认真严格又没有错误的同学我会大力表扬。所以孩子们都生怕被我查出错来两个人尴尬，还得替对方改错而判得格外认真。一次，有个孩子本来写对了但同伴就是给他圈了出来，他不服气找我理论。我帮他问同伴，同伴说："老师，他写的不规范，抽测都是扫描如果不规范会扣分的。"我劝那个孩子，你看人家多为你着想啊，现在判严点将来你会感谢他的。这一阶段，用时很少，半个小时，但反馈及时。因为伙伴的严格和老师的监督，60%同学已经基本掌握了。我会在微信里表扬听写全对的同学。家长就会根据名字，意识到自己头天的听写是否落实到位，查找自己孩子的不足。针对错字多的同学我会单独再给个别家长发信息。

第三阶段老师听写，老师判，同学查。这一阶段错字的同学就很少了，为了避免有错查不出来，凡是100分的同学，我都会一起叫过来，让他们再互查，看老师有没有没判出来的，还美其名曰：老师也不是神，也有错的时候，谁挑出错就表扬谁。孩子们积极性很高，这一阶段的练习80%—90%左右同学已经掌握了。

第四阶段再辅助看拼音写词和一些易错字的订正，大多数同学对字词已经掌握得差不多了。看拼音写词的卷子，不管多晚我都会一个词一个词地判，有时拿回家会判到很晚，但是看到孩子们都掌握了我会很欣慰。

所以，在以后的教学中，我会关注教学中的"可见"。认真备好课，精心设计每一节课，每一个问题，确定目标，想好怎样设计才能让学生的学习效果达到最高。在平时的教学中，也要随时关注学生的学，他们是否掌握了学习的方法，是否养成了解决问题的能力，在我以后的教学中是最为关键的。

二、做热忱、专注和灵慧的教师

热忱、专注和灵慧对教师工作很重要。其实做好任何工作都离不开这些品质。对教师和学习者来说，热忱的关键应当在于身为学习者或教师纯粹的兴奋，伴随教学和学习过程的全神贯注，以及为了实现理解而投入刻意练习的强烈意愿。热忱是具有传染力的，是可以教授的，也是可以模仿和学习的。这是学校教育最具价值的成果。教师需要具有指导性和影响力，并且能够以关爱、积极和充满热忱的态度参与教与学的过程。教师需要知道他们班级中每一位学生的所思所知，能够依据对学生的了解建构意义和意义丰富的经验，同时教师要有丰富学识，理解所教的学科内容，才能为学生提供有意义、适当的反馈，从而使每一位学生都能够随着课程水平提高而逐渐进步。

在这一点上，我平时利用微信和家长沟通收到了良好的效果。孩子们的成绩离不开家长的大力支持，我平时注重利用微信及时给家长反馈孩子的学习情况。每次考试成绩好的孩子姓名，我都会一一打在微信上，让家长及时了解最近孩子的学习成绩，并查漏补缺，避免对孩子的学习一无所知。我还会把100分的卷子发到微信里，便于还不明白错因的家长和同学向人家学习，有时候班级微信群为了一道题的多种解法展开讨论，学习气氛浓厚。有的同学作文写得好，我就把好的句子用红笔画出来，并在旁边写上好在哪里，同学们向他学什么。然后全文发到微信里，和家长们一起探讨，并提醒家长让自己的孩子读一读，这样既能看到文章又能看到老师的评语，比在班里听同学读效果要好得多。

总之，我觉得一是要调动学生、家长的积极性，二是老师一定要加以监督和反馈，不让孩子钻空子。这样既节省了时间，又提高了效率。我会继续从工作中寻找更多的好方法，带着自己的满腔热忱去更好地工作。

最后，用书中的一句话做结尾——"用仁爱和移情去关怀每一个学生，因为这些茁壮成长的小生命值得用真正的尊重、开明的纪律和想象力去加以引导。请致力于最大程度地挖掘他们的潜能，使他们能够贡献和共享——公平、正义、包容、荣誉、博学、繁荣和幸福。"

让教学走向生活世界
——胡塞尔"生活世界"理论的教学启示

管芳芳

胡塞尔在晚年著作《欧洲科学危机与先验现象学》中最早提出了"生活世界"这样一个哲学概念。胡塞尔的"生活世界"理论被人们称为"现象学之谜",具有极其重要的地位,因为它使得哲学的目光从形而上学的思辨转移到对生活世界的关注。教学活动起源于人的现实生活的需要,是人类现实生活的重要内容,它在本质上是一种特殊的生活过程。因此,对于胡塞尔"生活世界"理论的分析有助于我们获得对现代教学的全新认识,并为当今教学改革理念提供有益启示。

一、胡塞尔"生活世界"理论

胡塞尔晚年为了挽救欧洲人性危机提出了"生活世界"的理论。胡塞尔指出:所谓欧洲人性危机也就是欧洲科学和哲学危机,欧洲危机的根源在于它过分地着迷于实证主义的科学理论,从而遗忘了或掩盖了人生存于其中的"生活世界",因此,胡塞尔认为挽救欧洲人性危机的唯一出路,就在于重新回到"现代人"所遗忘的所疏忽的真实的"生活世界"。

关于"生活世界",胡塞尔的概念是模糊的,他并没有给出一个明确的定义。在《欧洲科学危机与先验现象学》一书中,胡塞尔所说的"生活世界"大致相当于"日常生活世界"或者称"生活周围世界"或者称"周围世界"。在胡塞尔看来,"日常生活世界"即"周围世界是一个仅在精神领域内才有其地位的概念。我们生活于我们各自的周围世界中,我们的全部忧虑和劳作都适用于这个世界,这里所表明的就是一种纯粹在精神领域中发生的事实"。这样的一种生活世界有以下几个特点:

首先,"生活世界"是一个"非课题化"的世界。在胡塞尔看来,欧洲的人性危机源于科学危机,人们过分沉迷于科学世界,过分迷恋借助理性的力量开发自然,控制自然以实现人类生存这个功利性的目的。因此,科学世界就是人类在"生产"这个课题的指引下构造出来的整个发展计划。它是一个彻头彻尾的"课题化"世界。然而,正是这样"课题化"的世界将与它的课题不相干的现象排除,抽象掉了。如在科学世界中,把一切不能加以量化的世界,如美的世界,善的世界,信仰的世界等"遗忘了",更可怕的是,在科学的课题结构中,"遗忘"了直观的生活世界和活动着的主题。由此,胡塞尔认为"生活世界"是一个"非课题化"的世界,或者说是先于一切"课题化"世界的一个世界。胡塞尔说"生活世界总是一个预先被给予的世界,总是一个有效的世界,并且总是预先存在着的有效世界,但这并不是由于某个意图,某个课题,或者按照某个普遍目的而有效"。由此,我认为胡塞尔"非课题化"的生活世界是指这样一个前科学地被给予的经验世界,我们在日常生活中将其视为理所当然的,我们非常熟悉它,并且从不质疑它。科学世界先天就具有一种片面性和狭隘性。然而,生活世界却是完整的和丰富的,作为一个具体的人生活于其中的世界,相对应于一个具体的人的知情意各个方面的需求而发生的各种目的都可以互不排斥地同时存在于并交融于这个世界中。在这个世界中,完整丰富的生活世界本身才是唯一的课题和目的。因此,这是一个全面丰富的世界。

其次,"生活世界"是一个非客观化的世界。科学世界的真理是必然的,然而在生活世界中,所有的真理都是主观的,相对的,是在不断地生成变化中为具体的人而存在着的真理。每个人的生活世界各不相同,因而生活世界的真理是相对于每个个体而言的真理。科学世界试图实现一个与主观的第一人称视角脱离了一切关系的严格和客观知识的理念。然而,生活世界"在先被给予的生活世界的存在意义是主观的构造物,是经验着的前科学的生活的成果"。因此,我们可以看到,在科学世界中,真理是必然的,严重背离了生活世界的理念;在生活世界中,由于每个人的生活世界各不相同,生活世界的真理是相对于每个个体而言的真理,因而所有的真理都是主观的和相对的。生活世界里的对象是以其相对的、近似的和角度性的给予性为特征,比如,当我经验到的水是冷的,我的朋友们可能经验到水是热的。对同一事物,每个人的理解都是不一样的,然而科学世界却以它的非相对性,非角度性盲目地追求单义性和精确性,而忽视了自身的基础和前提。为此,我们应冲破自然科学态度,追溯属于主观领域的生活世界。

最后,"生活世界"是一个直观的世界。胡塞尔认为,生活世界作为直观的世界是"通过知觉实际地被给予的,总是被经验到并能被经验到的世界,即我们的日常生活世界。"另外,胡塞尔还认为这个被实际地知觉和经验到的世界绝不仅是某一个人所独有的世界，它是我们人所共有的世界，是一个充实着他人主动性的行为的世界，是一个存在于"交互主体性"中的世界。胡塞尔说："在我们对世界的连续的知觉之流中，我们并不是孤立的，相反，在这种知觉之流中，我们同时就拥有与他人的关联。"因此，我们可以看到，生活世界并不是一个自身封闭的自在的世界，而是一个无限开放的有着多种可能性的世界。

总而言之，在胡塞尔看来，生活世界作为"日常生活世界"是指非课题化，非客观化，直观的世界。胡塞尔从人的角度区分了客观的科学世界与主观的生活世界，从而赋予了人的生活世界不同于物的科学世界的奠基性意义。此外，胡塞尔还提出了即使最精确的和最抽象的科学世界都植根于在直观性给予中的对于生活世界的、与主体相关的明证性中。因此，生活世界是一个原初的自明性的领域，它是一切科学世界的前提，是一个奠基性的世界。

二、我国一些地区当前课堂教学现状

胡塞尔的"生活世界"理念强调对人的关注和重视，蕴含着深厚的人文关怀。生活世界是人类根本的家园，蕴藏着丰富的价值和意义。日常生活是作为现实生活世界的主体的人最基本的活动，教育源于生活，人类只有在日常生活中接受教育，才能真正实现其价值和意义。

然而，我国一些地区实际学校教育教学有时却"脱离生活"，"脱离实际"。在一定程度上，片面的教学目的，僵化的教学内容，单一的教学方式以及毫无活力的教学过程使得这些地区的现代课堂教学处于枯燥、死板、压抑的气氛当中，使得现代人失去了活力和创造性，面临严重的精神危机。因此，教育教学应走向生活世界，实现其丰富性和充盈性。

教学活动应基于学生的生活世界

传统上，我国的课堂教学过于死板和缺乏活力，教学的过程通常是被界定为一种"认识过程"或是一种"特殊的认识过程"，教学过程"主要是引导学生掌握人类长期积累起来的科学文化知识的过程"。这种教学观的基础来源于胡塞尔晚年强烈批判的近代科学世界的理性宣传，这使我们的教学观突出了个体的认识能力，事实上弱化了人的其他方面。教学内容过于依赖教材，过于僵化；教学方式过于强调讲授的作用，过于单一。在这样的课堂教学中，教学只是单纯的认识过程，学生成为单纯的认识机器去履行单纯的认识世界的职能，学生的知情意整体全面的个性发展被忽视。最终，培养出来的是一群没有自主性和创造性的学生，没有独立思考能力和行动能力的学生。这势必将成为我国教育的最大悲哀。

三、胡塞尔"生活世界"理论对我国教学的启示

（一）教学应该给予学生的生活世界

胡塞尔的"生活世界"理念告诉我们：生活世界是全面丰富性的世界，是一个无限开放的有着多种可能性的世界，而且完整丰富的生活世界本身才是惟一的课题和目的，生活不是为了别的，就是为了"活着"。学生原本就生活在世界中，他们时刻都在以主体的姿态经验着这个丰富的生活世界。因此，生活在生活世界里的学生具有无限发展的可能性和生成性。我们不能只将这个世界作为人的认识对象，还应作为人的生存之所，生活之家园。因此，我们应该认识到教学目的并不只是单纯地认识世界，获得知识，培养技能，教学活动本身就是目的，教学互动应该使教学本身成为一种真善美的活动，成为一种当下的师生个体有价值，有意义的活动，使真正的教育就发生在当下的教学情境之中，促进学生成长，发展，更好地生活。此外，我们不应用理性知识中的任何条条框框将学生的思想固定死，将学生的行为限定死，也不应用僵化、单一的教学方式控制本应充盈、完满、活泼、丰富的课堂教学。所以，教师应该以发展的期待的眼光看待学生，相信学生有着巨大的发展可能性，关注学生的生活世界，充分利用生活世界中蕴含的教育时机和丰富的教育资源，采取多种多样的教育形式促进学生身心得到全面充分而自由的发展。

（二）教学活动应该充分发挥学生的主动性

传统的课堂教学是教师一味地灌输，学生一味地接受，学生成了单纯的认知机器。学生缺乏独立思考和创造精神，主动性极差。课堂上，学生唯师是从，唯书是从。最终培养出来的学生没有自由，不会思考，缺乏学习的主动性和创造力。

胡塞尔"生活世界"理念认为，主观世界的非客观性强调了人的主观性，他认为"在先被给予的生活世界的存在意义是主观的构造物，是经验着的前科学的生活的成果。"因此，生活世界的真理是在不断地变化中为具体的人而存在着的真理。由此，我们可以获得启示，在教学中，知识是具有被建构性的，学生是具有主动性的。因此，我们要注重发挥学生主体对知识的建构功能。在生活世界教育中，学生是教学活动的主体，具有无限发展的可能性。对知识进行自我建构有助于学生发展其独立思考的能力和创造能力，也有利于学生更好地掌握知识的内容。因此，教师可以通过开展一些综合实践活动或者研究性学习活动打通书本世界与现实生活世界之间的界限，关注学生生活经验，创造出生动活泼，充满生命力的教学活动。

（三）教学过程是师生平等交往的过程

在一定程度上说，传统的课堂教学过程中，师生之间是一种单纯的主客体关系，支配与被支配的关系，学生之间是一种面面相觑甚至冷漠的关系，整个课堂教学缺乏活力，教师一言堂，学生被压抑，最终学生的主体性得不到发挥，教师的教学缺乏热情，整个课堂教学的有效性降低。

胡塞尔认为，生活世界是我们人所共有的世界，是一个充实着他人主动性的行为的世界，是一个存在"交互主体性"中的世界。生活世界是主体间性的生活世界，人生活就要交往，人们都是交往的主体，交往各方是平等的，彼此应相互承认，相互尊重。因此，教学应走向生活世界，整个教学过程应该是人与人之间的交流的过程，即师生交流，生生交流，学生自我的内在交流的过程。教师和学生应该是展开对话，理解而达到"我—你"师生关系的过程，还应是学生之间相互交流，相互启迪，相互激励的过程。因此，教学走向生活世界，才能真正实现教师与学生，学生与学生主体间性的交流和理解，真正建立平等交往的和谐的师生和生生关系。

四、结论

胡塞尔的"生活世界"理念强调对人的重视，强调对实践和现实的关注，要求我们回归真实的生活世界。这对于我们现代教学具有极大的启示意义。教学源于生活，人类只有在日常生活中接受教育，才得以充盈、完满、活泼和丰富。因此，教学应基于学生的生活世界，在教学走向生活世界的过程中，教学活动应该以师生、生生平等的主体间性的交流为前提，充分发挥学生的主动性和积极性，开创生活世界的丰富多彩性，发展学生无限的可能性。

过有意义的教师职业生活
——读《教师角色与教师发展新探》有感

王雅君

研究生学习时期，我认为"对话"思想是指师生之间"理解"之后真正的对话交流。步入工作岗位以来，认识到要避免知识的简单搬运，还应将"对话"教学建立在"更充分地创造性活动"中。"没有教师的创造性劳动，就不可能有新的教育世界，而教师只有进行创造性的劳动，才会体验到职业的内在尊严与欢乐，才能在发展学生精神力量的同时，焕发自身的生命活力。"这本书是我探寻职业奥秘的宝典，结合自己半年来的工作经历，我在关注教师发展、课堂以及教学方面有了更深一层的感悟。

一、教师发展——教师职业的展望

"对教师职业美的研究需从现象的考察入手，依据马克思对不同社会状态下人的自由程度而经历的生存、享受、发展三个层次的划分，将教师的职业存在状态也分为三种，即以此谋生和养家糊口的生存状态、体验人生和品味幸福的享受状态、服务社会和完善自我的发展状态。"长期处于某种状态，就会形成不同类型的教师。比如，"生存型教师"以生计为目标，把额外的付出看作是一种牺牲，往往在工作中透露着无奈；"享受型教师"重在一种精神体验，因此会觉得吃苦也是享受；"发展型教师"重在职业能力的发展和提升，因此会觉得在工作中可以发现和创造幸福。不同的定位就会有不同的价值取向和期待，因此过一种有意义的教师职业生活便成为一名初任教师的职业期待。

二、课堂——新教师关注点的转变

"就教师知识结构的改进来说，在前一时期关注课堂纪律维持方面的知识和能力之后，教师的专业知识和一般教学法知识成为发展的重点。"处于生存阶段的初任教师最担心的就是 Hold 不住学生，因此营造一个有序的课堂秩序是自己的最初目标。这一方面一点儿也不为过，我认为一个能驾驭课堂的老师才是一个合格的老师。课堂秩序稳定之后，要给课堂注入更多的知识和活力，这样一节课才叫充实。

最初，我觉得一堂课的时间特别紧张，要把一个框题的知识讲完，让学生们都理解，简直太难了。因此，为了达到教学目标往往会出现灌输的情况。"教师的教学目标由'灌输知识'转向增进学生的理解时，理解教材的角度也要产生变化。"因此，这就要求教师在课堂中要注重学生的自动生成，减少不必要的直接灌输。课堂教学的复杂性和互动性要求将专业学科知识与个人实践相结合，在一线教学中逐渐摸索。

三、教学——构建有"意义"的教学过程

（一）构建有意义的知识体系

"教师除了要让学生理解所教的内容以外，还意识到要鼓励学生自己去发现、构建'意义'。在教学观上，这一时期教师不再把教学看做是教给学生如何去理解的过程，而是教师帮助学生去理解、构建'意义'的过程。"如何摆脱高中政治课枯燥乏味、满堂灌等标签的局面呢？答案就是构建有"意义"的教学过程。这与现在提倡的议题式教学和活动型课程不谋而合。这种新型的教学形式旨在使学生在一定的教学活动中有所思考，有所启发。

"自我更新关注"阶段的教师则不再把教学看作是教给学生如何去理解的过程，而是教师帮助学生去理解、构建"意义"的过程。"变化以后的教学行为，最主要特征是课堂上给学生主动学习的时间大幅增加，代替了过去教师讲为主，或以一问一答式为主的教学状态。关注学生课堂学习中的创造和问题的教师，就会使课堂出现动态生成的局面，焕发出生命活力。"达到这个阶段非一日之功，对于新教师来说还需要从完善教学设计做起，一步一个脚印，优化课堂教学，塑造有"意义"的教学过程。

（二）构建满足不同需求的教学

"在教学中，教师逐渐发现仅仅'教书'是不够的，心中必须有学生，教的内容必须适应学生的现有水平和需要。"这就要求教师在备课的过程中要充分了解学情。在教学工作中有个问题困扰我许久，有时候自己提出一个问题学生总回答不上来，年轻气盛的我最初把这一问题归结为生源差。一次偶然的机会和一位中年教师交流，她一针见血地给我指出是自己的问题设计出了问题。教学设计并不是一成不变的，要结合具体的学情，层层递

进方能激发学生思考问题。

为适应新的高考选考政策，我校在高一年级下学期就开启了选课走班模式。这样就可以根据学生的选课情况开设不同程度、不同学时的课程，以满足不同学生的需要。

从学生向教师角色的转变，熟悉好业务，站稳讲台。工作除了激情以外，还应有对教师职业发展的看法，如何站稳讲台离不开对教育教学孜孜不倦的探索。探索教育教学这条路，任重道远。但是，不用害怕，因为我们已经站在巨人的肩膀上！

因为痛所以痛

——读《让教育真实地发生》有感

董学红

《让教育真实地发生》这本书好沉,不仅仅因为它是全彩印刷,更因为它记载着十一学校 400 多位优秀教师的创意,200 多张教育海报,它美而实用。《让教育真实地发生》这本书好独特,不仅仅因为它是十一学校毕业学生推荐,更因为翻开书扑面而来的或长或短的文字、或大或小的图表、或浓烈或淡雅的画面颠覆了我看这本书的初衷,一下子把我深深地吸引,让读书真实地发生。

纵观全书,给我留下印象最深的是所有优秀老师的创意都是从教育的痛点出发,把"育人价值观"分解到"最小单位",提供可视化、可迁移、可操作的教育策略、方法和工具。从小学到高中,囊括各个学科,只要你是从事教育活动的老师、领导,一律开卷有益!

教育的终极目标是使受教育者学有所获,因此教育好坏学生最有发言权。翻开《让教育真实地发生》这本书就看到就读于北京大学、清华大学、香港大学的曾经的十一学校学子用充满真挚情感的语言写下的书序。书序中他们印证了书中的内容就是他们曾经经历的一切,也是难以忘怀的一切。他们忘不了十一自由而宽松的氛围,忘不了学校对青年才俊的珍视和信任,忘不了如今自己身上的优秀品质得益于当年恩师"耳提面授"的赐予……这一切的一切都得益于十一学校老师的智慧。学生的话是对十一学校老师的最大褒奖。

下面我就从自己较感兴趣的板块谈一谈自己借鉴他山之石的学习体会。

一、整本书阅读

真正的语文教育必须扩大阅读面,增加阅读量,引导学生读"整本书",把世界当做课本，而不是把课本当作世界。那么该怎样进行"整本书阅读"呢？我根据书中方略，结合二年级小学生特点，设计了以下几个步骤：1. 荐——为学生推荐书目，利用读书导读课点燃孩子心中的好奇心。2. 读——自读。3. 赏——利用读书交流课，同学们就书中主要内容等进行交流。4. 奖——通过评选小书虫等活动激励学生更加主动地读书。

当然书中也提到了阅读大潮下我们老师应该何去何从。老实讲，学生都在读书，老师的处境很危险。对于一个老师来说，最大的危险就是智力上的空虚、精神财富的虚无。我们只有也做一个读书人，才能在学生面前做一个合格的对话中的首席，不是吗？！

二、非学科力量

俗话说：亲其师，信其道。学生会因为喜欢老师而更喜欢老师教的学科。作为一名语文老师，我们不仅要思考如何教好语文，还要思考一些分学科的内容。例如：自己怎么说学生爱听？自己怎么说学生会听？自己怎么做效果更佳？……以此来增加语文学科的力量，从而更好地教好语文，其他学科亦如此。所以作为一名老师不用总摆出一副拒人以千里之外的架势，以显示自己做老师的威严。时至今日，作为一名新时代的老师，也应该走下神坛，放下架子，把学生看成一个真正的人去尊重、去理解、去爱、去赞美……把自己也看成一个有着七情六欲的普通人，高兴、开心也要大胆表达，让学生感受到老师的温度。遇到学生走神、发呆不妨讲个小笑话幽默一下，借此拽回孩子偷跑的思绪又保护了孩子的自尊心岂不是更好？！

三、为每一个天使插上飞翔的翅膀

就像书上说的那样，每个学生都是独一无二的天使。作为一名老师就要精心地为每一个天使插上属于他们自己的飞翔翅膀，静静地等待着他们梦想开花的日子。在此，我也根据书上老师们的创意，结合本班学生特点，设计了本班天使飞翔策略：1. 创设平台——插上自信的翅膀。班里有一些非智力因素很好的学生，只因为学习成绩暂时还不是很优秀，所以鲜有出人头地的机会。所以我就努力给他们创设平台，让他们在其他的领域崭露头角。跑得快的报名参加运动会；书写好的参加书法比赛；唱歌、跳舞好的同学联欢会上崭露头角……总有一款适合你。孩子们在不同的领域找到了自信，反过来助力自己的学习。2. 同伴互助——插上协作的翅膀。利用互补的优势，两人成为同桌，互相绑定，共同进退。不管你是动静结合还是文体结合，总之互相弥补、互相监督、互相帮助，一起成长。3. 心灵对话——插上专属的翅膀。每学期末，我都会利用写评语的机会，和学生进行一次心灵的对话，仿佛孩子就站在自己的对面。相信孩子看到评语的感觉也会和我一样，仿佛老师在语重心长地和他聊天。

　　总之，作为一名平凡的老师，能够陪伴孩子走一段人生之路是何等幸福的事情。真想说爱《让教育真实地发生》这本书，在这本书里我仿佛看到了一些自己曾经的过往，更加坚信了自己曾经的做法；在这里我更多地看到了十一学校老师们因为寻找到孩子们的"痛点"而"痛下杀手"才有如今师生们的"痛快淋漓"，真是因为痛所以痛！看完此书，让我从此爱上不断创新的十一，更爱上诸多同行的智慧，爱上为之奉献一生的教育事业！

让教学真正发生的"真相"
——读《教学勇气》有感

佟铁红

帕克·帕尔默认为：优秀教学不能被降格为技术，优秀教学源自教师的自我认同和自身完善，是源自心灵的教学。心灵的教学就需要教师能够忠于自己的内心，把教师的自我、学生和同事重新连接，慢慢唤醒教师的职业激情，才能让教学真正发生。

一、教师的内部世界和外部景观的呈现

有时，我们面带笑容，满面春风地走进教室，当我发现我能和学生有思想上的碰撞时，感觉到的是曲径通幽、柳暗花明。那时我们的心灵被生命启迪所照亮，那时的教学真是我所知道的天下最美好的工作。然而有时候看到教室里混乱的场景，听到嘈杂的声音或者看到学生毫无生机的脸庞，那些我们熟悉的知识、曾经的学生仿佛都在与我们作对，世界一片灰暗，生命都跟着暗淡无光。

教学是教师的工作，也可以说是事业，教与学对于我们个体和集体的未来，以及我们的生活质量至关重要。如果不提高我们的教与学的能力，仿佛那些复杂、混淆、冲突缠身的快速变化会损耗我们的精力或者让我们的生活黯然失色。与此同时，教师受到的心灵的撞击大大挫伤了我们的锐气，甚至会让我们变得自我怀疑。有的人会说，提高教师待遇，绩效改革，老师才会更愿意教学。这些都是外部刺激，当然教师确实应该得到更多的补偿，但是当我们不能珍惜以及激励教学之源泉的人的心灵时，提供其他的外部刺激是不能够从根本上改变教育的。

我从不质疑教学的根本是学生的学习，而非教学的教师，学得好的学生未必就是教得好的教师最美好的成果，但是我们也应该更清楚地意识到，在大多数学生学习的地方，教

师有力量创造学习条件，让学生学到很多很多，或者也有可能让学生什么也学不到。而优秀的教学要求我们真正懂得意图和行动的内在源泉，那就是要了解"教师的自我是什么样的"，这才是教师职业生涯中的核心问题。为了学习和学习者的利益，教师能更充满信念地为学生服务，提高教师的幸福感，与同事建立合作关系，才能帮助教育给世界更多的光明和生机。

二、真正好的教学不是技术而是来自教师的自我认同与完整

任何真正可信的教学要求最终都来自教师的内心世界的呼唤，这里指的不是道德权威或良心超我。当我们最初听到生活中我们"应该"做什么的那些要求时，可能会发现，我们被那些外部的期望围困，这些外部的要求扭曲了我们自身认同和完整。按照道德要求，我们需要去做很多事情，但是这是我的天职吗？内心呼唤我这样做吗？这是我内心世界与外部世界交汇中特别喜欢的地方，还是别人对我生活的应然设想？当我们只是遵循这些应然原则时，会发现这是一些在伦理上值得赞美的事情，但并非我心甘情愿；当这些不是内心呼唤我们要干的事情而去做的时候，我们的自身认同和完整是受到侵犯的，随之我们也会去侵犯别人，而作为教师的我们身边的别人就是学生或者同事。

与这种应然规则的压迫性的职业概念相反，比克纳提出了一种更宽容、更人性化的天职图景："是你深层愉悦与外部世界深层渴望之间相遇交融的圣地。"教育采用的仿佛不是外部规范，而是靠理智的自明自断，教师的内心是使我们生命鲜活的核心，而使生命鲜活又是无愧于教育这个词的真正教育所强调和召唤的。因此，教师的自我认同与完整就显得特别重要。

三、遵循让教育真正发生的真相

我们一直在做使教育成为纯外部的事业，让学生做一些他们不愿意又不得不做的事情，也许这个想法不受人欢迎，因为它迫使我们面对教学中两种最难对付的真相。

第一，除非教师把教学与学生生命内部的鲜活内核联系起来，否则永远不会发生真正的"教学"。

第二个真相更让人恐惧：只有我们教师能够做到真正的与自己的内心对话，我们才有资格说教师深入到学生的内心中。

当教师把自己的内心真实与外部活动完全分离，以至于已经失去了与自我意识的联系，是不会与学生有心灵上的共鸣的，而心灵深处直对心灵深处的共鸣才会产生真正的"教学"。如果我们不能发出我们内心深处的声音，我们当然听不到学生内心深处的声音，

而真正的"教学"便无从发生。

我们需要找到各种可能的方式来倾听来自心灵内部的声音，并认真地接受内心的指引。这样做不只是为了我们自己的健康，更为了我们面对的学生和同事。这样，一个良好健康的环境才会被营造，教育才会真正地沿着我们希望的方向发展。

教育，因你我的努力而改变

——读《为生活重塑教育》有感

董　硕

21世纪教育研究院出版的《为生活重塑教育》是一本给人启示与鼓舞、信心与力量的书籍。《为生活重塑教育》所收集的教育创新案例都源自中国本土，因此更有借鉴意义。

地处内蒙古鄂尔多斯高原的罕台新教育实验小学，秉承新教育实验的理念，以阅读为主线对课程进行重构，使晨诵、午读、暮省成为校园独特的风景和全校师生的生活方式。他们在探索"全人教育"、缔结"完美教室"方面取得了骄人的成绩。北京百年职校秉承"教育照亮人生，技能立足社会"的理念，改变了很多务工随迁子女的命运，并且将学校办到了国外。青海省的吉美坚赞民族职业学校致力于民族文化和现代化教育相结合，形成了自己独特的校园文化。源于德国的遵循儿童身心发展规律、重视真善美结合的华德福教育来到中国后在许多地方扎根、开花、结果。为了让自己的孩子避免体制内教育带来的伤害，由家长自助创办的、融合了西方的理性精神和东方的感悟式智慧的日日新学堂，迸发出鲜活的生命力，在实践中形成了自己独特的学校文化和教育品质。成都的同辉学校融合了特殊教育与普通教育、城市教育与农村教育，培养出一批"野性而高贵的人"。深圳明德实验学校用全新的管理体制和治理方法改变了当地教育实际。

一个个鲜活生动的例子，尽管他们的做法不同，但都在自己的教育领域勇于探索，取得了成功。他们成功地避免了教育之殇，把学校变成学生们能够真正受益的地方而不是变成只为高考的"屠宰场"。他们的成功并不高深莫测，皆具有可复制、可推广的普适性。

深圳明德实验学校是由深圳福田区人民政府和腾讯基金会联办的。这所学校的校训是"明德正心，自由人格"。校园网站解释说"明德正心即涵养'明德、至善、诚意、正心'的品质；自由人格，就是砥砺'自主、自为、自律、自立'的人格。"这不禁让我想起蔡元培先生的"自由之意志，独立之人格"的教育思想。

程红兵辞任上海浦东教育局副局长受邀担任校长。在明德实验学校，他实现了用人自主、用钱自主、课程自主的想法。体制内的职业倦怠是普遍现象，但在明德，虽然老师们的工作是辛苦的，但精神却是愉悦的。一位调入明德的老师说，在明德，教师工作量是公办学校的5倍，然而会有一种每天都在创造的感觉。

教师不是知识的传播者而是人生引路人，陪伴孩子成长，教师终将成为心灵导师。教师关注的不应该只是知识层面，而是生命的成长。教师首先注重对学生人格品质的培养，注重对学生智慧的启发，倡导传统文化大慈悲心与利他主义，鼓励学生正确的世界观和人生观，努力去做对全人类有意义的事情。

在探索和觉悟这条路上，教师也是学者。技术解决知识的传承，教育回归灵魂的引导。阅读在教育中起着不可估量的重要作用。教育不应该沦落为教书，应该注重价值观和精神层面的东西。

非常喜欢杨东平院长为这本书所做的序。他说教育创新的领域并不止于学校，在全球化和互联网的时代，教育的场域在迅速扩大，"学校在窗外"已经成为一个共识。从教学走向教育是一种创新；打通学校与社会、教育与生活的关系，走向社会化学习、个性化学习，将是一种更为深入的创新。因而，在学校教育之外，我们也要关注生活教育、家庭教育、社区教育、在家上学、多元文化教育，关注理念与价值创新、体制和制度创新、技术创新，等等。

正如书中所言"发现航程的真正之道并不在于寻找新的土地，而在于用新的眼光看待事物"。希望更多的人摆脱桎梏，回归教育本质。教育需要我们既要心怀理想，又要脚踏实地。学习他人，立足自己，相信教育会因你我的努力而改变的。

师生共同过一种完整的教育生活
——《为生活重塑教育》读后感

范瑞英

这个假期非常有幸拜读了《为生活重塑教育》这本书。

书中所收集的教育创新案例来自地处内蒙古鄂尔多斯高原的罕台新教育实验小学。这所小学秉承新教育实验的理念，以阅读为主线对课程进行重构，使晨诵、午读、暮省成为校园独特的风景和全校师生的生活方式，因此更有借鉴意义。

书中提到：中国传统教育通常把孩子比作一张白纸，以成人的标准和理想塑造孩子成才，而张冬青认为，孩子不应该是一张白纸，而是一颗种子，孩子并不是教育的对象，他们有着天然的成长的欲望和能力，自身就积淀了人类进化的各种基因。教育的使命是信任和尊重孩子，让孩子充分健康地成长。同时他提倡家校共建，家长可以查遗补缺，高度参与孩子的教育、学校的发展。

记得我们班里有个叫小俊的孩子，个子高高，身材消瘦，看起来就很单薄的小男孩，平时见到老师总是一副受了很大委屈的样子，可是离开了老师的视线，他可就变了：和同学在楼道中疯跑，在厕所玩，体育课上与同学打架，作业写得一塌糊涂，所有的字都像用树杈搭出来的，只能用三个字来形容"看不懂"。

就是这样一个孩子，开学的一个月来让我忙得不亦乐乎。我很想找到孩子的妈妈谈谈，沟通一下孩子的学习问题。但他的家长电话不接，见到老师就溜，生怕我跟他谈孩子出现的问题。看来指望孩子妈妈教育孩子是根本没戏了，只有我想办法了。于是我每天利用自己的休息时间，单独把孩子叫到旁边的小桌上，手把手教他一笔一画写字。每当看到孩子的字写得稍稍漂亮一些，就在班里大力表扬。课间活动或去厕所的时候，总是找个好孩子，陪他一起直去直回不和同学发生冲突。

然而学校的教育有时候真的鞭长莫及，家校的配合是学生成长中必不可少的基础。孩子学校作业按时完成后，回家不写作业，不读书。于是思虑再三我给孩子的爸爸、妈妈发了这样的一条信息："看到小俊现在的状态很替你们为他着急，本来想明天下午沟通一下孩子学习的状况，告诉您辅导孩子重点复习的内容和方法，可电话总是响了两声就说在通话中。之前跟孩子说了3次，放学接孩子时请你们来找我，可是孩子总在放学时，趁我跟其他家长说话，就偷偷溜走或者说不等爸爸妈妈接就走了。孩子是家庭的希望，教育孩子需要家长和老师的共同配合，关注孩子的良好习惯培养，就是帮助孩子建设美好未来的开始。今天孩子为了不让你们看到考试的试卷，竟然把卷子都塞到位洞里就偷偷溜到楼下，我看到后让学生到他位洞里把卷子拿下楼，帮他装到了书包里，相信他说忘带了（找不到了）已经不是第一次了。如果这样发展下去，孩子什么事情自己有主意，故意瞒着你们，不让你们知道，到青春期出现逆反心理时怎么办呢？老师不可能跟孩子一辈子，看着嘉俊现在的样子，真的替你们着急！"

就是这么一条长长的信息也如石沉大海，过了好几天都毫无音信。我无语了，在我觉得他的家长彻底指望不上的时候，没有想到，那天中午放学，我意外地见到了孩子的父亲，一位天天在马路上跑的公交司机。小俊的爸爸带着歉意的表情找到我说："老师，真的对不起，是我忽略了孩子，孩子他妈心态有些问题，总是爱躲着老师走，我工作太忙了，每天到家孩子就睡了，想辅导孩子都没有时间。看到您发的信息我好几夜没睡，教育孩子是我们的责任，您有什么事跟我说，以后教育孩子的事我来，真的很不好意思，让您这么费心。"听到这样的话语，我从心里替这个孩子高兴。在交谈中我们对孩子的教育观点得到了统一。

除此之外，我还利用QQ与家长沟通。因为QQ互动性强，操作便捷，成本低廉，传播方式集文字、图片、声音、视频、文件等多元化为一体，有助于家长进行多渠道、全方位的交流。QQ作为一种公众平台，不仅能够为家长提供大量阅览的信息，而且也方便家长及时回复相关的信息。

在QQ交流中，我会把作业及时发给小俊的家长，同时告诉他，今天孩子在学校哪方面进步很大，哪方面没有达到要求，需要重点督促小俊培养哪方面的能力。同时小俊的家长也能及时与我互动，交流孩子在家的表现。比如小俊最近在家写作业比较拖拉。于是在学校里，我就跟小俊说，你每天写完作业后，及时让爸爸拍张照片发给我，我要看看你写作业是不是抓紧时间。小俊的爸爸非常配合，接连几天都把作业拍好发给我。每当小俊抓紧时间完成作业时，我就会在班里表扬他写作业速度提高了！当孩子遇到不会做的题，家长也束手无策的时候，小俊就会在QQ里与我进行语音或视频交流，探讨解题思路。在

QQ 中，我和小俊的家长一起想办法，纠正孩子的学习态度，督促孩子认真写好每一个字，一起探讨教育孩子的方法。

慢慢地，小俊变了，他的家庭作业能完成了，作业上的字也能努力地放到田字格中了。小俊不再是同学眼中的"与众不同"的学生了，他每天不再把所有的课余时间放在与同学打架、到厕所玩去了，课间我们看到了他主动去找同学交流刚学过的知识，看到他主动把做错的题改正过来，看到了他写作业不再是最后一个交……看到小俊的进步，我紧锁的眉头终于展开了。

老师，是这些寻梦的孩子的引路人，要在他们心里写一本最美的书。家长是孩子的第一任老师，也是很重要的老师，他们把自己的孩子交给老师，没有一个不希望自己的孩子好。当老师能够晓之以理，动之以情地说出道理，他们也会配合老师一起教育孩子。当学校的教育有时候真的鞭长莫及时，家校的配合是学生成长中必不可少的基础。

俗话说：冰冻三尺，非一日之寒。孩子的教育不能是通过一件事，经过一段时间就能完全转变的，我和家长们会一起继续在教育这条路上努力。

润物于无声，教化于无痕
——有感于《教育方法学》

杨 光

最近拜读了日本教育界颇具影响力的人物——佐藤学教授所著的《教育方法学》一书，这本著作理论深刻，内容详实。合上封底，回想自己的教学历程，顿时感触良多。

该书总括了近30年来教育学研究范式转变的变革，又前瞻地指明了未来的研究方向，对于还算得上职场新人的我来说是一本难得的好书。

在研读的过程中，特别关注到了佐藤学教授谈到的一个实例——书第104页概述的罗森塔尔等人研究的"皮格马利翁效应"。罗森塔尔等人实施了虚构的测试后，将"班级里20%学生的成绩将显著提高"的学生名字告诉了教师。一年后再次进行调查时发现，果真如预言的那般，名单上学生的成绩提高幅度超过了其他学生。而事实上，这些被"预测"成绩将显著提高的学生只是经过随机抽样后被记录在名单上而已。

佐藤学教授精辟地提出："在教学这样复杂的、日常性的、长期的沟通过程之中，比起'看得见'的行为，眼睛所看不到的联系及感化起到重要作用的情况非常多。可以说，高价值内容的教学效果，相比'看得见的事件'，与'看不见的事件'的关系更为密切。"这些文字，让我感同身受。

我不禁想起了曾经教过的一名学生，发生在他身上的事情，让我至今难忘。在一次测试中，别的同学都在认真答题，唯独那位同学动作有点奇怪，观察过后，我基本确定，他在用手机作弊。为了不影响其他同学答题，我把他叫到教室外。估计他知道我看到了他的手机，但他并不承认自己在作弊，说自己在玩社交APP。但他的手机可能是因为来不及关，界面还呈现着测试题答案的内容，看到这个结果，他就再也没说什么了。这位同学平时有点懒散，之前多次谈心，但效果始终不太理想。现在又是这个样子，让我很是失望。

未曾想，还没批评他，他竟自己哭了起来。原来是他觉着现在成绩退步了，但是还想拿高分，所以才出此下策。这对我触动很大，我觉得虽然方法不可取，但起码他还是有上进心的。当时我没有过多地教育他，仅仅对他说我相信你，只要你肯努力，对于目前模棱两可、不太明白的知识点能够虚心请教，仔细琢磨，逐一攻克，你的成绩肯定能很快赶上原来的水平，甚至超越曾经的自己。

自此，上课时我有意无意地会多关注他一些，时不时给他眼神鼓励。果真，在随后的考试中，他的成绩逐步提升，在高考中也取得了比较理想的成绩。如果当时我对他直接训斥一顿，告诫他要态度端正，他的自信心、自尊心难免会受到打击，后期很可能会一蹶不振，那最终的结果应该不难想象。现在想来，后期他的成绩能够稳步上升，"看不见的事件——鼓励、信任、赞赏、感化"功不可没吧。

高价值内容的教学效果，与"看不见的事件"密不可分，而育人，大抵也该如此。苏霍姆林斯基曾说过："任何一种教育，孩子在其中越少感觉到教育者的意图，其教育效果就越大。"一位中国教育家也说过："不露痕迹的教育是最好的教育。"

当看到黑板还是写满上节课内容的时候，我不再不满值日生没有及时擦除，而是自己静静地拿起黑板擦，学生反觉不好意思，就会有学生主动提醒值日生下次及时清除；当上下午第一节课时，看到学生困顿、打不起精神的样子，我不再责备他们学习没有动力，而是让同学们齐唱一首歌，活跃气氛，振奋精神，同学们没有被批评后的沮丧、自责，而是精神焕发，心情愉悦地开始学习；有同学迟到了，我会给一个提醒的眼神儿，他们便欣然接受……

这些"看不见的教育"、看似"若无其事"的教育让我收获了作为教师的成就感和幸福感。这样的教育虽"看不见"，却有声有色；虽无痕，却有滋有味。这也应该是教育追求的最高境界吧——润物于无声，教化于无痕。

二
教学论说

整合社会资源开展综合实践课程

郭金明　赵红艳

在积极深化课程改革，推进以创新精神与实践能力为核心的素质教育的背景下，我们作为一所城乡结合部的普通学校，在课程改革方面做了积极尝试。

综合实践活动作为学校课程的重要组成部分，与课堂书本学习是相辅相成的。综合实践活动充分利用各种宫、家、馆、站、公园等文化历史自然资源，通过活动学习，强调学生的感受，通过观看、触摸，使其感官产生综合体验，形成丰富的情感，践行社会主义核心价值观，以及自我组织、团队精神、集体生活意识和责任感。综合实践活动具有综合性、实践性、内容丰富性、学习地点及时间开放等特点，属于非系统教学，没有固定教材，学习内容、学习方式以及学习目标都有别于书本学习，在学习活动后结论也不唯一，这些让很多教师感到无所适从。那么，如何才能有效地开展实践活动呢？项目式学习是解决问题学习的一种方式，在学习过程中，培养学生解决问题能力，包括如何获取知识，如何计划项目以及控制项目的实施，如何加强小组沟通和合作。因此，项目式学习对于培养小学生应对未来挑战的能力大有益处。近年来，我们通过以点带面、分层推进、形成系列的方法，推进项目式学习综合实践活动，取得了初步成效。

一、整合家庭/民间资源，开发实践"传统节日"课程

传统节日是我们中华民族悠久历史文化的一个组成部分。我们以继承、弘扬传统文化，增强民族自豪感为目标，开发了中华优秀传统节日课程，引导学生感受中华传统文化的博大精深，体验丰富多彩的节日生活。传统节日众多，我们选择有代表性的六个，即：春节、元宵节、清明节、端午节、中秋节、重阳节。学习的专题包括：了解节日名称、来

---

① 本文发表于《中国教师》2018年7期。

历、寓意，节日与传说、农业与节气、节日与饮食、节日与风俗文化活动、节日与人物地域等。学生的学习活动主要包括：动手制作灯笼、对联，绘制风筝，制作元宵、粽子、月饼等食品。我们力图引导学生搜集节日历史，寻找节日典故、故事，节日/气的歌谣、诗词等，体验节日的氛围以及特有的文化韵味，在"做中学"，感受传统文化的魅力，提高活动的有效性。

本着有趣的原则，全校每个学年重点进行一个节日的活动，六个年级一以贯之，而其他节日则由各个年级自己组织。以"游园猜灯谜 欢乐闹元宵"为例。

寒假中，老师和部分学生一起精心设计活动方案。开学后，在春节的喜庆气氛中，元宵节系列活动拉开了帷幕。课堂上，学生们津津有味地听国学老师讲述元宵节的来历，感受耍龙灯、舞狮子、踩高跷等民俗活动的有趣，欣赏《青玉案·元夕》等古诗词。班主任老师带领学生制作灯谜卡，在家长的帮助下，他们利用废旧物品制作灯笼。一张张由学生编写的灯谜，制作的灯笼悬挂在楼道中，五颜六色的灯谜卡片、形态各异的灯笼，处处洋溢着节日的气氛。随着欢快的音乐，猜灯谜活动开始了。学生们兴致勃勃踊跃参与，自信洋溢在每个人脸上。随后，又到食堂参与元宵的制作。学生们亲自动手揉面、揪挤儿、揉元宵、煮元宵、品尝元宵。"游园猜灯谜 欢乐闹元宵"实践活动不仅让学生了解了元宵节的知识，还让学生在体验中感受了中华优秀传统文化的魅力，享受了劳动与合作带来的快乐。

二、整合地域社会/自然资源，开发实践"大美古都"课程

古都北京，有很多文化历史以及自然资源。身居北京，要让学生们从小了解北京，热爱北京。通过走进森林公园、植物园等，感受大自然的和谐之美；走进天坛、颐和园等名胜古迹，感受北京的古典之美；走进国家大剧院、北京园博园等新场所，感受北京的现代之美。考虑到学生的年龄特征，我们将系列课程做了学段配置和主题细化。低年级的主题是"大自然的奥秘"，中年级的主题是"知家乡，爱北京"，高年级的主题是"古老与现代的京城"。（主题细化参见下表）

学段主题下项目学习（以中年级的项目为例）

学段主题	项目	建议活动地点
知家乡，爱北京	走进皇家园林	北海公园
	五十六个民族是一家	中华民族园
	对话圣贤，感怀恩师	孔庙和国子监
	奇妙的植物世界	北京植物园
	走走北京的中轴线	钟鼓楼——永定门

在此系列课程中,学生的学习活动主要包括:搜集故事、查看史料,参观访问,进行今昔对比等了解历史;动笔写诗、写短文,绘制路线图,制作学习手册,动脑动手提高能力。以三年级"走进皇家园林——北海公园"为例。

活动前,我们成立了综合实践活动共同体小组,借助多科教学激发兴趣,探讨寻找课堂知识和校外活动的最佳契合点。老师们结合本学科相关内容的学习,有意识提出问题,组织学生讨论,引导学生上网搜集资料,并进行筛选、交流、整理。例如,通过描写北海公园的课文感悟文字描绘之美;通过出示北海公园各个景点的照片,让学生领略不同季节公园的美景,欣赏色彩构图之美;通过出示北海公园中乾隆的题字,让学生观察、欣赏,体会汉字书写之美。

置身社会大课堂,大自然的美妙和皇家园林的精巧设计给学生们带来了许多欢乐和惊喜。琼岛的美丽景色,金秋时节的湖光塔影,鹌鹑戏水,苍松翠柏,花木芬芳,亭台楼阁,叠石岩洞,犹如仙境一般。"真漂亮!""白塔,真像一个大大的白玉瓶!"学生们兴奋地说着,议论着……登上团城,做好准备的学生争先当上小导游,向同学们介绍玉瓮的来历和团城的三大宝;"引胜亭"乾隆御笔碑前、承光殿前,听着老师对题字、匾额的介绍,学生们目不转睛地盯着匾额,有的观察、有的记录、有的拍照……体会着汉字的书写之美;摆渡船上,秋风拂面,学生们情不自禁地唱起《让我们荡起双桨》,尽情地抒发着此时愉悦的心情,"这真是一次难忘的经历"!这一日,北海公园里处处留下学生们观赏、学习的身影,老师们讲解、指导的身影。在美景中学生们收获着喜悦和知识,也收获着成长和幸福。活动结束后,学生们用多种方式梳理了学习成果——行后感、手抄报、图画、测量报告……作品虽然稚嫩,却彰显了每个学生的个性和创意;过程虽不完善,却记录着老师和学生们迈出的可贵的第一步。

三、整合社会文化机构资源,开发实践"走进博物馆"课程

博物馆是真正意义上人类社会的立体教科书。北京的博物院/馆众多,有着得天独厚的教育资源。借鉴国外将博物馆作为第二课堂的经验,我们根据主题设计筛选形成专题学习。如:首都博物馆/国子监的书法,故宫博物院的建筑特色和瓷器,自然博物馆的古生物等。博物馆课程的学习方法主要包括:通过老师、讲解员的讲解、提问、观看资料、描绘、布展、制作、操作等。以故宫博物院课程为例。

北京故宫是中国古代宫廷建筑的精华,是世界上现存规模最大、保存最为完整的木质结构古建筑之一。学生们早就对它心驰神往。行前,学生们和老师共同查阅资料,阅读《故宫博物院》文本,初步了解故宫的历史和故事,利用中午时间,观看视频《故宫的椅

角旮旯》。各学科老师结合本学科的教学和学生们交流着故宫的建筑特色、历史沿革、文物收藏、名人字画等，还出了一期《故宫这么大 我想去看看》的壁报，宣传故宫，让学生们初步了解故宫。

出行当天巧遇春雨。细雨中的太和殿，金黄色的琉璃瓦、殿檐、梁柱，装饰着青蓝点金和贴金彩画，显得格外洁净，透着皇家建筑的辉煌。学生们先聆听导游的讲解，再进行小组活动，在故宫里"玩"起来：数柱子，步测长和宽，摸摸龙头，看看日晷；在中和殿观看"中和"的出处，欣赏着乾隆御笔，感受着帝王将相当年的威仪；在珍宝馆，"掌上的风雅""鬓边的奢华"，孩子们目不转睛地欣赏着一件件宝贝。濛濛细雨，没有泯灭学生们学习的欲望，更激发了他们的创作灵感，"学习宝典"上留下了他们的记录和随笔。一位学生写道：四月小雨照天明，北平松柏严似军。护城河内无涟漪，只在今日湿故宫。"作为一名参与组织活动的教师，我所有付出的辛苦都值得！"老师也道出了心声。

丰富多彩的活动，逐层推进，学生在馆/院参观学习中，观察、制作/操作、体验，获得了更深层次的感受，这是坐在教室内无法比拟的。我们深深体会到，实践活动激发了学生的学习兴趣，增加了自信心；他们在参与活动中找到了乐趣，也体会了集体活动的美好，因而从心底喜欢这样的活动。但如何进一步体现项目学习的综合性，如何更好地实现多方合作，开发、完善学生活动的资源，如何引导学生自我管理，发挥学生的主动性，形成团队意识等，还有待于进一步加强研究和解决。尽管，我们几年的实践尚属初步，还有很多尚待解决的难题，但无论怎样，我们已经在路上。

基于数学阅读能力的培养教学探析[①]

王 敏

我们在平时的教育教学过程中,学生做有"数学阅读"方面的问题时,往往比较吃力,能力缺乏。如何培养数学阅读能力,是我们教师非常关注的问题。数学阅读能力就是获取、分析阅读中的数据,把抽象的实际问题转化为数学模型,并利用数学方法解决这个问题。

目前《普通高中数学课程标准(修订)》提出中学生在数学学习中应培养好数学抽象、逻辑推理、数学建模、数学运算、直观想象、数据分析六大核心素养。这次数学课程标准的修订预示着高中数学课程进一步改革的思想,也折射出整个高中课程改革的发展方向,具有极其重要的意义。通过分析,1962年的大纲提出了运算、空间想象、逻辑推理三大能力;21世纪初的高中数学课程大纲发展为抽象概括、逻辑推理、空间想象、运算求解、数据处理五大能力。而此次修订的六大数学核心素养中,数学建模目前仍然是短板,而数学建模强调应用,应用题建立在具体的实际问题中,需要学生能自己从实际问题中,概括出其数学本质,再运用数学知识进行求解。那么这当中,数学阅读将是学生提取信息的关键,是能否运用数学知识反馈生活实际问题的前提。

一、什么是数学阅读

数学是一门科学,是一种文化,更是一种语言。新的课程标准指出,由于学生所处的文化环境、家庭背景和自身思维方式的不同,学生的数学学习活动应当是一个生动活泼的、主动的和富有个性的过程。随着我国经济和社会的发展、科学技术的进步以及"社会数学化",一个人不可能终身依靠老师,每个人都必须学会自学,阅读是自学的主要形式,

---

[①] 本文发表于《数学教学研究》2018年1期。

自学能力的核心是阅读能力。阅读作为人类社会生活的一项重要活动，是人类汲取知识的主要手段和认识世界的重要途径。因此在中学数学教学中要重视数学阅读，培养学生良好的数学阅读习惯和较强的数学阅读能力。这是每一个数学教师应该重视的问题。

数学阅读是学生个体根据已有的知识经验，通过阅读数学材料建构数学意义和方法的学习活动，是学生主动获取信息，汲取知识，发展数学思维，学习数学语言的重要途径。科学技术，特别是信息技术的飞速发展，要求人们不仅需要具备语文和外语的阅读能力，而且还需要具有一定的数学阅读能力（如理解各种数据、图、增长率、利率、税率、商品的性价比等）。数学阅读的核心目标在于理解，包括通过联想建立新旧知识的联系，对知识系统化形成自己的知识结构，善于捕捉数学问题并回答问题。能否根据阅读材料提供的信息进行语义转换和语句分析，是阅读理解的关键，也是阅读能力水平的标志。

二、当前中学生数学阅读能力现状分析

例1（2016年北京市丰台区高一数学期中考试 A 卷）如图 1 是某种称为"凹槽"的机械部件的示意图，图 2 是凹槽的横截面（阴影部分）的示意图，其中四边形 ABCD 是矩形，弧 CmD 是半圆，凹槽的横截面的周长为 4. 已知凹槽的强度与横截面的面积成正比，比例系数为 $\sqrt{3}$，设 $AB=2x$，$BC=y$.

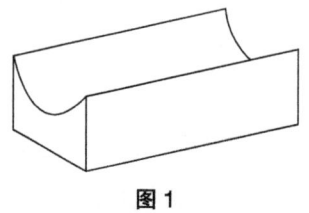
图1

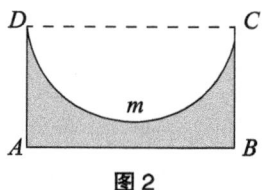
图2

（1）写出 y 关于 x 的函数表达式，并指出 x 的取值范围；

（2）求当 x 取何值时，凹槽的强度 T 最大.

【分析】本题为应用题，第一问函数表达式，需要指出定义域；第二问为二次函数的最值问题。本题看似为学生很熟悉的二次函数，但得分率却非常低，校平均分只有 0.9 分（来源中国教科院丰台实验学校）。

【点评】二次函数可以说是初中就学，而且大多数同学会很熟练的，为什么得分率很低呢？

超过一半同学因读不懂题，搞不懂条件的内在联系，即数学阅读能力这一环节出现了重大问题，导致于学生根本列不出式子，谈何求解？哪怕是再简单不过的二次函数，也只能望分兴叹了，这也是我国当前中学生失分最多的一个方面。

例2（2016年北京市丰台区高一数学期中考试B卷）若非空集合M满足：对任意$a \in M$，总有$a^2 \notin M$．若$M \subseteq \{1,2\}$，则$M=$_____；若$M \subseteq \{x \in \mathbf{N} | -1 \leq x \leq 5\}$，则满足条件的$M$共有_____个．

【分析】本题为填空题，考点为集合的定义，集合的表示，集合的子集个数问题。

【点评】虽然集合的知识很简单，但是得分率也不高，通过分析主要有以下几点：

（1）审题不仔细，第一问60%的错误同学都是因为将集合$\{2\}$写成2。特别地，上课讲解试卷的过程中，让连续三个同学反复阅读题目，找关键词，竟然都忽略了非空集合这个重要概念。实际上这也一定程度上反映出学生的数学阅读能力有待提高，而数学传授的不仅仅是答案，更是存在着条件的搜集、整理、处理、表达这样的一种逻辑关系。

（2）第二问中抛开知识性错误，又有相当的比重将$M \subseteq \{x \in \mathbf{N} | -1 \leq x \leq 5\}$中的$x \in \mathbf{N}$条件忽略，如此一来，在审题一项上就出现了重大问题，而这还是我们所谓的数学吗？

例3（2016年北京卷理科）设数列$A: a_1, a_2, \cdots, a_N (N \geq 2)$．如果对小于$n (2 \leq n \leq N)$的每个正整数$k$都有$a_k < a_n$，则称$n$是数列$A$的一个"$G$时刻"．记$G(A)$是数列$A$的所有"$G$时刻"组成的集合．

（1）对数列$A: -2, 2, -1, 1, 3$，写出$G(A)$的所有元素；

（2）证明：若数列A中存在a_n使得$a_n > a_1$，则$G(A) \neq \phi$；

（3）证明：若数列A满足$a_n - a_{n-1} \leq 1 (n=2,3,\cdots,N)$，则$G(A)$的元素个数不小于$a_N - a_1$．

【分析】本题作为2016年高考北京卷最后一题，难度系数较大，分值占比为9%，考点为数列、新定义问题。引自2016年高考北京卷学科评价研究报告：数学理科第8题、18题、19题、20题都有一定的区分度。这些北京试题注重学科的内在联系和知识的综合性，从学科的整体高度和思维价值的高度考虑问题，在知识网络的交汇点处设计试题，使对数学基础知识的考查达到必要的深度。

【点评】首先，这是一道以数列为原型的压轴大题，辅以新定义问题，瞬间难度系数大增。实际上在高考的有限时间内，大量考生会因为这类陌生的定义而止步不前，读不懂题意。既然是新定义问题，就需要考生快速理解并运用新定义解题，不然则只能望题兴叹。

通过以上三个例子，不仅是应用题，就连一道简单的"纯"数学题，都会因为数学阅读能力的不足而丢分严重。数学作为一门基础学科，单纯地议论其对于高中生现在的学习要求，只能说是近段时间最突出、最亟待解决的问题，但是国家修改数学课程标准，目的可不仅仅是培养只会做题的高分学生，而应该重视学生以后的发展，培养学生的数学学科素养，更是培养一个人的情怀。

三、高中生数学阅读中存在的问题

（一）数学阅读兴趣不高

大部分学生从小学开始就对应用题比较头疼，但他们也知道数学阅读审题将有助于提高自身的数学水平，但是却又提不起数学阅读的兴趣，经常性地对课本上的阅读材料置之不理，甚至很多同学把阅读作业不当成作业来完成。一方面由于缺乏阅读的内部动机，同时中学生的意志品质还不够成熟，这就造成阅读时的一些不良心理，影响数学阅读习惯的养成。另一方面，由于数学语言本身具有抽象性、概括性和逻辑性的特点，数学概念、术语更是枯燥无味，学生很容易产生厌烦心理。这在很大程度上降低了学生对于数学阅读的兴趣，从而影响到数学阅读的效果。

（二）文字、符号语言转换能力弱

学生不能在文字语言和数学语言中自由熟练地切换，例如等差数列的概念：如果一个数列从第二项起，每一项和它前一项的差都等于同一个常数，那么这个数列就叫做等差数列，这个常数就叫做等差数列的公差，通常用字母 d 表示。符号语言：$a_n - a_{n-1} = d$，$(n \geq 2, n \in N^*)$。学生对于这种抽象符号的表示依然陌生。学生准确灵活地掌握了数学语言，就极大地提高了他们的数学表达和交流水平。如若数学语言掌握不好，那么在数学阅读和交流上必将困难重重。特别是在证明题中无法清楚地表达自己的解题步骤，那么听懂和看懂别人用数学语言表达的观点就变成了一件遥不可及的事。而语言转换困难的同学也只能靠死记硬背去记住那些复杂抽象的概念、定理、公式，但是这样的学习效率只会让学生越来越痛苦，甚至是滋生讨厌数学的情绪。

（三）数学阅读训练不够

根据课堂实践，我们发现学生其实几乎没有固定的数学阅读时间，甚至是应用题也被老师在教学活动中一减再减，一方面学生本就不愿意接触数学阅读，另一方面，老师在教学活动中的重心也或多或少的发生了偏移，不断地忽视着数学阅读对于整个学科框架建构的作用。特别是课本中的阅读材料，能有多少老师真正肯花时间带领学生领略其中的奥妙呢？

四、数学阅读能力如何提升

（一）激发学生数学阅读的兴趣

如果说天赋决定了一个学生的上限，努力决定了一个学生的下限，那么兴趣则决定了一个学生能发挥出多少天赋，以及到底能努力到什么程度。正如爱因斯坦所说："兴趣是最好的老师。"因此只有不断地激发学生主动学习的兴趣，才能充分调动学生阅读的积极性。例如：在人教版高中学生必修 5 第 21 页介绍了海伦和秦九韶的三角形面积求法，第 32 页介绍了斐波那契数列，第 35 页介绍了估计 $\sqrt{2}$ 的值等内容，与相应的课本知识联系紧密，开拓视野，更重要的是生动有趣并且渗透了部分数学史知识，可以激发学生的兴趣和求知欲望。

（二）利用课堂提供数学阅读机会

一切教育改革的最终落脚点都在课堂，课堂是教学活动的主战场，更应该是进行数学阅读能力培养的主阵地。教师应该充分发挥学生的主观能动性，敢于放手让学生阅读，读不懂的提出来，师生共同讨论，读懂了的可以拿出来分享，大家相互交流，提高学生对数学课堂的参与度。如概念课，可以先让学生认真阅读，指出概念中的关键词，而后举例对这些关键词进行辨析，让所有同学参与进来。这样的课堂，学生参与度高，既锻炼了学生的阅读能力、语言表达能力，更让学生觉得数学课也是趣味横生的。

（三）撰写数学日记

学生对于日记再熟悉不过，但是撰写数学日记可能还需要教师加以引导，不断地向学生讲述数学日记的重要性及其好处，这样既可以提高学生的观察能力、分析能力，又可以提高学生解决实际问题的能力。教师可以有意识地安排学生撰写与当天或近期知识相关的日记，如：学习导数的定义时，可以安排学生放学回家时观察汽车瞬时速度，做记录，并运用导数的知识加以解释说明。在学习集合间的关系时，可以安排学生用集合的语言来描述生活中的事物等等。

实践证明，培养数学阅读能力是提高数学教学质量的重要手段。教学过程中，教师应积极引导学生进行有效阅读，并让学生体验到数学阅读的乐趣，使他们获得终身学习的本领，让我们的数学课堂真正因阅读而变得更加丰富多彩！

教科书插图分类教学研究

成立曼　王　威

一、研究的背景

所谓教科书插图是指教科书中具有直观、形象特点的图片、照片、图表等表示和传递知识信息的内容，也包括附在它们中间的文字、图标解释等，一般被看作是教科书文字系统的补充。但在一些学科之中，涉及大量微观现象、过程或机理类等无法用文字更好表现的知识时，插图特有的知识表征作用则凸显出来。

在教与学的过程中，插图的类型与其对知识的表征作用是不同的。国外学者 Carney，Levin 认为插图选用时要基于该插图的功能，如照片这类插图可用于展现现实生活中的形象概念，这区别于曲线图等意在传递抽象概念的插图。国外学者 Schnotz 通过实践发现，同一内容的文本配以不同类型的插图，对学习的效果会有所不同，而其中某些插图或插图的某些部分对获取知识可能是没有帮助的。因此师生通过有策略地使用教科书插图实施更高效的教与学，则成为本文需要讨论的问题。本文提出针对不同类型的插图进行分类的教与学，以期为高效教学提供一定理论与实践的帮助。

二、研究的对象

生物学是自然科学中的对表观现象与内在机理都涉及较广的学科，对插图的分类使用则更为广泛，教科书中也利用大量的各类插图，通过其不同的类型与特征来表征不同的知识。目前，我国人教版高中生物教科书被广泛使用，包括必修一分子与细胞、必修二遗传与进化和必修三稳态与环境。研究考虑插图应用的不同，也选取了四种国外生物学教科书

---

① 本文发表于《中学生物学》2016 年第 32 卷第 8 期。

作为研究对象，包括《Glencoe Biology：The Dynamics of Life 2004》《BSCS Biology：A Molecular Approach（9th Edition）》《Glencoe Biology – Concepts and Investigations（2nd Edition）》《Biology of Humans – Concepts，Applns，Issues（4th Edition）》。研究分别从细胞、遗传、人体生理三个维度进行插图教学影响因素的研究，以确保知识与插图的类型具有代表性。

三、插图分类教学

（一）插图的表现形式分类及教学

有学者根据插图的表现形式将中学生物学教科书插图分为实物图、模式图、示意图、表格图、统计图和人物图等。实物图是将生物现象、特征或结构用光镜或电镜拍摄成的照片，或者根据实物绘制的插图，有时也通过照片的形式表现出来。这类插图的特点是形象逼真，能够反映事物的真实状况。模式图一般用概括、简洁的图像来表示比较复杂的生物现象，在某种程度上可以看成是实物图加工后的产物，它将实物照片中不必要的信息去除，凸显重要的生物学信息，这类插图的特点是能够降低学生读图与识图的难度。示意图通过一些直观、形象、简洁的图像来表示某些比较抽象的生物原理、规律和概念，是模式图的进一步加工，它在模式图的基础上通过图像的变型以及引入文字、箭头等图示，进一步去除冗余信息。

有丝分裂是生物学中典型的生理过程类知识，要求学生能够理解这一过程中不同时期的变化特征。实物图更加形象地展示了这一生理过程中各个时期真实的细胞形态。课程标准要求学生掌握的是分裂过程中每个时期细胞染色体的数量和行为变化的特点，因此，教科书增加示意图或模式图凸显出这些变化规律，让教师与学生能够快速与准确地聚焦核心知识。不同类型的插图所具有的不同功能即凸显出来。

不同类型插图的功能不同，所对应的教与学方法也是有所不同的。通过对中学生物学教师访谈发现，多数教师认为在讲解生物体的形态结构或生理过程时，应更多选择模式图或示意图，具有代表性的原因是两类插图能够简洁、清晰和直观地让学生认识生物体的结构，掌握生物体生理过程，同时去除了一些无关细节，凸显重要信息。因此，在使用插图教学时，以生物体的形态结构、生理过程为主的讲解，可以先呈现实物图，使学生对生物学现象形成一个宏观整体的印象，了解其真实情况，再呈现示意图或模式图进行深入讲解，从而帮助学生准确、全面地理解生物学知识。

（二）插图的内涵性分类及教学

一些学者按照插图所包含子图的有无将插图分为单图和组图两种类型。一线生物学教师在讲解生理过程时更倾向于选择组图，而非单图，其原因是组图能够更好地还原动态过程。如在讲解兴奋在神经元之间通过突触传递信息的知识时，从图中可以清晰看到，神经递质首先存在于突触前膜内的突触小泡中，然后由前膜释放到突触间隙而作用于突触后膜，最终重新回到突触前膜。由此得到相关知识点，即兴奋在神经元之间的传导是单向的动态过程。

从单一插图中包含的意义出发，有学者将插图划分为单意义（monosemic system）和多意义的（polysemic system），如 Bertin 指出单意义插图传达的意义是确定的和唯一的，其内容亦是由离散的、易于区分的元素组成，如曲线图、图标等。多意义插图则是整体的与相互切合的，如照片、图画等。

就插图所传达的意义而言，涉及到插图的细节性。研究者 Peeck 在 1987 年建议真实的图片加上一些对某些细节的强调最有可能帮助学习者。而另一部分研究者持反对意见，他们推测插图的复杂性和细节众多很可能使学习者感到困惑，使他们从相关重要信息上分散注意力。早在 1969 年和 1970 年，学者 Dwyer、Travers 与 Alvarrado 就分别对此进行了论述。在 Dwyer 的研究中显示，学生学习真实的图画和照片比学习简化的示意图更困难。他指出简单的示意图在帮助学习上更有效，是因为示意图是用来突出相关成分的，而其他细节就被删除。近期，学者 Shah 与 Hoeeffner 在 2002 年综述了大量科学教育中关于图表的文献，建议注意细节的数量，以免大量的不重要的细节分散学生的注意力。Pozzer 等研究者分别在 2003 年和 2004 年的研究中得出相似的结论：照片这一类的插图虽反映的是真实情况，但不易被理解，因为大量的细节会让学习者注意力过多地分散。

实物图可以反映真实情况，但包含的细节多，容易分散学生的注意，增加学习负担，而示意图、模式图具有直观、简洁的特点。对国内教科书插图进行初步统计发现二者结合使用的情况居多，既能通过模式图或示意图清晰的标注，掌握生物体的结构特征，又能表现教科书中所出现的内容是真实存在的，密切联系学生生活，贯彻课程理念。

从线粒体的实物图和示意图的教学实例中可以发现，通过实物图，学生只能了解线粒体的大概形状，有膜结构，对于线粒体的内部结构以及可能的功能则无法预测。并且许多学生可能会好奇，线粒体所处的外部环境是什么，那些"圈圈""线线"是什么等一系列问题，这些问题就是所谓的无关细节。而示意图可以使学生轻松地掌握线粒体的结构，并通过结构推测可能的功能，从而帮助学生形成生物体结构与功能相统一的观点。

另外，美国教科书在讲解反射弧的结构时，也将人的实物图和示意图结合在一起，将实物图中的细节知识点进行强调。

教科书混合使用实物图和示意图，将人手部皮肤中的感受器、传入神经的胞体、神经中枢大脑、传出神经的胞体以及手臂肌肉中的效应器等进行标注，通过将反射弧的不同结构的知识相互联系，在突出重点，吸引学生的同时，最终构成整个人体的整体概念。教师利用该插图教学，最终促进学生构建出立体的知识框架。

（三）插图的真实性分类及教学

实物图有时不如模式图或示意图更能直击主题，但模式图或示意图也相比实物图缺少一定的真实性，因此在插图的分类教学中，教师应恰当把握插图的真实性才能达到良好的教学效果。国外学者 Bowen 和 Roth 分析了有关生态学主题的教科书插图，发现示意图比例不恰当会造成学生形成错误理解。如当插图展示学生不熟悉的草履虫时，失真的比例会诱发学生误以为草履虫像鞋底一样大。再如，当插图只展现出达尔文雀的头部与喙部的特征时，学生会误以为食物造成喙形状的进化，容易忽略了雀种间身体的大小不一。该插图的教学中应补充的核心知识是：环境所造成的生物特征并不是单一的而应是多重的。

一线教师的访谈中也呈现出类似问题，如兴奋在神经纤维上传导过程的插图。我国人教版选择模式图展现出兴奋在神经纤维上的传导的特征，但基础较弱的学生会忽略轴突（神经纤维）与树突、胞体的科学比例，也有学生误以为神经纤维是粗壮的。再如，静息电位与动作电位，分别由于钾离子外流与钠离子内流，使膜两侧电荷分布情况为内负外正与外负内正。当缺少经验的教师较少涉及钠钾泵的讲解时，学生便容易误解为：在静息电位过程中只有钾离子流向细胞外，在动作电位过程中只有钠离子流向细胞内，而忽略钠钾泵的本质作用——让细胞膜内外钠钾离子时刻进出而动态平衡。美国生物学教科书中选择模式组图，提高了上述内容的解释力，但图则更为复杂。

伪色（false color）图是一种利用特殊的数位影像处理技术，将灰阶影像的图片转换成为全彩影像的插图。该类插图的教学中，如果不进行说明，学生很容易认为细胞中各个细胞器是五颜六色的，从而造成错误认识。相似的图例如初中教科书中人体血管的"红色"与"蓝色"等。

综上所述，插图的颜色、形状或大小等物理因素也会对学习者的理解产生影响。因此对于一些微观结构，如细胞、细胞器等的示意图或模式图，其旁应附以比例尺、伪色图说明，也可将其与实物图进行大小、颜色等方面的对比，并且教学时应辅助教师的讲解，以便学生更好地利用插图理解知识。

四、相关的其他插图教学研究

高质量的课堂教学中，教师应全面把握教科书插图的类型与特点，以更好地辅助教学活动。通过不同主题的教科书插图的教学案例发现，细胞内容主题的插图，示意图与模式图较多，通过学习学生能够掌握生物体的结构，教师在教学过程中可以适当补充实物照片图，在讲解细胞器、细胞核等结构时，可以呈现其在细胞中的相应位置与大小，需要时附上比例尺，使学生了解其整体与局部的关系，学会从多角度认识生物体，从而养成全面、多角度地看待问题、分析问题和解决问题的思维方式；遗传学内容主题的插图，包含大量的遗传图解和精子、卵子形成过程的图解，该部分要求插图准确、简练，教师在讲解过程中，应适当补充相关信息，帮助学生全面地理解相应知识；人体生理内容主题的插图涉及到众多生理过程，在选取示意图、模式图进行讲解时，要注意展示生理过程本质、现象和生物关系的发生、变化，帮助学生理解生理过程本质、现象的内在联系。同时，尽量选取与学生生活联系密切的插图，落实课程理念。此外，生物学教师也可在充分使用国内外现有插图的基础上，根据学生的学习需求，引入或开发一些有效性高的插图，进一步促进生物课堂高效的教与学。

上好小学英语复习课的课例研究[①]

程 祎 李慧芳

一、引言

复习课的教学是日常教学的一个重要部分。它不但可以弥补学生知识上的不足，温故知新，而且能使学生将已掌握的知识系统化，提高学生综合运用知识的能力（张久国、徐敏、吕清华，1994）。很多老师认为复习课就是以往知识的"重现"，把学过的内容重新理一遍，或将学生投入题海之中，反复地让学生做各种复习题。全体学生不得不"齐步走"，丝毫体现不出学生的能力差异。久而久之，学生对复习课失去了兴趣，复习课对学生的学习也没有起到提升作用。基于对以上问题的思考，笔者结合本文第一作者所执教的一节北师大版先锋英语四年级复习课的三稿教学设计和两次课堂实施的修改过程，进行了关于如何上好小学英语复习课的课例研究。

二、课例介绍

北师大版先锋英语是按新课程理念编写的教材，强调教师与学生的互动，更强调学生的能动性、创造性的发挥。教材每册书分六个单元，包括五个话题单元和一个复习单元。授课教师的授课内容为北师大版先锋英语四年级下册（第七至十二单元）。教材中的五个话题分别是"一周的生活安排""询问和回答具体时间点""某时间段做某事""提建议"和"计划做某事"。第十二单元是对前五个单元的复习与综合运用，共四课时，分别是：故事复习、语音复习、句型复习和习题操练。授课教师实施的课例是第十二单元复习

[①] 本文是2014年北京市城区小学英语成熟期教师培训成果之一。此论文发表在全国中文核心期刊《中小学外语教学》2015年第8期。ISSN 1002-6541

课第三课时，为句型复习课。本课时的教材内容包括三个版块："Talk Together""Listen and Number""Read and Match"，复习的主要句型有：提建议"Shall/Can we…""Let's…"，询问和回答计划"What are you going to do?""I am going to…"，表达某人某天做某事"I do… on someday"。

三、研究过程

授课教师前后进行了三稿教学设计和两次课堂实践。

（一）第一稿教学设计

授课教师进行的第一稿教学设计，将教学目标定位在：（1）学生能够通过复习，正确运用提建议的句型："Shall/Can we…""Let's…"和一般现在时的第三人称单数形式进行口头交际；（2）学生能够表述具体时间、听懂天气情况介绍、说明计划和打算。授课教师将教材内容进行了大胆的删减，只复习"Talk Together"（会话）和"Read and Match"（阅读连线）部分，省略了"Listen and Number"（听力排序），并将教学情境设计为"Ken's busy week"。主要教学环节如下：

1. 热身活动，激发兴趣。

通过演唱教师创编的歌曲"She's Our Teacher"，介绍授课教师，目的是使学生和授课教师的距离拉近、产生互动，起到热身的作用。

2. 阅读材料，简述故事。

本部分对教材中的"Read and Match"进行了整合式处理。首先，引出主要人物 Ken，让学生预测 Ken 做的事情，呈现"He wants to…"，使学生注意动词的第三人称单数形式。继而关注阅读部分的所有图片，布置阅读任务，提出阅读要求，指导学生阅读之后进行图文连线。阅读完毕，在核对答案的过程中，教师给出朗读策略，指导学生朗读对话材料。最后，教师引领学生根据板书中呈现的 Ken 一周的主要活动图片，讲述"Ken's busy week"。目的在于引导学生用第三人称单数讲述主人公做的事情，并且给学生充分的时间，在小组内互相讲述故事。

3. 书写周记，表述生活。

先由教师示范一篇周记，运用第一人称表述教师一周通常做的三件事情。然后，再让学生试着运用第三人称说一说教师通常所做的事情。目的是让学生熟练两种人称的转换。接下来请学生书写自己的周记，也表达一下自己一周经常做的三件事情。再与同组同学共同分享、说一说自己的周记。最后，展示两篇学生的周记，总结并布置作业。

教师自己写的示范周记如下：

I always go to the supermarket on Wednesday. I usually visit my grandparents on Friday. I go to the park on Sunday.

【设计意图】

第一稿教学设计中，授课教师尝试颠覆固有的"教教材，完成教材上的内容"的传统做法，努力实践"用教材教，达成教学目标"的理念。教学设计中，授课教师将教材上的板块进行了删减，并增加了写的内容，目的是使教学内容更聚焦，重点提升学生的语言综合运用能力。

【问题分析】

经过研讨，发现第一稿教学设计存在以下问题：

1. 教学目标不明确。

第一稿教学设计目标模糊繁杂，要求学生能够表述时间、听懂关于天气情况的介绍、说明计划和打算、运用句型交流、借助图片理解故事。各个方面都想作为本课时的教学目标，没有突出本课时复习课的教学重点。

2. 教学活动缺少针对性。

从教学目标的确定来看，没有考虑学生的差异，而是按照统一标准设计教学任务，缺少查缺补漏的针对性和必要性，没能体现复习课的特征。

3. 教学方法单一。

从教学方法的使用来看，教学方法比较单一，以教师示范、学生学习、小组交流的固定模式进行。

为什么会出现以上问题呢？是因为在此之前，授课教师一直认为复习课就要把教材上的每一个练习都讲到位。指导教师启发我们思考两个问题：（1）复习的真谛是什么？应该是查漏补缺。在复习课上通过恰当的学习任务帮助学生补全知识上的缺漏，提升语言的综合运用能力，才是复习课的主要目标。（2）教材本身的编排是否适合自己班的学生？是否符合学生的实际学习现状？是否有必要对某些教学活动进行调整或改编？

带着合理整合教材，提高复习课效率的想法，授课教师进行了第二稿教学设计，并进行了教学实践。

（二）第二稿教学设计

授课教师仔细研读了教材，分析了整个单元教学的内容，依据日常教学中对学生知识掌握情况的观察和分析，重新将第三课时的教学目标定位为：（1）通过复习，学生能够准确使用一般现在时的第三人称单数形式谈论日常活动；（2）学生能够使用提建议的功能句谈论建议做什么的话题。整节课创设一个大的情境，由原来讨论一周的活动安排浓缩成谈论某人的一天，主题设计为"Ken's busy day"。主要教学环节如下：

1. 以教师和同学们的语言交流，猜一猜"What do they do on Sunday"作为导入，开始课堂学习。通过观图猜、听音猜、语言猜，复习了表达一天活动的动词词组，为学生后面的口头表达提供语言支撑。

2. 呈现教材第二版块听音标号的六幅图片，让学生全面观察图片，并描述图片上的人物周日都做了什么，完成听音标号的活动。在核对答案过程中，针对重点的几幅图片，引导学生说出动词的第三人称单数形式，并呈现第三人称单数形式的词组。目的是让学生关注第三人称单数形式与其他时态形式上的不同。

3. 以听力图片三为话题，让学生观察图片，思考问题"When does Ken go to bed? How about you?"课前笔者做了一个简单调查，了解到学生们大约在晚上九点半或十点钟睡觉，而图中的 Ken 八点半就上床睡觉了。授课教师建议学生应该早点睡觉，顺势引入了下一个环节——会话交流，操练提建议的句型。

4. 在授课教师与学生亲切谈话中，课件出现打雷声和阴天的图片，学生立刻进入创设的情境。授课教师请学生给 Ken 提建议"在阴雨天可以做些什么"导入教材第一版块中的对话片段。在复习会话时，授课教师将教材上三个较为孤立的对话整合成一篇有情有境的故事：

It's Sunday today.

Mocky：Hi, Ken and Ann. Shall we go to the park?

Ken：No, we can't. It's going to rain.

Ann：Let's watch a video then.

So they watch a video at home. They have lunch at one o'clock.

Ken：It's 4:30 now. Let's go and visit Uncle Booky, Ann.

Ann：No, we can't. He always goes to the library in the afternoon.

And then Ken and Ann do their homework together.

Mocky：Hello. Where are you going?

Ken：We are going to the movies.

Mocky：Can I come, too?

Ken：Yes, you can.

At last they go to the movie theater.

在朗读、表演的环节，教师让学生在小组里戴上手偶，用手偶指读对话部分文字，并将书上的三个角色的对话加上旁白：

"It's Sunday today."

对话一

"So they watch a video at home. They have lunch at one o'clock."

对话二

"And then, Ken and Ann do their homework together."

对话三

"At last they go to the movie theater."

授课教师将整个语篇整合成四人小组活动。课堂的形式要为内容服务，笔者将教材上这几段毫无联系的对话加以旁白进行整合，形成生动的语篇故事。在课后的调研反馈中得知，学生们非常喜欢这个手偶指读的环节，它突显了学生朗读时的角色感，并帮助学生真切体会到了完整的故事情节。

5. 授课教师将教材上原本的阅读材料也整合成会话素材，承接前一个环节中的最后一句话"They go to the movie theater"引出教材第三版块中的图片内容：

Ann：There is a new movie at the movie theater. Let's go and see it.

Ken：What's the name?

Ann：It's *The Monkey King*.

Ken：Great! Let's go together.

Mocky：Can we go home by bus?

Ken：No, we can't. We don't have enough money.

Mocky：Let's call your Mom.

让学生预测 movie 好不好？电影会是什么名字？师生朗读之后得出结果，再呈现本版块中的另一幅图，让学生充分观图，运用老师给出的框架创编对话：

Mocky：There is a new movie at _____. Let's go and _____ it.

Ken：What's the name?

Ann：It's _____.

Ken：Great!

教师启发学生想象有可能提出的建议和有可能做的事情。最后再呈现一副图，给出简单的对话框架：

Mocky：Shall we go there _____?

Ken：That's a good idea. But _____.

Mocky：Let's _____.

6. 学生两人一组，自由发挥创编会话。

书上的阅读环节，授课教师由带到放，让学生逐步去发散思维。同时为学困生搭建台阶，让他们根据老师给出的框架进行语言交际。学优生则在老师的引导下自由发挥，展开联想的空间进行口语表达。

以下是学生的课堂生成：

第一组：

Student A：Shall we go there by taxi?

Student B：That's a good idea. But we don't have enough money.

Student A：Let's go on foot.

第二组：

Student A：Shall we go there by subway?

Student B：That's a good idea. But we don't have enough money.

Student A：Let's ask Mom for help.

第三组：

Student A：Shall we go there on foot?

Student B：That's a bad idea. I'm so tired.

Student A：Let's go by taxi.

7. 课堂小结。

回归到课堂伊始，谈论 Ken 的一天。语言上，重点呈现动词的第三人称单数形式。内容上，通过信息导图帮助学生梳理 Ken 做的事情，使整节课做到首尾呼应。

【问题分析】

经过第二次教学设计的修改，教学实施取得较好的效果。学生的交流自然流畅，教学活动受到学生的喜爱，学生整节课表现出较高的学习兴趣。但是根据指导教师和同伴的课堂观察，教学设计和实施仍有需要改进的地方。主要有以下方面：

1. 对动词第三人称单数形式的强调不够，仍是学生表达的难点。

授课教师在听音描述图片过程中应该给予适当的文字提示，指导学生注意第三人称单数动词的变化，甚至给出整句文字提示。在复习第三人称单数形式时，不应该只注重动词的变化，还应该把人称的特点提出来，让学生发现人称是 He/She 时动词发生了变化，给学生整体运用语言的意识。这样最后整体输出环节，学生的表达能够更准确。

2. 板书设计不够到位。

本节课的重点是提建议的功能句和动词的第三人称单数形式。板书中只体现了提建议的功能句，对动词的第三人称单数的形式却没有呈现，这样学生表述第三人称单数的时候没有可视的语言支撑，也没有凸显本节复习课的两个重点内容。

3. 活动的开放度不够。

在学生的会话训练、运用句型环节没有给学生充分的拓展空间，造成学生最后的展示会话环节，模式比较单一，未能体现出学生的差异性。

基于本次教学实践的研讨和反思，授课教师再次改进了教学设计，并进行了第二次教学实践。

（三）第三稿教学设计

几点主要改进：

1. 听音标号复习句型环节。

听力结束后，教师指导学生复现录音内容，并纠正学生出现的动词第三人称单数形式的错误，同时在课件中呈现第三人称单数形式的句型。与此同时，在引导学生复习第三人称单数形式的时候，在副板书中给出单数第三人称和动词的变化形式，如 She watches…增强学生在口语表达时注意第三人称单数形式的意识。

2. 拓展训练运用句型环节。

首先在讨论"What's the movie's name?"后，给出 PPT 呈现《美猴王》的海报，帮助学生理解 Monkey King 的意思，达到以图释意的目的。然后，在拓展练习对话环节，先让学生关注图片人物的表情，预测对话内容，再给出语言框架，让学生去发挥自己的想象力，补全对话内容。在这个活动中，让学困生能有语言的支撑，能说出要表达的内容。然后逐步加大活动的开发性，最后一个拓展练习，只给出图片，不给任何语言框架，让学生自己去任意发挥。在这个自主创编活动中，使学优生能发挥自己的长处，展开自己的想象去表达想说的话。

3. 板书设计的改动。

授课教师通过设计主板书和副板书，凸显本节复习课的两个要点：提建议的功能句和第三人称单数形式，使学生明确自己的复习目标，同时为学困生的表述提供了语言和语法的支持。

四、小结

授课教师经历了一节小学英语复习课三稿教学设计，两次教学实施的改进过程，领悟到了应该如何上好小学英语复习课。

首先,教师需要明晰复习课与常规课的不同,制定恰当的复习课教学目标。复习课的主要目标是梳理学生已会知识,形成体系,弥补学生欠缺的知识,使学生在原有的基础上有所提高。

其次,教师需要关注学生知识的实际掌握情况以及学生之间的差异,了解不同层次学生的学习需求,抓住复习重点。并针对学生的差异性,设计多层次的活动,使不同层次的学生通过复习课都有提高。

最后,教师需要有效地整合复习课内容,在把握复习主线的基础上突出重点,注意知识的拓展和综合运用。教师在上复习课时,不能僵化地依据教材实施教学,而应该从内容、结构、方法、进度及复习重点等角度对教材进行必要的整合调整,对教材资源进行适当的延伸、拓展和删改,提高复习课的实效。

多种途径引领学生感悟书法之美[①]

赵红艳

书法是中国传统造型艺术之一，它是用毛笔书写楷、行、草、隶、篆书体来表情达意的艺术，凭借点画、结构、章法、笔墨等艺术语汇，创造了具有点画美、结构美、章法美以及风格美的艺术形象。

我们在审美教育的目标下，将书法纳入校本课程，以激发学生的书法动机，培养学生的书法兴趣和意识，提高学生的审美能力为主，适当兼顾调节学生的气质和性格，开发了校本课程。

一、开设书法课程，感受汉字文化之美

我们采取课题研究的形式，开发与实施书法校本课程，让学生喜欢书写，掌握正确的书写方法，规范书写并养成良好的书写习惯，具有初步的书法欣赏能力。

从 2012 年开始，我们在书法校本教材纲目的基础上，确定了学校的各年段的书写目标以及教师发展目标。编写了《书法补充教材读本》《书法补充教材欣赏》《书法补充教材习字》这三本教材，以实用为前提，从不同侧面，初步建立了书法补充教材体系。结合小学生的实际，我们将书法课的目标按照低、中、高三个层次划分。书写主题的目标依次是：我喜欢书写，我熟悉书写，我会书写；具体的实施步骤为：练习用铅笔写字，学习基本笔画的写法；用钢笔写字、用毛笔临帖；了解文房四宝——笔、墨、纸、砚的基本知识。结合华文出版社的《书法》教材，穿插使用校本教材，将书法课上欣赏作品、习字与课下自由练字相结合，大大激发了学生自觉习字的积极性。

与此同时，我们还开展了教师"三笔字"活动，练习钢笔字、粉笔字，选练毛笔字，

[①] 本文发表于《新课程教学》2019 年 2 期。

提高教师书写水平，教师的身体力行和习字展板，也引发了学生的兴趣，使学校的书法氛围更加浓厚。

每周一节的书法课是开展书法教育的主阵地。在书法课上，我们通过开发利用书法教材，坚持重视感受书法文化与培养民族情感的相互结合、培养审美鉴赏能力与提高书写能力的相互促进、培养良好书写习惯与提高书写水平并重。合理运用自主、合作、探究教学模式，师生共同读帖、分析字形结构、笔画特点、练习书写并借助字源理论了解汉字的起源和演变，加深对中华文化的理解。

在学习过程中，我们还创设了通过多种途径让学生欣赏各种名家碑帖的机会。除了课上为学生展示经典作品外，我们还通过每学期组织学生实践活动、参观游览，走进北海、颐和园、天坛等名胜古迹，观对联赏碑刻，品悟书法作品的功力，感悟名家的书法风范，感受书法的源远流长，感受汉字的沧桑力量。这些给学生带来的是民族文化的厚重感，是真真切切的书法文化。

二、开展多样教育，获得书法带来的快乐

美在生活中，书法之美更是渗透在各个方面。书法教育不只是书法教师的事，全体教师都有意识地对学生进行书法教育。教学中，老师们采用多种教学手段，激发习字兴趣，培养书写能力。兴趣是最好的催化剂，激发学生的习字兴趣十分重要；开展多种形式的评比活动，可以提高识字、写字的积极性、主动性；家校沟通，相互协作，可以有效夯实写字姿势训练；创编小儿歌提高练习兴趣；班主任老师们利用教室的展板，展示优秀作业，激励学生以认真书写为荣；通过制作小报、摘记等，让学生尝试到写字的快乐，搭设展示的舞台。多样化的教育，使学生以工整写字为荣，以写一笔好字为美。

结合语文课的教学，我们开展诗配画活动，丰富教学内容。"迟日江山丽，春风花草香"被二年级学生用自己手中的彩笔缓缓地勾画出来；还有《早发白帝城》《春日》等古诗，学生不仅工整地书写出来，还在旁边配上画，表达自己的理解。借助书法载体，学生学得高兴，写得也是兴致勃勃，充满自豪感，既丰富了学生的想象，也提高了课堂教学效果。

课外活动是课堂教学的延伸，是培养学生个性发展的重要途径。一直以来，我们每周二、四下午课后都开展学生社团活动，在老师的辅导下，学生习字、欣赏作品。学校组织硬笔书法、软笔书法竞赛，每年进行至少一次社团活动效果展示交流。通过书画竞赛、展览，不仅提高了学生的书写能力和水平，而且使他们体会到成功的快乐。

越来越多的学生热爱书法，在书法方面具有特长的学生不断涌现。我们在楼道悬挂学

生作品，在门厅办书法、绘画作品展，在会议室、书法教室展示师生作品，让学生欣赏、感受中国书法文化。润物无声的教育，影响着每个学生，也增强了学生的自豪感。学生的作品也随学校代表团走出国门，搭建了中外友谊的桥梁。

三、实施多角度评价，提升鉴赏美的能力

评价既是对工作的检验，同时又是工作经验的积累。为此，我们开展了多角度评价。

在教学中，通过评价促进学生习字，学生自评、生生互评、展示评价、教师指导评价、作品家长评价等多种方式运用在教学中，教师从参与态度、获得的体验、学会学习以及能力发展等各项指标进行及时评价，学生在老师的点评中感受到作品的美，提高了审美素养。每周班会课上，通过共同体小组集体反思，同学们在《学生成长手册》中对自己一周的情况进行反思，本周的书写情况、作业工整程度等，自己给自己评价。学生们多了一个重新认识自己、汲取同伴智慧的好机会。在自我认知中，他们更加注重自身以及同伴的建议，提升了对美的鉴赏力。

几年来，学生在快乐的学习氛围中，养成了细心、耐心、用心的良好习惯，促进了文化修养、身体心理、情感意志等方面的发展。通过书法特长生的培养，部分学生的艺术潜能得到充分的开发。在北京市第六届、第七届"兰亭杯"中小学生书法大赛中，我校两名学生获得一等奖，师生作品进行了专场展览；在北京市、丰台区书法比赛中，我校学生有百余人次分获硬笔、软笔各层次奖项。

中华传统文化博大精深，弘扬书法文化任重道远。让学生感受美，体会美，书写美，引导孩子树立正确的审美观，写出漂亮美观的汉字，是教师义不容辞的责任，更是我们这些研究书法教育、开展书法教育的教师追求的目标。

体现化学的创造之美
——谈 2018 年北京市中考化学试题"生产实际分析题"[①]

刘 宇

初三人教版化学教科书在序言中写道"化学要创造自然界原来不存在的新物质",也就是化学与其他学科相比最大的魅力就在于它能创造新物质,新物质的创造体现了化学学科的本质,也呈现出化学学科独特的价值——创造之美。新物质的创造源自化学反应,反应物通过奇妙的化学变化变成生成物,生成物就是新物质,它给我们的衣食住行带来了翻天覆地的变化。色泽鲜艳衣物的染料,使瓜果蔬菜丰收的化肥,玻璃塑料便利的生活等等,都是化学反应给与我们的馈赠。实现新物质的创造我们就要充分地利用好化学反应,在化学工业上就是利用这些化学反应生成我们生活、生产所需的新物质,在 2018 年北京市中考化学试题中就有此类试题"生产实际分析",体现了化学的创造之美。

"生产实际分析"题的核心是实现物质的转化,由最初原料向目标产品的转化,它所承载的知识是初中化学重点物质(表1)及其反应和这些重点物质可以迁移类比的陌生物质及其反应,测试考生运用化学反应原理及相关知识来解决工业生产中实际问题的学科知识和能力。

表 1 初中化学重点物质

类别	物质
单质	O_2 C Fe Cu
氧化物	H_2O CO CO_2 CaO
酸	HCl H_2SO_4
碱	NaOH Ca(OH)$_2$
盐	$CaCO_3$ Na_2CO_3 $NaHCO_3$

[①] 本文发表于《基础教育课程》2018 年 z2 期。

在工业生产中由原料到最终的产品很少有一个化学反应可以完成的,往往都是多个相关反应串联形成一个反应流,原料位于反应流的起端,产品位于反应流的末端,中段是完成转化所必须的中间产物,我们称之为物质转化流程图。

在这种物质转化流程图中,"□"起端是原料,"□"末端是产物,"□"中段都是完成由原料到产物所需的中间产物,"□"之间由"→"衔接,在"→"上下往往还会标注另外的反应物或反应的条件。

物质转化流程图实际是复杂化学工业流程图物质简化版,真实的化学工业流程图远比这复杂和精细。现在考试都是基于真实问题情境测试,物质转化流程图可以稍加改变,配上工业生产的关键设备转化成工业生产流程图,这样变化使得"生产实际分析题"更接近真实的化工生产,有助于学生利用化学知识进行基于真实问题情境的问题解决。

"工业生产流程图"比"物质转化流程图"更接近真实化工生产,对学生化学知识的考查会更加的全面系统,对学生能力的要求也提升档次。"工业生产流程图"以关键设备串联整个生产流程,关键设备功能是多种多样的,例如物质混合、物质反应、物质分离等等,随着工业产品生产的需要作出组合。工业产品也会相对陌生,在"工业生产流程图"中,多个物质或反应也是学生未曾谋面的,这些陌生物质及其反应需要学生依据所学知识进行类比迁移才能完成。

"生产实际分析"题不管是"物质转化流程图"还是"工业生产流程图",都可以归纳为化工流程模型。

经过预处理,把最初的原料根据生产流程的需要进行除杂和净化,筛选出达到生产要求纯度的原料进入反应流程,在连续的反应过程中同时进行反应的调控,以达到反应物利用的最优化。在连续的反应中有一些中间产物在反应流程生成,这些物质在反应流程可以被重复地使用,以降低生成成本、减少物质排放。在生成的目标产物中都会混有杂质,在反应流程的末端需要进行分离和提纯,使产物纯度与生成标准相吻合。生产流程产生的副产品需要进行无害化处理,以"绿色化学"的理念进行化工生产才能对环境更友好,世界更美丽。

化工流程模型试题——"生产实际分析"试题,在题目的设计上一般是围绕着以下几个角度展开的:

(1)推断流程图中的某种物质。这就要求分析流程图中的每一个步骤,了解每一步操作中进出的物质,发生了什么反应,该步操作的目的是什么,对制造或提纯产品能起到什么样的作用等。①要判断所加的试剂,可以从加入试剂的目的、反应的产物入手进行分析。②要判断流程图中某一步中的物质可以从上一步操作中反应物可能发生的反应入手进行分析，同时需注意所加试剂是否有剩余。

（2）书写化学方程式。可分为两类：①依据信息书写未学过的化学方程式，首先要从流程图中找出反应物和生成物。若从已知信息中找出的反应物和生成物不满足质量守恒定律，可以在反应物或生成物中加上水，然后进行配平，还应注意反应条件的有关信息；若在空气中煅烧或通入空气则还需考虑空气中的氧气是否参与反应。②根据流程图书写其中某步中发生反应的化学方程式，首先要找出进入该步操作中的物质，根据所学知识判断其可能发生的反应，然后写出产物，并进行配平。

（3）混合物分离、提纯的操作及所需仪器的判断。

①固体和液体混合物的分离：过滤。其所需的仪器有铁架台、漏斗、烧杯、玻璃棒、滤纸。

②从物质的溶液中得到该物质的晶体常用的方法：A. 蒸发结晶，B. 降温结晶。

（4）工艺流程的评价。

①设计方案的科学性：能否达到实验目的，杂质是否完全除去，是否引入新的杂质等。

②安全性和简便性：尽量选用较温和的反应条件，避免高温、高压条件。

③对环境的影响：是否符合绿色化学理念，是否产生有毒气体等。

④节约性：原料利用率要尽量高。

（5）判断能够回收利用的物质：若流程图中的原料在生产中以副产物的形式产生，则可将其进行回收。

下面就以2018年北京市中考化学试题为例，谈谈此类试题具体的解决方法。

17. 炼铁的主要原料是赤铁矿石（主要成分为Fe_2O_3）、焦炭、空气等，转化过程如下：

焦炭 —空气 高温①→ 二氧化碳 —焦炭 高温②→ 一氧化碳 —赤铁矿石 高温③→ 铁

（1）②中，反应为$CO_2+C \xrightarrow{\text{高温}} 2CO$，其中化合价发生改变的元素是_____。

（2）③中，CO与Fe_2O_3反应的化学方程式为_____。

解析：此题属于典型的"物质转化流程图"，通过工业上铁的冶炼考查学生初中化学重点物质及其反应。在（1）中给出②的陌生反应，让学生判断反应中化合价发生改变的元素，此问难度不大，只需学生算出反应物和生成物中元素的化合价：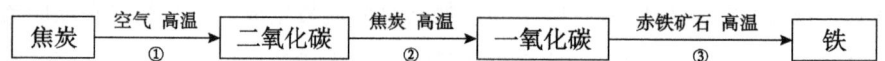，推知C元素的化合价发生了改变。第（2）问考查学生熟悉重点反应，此反应在各种考试频繁出现，对学生没有难度，$3CO+Fe_2O_3 \xrightarrow{\text{高温}} 2Fe+3CO_2$

答案：（1）C元素 （2）$3CO+Fe_2O_3 \xrightarrow{\text{高温}} 2Fe+3CO_2$

评价：此题是"生产实际分析"题中的"物质转化流程图"，以教材中铁的冶炼为背景，重点考查学生元素化合价和典型物质的反应。学生对试题背景熟悉，上手难度不大，考查的知识也是学生多次演练过的，得分率超过90%。

18. 为保护绿水青山，可将工业残留的钡渣[主要成分为碳酸钡（$BaCO_3$）]进行无害化处理，制取化工原料硫酸钡（$BaSO_4$）。主要流程如下：

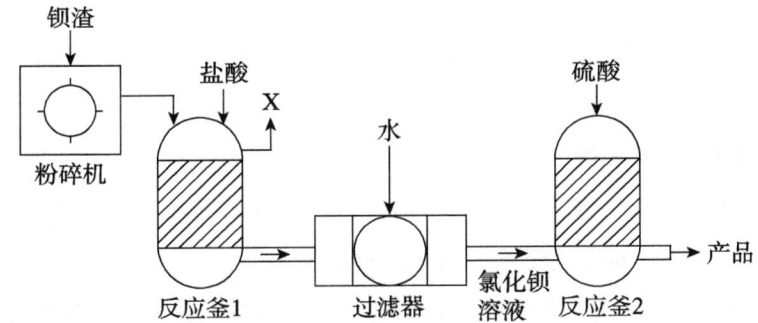

已知：$BaSO_4$难溶于水，氯化钡（$BaCl_2$）可溶于水。

（1）粉碎钡渣的目的是_____。

（2）反应釜1中的气体X为_____。

（3）反应釜2中发生复分解反应的化学方程式为_____。

解析：此题以工业残留的钡渣为原料生产工业产品硫酸钡为情境，通过碳酸钡到硫酸钡"工业生产流程图"考查学生物质充分反应条件，陌生反应的书写和产物的判断等知识，需要学生有比较扎实功底完成由熟悉物质到陌生物质反应的迁移类比，体现了化学在工业废弃物无害化处理方面的独特作用。（1）考查粉碎机的目的，也就是反应物间反应要充分彻底需要满足的条件，增大反应物间接触面积，使反应充分。（2）让学生判断反应釜1中陌生反应的产物。此空学生可参考熟悉反应碳酸钙与盐酸的反应即可判断出碳酸钡和盐反应的产物为CO_2，如表2：

表2　盐酸与碳酸盐反应的类比

熟悉	类比
盐酸与碳酸钙反应	盐酸与碳酸钡反应
$2HCl+CaCO_3+CaCl_2+CO_2\uparrow+H_2O$	$2HCl+BaCO_3+BaCl_2+CO_2\uparrow+H_2O$

（3）考查反应釜2中的陌生复分解反应。陌生反应的书写，首先找到反应物，根据题意，流入反应釜2的物质为反应物；其次判断反应发生的条件，复分解反应的发生要求产物至少有水、气体、沉淀中的一种；最后推断产物，依据复分解反应的规律推断出产物，如表3：

表3 复分解反应书写流程

反应物	$BaCl_2$ H_2SO_4
条件	$BaSO_4$ 沉淀
生成物	HCl $BaSO_4$
方程式	$H_2SO_4+BaCl_2=BaSO_4\downarrow +2HCl$

答案：(1) 增大反应接触面积，使反应更充分　(2) CO_2　(3) $H_2SO_4+BaCl_2=BaSO_4\downarrow +2HCl$

评价：此题是"生产实际分析"题中典型的"工业生产流程图"题，通过模拟化学工业产品的生成流程考查学生多方面的物质与化学反应知识和技能，特别是在信息的获取与使用、知识类比与迁移方面都对学生提出较高的要求。

化学之美——创造物质，新物质使我们的生活更美好。化学之美反映在中考试题中就是"生产实际分析"题，它充分地体现化学的创造之美。此题通常都以流程图的形式展示产物的生产过程，一种是"物质转化流程图"，一种是"工业生产流程图"，无论是哪种形式考查重点都是物质及其转化，源于熟悉，迁于陌生，夯实基础，形成模型，心中自明。期望通过以上分析，让同学们在做此类试题时能有方法，有思路，有抓手，体会化学的创造之美！

语文教学呼唤书法教育的回归[①]

何宏亮

写好汉字本是学生分内之责，平常之事。可如今，学生写不好字，实乃一普遍现象。究其理，随着信息技术的迅猛发展，电脑、手机的普及，人们的学习和交流方式发生了很大变化。人们在工作、学习、生活中对电脑、手机依赖性越来越高，就教学而言，课堂使用电子交互式，老师用PPT代替板书，学生作文作业是电子版，如此我们今天的学生提笔忘字、写错别字、写不规范字等现象屡见不鲜，汉字书写能力越来越差了，书写水平低下已成不争之事实。

尽管我们已进入信息时代，汉字书写的实用性在逐渐减弱，但对作为文化传承载体、民族传统文化精髓的汉字，我们只有珍惜和传承，不能遗忘和丢失。汉字是记录汉语的文字，有着悠久的历史。离开汉字，中国文化就没法传承，传承发展传统文化，汉字书写必不可少。书法概言之就是汉字书写法则，历经几千年的衍变，化为中华民族的文化瑰宝，是中国优秀传统文化之一。汉字是我们书面交际的主要工具，重视学生的书法教育是理所当然的。

一、中小学书法教育的现状

目前中小学书法教育面临极大的挑战。按理说，一个中小学生用六年、九年、十二年的时间，把字写正确、写清楚，甚至写美观，不应是一件难事。据笔者了解，在很多中小学多年已不开设书法课了，即使开了书法课，也没有形成课程体系，教师也多以语文、美术老师兼任。这也自然影响、制约中小学的书法教育发展，中小学生不能流畅地书写汉字，书写状况难以令人满意就在所难免了。

---

① 本文发表于《新课程教学》2017年第8期。

究其原因，笔者认为有如下几点：一、师资缺乏，书法教学无法得以有效落实。虽然各级教育行政部门要求中小学开设书法课，但由于缺乏师资，书法课如同虚设，无法真正有效开展书法教学。二、信息化技术的发展，造成老师对书法缺乏正确认识。由于信息化现代手段在教学中的普及，老师的整体书写能力也在下降，在教学中用媒体手段代替教学中必要的板书，丢失了对学生的潜移默化的教育功能，造成学生对书法意义和价值认识不够，在书法教学上形成误区。三、过分强调应试教育，书法教学被割舍。一些学校还处在"分分，学生的命根"教学怪圈里，过分重视应试教育，书法教学不能带来直接的教学成绩，自然也就被一些学校"优化"掉了。即使一些学校安排有书法课，也多被其它考试学科占用。这种认识上的"近视"，使书法失去应有的教学地位。四、书法过分艺术化，造成书法教学方向和地位的缺失。在书法教学过程中，过重强调艺术价值，成为美术教育的附属，因之多数学校的书法教师由美术教师兼任，势必造成书法教学中语文内涵的缺失。

二、对中小学生书法教育的认识

2013年教育部在《中小学书法教育指导纲要》（以下简称《书法指导纲要》）中提出明确要求："中小学书法教育要让每一个学生达到规范书写汉字的基本要求。"规范书写汉字就是不写错别字，正确使用标点符号，格式正确，书写规范、端正、整洁，这也是学习上必须具备的基本技能。

在中小学书法教育上，郭沫若先生认为："培养中小学生写好字，不一定要人人都成为书家，总要把字写得合乎规格，比较端正，干净，容易认。"叶圣陶先生也曾经呼吁："写字务恳为看的人着想"，因为字迹潦草，他认为"别人就不大容易认清，要猜详大半天，不方便。不干不净，满纸错乱，看上去毫无快感，不方便。看了大半天还是有些字认不清，或者以为认清了而实际认错了，那就不仅是不方便。写字好像只是一件小事，照前边做法的那样一想，就知道涉及对人的态度，其实并非小事。"从叶老的话中可以看出，写字非小事，涉及到一个人是否尊重别人，是否有责任心，写字是一个人道德修养的反映。书法家苏士澍认为："让中小学生从小接触书法、亲近书法，并不是要培养多少书法家，而是令传统文化在青少年心中播下无形的种子，扎下牢固的根，培养他们的爱国主义情怀。"

由此可以看出，落实中小学书法教育，就是习惯养成，修养修炼，情怀培养。因此，学校应着力加强对学生的书法教育，强调中小学生，甚至大学生都写得一手端正的汉字，是一种任务，更是一种责任。

三、传统语文教学的书法教育

有人认为在传统语文教学中有两个非常好的方式：对对子与书法教育。在中国两千多年的传统教育里，书法是一门很重要的学科，也是重要的学习内容。我国学校教育产生之初，孔子就提出、创立了"六艺"教育，"六艺"就是指礼、乐、射、御、书、数，其中"书"就包含汉字的认知和书写。班固《汉书·艺文志》记载：上古八岁入学，"教之六书"。所谓"六书"就是指象形、指事、会意、形声、转注、假借六种造字方法。王国维考证："汉人就学，首学书法，其业成者，得试为吏……"自从有了毛笔以后，书法教育更是被提到一个重要位置，汉代出现"以书取仕"的现象，到了隋唐随着科举制度的产生，便对书法有着特殊的要求，书法的好坏跟能否考上功名有直接的关系。古代选拔官员，其中重要的一条就是"一手好字"，书法更是提到一个前所未有的高度，使书法有着特殊的地位而备受推崇。

邓云乡在《八股文与清代教育》一文中写到："八股文教育特征之五是书写教育，从小教师把笔描红、写仿影直到自己临摹、写碑写帖，每天一般大楷一张，小楷四行到半页。"科举教育时代，书法教育是语文教育中重要内容。其实，新中国成立以来，书法教育也一直是中小学语文教学的重要内容之一。1984年以来，教育部就多次发出通知，要求采取有效措施，切实加强中小学生的写字训练，提高写字课的质量。但是由于历史客观诸多原因，书法教育在许多地区和学校没有得到应有的重视。

四、语文教学呼唤书法教育的回归

在基础教育阶段，语文教育是最基本的。经过一代代语文老师的呕心沥血的努力，语文教学已有了很大改观和进步，但还远没达到理想之效果。张志公先生曾就这一问题说过这样一句话："因素自然是多方面的。但从学术研究这个角度来说，有一个非常重要之点，即没有足够重视传统，正确地对待传统。"这里谈到的"传统"就是指中华民族在长期的历史发展过程中创造的中华文化，其中包括思想观念、价值取向、道德情操、文学艺术、教育科技等众多内容。书法就是中华文化中优秀的传统文化之一，具有民族特色，称之为国粹。试想，一个连自己母语文字都写不好的人，又怎能对自己的母语充满热情和兴趣呢？面对新的语文教育改革形势，一要传承和发展优秀传统文化，用中华民族创造的精神财富来以文化人，以文育人；二要培养和提升语文核心素养，养成基于正确价值观的审美情趣和文化感受能力。《书法指导纲要》指出："中小学书法教育以语文课程中识字和写字教学为基本内容，以提高汉字书写能力为基本目标，以书写实践为基本途径，适度融入书法审美和书法文化教育。"其明确表明书法是语文教学内容。其实,新中国成立以来,书法教育一直是中小学语文教学的重要内容之一。目前,语文教学中的书法教育是缺失的,也造成语文教学本身的缺失,因此,书法教育回归到语文教学中是理所当然的。

1. 语文教学时代的呼唤。"语文学科是中华优秀传统文化的第一载体",传统文化是语文教学的重要组成部分。中国古代历来重视书法教育,中华传统文化因之能够传承至今,延绵不断。从某种意义上说,书法关乎传统文化的传承,关系到中华民族的根本。习近平总书记强调,培育和弘扬社会主义核心价值观必须立足中华优秀传统文化。牢固的核心价值观,都有其固有的根本。抛弃传统、丢掉根本,就等于割断了自己的精神命脉。

2. 语文课程要求的呼唤。《义务教育语文课程标准(2011年版)》对书法教育有明确的要求:"在使用硬笔熟练地书写正楷字基础上,学写规范、通行的行楷字,提高写字速度;临摹名家书法,体会书法的审美价值。"《书法指导纲要》规定"中小学书法教育以语文课程中识字和写字教学为基本内容",在"义务教育阶段语文课程中,要按照课程标准要求开展书法教育","普通高中在语文等相应的课程中设置与书法有关的选修课程"。书法教师"要逐步形成以语文教师为主体、专兼职相结合的书法教师队伍","中小学语文教师应逐步达到能兼教书法"。语文老师担当书法教育之重任,书法教育要在语文课程中去落实,书法教育是语文课程的一个重要部分。

3. 语文习惯养成的呼唤。语文学习要养成良好的写字习惯,就是坐姿端正,书写规范,书体美观。郭沫若先生认为养成书法习惯"能够使人细心,容易集中意志,善于体贴人。草草了事,粗枝大叶,独断专行,是容易误事的。练习书法可以逐渐克服这些毛病。"叶圣陶先生说:"好习惯养成,一辈子受用。"张志公先生也说:"一种习惯,只有通过正确的模仿和反复的实践才能养成。"写好字,是语文学习的重要习惯,良好书写习惯的养成,对学生端正学习态度,提高学习能力,也是非常重要的。

4. 语文文本教学的呼唤。"古代文人苦练书法,也就是在修炼着自己的生命形象……"古代文学往往讲究"书文合一",书与文同,同时又讲究"文以载道"。如王羲之《兰亭集序》、苏轼《赤壁赋》之类名碑名帖,其书法文字均不朽,临摹碑帖之同时,反复体味文章的意蕴妙趣,实现读者与作者的心灵相印,走进文本,亲近作者,形成自己对文本的理解、感悟。名碑名帖本身就是中国文化与艺术的精华。管然荣在《语文教学知与行》中曾言:"汉字,是移注了华夏民族极丰富的生活和伦理内涵的人文,是一种自然的人化,书家往往借象以达意……"研习书法,有助于语文文本教学的理解与提升。

5. 语文审美教育的呼唤。宗白华说:"中国人写的字,能够成为艺术品,有两个主要因素:一是由于中国字的起始是象形的,二是中国人用的笔。"汉字的独特性就在于它的象形性，汉字是审美型文字，因之书法本身极具美的因素，蕴含着文字美、线条美、形式美、力道美、节奏美、结构美、章法美等。所以鲁迅先生说："它不是诗却有诗的韵味，它不是画却有画的美感，它不是舞却有舞的节奏，它不是歌却有歌的韵律。"西方人也认为，中国的书法是"美妙无比的绘画""无声的音乐"和"纸上的舞蹈"。语言文字是语文教学和审美的载体，语文教学"具有重要的审美教育功能"。因此，"高中语文课程应关注学生情感的丰富和发展，让学生受到美的熏陶，培养自觉的审美意识和高尚的审美情趣，培养审美感知和审美创造的能力。"练书法，能懂得美，为审美打下基础，另外还能静下心来，陶冶性情，净化心灵。

6. 语文考试改革的呼唤。书法在古代科举考试中地位重要，作用突出，在今天的语文考试中虽没有科举考试时代那般重要，但书写的好坏依然会影响语文考试成绩的。书法在语文考题和卷面上都有体现。作为中考试题，在北京中考语文试题中，书法已作为一个单独命题模块；很多地方都有卷面分数，如江苏中考卷面分由原来的2分升到10分；在高考作文中要求"标点正确，书写规范"。无论是显性的试题作答，还是隐性的卷面要求，能懂得书法知识、能写一手好字，有着明显的优势。在考试中书写规范，卷面整洁，是对阅卷老师的尊重，也是学生自我修养的体现。以考试作为书法教育的指挥棒，对提高书法教育是有积极意义的。

书法教育是语文教学的重要组成部分。语文教学中的"听说读写，字词句篇"，其本身就有书法教育的内容。书法教育是传承中华民族优秀文化的载体，书法教育融入到语文教学中去，语文教学才会有根基，才会有更强的生命力。书法教育与语文教学相辅相成，相得益彰，不仅让学生学习到书写技能，而且是一种文化修炼，精神陶冶，修养提升，同时也是语文素养提升的重要途径。语文教师，有责任将书法教育融合到语文教学中去，掌握技法、提高审美、净化心灵、传承文化。

基于核心素养的高中语文教学[①]

吕　静

一、语文核心素养实质

受语文学科属性影响,语文核心素养也有着多元化的特质,然而无论其内涵如何系统而丰富,其最终指向都在育人上,换而言之,高中语文核心素养的实质是通过其育人价值表现出来的。具体来说包含两方面,其一是以文化学习的方式实现心智启蒙,获得对社会的认识与思想意识的发展,其二是以高雅文化的学习浸染实现精神发展、性情陶冶并获得身心上的愉悦。学生在不同学习发展阶段上,其语文核心素养培养的侧重点各有差异。对于高中学习阶段来说,语文核心素养的培养要遵循学生发展规律以及高中阶段语文教学规律开展。

二、核心素养培养的语文教学相关策略

语文核心素养培养以语文学科作为具体指标,是建立在语文学科本质基础上的,要实现学生的语文核心素养养成目标需要同时兼顾学生核心素养培养以及语文教学特点。高中语文的四方面核心素养各自有着不同特性,因此,在教学策略的选择与实施上也要有所侧重和区别。

(一)语言建构及运用

在学生的语言建构及运用素养培养方面,应主要通过阅读、写作、口语交际以及综合性实践活动等形式的教学来实现。

[①] 本文刊登发表于《林区教学》2019 年第 2 期。

在阅读教学上，不仅仅要关注语言知识的讲授，更要重视学生在语篇识解和评价方面的能力培养。教师要站在课型整体设计角度上，根据教学内容的不同灵活选择诸如文本研究学习、问题探究讨论以及学习活动体验等不同课程实施类型，坚持适时适度原则，使语文教学切实发挥出素养培养的作用。

在写作教学上，要兼顾文章意义构建与语言成篇方式。高中语文的写作内容是学生智慧思考与灵性自我表达的最主要展现方式，对于学生语言建构及运用的核心素养有着相对更高的要求。教师需要引导学生不断提高书面的自我表达能力，使学生能够掌握汉语语言文字的表达精髓。

个体口语交际方面的能力高低是其语言建构及运用素养的最直接体现。口语交际教学上，要强调学生自我表达、听取他人意见以及问题应对能力的发展，要引导学生树立语境意识，使学生能够根据交际情境、目的选择适当的表达方式。

现阶段高中语文的综合性实践活动主要包括专题研究、社会调查以及体验式课外活动三种基本形式。语文教学过程中，无论何种基本形式都需突出语言文字的媒介性作用，将其作为思考的出发点，将学科知识的交流表述和学习转变为培养学生语言文字建构及运用素养的有效途径，为学生不同种类语用能力的强化提供实践锻炼机会。

（二）思维发展及提升

思维发展及提升必须贯穿于高中语文教学的各个环节和各个方面，无论是在阅读写作、口语交际，还是在各种形式的综合性实践活动中，都必须有重视和体现。对于高中阶段的语文教学来说，要实现思维发展及提升需要重点从以下三个方面着手：

首先要重视学生思维方式的培养。思维方式即个体对事物的看待角度，是问题思考过程中出现的相对稳定和多次发生的思路，对个体的认识视角起着决定性作用。高中语文教学要关注学生思维方式的养成，强调其系统化和整体性，使学生思维能具备动态开放性。同时，要着眼于当前社会发展趋势，着重培养学生思维的多元化、立体性、个性化与创造性。

其次，要重视学生思维方法的培养。将思维方式具体集中展现出来即思维方法，后者是前者的侧面体现，是个体在思维运作过程中的手段与工具。高中阶段的语文教学要强化形象思维、抽象思维训练，重视学生求同存异思维的养成，同时要进一步加强学生创造性思维的培养。

最后，要重视学生思维品质的培养。思维品质展现了个体的思维个性、思维特征，直接决定了个体思维的质量高低，教师能借助思维品质直观了解学生在智力水平、思维水平上的区别。高中语文教学对学生思维品质的培养要着重关注其系统灵活性、审视批判性、深刻程度以及创新个性。

（三）审美鉴赏及创造

相对比高中阶段其他学科教学来看，在审美鉴赏和创造性活动开展方面，语文学科优势鲜明。具体地说，对学生审美鉴赏及创造素质的培养主要可从如下方面开展：

首先，要重视语言美。在高中语文教学过程中，语言美是学生审美鉴赏及创造素养培养需要首先关注的重点，教师要引导学生深入体会语言应用的智慧，通过感受语言美的方式切实提高语用素养。

其次，要重视形象美。形象是文学文本描绘和展现社会生活的媒介，教师一方面要引导学生理解形象美，具备一定的鉴赏能力，另一方要有意识地锻炼学生的审美创造能力，使其有能力建构形象美。

再次，要重视情感美。审美的主体和客体之间的契合以及相互驱动所产生的共鸣是审美过程最终产生的必要条件，教师要通过引导学生体验情感美的方式培养学生的高尚情操，使之养成健康良好的审美理念。

（四）文化传承及理解

文化性是高中语文教育的最重要属性之一。语文教学是文化性的活动，是对中华文化的理解和传承过程。从发展的观点来看，高中语文的教学要坚持将华夏文明的坚守作为根本立场，坚持文化的传承，同时也要结合新的时代环境特点，将理解、传承与发展结合起来。学生的文化传承及理解素养的培养具体来说需要从如下方面做起。

首先，要将传统价值理念与现代价值取向有机结合起来。要引导学生在学习过程中构建传统文化根基，在此基础上关注传统与现代文化的紧密联系，要使学生认识到中华民族数千年文化底蕴的价值，产生民族文化认同感，建立民族理想诉求。同时也要使学生构建多元、包容的文化态度，避免过度推崇本民族文化并更进一步走向文化偏激、极端。

其次，要将民族情怀与国际视野有机结合起来。教师要能够引导学生站在更高层次的正规角度审视文化的发展演进过程，深入挖掘不同时期文化体现出的思维特征以及其背后隐藏着的结构组成，使学生能够站在人类发展角度思考问题，树立和谐共存、协同发展的意识。要使学生认识中华传统文化作为根文化的意义，同时也要使学生能够立足全球审视其中的缺陷和不足，做到不妄自尊大、不妄自菲薄。

最后，要将文化共性与文化个性有机结合起来。要为展现全球化发展趋势下，人类文明展现出的共通性与差异个性，做到把握共性的同时尊重差异性，使学生能够通过对比学习，把握文化精髓，并通过这种方式不断提高自身的核心素养。

三、小结

核心素养的提出是对传统教育教学的反思，是面对教育发展问题提出的前进方向。站在核心素养培养角度，高中语文教学需要进一步发展完善，要以人的全面发展为出发点，关注学生的综合性立体化成长。

初三英语教学中交际互动反馈式
教学方法应用分析

郭　坤

在当前的初中英语教学中，仍然存在一些问题，阻碍了学生学习效率的提高。比如学生的主体地位还不能得到完全的体现，老师和学生之间缺乏交际互动和教学反馈。随着新课改的实施，初中英语教学必须转变思维模式，大胆尝试新的教学方法来提升学生学习效率，交际互动反馈式教学方法就是其中一种。所谓交际互动反馈式教学方法就是指老师和学生之间的互动，作业之间的互动等一切与教学相关的事物之间相互影响和相互作用，从而促进教学效率提高的一种教学方法。

一、在初三英语教学中应用交际互动反馈式教学方法的意义

在初三英语教学中应用交际互动反馈式教学方法有利于活跃课堂上的气氛，极大地激发学生的主动性和积极性。我们都知道兴趣才是学生学习的最佳动力，也是最好的老师。基于初三学生的心理特点，应用交际互动反馈式教学方法有助于激发学生学习英语的兴趣，从而帮助其克服畏难情绪，养成良好的学习态度。交际互动反馈式教学方法要求在英语课堂上要体现学生的主体地位，在与学生英语水平相适应的基础之上，英语老师要不断鼓励和引导学生用英语来进行相互交流，培养学生的语言能力和创新能力，从而活跃课堂的气氛并提高教学的效率。在初三英语教学中应用交际互动反馈式教学方法还有利于提高学生英语综合能力。和其他教学方法相比较，交际互动反馈式教学方法提高了语言学习的目的性和实用性，强调语言的文化性和真实性，着重于培养和改善学生的互动能力和交际能力。老师可以通过介绍和英语相关的各种习俗或文化，改进和加强学生的语言文化性和

---

① 本文发表于《学校教育研究》2015 年第 11 期。

真实性。同时为了提高语言学习的目的性和实用性，老师在设计教学方案的时候，应当注意将日常生活和英语教学相结合。

二、交际互动反馈式教学方法在初三英语教学中的应用

（一）建立良好的师生关系

交际互动反馈式教学方法的应用首先就要求老师和学生之间应该具备良好的关系，这种关系直接影响着英语教学质量。老师在教学过程中应当具有一定权威，但这种权威应当是建立在学生的信任和尊重基础之上。只有当老师得到学生真心的爱戴，才能够谈建立良好的师生关系，从而在教学实施过程中更好地实现两者之间的互动交流。针对不同学生，老师应当采取多样化管理，不能够"一刀切"，而是要进行人性化管理。尊重每名学生的行为特点，尊重每名学生的权益，注意观察每名学生的个体差异，从而开展有针对性的差异教学，使得每名学生都能充分发展其能力。与此同时，学生也应当发挥主观能动性，保持学习的积极性，积极参加课堂的各项活动。只有老师尊重学生，学生尊重爱戴老师，两者才能建立良好的、平等的师生关系，才能营造出愉快、和谐、尊重、宽容、平等的学习氛围，让英语课堂成为学生学习的乐园，让学生觉得自己才是学习真正的主人，才能够促使其在课堂上自由发挥、畅所欲言，从而满足求知欲望，才能为交际互动反馈式教学奠定坚实的基础。

（二）小组合作学习

基于英语学习强调其实用性，因此在课堂上老师和学生之间的互动可以不拘泥于一问一答这种方式，可以采取以小组为一个单位展开交流讨论。在每个单独的小组中，每位学生都是能够独立发言的个体，这就能够在无形之中提高学生的主动性，而老师也从知识传授者这一角色逐渐转变为与学生更加平等的探讨者、交流者。在开展小组合作学习之前，老师应当先向学生详细讲解小组合作学习的相关步骤和分工合作要求，严格要求学生学会尊重同学的发言，不得嘲笑他人。在整个合作交流学习过程里，老师只是起一个引导作用，而每名学生应当明了自身在小组中的责任。可以选取组织能力较强的学生当作小组管理者，引导和组织本组同学按照学习步骤展开交流学习。可以选取观察力较好的学生当作小组监督人，约束同组同学的不良行为，使其处于学习状态。可以选取表达能力较强的学生当作首位发言人，给整个交流学习开好头，并对最后的结果进行陈述和总结。通过小组合作学习使每名同学都可以在自身知识范围内更好地发挥自身特长和能力，增强学生学习英语的自信心，还能够有效杜绝学生出现溜号、偷懒等行为，从而形成良好

的交际互动。

（三）在英语口语教学中的应用

语言教学中的核心部分应当是口语教学。在口语教学过程里，老师可以采取角色扮演的办法来提升学生对英语口语的兴趣。角色扮演有助于学生融入一个特定的语言环境，从而掌握语言的使用场景，在实际生活中，遇见类似场景学生也能够流畅地表达出来。复述课文大意是英语口语教学中极其重要的一个环节，它要求学生拥有一定的英语表达能力和大致了解课文内容。老师可以根据课文特点和学生实际情况，灵活选取课文某段或全文要求学生进行复述。在实施课文复述这个过程里，当有的学生因为紧张而产生语言障碍的时候，老师应当语气委婉地使用精练且恰当的语言对其进行点拨，帮助学生越过障碍。当然也可以采用肢体语言，比如一个鼓励和期待的目光，一个赞许的眼神，一个加油的手势等等，都能够让学生克服紧张情绪，增强信心。当复述完毕后，再让其他学生也参与进来，对复述的同学遗漏的内容进行补充。通过营造这样的互动交流平台，有助于学生开阔英语思维，了解自身不足，并提高英语口语能力。

（四）在英语写作教学中的应用

在英语写作教学中，老师应当采取有效措施挖掘学生学习的潜力。比如开展同学之间互相修改对方作文的活动。在活动里，学生通过阅读同学的作文，进行错误指正，并对作文展开评价。这种评价和对比有助于学生及时发现和认识自身问题和不足之处，从而产生深刻印象并有效改正。在活动里，老师也要关注学生的活动开展进程，对存在疑义或分歧的地方给予权威性的指正，使学生加深理解记忆，并最终提高英语写作水平。

（五）准确评价反馈

为了确保交际互动反馈式教学方法的有效性，老师还应当对学生的互动过程进行反馈评价，对他们在学习过程中的每一点收获和每一次进步予以肯定，鼓励学生自信地表达。只有如此才能确保学生在课堂中保持长时间的有效互动，有助于学生消除其害羞心理和畏惧心理，提高其学习的自信。

三、结论

交际互动反馈式教学方法是一种非常适用于初三英语教学的教学方法。要想充分发挥这种教学方法的应有效果，就需要初三英语老师和学生们共同努力，相互配合。初三英语老师应当注重引导学生培养自身的认知，只有当学生们养成独立思考的习惯，才会主动将老师传授的知识转化为自己的知识。而对于学生而言，对存在疑惑之处应当大胆地向老师提问，充分发挥自身的创造性和主动性。只有如此，才能提升初三英语课堂的教学效率。

体验、感悟、入门

许世勇

不同的时期、不同的同事都这样问过我："你用一句最简单的话给我们解释一下通用技术课程。"在讲授通用技术课程这几年以来，可以说每一次的解释都不一样，开始的时候长篇大论，后来逐渐地变短、变通俗，到现在为止，我认为最合理的一句解释就是"来源于生活，回到生活"。

我费一番脑筋用精辟的解释去回答不同老师的对本学科的困惑，还是相对容易的，但面对拿到课本后，粗略地看看、认为书本内容很好理解的高中学生，我怎么才能让他们快速地触碰到这本教材精华后融入到这门课程上来？这还真让我下了大力气。

我校通用技术课程选用的教材是江苏教育出版社必修1、2，课本的第一章节通过人类掌握控制和利用火的技术让学生认识到技术与人的关系。在课程开设之初的第一节课，我的方法是做出大量的PPT，找出大量的案例，从燧人氏到普罗米修斯、从爱迪生到美国通用公司，结果是PPT做了六七十页，黑板上写得满满的，自己说得口干舌燥、学生听得云山雾罩，最后学生跟我说："老师，打火机一按就出火了，这两页书一看就明白了，不用那么麻烦。"……之后，自己在低沉中反思，我到底在课堂上缺失了什么？课本上的文字很简单，我准备了大量的事例、讲解，但学生没有真正体会开篇的含义，而我只是一个表演者，学生只是旁观者，而旁观之后的所见所闻就像两个走在马路上偶遇的陌生人，匆匆一瞥再也想不起来了。

这门课程的精髓之一就是"创新"，如果还是像以前一样照本宣科、黑板上大展宏图，课程形式本身没有创新意识，那培养学生的创新意识和能力就是一句不着边际的空话，一个天天看"兵器知识"杂志的士兵永远成为不了一名真正的战士。

---

① 本文获北京基教研中心2016年度论文一等奖。

找到了问题的症结后，我开始重新研读教材。纵观教材的第一章节，人类掌握控制和利用火的技术之后才推动人类社会的进步，那么为什么不直接让学生亲自试一试钻木取火呢？对课程整体设计之后，我开始准备了一些圆木棍和方木块。在课上，当我提到钻木取火，学生纷纷表示这事儿众所周知，摩擦生热。当即，我取出了准备好的材料，让同学两人一组进行试验。学生看到试验材料后都非常惊喜，闪烁的眼神仿佛在说："还真能亲自动手试试呀""这应该不难，我和同组的都是男生，有劲，一定能第一个成功"……同学们立刻很卖力气地动起手来……三分钟……五分钟……七分钟过去了，渐渐地所有组都停下来了，有的同学手都搓红了，有的满头大汗，有的气喘吁吁，别说看见火光，就是圆木棍和方木块都不怎么热。这时候让同学谈一谈感受和心中的疑惑，面对"钻不出火"的事实，同学们产生了好多问题："难道是我转动的速度不够快？""难道是力量没有用在一点上？""难道是……"大家七嘴八舌地小声讨论了起来，我在巡视时聆听到了一个有代表性的议论，于是让小组代表在全班面前进行了阐述："我们小组认为木棍在木块凹槽中转动时空气不能充分地进入，即使有些热量也没有足够的燃烧条件。"这句话引起了同学们的共鸣："对，我们可以在木块下面挖一个卧槽，以便更好地通风。""还有，还有，我们可以再找一些枯树叶或者棉绒作为引火绒，助燃。""对，我们小组画了一个装置，如果做出来可以让木棍高速稳定地转动。"这时候全班同学的灵感就像突然开闸的洪水一样滔滔不绝。站在课堂上的我当时默默地想，孩子们的想象力、创造力真强呀！我以前的方法是桎梏了学生的思想，现在似乎摸到了打开他们创造灵感这道门的钥匙了，快速收回我的一丝闪念后对同学说："我给大家展示一下前人的一些方法，大家看看与自己的想法有何异同。"随着展示与演示的进行，同学们越来越显露出兴奋。讲解结束后，有些同学都迫不及待地跟我说："老师，您跟我们介绍的这些方法好多都是我们想到的呀。""对，大家看到的这些都是前人一步一步探索出来的，大家能马上想到一些处理办法也是你们已经掌握了多种知识的结果。另外，大家也不要急于把自己的想法马上转换成实例模型，我们在以后的课程中会给大家介绍一套规范严谨的方法。"说完这段话明显感觉到每个同学期盼的眼神，接着又给所有同学抛出了一个问题："大家思考一下，人类掌握了控制火的技术之后对我们有什么好处呀？"话音刚落，"可以加热成熟食。""可以让人取暖呀。""对了，历史老师说的史前的陶器、夏商的青铜、春秋的铁器不都是人运用火的技术越来越厉害呀。""嘿，还真是的呀，掌握这种技术推动社会前进了。"学生的讨论能上升到这一点，已经达到了本节课的目的了。接着我做了一些归纳小结，一节课很快就结束了，不管是学习者还是教育者都感觉时间过得很快，没有大书特书，没有一言到底，留下的只有学生对下次课程的渴望，只有学生意识到这门课程能做到多学科知识融合的惊奇。

　　回味起上课时的那一道闪念，就好像钻木取火时经过全心投入的转动后掉落在棉绒上的火星儿，随着火焰的燃起，打开了教学道路上的一道门，让讲授者豁然开朗，把学习者顺利地领进了技术之门，并认识到知识来源于生活，回到生活的意义。

高一英语衔接教学初探

王巧艳

一、问题的提出及理论依据

随着我国社会和经济的不断发展，越来越多的公民走出了国门，踏上了世界舞台，这对公民的外语素质尤其是英语素质提出了更高的要求。英语教学也应该顺势而行，不断探索提高。高中阶段的英语教育是培养公民英语素质的重要过程，"它既要满足学生心智和情感态度的发展需求以及高中毕业生就业、升学和未来生存发展的需要，同时还要满足国家的经济建设和科技发展对人才培养的需求。"因此，高中阶段的英语教育具有多重的人文和社会意义。对于普通校来说，要想完成这一艰巨的使命，就应该做好初高中英语衔接教学。

从课程性质上看，"义务教育阶段的英语课程是初中课程体系的组成部分，承担培养学生基本英语素养的任务和提高学生综合人文素养的任务"，具有工具性和人文性的双重特点；高中英语课程是普通高中的一门"主要课程"，课程一方面是为了促进学生心智、情感、态度与价值观的发展和综合人文素养的提高，另一方面是为学生"学习国外先进的文化、科学、技术和进行国际交往创造条件"。从基本理念上看，义务教育阶段英语课程首要目的是，为学生发展综合语言运用能力打基础；而普通高中英语课程要在义务教育英语课程的基础上，帮助学生打好语言基础，为他们今后升学、就业和终身学习创造条件。

总而言之，初中阶段的英语课程重体验、重知识，而高中则更强调能力的培养。也就是说，初高中英语课程的差异绝不仅仅是文本长短、单词难易的区别，而是从知识到能力的一个质的飞越。那么，如何实现这次飞越，笔者认为初高中的衔接至关重要。

为了学生的长远发展，在英语教学中需要比较全面地了解学生高中刚入学阶段的英语水平和学习状况，从而更好地指导初高中英语学科的衔接工作，让学生更好地适应高中英语学习，所以，笔者依据《全日制普通高中英语课程标准（实验）》《义务教育英语课程标准（2011 年版）》和多年高中英语教学的实践设计了一套调查问卷，进行了调查分析。

二、衔接前期问卷调查及分析

我校 2016 届高一年级目前六个班，共 182 名学生。本次问卷调查涉及笔者所任教的高一年级两个平行班共 61 名学生（不含体育生），其中有效问卷 57 人，占总人数的 93.44%。问卷调查涉及了这批学生初中阶段语言技能、语言知识、学习策略等方面，最终调查结果如下：

（一）语言技能方面

语言技能包括听、说、读、写四个方面：听和读是理解的技能，说和写是表达的技能；这四种技能在语言学习和交际中相辅相成、相互促进。学生只有通过大量的专项和综合性语言实践活动，才能形成综合语言运用能力，为真实语言交际打下基础。我校学生初中阶段实际英语语言实践活动情况如下：

1. 听

在被调查的学生中，有 89.47% 的学生接受过专门的听力训练（Q12）。听力训练频率分布如下：近一半学生每周的英语听力练习在 1 小时以下，其次是 29.82% 的学生保持每周听 1–2 小时（含 1 小时），七成学生每周听力训练时间较短，不足以养成习惯。

2. 说

口语能力是语言能力的重要组成部分。语言本来就是交流工具，口语交流是最重要的、最普遍的交流方式，因此英语口语的重要性不言而喻。被调查学生目前的口语水平分布如下：

熟练运用和能简单的口语交流两项合起来占被调查人数的 68.43%，也就是将近七成左右的学生能够进行基本的英语交流，还有将近三成的学生口语交流方面存在困难。

3. 读

读可以分成默读和朗读。默读是读的一种重要方式，是训练阅读能力的重要方法。默读不用发音，所以速度快，再加上营造了安静的环境，便于学生集中地思考、理解读物的内容，并且不易疲劳，易于持久。默读应用范围十分广泛，读书报，查资料，看通知、布告、信件等，都要用到默读。在被调查的学生中，除英语课文和必要的习题外，有 35.09% 的学生从未接触过课外英语读物（Q6），而《义务教育英语课程标准（2011 年版）》中 9 年级（初三）毕业应该完成五级目标，"课外阅读量应累计达到 15 万词以上"，显而易见，这部分学生根本没有达到这个目标。

朗读也是一种有效促进英语学习的方式，有许多好处：第一，朗读可以直接培养英语语感。语感是使用者在语言的习得和学习过程中产生的比较直接、迅速地感悟语言文字的能力。如果对某种语言语感较好，在实际应用中就能产生正确的多方位的丰富的直感。比如，在阅读时，学生不仅能快速、敏锐地抓住语言文字所表达的真实有效之信息，感知语义，体味感情，领会意境，而且能捕捉到深层含义。朗读能有效地训练大脑思维协调配合，从而形成语音、语调、节奏和语义自然结合的语感效果。第二，朗读能够调动人的多种感觉器官参与到语言习得过程，最大限度解决注意力不集中问题，同时提高学习效率，促进背诵记忆，在大脑储备丰富的语言材料，有助于提高写作能力。然而，在调查的过程中，笔者发现初中阶段只有一半学生有朗读英语的习惯，有的学生甚至课文中的单词句型都不能熟练朗读，这部分学生所占比例是两成左右。（见附录）

4. 写

在被调查的学生中，有 85.96% 的学生进行过基础句型的写作训练（Q8），写作频率分布如下表：

频率	人数	所占百分比
每天	8 人	14.04%
每周 1–2 次	25 人	43.86%
每周 3–4 次	15 人	26.31%
每周 5–6 次	5 人	8.77%
从来没有	4 人	7.02%

从表中可以看出，近一半学生基本句型的写作频率集中在每周 1–2 次，其次是每周 3–4 次，两项总和所占百分比是 70.14%，可以说训练的次数较少，甚至还有 7.02% 的学生没有进行过基本句型的训练，也就是说，他们基本不会写英文句子。

下面再看英语短文写作的基本情况，在被调查的学生中，有 82.46% 的学生进行过短文的写作训练（Q10），频率分布如下：超出一半学生的英语短文写作频率集中在每周 1–2 次，其次是每周 3–4 次，两项总和所占百分比是 80.7%，训练的次数还是较少，甚至还有 10.53% 的学生从来没有写过英语短文。也就是说，他们不会写英语作文，那么高中阶段这些学生将会成为英语写作方面的学困生，跟不上高中写作训练的水平，需要从头学起。

（二）语言知识方面

笔者就高中英语学习比较需要的、初中阶段需要掌握的语言知识点进行了调查。经过分析，笔者发现：英语 26 个字母大小写书写规则 12.28% 的学生不能熟练掌握；有两成多的学生不会拼读单词；有 26.32% 的学生不能熟练运用简单句五种基本句型和 There be 句型；近一半的学生弄不清动词常用 8 种英语时态；一半以上的学生没有掌握动词的被动语态；一半以上的学生在阅读的时候，不规则动词的变化形式会成为其阅读的障碍；近四成学生不能熟练运用形容词和副词的比较级、最高级；只有 45.61% 的学生熟练掌握定语从句；只有 38.60% 的学生熟练掌握了词性。（见附录）

综上所述，在语言知识方面，我校学生只有将近一半学生能达到要求。第一项不合格人数较少，只需要有针对性地对不合格学生进行补差，第二至第四项需要在日常教学中继续巩固，第六至第十项将是这部分知识在衔接阶段训练的重点。

（三）学习策略方面

学习策略指学生为了有效地学习和使用英语而采取的各种行动和步骤以及指导这些行动和步骤的信念。英语学习策略包括认知策略、调控策略、交际策略和资源策略等。本人根据五级学习策略分级目标和往届学生在学习过程中暴露的学习策略方面的问题，重点调查了一些方面（其中交际策略跟语言技能的"说"方面重复，不再赘述），结果如下：

1. 认知策略

课前预习和课后复习是学习过程的重要环节。通过预习，学生对即将要学习的新课能够做到心中有数，听课时学生便可以集中精力去听那些自己没弄懂的部分。这样做会使听课变得更有针对性，更加快速地抓住课堂学习的重点和难点，提高学习效率。

艾宾浩斯遗忘曲线告诉我们人的记忆是一个曲线的过程，即从低到高，然后下落，然后平稳，这样的特点要求学生要反复地记忆知识，经过一个过程后才能将知识真正地永远地记忆住。课后复习，就是达到这一目标的有效方式。

通过问卷调查发现，真正养成这种习惯的学生不足三成，近五成的学生只是偶尔做到，还有两成多的学生根本没有这个习惯，这与平时笔者抽查的结果完全一致。

2. 调控策略

法国的物理学家朗之万在总结读书的经验与教训时深有体会地说："方法的得当与否往往会主宰整个读书过程，它能将你托到成功的彼岸，也能将你拉入失败的深谷。"由此我们可以知道学习方法是何等的重要。调控策略中，本人重点就学习方法进行了调查：61.4% 的学生课堂上能够先认真听，然后记重点，但也有 22.81% 的学生课上只听讲，不记笔记（Q20）；49.1% 的学生偶尔与他人讨论英语学习方法，但是 31.58% 的学生从来没有与他人讨论英语学习方法（Q21），这些问题都不容忽视。

此外，五级目标中调控策略还包括积极参与课内外英语学习活动。据调查，有36.84%的学生从来没参加过英语演讲比赛、戏剧表演等活动（Q29），这与我校生源层次有关。这部分学生在初中阶段大多处于中等水平，而学校一般优先挑选优秀生参加。虽然现在参加活动的学生比例越来越大，但是对于这部分学生来说，还是有不少人缺乏机会。在学校层面还应该多举办英语类的课外活动，以激发学生学习英语的热情和积极性。

3. 资源策略

为了彻底弄清楚学生初中阶段都接触到了哪些英语学习资源，笔者列举了11项常见的英语学习资源（Q4），学生接触的英语学习资源从多到少依次排序为：看英文电影，唱英文歌，外教课，用英语学习手机软件，读英文读物，看原版英语动画片，看原版英语电视剧，与外国人交流，去英语国家游学，其他看英语新闻。究其原因，是因为越靠后的英语学习资源越难得到。现在智能手机功能强大，看英文电影，唱英文歌，用英语学习手机软件等等，学生只要用手机就可以做到。

此外，笔者还专门调查了学生初中阶段使用词典的情况（Q17），发现31.58%的学生使用词典的频率比较高，还有17.54%的学生从来不使用词典，一半学生未养成查词典的习惯，只是偶尔用用。查词典是一项比较重要的自主学习策略，需要从衔接阶段开始养成习惯。

综上所述，在学习策略方面，我校学生还有相当部分学生根本没达到五级水平。而高中阶段新课标要求高中学生应在义务教育阶段所培养的自主学习能力的基础上，进一步掌握资源策略，学会独立地获取信息和资料，并能加以整理、分析、归纳和总结，从而扩展知识，开阔视野，充实生活，更自觉地规划自己的人生。两者之间的跨度对普通校的学生来说实在有点大，所以衔接阶段的指导就显得更加重要。

（四）其它方面

1. 家庭因素

在英语学习过程中，原生家庭对学生学习的影响是毋庸置疑的。而在调查中发现只有12.28%的家长能够指导学生初中阶段的英语学习，59.64%的家长根本没有参与到学生的学习中来（Q27）。主要原因是家长的文化程度参差不齐，家长受教育程度越高，指导学生英语学习的能力越强。而我校学生的家长大多属于蓝领阶层，自身能力有限，最终导致学生在家自主学习的效果差异很大。

在问到"初中阶段你的父母督促你的英语学习吗？"（Q28）调查结果如下：

一半以上家长比较关注孩子的学习，同时，还有三成以上家长对学生的英语学习比较放任。学生的预习和课后复习工作主要在家里进行，如果孩子不够自觉而家长又任其发展的话，学习的效果将大打折扣。长此以往，学生的英语水平只会停滞不前，越来越跟不上其他同学，从而厌弃英语学习。

2. 学生意愿

要在衔接阶段能够较好地解决上述问题，首先要考虑学生的意愿。老师有再好的方法，但学生不想学好英语，那也是白费功夫。因此笔者调查了一下学生的意愿：43.86%的学生不满意自己目前的英语状况（Q35），91.23%的学生想进一步提高自己的英语水平（Q36）。这两方面是笔者实施衔接阶段教学措施的前提条件。

三、衔接教学措施及成效

（一）介绍学习方法，督促学生形成有效的学习策略

古人云："授人以鱼，只供一饭之需；教人以渔，则终身受用无穷。"作为英语教师，我们不仅要教给学生英语知识，更重要的是要引导他们掌握有效的英语学习方法。前期调查发现，很多学生没有重视掌握正确有效的英语学习方法或是对英语学习方法的掌握不够重视。因此在衔接阶段，笔者利用区里的衔接教材，结合自己的经验，专门给学生介绍英语学习方法，同时，笔者请英语成绩好的学生介绍自己的学习方法与所有学生共享，督促学生形成以下学习策略：

1. 养成预习和复习的习惯

调查中发现，在受访学生中，初中阶段养成课前预习和课后复习习惯的学生不足三成。这是因为初中英语学习知识容量小，学生只要课堂上认真听讲，足以应对初中的考试。而高中阶段的英语知识无论是在量上还是难度上都比初中有质的飞跃。学生单凭课堂上听讲，是无法掌握所有的知识的。因此，笔者在课前直接给学生布置预习任务，并在课堂上抽查落实情况，对于不执行的学生以适当的惩罚，督促学生形成习惯；课上要求学生在书上随时记笔记；课后让学生用专门的笔记本，对当天所学知识点进行梳理归纳。之所以不要求学生在课堂上把知识点记在笔记本上，是因为学生在课堂上把大部分精力用于听课，导致课堂上的笔记比较随意，只言片语，不成体系。

笔者在实行过程中发现，相当一部分学生并不会记笔记，他们记下来的往往是不认识的单词、读不懂的句子等零散的知识点，并不成体系，所以笔者指导学生按照生词、词组词块、句型三方面分类归纳知识点，并且也定期检查，定期分享。这样，方法上加以指导，行为上加以督促，帮助学生养成了课前预习和课后复习的习惯。

2. 养成课外阅读的习惯

前期调查中发现近一半的学生初中阶段没有读过英语课外书，远远不能达到新课标五级关于课外阅读量应累计达到 15 万词以上的要求。因此，笔者根据学生的实际水平推荐了《新概念英语 2》和《典范英语》6、7 级作为课外的补充阅读。

同时要求不同层次的学生完成不同的学习任务，要求基础弱的学生摘抄好词好句，要求基础好的学生在此基础上，课外阅读中抓住比较浅层的文本信息。比如故事类课外书阅读中，要求依据记叙文六要素和故事——感情线归纳主旨大意。

3. 养成使用工具书的习惯

前期调查发现，初中阶段学生大多数都使用过英语词典，但是未形成习惯。而且他们使用的都是小型词典，用汉语解释英语，短语很少，例句也几乎没有。学生遇到生字词都是在词典上查找并简单地记忆单词拼写和中文意思，根本不管单词在什么语境中使用，这样容易造成学生对单词的含义理解不到位，容易与某些汉语等同起来，造成很多使用错误。

而拥有一本好的英语工具书，有助于学生养成有生词就立刻翻阅的习惯，在不断的实践中学生有意识地掌握较准确的词汇知识，正确地理解语言和运用语言。同时，这样也可以培养学生的探究性学习能力。

因此，笔者向学生推荐了《牛津高阶英汉词典》和《朗文英汉双解词典》两本工具书；同时网上也有很多英语在线词典，为了让学生避免用到一些不准确的词典，笔者推荐了网易有道词典和朗文在线词典两款手机应用软件，以满足学生在家自主学习时对工具书方便、快捷的需求。这些资源都有英英释义，词的用法和例句也很全面，适合高中阶段的自主学习。

同时为了帮助学生养成习惯，笔者要求学生在每天的常规作业中必须至少查一个生词。

（二）以同一文本为依托，同时锻炼学生的多项语言知识和技能

1. 新课标语言技能六级目标要求学生能听懂故事或记叙文，理解其中主要人物和事件以及他们之间的关系。因此，在衔接阶段笔者选取了《新概念英语 2》作为听力材料，其特点是文章短小精悍，故事性较强，所涉及词汇比较基础，难易度适合大多数学生。具体做法如下：每次课堂上让学生先听一遍录音，进行主旨大意的听力练习；然后听第二遍，要求学生听一句，复述一句，进行听说练习；最后听第三遍，然后发学案让学生进行课文的挖空回填。挖空是根据文章的特点，有时集中挖在动词的时态语态上，有时候集中挖在不同的词性上。

比如 Lesson 4 An exciting trip 就是针对动词的不同时态：

I have just（receive）a letter from my brother，Tim. He is in Australia. He_____ _____（be）there for six months. Tim is an engineer. He_____ _____（work）for a big firm and he has already_____（visit）a great number of different places in Australia. He has just _____（buy）an Australian car and _____ _____（go）to Alice Springs，a small town in the centre of Australia. He will soon visit Darwin. From there，he _____ _____（fly）to Perth. My brother_____ never_____（be）abroad before，so he _____ _____（find）this trip very exciting.

这样以文本为依托，既符合语言技能中听力的主旨大意的训练要求，又引导学生关注了语言知识目标中的时态语态和词性。

2. 依据新课标语言技能六级目标，笔者选取区里提供的衔接教材中适合的文本，包括散文、诗歌、戏剧、短篇小说、日记、演讲等等。以这些文本为依托，笔者尝试利用同一文本培养学生的各项语言知识和技能：

例 1 在诗歌《The Giving Tree》阅读学案的回答问题环节中，

Questions about the tree：

1. How did the tree feel each time when the boy came?（信息查找）

2. What did the tree give to the boy each time?（信息查找）

3. What does "the tree" stand for?（推理判断）

Questions about the boy：

4. In which period was the boy each time when he went to meet the tree?（信息查找）

5. What do "money，house and boat " stand for?（推理判断）

6. What does "the boy" stand for?（推理判断）

Questions about the theme：What does the story want to tell us?（主旨大意）

Writing：1. Who is the most devoted member in your family? Why?

2. After reading the poem，what do you want to say to him/her?

（文本理解）

此例培养学生从一般文字资料中获取主要信息，抓住主要情节和主要人物的能力。问题设置由浅入深，训练的能力从信息查找到推理判断，再到对主旨大意和文本本身的理解。在此基础上，锻炼学生传递信息并就熟悉的话题表达看法的能力，并且还训练了学生简单地描述人物或事件，并简单地表达自己的意见的能力。

在衔接阶段，笔者尝试充分利用各种文本资源，培养学生的语言知识和技能，努力达到课标要求的六级语言技能。经过一段时间的努力，学生获得了成就感，学习的积极性有了一定提高。

（三）采取多种手段，多渠道激发学生的英语学习兴趣

兴趣是最好的老师。为了在情感态度上激发学生学习英语的兴趣，主动参与有助于提高英语能力的活动，笔者做了很多的尝试，比较成功的有：

第一，唱英文歌。前期调查发现不少学生已经接触过这种资源，但是大部分停留在听的层面，实际并不会唱，而唱英文歌也是锻炼口语的一种方式，还能让学生抒发感情，缓解学习压力，所以，笔者把它作为衔接阶段课前五分钟必做的事情。具体做法是，首先我让学生介绍自己喜欢的英文歌，在课堂上给大家共享，一起跟着音频学唱。然后，在唱的过程中发现大家喜爱的一些比较流行的音乐形式，比如嘻哈（Hip-hop）比较难学，于是我给学生推荐了一些比较经典的老歌，这些歌节奏比较慢，很适合学唱，比如 *Big Big World*，*Colors of the wind*，*Memory*，*Don't cry for me*，*Argentina*，*Heal the World* 等等。等学生会唱了之后，我推荐了一款录歌的软件——K歌之王，让学生利用课余时间把自己唱的歌录下来，上传到班级英语微信群里，与大家分享。刚开始的时候，学生比较害羞，不敢与大家分享，我就身先士卒，发了自己唱的一首英文歌给大家听，同时也私信给一些英语基础较好又唱得不错的学生，让他们跟在我后面发。这样做了几次之后，学生渐渐变得越来越主动，兴趣越来越浓。

当然，兴奋期过了之后，可唱的歌越来越少，学生的兴趣也渐渐会出现回落。于是，笔者就会寻找新的渠道，同时，唱英文歌这个渠道也继续坚持，只是频率减少，一周一次变成半个月一次，稳定下来，形成习惯。

第二，做英语手抄报。在做英语手抄报之前，笔者一直尝试寻找一种能以文字方式体现的，学生又比较喜欢的作业形式。最开始的想法是做PPT，展现学生对文本的理解，或者从各个方面介绍英语国家的地理、历史、文化方面的东西。因为孩子总是对外面的世界充满好奇心，容易激发他们的求知欲；同时想要学好一门语言，必须了解对应国家的多方面的知识作为载体，才能更好地掌握这门语言，更好地理解他们的文学作品。在尝试了一次PPT作业之后，笔者发现部分学生家里没有电脑，无法完成作业；交上来的作业都是在网络百科全书里面找的大段的内容贴在上面的，学生根本没有读，作业流于形式，也没有分享的价值。后来笔者看见学生在班级布置的文化墙，发现他们比较喜欢这种图文并茂的作业形式，所以开始了做英语手抄报的尝试。刚开始的时候学生交上来的手抄报乱七八糟，甚至有学生抄了一段100词左右的文字就算做完了手抄报，内容单一，观赏性极差，学生自己不愿看，更别提与大家分享了。后来，笔者专门查找了手抄报的制作方法，给学生进行了指导，学生的手抄报质量才逐渐提升上来。为了激发鼓励学生，笔者跟班主任商量，在班级开辟了一个英语学习园地，定期展出优秀的手抄报，这样使学生的学习积极性更高了。

第三，利用英语配音软件，让学生做配音练习。比较常用的配音软件有趣配音和魔方秀。上面有很多电影片段、广告视频、科普类节目、旅游类节目等的配音资源，种类繁多，取之不尽；资源有难有易，适合不同层次学生的需求，最简单的只需要录一句话；同时这些资源非常短，几分钟就能配完音，任务量不大；而且学生在制作的过程中可以根据原声反复模仿，起到正音的效果。这个渠道一经介绍就受到了学生的广泛欢迎，学生一直坚持了下来。

第四，利用英语背单词软件，扩大学生的词汇量。词汇量是英语阅读的基础，而经过中考完一个漫长的暑假休息，学生基本把单词快要忘光了，所以扩大词汇量迫在眉睫。比较常用的背单词软件有百词斩和沪江开心词场。两者各有特点，百词斩只是图、音和中英文含义的结合，比较适合复习单词用，而沪江开心词场可以让学习者全方位了解单词的发音、拼写、意义和在语境中的使用，适合用来掌握四会单词。所以衔接阶段笔者首先让学生使用百词斩复习初中1600的英语词汇，之后让学生使用沪江开心词场复习900多的中考核心词汇。每天让学生放学回家后背单词，然后发截图至班级英语微信群，学生管这个过程叫"打卡"。同时，这两款软件都可以让不同的学习者进行PK，就像玩游戏一样，也容易激发学生的好胜心，促进背单词。使用这种软件可以使背单词过程简便快捷，十分受学生欢迎。

在师生共同努力下，在衔接阶段我校大部分学生不断向新课标中情感态度目标要求接近，能够有正确的英语学习动机，明确英语学习的目的，带着较强的自信心，投入接下来的英语学习。

（四）建立三位一体的网络体系，加强沟通和反馈

传统的思维认为，教育孩子是老师的事情；文化程度越低的学生家长，往往越把教育孩子的责任全部寄托在老师身上。佐藤学在《教育方法学》中阐释道："教育方法的理论正迈向一个大的转折点"。学习不再是单一的教师与学生之间发生的教与学的关系，"学习不再只是儿童的责任与义务，也是对大人的要求，学习渐渐扩大为与整个生存活动一体化的活动"。在衔接阶段的英语教学活动中，笔者利用网络资源，建立三位一体的网络体系，老师让家长也参与到孩子的学习过程中来，建立了班级英语学习微信群。在衔接阶段的所有活动中，家长在孩子的学习行为的生成阶段都能够对孩子的学习情况进行了解，和

老师们一起随时鼓励强化孩子的良好习惯,纠正孩子的不良习惯。

四、结束语

以上是笔者依据课程标准并结合自己的教学经验对初高中英语衔接教学的一些尝试,取得了一定的成效。但是在具体教学实践中,肯定还有许多可行的方法等待我们去探索和发掘。即使学生的基础确实很薄弱,只要我们认真对待,积极探索,肯定能够找到更多更有效的教学手段和方法,从而帮助不同层次的学生提高英语水平,最终实现高中英语新课标前言中要求的英语教学"既要满足学生心智和情感态度的发展需求以及高中毕业生就业、升学和未来生存发展的需要,同时还要满足国家的经济建设和科技发展对人才培养的需求。"

附录:

初中阶段英语学习情况调查

Q1:你什么时候开始英语学习的?

答案选项	回复情况
A. 三岁以前	9
B. 幼儿园阶段	13
C. 小学三年级以前	26
D. 小学 4-6 年级	8
E. 初一	1

受访人数 57

Q2:初中阶段你校内英语学习一周几节课?

答案选项	回复情况
2 节以下	2
2-4 节	13
4-6 节	37
6 节以上	5

受访人数 57

Q3：初中阶段你校内英语学习一周大概多长时间？（含上课、早读和完成英语作业时间）

答案选项	回复情况
2小时以内	9
2-3小时（含2小时）	12
3-4小时（含3小时）	18
4小时及以上	18

受访人数 57

Q4：初中阶段除了上英语课，你接触的英语学习方式有哪些？（可多选）

答案选项	回复情况
唱英文歌	39
看英文电影	46
读英文读物	18
用英语学习手机软件	22
外教课	23
看英语新闻	3
看原版英语动画片	18
看原版英语电视剧	13
去英语国家游学	4
与外国人交流	11
其它	4

受访人数 57

Q5：初中阶段你在课外每周学习英语多长时间？

答案选项	回复情况
从不	10
2小时及以内	32
2-3小时（含3小时）	12
3-4小时（含4小时）	2
4小时以上	1

受访人数 57

Q6：初中阶段你读过课外英语读物吗？

答案选项	回复情况
有	37
没有	20

受访人数 57

Q7：初中阶段及以前你熟练掌握了哪些英语知识点？（可多选）

答案选项	回复情况
英语 26 个字母大小写书写规则	50
自然拼读	43
音标	27
简单句五种基本句型和 There be 句型	42
动词常用 8 种英语时态	29
动词的被动语态	26
常用不规则动词变化表	25
形容词和副词的比较级、最高级	35
定语从句	26
词性	22

受访人数 57

Q8：初中阶段你进行了英语句子写作或者句子的汉译英练习吗？

答案选项	回复情况
有	49
没有	8

受访人数 57

Q9：初中阶段你进行了英语句子写作或者句子的汉译英练习多久一次？

答案选项	回复情况
每天	8
每周 1–2 次	25
每周 3–4 次	15
每周 5–6 次	5
从来没有	4

受访人数 57

Q10：初中阶段你有进行过英语短文写作训练吗？

答案选项	回复情况
有	47
没有	10

受访人数 57

Q11：你的英语短文写作训练多久一次？

答案选项	回复情况
每天	4
每周 1–2 次	34
每周 3–4 次	12
每周 5–6 次	1
从来没有	6

受访人数 57

Q12：初中阶段英语学习中你进行过专门的听力训练吗（包括课内、课外）？

答案选项	回复情况
有	51
没有	6

受访人数 57

Q13：初中阶段你一周大概进行多久听力训练？

答案选项	回复情况
从不	4
1 小时以下	26
1–2 小时（含 1 小时）	17
2–3 小时（含 2 小时）	8
3 小时及以上	2

受访人数 57

Q14：初中阶段你平时有主动背英语单词吗？

答案选项	回复情况
每天	11
经常	17
偶尔	22
没有	7

受访人数 57

Q15：初中阶段你大概一周能记住多少英语单词？

答案选项	回复情况
20 以下	10
20–40	10
40–60	19
60–80	9
80–100	6
100 以上	3

受访人数 57

Q16：初中阶段你有大声朗读英语吗？

答案选项	回复情况
每天	15
经常	14
偶尔	22
没有	6

受访人数 57

Q17：初中阶段你查英语词典吗？

答案选项	回复情况
每天	7
经常	11
偶尔	29
没有	10

受访人数 57

Q18：初中阶段你能熟练流利地朗读课本上的单词句型吗？

答案选项	回复情况
没问题	21
基本可以	24
少部分不会读	9
基本不会读	3

受访人数 57

Q19：你初中英语课堂老师采用什么授课形式？

答案选项	回复情况
基本使用中文	7
基本使用英语	11
多英文少汉语	25
多汉语少英文	14

受访人数 57

Q20：你在英语课堂上采取哪种学习方式？

答案选项	回复情况
不停记笔记，没有认真理解	6
先认真听，后记重点	35
只听老师讲，不记笔记	13
不听老师讲，自学	3

受访人数 57

Q21：初中阶段你是否经常与他人讨论英语学习方法？

答案选项	回复情况
经常有	11
偶尔有	28
没有	18

受访人数 57

Q22：初中阶段你课前预习和课后复习英语吗？

答案选项	回复情况
每天	8
经常	9
偶尔	27
没有	13

受访人数 57

Q23：初中阶段你有按时完成英语作业的习惯吗？

答案选项	回复情况
每天有	38
经常有	14
偶尔有	5
没有	0

受访人数 57

Q24：初中阶段你每天的英语作业时间大概多少？

答案选项	回复情况
没有	0
15 分钟以内	8
15–30 分钟	31
30 分钟以上	18

受访人数 57

Q25：你能灵活地运用课堂上学到的英语知识进行交际吗？

答案选项	回复情况
能熟练运用	15
能简单的交流	24
能听懂但不太会说	11
只会死记硬背	7

受访人数 57

Q26：初中阶段课外你能积极主动学习英语吗？

答案选项	回复情况
能	16
偶尔能	28
经常能	7
不能	6

受访人数 57

Q27：初中阶段你的父母能够指导你的英语学习吗？

答案选项	回复情况
能	7
部分能够	16
不能	34

受访人数 57

Q28：初中阶段你的父母督促你的英语学习吗？

答案选项	回复情况
天天督促	6
经常督促	25
偶尔督促	11
基本不管	8
完全不管	7

受访人数 57

Q29：初中阶段你参加过英语活动吗（比如演讲比赛，英语戏剧表演等）？

答案选项	回复情况
经常	5
参加过一次	13
参加过几次	18
从来没有	21

受访人数 57

Q30：课堂上你更喜欢那种英语学习方式？

答案选项	回复情况
多讲少练	10
多讲多练	17
辅导自学	6
精讲精练	24

受访人数 57

Q31：你觉得你的英语成绩不够理想的原因是什么？（可多选）

答案选项	回复情况
缺乏明确的英语学习目标	25
缺乏良好的学习习惯	34
学习方法不当	30
不够努力	28

受访人数 57

Q32：你觉得能激发你英语学习积极性的方式是什么？（可多选）

答案选项	回复情况
老师的表扬	26
同学的肯定	22
家长的奖励	18
自己体验到成功后的喜悦	46

受访人数 57

Q33：你喜欢什么样的英语课堂？（可多选）

答案选项	回复情况
创设情境学习	36
知识融入游戏	33
老师细致全面讲解	31
多朗读多自主练习	15

受访人数 57

Q34：平时你最在乎谁对你的评价？

答案选项	回复情况
班主任	7
英语老师	7
同学	7
父母长辈	14
自己	13
谁也不在乎	9

受访人数 57

Q35：你对自己现阶段英语水平满意吗？

答案选项	回复情况
很满意	3
基本满意	12
一般	17
不太满意	16
不满意	9

受访人数 57

Q36：你想进一步提高英语水平吗？

答案选项	回复情况
非常想	28
想	24
无所谓	4
不想	1

受访人数 57

在品德与生活教学中注重学生对
生活的体验、认识和感悟[①]

王 玲

国家教育部《义务教育品德与生活课程标准（2011年版）》指出："遵循《公民道德建设实施纲要》的精神，引导儿童'学会生活'，形成良好的公民道德素质和勇于探究、创新的科学精神，成为我国基础教育必须担负的重大责任。"由此可见，小学品德与生活课教学必须以《义务教育品德与生活课程标准（2011年版）》为指针，树立新的教学观念，改变教师讲、学生听，从书本到说教的注入式的教学方法，将儿童的品德教学扎根于他们对生活的体验、认识和感悟之中，在源于儿童实际生活的教育活动中，引发他们内心的真实的道德体验和道德认识。

为了增强儿童品德教育的针对性、实效性，切实地为他们形成正确的生活态度、良好的道德和科学素质等打好基础，我在品德与生活学科教学中特别注意以儿童的生活为基础，将品德与生活学科上成以培养儿童具有良好品德、乐于探究、热爱生活的活动型综合课程。几年来，在使用北京市义务教育课程改革实验教材（北京教育科学研究所 首都师范大学出版社）教学中作了以下几点尝试。

一、联系学生生活实际，实施品德与生活课教学

认识从生活中来，理论从实践中来，品德与生活教学必须遵循儿童生活的逻辑，以儿童现实生活为课程的主要源泉。

---

① 本文发表于《北京市基础教育课程教材改革实验工作通讯》。
注：本文观点、引文均见中华人民共和国教育部制定《义务教育品德与生活课程标准（2011年版）》，北京师范大学出版社，2012年。

（一）联系生活，创设情景、进入新课

导入犹如戏剧的"序幕"，起着酝酿情绪、集中注意、激发兴趣、进入思维、振奋状态的作用。在导入中只有创设贴近儿童心理和生活的生动情境，才能吸引学生，达到沟通情感，将学生自然引入到品德与生活教学中来的目的。

例如：在《品德与生活》一年级上册《爱护自己的身体——保护牙齿》一课教学中，在导入新课中利用谜语"兄弟生来白又白，整整齐齐排一排，切菜舂米快又快，人人吃饭离不开"。课的开始，利用谜语创设情境，提供图像，以生动、直观、形象的学习情境，使教学直观化、模型化。让学生在对比观察中感受到牙齿的不同，为学生提供丰富的信息，引起学生探究的兴趣。

每节课开始，我力求以演示、故事、音像、谜语等多种方式，创设符合儿童心理和实际生活相结合的氛围，把学习要求转化为认知冲突，力求使学生产生认识世界、渴望获得新知、不断获得正确行为意识的想法。教师要结合教材内容和学生生活实际，精心创设情境，激起儿童兴趣，启迪他们思考。实践证明，这种贴近生活，贴近学生心理实际的生动、形象的引入方式，深受学生喜爱，教学效果良好。

（二）学生积极参与教学，在活动中深化认识

学生价值观的形成并非靠教师长篇大套的说教实现的，而主要是在教师指导下通过参与各种实践活动来实现的。活动是教和学的中介，品德与生活新课程的呈现形态主要是儿童动手动脑，直接参与游戏及其它主题实践活动。教师必须改变讲解教科书，让儿童依靠听讲学习品德的教学方式，以密切联系儿童生活的活动为载体，引导儿童在生活中发展，在发展中生活，以形成正确的价值观。

例如：在《品德与生活》一年级下册《做个有礼貌的小学生》一课，学生在知道生活中常用的一些礼貌用语之后，通过观看"礼貌学校"学生的表现，结合生活情境，加深了对礼貌的认识，并通过表演把"早晨相见、归还物品、不小心碰掉了别人的东西……"等生活情境再现出来。学生们根据自己的生活体验，充分发挥创造性想象，不但能说出礼貌性的语言，还能加上动作和表情，有的学生还在表演中增加了生动的交际情节。通过实践，学生们亲身感受到了对别人说话有礼貌的好处，体验到对人有礼貌，称呼别人使用礼貌用语，态度和气的情感效果，增强了课堂教学的实效性。

又如：在《品德与生活》二年级上册《做游戏守规则》一课教学中，在进行"守规则玩得快活"这一栏目内容时，先安排学生分组玩"老鹰捉小鸡"的游戏。游戏时，一个扮演老鹰的同学捉不住小鸡，就从小鸡队伍中间插入去捉，于是"小鸡"和"老鹰"

吵了起来。老师把同学召集到一起说一说，他们为什么会玩得不愉快？讨论后，大家认为，不遵守游戏规则，怎么能玩得高兴呢？于是，大家先讨论游戏规则，再进行游戏后，就玩得很愉快了。由此，通过游戏使学生明白了"做游戏要守规则，大家才能玩得快活"的正确道理。

实践证明，引导儿童"在生活中发展，在发展中生活"是品德教学的重要原则。

二、实行开放式教学，将对儿童有意义、有兴趣的生活题材整合在教学之中

道德存在于儿童生活的方方面面，没有能与生活分离的"纯道德的生活"。儿童品德的形成源于他们对生活的体验、认识和感悟，只有在源于儿童生活的教育活动中才能引发他们内心的而非表面的道德情感，真实的而非虚假的道德体验认知。因此，良好品德的形成必须在儿童的生活过程之中，而非在生活之外进行。

（一）联系生活实例说一说

言行一致是德育学科的根本。说与做紧密相连，这里的说是指学生将自己的行为用语言表达出来，与同学交流，达到互相学习、启发的目的。

例如：生活离不开家庭，孩子是家庭中的一员。在《品德与生活》一年级下册《我为家庭添欢乐》一课中，我抓住"使家人更开心"这一栏目内容，让学生结合自己的做法说说生活中做过哪些事让家人特别开心。有的学生说，妈妈过生日，我给妈妈亲手做了一张贺卡；有的学生说，奶奶感冒了，我给奶奶倒了一杯水；还有的学生说，我在学校里听老师的话，好好学习，考了 100 分……

就这样，学生联系自己生活的实例，在你说、我说、大家说的过程中，互相交流、互相启发、互相影响，认识到自己点滴的良好举动或表现都会使大人高兴、特别开心，给家庭带来欢乐，自己的言行对家庭亲人有喜、怒、哀、乐等情绪的影响，从中体会亲情的价值，学习做人。

（二）结合实际问题辩一辩

小学生年龄小，认识问题水平较低，自我控制的能力弱，他们在日常生活中难免犯错误。教师要随时深入学生生活实际，观察了解学生，从学生的生活中发现问题，了解他们的需要，体察他们的心理，帮助他们提高认识，解决实际问题。只有如此，品德教学才能避免空洞说教，才能具有针对性和实效性。

例如：二年级下册《发现有趣的变化》一课，我设计了"实验探究，水能沿着纸、布

等材料中的缝隙上升"的活动。

课堂教学中，学生把纸片放入水中，看到纸片一层层展开之后，眼睛瞪得大大的，教室中不时传出"啊！""开了、开了！"的惊奇之声。看到学生的反应，听到他们的声音，学生们的学习兴趣被激发起来，产生了强烈的好奇心。随着教师的引导，学生发现问题："纸花为什么展开了？"通过观察，说出纸片展开的原因，即水沿着纸向四周爬，感受到了水能爬这一有趣的科学现象。随后，再联系生活、拓展应用，发现了生活中水能爬的有趣现象，解决生活中的问题。这次在关科学内容的教学研究，在指导学生观察、实验、制作等活动中，帮助学生体验到生活中处处有科学的奥秘，激发学生运用自己的眼睛去发现、探索生活中和大自然中更多有趣的科学现象。课程深入学生幼小的心灵，引导他们在生活中发展，在发展中生活！

实践证明，用生动有趣的实践，引导学生发现问题，找到答案，既强化了学生对本课观点的体会和理解，又提高了学生分析问题、解决问题的能力。

（三）走向社会做一做

实践出真知，孩子是在社会生活中成长的，不但要结合生活实际问题让学生分辨是非，还应要求学生以实际行动做出正确的行为。

例如：新课程下的品德与生活学科教学，教师必须破除"教室中心"，将品德与生活实际结合，做到校内校外、课堂与生活、书本与生活结合，面向儿童的整个生活世界，将教学扩展到所有对儿童有意义、有兴趣的题材，包括从教室扩展的家庭、社区及儿童的其他生活空间。教学空间越扩大，学生见识越广泛，教学效果越好。

三、在真实的世界中，引导学生对生活认识、体验和感悟

要用全新的教学理念进行品德课堂教学改革，必须以生活为基础，引导学生对生活认识、体验和感悟，这是实施新课程的关键。

（一）挖掘案例，引导儿童从生活中学习做人

低年级学生初入社会，涉世不深，生活经验少，对他们的思想教育应当是深入浅出的启蒙教育。教师要以儿童生活中的事实为实例，作为儿童形成积极的生活态度和实际的生存能力的教材，为他们在价值多元的社会中形成健全的人格和正确的价值观、人生观打下基础。

在课堂教学中，我结合学生周围生活的实例，收集、积累大量的故事，如小电脑迷××，助人为乐的××，爱动筋的××等等，作为校本教材，对学生进行案例教学，使

品德课与学生生活实际结合得更紧密。因为案例都是学生身边的事情，他们听起来感到特别亲切、真实、可信，教学效果好。

（二）师生互动，共同体验真善美

学校生活是学生童年生活的重要组成部分，参与并享受愉快、自信、有尊严的学校生活是每个儿童的权利。教师在教学中必须摒弃师道尊严，做到师生平等。教师上课不能做作和演戏，不能以空洞的说教上品德与生活课。教师要做孩子们的朋友，学生演节目，教师也一样扮演角色；学生讨论问题，教师也加入其中；学生做实验，教师也动手……与学生共享喜、怒、哀、乐，共同体验真、善、美。实践证明，这对于学生培养自信心，享受学习愉快，在良好的学习氛围中健康成长十分有益。

四、体会

实施新课标的品德课教学，使我深深体会到：在与儿童生活世界的联系中实施品德教学，是新课程标准所提倡的精髓之点。儿童是在真实的生活世界中感受、体验、领悟并得到各方面的发展的，他们有自己的兴趣、爱好、特点，有属于自己的一片心理天地。教师必须重视品德课教学与儿童生活的联系，让课程变得对儿童亲切、实际、有意义，这将有利于他们建构真正属于知识和能力，形成内化的道德品质。

读出自我，读懂人性
——《雷雨》整本书阅读指导[①]

吴 玮

高考改革后，高考语文要求高中生必读十二部名著，即《平凡的世界》《四世同堂》《呐喊》《边城》《雷雨》《巴黎圣母院》《老人与海》《红楼梦》《论语》《红岩》《欧也妮·葛朗台》《三国演义》。这说明文学名著阅读已经成为中学语文教学中重要的组成部分。《普通高中语文课程标准（2017年版）》中明确指出语文素养的形成与发展包括：语言建构与运用，思维发展与提升，审美鉴赏与创造，文化传承与理解。名著阅读能获得对语言和文学形象的直觉体验，能在阅读与鉴赏、表达与交流、梳理与探究活动中运用联想和想象，丰富自己对现实生活和文学形象的感受与理解，丰富自己的经验与语言表达，有助于学生语文思维发展与提升；名著阅读能感受和体验语言文字作品所表现的形象美和情感美，有助于学生欣赏、鉴别和评价不同时代、不同风格的语言和文学作品，培养正确的价值观、高雅的审美情趣和高尚的审美品味；名著阅读能让学生初步理解、包容和借鉴不同民族、不同区域、不同国家的文化，吸收人类文化的精华，理解并传承文化。

《普通高中语文课程标准（实验）》中明确指出："高中学生身心发展渐趋成熟，已具有一定的阅读表达能力和知识文化积累，促进他们探究能力的发展应成为高中语文课程的主要任务。应在继续提高学生观察、感受、分析、判断能力的同时重点关注学生思考问题的深度和广度，使学生增强探究意识和兴趣，学习探究的方法，使语文学习的过程成为积极主动探索未知领域的过程。"关注学生思考问题的深度与广度，关注学生探究意识、兴趣与能力的培养，已成为高中语文新课标实施非常重要的任务。

[①] 本文获2018年"京研杯"论文二等奖。

在这十二部名著中有几部是在课内有节选的，如《雷雨》《红楼梦》《欧也妮·葛朗台》《边城》等，但是大多数同学除了课文节选部分，这十二部名著都没有读过，而且也没有兴趣和时间去阅读，所以课上由老师带领学生阅读就成为一种必然。在有限的两年时间内，要完整细致地读完十二部名著非常不容易，而把一部作品读细读透却是完全能够也必须做到的。

于是，在这十二部名著中，我选择了《雷雨》作为细读的契入点，和同学一起摸索有效的阅读方法，力图把它读懂读透。选择这部作品一是因为篇幅相对较短，学生又在课上学过，以课内带动课外比较容易入手；二是任务驱动，就是需要承担一节区内的名著阅读研讨课，便设定了《雷雨》为细读作品。

一、用"批注"还给学生与文本直接对话的自由

德国诗人歌德说过："读一本好书，就等于和一位高尚的人对话。"中学生课外阅读中外文学名著，就是在和一位位文学大师对话。

高中学生的课业负担很重，每天应对各科的作业已嫌精力不够，更别提阅读大部头书了，所以只能分阶段、留任务阅读。因为在高一时学过《雷雨》节选，所以对《雷雨》整部书的阅读学生并不太感兴趣，于是我先是让同学做了《雷雨》板报，必须有的内容是人物关系梳理和情节梳理。这个任务主要是让学生再次从整体上感知《雷雨》，引出对《雷雨》的阅读兴趣并勾起曾经的课堂回忆。

之后便进入对整部书的批注。只有通过批注，才能还给学生与文本直接对话的自由，而学生的原点阅读的价值也正在于此。每周批注任务为两幕，在批注过程中，我要求学生提出问题，然后每周拿出一节课交流批注并解答问题。学生的问题有些还是很有价值的，如：序幕对于环境以及两个小孩子和尼姑的描写有什么作用；为什么总是极力表现天气的闷热；繁漪为什么不肯搬出来；繁漪是受新思想洗礼的女性，她为什么会在意四凤没受过教育；周萍对繁漪的感情到底是什么样的；为什么要多次写到雷雨场景；每次的雷雨是同样的作用吗；是什么造成了繁漪的性子如火；为什么周朴园一定要繁漪喝药看医生；周朴园为什么总保持着原来侍萍的习惯；他对侍萍的感情如何；周朴园在剧中一直扮演一个封建的一家之主的角色，对儿子们都十分冷漠，为什么在第四幕周冲回来的时候，突然转变了态度，十分温柔；为什么繁漪雨夜出现在鲁家窗外；以"雷雨"为题有什么含义；是什么导致了最后的结局等等。在交流批注的过程中，学生对《雷雨》不仅有了自己的思考和认识，而且认识逐渐在加深。

二、用"专题"勾起学生深入解读的兴趣

温儒敏教授曾说过:"要把培养语文读书的兴趣作为语文教学的牛鼻子。"可见兴趣的重要性。批注阅读"细"而"琐碎",在整部书阅读完之后,应设定相应专题进行整合和深入思考,而这种专题的设定应是建立在学生感兴趣的基础上。在讲《雷雨》之前,我曾带着学生阅读了鲁迅先生的《呐喊》,还给学生补充了《彷徨》中的《伤逝》,并且介绍了易卜生的《玩偶之家》。交流《雷雨》批注的过程中,我发现很多学生对于女性的命运很感兴趣。于是我让同学们写了一篇周记,内容就是女性的婚姻爱情观,由学生列举了感兴趣的女性形象,如子君、祥林嫂、田润叶、贺秀莲、娜拉、繁漪、四凤、鲁侍萍、《氓》中的女主人公等等。同学们对于女性的命运重新进行了深入思考,并对接了现实。这时我又给他们补充了《娜拉出走之后》一文,算是再给予孩子们一些指导。同学们热情高涨,又在课上交流了思想。

三、用"疑惑"增强学生追本溯源的意识

全部批注交流完后,学生的疑问主要集中于对周萍这一人物的解读上,对于周萍对繁漪和四凤的感情认识不清晰,也存在争议。于是我决定以对周萍人性的解读来结束对这部作品的阅读。怎样才能在有限的时间讲透这个命题?思虑再三,我把这节课的教学目的确定为通过对周萍人物形象的分析,体会人性的复杂性,并进一步探究周萍人性扭曲的根源。由书中曹禺先生对于周萍出场时的描写入手,让学生勾画出主要信息:外貌——清秀,帅;性格——懋气(傻气),空虚脆弱,怯弱同冲突,犹疑不定,颓丧,不安定,冲动而敏锐,无计划,悔恨,有道德观念,逃避,矛盾……由此引出周萍复杂矛盾的人性。

周萍的人性扭曲,是从他与四个人的关系体现出来,周萍与父亲、周萍与后妈、周萍与妹妹、周萍与生母。解读时,就从周萍和四个人物的关系入手。周萍与生母的关系,主要是为了揭示真相,与周萍的最后崩溃、绝望然后无法苟活于世的结局有关,不做重点解读。因为文章关于周萍的片段很多,所以我做了重点片段的梳理,在周萍与父亲的关系中,选取一个重点片段——周朴园劝繁漪喝药;周萍与后妈的关系解读,选取两个重点片段——繁漪第一次挽留周萍、周萍和四凤准备私奔;周萍与四凤的关系中,选取两个重点片段——周萍与四凤私下会面、周萍欲逃离被大海识破。当然,解读时不止局限于这几个片段。学生自行解读后以学习共同体小组为单位,共同交流自己的研究成果,并进一步挖掘周萍对每一个人的情感本质。

先看周萍对父亲。他生活在周公馆这样一个封建的大家庭,受到父亲周朴园专横的

压制，使他永远苟活在父亲的阴影下。周萍对父亲唯命是从，父亲要他做什么，他就做什么。父亲在他的心里，是一个偶像，即使父亲的倔强冷酷他也喜欢，因为那是他没有的，他不允许任何人侮辱他的父亲。这样看来，周萍对父亲的情感本质为受压制，唯命是从，佩服，维护，这是出于传统人伦观和集体无意识。再看他对繁漪和四凤，主要解决当初同学有争议的问题，那就是周萍对这两个女人是否是真爱。先看周萍对繁漪，周萍和繁漪在这个家庭中都是十分压抑的，于是两个人出于相互同情、惺惺相惜走到了一起。但后来他又想摆脱繁漪对他的干扰，因此他决定离开这个家，由此可以看出他还是一个不敢面对问题，极力逃避困难的人。周萍并不爱繁漪，他只是在开始的时候找到了繁漪跟他一样具有被压迫的共同点，错把惺惺相惜之感认为爱意。但繁漪的阴鸷和她的沉静忧郁，只能使他感到更加郁闷，甚至颓废。这也是他除了伦理道德之外，想拼命地摆脱这种关系的一个很重要的原因。而这些，都是繁漪所不能理解也不可能理解的。这也正是繁漪的悲哀。周萍对繁漪的情感本质就是穷于应付，厌恶惧怕，回避闪躲。再看周萍与四凤，周萍需要爱，他需要精神上的慰藉。所以当"他见着四凤，当时就觉得她的新鲜，她的'活'！他发现他最需要的那点东西，是充满地流动在四凤的身里。"在发现四凤的美后，他义无反顾地爱上了她，他的得救，将在她身上，他要死心塌地地爱，他想这样忘了自己，想忘了自己对繁漪所犯的罪，把自己从悔恨和恐惧的折磨中拯救出来。他不想再犯罪，他害怕再次被折磨成一个"半死的东西"。所以为了摆脱繁漪，他紧紧抓住了四凤这根救命的稻草，可殊不知，这次他犯下了一个更可怕的罪……可见，周萍之所以和四凤走到一起也是有目的的，那就是四凤的"粗""活""美"是他的救命稻草。他对这两个人都不是真爱。当在课堂上交流这一点的时候，学生的生成也让老师喜出望外。周萍对四凤不是真爱，当鲁大海拿枪指着他时，他说会和四凤结婚，是当时情境下一股"热"涌了上来，但是"热"的有点过头了，因为他"冲动"。至于说到他会爱上别的女人，我认为不是一定要具体到哪个女人，是因为他的需求不断在变。他和繁漪在一起时，他是需要反抗，需要一个人和他心意相通，而繁漪太聪慧，能够看透他，这时他又很怕繁漪看到他内心的残疾，于是他的需求变了，变成需要"粗"的东西，于是他撇下繁漪，找到四凤。他和四凤之间是一种主从的关系，他需要四凤对他的绝对服从，他很享受这种服从。那么，周萍为什么会是这样的性格呢？从心理学角度看，可以从以下两个理论进行解读。

1. 弗洛伊德的"人格的三重结构说"。弗洛伊德把人格分为本我、自我和超我三个层次。本我是人格结构中最原始部分，从出生日起即已存在。构成本我的成分是人类的基本需求，如饥、渴、性三者均属之。本我中之需求产生时，个体要求立即满足，故而从支配人性的原则言，支配本我的是唯乐原则。例如婴儿每感饥饿时即要求立刻喂奶，决不考虑母亲有无困难。自我是个体出生后，在现实环境中由本我中分化发展而产生，由本我而来的各种需求，如不能在现实中立即获得满足，他就必须迁就现实的限制，并学习到如何在现实中获得需求的满足。从支配人性的原则看，支配自我的是现实原则。此外，自我介于本我与超我之间，对本我的冲动与超我的管制具有缓冲与调节的功能。本我就是本能，就是"原始"欲望，心理状态是：我"想"这么做。自我就是理智，就是因为"现实"的考虑而管住自己不冲动的那个管家，心理状态是：这事"必须"这么做。本我就是人的原始的、自然的一面。自我就是人的社会、现实的一面。

2. 冰山理论。冰山理论是萨提亚家庭治疗中的重要理论，实际上是一个隐喻，它指一个人的"自我"就像一座冰山一样，我们能看到的只是表面很少的一部分——行为，而更大一部分的内在世界却藏在更深层次，不为人所见，恰如冰山。

萨提亚用了一个非常形象的比喻：这就像一座漂浮在水面上的巨大冰山，能够被外界看到的行为表现或应对方式，只是露在水面上很小的一部分，大约只有八分之一露出水面，另外的八分之七藏在水底。而暗涌在水面之下更大的山体，则是长期压抑并被我们忽略的"内在"。揭开冰山的秘密，我们会看到生命中的渴望、期待、观点和感受，看到真正的自我。

周萍的内心活动犹疑摇摆于本我型人格和自我型人格的矛盾冲突中。他有时希望自己毫无羞耻心、道德感，完全受本能驱使（"他羡慕一切没有顾忌，敢做坏事的人""你愿他死，就是犯了灭伦的罪也干"），但这样会受到自我人格的谴责，感到痛苦；有时又希望自己像他父亲那样成为一个有道德而无情欲烦扰的人（"他又钦慕一切能抱着一件事业向前做，能依循着一般人所谓的'道德'生活下去，为'模范市民'，'模范家长'的人""我是我父亲的儿子"），但这样又会受到本我欲念的诱惑，同样感到痛苦。他的悲剧性正在于因乱伦而引发的人格冲突和精神破裂。

周萍的人性解读只是其中的一个角度，同学还可以根据自己的喜好解读另外的人物。学无定法，名著阅读更是如此，能让学生既能读进去，又能跳出来，在粗读与细读中读出自我，读懂社会和人性，足矣。

浅谈小学数学课堂中的人文关怀
——学名师如何教数学[①]

佟铁红

一、小学数学课堂充满人文关怀的必要性

听名师讲课是一种享受。之所以说是一种享受，是大师的人格魅力、学识魅力给听课者带来的愉悦感受，充分展现了数学魅力。让课堂充满人文关怀是课程改革的新要求，同时也与当代美国著名的人本主义心理学家之一卡尔·罗杰斯的理论吻合。罗杰斯指出人具有非常优异的先天潜能，教育无需也不应该用指导性的方式向学生灌输什么，这样做会压抑潜能的自然实现，适得其反。教学过程中，教师和学生如果能建立起良好的师生关系，互相理解，是能够增强学生对数学学习的积极性，提高学习效率的，这和我国基础教育改革提出的"以学生为本"是一致的。好的课堂是充满人文关怀的课堂，是能够走进儿童的内心，能和儿童在同一频道上交流，真正关心、理解、尊重孩子的课堂，让课堂充满人文关怀是必要的。

（一）充满人文关怀的课堂可以让孩子接受老师，进而接受教学内容

教师掌握爱的技巧，自然就愿意不厌其烦地研究儿童，深入到儿童的内心世界，了解他们的各种认识和想法。还记得吴正宪老师在建华小学上的一节数学课后发生的一幕：一名小学生走到吴老师身旁，从兜里掏出一颗糖送给了吴老师。这时班主任正组织孩子们退场，发现了这一幕，班主任临时采访了一下这位同学说："你能说说你为什么想送给吴老师一颗糖吗？我教了你这么长时间，你都没想着送我一颗呢？"这位同学是这样回答的：

[①] 本文 2016 年 3 月获北京市教育科学"十二五"规划 2015 年度重点课题"专家教师原型观下课堂教学执行力的提升"论文二等奖。

"吴老师她懂我。我哪天也送您一颗，给您补上。"就是从孩子口中说出来的这句话——吴老师她懂我——充分地说明吴老师走进了这个孩子的内心世界。同时爱是可以被感知的，并产生良好的反馈，孩子想用一颗糖来表达自己对老师的爱。

（二）充满人文关怀的课堂可以让老师更理解孩子，进而把控教学的节奏

吴老师和孩子们谈话的时候能把自己的语言调到和孩子们的语言相同的频道上来。比如在讲《用字母表示数》这节课时，用（a+32）岁表示老师的年龄，学生说"这样表示特别不得劲"，吴老师就问，你能说说你怎么不得劲的吗？怎么理解你就得劲了呢？等孩子说明原因后，吴老师说你试着接受它好吗？直到本节课结束了，孩子仍然有不理解的，但是吴老师能接受，她也告诉老师们要接受，因为孩子们在讲这节课之前都是算数思维，今天突然推开一扇窗，孩子们不习惯，很正常。反思我的课堂就比较生硬，会直接告诉孩子（a+32）虽然是个式子但是它可以表示结果，你记住就行了。课堂中老师要耐心帮孩子，要疏而不是堵，要和孩子在相同的频道上平等交流，慢慢引导到我们想要的结果上来。

二、让小学数学课堂充满人文关怀的途径

每个老师都应该像吴老师一样，真心地尊重每个孩子，把孩子放在主体地位，学习儿童心理学知识，认真钻研学科知识，提高自己解读教材的专业能力，培养具有温暖学生心灵的人格魅力，我们的课堂就能变成孩子们的天堂。

（一）尊重理解孩子并学习表达爱的艺术

听完了吴老师上课，回到自己的班级上《方程的意义》这节课，学生们一边欣赏着我精心设计的课件，一边跟着我设计的问题踊跃发言。我猛然看见我们班成绩最差的赵婷，她在转笔玩儿呢！

我找到赵婷，从和她的聊天中发现，赵婷其实并不是听不懂，而是从家长到她自己都认为她肯定学不会了，自信被严重摧毁，不去思考问题了，所以上课根本就不听，也认为她听了也不会，属于自暴自弃这种类型的。

我找到了她的作业，看见她写对了一道解方程的题，我打算从这道题入手去干预她的想法。我把她找来后很和蔼地问她 $2X+1=5$ 这道题是你自己解出来的吗？她说是的，我用赞许的目光点点头。她看见我赞许的点头后，心里美滋滋的。我又问，你是先在等式左右两边同时减1的吗？她说是的。我接着用稍微惊讶一点的口气问，你接着又在左右两边同时除以2，得到 $X=2$ 的吗？答：是的。她刚开始是美滋滋的，现在已经高兴地咧开嘴笑了，

眼睛显得很有神。于是我继续表现得更惊讶，这真的是你自己做出来的？她点点头，特别开心的样子。你都会用等式的性质解方程了，你能把你刚才思考的过程和老师讲一遍吗？她已经兴高采烈了："老师，这道题特别简单，就是先在等式两边同时减1，左边就剩2X了，然后再同时除以2就得到X了，这样X就得出来了。"我说："你真的很会思考问题，而且讲得头头是道的。"

过了一会儿，她说："老师，您能教我把7X–3.4X=7.2也解出来吗？"这道题也在她的作业本上，但没有做出来。我说，你可以尝试着自己做一做，你一定可以的。

她每做一步就问我对吗？等我点头以后她才继续做下一步，最终她自己完全做对了。但是她存在一个问题，第一步得不到认可她不能独立做第二步，再一次说明她的不自信，从始至终我只是点头，没有提醒一句，说明孩子最需要的就是认可与肯定，我相信在老师、家长和同学们的肯定下孩子会慢慢找回自信，变得博学，变得多思。

赵婷离开我的时候说，老师，我放学后能来找您补课吗？我说："当然可以啊！只要你和你家长同意！"从那以后，她每天都来找我补课，每次来我都会适当地运用描述性的语言鼓励她，让她自己去思考问题，把我教变成她学，她已经坚持一个星期来找我补课了！这件事情让作为教师的我很受启发，任何一种习惯的养成都应配以教师和家长正确的引导，如果真正地从内心深处做到用心和自己的孩子和别人的孩子沟通，老师是幸福的，学生也是快乐的。

（二）了解儿童心理，走进儿童的内心

我的改变带来了学生的改变，我们的改变让每次数学课都变成了一次"师生的约会"。

"数学老师走进来时，如带进了徐徐春风，春暖花开，有种朝气蓬勃的感觉，散发着年轻的活力。"

上面的话语是学生对我进教室的一段描写。我非常重视课堂内容和评价方式，每次课前我也都要对课堂评价做一番设计。我规定了五条本学期上课要求，并设计了手势，使同学们感受到如同一个个小动画，新奇有趣。

第一条，迅速遵从指令，动作是食指手指竖起来；第二条，发言前先举手，动作是两根手指先竖起来，后变成举手的状态；第三条，离开座位前先举手，先伸出三个手指，然后用手指模仿来回走的动作；第四条，做出聪明的选择，用两根手指在右耳边绕圈；尤其最后一条，第五条，让你们亲爱的老师开心！用双手在嘴边做出开心的样子。每次做到第五条的时候，同学们和老师就都咧开嘴笑了，课堂氛围变得轻松起来，让同学们体会到"学中玩"的乐趣。

幸福源于内心，发自内心的微笑才能感染别人，用心的设计才能带来期望的效果。

已经一个月了，这一个月来，每次上课之前我都特别期待见到我的学生，像是赴一场约会，我要简单地化上淡妆。按捺不住内心的喜悦，带上一脸的幸福推开教室的门，一张张期待的笑脸随着我走的路线，定格在讲台上，此刻教室里的每位成员脸上都洋溢着灿烂的笑容，期待着精彩的课堂。

这是实施课堂五条守则后学生的真实反应。这五条课堂守则很简单，不仅能让学生开心地遵守约定，而且也能有效地激活每个学生大脑中的五个区域（视觉皮层、运动皮层、布洛卡区域、韦尼克区域、边缘系统）。如果这几条守则反复使用，他们就能带动镜像神经元，个人井然有序的行为也会带动他人井然有序的行为。这种方法让我走进了孩子们的心里，让我和孩子们都能够带着微笑、心情愉悦地上课。

（三）引导孩子成为自己的主人，激发出孩子的潜力

为了让学生能积极参与到课堂教学中来，让他们能成为自己的主人，也为了更方便地评价孩子们，激励孩子们，我还建立了数学课堂六个小分队。

"老师为了让我们学得快乐，积极思考，还重建了数学小组。要求：每组选出组长，由组长组织本组的同学起组名和口号，每组的口号都很响亮顺口，样式五花八门。每天上课，举手回答问题、分析问题、讲题的同学都会获得加分。老师大量地在课堂上创造机会，这让我们的竞争压力很大。我们班共有六个组，在集体练习的过程中，最先做完老师要求的题目的前三组，在讲解环节各选一名代表讲解，如果讲解正确了，大家明白了，会给自己团队加一分。这一分是团队的分数，可以写在团队得分上，每个人也可以加到自己个人分数上。如果没有经得起考验，前三组同学失去加分的机会，顺延到第四组，直到选出前三组为止。每天放学前统计一下每组的成绩，成绩分为团队分数和团队总平均分，得分第一的组在上课前可获得喊自己组名和口号的机会。这项游戏吸引了我们，成为了'瞩目游戏'。

现在的数学已经添加了丰富多彩的活动，使我们对数学学习的兴趣一涌而上。现在的我在数学中体会到了很大的乐趣，希望我以后能更灵活运用数学，在数学的学习中一直快乐下去。"

（四）用自己喜欢的方式做思维导图，梳理数学知识

为了让学生养成良好的思维习惯，我引导他们用"思维导图"勾连已学知识和新学知识之间的联系。每节新课上课之前，请同学们根据本节课的学习任务推想可能用到的已学知识，再根据课题提出想学习的内容，并确定学习内容，在学习过程中勾连新旧知识之间

的联系，并画出思维导图。

实施一段时间计划后，让学生给我做评价，优点和缺点都可以说，而且可以匿名写。学生真诚而质朴的语言会告诉老师他们喜欢哪里，不喜欢哪里，他们也学会了爱的表达。

一学期下来，老师对学生的人为关怀也会直接影响学生对老师的评价。他们也学习老师的评价方式，这就是师生都具备的人文关怀。

三、小学数学课堂倡导人文关怀的注意事项

（一）让孩子有尊严地站起，有尊严地坐下

如果学生回答问题时能得到老师的认可，下次是不是就敢于表达自己的想法了呢，反之如果自己回答不好，受到老师、同学的批评或者耻笑，是不是再也不敢回答了呢？所以让学生表达自己的想法的前提条件是教师和同学首先要尊重回答问题的孩子，建立孩子的自信。根据心理学的知识，课堂上让孩子有尊严地站起，有尊严地坐下，学会在孩子的语言中找到有价值的信息，要用描述性的语言肯定孩子的优点，才能真正做到让孩子有尊严，而并不是你真好、你真棒就能让学生感受到尊重，我们应该利用学生语言使之规范化并还给学生，让学生感受到自己回答的问题是有价值的，学生必然愿意多思多答。

（二）提问时给学生留足思考时间

老师都有这样的经历，那就是上课着急，备好的课要讲完，内容要完成，所以通常在课上愿意和那些很快回答出问题的同学互动，而反应慢的同学总是没有机会回答问题，或者老师叫起来也回答不上来，老师又没有耐心引导，导致老师着急，学生没面子。

（三）学生犯错误要循循善诱，切忌简单粗暴

要用心，评价方式可以有很多，再来看看上文提到的女同学的作文吧！

"一次，我马虎做错了一道题，名字被记在了黑板上。数学老师课下找到我，脸上挂着真诚的微笑，对我说：'相信自己，尝试改一改，你能改对。加油！'我听了，含着泪，点了点头。好久没有人相信我了，连我自己都不相信我自己了。我知道，我差的太多，但是我也想学好，连妈妈都说我不行了，也许只有数学老师信任我！我虽然没有跟她多说过话，但是我心里深深地爱着她。"

从孩子的作文中我们发现，孩子曾经受到的打击太深了，影响到自我的评价了，教师的引导要循循善诱，切忌简单粗暴给孩子留下心理的伤害。

其实学生要的很简单，老师能有科学的教学方法，又能走进孩子的内心，他们便会喜

欢老师上课。如何通过科学地设计学习规则和有效的评价方式，让学生快乐地学习，只要去想，完全可以做到！通过心与心的沟通让学生爱上课堂，爱上老师并非难事。

学生真情流露倒出了孩子们的心声，能和他们在同一频道上交流，真正关心、理解、尊重孩子，让小学数学课堂中充满人文关怀，才能把学生潜能激发挥出来，学生有了内驱力，才能真正提高课堂的实效性。

"美味"的英语课堂①

吕淑红

《普通高中英语课程标准(实验)》强调在进一步发展学生综合语言运用能力的基础上,着重提高学生用英语获取信息、处理信息、分析问题和解决问题的能力,特别注重提高学生用英语进行思维和表达的能力,帮助学生形成健全的情感、态度、价值观,为未来发展和终身学习奠定良好的基础。

英语学科的核心素养也强调在教学过程中注重培养学生的语言能力、思维品质、文化品格和学习能力。语言能力就是用语言做事的能力,涉及语言知识、语言意识和语感、语言技能、交际策略等等;思维品质是思考辨析能力,包括分析、推理、判断、理性表达、用英语进行多元思维等活动。在分析问题和解决问题的过程中发展思维品质,形成文化理解,塑造学生正确的人生观和价值观,促进英语学科核心素养的形成和发展。

下面笔者以《普通高中英语课程标准实验教科书英语(必修3)》第二单元阅读课(Come and Eat Here)为主题所创设的课堂美食品鉴活动(A Bite of Schoolyard)为例,谈谈笔者在教学中是如何通过有效的教学活动设计培养学生的英语核心素养的。

本单元的中心话题是"健康饮食",阅读课部分介绍了王鹏和雍慧为吸引客源展开竞争,用菜肴的功效来做宣传的故事。故事情节简单、易懂。文中有介绍食物特点的语言并附有非常有特点的广告性语言。但通过以往的教学发现,高一的学生认为文章故事没有什么新意,并不感兴趣。另外,作为教师,在教学过程中过度关注语言知识本身以及阅读技能、策略的训练,以应试为主,学生的学习兴趣不高;却很少关注如何利用阅读这一语言载体来培养学生的思维品质和提升学生的学习能力。

为了提高学生的兴趣、语言学习能力和思维品质,帮助学生树立"健康饮食"的

---

① 本文获北京市第八届"京研杯"教育教学研究成果征文一等奖。

理念，笔者借助文章中语言的特点，设计了主题为 A Bite of Schoolyard 的美食品鉴活动。此次主题活动设计如下：来自英国 Hampton School 的学生正在参加我校的"A Bite of Schoolyard"校园饮食文化节平衡膳食大赛，请将你们的食物介绍给他们，介绍应该包括以下内容：菜单中菜品的名称、制作菜品的材料、设计菜品的原因以及号召大家为你们小组的菜品投票。目的是通过此次活动，使学生能够了解什么是平衡膳食并设计一天的平衡膳食菜单；学会利用所学习的语言介绍本组所设计的平衡膳食菜单的原因及优势；并尝试设计广告以推广自己的食物菜单，吸引投票以及学会分析评价别的小组的饮食结构。

为达到以上目的，笔者将活动分为了两部分：课前准备环节和课上展示环节。

一、课前准备环节——了解健康饮食的理念

本单元只是在 Warming up 环节通过图片和表格向学生展示了食物的分类法，说明了各种食物对人体的作用，引导学生关注膳食平衡。但学生对于平衡膳食只是有一个模糊的认识，对于一天的平衡膳食如何搭配以及搭配的量都不清楚。因此笔者通过让学生阅读课外资料（Material 1，食物金字塔，Healthy Eating Plate）了解平衡膳食的理念及各类食物比例，更直观地看到了 healthy eating plate 中的食物构成。这样学生在设计一天的平衡膳食菜单中就有了一个清晰的量度。

Material 1：

What Is a Balanced Diet?

By Kim M. Kesmetis

"A balanced diet means getting the right types and amounts of foods and drinks to supply nutrition and energy for maintaining body cells, tissues, and organs, and for supporting normal growth and development." It may be helpful to you to break it down into the following categories: carbohydrates, proteins, fats and fiber. These four groups make up the necessary components for healthy nutrition.

Carbohydrates（碳水化合物）

These come primarily from fruits, vegetables and grains. They give us the immediate energy we need to function in our daily lives. It is important that you consume reasonably sized portions of each of these types of carbohydrates daily.

With diabetes and other related blood sugar diseases, it's important that you understand how many carbohydrates you can consume to keep your blood sugars level. Avoid drinking vegetable and fruit juices as they are high in sugar and calories, and often lack the fiber you get from eating the food.

Proteins

A healthy and strong body requires good sources of protein to build and maintain healthy muscles. Proteins can be found in legumes, nuts, dairy products and animal meats and fish. When consuming animal proteins, always choose lean cuts of meat, limiting red meats (bovine and wild game) to two or three days a week.

Fiber

Fiber naturally occurs in plant life. A diet rich in fresh fruits, nuts, vegetables and whole grains should provide you with the necessary fiber in your diet. A good rule of thumb is to eat it, don't drink it. Not only does fiber help to fill you up and create a feeling of being full, it satisfies our need to chew.

Fats

If you are wondering what trans fats are, they are also referred to as partially hydrogenated oils or liquid vegetable oils. So in other words, if it's fried, it has trans fats in it. Good fats are fats like olive oil, nuts, avocados (牛油果) and, yes, even butter.

二、课前准备环节——语言准备

（一）语言准备——介绍食物

笔者的学校属于三类校，学生语言基础薄弱，介绍食物语言又比较复杂，但通过适当的引导、积累，学生是可以达到运用英语介绍平衡饮食菜单的目的的。课文中介绍食物的语言比较单一，因此本着让学生积累比较丰富的语言的目标，笔者为学生提供了课外资料（Material 2）：

Material 2:

Groups of the Food Guide Pyramid

By Sandie Rollins

The Food Guide Pyramid provides a visual for healthy eating. There are six food sections in the pyramid. Benefits to using the Food Guide every day include learning which nutrients are important to a balanced diet and choosing how much to eat from each group to maintain a healthy weight. There also are diagrams for children as depicted below.

The Grains Group

This is the largest section and base of the pyramid. It includes bread, cereal, rice and pasta. The USDA recommends that you eat six to 11 servings from this group daily. Half of your grains should be whole grains rather and refined grains.

Fruit Group

The fruit group includes all fruit--fresh, frozen, cooked, canned or dried. Eat two to four servings per day. Choose from a wide variety of whole fruit produce, and keep processed fruit juices at a minimum.

Vegetable Group

With a wide variety of vegetables to choose from, you easily should be able to eat three to five servings a day. It is important to choose the dark green and orange veggies for the most health benefit. Vegetables can be raw or cooked, fresh, frozen, canned or dried.

Milk and Dairy Group

Add two to three servings from the milk group. Milk and milk byproducts that retain calcium content (milk, yogurt and cheese) are included. Foods made from milk but having little to no calcium (cream cheese, cream and butter) are not. It is best to stick with low-fat and fat-free choices.

Meat and Beans Group

The USDA recommends two to three servings of all foods made from meat, poultry, fish, dry beans or peas, eggs, nuts and seeds. Eat meats that contain more healthy essential oils (fish, dry beans or peas, eggs, and nuts) more often than lean or low-fat meats.

Fats and Oils Group

This group is the tip and smallest section of the pyramid. It includes fats, oils and sweets. Use these products sparingly. Most of the healthy fat sources come from fish, nuts and vegetable oils. Sweets and solid fats such as butter, lard（猪油）and shortening（酥油，雪白奶油）should be limited.

学生通过阅读课文以及课外资料，找出介绍食物、食物构成的语言结构和词汇以及各类食物功能的句式，并在课堂上练习如何使用找到的语言结构来介绍寿司等各种食物以及各类食物的功能等，以达到熟练使用语言的目的。

句式如下：

- ... be cooked in the hottest, finest oil
- ... be made of
- ... contain / include
- They give us the immediate energy we need in our daily lives.
- ... build and maintain healthy muscles.
- A diet rich in fresh fruits, nuts, vegetables and whole grains should provide you with the necessary fiber in your diet.

- Not only does fiber help to fill you up and create a feeling of being full, it satisfies our need to chew（咀嚼）.
- Fish, chicken, beans, and nuts are all healthy protein sources
- Food contains many different nutrients.
- The six groups provide important nutrients.
- It contains the most important foods in a balanced diet. These foods contain complex carbohydrates, which are the body's main source of energy. These foods also provide important nutrients such as vitamins and minerals（矿物质）.
- This group contains all kinds of vegetables.
- These vegetables have the most vitamins and minerals.
- It contains all kinds of fruits.
- Foods on the left contain protein, vitamins, minerals, and some fats.
- The group is the major source of protein.

（二）语言准备——了解广告语

本节课需要学生设计自己的广告语，突出本小组一天平衡膳食结构的特点以便于为本小组吸引更多选票，因此笔者带领学生阅读了课文中的广告语，让学生结合平时所看到的广告，讨论总结出广告语的特点为简洁、有力、号召性强并能突出产品优势，以便于学生能够更好地设计本小组的广告语。

三、课前准备环节——制作 Poster（一天平衡膳食菜单）、食物介绍 PPT、演讲稿以及准备食物

在本环节中，笔者给了学生充足的时间让学生讨论如何制作科学的平衡膳食菜单。要求每个学生必须参与菜单的制作、商讨介绍食物的 PPT、演讲稿以及制作食物。学生通过介绍食物锻炼了用语言做事情的能力；通过制作一整天的平衡膳食菜单，切实体会到什么是平衡膳食，并学会了将平衡膳食菜单具体应用到日常生活中；通过学习、分析、使用课外"食物金字塔"的阅读材料，培养了学生的思考辨析的能力；通过小组的合作，培养了学生的小组协调能力和交流的能力。

四、课上展示环节——介绍平衡膳食菜单、品尝和评价以及投票

在课堂上学生分为 6 个小组分别向大家介绍自己的菜单，阐释自己菜单的合理性以及通过自己的广告语为小组拉选票。学生在这一环节中，通过平衡膳食知识以及语言来介绍

小组的饮食，锻炼了学生用语言交流的能力和临时应变的演讲能力；在给大家展示食物的同时，同学们通过品尝其他组同学的食物，欣赏到了同学的另一面，也对自己有所触动。在利用评价表评价其他小组的食物的同时，同学们借助健康饮食的知识和理念，科学理性地思考什么是健康饮食，有利于学生树立正确的饮食观和健康观，从而树立热爱生活、树立健康生活的理念。在利用演讲比赛要素评价他人的演讲时，反思自己，从而调整自己的演讲技巧，提升自我。

学科的核心素养的问题实际上是培养什么样的人的问题。基于核心素养的教育，既包括传统的知识与能力的学习，更强调学生的全面发展和终身学习。在此次活动中，学生将英语用到了日常生活当中，学有所用，不用督促就已经自觉内化了语言知识和语言技能；学生也特别喜欢这样的活动，对他们来说这种活动很新鲜；学生通过学习、分析、评价，用英语进行思维的能力得到了加强；通过向大家介绍本小组的食物、设计广告等活动，学生的交流能力也得到了加强。

作为教师，笔者深切地感受到只有真正地从培养学生的素养出发，才是真的为学生好；英语作为一门学科，不只是天天 learn，天天 study，她还需要我们去 understand，去 experience。上课以前担心学生不会说，但是经过这次活动发现，只要给学生机会，就会有惊喜（无论是语言能力还是生活能力）；学生为了提高自己小组的作品质量（语言、食物），疯狂地上网查资料，不用老师督促；英语学习的趣味性、生活性增强，别的班级学生、别的学科的老师很羡慕我们有这样的活动。虽然准备活动很耗时间，但是无论对于教师还是学生来说都很值，正如学生所说："在活动中我不仅了解到了什么是健康饮食，还提高了自己的英语语言能力，更重要的是增进了同学们之间的友情。"

体现互动思维过程的英语阅读教学实例分析
——以人教版模块五第二单元阅读课教学为例

史 兵

一、引言

高中阅读课教学的主要目的是培养阅读策略，特别强调培养学生在阅读过程中获取信息和处理信息的能力。教师通过对学生的阅读指导，使其在参与阅读的过程中积累语言知识，提高阅读技能，并在此过程中形成阅读策略。若要提高阅读课堂的有效性，还需要从阅读的实质说起。

Anthony，Pearson & Raphael 曾比较清楚地揭示了阅读的实质，即阅读是读者已有的知识与所读的文字信息、阅读语境之间的互动。在阅读过程中，读者需要识别多种语言符号，并运用语言加工机制处理信息才能理解语篇。由此，阅读过程是一个动态的、主动的，在学生原有知识的基础上构建新信息的过程。

阅读的最终目的是获得知识（reading to learn），在此过程中训练还需要关注相应的阅读技能（learning to read）。阅读技能的熟练掌握能够帮助学生实施阅读策略，实现并缩短通过文字获得知识的过程。

二、影响阅读课有效性的因素

从阅读的实质可以看出，英语阅读理解不仅仅停留在语言层面上，还要涉及文化背景知识，因此，真正的"理解"取决于读者的语言知识与其文化背景知识之间的互动。因此，缺少背景知识的文本阅读课，不利于实现学生与文本间的互动。

背景知识以及对文本宏观上的理解固然重要，但是微观上的单词、短语和句子的解码能力是迅速捕捉关键信息的保障，因此在阅读过程中，不能忽视某些语言知识给学生带来的障碍感。如果能够有效地解决这些障碍，就能更好地培养好的阅读流畅者。

上文提到，阅读理解是一个信息构建的过程，每个人的大脑中都储存着大量事实，如果把这些事实按情景分门别类组成图示网，每个图示网又可分为若干个子图示网。当读者把大脑中的图示和语言材料联系起来时，就能理解所阅读的材料。采用这类方法能够激活学生已有的图示并建立新图示，迅速捕捉信息，不仅有助于学生迅速掌握语篇内容，还可以帮助他们口笔头转述教材中的语篇材料。也就是说，学生通过与文本信息间的互动，抓住文本材料字里行间体现出来的关联性，就能够形成自己对文本信息的意义构建，有效的阅读在这个过程中也就发生了。

由以上分析可以看出，影响学生阅读有效性的因素主要来自以下几个方面：

1. 学生自身方面：即学生的背景知识，包括对话题的熟悉程度、感兴趣的程度以及在阅读过程中通过完成任务的质量，获得继续阅读的心理状态。

2. 文本方面：包括语言知识（词汇、语法）的难易度以及语篇的衔接性与连贯性。

3. 学生与文本的交互过程方面：即在原有的背景知识、语言知识和语境知识的支持下，学生积极主动地将文本信息进行加工，在头脑中形成自己的认知的动态过程。

据此，教师对文本的解读和教学活动设计就显得尤为重要，甚至起着关键作用。下面将结合人教版模块五第二单元阅读课教学设计做进一步的分析。

三、案例分析

（一）教师通过对文本的充分分析确定读前和获取文本宏观信息的教学活动方式，激活背景知识，激发学习兴趣

模块分析：普通高中课程标准实验教科书（人教版）第五模块（必修）是最后一本必修课本，从整体话题上看，较其他模块更注重学科间的联系（U1 Great Scientists——科学研究的过程；U2 The United Kingdom——地理历史政治；U5 First Aid——医学）。

单元分析：第二单元 The United Kingdom 话题与历史和地理学科关系紧密。话题的输入是通过读和听两方面展开的。第 48 页听力（如何加入英国籍）和主课文从人文地理历史和政治的角度，对英国有整体的认识。单元话题本身具有很广的知识性，但是距离学生生活较远，对本单元的学习有助于提高学生了解其他国家的情况，开阔眼界，同时学到相应的学科知识。由于这些知识与高二地理历史政治的学习有重合，可以抓住这一点作为学生的兴趣点。

课文分析：单元主课文 The Puzzles in Geography 文章体裁是说明文，文本特征十分明显。文章分为六个自然段。六个自然段又可以分为三部分。第一部分包括第一、二、三段，介绍了联合王国的形成。第二部分介绍了英格兰的三部分及这三个部分的特点。第三部分包括第五、六段，介绍伦敦的历史财富和四类入侵者。文章脉络清晰。

从文本的语言来看，文章内容和地理知识相关，但语言要求较高。文中出现的地名和专有名词较多，因此要通过实物图片解释或在上下文中理解，引导学生理解词汇的意思，从而提高阅读速度。在文章中尤其是在第五段介绍伦敦的入侵者，专有名词较多。引入部分需要解决部分单词的理解问题。

文章难度适中（文章长度为505个字，其中生词及词组共27个，专有名词9个，因此实际生词障碍36个），行文结构非常清晰，表达清晰明了，有一些说明文会有的长难句。本文最大的特点是结构紧凑，段与段之间的联系很清晰。可以据此设计活动，脱离课本，只给段落信息，让学生通过发现段落之间的联系，自己将零散的段落组成文段，训练学生在阅读理解过程中关注段落间与句子间的逻辑关系，及文章内容上的连贯性。

据此，教师在读前设计了以下活动（活动标号只涉及先后顺序，并非课堂的所有活动）：

Activity 1 A Game—guess which country it is

Ss guess which country it is by reading the information sentence by sentence（appearing in order respectively）.

① It is a large country, which has a long history. ② It lies in the west of Europe and is surrounded by water in all sides. ③ Its nearest neighbour to the east is France, and to the west is Ireland. ④ The capital of the country is London.

Key: The UK.

用游戏的方式激发学生学习兴趣并引出话题且与课文的"Puzzle"相呼应，为最后题目的理解打下伏笔。激活或获得课文的背景知识。

Activity 2 Get to know the background of the text

Q1: Which is the national flag of the UK?

Q2: Which is the official currency of the UK?

Enjoy the beautiful historical architecture and the oldest port.

Show the pictures of the beautiful historical architecture and the oldest port.

用图片的方式将文章中重要的难词障碍扫除，使用图片可以使抽象的文字形象化，学生更容易记住。

解决了背景知识和词汇的障碍，正式开始阅读过程，但教师并没有使用教材文本，而是利用语篇的连贯性和衔接性，设计了以下阅读活动，帮助学生获取宏观的主旨和结构的信息。（以下为缩略文段，整体文段见附件。）

Activity 3 Match the main idea with the paragraph（out of order）：（图 1）

The three main zones of England.	The greatest historical treasure of all is London with its museum, art collections, theaters,..., the Normans, left castles and introduced new words for food.
The treasure left by the four invaders.	First there was England. Wales was linked to it in the thirteenth century... and this was shown to the world in a new flag called the Union Jack.
The formation of the UK.	England is the largest of the four countries, and for convenience it is divided _____ into three zones...There you will find out more about British history and culture.

Activity 4 Arrange the whole text

Ask the Ss to put the passages into the whole text.（The first，paragraph 3 and the last paragraph are given.）and then tell the reason.

这项活动充分利用了说明文的文体特征——结构清晰，帮助学生整体理解文章。首先训练获取段落主旨信息：找主题句和自己总结。打乱段落顺序让学生将刚刚找到主旨的三个段落合理安排回归课文，帮助学生发现内容上段与段之间的逻辑关系。在解读文字的过程中进行思维训练，发现信息间的联系，并与自己已有的信息结合构建新的信息，形成新的图示。

至此，学生才对整篇文本进行阅读。翻开课本第 10 页，核对除题目以外的文本，发现与自己"创造"出来的文本一致之后也有相应的成就感，有助于提高文本阅读的兴趣。

（二）使用不同的信息呈现方式，图文结合培养学生理解和处理信息的能力

教师分别设计了三种形式的活动，在阅读过程中训练学生理解和处理信息的能力。

Activity 5 Complete the form with the information got from the second paragraph.（图 2）

The UK	_____ England，Wales，Scotland and _____
In the 13th century（1277–1288）	Wales _____ England.
In the 17th century（1603）	England and Wales were joined to _____，which formed _____
In the 20th century（1921）	Southern Ireland broke away and _____ Ireland joined with _____，Wales and _____. Thus _____ came into being.

Activity 6 The illustration of formation of the UK in geography and history.（图 3）

```
                    ┌──────────────┐
                    │ in 16th century │
    ┌────┐          └──────────────┘ ┐
    │    │◄──be joined with          │
    └────┘         ┌──────────────┐  │
         \         │ in 13th century│  │ Great Britain
          \        └──────────────┘  │
    ┌────┐          be linked to     │
    │    │                           ┘
    └────┘      ┌────┐
  break away    │    │
                └────┘
         ┌──────────────────────┐
         │ in the early 20th century │
    be joined with └──────────────────────┘
         ▼
    ┌──────────────────────────────────┐
    │ The United Kingdom of north Ireland │
    └──────────────────────────────────┘
```

教师使用表格和填图地图的方式，帮助学生将文字与已有的知识相结合，并形成新的知识，使他们对文章的理解成为已有知识的一部分，形成长久记忆。

通过两种形式对文字进行解读之后，以图示的形式在 Key words 的帮助下，学生进行口头输出，既是检验学习结果的方法，也是一个学习过程。

第三种方式是图文结合，通过文本提取信息在大脑中形成图式，检验新信息与旧信息的整合程度。用图形表现文字含义，既能帮助学生理解文章又能检验学生是否理解。（首先填写四个国家名字，复习前面所获取的信息，使信息连贯。）

Activity 7 Fill in the four countries and then draw lines across to show the zones of England.（图 4）

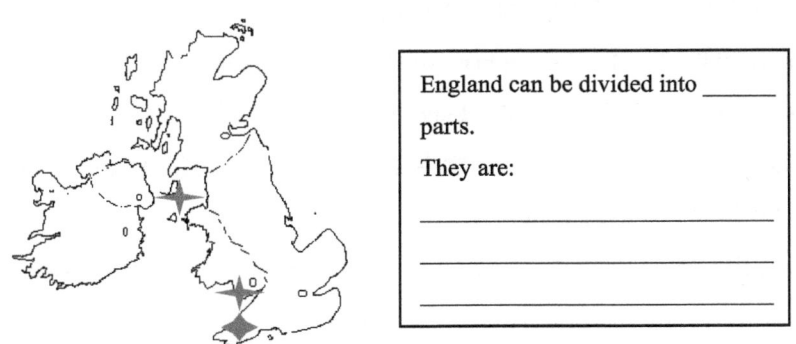

Activity 8 Find the position of the cities on the map, and tell the reason.

A. Brighton：a seaside city and no industrial factory but much population.

B. Birmingham：the second largest industrial city in England.

C. London：a small town built by Romans long time ago, but has the most population in England.

由于文本中有对于英格兰三个不同区域的特点描述，设计了这个活动，让学生在地图上标示出三个城市的位置，检验学生是否完成了对本段信息的意义建构，并将新信息应用在生活实践中，扩大知识量。

（三）培养学生通过语境和已有的知识解决语言知识障碍

说明文难免有微观语言知识上的障碍，如长难句和难词。教师通过分析得出长难句对于学生的难点是代词和生词，因此设计了通过选择填空和回答问题的方式，引导学生通过语境（已获取的信息）理解代词指代，分析难句和难词，清除知识难点的处理过程，帮助学生掌握方法。如，文中的难句：Happily this was accomplished without conflict when King Janes of Scotland became King of England and Wales as well.

1）Choose the best answer：

The word "this" refers to _____

A. England and Wales were joined to Scotland.

B. The name was changed to "Great Britain".

2）Answer the question：

Q1：Are there any wars broken out at that time? Why?

Ss：No. Because "happily".

Q2：So, "without conflict" means without _____

Possible answers：war, fight.

在阅读过程中，学生还遇到了"clarify"和"institution"这两个新单词，由于词汇本身含义和所处的语境不同，教师分别运用了不同的方式：

给出 clarify 出现的句子：People may wonder why different words are used to describe these four countries: England, Wales, Scotland and Northern Ireland. You can _____ this question if you study British history. 将难词空出，让学生完全按照上下文的意思通过思考填出词汇，培养学生在语境中解决难词的意识和能力。

1）Ask the Ss to think about the words filled in the blank to complete the passage.

Possible answers：solve, answer...

2）Show the origin word and help them to understand the new word.

clarify：To make something easier to understand, usually by explaining it in more detail.

然后，将难词的英文释义给学生，帮助学生准确理解自己想出来的词汇和原文词汇的区别，有利于对词汇用法的深入理解。

同样给出"institution"出现的句子，空出难词：_____ the four countries do work together in some area（eg，the currency and international relations），but they still have very different institutions. For example，Northern Ireland，England and Scotland have different educational and legal systems as well as different football teams for competitions like the World Cup!

Q1：Where can you get help to understand the word "institution"？

Q2：Does the missing phrase in the beginning prevent you from understanding?

通过回答以上两个问题，帮助学生在阅读中发现下文对难词的解释，培养整体阅读的意识。最后，总结难词处理的方法，培养学生的阅读策略。

（四）通过为文章选择题目的方式，理解文章内涵和作者的写作目的，从而使文本信息在学生头脑中实现整体构建的阅读全过程

Activity 9 Title Exploration

Choose the best title： A. The countries' country

B. Puzzles in Geography

people may wonder why different words are used to describe these four countries：England，Wales，Scotland and Northern Ireland. You can clarify this question if you study British history.

通过选择题目，从语篇结构上关注第一自然段与题目的紧密联系，再次体会文章的连贯性。从语篇内容上体会作者的写作意图是帮助读者"解惑"，了解英国概况。进而完成整体阅读过程，实现信息的重组和构建，达到"reading to learn"的阅读目的。并在整体阅读的过程中，提升阅读技能，培养阅读策略，实现"learning to read"的过程体验。

四、结语

高中英语阅读课是帮助学生通过主动建立新旧知识间的联系实现与文本间的意义传递，最终形成新的意义建构的互动思维过程。使之变成有效的过程，要求教师充分分析文本，了解文本的意义和结构特点，并在此基础上设计丰富有效的活动，让学生在活动的过程中不断实现文本信息与自己已有信息的互动，使新的信息成为旧的信息，并以此为基础继续处理新的文本信息，提升阅读理解能力以形成自己的阅读策略，实现用英语分析问题、处理问题的最终阅读目标。

附件：

1. Match the main idea of the paragraph (out of order):

The three main zones of England.	**Passage 1:** The greatest historical treasure of all is London with its museums, art collections, theatres, parks and buildings. It is the centre of national government and its administration. It has the oldest port built by the Romans in the first century AD, the oldest building begun by the Anglo–Saxons in the 1060s and the oldest castle constructed by later Norman rulers in 1066. There has been four sets of invaders of England. The first invaders, the Romans, left their towns and roads. The second, the Anglo–Saxons, left their language and their government. The third, the Vikings, influenced the vocabulary and place-names of the North of England, and the fourth, the Normans, left castles and introduced new words for food.
The treasure left by the four invaders.	**Passage 2:** First there was England. Wales was linked to it in the thirteenth century. Now when people refer to England you find Wales included as well. Next England and Wales were joined to Scotland in the seventeenth century and the name was changed to "Great Britain". Happily this was accomplished without conflict when King James of Scotland became King of England and Wales as well. Finally the English government tried in the early twentieth century to form the United Kingdom by getting Ireland connected in the same peaceful way. However, the southern part of Ireland was unwilling and broke away to form its own government. So only Northern Ireland joined with England, Wales and Scotland to become the United Kingdom and this was shown to the world in a new flag called the Union Jack.
The formation of the UK.	**Passage 3:** England is the largest of the four countries, and for convenience it is divided roughly into three zones. The zone nearest France is called the South of England, the middle zone is called the Midlands and the one nearest to Scotland is known as the North. You find most of the population settled in the south, but most of the industrial cities in the Midlands and the North of England. Although, nationwide, these cities are not as large as those in China, they have world-famous football teams and some of them even have two! It is a pity that the industrial cities built in the nineteenth century do not attract visitors. For historical architecture you have to go to older but smaller towns built by the Romans. There you will find out more about British history and culture.

2. Arrange the whole text: Put the passages into the whole text. (The first, paragraph 3 and the last paragraph are given.) and then tell the reason.

People may wonder why different words are used to describe these four countries: England, Wales, Scotland and Northern Ireland. You can _____ this question if you study British history.

| Passage |

_____ the four countries do work together in some areas (eg, the currency and international relations), but they still have very different institutions. For example, Northern Ireland, England and Scotland have different educational and legal systems as well as different football teams for competitions like the World Cup!

| Passage |
| Passage |

If you look around the British countryside you will find evidence of all these invaders. You must keep your eyes open if you are going to make your trip to the United Kingdom enjoyable and worthwhile.

读写结合的教学模式对高中生英语写作思维的培养[①]

李 瑜

一、引言

英语写作教学一直是英语教学中的难点。传统的教学模式、汉语思维方式写作、语言错误等诸多问题，使大部分学生写作相当被动，缺乏积极主动性和写作的热情，写作的内容空洞，逻辑比较混乱。同时，老师花了大量的时间忙于批改学生作文的语法和词汇等细节性错误之后却收效甚微。针对这些问题，笔者在高三教学阶段的应用文写作和情境作文的写作训练中采用读写结合的教学模式，通过先进行与写作任务相关的文本阅读任务，培养学生的读者意识和作者意识，引导学生探索为什么写，怎么写的写作问题，然后进行写作实践。将语言输入和输出相结合，同时解决词汇量、语法、语篇上的问题，真正做到以读促写。

二、理论依据

（一）高中英语课标修订思路

高中英语课标修订要以综合语言运用能力和英语学科核心素养为思路导向。英语学科的核心素养主要由语言能力、思维品质、文化意识和学习能力四方面构成。学生以主题意义探究为目的，以语篇为载体，在理解和表达的语言实践活动中，融合知识学习和技能发展，通过感知、预测、获取、分析、概括、比较、评价、创新等思维活动，构建结构化知识，在分析问题和解决问题的过程中发展思维品质，形成文化理解，塑造正确的人生观和

[①] 本文获北京市2017—2018学年度基础教育科学研究优秀论文二等奖。

价值观，促进英语学科核心素养的形成和发展。因此，现有的学习内容和学习方式需要改变。在学习内容方面，通过改变脱离语境的知识学习，将知识学习与技能发展融入主体、语境、语篇和语用之中，促进文化理解和思维品质的形成，引导学生学会学习，指向核心素养的培养。学习方式上应走向整合、关联、发展的课程，实现对语言的深度学习。

笔者在进行的读写结合的尝试正符合这一思路，学生通过阅读获取语篇信息并分析比较，进而总结概括出英语的写作思维方式，理解文化差异，然后将学习所得运用到自己的写作创作中。

（二）Krashen 的语言输入假说和 Swain 的语言输出假说

美国语言学家 S·Krashen 在 20 世纪 80 年代提出的语言输入假说（In-put Hypothesis）认为大量的、有效的语言输入是促成二语习得的必要条件。这一假说强调语言输入的重要性，确有它的正确之处，因而在一段时期内备受欢迎。然而这一假说过分强调语言输入而忽视了语言输出的重要性，以至于弱化了英语学习者的主观能动性和创造性。

针对 Krashen 语言输入假说的不足，Swain 在肯定语言输入重要作用的基础上提出了语言输出假说（Out-put Hypothesis）。Swain 指出，虽然可理解的语言输入在语言习得中具有重要作用，但学习者除了尽可能多地接受可理解的输入外，还必须通过有意义的语言输出才能达到对目的语运用的准确性和流利性。输出在语言习得中具有重要作用：输出能迫使学习者注意表达意义的语言形式，输出能推动学习者提高和扩展语法知识。只有当学习者受到推动时，语言输出才有助于他们的语言习得。读写结合的课堂尝试正是输入和输出相互促进的过程：由写作任务的要求来决定阅读任务的重点，由阅读习得达成最终的写作目的。

（三）建构主义理论

建构主义的核心思想是建构、协作、提升，并通常分为以下两个基本观点：

1. 建构主义的学习观

建构主义认为学习活动是以学生为中心。学习是学生自己建构属于自己知识的过程，这就要求学生应对外部信息进行主动的选择、分类与加工。主体建构性意味着学习应从学习者个体出发，重视学生已有的知识基础和背景经验。学习是一个主动建构的过程，学习者不应被动地吸收信息，而应主动地建构信息，不仅仅包括个体的学习，还包括与其他人或物的互动。

2. 建构主义的教学观

建构主义强调教学主要是帮助和促进学生的知识意义的建构，是对介入学生知识建构过程的设计。在整个教学过程中，教师由传统教学模式中的督促者、管理者转变为引导者、支持者，以学生为中心，由教师作为组织者、帮助者，利用协作、情境等学习要素充分地发挥学生的主动性和积极性，启迪学生更主动、深入地激活自己原有的知识经验，使学生成为主动的思考者、解释者，最终实现对当前所学知识的有效建构。

笔者认为高中学生既是经验丰富的读者也是有一定创作经验的作者，在语言输出任务的驱动下，让学生在进行有目标阅读的训练后，学生能够主动构建英语写作需要具备的写作思维和语言储备。

三、案例研究

通过阅读和写作提高学生用英语表达思维的能力。笔者发现在英语教学中人们往往只关注语言训练，而忽视比这更重要，更带根本性的逻辑思维能力的培养和训练，因而造成写作中的语言不通、层次不清、主题不明等逻辑问题。而文章主题不明、漏洞百出以及语言错误等，都是逻辑思维混乱的外在表现。同时这种逻辑困扰也会影响学生语言水平的提高，会使学生没有明确的语言学习目标，并影响语言应用的准确性和流利性。因此，培养学生逻辑思维规律是英语写作教学中的重要环节。而要实现这一教学目标，写作前的阅读教学就不应该只是关注阅读材料中的语言积累，还应该引导学生关注语篇的内在逻辑联系，语言的应用应该是依附于正确的逻辑之上的，这样的语言表达才是有生命的表达，语言的积累才更有价值。下面笔者将就高三应用文写作和情境作文写作的两个教学案例来阐述读写结合的教学模式对学生英语写作思维所产生的影响。

案例一：应用文写作——申请信

学前学案：

Self-study: Read the advertisement and the letter and finish the tasks behind them.

STUDENT POST

We are looking for the following posts:
- reporter for school news
- editor of language section
- reporter for local events
- editor of sports section

Write to Mr Jiang Baohua(Student Post, PO Bos 1798, Riverside City), saying which post you are interested in. Give details about yourself, why you are interested and why you are suitable for the work.

Dear Mr.Zhang,

① I am writing to apply for a position at Student Post, which I saw advertised in the school newspaper last week. I would be interested in the role of reporter for local events.   ① _____

② I am 17 years old and I am in my second year at No. 5 Senior High School. I would like to work for you because I am very interested in being a journalist. I would also like to learn more about things that are going on in the city as I feel that it is important to know about the city we live in.   ② _____

③ I am a hard-working and committed(坚定的，承担义务的的) person. I have participated for the last three years in a volunteer programme, visiting old people in my area. I feel that I can get on well with people from different backgrounds since I have worked with lots of different people on many projects for local events.
   ③ _____

④ I think I would be a good journalist due to my language skills. I have always been good at writing and I have read many novels by famous authors. Last year I won the second prize at our District Writing Competition. In addition, I am also a good photographer, which might be useful for some of the articles.   ④ _____

⑤ I look forward to hearing form you.   ⑤ _____

Yours sincerely,

Li Meiling

Task 1: Understand the advertisement.

1. What's the purpose of the advertisement?

2. If you are interested in the advertisement, what should you do?

Task 2: Understand the content of the letter.

1. What job does Li Meiling apply for? Why does she want to apply for it?

2. Do you think Li Meiling would be a good reporter? Why do you think so?

I think Li Meiling _____, because _____

Task 3: Get the layout of the letter.

1. Match the parts of the letter (1-5) with these topics to fill in the Layout beside the letter.

a) signing off   b) personal qualities   c) qualifications

d) reasons for interest   e) reason for writing

2. Underline the functional sentences in each part.

Task 4: Do an oral report on how to write an application letter and how to make your letter effective

学生通过阅读，自学完成学案中的 4 个任务，能够明确申请信的一般格式、内容、语言特点等，对于应用文写作有了初步认知。接着笔者要求学生依据自学所得尝试完成一封申请信的写作，然后根据学生习作的逻辑问题进行了课上内容：

How to Write an Application Letter

Teaching aims：

At the end of the class，Ss will be able to：

1. know what to include in an application letter and know how to make an application letter more effective

2. rewrite their application letters based on what they have learnt

Teaching procedures：

Part 1：Ss learn what to include in an application letter.

Step 1：Ss share their ideas on how to write an application letter in groups.（参见 worksheet：self-study）

Step 2：Ss do an oral report.

Content：

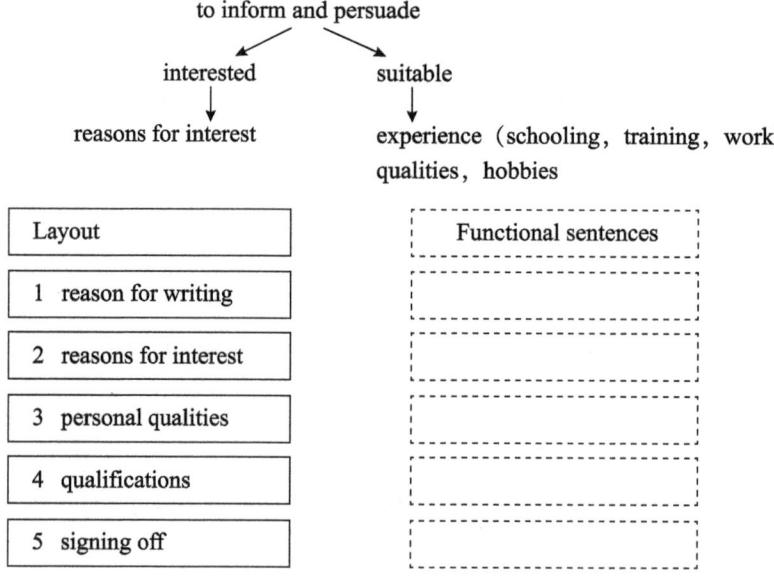

Part 2：Ss learn how to make an application letter more effective.

Step 1：Ss read Sample Letter 2 from one student's work and judge if it has a proper layout.

21st Century Advertising for Assistant Teachers

This summer, we'll hold summer camps in Beijing for the pupils from Papua New Guinea. We are looking for applications for the following posts：

> - Assistant teacher for Oral English Club
> - Assistant teacher for Painting Club
> - Assistant teacher for Computer Club
>
> Write to Mr. Jiang Baohua, assistant teacher@21st century.org, saying which post you are interested in, why you are interested and why you are suitable for the work.

Dear Mr. Jiang,

I've heard that summer camps will be held for the pupils from Papua New Guinea. So I am writing to apply to be an assistant teacher of Oral English Club.

Now I'd like to tell you some details of my experience and hobbies. I'm 17 years old. I'm quite brave and generous. Besides English, I like swimming and playing tennis. I've traveled to a lot of countries.

I suppose I'm a little bit shy and I don't like the person who is impatient and selfish. I enjoy working with people of different ages.

I should be very pleased if you would give me a reply soon. Thank you very much if you offer me the chance.

Yours sincerely,
Mike

Step2: Ss find out the problems in Sample Letter 2 and explain the reasons.

1. Ss find out the problems in Sample Letter 2 individually.

2. Ss share their ideas in groups.

3. Ss tell the problems in Sample Letter 2 and explain the reasons.

4. Ss know the dos and don'ts when writing an application letter.

- Content: Be relevant Be concrete Be logical
- Attitude: Be eager Be confident

Part 3: Ss rewrite their application letters and evaluate their letters in peers and in class.

整个课上内容通过学生进一步与文本的互动，主要解决的是学生在写作时觉得内容贫乏和如何安排文章内容让文章内部更有逻辑性的问题。通过比较学生的习作和学前学案中提供的范文中最相似内容，学生明显感受到，以英语为母语的民族重逻辑思维，注重运用各种有形的连接手段达到语法形式的完整，其表现形式严密地受逻辑形式的支配，概念所指界限分明，句子组织严密，层次井然有序，句法功能呈外显性。英语写作的要求一呈现，审题的过程就是理解概念及判断概念之间关系的过程。对文字材料理解得越透彻、概念与概念之间的关系判断得越准确，写作的每一个部分的内容就都会自然围绕主题进行。

通过"自主阅读—自主写作—探讨比较—二次写作"这样一个完整的学习过程，学生终于明确了申请信的目的是成功获得要申请的职位，因此必须要表达申请者对未来工作的态度，要阐明申请者可以胜任工作的理由：专业能力，有利的性格特点等。所有对申请者的描述应该都是围绕与申请职位有关的内容展开的。从而在课堂上学生的二次写作中就没有出现诸如谈到申请者"I'm quite brave and generous""Besides English, I like swimming and playing tennis"等相对无关或空泛的细节描述，也没有出现在介绍个人具体经历的过程中穿插个人信息这样内容杂乱无章的现象。并且在借鉴教师提供的更多范文之后，学生也明确了语言积累的方向。所以说读写结合的方式不仅关注写作思维的培养，同时也让学生的语言积累更有科学性和系统性。

案例二：情景作文——记叙文写作

情景作文是高考要求的必考题型。它的主要特点是形象、直观，信息量大，题材贴近学生的现实生活，能够很好地把对学生观察理解能力的考查与对学生语言运用能力的考查结合起来。由于图画类书面表达提供的画面通常只能展现事物发展的一个或几个片段，因此要根据画面进行合理的联想，把画面中没有明确显示的内容尽可能合情合理地通过增添相关细节表达出来是成功完成写作任务的关键。而学生主要问题是没有将自己融入到作文的情景之中，只是为了完成写作任务而写，因此出现了细节添加不当、主次不分、盲目添加或过于简单到干脆没有细节的现象。基于此，笔者认为与其引导学生一篇一篇地写，老师一篇一篇地改，然后学生仍然不明白问题在哪儿，还不如从阅读入手，从读者和作者这两个角度去分析成功的情景作文是如何表情达意的。

Writing：School life—the experience of after-school activity

Teaching aims：

At the end of the class, Ss will be able to：

1. tell the characteristics of a well-organized narrative writing.

2. tell the ways to add proper details to develop a story.

3. put what they've learnt into a new writing.

Part1：Learn a model essay.（2015—2016年高三朝阳期末情景作文范文）

Last week we held a production-making activity in our school.

On Monday afternoon, my classmates and I had a warm discussion and we decided to make a model airplane to take part in the activity. During the following days we made full preparations after class. First we did some design work. Every one of us put forward ideas on how to make our plane fly high and steadily. According to the design, we bought necessary materials and began to work on it. Although it was really a hard job, we all did it with great enthusiasm. Two days later, a beautiful model airplane was born. On Friday afternoon, we flew our model airplane on the playground. Many students came to watch with great interest and they all spoke highly of our work.

We were really satisfied and felt proud of ourselves. What an exciting experience!

Task 1: After reading the model essay without pictures can you tell the process of the activity? Please divide the passage into parts and write out the layout.

Task 2: Read the passage again, please think about:

1. How did the story develop?

2. Is the description of each process very concrete（具体）? Which part is very concrete and which part is general? Do you think this arrangement is reasonable or not? Why?

3. In your opinion, is the story believable or not? Why? How can you make our story convincing?

Task 3: Read the passage with pictures. Can you tell how the writer add details and give some examples to illustrate（说明）.

Task 4: Can you tell us your understanding on how to write a narration（记叙文）about your experience?

Part 2: Let's have a try.（2015—2016年高三丰台期末情景作文试题）

假设你是红星中学高三（1）班学生李华，上周你校举办了校园传统文化节，请给你的英国笔友Jack写一封邮件，按照以下四幅图的先后顺序，叙述你们班利用报纸制作汉服参加展示活动的全过程。

注意：1.词数不少于60；2.短文开头已给出，不计入总词数。

提示词：汉服　Hanfu　T台　runway

Dear Jack,

　　Last week, our school organized a Traditional Culture Festival. _____

Yours,
Li Hua

　　在这个教学案例中，笔者的教学设计是从阅读入手，但并不从读者的角度出发进行获取信息式的阅读，或仅仅是从语言学习的角度进行语言积累式阅读，而是大胆地打破了常规写作教学的做法：审题，审图，确定要点，增添细节等。笔者的设计是直接让学生读一篇不带题目要求的范文，指导学生主要从3个不同的角度感悟：1. 从读者的角度：文章的内容是否真实可信？文章的内容是否具有画面感？2. 从作者的角度：如何实现文章的可信度？如何用文字在读者的头脑中形成以四副图为核心的一系列画面？3. 从题目要求的角度：这样一篇习作的命题要求会是怎样？

　　通过阅读和感悟学生体会到：1. 为了实现记叙文的逻辑清晰，可以采用以时间为线索将活动内容分布到一天或几天等，因此在构思时应该主动设想一条时间线。从而要进行 Last week/On Monday afternoon /During the following days/ First / Two days later/On Friday afternoon 等表示时间逻辑顺序的词汇积累。2. 四副图是整个活动过程中的四个重要的活动片断，但写出文章给读者阅读时是没有图片辅助的。因此要把片断描写清楚的同时还要运用合理的想象和推理将整个内容联系成一个有机的整体。由此在写清楚什么人做了什么事（要点）的基础上还可以从原因、过程、情感态度、效果等方面进行描写，使整篇文章具体而合理，同时学生也明确了要写好记叙文，就要在平时的阅读中注意积累这些方面的词汇和写作手法。

四、对读写结合教学模式的思考和体会

　　以写作任务确定阅读目标，能更有效地帮助学生建立正确的思维模式，使得写作更有逻辑性。阅读过程中，学生除了从读者的角度获取信息分析文本外，也必须扮演作者的角色，揣摩理解作者的意图和表达方式。因此在阅读教学中要关注文章结构、写作技巧的学习和清晰的结构框架的输入，才能使学生很好地理解作者的观点，掌握文章的脉络，才能在自己的写作中主动运用这些结构和模式，这样才能从机械的模仿转变成为科学的应用。

　　以写作任务确定阅读目标，为学生的文本输出提供了具体的模仿实例，从而使学生产生表达的欲望。这能让学生更有效提取用于写作的词汇和描写方法，使得词汇积累、语法

学习是依托于有意义的语篇理解的基础之上的，同时也是依托语篇输出（完成习作任务）来进行应用的，最终达成思维和语言的统一。

五、结束语

随着高中英语课程的不断改革，如何增强教学的实用性和应用性是本文主要的探究所在。基于笔者的教学实践，笔者认为写作能力的提高依赖大量的阅读和模仿，因此指导学生提高文本解读能力是提高课堂教学实效和学生学习质量的关键。大量的读但不是盲目的读，只有学生具备了整合和运用知识的能力，有目标地阅读，才能做到有效地输出，才能真正做到以"读"促"写"，以"写"促"读"。

《边城》之"痛"

王 惠

《边城》中充满了"美",学生阅读七万字的整部作品是很容易找出这些"美"的,自然美、民俗美、人性美学生会找得很丰富,但仅仅认识"美"是远远不够的,学生进一步掌握的应该是"美"背后的痛。正如沈从文先生自己所说,"我的作品能够在市场上流行,实际上等于买椟还珠,你们能欣赏我故事的清新,照例那作品背后蕴藏的热情却忽略了,你们能欣赏我文字的朴实,照例那作品背后隐伏的悲痛也忽略了",我想我们应该引导学生去体悟"作品背后隐伏的悲痛"。

一、翠翠身世之"痛"

仔细阅读《边城》文本会发现,写翠翠父母的文字不多。梳理《边城》会发现在共计21章的文本中有6处提到翠翠父母(或一方),分别出现在第1、7、11、12、13、21章。《边城》21章,翠翠父母出现的章节几乎均匀地分布在故事中。第1章通过叙述者叙述翠翠父母的爱情悲剧,我们知道翠翠的出生背景是凄凉的,"背着那忠厚的爸爸发生暧昧关系",感觉人的天性受到了莫名其妙的压抑。第7章爷爷成为了叙述者,"这些事从老船夫说来谁也无罪过,只应'天'去负责",故事笼罩着阴差阳错的神秘感和命运感。第11章,顺顺请人带礼物为儿子提亲,爷爷和翠翠说起时想起翠翠的母亲"心中有了一点隐痛,却勉强笑着""祖父眼中也已酿了一汪眼泪";第12章做媒的又来,询问翠翠依旧没有结果,"他突然觉得翠翠一切全像那个母亲,而且隐隐预约便感觉到这母女二人共通的命运"。第11章中爷爷对自己不幸的女儿充满了浓浓的思念,而第12章中翠翠的爱情故事已经潜伏着不祥和悲哀。"它使故事出现在老船夫的心里,并在他的心里逐渐强化,越

---

① 本文2018年4月获北京市第六届"智慧教师"教育教学研究成果二等奖。

来越有位置，直达到命运的预感"。

翠翠父母的故事四次出现，却与翠翠没有交集，只存在于老船夫的心里。在复杂的社会面前，翠翠还是受"自然"教育的"自然人"。视角真正发生变化是在第 13 章里，老船夫直接对翠翠述说了她父母的凄惨故事。这时，翠翠父母的故事到了翠翠心里，成为压迫着她的无从挪移的沉重的东西。于是，翠翠自然的心第一次受到了人事的教育，她明白了这社会不光是爷爷和那些渡船客，还有许多她不知道的人和事，翠翠至此完成了"人事启蒙"。第 21 章中翠翠重复了母亲悲剧的命运，杨马兵讲述年轻时候给翠翠母亲唱歌得不到回应，现在"成为这孤雏的唯一靠山唯一信托人，不由得不苦笑"，左右人类命运的无形力量无法抗衡，人只能在命运的泥潭中挣扎，这是天地间的"残忍"。

二、《边城》中"不凑巧"的误会之"痛"

（一）《边城》的误会体现在翠翠和爷爷之间

第 14 章二老的情歌使得翠翠做了摘虎耳草的梦，但爷爷是知道"走车路"这事的，第二天翠翠说起梦，爷爷"并不告给翠翠昨晚上的事实"；听翠翠说完后，爷爷进城去找大老，通过和大老交谈爷爷知道唱歌的并非大老而是二老，但是"到城里的事情，不告给翠翠一个字"。如果此时翠翠知道了唱歌者就是自己喜欢的二老不就能避免悲剧吗？可是爷爷没有告诉她，爷爷想把一切事情搞定后再告诉她。第 15 章爷爷和翠翠说"假若那个人还有个兄弟，走马路，为你来唱歌，向你求婚，你将怎么说"，翠翠"不明白这笑话有几分真，又不清楚这笑话是谁诌的"，恳求爷爷别说了并且"走出去了"，爷爷绕来绕去，把大家都绕误会了，翠翠没有得到和爷爷有效沟通、消除误会的机会。

（二）《边城》的误会体现在爷爷和二老之间

第 16 章二老不再去唱歌了，爷爷去找二老，"二老，听人说那碾坊将来是归你的！归了你，派我来守碾子，行不行？"爷爷在为自己的孙女试探二老，但是二老"听不惯这个询问的用意，便不作声"，爷爷把话说反了。第 17 章二老过渡碰到爷爷，在爷爷主动和二老攀谈，二老火药味十足地回答了几个问题后，爷爷趁机和二老"怯怯"说起翠翠摘虎耳草的梦，二老心里想"老头子倒会做作"。其实二老所谓爷爷的"做作"只是因为爷爷想把孙女的心意表达清楚，可是二老误会了，二老不习惯不喜欢爷爷的表达。第 18 章在菜地的爷爷以为翠翠会带客人过渡，他猜过渡的人也可能是二老呢。等过了好大一阵后客人还是喊过渡，爷爷一看果真是二老，才知道翠翠并没有带客人过渡。爷爷还想和二老再谈谈，但心中已有气的二老"不置可否不动感情听下去"。爷爷应该也说了和翠翠有关的事情吧，但是久不能过渡的二老"不置可否不动感情听下去"。爷爷在这样淡漠的谈话者面前怎能把意思表达明白？面对因哥哥死去与久不能过渡而本就对爷爷心怀不满的二老，爷爷必定是"畏畏缩缩的"，可是"畏畏缩缩的说明，极不得体"，更加深了二老对爷爷的误会。

正如沈从文先生《水云》第四节所说："一切充满了善，充满了完美高尚的希望，然而到处是不凑巧。既然是不凑巧，因之素朴的良善与单纯的希望终难免产生悲剧。"因不凑巧而误会，《边城》的结果只能是悲剧。

三、翠翠人物原型之"痛"

翠翠的原型是崂山"奉灵幡引路"的女孩、绒线铺女孩和新妇张兆和。

作者写道："民二十二至青岛崂山北九水路上，见村中有死者家人'报庙'行列，一小女孩奉灵幡引路。因与兆和约，将写一故事引入所见。"此番情景，《水云》第四节有过交代："故事上的人物，一面从一年前在青岛崂山北九水旁所见的一个乡村女子，取得生活的必然，一面就用身边黑脸长眉新妇作范本，取得性格上的素朴良善式样。"

《湘行散记》里说：

"……在十三个伙伴中我有两个极要好的朋友。……其次是那个年纪顶轻的，名字就叫"开明"。一个赵姓成衣人的独生子，为人伶俐勇敢，希有少见。……这小孩子年纪虽小，心可不小！同我们到县城街转了三次，就看中一个绒线铺的女孩子，问我借钱向那女孩子买了三次白棉线草鞋带子……那女孩子名叫'翠翠'，我写《边城》故事时，弄渡船的外孙女，明慧温柔的品性，就从那绒线铺小女孩印象而来。"

十多年后重游故地，来到绒线铺前，一个叫小翠的女孩辫发上缠着一缕白绒线，她妈妈翠翠刚死了不久。"我被'时间'意识猛烈的捆了一巴掌……"

《新题记》说："九月至平结婚，即在达子营住处小院中，用小方桌在树荫下写第一章。在《国闻周报》发表。入冬返湘看望母亲，来回四十天，在家乡三天，回到北平续写。二十三年母亲死去，书出版时心中充满悲伤。"

这些发酵、酝酿了《边城》的因素，除了"黑脸长眉新妇作范本，取得性格上的素朴良善式样"外，崂山"奉灵幡引路"的女孩、绒线铺女孩以及母亲去世这些悲哀因素渗透进作品，作品所传达的就不可能只是"美"，"美"的背后必然隐藏着深深的"痛"。

四、杜鹃之"痛"

小说中几次提到杜鹃。沈从文多年后仍然记得年青时过茶峒"闻杜鹃极悲哀"。第11

章给大老来做媒的人刚走，翠翠正从山中黄鸟杜鹃叫声里，以及其他声音里，想到各种事情。第13章黄昏时，别的鸟都休息了，"只杜鹃叫个不息。""翠翠看着天上的红云，听着渡口飘乡生意人的杂乱声音，心中有些儿薄薄的凄凉。"杜鹃的叫声和凄凉的感觉连在一起了，"于是，这日子成为痛苦的东西了。"爷爷不知道翠翠这时候的心境，只顾摆渡，翠翠忽然哭起来，"很觉得悲伤"，此时，"杜鹃又叫了。"杜鹃的叫声引起悲哀和伤感，沈从文先生把它写进这么一个仿佛永远妥贴和谐的环境里，写进一个刚刚开始接触一点人事的少女的感受和意识里，诉说着少女的敏感和忧伤，奠定着感伤的基调，铺垫着悲剧的结局，传达着骨子里的"悲凉"。

五、湘西与中国之"痛"

沈先生在《长河·题记》中说："一九三四年的冬天，我因事从北平回湘西，由沅水坐船上行、转到家乡凤凰县。去乡已十八年，一入辰河流域，什么都不同了。表面上看来，事事物物自然都有了极大进步，试仔细注意注意，便见出在变化中的堕落趋势。最明显的事，即农村社会所保有的那点正直朴素人情美，几乎快要消失无余，代替而来的却是近二十年实际社会培养成功的一种惟实惟利的人生观。"去乡十八年再回故乡，沈先生痛感于人情美的消失，这个在外的游子怎能不追怀那消逝的"美"，又怎能不心生惆怅？有人说："今生今世，是不可能回到往日家中了，恰如半空中的月亮，成了一个永远的游子，上不着天，下不着地，就那么悬浮在无限大的虚空里；圆圆缺缺，缺缺圆圆，都不过是自己心灵的幻影罢了。"沈先生美好的故乡只能是幻影了。

我想用一首《弯弯的月亮》来注解沈先生的乡愁，"遥远的夜空有一个弯弯的月亮/弯弯的月亮下面是那弯弯的小桥/小桥的旁边有一条弯弯的小船/弯弯的小船悠悠是那童年的阿娇/阿娇摇着船/唱着那古老的歌谣/歌声随风飘/飘到我的脸上/脸上淌着泪/像那条弯弯的河水/弯弯的河水流呀流进我的心上/呜——我的心充满惆怅/不为那弯弯的月亮/只为那今天的村庄/还唱着过去的歌谣/喔——故乡的月亮/你那弯弯的忧伤/穿透了我的胸膛"。翠翠与阿娇都是"美"的意象，世事变迁，故乡的"美"无论如何都是留不住的，"弯弯的月亮"的"忧伤"怎能不穿透沈先生的胸膛和你我的胸膛呢？

《边城·题记》中说："我并不即此而止，还预备给他们一种对照的机会，将在另外一个作品里，来提到二十年来的内战，使一些首当其冲的农民，性格灵魂被大力所压，失去了原来的朴质，勤俭，和平，正直的型范以后，成了一个什么样子的新东西。他们受横征暴敛以及鸦片烟的毒害，变成了如何穷困与懒惰！"

二十年变化的不止是湘西，还有中国大地，故乡与中国都在遭遇"美"消失的大沦陷，作者痛心于整个的中国，沈先生的痛心又何止湘西呢？正如美国学者金介甫说："沈从文的乡愁就像辰河一样静静地流在中国的大地。"我们可曾读懂这表面安安静静内在无比沉痛的乡愁之痛呢？

作者所描写的湘西，自然风光秀丽，民风淳朴，有着古老的风俗……这些都代表着未受污染的农业文明的传统美德。作者极力讴歌传统文化中流传至今的美德，是相对于传统美德受到破坏、到处充溢着金钱主义的浅薄和腐化堕落的现实而言的；在摹写边城人的生命形态和生活方式中，隐含着对现实生活中古老美德、价值观失落的痛心，以及对现代文明物欲泛滥的批判。作者推崇边城人的生活方式，更想重建民族的品德和人格。

先生的夫人张兆和为他的全集写后记时慨叹："作为作家，只要有一本传世之作，就不枉此生了。他的佳作不止一本。越是从烂纸堆里翻到他越多的遗作，哪怕是零散的，有头无尾，有尾无头的，就越觉斯人可贵。太晚了！为什么在他有生之年，不能发掘他……"

作家李锐在《另一种纪念》中写到："大概是因为沈先生益然不绝的诗意吧，他竟然在许多时候，在许多人那里被误解成是一位，而且仅仅是一位传统的'田园诗人'。许多人把'美化落后''诗化麻木'的批评放在他的名字上。也确实有人依样画葫芦的，把中国所有偏远落后的乡村变成了'民歌集成'的歌舞场，并因此而得到了大大小小的文名。我一直不解的是，怎么会有这么深的误解和误读？别人不懂也就罢了，难道我们这些中国人也真的再也听不懂中国诗人的歌哭和咏叹了吗？难道历史的风尘真的把我们埋葬得这么深这么重了吗？难道一种弱势文化的人连听力、视力和生命的感觉力也都是弱势的吗？以致我们竟然听不懂一个肝肠寸断的柔情诗人的悲鸣？以致我们竟然看不见，在夕阳落照下的那样一种悲天悯地的大悲哀？"

我想我们真应该带着学生走近沈先生，走进《边城》，去感受那份深深的无奈和痛苦，我们的确应该去"发掘他"，去听听他的悲鸣，感受他的大悲哀。现代社会太浮躁，有多少人还能有那么一种执着的浪漫的情愫呢？身边现实的人越来越多，有多少人还能保留一颗执着之心呢？寻找翠翠不也是我们这个时代的忧伤吗？

运用互联网+提升物理复习课有效性

李春雷

一、初中物理复习课的低效现象

复习课在学生整个学习活动中至关重要,它是学生进一步理解、掌握、巩固和运用所学知识,实现知识系统化的"桥梁"。然而,目前大部分的复习课成了简单的知识堆积、空泛的重复,教师、学生耗用大量时间,但效率比较低下。问题从复习课的课堂形式上看,主要表现在以下几个方面:

(一)形式单一、缺乏吸引力

我们一般看到的传统复习课堂上是这样的,一所学校、一位老师、一间教室、一支粉笔和一群学生,就构成了教与学的体系。以物理课为例,教师往往认为,相关的物理实验已经做完了,相关的现象已经讨论了,认为复习课重在梳理。复习课变成知识点以及知识之间理论论证,学生的注意力焦点在"论点"上,而没有放到"论据"上。从课堂形式上,并没有什么新意。这样的课堂形式,也无法激发学生的兴趣,让学生能够投入热情去进一步提升。

(二)学生散漫、无任务活动

对初中物理学科而言,活动是课堂教学的重要载体。学生活动的任务性决定着课堂教学的有效性或高效性,复习课同样的道理。比如,复习一些基础知识,一些情况是让学生单独回答知识点,但缺乏整体的活动。另一些貌似有任务,实际效率也不高。例如由学生合作来总结梳理并表达展示,因为小组成员活动能力有差异,一些自认为学得好的同学不屑找知识点,而一些学得差的同学"懒得"去找,等着小组现成的答案。学生总结汇报时,老师要不断提醒和挖掘问题,在教师的不断追问下,学生完成表达环节。这无任务的活动，就很糟蹋时间，教学是低效的。

（三）环节缺少整合、体系不规范

物理复习课中，一些教师也在努力践行新课改理念，努力在课堂上体现学生主体。于是，很多环节都设计为学生活动，但很多情况下构思的整体体系和环节体系还不能形成整合，在方法传授上存在零碎现象。如《力和运动》一课的基础复习，老师先让学生自主归纳总结本章学过哪些关于力的知识点，学生整理汇报后，教师再引导学生将这些知识点放在整体框架中，最后让学生找它们之间的联系，再去汇报总结。这些环节完成后，基本就占用了半节多课，教学低效。

二、改进复习课堂的实施因素

笔者以目前初中物理复习课为例，以互联网＋为技术手段，以项目驱动为小组合作方式，推进复习课有效进行。将二者的理论基础和实际情况进行简要说明：

（一）学生对互联网并不"陌生"

在信息技术尚未普及的时代，学生获得的知识来源相对有限，主要包括与长辈或同伴之间的交流、生活经验、教师传授的课本知识而已。

但随着社会的不断发展，信息化已然是大势所趋，手机、电脑等已经进入到千家万户。学生所获取的知识来源渠道更加丰富，通过搜索引擎，就能够在互联网上获取各种知识和信息。这些知识和信息对于传统课堂是一种冲击，也是一种挑战。在这样的背景下，教师就不能单纯固步自封或将其视为洪水猛兽避之不及。网络是"双刃剑"，教师应该思考如何引导学生将互联网＋进行有效整合，促进教学。

（二）项目式学习能更好激发学生完成任务

项目式学习即为"以学科原理为中心内容，使学生在真实世界中借助多种资源开展探究活动，并在一定时间内解决一系列相互关联着的问题的一种探究式学习模式"。项目式学习的特性，即承认学生内在的学习驱动心理，促使学生关注学科的核心概念和原理，注重能够引发学生对真实而重要的主题进行深刻思考的挑战性问题，督促学生使用基本的工具和技能进行学习、自我管理与项目管理，形成产品并强调解决问题、解释难题及演示通过调查、研究和推理所获得的信息。

从物理学科的课程理念上看，应当从生活走向物理，从物理走向社会。教育不是"八股文"，要紧追时代潮流，培养的不是脱离了社会存在的"孔乙己"。

而物理学科的本身特点也是要联系生活、联系社会，物理中大量实验体现了"做中学"。应用网络查找有效信息，让儿童亲自动手体验，加工处理信息，这也是一种实践。

三、具体的实施策略

（一）科学化分组

学生在复习课自行结组，往往会出现优秀学生扎堆儿、关系好的学生扎堆儿，影响学习积极性和进度。所以，为了提高效率，最好由教师进行分组。

依据项目学习的情况，教师先确定班级组织能力较强的学生为小组组长，然后根据其他学生的兴趣、能力、性别等综合考虑进行分组。在给学生分组后，与学生进行沟通，告诉他们分组方式及原因，鼓励他们在分组后积极配合同组同学，遇到不熟悉的同学借助合作任务相互了解、沟通。分组后，安排时间让小组成员讨论分工，选出相应任务的负责人，做到"人人有事干，事事有人干"等。

（二）创设使用情境

教师要先进行互联网查询，找到网上和本章相关的知识点。然后抛砖引玉，从某一领域出发，给学生进行展示。让学生观摩网络搜索、整理信息的过程，体会蕴含的知识。

如在《运动和力》这一单元复习课的导入环节，教师向学生展示网络搜寻的中国古代人对力学知识的认识，如《墨经》《淮南子》中关于力的描述，古代欹器、弓箭等原理，来从另一个角度进入复习环节。如在《声音》这一单元复习课的导入环节，教师可以展示古代人对声音的认识，介绍古代的乐器、建筑中的声学知识等。

这样做的好处是：1.弘扬中华传统文化，让学生了解中国古代人的科学实践精神。2.通过展示，让学生观摩对网络信息怎样去梳理，如何去呈现，建立起信息搜寻意识。3.教师与学生自然"搭建"知识框架，完成相应知识点复习。

（三）项目式小组推进

教师选取相应的合理任务，分配给学生进行小组完成。所谓的合理任务，应满足该任务在网上能查找到较多的知识点、和学生生活联系较多、能够体现本节复习要求。

如在《力和运动》的复习课上，可确定的任务为：1.自行车中的力学知识。2.汽车中的力学知识。3.冬奥会的力学知识。这三组任务和学生实际生活相关，网上描述的资料较多，同时也对应摩擦力、惯性、力与运动关系等知识点。

要求各小组依照任务单，注意任务完成需要展示PPT或手工作品。

(四)项目式小组推进

学生接到任务后将会进入到小组活动的环节,学生将利用手机、电脑、iPad 等进行网络查询、信息处理。教师要不断关注和适时进行小组指导,强调小组分工合作,要以组为单位进行小组活动,避免学生处于散乱状态。这个环节也是整节课的重要部分:

1. 小组科学地分工才能高效完成任务。因小组要在规定的时间内完成任务,所以人员分工和调配至关重要。在互联网+下的复习课按实际操作可分成收集信息、信息筛选和制作作品等任务。以项目为驱动,使学生最大限度发挥团队力量完成任务,以此促进学生的团结协作,同时是对学生信息搜寻、信息提取、技术运用能力的实际考验。

2. 从知识理解的角度看,在这个过程中学生在网络信息、生活经验、课本所学知识之间不断进行思维碰撞,逐渐将原来经验含糊的、可疑的、矛盾的情境转变为清楚的、有条理的、和谐的情境,加深了对知识的理解。

(五)小组汇报展示

小组整理好作品后,教师就可以组织小组利用多媒体汇报展示。可以根据四个环节进行:作品呈现、小组质询、教师补充、整体点评。

作品呈现环节是要让不同组的学生进行观摩,如《力和运动》单元复习课中,可让学生观察分别查找同一任务(如自行车)的两组不同的信息呈现方式,观察不同组(如自行车、汽车、冬奥会)的各自信息呈现,从而更全面了解单元知识在实际生活中的应用。

小组质询环节是要让学生针对展示内容提出问题,小组进行现场说明和解答,加深学生对知识的理解和认识。

补充环节教师可适时进行,如学生在《力和运动》单元任务查找的信息不全面时,教师可通过借助实物自行车、安全带、冰刀等进行展示,帮助学生说明问题。

教师点评环节要客观说明小组合作情况,查找的知识信息是否科学规范,为学生开展后期的活动做好铺垫。

(六)互联网+下的评价

为了能让各组进行更好的比较,在现在的条件下,教师充分利用网络资源,可以通过问卷网等相应资源设置网上打分,问题选项设为知识情况、展示情况等。教师让学生登录网址或扫描二维码完成评价,给各小组进行网上打分。这样网上操作的方式简单、直观,并且统计准确、快捷,能够第一时间呈现给学生结果。学生能够认识到本组存在的相应问题,便于在后期同样学习中改进。

四、综述

（一）教学过程流畅进行

教学中不再一味强调"明线"复习，而是通过"暗线"完成，教学环节水到渠成。知识点和知识点之间的联系不再是理论的、空洞的，是用另一种实践的方式获得的。

（二）学生学习主动性提升

互联网不可避免，学生利用熟悉（或喜欢）的工具进行知识梳理，能够最大范围调动班级学生的积极性。这对于一些学习程度差、网络应用好的同学是极大的鼓励，他们通过这样的学习方式找到了自己在学习中存在的优势，也找到了乐趣。对于全体学生而言，也给学生提供了获取知识的新途径、新办法。

（三）学生团队意识增强

通过项目式学习的方式，学生依靠团队完成任务，通过交流和分享，明白了团结、协作的重要性和必要性，有助于打破网络时代的人机对话方式，让学生更多从他人那里获取有用的经验，达到了理想的教育效果。

化身 VR 魔法师，带学生穿越生物科技时空

——巧妙利用情境教学进行高三生物复习[①]

董卅姝

VR，是虚拟现实技术，是利用电脑模拟产生一个三维空间的虚拟世界，提供使用者关于视觉、听觉、触觉等感官的模拟，让使用者如同身临其境一般，可以及时、没有限制地观察三度空间内的事物。它怎么和我们生物学的高三复习有交集呢？难道真的是现在中学的硬件设施已经达到了可以随意在课堂上模拟出一个三维空间进行学习了吗？答案当然是，希望未来可以，但是现在还不行。

这里笔者只是借用了这个热门新技术的理念。在课堂上，教师可以利用文字材料、图片以及视频为学生创设一个与所学生物学知识相关的情境，带领学生通过探索这个情境达到掌握知识、理解知识内涵及应用的目的。这就像是教师为学生构建一个生物新科技的虚拟现实，带领学生在这个世界中探索邀游。

这种教学方式真的那么神奇吗？真的可以对学生学习生物科学有很大帮助么？之所以会有这种想法，是笔者基于多年的教学理论学习和高中生物学教学经历而得来的。

一、构建情境教学的理论基石

建构主义学习理论强调以学生为中心，不仅要求学生由外部刺激的被动接受者和知识的灌输对象转变为信息加工的主体、知识意义的主动建构者，而且要求教师要由知识的传授者、灌输者转变为学生主动建构意义的帮助者、促进者、引导者。

因此教师要转变自身角色，进行以学为主的教学设计，为学生创设一个积极的学习环

[①] 本文 2018 年 4 月获北京市第六届"智慧教师"教育教学研究成果二等奖。

境，激发学生的学习动机。

二、构建情境教学的现实基础

笔者发现在高二阶段，当文理科学生都需要进行生物学科的学习时，部分文科生会对生物学的学习有抵触情绪。曾经笔者做过一次问卷调查，有的文科学生写道："我一个文科生干嘛要搞清楚为什么长翅灰体果蝇和残翅黑体果蝇生出小翅灰体果蝇？对我今后有什么用啊？"这在文科生并不是个别现象，即使是在理科班也同样存在这种声音。当时我也在思考这个问题，高中生物学科的教学到底目的如何？学生为什么会质疑学习此门学科的必要性？

到了高三阶段，由于学生有了高考压力，似乎努力学习生物学的动力增强了一些，可是这并不是我们老师所期待的。因为如果学生的学习动机只单纯来源于为了通过考试，而不是对知识的探索和渴望，那就彻底违背了我们的教育初衷。

同时，纵观近几年来的理综生物高考填空题，每一道题目基本都是来自近年来的生物学研究成果，通过提供大量的信息来创设情境，考查学生对知识的理解和应用，同时也考查了学生的分析能力。这体现了课程标准中"提高学生科学素养的理念"，也明确了生物学教学的目的，就是使学生能在"科学态度和科学的世界观""科学探究方法与技能""科学、技术与社会"和"生物学知识和操作技能"这四个领域得到发展。

基于以上这些原因，笔者作为连续执教高三年级三年的生物教师，一直在思考如何把理论知识和实际教学联系到一起，为学生们在高三复习过程中创设合理的情境，达到既能完成复习知识的任务，同时又能够提高学生的生物学学科素养，即使学生今后不从事生物学相关的工作，他也能从高中阶段所学习的生物学知识中得到帮助，甚至是受用一生的智慧。

高三年级的复习课一般知识量巨大，题目练习很多，很容易就会陷入单纯的知识复习和做习题的枯燥圈子中。学生提不起兴趣，老师也很疲惫。因此，笔者尝试了在复习课上引入真实生物学的事件和近期生物科学领域的新发展和动向，让学生一起分析和自己所学的生物学知识的联系，体会生物学知识在现实生活中的应用。

如何能够在高三复习课上为学生创设一个既能达到复习目的又能让学生提高自身生物学学科素养的情境呢？高三的生物教师如何真正化身 VR 魔法师，制造一个虚拟现实的生物科技时空？

三、构建情境教学的课堂实例

笔者以自身的三堂复习课为例，与各位一起探讨一下利用各种信息资源为学生创设学习情境的方法。

（一）引入社会热点话题，让学生成为"社会性科学议题"的讨论者

2015年，魏则西事件震惊全国，大家都为这个青年的离去而痛心，一时间各种媒体也在疯狂报道夺取他生命的滑膜肉瘤和欺骗他进行治疗的那些医院所宣传的"免疫疗法"。此时，我恰好带着学生正在复习"免疫调节"这部分内容。我利用果壳网上一篇科普文章《免疫疗法，你需要知道的真相》引入，让学生分析"免疫疗法"的原理以及其合理性。同学们经过研究和讨论，发现"免疫疗法"并不是骗人的，而是科学的，只不过现在依然处于实验阶段，骗人的是那些打着"免疫疗法"的医院。通过这节课，我们不仅复习了免疫调节和相应的细胞工程的内容，同时，学生们参与了"社会性科学议题"的讨论，增强了学生生物学科核心素养中的"社会责任"素养。生物学科核心素养中的"社会责任"是指基于生物学的认识，参与个人与社会事物的讨论，作出理性解释和判断，尝试解决生产生活中的生物学问题的担当和能力。

（二）关注当年诺奖，让学生与科学家近距离接触

在进行"实验与探究"的复习课上，为了让学生更好地理解实验探究的一般方法，我把果壳网上的一篇介绍屠呦呦教授的文章《实至名归屠呦呦》进行修改，印发给学生，让学生根据屠教授发现青蒿素的过程，总结出实验探究的一般步骤。因为当时发现青蒿素获得诺贝尔奖是社会热点，学生们很容易就被带入情境，化身科学家与屠教授一步步地探索。因此，本节课给学生和听课者都留下了深刻的印象，使学生既掌握了实验探究的方法，又对青蒿素的发现有了了解，为下一步设计青蒿素的其它相关习题情境做了充足的准备。同时，学生们认同科学家的工作范式，建立了科学的世界观和方法论。

（三）阅读科技前沿文章，带领学生紧跟科学探索的时代脚步

我在《环球科学》杂志2017年8月刊上读到一篇文章《用DNA存储视频》。此文讲述了科学家通过将图像文件分解为像素的方法将视频信息存储到DNA中。这一点正好与我们将要复习的"基因的表达"这部分契合，所以我第一步修改文章使之转变为学生更容易接受的语言方式；第二步，寻找背景材料及视频。在课堂上为学生创设了一个以学生已知的遗传学理论"DNA存储遗传信息"为基础，到可以把DNA当作存储介质，制造生物硬盘的未来情境。

当在课堂上第一次提出科学家们把视频存在了DNA中时，学生都十分惊讶，很快就提起了兴趣，进入情境，纷纷发表自己的观点。学生在此情境下根据自己所具备的基础知

识，在教师的引导下一步步去探索此技术所应用的原理。

学生的兴趣很高，也惊叹于现在科技的发展。尤其是当笔者提问到现在做 DNA 存储成本很高，与现在存储方式相比并不划算时，有学生马上提出要有前瞻性，要看到未来的发展。这说明学生在这一情境下不仅在知识层面得到了较好的提升，也提升了生物学核心素养中的"社会责任"。

这个情境的创设，为整堂课"'基因的表达'复习"做了一个良好的开端，学生们很好地掌握了基因传递和表达信息的原理。并且在之后的高考题目的练习时，也能在题目创设的情境下迅速找到情境框架下的知识主体，顺利完成题目。

（四）有趣的科学小发现，填充枯燥的课堂

在有些课堂上，不太适用大型的情境创设，则可以选取小点进行一些渗透，既能创设小情境增强学生的理解，同时也能够活跃课堂气氛，让压力重重的高三课堂笑语连连。

比如，在讲生殖和遗传时，给学生讲讲"嵌合体人"永远只能生出自己兄弟的孩子，或者是讲代谢的时候谈谈运动与减肥的关系。从基因重组讲到生物多样性，到大热的人脸识别技术再到最近联合国《特定常规武器公约》（CCW）为何禁止人工智能武器的开发与应用。学生听得有趣，又把自己所学的知识联系起来，真可谓是既有基础知识的回顾，又有前沿的科技展望，整个课堂在现实与虚拟情境中不断切换，学生们进行了大量的思维训练。

最后，我们在高三复习的情境教学中，讲解知识时，可以利用现今热点给学生把知识情境化，让他们明确所学知识在现实世界可以完成什么样的任务，为人类解决什么样的难题。但是也不能脱离高三复习课的任务，就是要学会答题。因此，教师还要引导学生在做题中要去情境化，抓住题目中所考查的知识点，利用自己所学进行做答。正是教师平时能够在课堂复习的过程中进行情境化教学，才会使学生能够在做题中去情境化，很快抓到问题的主干，答出题目所要求的内容。

如何进行情境化教学，笔者也还是在不断摸索，但是发现多关注一些科普类的网站以及公众号，还有订阅科普类的期刊，随时关注世界上的生物学进展，都有利于为课堂上设置情境积攒材料。只有平时多注重积累，并且注重与高中生物学知识相联系，才能够手持 VR 魔法棒，创设一个虚拟生物科技新时空，化身魔法师带领学生们遨游其中。

有效课堂微练笔的策略 让阅读教学美丽转身[①]

陈文玲

小学语文的课程标准,崔峦老师将其概括为"一个中心""两个基本点"。"一个中心"即以语言训练为中心,特别是要加强语言的运用。"两个基本点"即培养学生的语文能力(听、说、读、写、书),提高人文素养。《北京市中小学语文学科教学改进意见》首次对提升学生语文听说读写能力进行全面说明,提倡学生在运用中学习语文。中、高年级培养学生掌握语言应用规律,引导学生关注语言应用的实际效果。有效加强学生写作能力培养,3-4年级引导学生尝试运用积累的语言素材,注重写作的条理性。

所谓"微练笔",立足于"微"字,主要是通过微小的练笔,训练学生的语感,教给学生表达的方法,追求"积微成著"。在教学中,我们根据课文特点,找到微练笔的切入点,形成有效的微练笔教学设计,见缝插针于阅读教学中,积少成多,加强了语言的运用,提高了学生的语文能力。"课堂微练笔"是对"一个中心""两个基本点"(说和写)的落实,它起到了纽带的作用,架起了阅读与写作的桥梁。若要把微练笔落到实处,就必须将其列入课时目标,围绕目标组织教学,力求一课一得。我们从有效优选课堂微练笔内容的策略,让阅读教学美丽转身;有效找准课堂微练笔时机的策略,让阅读教学美丽转身;有效实施课堂微练笔步骤的策略,让阅读教学美丽转身;有效展示课堂微练笔途径的策略,让阅读教学美丽转身上,进行了深入的研究,把阅读与写作有效结合,提高了学生的读写能力。

一、有效优选课堂微练笔内容的策略,让阅读教学美丽转身

教材文本所呈现的信息丰富、多元。有的文本来自语言风格,有的来自句式特点(文

[①] 本文获北京市首届"智慧教师"论文评选一等奖。

言），语言生动形象，很适合学生积累词句。这样的文本需要我们立足文本，指导阅读，从尝试积累运用语言材料上优选微练笔内容。有的文本来自文章结构（文法），表达方法（文风）十分合理，对学生在布局谋篇上有很大帮助，还适合学生学习表达方法，运用到自己的练笔中，这样的文章需要我们抓住文本，品读句段，从学习仿写的方式上优选微练笔内容。有的文本来自思想内容（文意），这样的文章内涵深刻，适合再三品味，我们需要拓宽文本，有效整合，从空间上优化微练笔内容。古诗文是我国文化的瑰宝，在课堂教学中我们可以学习古诗文，感受经典，从多角度上优化微练笔内容，让阅读教学美丽转身。

（一）立足文本，指导阅读，从尝试积累运用语言材料上优选微练笔内容

阅读是学生积累语言材料的重要来源。实验教材中许多课文语言生动形象，贴近学生的生活，给学生带来的不仅是美的感受，更适合学生积累优美词句。教师要引领学生感受阅读的乐趣，积累写作的材料，尝试运用到自己的微练笔中。这些语言材料要让学生熟读成诵，储存在学生自己的语言仓库中。例如：《山沟的孩子》中"野葡萄——初升的红日把他们拥抱。"学生积累后可以运用到自己写初升的红日，落日的余晖等。例如：学生学习了17课《迎接绿色》中"花……叶……带着花的丝瓜……"，写其他的植物。学生学习了7册《我爱家乡的柿子》中"我们中的爬树高手走到树底下，只见……"联系生活写一连串的动作等。类似这样的好句好段，文本中还有很多。我们要在指导学生阅读时，引导学生善于发现，尝试积累运用语言材料，为架起阅读与写作的桥梁奠定基础。

（二）抓住文本，品读句段，从学习仿写的方式上优选课堂微练笔内容

叶圣陶曾说过："语文教材无非是例子，凭借这个例子要使学生能够举一反三，练成阅读与作文的熟练技能……"想让学生学会举一反三，仿写无疑是一条很好的捷径。老师特别需要给学生仿写方面的引导，使他们懂得自己不能写的时候，可以仿照优秀的文章、作品来进行写作练习。这样会更好地激励他们学习写作的兴趣，促使他们自主学习，自主练习，形成灵活运用的技能。

1. 根据文本的句式特点，进行句子仿写。

我们教学时可以以句子为基点，引导学生感悟语言的魅力，创设一定的情境，激发学生的想象思维，打开他们记忆的天窗，此时可适时进行课堂微练笔，使仿句鲜活起来。一位老师教学《小喜鹊的两个家》时，在讲解重点句"白天，我只要一看到郭家母女，就会立即飞到她们面前，欢快地跳跃不止，像一个撒娇的孩子"后设计了仿句的课堂微练笔：先让学生读句子感悟郭奶奶和小喜鹊亲如一家。接着让学生通过比较，体会哪句写得好，好在哪。然后体会句子的写法，即加入表示动作和自己想象的句子，会使句子更具体，更

生动。最后设计层次，让学生仿照这种写法写句子——让我们也学着它的样子写一写吧。

　　a.放学回到家后，我喜爱的小狗只要一看到我，就会立即＿＿＿＿＿＿＿，欢快地＿＿＿＿＿＿＿，像＿＿＿＿＿。

　　b.白天，动物园里的＿＿＿＿，只要＿＿＿＿，就会立即＿＿＿＿，＿＿＿＿地＿＿＿＿，像＿＿＿＿。

　　c.＿＿＿＿＿＿＿，＿＿＿＿＿＿的＿＿＿＿＿＿，＿＿＿＿＿＿，＿＿＿＿＿＿地＿＿＿＿＿＿像＿＿＿＿＿＿。

　　这样的仿句课堂微练笔，不但使学生深入理解了小喜鹊和郭家母女亲如一家，而且使学生学会了适当动作和想象可以使句子更生动、更具体这一写作要领，习得了写好句子方法。

　　2.根据文本的构段特点，进行段落仿写。

　　教学中遇到好的文章，我们精心选出那些构段方式有特点的段落，于模仿文章段落处课堂微练笔，加深学生对文本的理解，引导学生积累运用，让学生活学活用，有效地打开了学生的思路，使学生仿出一片新天地。

　　一位老师教学《神奇的鸟岛》第二自然段后设计了仿写段的课堂微练笔：A.师：回顾课文第二自然段，作者怎样来写鸟多的呢？生：这段先写了（鸟岛的景色令人眼花缭乱），接着从（天上飞的是鸟）（地上跑的是鸟）（湖里游的是鸟）三方面写出了鸟多。在具体介绍天空中、地上和湖里的鸟时，作者又采用了"（ ）的是（ ）"句式，抓住不同鸟的颜色、样子、姿态动作，写出鸟的颜色多、种类多、数量多。最后进行总结，赞叹鸟岛真是个欢乐的鸟的世界。这种写法叫做：总分总的写法。B.师：请你仿照刚才学习的第二自然段总分总的写法写一段话。总起：秋天是一幅美丽的画卷。分写：出提示图：（抬头望、低头看、果园里）。生说：抬头望——碧蓝的天空衬着朵朵白云；低头看——飘舞的落叶为大地穿上漂亮的彩衣；果园——枝头的柿子仿佛一个个红灯笼，架上挂着一串串紫晶似的葡萄，树上闪着一颗颗亮晶晶的红枣像红色的玛瑙。总结：秋天（？）。又如《美丽的小兴安领》总分总的写法，分中又是按春夏秋冬的顺序写的，据此指导学生写《美丽的校园》。根据《吃虫植物》先概括再举例的写法，指导学生写《捕蝇草》。

　　通过课堂微练笔，学生学习了精彩段落的语言，更在写作中仿出了一片新天地，领悟了如何写段落的具体方法。

　　3.根据文本的表达特点，进行表达仿写。

　　教材文质兼美，文情并茂，里面的很多表达方法值得学习模仿。作者怎样写出内容，写出情景，指向写法。在阅读的过程中我们就要渗透作者的表达方法，适时帮助学生去认识这种写法，选好课堂微练笔的切入点。如：一位老师教学的《古观象台上》，文中联想表达方法的教学。写作上的重要特点是作者有两处大的段落都是把自己看到的与自己联想的结合在一起的写作手法。这个重点教师在课上让学生反复朗读找到段落句子，再用较为短小的短语概括学习以外，还引导学生体会这样写的好处。学习文本内容后，教师整合两次看到和想到的，让学生体会联想要注意：①看到的和想到的要有联系，②用词把看到的和想到的联系起来，这就是联想的特点。在此基础上，设计了一个巩固学习写作手法的课堂微练笔：一天早晨，你进班发现一个被打扫得非常整洁的教室。①这么干净的教室，你想到了哪儿干净？（　）（　）（　）（学生填写）②根据上面你填写的，选择一两处，想想它被打扫的场景，写一写。

通过课堂微练笔，学生学习了精彩段落的语言，更在写作中仿出了一片新天地，领悟了段落、句子的表达方法。

（三）拓宽文本，有效整合，从空间上优化课堂微练笔内容

有的文本来自思想内容（文意），这样的文章内涵深刻，适合再三品味，我们要拓宽文本，有效整合，从空间上优化课堂微练笔内容。

1.化身角色，读写互促。

教学中学习语言文字的运用，这是新课标大力倡导的。学生深入体会文本所表达的情感，在读中感悟角色真感情，写出角色的真想法，有助于学生对文本的新体验，展开与文本角色心灵的对话，以写促读，读写结合，相得益彰。

一位老师教学《给予树》时设计了读写互促课堂微练笔：教师先让学生通过想象，体会次要人物内心世界，为后文做铺垫。接着体会主人公的心理变化，突出人物品质。①小金吉娅们，你们看到这张卡片，想到这个小女孩这么可怜，心里一定——难过极了，你多想——送给她一个穿着裙子的洋娃娃呀！②是啊，刚才看到了一个这样的洋娃娃，要多少钱？——买了洋娃娃就只能剩 50 美分了。你是怎么知道的？——最后金吉娅手里只拿着 50 美分买的一大把的棒棒糖。③是啊，如果那样，你的钱就更不够给家里人买礼物了，就别提买漂亮的礼物了。一个只有 8 岁的小姑娘，心里——矛盾极了。那到底是给家里人买礼物还是给一个陌生的小女孩买呢？金吉娅，你心里到底是怎么想的呢？（此时孩子们已经跃跃欲试，想表达自己的想法了。）请将你的想法写下来吧！

通过想象体会洋娃娃对于小姑娘的重要性，也为后面金吉娅内心的矛盾留下伏笔。有了前面的铺垫，学生充分感受到了金吉娅内心的矛盾，也在这种激烈的心理斗争之中，感受金吉娅的这种善良、仁爱、同情与体贴。此时情感交融，化角色于感悟，读写互促课堂微练笔，悟出角色真感情。

一位老师教学《责任》时，为让学生体会小男孩父亲的良苦用心，抓住小男孩此时内

心，在情节当中恰当地加入微练笔，想象男孩把钱还给父亲时会想些什么，说些什么？她这样设计：默读课文第5自然段：①借助上面的写话练习和父亲借钱的两次语言、插图，进行课堂微练笔。（看谁最聪明，把刚才想象的改一改，就可以变成小男孩的想法，再结合父亲的话，想想男孩说了什么？结合书中的插图，还可以加上表情和动作。）②说一说，为课堂微练笔做准备。出示下文，帮助学生搭建一个台阶，说一说男孩把钱还给父亲时的情景：这天，男孩_____这挣够的15美元，回想这几个月，当我_____，于是他郑重地把15美元交给父亲说："_____"父亲拍着他的肩膀，高兴地说："一个能对自己的行为负责的人，将来一定是会有出息的！"③写一写，写后交流。

这一课堂微练笔主要运用抓重点词理解体味挣15美元的艰辛和体会父亲的良苦用心。利用课文留白展开想象，在想象中从想象一句，到想象几句，进行说话练习。学生化身角色，读写互促，悟出角色真感情，写出一片新天地。

2. 拓宽文本，想象画面，优化练笔的空间。

有些课文，我们可以通过拓宽文本，想象画面，进行课堂微练笔。例如，一位老师在讲《神秘的死海》时，为了让学生感悟海水的神奇，在教学"人能漂浮"一段时，采取换词、联系生活实际、想象等方法，引导学生抓住重点词语进行品读，感受神奇的同时指导学生读懂写什么。"游客们悠闲地仰卧在海面上是怎样写的呢？（一只手……另一只手……）"让学生读懂"怎么写"。在迁移"怎么写"和实践"怎么写"时，她设计了以下几步：①出示图片，展开想象。出示第1、2张图片，通过展示图片拓展学生的想象空间，问学生：在死海上游客们还可以做什么呢？②借助资源，丰富想象。出示第3张照片。猜一猜这是谁？（是我校英语程老师去死海时的留影）听一听：你们想听听程老师跟你们说些什么？放录音。③角色转换，体验想象，想象一下：如果是你来到了死海，会做什么？可以用上老师给的词语。借图和借词，丰富想象。④课堂微练笔。⑤交流展评。

这一课堂微练笔，通过拓宽文本，想象画面，学生对死海有了更深刻的感悟，产生了对死海进行探索的兴趣。引导学生阅读书面语言的表达，指导学生凭借课文这个例子学习语言文字的运用，使学生的表达清楚完整，实现阅读和表达的有机互动，培养学生书面表达能力。

3. 加强整合，丰富感受，优化微练笔空间。

《义务教育语文课程标准（2011年版）》指出："语文课程应致力于培养学生的语言文字运用能力。"有些课文离学生的生活较远，基于学生的年龄特点和生活的时代背景，学生对文章人物生平知之甚少。虽然他们通过电视、电影或书籍有一些感性认识，但也比较初浅，因而很难在情感上与人物、作者产生共鸣。因此，丰富学生的课前感知，课中加强整合，适时拓展资料，对深化学生的阅读感受，解决文内不能解决的问题，激发学生的情感，对于学生理解文本很重要。这样学生才会体会作者所表达的情感，由情而词发，情不自禁地拿起笔，写出自己的感悟，展露自己的情怀，表达自己的想法。

一位老师在讲《一夜的工作》时，引导学生抓住文中的词句，体会文章通过对比的写法写周总理高大的宫殿式房子与陈设极其简单，审阅一篇稿件、一夜的工作，突出周总理的工作劳苦、生活简朴。再补充资料，总理一天的工作时间表，总理重病时的工作片断。教师声情并茂的讲解、入情入境的朗读，感人肺腑的多媒体课件激发学生的情感，让孩子的心灵受到震撼。这时，学生深深沉浸在课文意境之中，内心有千言万语想要表达。这时教师布置课堂微练笔：学习了《一夜的工作》、阅读了《周总理的一天》和《身患癌症的三个片段》，你一定被总理的精神深深地感动，拿起你的笔，结合下面词语，写出你的感受（可以尝试用对比的方法写）。

这样的课堂微练笔使学生不但加深了对课文的理解，从"情"这方面提升对总理的认识，还把学到的用对比方法写人的写作方法运用到自己的写作中。

（四）学习古诗，感受经典，从不同角度上优化微练笔内容

《北京市中小学语文学科教学改进意见》指出："在古诗教学中传承经典，把中华传统文化经典作为语文阅读和写作教学的基本素材。"在古诗教学中引领学生诵读传统文化，使他们感受到中华传统文化的博大精深，就能激发学生热爱中华传统文化的情感，提高学生的文化品位和审美情趣，加强练笔，传承中华文明，浸润文化。这就要求我们在学习古诗，感受经典的过程中从多角度上优化课堂微练笔内容。

1.理解字意，感悟诗句处优化课堂微练笔。

例如：一位老师在讲授贺知章《咏柳》的"二月春风似剪刀"时，设计这样的微练笔：二月春风似剪刀，剪出柳叶一片片，二月春风似剪刀，剪出（　　　　）。从而使学生理解了"剪"的字义，体会了"剪"字神奇，感悟了春天的美好，领悟了作者衣锦还乡的喜悦心情。

2.结合诗句，想象画面处优化课堂微练笔。

一位老师在讲《四时田园杂兴》"也傍桑阴学种瓜"这一句诗时，这样设计了课堂微练笔：同学们，请你仔细观察这幅图，看看孩子们在哪儿种瓜呢？他们种瓜时会说些什么？怎么说的？他们又是怎样种瓜的？有哪些动作？在一旁的长辈们又会怎样说？怎样做呢？学生交流讨论，教师随机引导，从向老人学种瓜、向父母学种瓜、向同伴学种瓜三个角度来写。学生写出了这样的课堂微练笔：（赵心怡）桑树荫下，辛苦劳作的人们正

在休息，一些活泼可爱的孩子们走了过来："我们也来种瓜吧！""你会种吗？""我们可以向爷爷请教呀。""对！"孩子们连蹦带跳地来到树荫下。"爷爷，爷爷，你教我们种瓜吧。"慈爱的爷爷捋着胡须说："你们应该先挖一个坑，然后浇点水，再把种子放进去，最后盖上土。""明白了！"孩子们听后跑走了。（傅敬文）桑树荫下，辛苦劳作的人们正在休息，一些活泼可爱的孩子们走了过来。一个孩子在树荫下一边挖坑一边说："咱们比比谁种得好，怎么样？""行啊！可是我还有不会的呢。""没关系，我来教你。""那就开始吧！""你该浇水了。""好的。"这时，孩子们的父母走了过来，看了看，说道："呦！看呐，我们的小孩子都会种瓜了！"

3.感悟诗情，古诗今用处优化课堂微练笔。

一位老师在教学古诗《江畔独步寻花》"黄四娘家花满蹊，千朵万朵压枝低"后，设计了仿写古诗句的微练笔：①师述情景，生对诗。

美丽的春天，漫步在万紫千红的花园中，你们会吟诵到：_____

美丽的春天，徜徉在开满鲜花的小路旁，你们会吟诵到：_____

②美丽的春天，来到这些地方，你们又会吟诵什么呢？（给出情景图，生写诗。）

_____花满蹊，千朵万朵压枝低。

一位老师在讲《别董大》时丰富了对送别诗的认识。它既可以是"碧云天，黄花地，西风紧，北雁南飞。晓来谁染霜林醉？都是离人泪"——送别让人断肠；又可以有"天下谁人不识君"——包含着对朋友的勉励。同样是送别诗，却蕴含着不一样的情感啊！接着比较、拓展《山中送别》《赠汪伦》，都是送别诗，它们又是在表达什么样的感情呢？使学生知道同是写对好友的别情，然而描写的景物不同，抒发的情感也不同。《山中送别》表达的是盼着与朋友相见；《赠汪伦》表达的是对朋友的深情厚谊；《别董大》表达的是对朋友的劝慰和鼓励。在学生对送别诗有了新的认识后，古诗今用课堂微练笔开始：

A. 当我盼着与朋友相见时，不由得吟诵到："_____？"（春草明年绿，王孙归不归？）

B. 当我要表达出对朋友的深情厚谊时，不由得吟诵到："_____"（桃花潭水深千尺，不及汪伦送我情。）

C. 当我送别失意的朋友、劝慰朋友时，不由得吟诵到："_____"（莫愁前路无知己，天下谁人不识君？）

通过这样的课堂微练笔，学生明白送别诗不仅可以表达依依惜别的感情，还可以表达勉励之意、劝慰之情……它蕴含着丰富的情感。

4.创设情境，结合诗意处优化课堂微练笔。

一位老师讲《鹿寨》时，引领学生了解诗意，在学生深切体会到诗情画意后，设计了这样的课堂微练笔：傍晚时分，我和朋友来到悠闲的树林中，看见（　　　　），听到了（　　　　），想到了（　　　　），感受到了（　　　　）。这样的课堂微练笔时机选择在学生思维最活跃、情感最饱满之时，有水到渠成之妙。

学习古诗，传承中华文明，浸润文化。多读多背多应用，可以发挥学生想像力的自由度，发展思维，使学生随时随地思考。他们的修养、气质都会发生意想不到的变化，对提高学生文化素养有很大的帮助。当他们长大后，面对大千世界里的无数美景时，脑子里出现的不是简单的"真美，好美"，而是"落霞与孤鹜齐飞，秋水共长天一色"的美景，"返景入深林，复照青苔上"的幽静，"采菊东篱下，悠然见南山"的闲适——这就是古诗的魅力。

二、有效找准优化课堂微练笔的时机，让阅读教学美丽转身

对于学生而言，被文本中的事物所吸引，被文本情感所感染，对文中语言形式产生浓厚的兴趣，在思维最活跃、情感最饱满之时，让表达成为发展思维的契机，成为宣泄情感的凭借。文中表达跃跃欲试，方如鱼鲠在喉，不吐不快。因此，小练笔要练在学的契机，成为活化语言的契机，有效找准优化课堂微练笔的时机，是让阅读教学美丽转身的有效策略实施的方式。

（一）课中微练笔

适用于与文本内容相关。例如化身角色读写互促、想象画面、仿写优美的句式、特殊句式、古诗今用中诗句写景处换部分诗句等课堂微练笔。

（二）课尾微练笔

适用于与联系生活、化身感受和文本表达相关。例如仿写句子、仿写段落、表达方法、写感受、设计今用情景写诗句等。

（三）课前预写，课尾修改

适用于与学生生活、学习密切相关的内容。例如前面说的写一连串的动作，课前预写，教师做到心中有数，找到这堂课学生的生长点，充分利用教材，课上有针对性地重点指导，课尾学生修改自己的作品。

三、有效实施课堂微练笔步骤的策略，让阅读教学美丽转身

课堂微练笔的实施离不开课堂。"六习进课堂"活动的深入推进，为我们教师提供了

展示的平台，使得课堂微练笔的研究在课堂教学中充分体现出来。阅读教学中实施优化课堂微练笔的具体步骤：读是课堂微练笔的基石，说是课堂微练笔的前提，写是课堂微练笔的保障，评是课堂微练笔的提升，只有这样才能使课堂微练笔达到实效。有效实施课堂微练笔的步骤，是让阅读教学美丽转身的有效策略实施的保障。

（一）读是课堂微练笔的基石

阅读与写作是两个不同的过程，阅读是自外而内的意义吸收，写作是自内而外的思想表达，阅读是练笔的基础。课时目标中课堂微练笔练什么，课上就要选教材中相应的内容，重点阅读，学到方法，才能写好课堂微练笔。

（二）说是课堂微练笔的前提

说通常指学生的口语表达，这里专指针对所写内容的口头表达能力的训练，是写的前提。学生在说的过程中，不仅练习了口语表达，搭建了由说到写的平台，更重要的是在师生、生生的交流互动中，碰撞出思维的火花，给其他学生提供写的思路。

（三）写是课堂微练笔的保障

学生经历了说的过程，就会知道如何写。可以放一些舒缓的音乐，让学生的文思在笔尖中轻轻地流淌。教师拿着笔在组间悄悄地巡视，可以批改，可以轻轻地与学生交流，可以寻找发言的重点学生。

（四）评是课堂微练笔的提升

课堂微练笔由于其微，所以在课堂上不需占用多少时间，且易于课堂展示反馈。教师要及时给予肯定性的评价，让学生分享彼此的思维火花和言语表达。评也要设立评价标准，针对于课时目标，我们阅读文本时写出了什么，学到的方法是否用到练笔中等。

四、有效展示课堂微练笔途径的策略，让阅读教学美丽转身

学生在这一过程中不断学习，不断练笔，从发怵写到爱写，这是多么大的变化啊。那一份份、一本本的课堂微练笔，凝聚着他们辛勤的汗水，同时又是一份份满意的答卷。家长会上，一张张学生优秀作品汇集的墙报，极大调动了学生的积极性。学生收集自己的作品，享受着写作的快乐。学生和家长对课堂微练笔的感受，更让我们感受到学生对微练笔的喜爱。通过巧用展示，极大调动了学生课堂微练笔的积极性，学生的阅读与写作能力逐渐提高。有效展示课堂微练笔途径的策略，是让阅读教学美丽转身的有效策略实施的平台。

展示学生的课堂微练笔本

展示学生优秀作品的墙报

学生和家长的收获——学生朱润玥

"从四年级开始,我们就有了微练笔训练。通过这一年的练习,我发现我的作文水平越发好了。写作是一件快乐的事,把你的所见、所闻、所感写下来,表达出自己的心声。通过这些,我积累了很多的作文素材,所以我的作文经常是一类文。如果你想提高习作水平,就拿起你的笔来,多写多练,把生活中点点滴滴的小事再加上自己的感受写下来,慢慢你也会成为作文高手。"

学生朱润玥家长

孩子通过这一年的微练笔,语言表达能力也日渐加强了,为他们的写作打下很好的基础。因为这可以累积作文素材,有了这些平时的素材积累,在写作文时就能手到擒来了。同时也能培养孩子的观察力及对生活的热情,让他们发现并感受生活中的喜怒哀乐。把生活中有趣的人、事、物等通过练笔写在纸上,也培养了孩子很好的生活习惯。

编辑学生的课堂微练笔采蜜集。

以上是在教师精心设计下,出自我们学生稚嫩之手的作品——他们在微练笔中享受着我手写我心的快乐。

"夫尽小者大,积微成著,德至者色泽洽,行尽而声问远。"出自《荀子·大略》,"积微成著"这一成语形容微不足道的事物,经过长期的积累,就会变得显著。通过课堂微练笔有效策略的研究,教师的课程意识、教学能力和研究能力得到提升;学生的写作兴趣、写作能力和语文能力得到提升。我们将以此为起点,以更积极的态度投身于课堂微练笔研究中,促进教师专业化发展;形成我校语文教学之特色,进一步深化学校特色建设,助推学校"立人"教育特色的形成;促进学生良好学习习惯的养成,提高学生的语文能力和素养,使其能更好地适应今后的学习、工作与生活,为他们的终身发展奠定坚实基础。

在联系中，读出"趣"味，提升能力
——以说明性文章《神秘的死海》为例①

韩红伟　陈文玲　武芳

《义务教育语文课程标准（2011年版）》首次对说明性文章的教学提出了这样的要求："阅读说明性文章，能抓住要点，了解文章的基本说明方法。"说明性文章有别于说明文，是作者用通俗易懂的语言，向读者介绍某一科学知识及其应用的文章，一般以通俗的形式说明它的形态、特征、性质、意义、成因及其功能和作用等。它的主要目的是让更多的人知道、了解和应用某项科学知识。说明性文章的文体特征主要有知识性、文学性和趣味性。

培养学生的阅读能力是"以儿童的阅读方式，围绕阅读能力目标，有序开展的信息解码、联系与整合的活动。"建立联系就是我们为学生构建的阅读能力发展路径。在教学过程中，引导学生发现文本自身的前后联系；不同文本间的联系；文本与作者、与写作背景的联系；文本中的信息与自己的知识背景和现实生活的联系等。这些联系的建立可以使学生对自己收集到的"散点状"的信息进行再次的加工和整合，扩展对文章的理解，形成更准确的解释和评价，进而发展学生的阅读思维，提升阅读能力。

下面就以京版语文教材四年级上册《神秘的死海》一课的教学研究为例，分三个方面介绍如何引导学生通过联系，读出说明性文章的"趣"味，初步掌握阅读这一类文章的方法，有效提升学生获取信息和实际运用的能力。

一、多角度联系，解文本之妙趣，明确能力发展目标

"多角度联系，解文本之妙趣"即在"宽阅读"视野下的"精聚焦"。首先从不同

---

① 本文2018年4月获北京市第六届"智慧教师"教学成果一等奖，2018年5月获丰台区教育学会第十七届论文评选一等奖。

角度解读出一篇文本多个教学价值点,再聚焦文本的核心价值,确定课时教学目标,最后在教学过程中抓住"语文学习的核心价值",挖掘课文隐含的语文学习价值,训练学生对语言的感受能力和表达能力,完成语文课应该完成的教学目标,即发展学生的阅读能力。

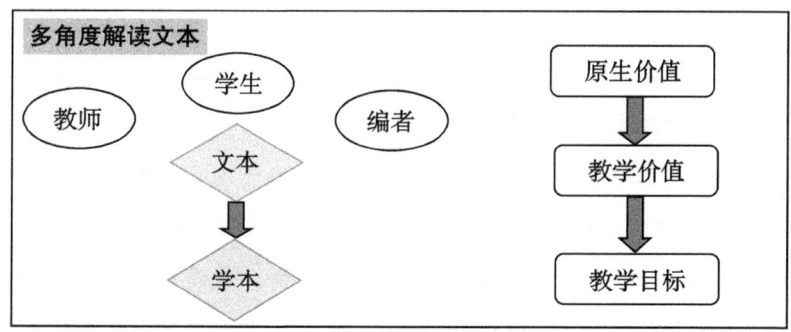

(一)从作者的角度,解读写作目的

"说明性文章的写作目的是将知识传播出去,'说'是手段,说得'明白'是目的。对于具体事物要说明是什么样子,对于具体的事理要说明为什么这样子。"《神秘的死海》一课选自《小学科技》月刊2003年第4期,作者先从2000年前的传说谈起,引出神秘死海;接着讲述了死海的神奇现象及其产生的原因;最后说明死海研究中的新发现和未解之谜,激发人们对科学成果的关注或探索。

(二)从编者的角度,解读编写意图

《义务教育语文课程标准(2011年版)》对说明性文章的教学提出了这样的要求:"阅读说明性文章,能抓住要点,了解文章的基本说明方法。"而《神秘的死海》所在的第八单元"单元导语"对学习目标又作了这样的提示:教学这一单元要注意渗透科学和环境保护教育,产生爱科学、学科学的兴趣;学习、体会课文中关键词句在表情达意方面的作用;初步学习把文章划分成几部分;学习初步把握文章内容,体会文章表达的思想感情。

从中,我们可以发现编者选编本组课文的意图是:

1. 通过初读课文,整体感知课文的主要内容,理清文章结构。
2. 通过反复读文,学习、体会关键词句在文中的作用。
3. 初步学习说明性文章写作的基本方法,培养爱科学、学科学的兴趣。

《神秘的死海》一课的"课后练习"将这些要求具体化了:

> 1. 默读课文，填写下面的表格。
>
> | 神奇的现象 | 原因 |
> |---|---|
> | | |
> | | |
> | | |
> | | |
>
> 2. 读一读，体会数字在表达上的作用。
>
> （1）死海位于西亚以色列和约旦之间，南北长80千米，东西宽5～6千米，最宽的地方有18千米。它的海面低于地中海海面392米，最深处为395米。
>
> （2）任何人掉入死海，都会被海水的浮力托住，这是因为死海中水的比重是1.17～1.227，而人体的比重只有1.02～1.097，水的比重超过了人体的比重，所以人就不会沉下去。
>
> 3. 阅读《语文读本》中的《中国的死海——察尔汗盐湖》，对比两个死海，和同学们交流感受。

联系课标、单元目标、课后练习，我们可以初步提炼出本课的教学目标：

1. 通过初读课文，整体感知课文的主要内容，理清文章结构。

2. 通过反复读文，学习、体会数字说明在表达上的作用，初步学习说明性文章写作的基本方法。

3. 拓展阅读，培养科学探索的兴趣。

（三）从读者的角度，解读教学价值

"读者若不能透彻地了解语言文字的意义和情味，那就只看见徒有迹象的死板板的符号，怎么能接近作者的旨趣呢？"（叶圣陶）站在读者的角度细读文本，解读出文本的秘妙所在，才能让目标定位更准确，阅读教学更高效。

1. "教"的角度：教师进行教材分析，从阅读教学的角度解读文本。将说明性文体的原生价值转化为教学价值，是我们确定本课的教学目标时思考的一个主要方面。

（1）教材位置：《神秘的死海》一课是京版第七册第八单元第三篇课文。本单元分别从不同侧面介绍了一些科学普及和环境保护的基础知识。

（2）文体特征：《神秘的死海》是一篇科普类说明文，具有知识性、文学性、趣味性。

知识性和趣味性：文中用比较生动形象的语言介绍了死海的地理状况、神奇现象，以

及神秘死海至今存在的不解之谜，激发学生的想象，激励学生去进行无尽的探索。

文学性：首先"要明白作者的思路。思想是有一条路的，一句一句，一段一段，都是有路的。这条路，好文章的作者决不会乱走的。看一篇文章，要看它怎样开头的，怎样写下去的，跟着它走，并且理解它为什么这样走"。《神秘的死海》一课的说明顺序是先用故事为开头吸引读者阅读，接着介绍四个神奇的现象及其产生原因，最后激发学生探索未解之谜的兴趣。"妙"在第 5 自然段第一句话"死海的海水不但含盐量高，而且富含矿物质……"既巧妙地解释了神奇现象背后的原因，又起到了承上启下的连接作用。其次是说明方法。文中有两处运用数字说明的方法，体现出语言的准确性、科学性。"妙"在第 4 自然段用到了数字区间，更体现了数字说明的严谨性，也是本课要处理的重点。另外，文章第 4 自然段在构段方法上先泛举现象，再阐明原因，最后举例说明，也是发展学生语文能力的重要阵地。因此体会说明文的构段特点，拓展中丰富语言表达是本课的难点。

2."学"的角度：在确定目标之前，应认真进行"学情摸底"，从学情出发，探寻学生阅读能力的生长点和发展点，找准教学的起点，这是提高课堂教学效率、促进学生能力发展的关键。

首先，通过第一课时的教学，学生完成了生字、词语的学习；整体感知了课文内容；初步了解了死海的地理位置、形状、大小等科学知识。我们还留 10 分钟的时间，让 37 名学生默读思考，完成课后练习第 1 题。

说明：（1）学生能通过表格梳理出四个神奇的现象和原因。（2）第 2 个现象所产生的原因不准确：37 人中有 33 人认为是因为死海海水比重大，占全班人数的 89.19%；只有 4 人认为是含盐量高，占 10.81%。

学情诊断：四年级学生默读课文后，能提取相关信息，将课文内容转化为非连续文本，填入表格。但只停留在显性信息"死海中水的比重超过了人体的比重"，而没有关注到隐含的信息，是"含盐量高"引起海水比重的变化。在提取信息的准确性和全面性上存在问题，需要老师引导提升，这也是学生本节课的能力生长点。其次，学生对数字说明的方法及表达效果并不陌生，但区间值的呈现方式并没有引起他们的重视。

数字说明的方法在本册教材的多篇课文中均有所涉及，也早在第 6 课《李时珍》一文中就提出了"读一读，体会句子中带点词语的作用"的要求，但也只停留在"带点词语"上，而在第 31 课《神秘的死海》中明确提出"读一读，体会数字在表达上的作用"。本节课，着力引导学生感受数字说明的作用。

最后，学生对课文内容的质疑集中在"为什么说死海的海水比重大于人体比重，人就不会沉下去"。学生不太关注课文是怎样写的，也就是表达上的特点与方法。

基于以上分析，我们最终确定了《神秘的死海》第二课时的阅读能力发展目标为：在联系中，读出"趣"味，培养学生获取信息和实际运用的能力。教学目标细化为：

1. 理解课文内容，进一步了解死海的神奇现象及其产生的原因，产生对死海进行探索的兴趣。

2. 阅读课文，体会数字说明在表达上的作用。

3. 引导学生通过找全信息，体会说明文的构段特点，在联系、拓展中丰富语言表达。

基于教学目标，预设四大板块实施教学：板块一回顾课文，引出神奇；板块二感悟神奇，学习表达；板块三回归整体，题目解疑；板块四拓展延伸，学用表达。

多角度的联系，利于我们解读出文本的妙趣，明确能力发展目标。下面就具体实施过程进行介绍。

二、多层次联系，品语言之理趣，提升获取信息的能力

任何文体的阅读教学，都离不开语言教学。根据学前测和学情诊断分析，我们发现学生对"人能浮在海面上"这一现象最感兴趣，而疑问和问题也集中出现在这一自然段。《神秘的死海》第二课时教学时，我们就抓住这个重点段，基于教学目标，通过建立联系引导学生关注言语形式，品味语言特性，体会数字说明在表达上的作用，揣摩知识理趣，重点提升学生获取信息的能力。

[课堂教学片断解析] 板块二、感悟神奇，学习表达

（一）自由朗读，探寻成因

在学生表达出想探究"人能浮在海面上"的成因时，教师会这样说："这个神奇的现象在文中哪个自然段呀？快读一读，再找一找，看谁先找到产生这种神奇现象的原因。"意在培养学生整段阅读，整体感知。

（二）品读中体会数字说明的作用

这是重点内容，分为六个层次进行：

第一层：联系学习经验，回顾数字说明的作用。

> 任何人掉入死海，都会被海水的浮力托住，这是因为死海中水的比重是1.17～1.227，而人体的比重只有1.02～1.097，水的比重超过了人体的比重，所以人就不会沉下去。

整段阅读后，学生可以从文本的正确位置提取出相关显性信息，找到表面的原因。教

师出示重点句，请学生说说这样写的好处，再谈谈感受。依据已有的学习经验，学生不难答出"用数字说明更加具体、准确"。

第二层：联系生活经验，初步解释神奇的现象。

教师引导学生将死海中神奇的现象与生活中游泳池的淡水、普通海水（比如北戴河）进行联系、比较，初步感受死海的神奇，逐步接近真相。

师：在游泳池里，会不会沉下去？为什么？

生：会，我不会游泳，到游泳池里如果不戴救生圈，就会往下沉……因为是普通水（淡水）。

师：那在北戴河海里游泳，会不会沉下去？为什么？

生：会，今年夏天我去北戴河游泳，没有戴救生圈，呛了水，真咸……我觉得是含盐量还不够高，所以人也会沉下去。

在联系和比较中，学生积极参与，主动调取生活经验，自主探寻现象背后的原因，并一步步接近真相。

第三层：联系科学实验，揭示现象背后的原因。

教师引导学生再次品读句子，接着结合科学课完成的"鸡蛋浮起来"的小实验来解释原因。学生先展示实验记录单，简要叙述实验过程。此时教师追问："到底是什么使鸡蛋浮起来的？"学生不难答出是"盐"。

师：原来呀，含盐量越高，海水的比重就越大。那现在你们觉得能让人浮在海面上的真正原因是什么呢？快来修改你的表格。

此时学生一定能找到海水比重大背后隐含的信息：死海海水含盐量高。这也是"人能浮在海面上"的真正原因。

第四层：联系数学知识，体会数字说明的严谨。

1. 数字换一换：任何人掉入死海，都会被海水的浮力托住，这是因为死海中水的比重是 1.17～1.227，而人体的比重只有 1.02～1.097，水的比重超过了人体的比重，所以人就不会沉下去。

师：同样用数字说明，这样只用一个数字解释行不行？为什么？

生：人有胖有瘦，海水的含盐量也不是固定的数字，只用一个数字肯定是不准确的，应该是一个范围更准确。

2. 数域画一画：

教师出示数轴，引导学生联系数轴再次品读语言，发现人体比重的最大值也没有超过海水比重的最小值，所以人能浮起来，进而感受数字说明的严谨性。

第五层：联系朗读指导，感受科学知识的理趣。

师：正因为死海里的含盐量很高，比重就大，所产生的浮力就越大，人就不会沉下去了。

孩子，你在死海游泳会沉下去吗？为什么？——快用书上的句子帮你解释

那像老师这样的成年人去呢？这又是为什么？——再读

那么又高又胖的人呢？这也是因为？——三读

所以文中说"任何人掉入死海，都会被海水的浮力托住"，多么（神奇）啊！

在复沓朗读中，体会死海的神奇，感受到获取科学真知的乐趣。

第六层：联系上、下文，品味布局谋篇的巧妙。

师：孩子们，其实"人能浮在海面上"的真正原因在课文中是能够找到的，请你快速浏览课文第二部分，看看谁能最快发现？

生：我发现第5自然段第一句话"死海的海水不但含盐量高，而且富含矿物质……"这是过渡句，前边解释了"死海里没有动植物"和"人能浮在海面上"的原因，后边解释了"海水能治病"和"黑泥能美容"的原因。

师：这句话既巧妙地解释了四种神奇现象背后的原因，又起到了承上启下的连接作用。

这个板块的教学设计，旨在抓住第4自然段数字说明这个重点内容，通过六个层次联系的建立，逐步引导学生品味、揣摩语言；领悟、感受说明的表达效果；在探寻、获取真知的过程中，学生也学会了联系，油然而生对科学探索的兴趣。这样层层联系、步步扣文、拾级而上，不但有助于发展学生的思维，也有效地提升了学生获取信息的能力。

三、课内外联系，悟表达之意趣，提升实际运用的能力

歌德曾说："内容人人看得见，涵义只有有心人得之，而形式对于大多数人是一个秘密。"这句话在一定程度上为我们廓清了语文的境界，即："内容"是第一境界，"涵义"是第二境界，而"形式"则是第三境界。引导学生发现语言文字中的"形式"，加以运用，才能实现学生思维的发展和能力的提升。

基于"教学目标3.引导学生通过找全信息，体会说明文的构段特点，在联系拓展中丰富语言表达。"我们的教学还是聚焦课文第4自然段，因为它表达顺序清晰，不仅描写了神奇的现象，用数字说明的方法写清原因，还列举了有趣的事例。所以设计在联系中，感悟表达的意趣，学习文中构段的方法并尝试运用，提升能力。

（一）整段联系，探究文本的结构

1. 梳理板书，初感结构。

师：孩子们，赶快来看一看，这段都写了什么？

师生一起提炼信息（神奇的现象、原因、举个例子）

师：你们能从句子中提取隐含的信息，真了不起！

2. 小结方法，批画要点。

这样设计意图是在学生获得清晰的科学事实信息之后，引领学生"逆序而返"，去发现一些隐藏于这些信息背后的语言事实信息，探究文本说明结构、逻辑顺序。

（二）整篇联系，聚焦神秘的纬度

1. 关照课题，质疑"神秘"：这么多神奇的现象，而课题却是"神秘的死海"，这是为什么呀？

2. 回顾整篇，解题"神秘"：你能在文中找到答案吗？（学生聚焦课文结尾段）

师：是呀，这里既神奇又充满着很多奥秘，所以我们的课题是"神秘的死海"（引导学生齐读课题）

3. 打开视野，探寻"神秘"：

（1）这么神秘的死海你们知道它在哪儿吗？（地图上标示）

（2）我们的地球上还有许多和死海一样神秘的地方（依次出示埃及金字塔、珠穆朗玛峰、察尔汗盐湖等图片），你知道哪个地方给大家介绍介绍。

（3）看看这些地方，你有什么重大发现？（都在红线附近）

（4）揭示"神秘的北纬30度"，引发学生探究的兴趣。

（三）联系趣闻，明确表达的顺序

1. 自由读，感知信息：老师也给大家带来两个小资料，快自己读读。（学生自由阅读我国境内，位于北纬30度附近的察尔汗盐湖和钱塘江大潮的资料。）

2. 同伴读，交流信息：把你读懂的跟同桌说一说。

3. 引导读，提示方法：按照第4自然段的说明方法，先把提取到的相关信息圈画一下，再标出你要介绍的顺序，然后自己小声说一说。

4. 展示读，学用表达：老师关注表达顺序，你能听出他是怎样说的吗，像他那样说一说。（可以先介绍一个神奇的现象，再说明原因，最后举个例子。）

（四）内外联系，提升实际运用的能力

1. 生活中运用：把你今天认识的神秘现象及原因，有理有序地介绍给爸爸妈妈听。

2. 活动中拓展：课外阅读相关书籍，查找资料，运用今天学到的说明方法，继续探寻你最感兴趣的神秘现象，开展一次"神秘的北纬30度"大揭秘的语文实践活动。

整个板块的设计意图是引导学生由课内的研读文本，学习有序的表达延伸到课外；在理清和把握作者阐发事物特征的思路的同时，领悟意味，训练学生思维的条理性和逻辑性。这既激发了学生进行科学探索的兴趣，又使文学性、趣味性、科学性三者相互交融，培养了学生实际运用的能力。

回味这篇课文教学的始终，我们不难发现：教学的"起点"是基于对文本的细读，基于学生的"认知冲突"；并以此作为"问题"，引领教学一路前行，让学生在多角度、多层次联系的思维情景中，与课文充分对话；最终以学生体悟到的"科学理趣和表达意趣"作为教学"终点"，让学生的视野和作者的视野得以对接与融合，实现了语言和精神的同构共生。最终达成目标："科普类文章的教学应该遵循知识性、文学性、趣味性三者相结合的规律。引导学生在关注内容的同时感悟表达方法，在阅读中激发学生探索大自然的兴趣。"这样的语文课堂，因为有了联系与拓展、冲突与融合，充满了思维的张力，有效提升了学生的阅读能力。

文本分析的角度和方法
——以人教版高中英语课文为例

徐鑫铭

一、引 言

语篇是表达意义的语言单位,是英语教学的基础资源,它赋予了语言学习以主题、情境和内容。教师只有透彻地解读文本,挖掘文本的价值,包括其语言知识、文化知识、情感态度和价值取向,才能确定与之相对应的教学目标和教学活动。换言之,教师只有深度地研读文本,才能知道语篇是什么?语篇中有什么?讲什么?怎么讲?怎么学?

然而,在过去的教学中,教师在很大程度上忽视了语篇的内涵和具体内容,而更多地关注教学的方式和方法,如:培养学生听说读写的策略,培养猜词能力等形式上的教学,没有真正地关注语篇学习的内在意义和价值。在实际教学中,形成了模式化和程式化的现象。在平时的教学中,教师对文本分析的重视不足还体现在,过于注重对文章细枝末节和语言知识的讲解,忽视了文章的整体性;止步于文章表层信息的提取,挖掘不出文章的深层内涵。

《普通高中英语课程标准(2017年版)》提出了以发展学生的核心素养为目标,以立德树人为教育的根本任务。因此,教师要思考如何能够依托教学内容,帮助学生树立正确的价值观念,培养学生的语言能力、文化意识、思维品质和学习能力。课标同时提出了八条教学建议,其中的第三条建议教师要深入研读语篇,把握教学的核心内容。如果我们忽略了内容,只关注形式和浅层次的教学,育人目标就无法实现。所以,我们要深度挖掘语篇,在教学过程中引导学生思考,建构自己的文化价值观,才能真正地实现育人的目标。

二、语篇分析的方法和案例

以发展学生的核心素养为目标，依据新课程标准，教师可以从文本的主题、内容、文体结构、语言特点和作者观点等角度进行深入解读，层层深入地理解和把握文本的主题意义，梳理出结构化知识并解读出各个环节是如何为主题意义服务的，从而形成深入而独特的见解；通过整理解读的内容，尝试回答 what（主题和内容）、why（主题和作者）、how（问题和语言）引出的三个问题，确定文本的主题和内容是什么，它的深层含义是什么，承载的价值取向是什么，作者为了有效并恰当地表达一个主题意义，选择了什么样的文体形式、语篇结构和修辞手段。一千个读者眼中，有一千个哈姆雷特，虽然每一位教师对 why 和 how 的解读不尽相同，然而我们可以遵循一定的方法，从以下四个主要的维度来对语篇进行解读，从而更好地围绕主题意义设计和开展教学。

（一）What

1. 主题：主题指围绕人们生活、学习和工作相关的某一范围展开的话题类别，为语言学习限定内容范畴。语言学习中常见的主题大致包括人与自我、人与社会、人与自然等三大类别，课程标准把主题语境列为课程内容的第一要素，明确提出英语课程应该把对主题意义的探究视为教学的核心任务。因此，对阅读材料主题的确定和解读是文本分析的基础和出发点。只有明确了主题后，才能探讨语篇中的内容、文体、结构、语言等，是如何为主题服务的。在具体的操作中，教师可以从文本承载的表层的话题、中层的主题和高层的社会情境三方面展开。

2. 内容：对文本内容的分析应梳理出文本的表层信息和深层内涵，还应梳理出文本的概括信息和细节信息，以及它们之间的联系，即内在的逻辑关系。根据不同的文体特征，应梳理出文章发展的明线和暗线，分析出事件的发展和情感的变化，整合零散的信息，通常可以以流程图、表格、思维导图等形式呈现出结构化知识。例如：人教版必修三第五单元 *A Trip on the True North* 是一篇游记，课文按照旅行的时间和空间顺序记录了两姐妹的加拿大之旅，教师可引导学生通过这条明线梳理文本的表层信息，然而深入的文本分析并不能止步于此，教师还应该继续对这些零散的信息进行加工整合，发现文本的暗线，实际上是通过两姐妹旅行中的所见所闻向读者介绍加拿大的地理、经济、交通、文化等自然和人文概况。

（二）Why

语篇作为外语学习的载体，承载着大量优秀的中外文化，每篇文章必定有作者的观点态度和写作意图的体现，必定有其价值观的体现。对文章观点态度和写作意图的探究可以引导学生深层理解文章，发展学生的逻辑能力、创新能力和批判性思维等思维品质；教师可以引导学生将文本信息与现实和自身相结合，帮助他们树立正确的人生观、世界观、价值观，让学生有更高的站位和更开阔的格局。教师应先挖掘出文本中的这些育人价值，而后引导学生带着渴求知识的好奇心走进文本，带着感动、思考走出文本，使英语课堂真正成为促进全人发展的阵地。

例如 2016 年高考天津卷 D 篇。文章分析了失败、疲倦和成功之间的关系。重点介绍了启动期疲惫 start-up fatigue 和执行期疲惫 performance fatigue 的特点、原因和对策，并以自己的亲身经历向读者们阐明了克服疲倦的关键是获得成功。进一步挖掘本文的价值取向，并与学生实际相结合后，笔者认为本文对于正处于距离高考仅有几十天的毕业生们在思想和行为上都有一定的引导作用，通过本课的学习，学生们会明白学业上的烦恼不都是因为任务繁多，而往往来自于拖延；倘若努力了仍然没有成果，便要分析原因，调整心态，顺其自然，功夫不负有心人。这样的文本分析更能够体现为育人而教学。

（三）How

语篇解读中对于 How 的分析指的是语篇具有什么样的文体特征和内容结构，语篇的编排，段落之间有什么关联，以及具有什么样的语言特点，进而分析语篇的文体特征，内容结构以及语言特点是如何为主题呈现服务的。也就是说，作者为了有效并恰当地表达主题意义，选择了什么样的文体形式、语篇结构和修辞手段。

1.文体特征和内容结构：不同的语篇类型有不同的写作目的。例如，记叙文的写作目的主要为了再现经验、传递信息；说明文的写作目的主要是为了说明事实。把握不同语篇的特定结构、文体特征和表达方式，有助于学生对主题意义的探究，也有利于学生使用不同类型的语篇进行有效的表达与交流。常用的语篇类型有应用文、记叙文、说明文、议论文等不同类型的文体，以及口头、书面等多模态形式的语篇。

例如上文中提到过的 2016 年高考英语天津卷 D 篇，是一篇论说文，其中第三部分解释了执行期疲惫 performance fatigue 是由于任务太难，努力无效，反复失败导致的。接下来作者讲述了自己编撰大英百科全书的经历，展示了当时无法承受的沮丧和疲惫，但最后作者通过坚持不懈的努力、分析失败原因、放松身心，最后在不知不觉中方法总会出现，成功的喜悦消除了所有的疲惫。为了阐明作者的观点，并使读者信服，作者采用了这种现身说法来举例论证。

2.语篇的编排：语篇的编排其实也是为了主题的呈现而服务的，因此在文本分析时，教师也应关注多模态形式的语篇以及特殊的印刷格式，在探究主题意义的同时，发展学生"看"的技能。例如新闻报道、广告、通知等文体中会在印刷上有不同的字体，或者不同的编排格式；说明文和记叙文中常用的图片通常是文章的说明对象或记叙文中的主要信息；议论文和说明文常用的图片、图表、表格、图示等，通常会对应某一段说明文字，学生可以通过"看"并结合自己的背景知识更好地理解语篇意义。

3. 语言的运用：在过去的教学中，教师往往最注重语言知识的讲解和练习，而忽视语言在文本中的意义，以及语言和主题之间的关系。而在新课标中强调英语教学应以主题为引领，以语篇为依托，整合语言知识、文化知识、语言技能和学习策略等学习内容。因此，语言学习不能孤立，不能碎片化。这就要求教师在文本分析时，体现出词汇、语法、语用等语言知识是如何为呈现主题而服务的。

例如，在北师大版教材选修八 Nature Is Turning on Us 一文中，作者运用了 increasingly common, always a threat, even more dangerous, a lot worse 等体现状况严重性的词语，透露出作者对未来的担忧和对世人加强环保的警示。

在文本分析时，应在梳理信息的同时，梳理出该话题下的词汇网。例如在该单元下的另一篇课文 Can We Take the Heat? 中，作者使用了多样的词语表达因果和措施，例如表示原因的：due to, the blame for..., can be pinned on..., cause 等；表示结果的：severe consequence, cause polar ice to melt, will be affected 等；表示措施的：take public transport，recycle，switch off the lights，reduce the amount of carbon dioxide 等，构成了以环保为话题的词汇网。

（四）创作背景和作者

在文本分析的过程中，除了要分析文章内部 what，why，how 之外，还应该关注文章的创作背景和作者的相关信息等，这些信息可以帮助学生更好地理解文章的主题。这部分信息通常要由教师在课前、课上或课后以不同的形式，例如音频、视频、图片、阅读素材、中文介绍等，作为补充信息交代给学生。

例如在人教版必修一第一单元 Anne's Best Friends 一课中，只有结合当时的战争背景和安妮本人的经历后，学生们才能更深刻地理解安妮对自然的渴望之迫切，才能体会到和平之可贵。再例如，在人教版必修一第五单元 Elias' Story 一课中，学生只有了解了当时的时代背景和黑人的生存状态后，才能更清楚地了解曼德拉本人和他的优秀品质，才能对这位伟大的人物产生敬佩，学习其优秀的品行，树立正确的价值观。

三、结束语

教师只有对语篇进行深度的研读，才能掌握教学的核心内容，明确教学目标和设计教学活动，将语篇中承载的语言知识，文化知识，价值观传递给学生，并最终转化成学生的必备品格和关键能力。本文探讨了最基本、最主流的文本解读的角度和方法，教师需根据具体的语篇尽可能多维度、有层次地深入分析，挖掘出发展学生学科核心素养和育人价值的落脚点。

细致、精准、高效
——着力打造语文高效课堂初探

赵丽苹

在中国对人才综合素质的要求不断提高的背景下,教育就必须培养全面发展的人。而长期以来,中国基础教育的主流是重知识、重应试,学生课业负担沉重,各种教育工作也相当繁重。现有的"一刀切"的教学模式,已经不能适应素质教育的新要求,更不能从根本上减轻学生过重的课业负担。为减轻中小学生过重的课业负担,我校本着"育人为本,科学减负,促进每位学生健康快乐成长"的指导思想及"双六"立人的办学理念,在全校开展了"课外减负,课堂增效"的教学实践活动,并将其落实在每一位教师日常的教育教学工作中。本学期我在我所教的两个班进行了一些尝试,取得了一定的效果,现总结如下:

一、培养写作兴趣,调动写作内驱力

学生中一直流传着一句顺口溜:"一怕文言文、二怕写作文、三怕周树人。"作文是学生三怕之一。孩子们写作文总觉得没的可写、不会写、不知道怎么写,可作文又占据了语文教学的半壁江山,这决定了作文教学是语文教学的重要组成部分。以前的作文教学我只是机械地完成每学期学校规定的"七大七小"的作文任务,结果却是学生不爱写,老师不想判,效果甚微。本学期我一改以前一上来就让学生写作文的传统做法,而是每天一上课用15分钟的时间让孩子们读作文、点评作文,每天一上课学生们就已准备好,就等着开始点评作文了。这样减轻了孩子们害怕写作文的心理负担,由读作文、点评作文入手,培养孩子们的写作兴趣,调动他们的写作内驱力,这是提高学生作文成绩的关键。

一开学我让孩子们以共同体小组为单位,每天上课先有一组读作文。具体做法是:让

课代表安排好每天读作文的小组，提前一周把下周读作文的小组名称和读的作文题目写在黑板上以示提醒。所读的文章我只要求800字左右，写人、记事、写景均可，可以从中考满分作文中挑选，也可以选取自己喜欢的文章，这样放手让孩子们挑选自己喜欢的文章，以激发孩子们对于写作的热情。共同体小组一般4个人，孩子们分工明确：有找文章的，有做PPT的，有针对所选文章提问、点评的，有准备朗读的，每个孩子都有活干，都参与进来，并且每个孩子只负责一项自己感兴趣、有能力完成的工作。一篇文章，4个同学分工合作完成，既减轻了每个孩子的负担，能让孩子们专心地干好自己所负责的版块，又提升了本次作文点评的质量。每天一上课孩子们的PPT早已准备好，4个孩子站在讲台上俨然4位小老师，文章的朗读从一开始1个同学读全文或每个人读一段发展到后来分角色朗读，孩子们很是喜欢。读完，孩子们会针对所读文章的内容、写法、结构、语言提问，让全班同学讨论回答。接着他们会把他们这一组读这篇文章的感受与全班同学分享。最后是我提出我对这篇文章的看法并对今天读作文的情况进行总结。

这样学生可以在选作文、读作文、评作文、与同学交流的过程中知道什么样的作文是好作文，等到自己写的时候有"法"可依。同时孩子们在看了、读了、分析了各种题材的满分作文后自己再写作文的时候心中有了底，不再害怕了。"怕作文"这一问题解决后，再结合作文课上同学互评、互改作文，老师点评同学写的优秀作文；课下老师面批作文；以及周记写孩子们喜欢的话题或直接让孩子们自己来命题……这样多种形式的写作教学互为补充，一改以往每学期"七大七小"繁重的写作教学任务，培养了孩子们的写作兴趣，让孩子们真正动起来，调动了他们的写作内驱力，将"着力打造语文高效课堂"落在了实处。

二、用好"三新笔记"，做好课前预习、课后反思

语文教学不在于老师讲了什么，而在于培养学生的语文思维。以前机械性的字词抄写作业、枯燥的课堂讲授、为了留作业而留作业的家庭作业，枯燥、乏味、浪费了学生、老师太多的时间。这样恶性循环的结果就是学生课业负担过重，却还没学到知识、没有增长能力，学生成为机械的搬运工，老师成为乏味的教书匠。本学期开始，我在自己所教的两个班推行"三新笔记"这一全新的教学模式，减轻了学生过重的课业负担，受到学生的喜爱，取得了一定的效果。

中国早在孔子时代就强调因材施教，现代无论是西方的多元智能、探究式学习理论，还是国内掀起的新语文改革计划，总是在强调共性中的个性。早在20世纪90年代，北京市特级教师王俊鸣老师就开始探讨"人人殊"的理论下"让学生变得更聪明"的理论与实

践的问题，经过十几年的摸索实践，渐近成型。"三新笔记"便是他多年工作的总结。"三新笔记"中的"三新"是指：新知识、新方法、新感悟。要求同学们积累的新知识内容分为语言知识、文学知识、泛文化知识三类。新方法——包括读法、写法、说话法、听话法，是语文的规律总结。新知识、新方法是基于阅读角度进行自主知识训练及阅读新思维训练，为下面的新感悟作铺垫。新感悟是思想认识的深化、情感态度的激发。此环节是课堂阅读的延伸与拓展，注重培养学生思维能力、审视评判能力与写作表达能力。

具体操作方法：

学生操作：

1. 课前——无障碍的基础知识的自我认知与积累，此部分因人而异，是自觉积累的阶段。

2. 课中——在与老师讲解碰撞中领悟新知识、新方法，探求语文学习的规律，不求多，在于动脑去想。这部分积累极具个性化，学生不断地在质疑、解疑、再质疑的思忖过程中突发闪光点，学习的过程将在书中留下痕迹。

3. 课后——补充新知识、新方法，并总结归纳填写在笔记本中，另着手新感悟的写作。

"三新笔记"一改传统的"一刀切"的教学模式，突出学生学习的主体地位。每一个学生根据自己的词语积累、阅读习惯、学习程度、兴趣爱好、听课所得等来完成自己的"三新笔记"。每个人的笔记都是不同的，都是这个学生根据自己的语文学习情况总结提炼出来的，切切实实是自己本课收获所得，完全摒弃了那些不动脑筋的从书本搬到作业本的简单、费时、费力、效率低下的传统学习模式，减轻了学生过重的课业负担，让学生乐学、爱学，充分调动了学生学习的积极性、主动性，每学一课学生都有收获。

三、夯实基础，狠抓落实

基础知识的教学我一直是：夯实基础，狠抓落实，力争做到能得分的，一分都不放过。

首先，古诗文默写常抓不懈。每天学生交完作业到上早读前的时间我都让课代表带着全体同学把需要背诵的古诗文背一遍，早读再拿出5～8分钟默写一首或两首古诗文，课前两分钟预备也是让课代表带着全体同学背一两首古诗文。这样每天循环往复，古诗文默写孩子们一般不会丢分。

其次，字词教学：分散学习、突击复习。

字词教学我是以每篇课文为单位，带领学生在学习每篇课文时结合具体的语言环境，理解、掌握、运用每个生词的音、形、义。每个孩子准备一个听写本，学完一课检测一课，力争做到字词课课落实。

期末字词复习要做到：全面复习、重点突出。

全面复习是指词语表中词语的注音、写法、字义都应复习一遍。我每次是把词语表中的重点字注好音发给学生，抽出一节课的时间带着学生把每一个词语容易错的地方划下来。比如"干燥"我就让学生把"火字旁"划下来，再强调"干的着火，所以干燥的燥是火字旁"，而"急躁"的躁是"急得跺脚，所以急躁的躁是足字旁"，这样在一说一划中两个字学生就记住了；又如"祈祷"只把"qí dǎo"注音中的声调划下来，再强调一下"二声祈、三声祷"，孩子们就知道这个词重点看什么，这样既节省了期末复习的宝贵时间又能重点突出。因为有了以前训练的基础，这个学期我是把词语表发给学生后让他们自己先划每一个词的考点，再全班交流，孩子们基本上都能把每个词要考的地方划出来。

重点突出是指在全面复习的基础上，教师要将词语表中的词按着字音、字形、字义归纳整理，看看这个词可能会从音、形、义哪个方面考，再出卷子以填空的形式让学生写可能会考的那个字的字音或字形，这样既减轻了孩子们期末复习的压力，复习又比较到位。

半个学期过去了，期中考试我所教的两个班语文成绩在年级平行班中名列前茅，我想这与我的"着力打造语文高效课堂"的做法是分不开的。

学生的课业负担与学生的成绩没有正比关系，过重的课业负担只能让学生失去学习的兴趣，没有兴趣的学习是被动的、盲目的，过重的课业负担使得教育的全面发展无从谈起。"提高课堂教学效率"是推进"高效课堂"的关键所在。如何提高效率？真可谓：仁者见仁，智者见智。本学期我做了一些小小的尝试，取得了一定效果，在今后的教学中我将继续探索"如何着力打造语文高效课堂"切实可行的做法，以指导我的教学。

教育意味着一棵树撼动另一棵树，一朵云推动另一朵云，一个灵魂唤醒另一个灵魂。教育又是一门遗憾的艺术。教师所要做的就是想方设法提高自己日常教学的有效性，最大限度地减少遗憾。为此，教师要努力提高自身的修养，以自己厚重的人文底蕴，超然的人格魅力，认准目标，笃行不倦，用智慧去唤醒学生沉睡的心灵，用教育的光辉去照亮学生的心路旅程，来实现自己作为教师的人生价值。

灾害就在身边
——地理教学渗透核心素养

丁亚琴

2012年7月21日至22日，中国大部分地区遭遇暴雨，其中北京及其周边地区遭遇61年来最强暴雨及洪涝灾害。北京已有79人因此次暴雨死亡，房屋倒塌，交通瘫痪，经济损失116.4亿元。一直以来认为洪涝灾害离北京这座城市很远，但没想到一场暴雨竟死了人，那一夜多少人被困在北京的路上回不了家。61年来最强降雨当然是这次灾害的主因，但人们防灾减灾意识的缺失，自救互救能力的缺失，却放大了这次灾害的损失。天灾还是人祸？灾害地理是高中地理选修内容，我们在课堂上讲灾害，但却唤醒不了人们对灾害的警觉，不能让我们的学生在今后的工作生活中用学到的知识指导行为，是教师教得不好？还是学生学得不好？这不得不让我们深思，教学要有新理念，课堂要进行改革。

2014年，教育部研制印发《关于全面深化课程改革落实立德树人根本任务的意见》，提出"教育部将组织研究提出各学段学生发展核心素养体系，明确学生应具备的适应终身发展和社会发展需要的必备品格和关键能力"。地理核心素养培育是深化地理课程改革的新指向。因此在教学中要渗透核心素养的教育。

地理核心素养是体现地理学科价值的关键素养，是学科固有的最有用的地理知识、最关键的地理能力、最需要满足终身发展所必备的地理思维以及养成的具有地理特色的最基本、最关键、最稳定的心理品质。

在《中国的洪涝灾害》这节课的教学中，本人尝试在以下两方面进行实践探讨，培养学生地理核心素养。

首先简述一下教学过程：

通过本课的学习能够让学生运用已有的知识分析问题产生的原因，并运用所学知识解决问题，训练学生综合思维，形成人地协调观。因此教学目标设计为以下四点：

1. 根据实例，说出洪涝灾害的概念及时空分布。
2. 结合图文资料，从自然和人文角度分析我国洪涝灾害多发的原因。
3. 结合图文资料及成因，说明防治洪涝灾害的主要措施，树立因地制宜和人地协调观。
4. 利用水循环原理分析城市内涝的成因。

教学重点：分析洪涝灾害成因及治理措施。

教学难点：利用水循环原理分析城市内涝的成因。

教学过程：

1. 新课导入：出示一组洪涝灾害的图片，引出灾害。问题：根据图片内容说出灾害的危害。讲授：此灾害是我国发生频繁且危害严重的灾害之一，因此要进一步学习了解它。设计意图是：由图片导出课题，直观、生动，进入情境。

2. 辨析概念，分析洪涝灾害时空分布：要求学生阅读书13页一段文字说出洪水和涝渍的概念。问题：根据概念说出洪涝灾害在我国的时空分布。讲解：出示我国洪涝灾害分布图，明确灾害的空间分布特征。设计意图：从概念入手，抓特征，分析灾害的时空分布。

3. 洪涝灾害成因及治理措施分析：设计了两个问题，第一个，根据图文资料分析我国暴雨洪涝灾害多发的原因。第二个，根据洪涝灾害的形成原因，说出治理措施。设计意图：训练学生获取信息，利用所学知识分析问题、解决问题的能力。

4. 城市内涝成因分析：出示城市内涝的一组图片，回顾北京2012年7月21日暴雨造成的灾害，引导学生分析城市内涝的形成原因。问题设计为：利用水循环原理分析城市建设对城市内涝形成的影响。设计意图：训练学生利用地理学原理，分析问题的能力。

5. 城市内涝治理措施，巩固练习：根据城市内涝成因提出治理措施。引导学生完成练习，问题设计为：简析建设"海绵城市"对缓解城市内涝所起的积极作用。

第一方面：情境教学是学生核心素养培育的途径和方法。

情境教学是学生核心素养培育的途径和方法，是核心素养实现的现实基础。知识是素养的媒介和手段，知识转化为素养的重要途径是情境。如果脱离情境，知识就只剩下符号，知识的应用和知识蕴含的文化精神就无从谈起。真实的生活情境在以核心素养为本的教学中具有重要价值。如果学生在学校学到的知识与现实生活建立不起联系，那么很重要的原因就是学校教学活动所应依存的情境缺失。

本课给出的洪涝灾害图片和城市内涝的图片以及海河、淮河、长江发生洪涝灾害的资料，海河、淮河、长江水系图等全是实情实境。

资料如下：

资料1：我国历史上海河流域洪涝灾害多发，灾情严重。20世纪50年代以来，政府加大了对海河流域的治理力度。

资料2：研究淮河灾害史发现，近530年流域性洪涝灾害131次。其中洪灾平均3年多一次。历史上黄河"夺淮入海"，黄河泥沙在下游的沉淀，加剧了淮河下泄不畅的地理特征，使内涝成为淮河水灾的重要形态。淮河上中游水系呈不对称的扇形分布，众多支流很快将广大地区内的地表水汇入淮河主干道，造成巨大压力。在上中游的许多河段，由于河道弯曲狭窄，支流洪水迅猛汇集后，极易造成行洪不畅。

资料3：1998年夏季气候异常，自6月11日进入梅雨期后，长江流域各地暴雨频繁，雨带在长江流域徘徊，共出现74个暴雨日。并且长江流域普遍出现暴雨，南北支流同时涨水，与上游的洪水共同汇入长江，使干流水量大增，引发了特大洪水。由于人们过度砍伐，陡坡开荒，地表植被大量减少，水土流失加剧，使大量泥沙流入江中，造成中下游泥沙淤积，河床抬高，河道泄洪能力降低。人们进入河流的高风险区进行开发，如围湖造田，导致湖泊萎缩，蓄洪、分洪能力大大减弱。这次洪水波及范围之广，持续时间之长，造成的损失之大，都是历史上少见的。

情境教学法是指在教学过程中，教师有目的地引入或创设具有一定情绪色彩的、以形象为主体的生动具体的场景，以引起学生一定的态度体验，从而帮助学生理解教材，并使学生的心理机能得到发展的教学方法。情境教学法的核心在于激发学生的情感。情境教学，是在对社会和生活进一步提炼和加工后才影响于学生的。

从方法论看，情境教学是利用反映论的原理，根据客观存在对学生主观意识的作用。采用情境教学，一般说来，可以通过"感知——理解——深化"三个教学阶段来进行：感知（创设画面，引入情境，形成表象）；理解（深入情境，理解课文，领会感情）；深化（再现情境，丰富想象，深化感情）。

北京城区的学生对洪涝灾害的感受几乎为零，因此必须给他们情境以帮助他们感知灾害发生的环境，从而分析形成原因，针对原因才能提出治理措施，从而做到防灾减灾，人地和谐发展。

第二方面：在教学中强调问题化学习。

问题化与情境化是紧密联系的，问题往往产生于情境。纵观人类社会，无论是思想发展史、社会进步史，还是科学发现史、技术革新史，无一不是在不断发现新问题中解决问题，又在解决问题中发现新的问题。

从以讲授为中心转变为以学习为中心的课堂，中间的桥梁是问题化学习。问题化学习让我们看到，所有的教学必须以学生学习为主线去设计，必须让学生真实的学习过程能够发生并且展开。

因此，今天需要在教学中强调问题化学习。在对问题的追寻中，慢慢形成一个知识结构——从低结构到高结构，从知识到真实的世界。

本课设计的问题主要有两个：

1. 根据图文资料分析我国暴雨洪涝灾害多发的原因。
2. 利用水循环原理分析城市建设对城市内涝形成的影响。

第一个问题，学生根据图文资料提取信息并归纳出形成洪涝灾害的原因，包括自然原因和人为原因。自然原因中降水集中且强度大是主因，但地势低平，河流支流众多且集中汇入干流、河道曲折，泥沙淤积河床抬高也是诱发因素。而人为的过渡砍伐、陡坡开垦、围湖造田、低洼地建设都会让灾情放大。分析完原因接着就让学生根据原因提出治理措施，因果一一对应，学生很容易就能说出措施有：加强监测和预报、修建堤坝、兴修水库、完善排水系统、疏浚河道、裁弯取直、植树造林、调整农业结构，退耕还湖、还林、还草。如果人类活动进行得合理就会对灾情起到缩小的作用。

第二个问题是水循环是地理学原理，城市建设属于人类活动，城市建设对城市内涝的影响具体表现为：

1. 城市热岛效应，城市雨岛效应，导致短时降雨天气增多。
2. 城市地面硬化，减少下渗，形成大量地表径流。
3. 城市排水系统建设滞后，排水能力不足，形成大量地表径流。
4. 城市建设占用大量绿地、湿地，使调蓄水能力减弱。

由此可以看出，人类活动影响了水循环的某些环节就使得水量失去平衡，从而产生问题。因此城市内涝问题近几年来一直困扰着我国大小城市，所以提出了建设"海绵城市"的规划设计，设计的原理也可以寻根到水循环原理。可见当今及未来世界不能离开地理。地理素养不仅影响国家方针决策的推行实施，而且还会影响到公民各自的生活品质。在地理教学中必须注重核心素养的培育。

这节课注重了综合思维的训练。通过对洪涝灾害现象、危害、成因、治理措施的分析，让学生认识到地理环境各要素之间相互作用、相互影响、相互制约的关系，并在一定程度上解释其发生、发展和演化的过程，从而较全面地观察、分析和认识不同地方或区域的地理环境特点，并且能够辩证地看待现实生活中的地理问题。让学生建立人地协调观，正确认识地理环境对人类活动的影响，以及人类活动影响环境的不同方式、强度和后果，并能够结合现实中出现的人地矛盾的实例，分析原因，提出改进建议。

基于科学史与模型构建的论证式教学研究
——以减数分裂教学过程为例[①]

成立曼 董卅姝

学科核心素养是学科育人价值的集中体现，是学生通过学科学习而逐步养成的正确价值观念、必备品格和关键能力。科学思维是生物学科素养的重要方面。科学思维是指尊重事实和证据，崇尚严谨和务实的求知态度，运用科学的思维方法认识事物、解决实际问题的思维习惯和能力。本文全篇以染色体相关科学史为主线，通过论证式教学模式构建模型，激发学生对减数分裂内在机制的主动探究与理性思考，发展学生的科学思维。

下面以减数分裂的教学过程为例，论述模型建构、科学史教育以及论证式教学模式如何在课堂教学中，帮助学生构建核心概念，发展学生的科学思维。其中，该教学过程包括染色体数目减半物理模型的构建，染色体行为变化物理模型的构建以及减数分裂过程及相关概念的构建三个环节。

一、基于科学史材料提出问题

在课程安排上，减数分裂是在孟德尔遗传规律的基础上，从细胞水平揭示染色体的数目和行为变化，为接下来的基因在染色体上、伴性遗传和染色体变异奠定遗传基础，教材在呈现这部分内容时，省略了部分科学史的介绍。渗透科学史教育，可以使学生沿着科学发展的步伐，还原科学家的思维过程，从而使学生能够运用归纳与概括、演绎与推理、批判性与创造性等方法，分析和解决生物学问题，有助于学生科学思维的发展。

[①] 本文发表在全国中文核心期刊《中学生物教学》2019年第3期。

在导入环节,通过比利时胚胎学家贝内登(Edouard van Beneden)以马蛔虫为研究材料,发现马蛔虫受精卵中有4条染色体,而精子和卵细胞中各有2条染色体。1887年,德国生物学家魏斯曼(August Weismann)系统总结自己及前人的研究成果,并进行预测:在卵细胞和精子成熟的过程中,必然有一个特殊的过程是染色体数目减半,这种特殊方式的有丝分裂,叫做减数分裂。进而提出问题:染色体如何减半?引发学生思考。

二、利用物理模型提出猜想一二三

减数分裂过程染色体的变化较抽象、微观、连续变化,难度较大。为学生提供超轻黏土和细胞模型,如图1所示。由学生自己制作染色体的形态,锻炼学生的动手操作能力,培养团队精神和合作意识。此外,学生通过自主构建物理模型的过程,模拟减数分裂过程中染色体数目变化,能够真切地体验染色体具体的规律性变化,了解减数分裂的过程。

全班分小组进行并统计结果,建构出以下三种模型,分别如图1、图2、图3所示。

如图1所示,染色体不复制直接减半,形成的子细胞染色体数为原始细胞的一半。

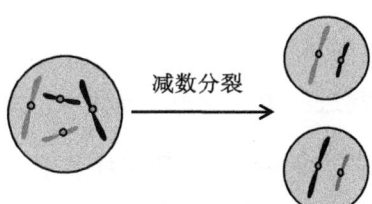

图1 染色体数目减半物理模型一

如图2所示,减数第一次分裂时,染色体复制,着丝点断裂,姐妹染色单体分开;减数第二次分裂时,同源染色体分开,染色体减半。

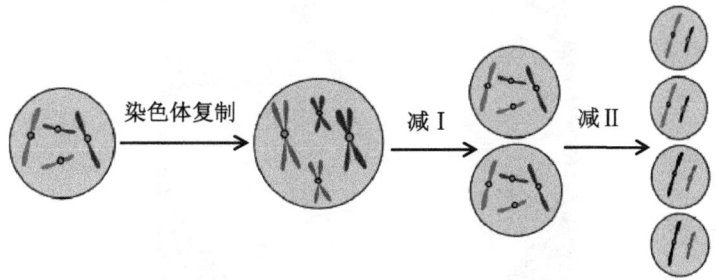

图2 染色体数目减半物理模型二

如图3所示,减数第一次分裂时,染色体复制,同源染色体分开,染色体减半;减数第二次分裂时,着丝点断裂,姐妹染色单体分开。

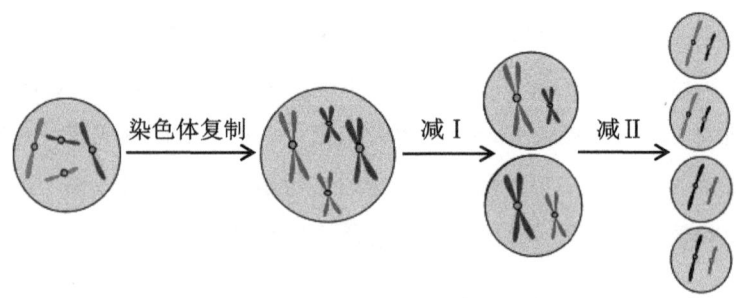

图3　染色体数目减半物理模型三

三、基于科学史材料搜集证据，支持或辩驳观点

（一）证据一：科学史材料否定物理模型一

在染色体数目减半物理模型的构建这一教学环节中，教师提出问题：染色体是如何减半的呢？学生提出三种猜想。以猜想1为例，猜想1合理的前提是染色体未复制的细胞能启动分裂。接下来寻找证据，启发学生回忆以及癌细胞增殖机制。研究表明，通过阻止癌细胞染色体复制，细胞分裂停止。由此得出结论，染色体未复制的细胞不能启动分裂，说明猜想1是片面的。

（二）证据二：科学史材料进一步否定物理模型一，肯定模型二和三

在染色体行为变化物理模型的构建这一教学环节中，德国动物学家赫特维奇（O. Hertwig）于1891年，发现减数分裂过程的全部细节，并记录了减数分裂过程不同时期的显微照片，如图4所示。从图中可以看出，细胞在进行减数分裂过程中经历了两次分裂过程。

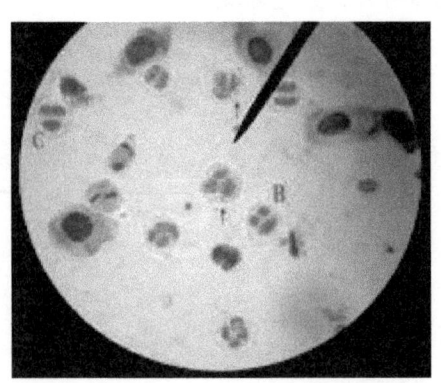

图4　减数分裂过程不同时期的显微照片

（三）证据三：科学史材料肯定物理模型三

在减数分裂过程及相关概念的构建这一教学环节中，国外学者（Montgomery）于1901年发现了同源染色体两两配对的现象；1902年美国遗传学家萨顿（Sutton）证实了配对的染色体一半来自父本一半来自母本的看法，并提出了同源染色体、联会、四分体以及交叉互换等概念。

四、形成结论

在本节课中，运用论证式教学模式，通过科学史材料搜集证据以及相关事实的补充，使学生认识到，减数第一次分裂时，染色体复制，同源染色体分开，染色体减半，减数第二次分裂时，着丝点断裂，姐妹染色单体分开，从而构建出减数分裂过程中染色体数目减半的物理模型；通过进一步提供科学史材料及相关事实的补充，完成染色体行为变化的物理模型及相关概念的构建过程，最终构建出减数分裂概念，使学生的科学思维得到发展。

所谓论证，是共同体围绕某一论题利用科学方法收集证据，运用一定的方式解释、评价自己及他人证据与观点之间的相关性，促进思维共享与交锋，最终达成可接受结论的活动。论证式教学是将论证活动引入课堂教学。如何将论证引入课堂，如何有效培养学生的论证能力已成为当前国际科学教育研究的热点之一。

教师基于具体的教学目标与学习目标提出有价值的问题，学生在已学知识和已有经验基础上提出观点、猜想或解决问题的思路，并提供证据解释、证明猜想或思路的合理性，猜想或思路得到认可后则可上升为结论。如图5所示。为了给学生提供更大的思考空间，满足学生深入思维的需求，在本研究中由教师提出问题后，学生直接进入猜想环节，培养了学生的批判性思维和创造性思维，极大地发展了学生的科学思维。

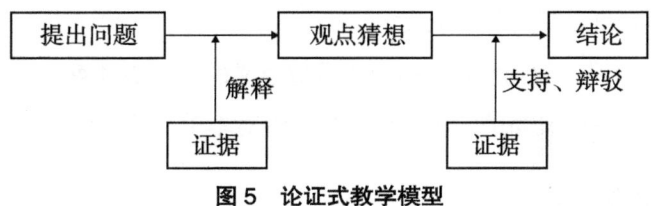

图5 论证式教学模型

科学史的梳理以及科学论证教学模式，是实现科学思维培养的有效策略和途径。模型的运用能化抽象为具体，将正在发生的微观过程可视化；通过模型的构建过程，使学生能够形成自己的观点，发展科学思维。在教学过程中，教师可尝试运用不同的教学策略，增加课堂教学的有效性。

以分数的大小比较为例，浅谈培养学生解决问题的策略

申 健

《全日制义务教育数学课程标准（实验稿）》明确指出：小学数学教学要让学生"形成解决问题的一些基本策略，体验解决问题策略的多样化，发展实践能力和创新精神。"学生在第一学段的学习中，已经积累了一定的解决问题的经验，初步了解了同一问题可以有不同的解决方法。为了让学生把解决问题的一些具体经验上升为数学思考，不断增强运用策略解决问题的有效性和自觉性，进一步提高解决问题的能力，我设计了分数的大小比较（二）这样一节练习课。

一、教学内容分析

本节课共设计了四个具有真实性和挑战性的问题，目的是引导学生以问题解决为任务，激发学生学习的内在动力，产生对解决问题策略的需求，从而加大探索力度，提高思维难度，增加教学密度，提升教学效度。

通过本节课的学习，起到深化学生对于分数意义的进一步理解；提高学生在解决实际问题时自觉运用不同解题策略的意识；使学生能够对本单元的内容有一个较完整的认识。

二、学习起点分析

1. 在京版小学数学第八册和第九册教材中已编排了解决问题的内容，如：数线段和图形、植树问题、鸡兔同笼等问题，介绍了列表、图解、假设、列举等解决问题的基本策略。学生已具备了一定的相关经验和技能，为完成本节课的教学目标提供了前提和保证。

2. 为了更好地教学本节课的内容，我们在课前设计了一组前测试题。

（1）前测内容：

1.在□中填数，再比较大小。（选自北京版小学数学第八册第31页第3题）

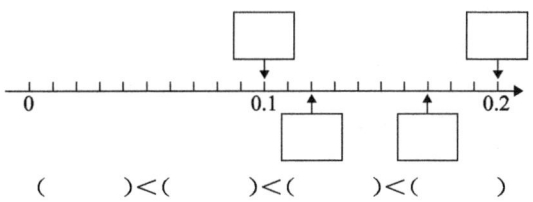

2.鸡兔同笼：有10个头，32条腿，鸡兔各几只？（选自北京版小学数学第九册探索规律三）

②前测结果及分析

1.正确率：33人，占76.74%

通过数据不难看出，学生对于"数轴上的点与小数之间的对应"这一知识点及利用数轴比较小数的大小这一方法掌握较好。

方法	列表法	画图法	方程法	假设法
人数	35人	26人	5人	25人
百分比	81.40%	60.47%	11.63%	58.14%

通过此练习可以看出，学生在解决一个问题的时候，往往可以从自身出发结合已有的知识经验等用不同的数学方法进行求解。在几种方法中，采用列表法进行求解的是最多的，可见学生对于列表这一解决问题的策略掌握还是较好的。

基于以上调查和分析：学生通过前一阶段的学习，已对一些解决问题的策略，如列表、图解、假设等有所了解，并能在实际问题解决当中加以应用从而为更好地完成本节课的教学目标提供了可能。

三、教学目标

1.让学生在解决问题的过程中，进一步体会和运用相关解题策略解决问题。

2.使学生进一步积累解决问题的经验，获得解决问题的成功体验，增强解决问题的策略意识，并能主动寻找解决问题的有效方法。

四、教学过程

（一）复习准备，为后面的问题解决做铺垫

1.先在直线上表示下面各数，再比较每组中两个数的大小。

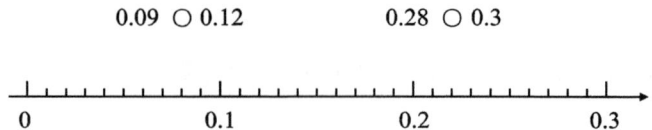

2.设计意图：学生已经知道小数可以用数轴上的点来表示，并能正确地在数轴上描点。在数轴上，从左到右的顺序就是数从小到大的顺序，把数的大小比较和数轴上的点对应起来，通过这一练习使学生回忆起相关的旧知，为后面的解决问题作好铺垫。

（二）解决问题

1.在 $\frac{1}{5}$ 和 $\frac{3}{5}$ 之间有（　　）个分数。

A. 1　　　　B. 2　　　　C. 4　　　　D. 无数

本习题的教学注重从学生已有的知识经验出发，如学生在小学数学第八册中已经学习了小数大小比较的方法，所以在教学中应该充分发挥学生的主体意识，让学生主动参与学习活动，利用知识和方法的迁移解决此问题。

（1）教学预设：

①利用"分数与小数的互化"进行求解。

②应用"分数的基本性质"，同时改变两个分数的分数单位，以便更直观地从分数单位改变后，对应存在的分数个数也随之增加这一角度去理解"在任意两个分数之间存在无数个分数"。

③应用"数轴上的点与分数一一对应"的关系。帮助学生明确利用数轴比较数的大小的方法：在数轴上表示的数，右边的数总比左边的大。

（2）反思：采用数形结合的的方法更加直观形象，学生更易理解和掌握在"在任意两个分数之间存在无数个分数"这一知识。同时也和前面数轴上的点与小数的对应这一知识联系起来，使学生对于数轴上的点与小数和分数的对应这一知识形成一个整体。

2.小红、小丽、小明三人进行爬山比赛。根据他们的对话，最早到达山顶的是（　　）。

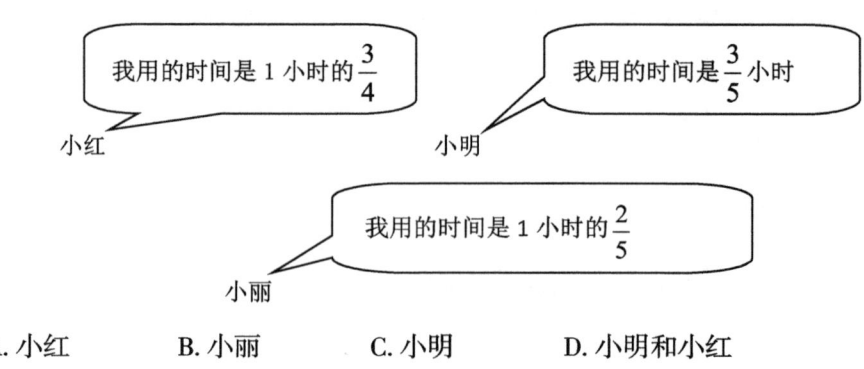

A. 小红　　　　B. 小丽　　　　C. 小明　　　　D. 小明和小红

（1）教学预设：

①采用"分数转化成小数"进行求解。

②学生先通分后再进一步比较大小。

③利用上一题的画图策略将三个分数转化在数轴上直观比较大小。

（2）总结提高：

在解决"几个不同分数比大小"的问题时，我们往往可以运用转化策略，选择自己较为熟悉的转化形式，转化后比大小。

（三）运用赋值和假设策略解决问题

3.红绿两根同样的跳绳，剪去红跳绳的$\frac{2}{7}$米，剪去绿跳绳的$\frac{2}{7}$。剩下的部分相比，下面说法正确的是（　　）。

A.红跳绳长　　　B.绿跳绳长　　　C.长度相等　　　D.无法比较

（1）设计意图：此练习的设计就是进一步帮助学生认识和理解分数意义的"单位1"，使学生感受到由于"单位1"不同结果也不相同这一结论，并体会在解决问题的过程中考虑问题要全面这一思想。

（2）教学预设：

①当绳长均为1米的时候，剩下的一样长。如下图所示：

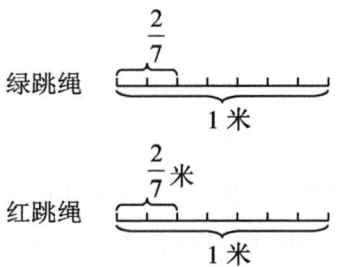

通过观察比较发现，当绳长为1米的时候，两根绳子剩下的一样长。

②当绳长均为2米的时候，红绳剩下的长。如下图所示：

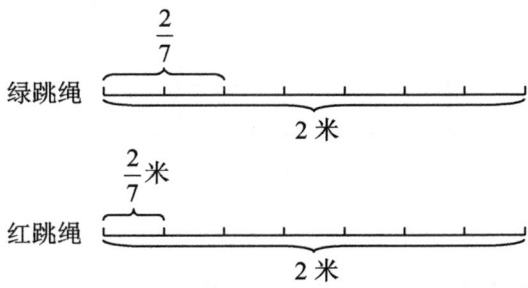

通过观察比较发现，当绳长为 2 米的时候，红绳剩的长。

③当绳长为 0.7 米的时候，绿绳剩下的长。

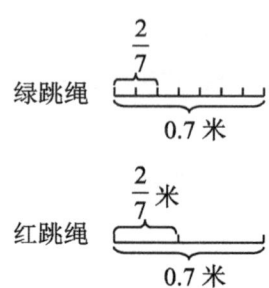

通过观察比较发现，当绳长为 0.7 米的时候，绿绳剩的长。

（3）反思：学生一般对直观的、具体的固定条件容易接受和理解。当条件出现抽象的、可变的任意情况时，往往迷惑不解，一筹不展。本练习的设计就是让学生掌握赋值、假设、验证的策略。

（四）抓住不变量，运用列表策略解决问题

4. 贝贝喝果茶，第一次喝了这瓶果茶的 $\frac{2}{3}$，然后加满水；第二次又喝了这瓶果茶的 $\frac{1}{3}$，然后又加满水；第三次全部喝完。贝贝喝的果茶和水比较，下面说法正确的是（　　）。

A. 喝的果茶多　　　　　　B. 喝的水多

C. 喝的果茶与水同样多　　D. 无法比较

分析与解答：

对于本题，应该采用学生先分析，教师后引导的方式开展教学，先让学生充分讨论整个过程，然后在学生明确本题应该抓住不变量果茶进行分析，由始至终果茶无论怎么加水它的量实际上就是这一瓶果茶的量，而整个过程中加水的量也只有一瓶果茶的量。

对于这一过程，可以采用列表的方式呈现，帮助学生理清每次喝果茶的变化过程，

	果茶	水
初始	1	0
第一次		
第二次		
第三次		

五、教后的思考

1. 在解决问题策略的教学中要充分尊重学生学习的起点，注重新旧知识之间的联系，

使学生在问题解决中能够运用知识与方法的迁移来进行探索和学习。

2. 教学中要给予学生充分的时间立足自主学习，关注学生形成策略的过程，从而让学生体验到策略对于解决问题的必要性和重要性。

3. 问题的设计要具有一定的开放性和挑战性，使学生在解决问题的过程中形成策略、理解策略、掌握策略。

当然，对于解决问题策略的有效形成靠一节课的学习是无法完成的，还有待在今后的教学实践中进一步探索。

通过"篮球运球的教学"培养学生实践与探究能力的实践研究

郑雅楠

一、课题提出

（一）教学实践中的问题

北京市政府决定，从2010年起将初中毕业升学体育考试以40分计入学生升学考试总分。而在考试项目中，特别将篮球绕标志物20米往返运球列为必考项目。对于很多喜欢体育的学生来说，篮球是他们喜欢的体育运动，也是乐于从事的运动。所以，他们希望从体育课上，从体育老师那里学会、学精。但是，对于体育老师来说，却不愿多安排篮球内容。为何？主要原因就是在现在的教学模式下，球类课难以驾御整个课堂、面面俱到。首先，学生兴趣和能力的不同易产生消极的练习状态，从而影响教学效果。其次，学生的情绪难以控制，过多的条条框框必然削弱学生练习的兴趣和激情。放之任之，却又难以完成教学目标，达不到教学效果，形成不了正确的技术动作。故而，解决好篮球教学中的不可控制性是上好篮球课的关键所在。那么关键的关键还在于我们体育老师如何巧妙地布局，合理地运用教学手段，克服不利因素，完成技术教学。

（二）研究背景

学校实施立人教育以来，教师在教学上认真贯彻，把养成教育理念融入到课堂当中，认真开展学生"六讲六习"教育。即学生人格修养"六讲"：在家讲孝道，在校讲尊师，同学讲友爱，做人讲诚信，生活讲节俭，言行讲得体；学生学习品质"六习"：书写与表达，阅读与聆听，温故与知新，博学与多思，质疑与反思，实践与探究；改变课程改革实施过于强调接受学习，死记硬背、机械训练的现状，倡导学生主动参与，乐于探究，勤于动手。本人在篮球运球教学中，主要针对实验学校学习品质"六习"的实践与探究开展研究教学。

体育与健康课程目标是体育与健康课程的重要组成部分，其中具体目标包括：1.增强体能，掌握和应用基本的体育与健康知识和运动技能；2.培养运动兴趣和爱好，形成坚持锻炼的习惯；3.具有良好的心理品质，表现出人际交往的能力与合作精神；4.提高对个人健康和群体健康的责任感，形成健康的生活方式；5.发扬体育精神，形成积极进取、乐观开朗的生活态度。它们之间是互相练习、互相融合的。从体育与健康课程目标可以看出，本课程不仅要求学生增强体能，掌握基本的运动知识和运动技能，而且期望学生形成坚持体育锻炼的习惯、健康的生活方式和积极进取、乐观开朗的生活态度等。由此可见，体育与健康课程目标十分重视对人的培养。

二、课题界定

篮球运球教学：因中考体育将篮球运球绕标志物列为必考项目，在初中体育课堂教学内容中，每学期都安排篮球运球教学，所以篮球运球教学为初中体育教学重点内容之一。

实践与探究能力：学校实施立人教育以来，体育教师将学习品质"六习"融入到体育课堂教学当中。这次的课题研究，我突出体育课篮球运球教学实践与探究能力的研究。以学生发展为中心，重视学生的主体地位，充分发挥学生的学习积极性和学习潜能，提高学生的体育学习能力。

三、研究目标与内容

体育与健康课程是一门以身体练习为主要手段、以增进中小学生健康为主要目的的必修课程，是学校课程体系的重要组成部分，是实施素质教育和培养德智体美全面发展人才不可缺少的重要途径。

初二学生，身体素质和运动能力已有了一定的基础，在教师的引导和学练中具备了一定的探究、分析、合作、解决问题的能力。但对于课堂教学，已不满足于"一刀切"的学习方式和练习方式，所以在课堂教学上给予他们一定的"权利"，让他们动脑筋，去发现，去探究，去实践，去体验，并与同伴相互交流、讨论，让学习、练习方式多样化、自由化。

篮球是初中体育教学必修内容之一。篮球运动是一项深受广大青少年喜爱的球类运动，在中学体育中占有十分重要的地位。经常参加篮球运动，可以使身体得到全面的锻炼，提高人体基本活动能力，增强内脏器官的功能，提高神经系统的灵活性，具有较强的趣味性和竞技性，并易于开展，因此深受广大青少年的欢迎和喜爱。同时它对保持学生的身心健康和培养良好的心理品质具有十分重要的意义。

初中学生在课堂上学习篮球运球存在着不可控制性的问题，即在篮球课堂教学中男女生篮球水平存在着差异性；学生控球能力不同；学生对篮球兴趣的喜好程度决定着他们练习篮球的积极性等。以往的篮球教学往往给人比较混乱的感觉，教师要想在45分钟之内控制整个课堂是比较困难的。那么结合学校的养成教育，针对这一问题进行教学探究。

四、研究策略与方法

要想使学生掌握正确的篮球技术，教师又能很好地控制课堂，在篮球运球技术教学过程中，正确运用教学步骤和方法将起到关键作用。

（一）观察法

运用示范、影像、图片等直观教具演示技术动作，使学生建立清晰、正确的动作概念。完整的、正确的概念建立需要多次的示范。为了让学生看清楚示范动作，教师在教学过程中要选择最佳的示范面，即正面、侧面、背面。示范要根据技术动作的结构、顺序用较慢速度进行。示范和讲解要有密切的联系，能使学生看、听、想有机地结合，这样对加速形成正确的技术动作表象和完整概念，将产生积极的作用。

（二）反复练习法

掌握技术动作，必须通过多次的反复练习，才能逐步形成正确的动作定型。练习方法要从学生的实际出发，即依据年龄、性别、身体条件、素质等因素。再采用反复练习法，要突出重点环节的练习，在掌握技术初级阶段，暂不过多对学生提出动作要求。在练习过程中要用不同的距离、位置、速度采用完整的练习方法进行反复练习，使学生加深理解技术动作，促进学生正确技术动作的形成。

（三）变化练习法

变化练习法是通过变化完成技术动作的距离、速度、位置、方向和练习的组织形式，以加大运动员完成技术动作的难度。如篮球原地运球的速度快慢变化、运球位置高低变化、运球方向的变化，行进间运球与原地运球结合变化练习等。使学生在增加难度情况下巩固技术，更进一步形成动作定型。

（四）个别练习法

是教师有意识、有目的和有计划地去改进个别学生的错误技术动作，又因这些错误技术动作不是共性错误动作，所以采取个别对待的练习方法。在个别练习时间不宜过长，在教师指导下，示范快、慢结合的练习，重新建立正确技术动作概念，去伪存真，巩固提高，逐步形成正确的动作定型。

（五）探究学习法

探究性学习是一种积极的学习过程，主要指的是学生在课中自己探索问题的学习方式。美国国家科学教育标准中对探究的定义是："探究是多层面的活动，包括观察；提出问题；通过浏览书籍和其他信息资源发现什么是已经知道的结论，制定调查研究计划；根据实验证据对已有的结论作出评价；用工具收集、分析、解释数据；提出解答、解释和预测；以及交流结果。"将探究学习法运用到体育课中，让学生自己去尝试、探索篮球运球绕标志物的过程。

五、研究过程

在篮球教学最初，学生对篮球的掌握能力参差不齐，兴趣水平有很大差异。而正是这一特点，使得在篮球教学当中教师无法掌握教学进度，对课堂的控制能力要求很高。男生虽然很喜欢玩篮球，但对于篮球运球的技术动作存在着很大的误区，而女生对篮球的喜爱程度远远低于男生。在养成教育未进入课堂之前，教学目标、练习密度及负荷往往不敢制定太高，部分同学通过课堂45分钟的练习很难掌握基本技术。通过不断的尝试、教师与学生之间的摸索，寻找出以下教学模式：

（一）专项练习提高学生控球能力

男女生对篮球的兴趣不一样，自然对篮球的控球能力也不一样。在每节课的专项练习阶段，遵循由易到难的原则，制定一些球性练习。例如：头上手指拨球、胸前手指拨球、腰部绕球、膝部绕球、胯下八字绕、反手换手控球等。对于有些篮球控球能力相对较好的学生增加练习难度，让他们觉得有挑战性。对于控球能力稍弱的学生，相对减少难度，使他们增强自信心，增加对篮球的兴趣。

（二）多种实践练习提高原地运球能力

在以往课中学生进行原地运球，教师提出单手运球次数，学生分别进行练习。因为控球能力的差异性，存在着运球速度快慢问题，有些同学控球能力较弱往往在最后完成运球次数，无形当中对学生的自信心是一个小的冲撞。针对这一问题，我建议学生在单手原地运球时完全听教师口令节奏来控制运球速度，遵循由慢到快的原则。通过这一练习方法，我发现学生不仅运球能力有所提高，同时还增强了他们的集体荣誉感。课下，有学生跑来对我说："整齐的篮球落地的声音，听起来让人感觉很兴奋，整个班级就像一个人一样。"这种练习方法无形当中增加了班级凝聚力。另外，我还让学生体会变向转身换手运球等练习方法，改变了以往的单一原地运球方式，学生兴趣增强了。这也启发我让学生实践更多的练习方法，提高学生的运球能力。

（三）探究性学习的应用

学校养成教育注重培养学生的探究性学习，因此体育课中学生在原地运球已有一定经验的基础上，学习行进间运球绕标志物，我改变了以往的教学方式，即：将以往的教师讲技术要领，学生听、看、练习的模式改成教师引导，学生自主探究寻找运球绕标志物的最佳技巧。通过这一模式的练习，我发现学生在练习当中增加了对篮球的兴趣，开动脑筋，用实践练习，探究寻找最佳的技术，同时培养了学生思考与表达的能力。正是此次尝试，该动作的技术要领在学生脑中留下了深刻的印象，学生掌握运动技能的能力有了很大的提高。

六、研究结果

经过一段时间在养成教育背景下的体育教学，教学质量与学生学习的效果有了明显的提高。具体表现如下：

（一）探究性学习能提高体育教学的目标

养成教育进入课堂之前，在教师讲解技术要领，学生练习的模式下，教学目标完成情况为：男生60%能基本掌握技术要领，女生50%能基本掌握技术要领。这种教学模式，使有些学生很难快速理解教师所讲的技术要领。然而在养成教育进入课堂以后，教学目标的完成情况有了明显的提高：男生90%能基本掌握动作要领，其中60%左右的同学能较熟练地掌握动作。女生90%能基本掌握动作要领，其中50%的同学能熟练掌握动作。学生实践探究的能力增强，故对其动作的理解能力也有所增强。学生是通过自己的探索寻找到的技术动作的关键，这样既增加了练习的次数，同时也能使学生更好地掌握其动作要领。

（二）探究性学习能提高体育课的练习密度

同样，在养成教育进入课堂之前，学生的练习密度在35%左右，教师示范、讲解、纠正错误动作时间相对多的情况下，学生练习的时间就会减少，密度相对较低。然而通过养成教育，每节课温习前一节所学内容，学习新内容，让学生自主探究学习，教师引导学生练习，增加了学生的练习密度。篮球运球这节课中，在教师的带领下，学生通过各种练习温习原地运球技术及行进间运球技术。在新授课内容中，教师引导学生进行练习，选出较优秀的学生进行运球绕标志物跑做示范，其他同学观察思考其优缺点，并要求学生大声地说出动作特点。通过这种模式，学生能很快地观察出动作的特点，并加深了该技术动作在脑中的印象。整节课的练习密度已提高到了45%，学生得到了较大强度的锻炼，符合了新课标的基本理念。

（三）学生心理健康和情感的提高

通过本课的学习，学生在和谐、平等、友爱的运动环境中感受到集体的温暖和情感的愉悦；在经历挫折和克服困难的过程中，提高抗挫折能力和情绪调节能力，培养坚强的意志品质；在不断体验进步或成功的过程中，增强自尊心和自信心，培养创新精神和创新能力，形成积极向上、乐观开朗的生活态度。同时，培养了良好的体育道德和集体主意精神，通过各种手段提高了班级凝聚力。

七、反思与展望

通过一段时间的养成教育培养，实践与探究性学习深入课堂教学，已初步取得了一定效果。学生无论在组织纪律性还是体育锻炼能力上都有所提高。针对这一节课效果来看，如果在探究性学习时以小组为单位，设组长管理，让更多的学生能通过自己亲身实践来探究学习，也许效果会更好。这节课同时还培养了学生思考与表达的能力，在学生观察完示范后能开动脑筋寻找并大声、清晰地表达出老师所提出的问题答案。教师模仿错误动作的时候，学生能仔细观察、思考寻找出其错误点，并根据自己的情况进行改正。每节课复习上节课所学内容，安排新授课内容，不断提高学生的学习能力，逐渐让学生形成一个较好的学习习惯。当然，在今后的体育课教学中，应更多地注重学生为主体，让学生充分发挥自己的主观能动性，教师引导学生进行练习。在锻炼学生体质的同时培养学生良好的学习习惯，增强学生心理健康。

用激趣的手段培养低年级学生养成倾听的好习惯

孙 燕

苏格拉底曾说,上天赐人以两耳两目,但只有一口,欲使其多闻多见而少言。其意在于人们要注意倾听别人的想法。"学会倾听"是新课程赋予的内涵。认真倾听是良好学习习惯的重要组成部分,也是人与人交往中体现出一个人良好修养的重要标志。培养低年级学生养成认真倾听的好习惯有助于学生今后的学习和生活。

我们平时课堂教学中经常会有这种情景:

1. 教师让一学生读拼音,该学生还没有说完,旁边的学生就大声说:"错了,错了,我来说,我来说……"

2. 教师示范结束,要求学生站起来发言时,许多学生都会举着手高喊:"我,我,我……",然而在同学回答问题的时候,不少学生却置之不理,依旧叫个不停。

3. 教师让一组学生表演对话,其他学生都事不关己,各干各的事情,完全忽视发言的同学。

4. 学生发言完后,就在下面做自己的事情,根本不去听别人的发言。

5. 教师让学生不要动笔,看黑板上的示范,看清了再动笔,有的学生乘老师在黑板上写的时候在作业本上写两笔,对老师强调的书写格式却忽略了。

他们只顾自己表达,而没有人倾听别人的发言,还有的学生,老师在上面讲,他在下面做自己的事情,沉浸在自己的幻想中,其实这就是学生倾听习惯差的表现。学生在课堂上能认真倾听,倾听老师的讲话,倾听同学的发言,才能保证课堂活动有效地进行,做到活跃而不失有序。

那么,对低年级的学生该如何培养和指导他们学会倾听呢?

一、创情引听——我想听

小学生具有好奇的天性，最容易受情感因素的感染。因此教师要顺应儿童的心理，在日常教学中要充分利用儿童的这分天性，善于创设教学情景以激发学生倾听的欲望。

1. 图文结合激趣

在具体教学中，我注意教学形式的多样化与直观性，尽量利用课件、多媒体等现代化设备和教具、学具以吸引学生的注意力。如在学习认识图形时，我采用多媒体教学，展示生活中的各种常见图形，学生感觉到数学就在自己身边，这样学生在课上就不容易"走神"，而把精力全部投入到学习中去。

2. 投其所好激趣

在无趣的课堂上学生是不会做到主动倾听的。对于刚刚入学的孩子来讲，我在课堂上减少一些成人化的语言，利用学生喜欢观看的卡通人物为代言人，吸引学生听讲。如：在学习两位数加两位数进位计算时，我以卡通人物火星娃小新的口吻说："小新要告诉大家一条数学王国的计算法律，当个位满十要向十位进一。"这时，全班学生都能做到认真倾听，同时还可以正确完整地叙述。可见通过创设情境，能吸引学生的注意力，让学生在情境中培养倾听能力。

二、授法学听——我会听

培养学生认真听的习惯，除了让学生想听外，还要老师适时地诱导点拨，教给学生方法，使学生会听。

1. 复述

听同学发言时，要求学生眼睛看着发言同学的脸，做到神情专一；如果同学的回答与自己的想法一致时，则以微笑、点头表示赞同。而且能够复述同学的发言内容，复述老师的话。如：在讲"可能性"的时候，当学生通过动手操作，小组合作探究找到结论时，让学生再一字不差地复述几遍，不但强调了其结论的重要性，同时还能检测到学生听讲的习惯。

2. 找"病"

学生能够听见同学的发言、老师的讲解还不够，要让学生能够根据同学的发言、老师的讲解找到问题。当学生发现问题时，让学生以"我对他的发言做出补充。""我不同意他的意见，我是这样想的。"等句式开始发表自己的意见。老师要给予大力表扬，同时表示感谢，来激励学生倾听，会听。

3. 带着问题听

要让学生明白听别人讲话，不是只听"热闹"，而是带着问题去听。在大脑中多问几个为什么？在这个过程中同学们都认真听取同学的看法。在课堂上，每次有同学发言时，我就请其他小朋友做小评委，对同学的发言进行评价。

三、激励倾听——我乐听

低年级的孩子比较好强，非常重视老师的表扬。因此，在课堂上，身为老师的我从来不吝啬对学生的表扬，对于能做到认真倾听的学生给予及时的鼓励，对于不能做到认真倾听的孩子给予恰当的引导，让学生能够品尝到成功的喜悦，获得成功的满足感。如"你听得最认真，这可是尊重别人的表现呀！""你把他的优点学来了，说明你很会听啊！""你帮同学改正了错误，真了不起！""你听出了他的不足，可真帮了他的大忙！""你看这位同学的眼睛一直看着老师，他听讲多认真啊。""这位小朋友的发言真是精彩极了，比老师的想法还要多，还要好！"当学生克服了学习上的困难时，老师及时评价："你勇于向困难挑战，是个勇敢的孩子。"针对合作学习老师随机评价："你们小组可真棒，想的办法最多。"这些富有感染力、很丰富的多元评价拉近了师生之间的距离，营造了民主、和谐的课堂氛围，使课堂呈现出活泼、热烈的气氛，学生倾听别人发言的劲头儿更足了。

但由于低年级孩子年龄小，坚持40分钟认真听讲很难实现。通常情况下，当一节课过半的时候，个别学生容易产生疲劳，会做起与学习无关的事。如搞小动作，与同学随便讲话等。教师不要随意停课，中断学生的听课思维，更不可粗暴行事，而要灵活、理智，适时予以控制。

我班学生李某某，学习成绩不稳定，语数考试成绩忽高忽低，家长直摇头。于是，我仔细观察他的一举一动，发现这个孩子上课时坐不了几分钟就动桌椅、东张西望，有时还发愣走神儿；书写很不认真。但该同学头脑聪明、精力充沛，也有获得成功的潜力。于是在课堂教学中，我采用了"暗示"的方法，矫正他的不良习惯。

1."手势暗示"：我在讲课时，一旦发现他做起与学习无关的事，即用手势进行微妙短暂的定势，指着他，以期达到矫正的目的。

2."目光暗示"：有时我会把严峻、期待的目光落在他身上，与之目光交触，引起他的警觉，使他意识到老师在用目光警示自己，应该收敛言行，从而达到矫正的目的。

3."接触暗示"：有时当他发愣走神儿时，我就以巡回讲课的方式，悄然走到他的身边，轻轻地摸一摸他的头，让他意识到老师已知道他没听讲，鞭策其端坐静听和思考，强制守纪听好这堂课。

如果有时他表现好了或是认真做对了一道题，只要老师及时表扬鼓励，他就会在较长的时间里表现良好。平时课堂上稍有一点进步，我就笑着对他说，好好表现，你很优秀，这样下去老师会更喜欢你的！他会用信任的目光看着你，作业的字写得工整时我会摸摸他的小脑袋对他说，李某某你又进步了，好好努力老师相信你会很棒，并在作业上写上一些鼓励的话或者是奖励一朵小红花，他又会展开花儿一样的笑容。

渐渐地，李某某同学像变了个人似的。他的妈妈这样写道："听"是一个重要的学习习惯，是孩子学习知识的基础。没有良好"听"的习惯，极有可能对孩子的学习造成障碍。我的孩子刚入学时就有不认真听讲的坏毛病。老师反映在课堂上只要别的同学有一点动静，他的注意力就会转移到别人那里，老师课堂上讲的内容就没有听清楚。有时在家里跟他说点事，他会只听前半句，后面就不认真听了。发现孩子有这个坏毛病后，我在家里给他讲道理只有认真听讲，老师讲的知识你才能学会。当别人对你说话时要认真听，这是对别人的尊重。我也带头认真"听"。当孩子与我交流班里发生的一些事情时，我会认真地听他把话说完。慢慢地我发现孩子有了一点变化，当我跟他交谈的时候，他能够认真地听我把话说完，并且说出自己的想法。在课堂上老师也说他在听讲方面有进步了。

上课能善于倾听了，精力集中了，同学们也都愿意和他交流合作了，学习成绩也突飞猛进。李某某这样写道：我们班进行了汽车拉力赛的比赛，各共同体小组进行评比，表现好的为本组"加油"，表现不好的就要"减油"，大家都很高兴。我一定要为我们组争光加油。可是，我有个坏毛病，上课老走神，不认真听讲。我要改掉这个坏习惯，我们组的同学特别好，他们时常提醒我上课要注意听讲。虽然有时我会走神，但是一想到要为我们小组争光我马上就会认真听讲了。经过大家的努力和帮助，我的坏毛病改掉了。我们组也取得了好的成绩。

总之，培养学生倾听的习惯，关系到课堂教学的效率，教师要投入极大的耐心。学生倾听的习惯一旦养成，后续学习就会受益。教师有意识地对学生进行倾听习惯的培养，学生在认真倾听这方面才会有很大的提高。当学生慢慢感受到倾听的魅力，感受到倾听带给自己的快乐时，我们的课堂就不仅有活跃、热烈的讨论和争论，也会有静静的倾听和思考，有效地促进学生间的互动，意义深远。学会倾听，会使我们的学生真正成为学习的主人。

三
教育论说

"一网不捉鱼"

——微信群在班级管理中的作用[①]

邢若虹

"一网不捉鱼"是我们初二二班班级微信群的群名。这个看起来莫名其妙的名字，其实是一个有故事的名字，是关于翠鸟和小鱼的故事，是关于捉与不捉的故事，请让我为你慢慢讲述。

当我在班级内提出建立一个班级群可以方便大家沟通的时候，班里的孩子却没有像我想象中的那么积极。我有些意外，要么就同意要么就不同意，互相看来看去眼神中有话却没有人吱声这又是什么意思？班里最爱说话的"小鬼头"嘟嘟囔囔地说："有老师在什么话都不能说，群建了也是没用。就和您上节课说翠鸟捕鱼的道理是一样的，我们就是小鱼，在微信群里只要一冒头，您就会捉住我们教育一番。"看来上我的生物课这群孩子还是挺认真听讲的，你看这不就拿我讲过的知识来回我了。我略微思考了一下，就向孩子们保证，除了骂人的语言和打架我会出面制止，其他时候绝对不会就他们在微信群里的言论批评或教育他们，并且当即定下了群名：一网不捉鱼。故事就这样在小鱼们略有疑惑的眼神和翠鸟嘴边的一丝微笑中开始了。

我答应后不久，就有一个孩子过来打算挑战一下了。他在群里发了一条"有没有组队打游戏的？"这是小A，一个很聪明的小男孩，知识什么的总是一听就会，但是他的作业却总是不完成，因为缺少练习他的成绩总是在下游徘徊。劝过他很多次，他每次都是一副不以为然的样子，看来不写作业是去打游戏了。聪明的他肯定是在试探我，看看我是否真的向承诺过的一样"不捉鱼"。我必然不能就这样放着这条沉溺于游戏不写作业的小

[①] 本文2016年11月获互联网+时代班级日常生活创新研讨会暨第七届全国班主任工作研究室年会征文评审一等奖，发表于《班主任》杂志2017年第8期。

鱼不管，但是要怎么办呢？我思考了一阵做了计划，连续三天小A都在群里发布"组团打游戏"的信息，而我也一如所承诺的那样没有借此教育他。第四天的时候我把他叫到办公室，交给了他一个任务——管理家长微信群。我给他的理由是我最近比较忙，不能够及时回复家长的信息，所以希望他来帮一下我的忙。家长微信群在孩子们心中那可是一个最神秘的地方，家长们都和老师说些什么？是不是在说他们？千方百计地要从家长那里打听到。现在小A有了名正言顺进群的资格，他十分兴奋地答应了。我又要求他每天在家长群里给家长把作业发过去，如果有通知的话还要解决家长们的各种相关问题，他也拍着胸脯保证完成。

从那天起，小A每天都认真地把作业记下来，放学一到家准时在家长群里发送作业内容。每次我通知什么东西他也都很认真地用笔写下来。直到有一次，有一个同学因为生病没有参加开放性课程，而补报的课程马上就要截止了家长才知道课程需要补报，屋漏偏逢连夜雨，家里的网又登不上选课平台，眼看着课程已经所剩无多只得在微信群里求助。当时小A十分淡定地询问了那位同学的ID号，然后和家长说："阿姨您放心，我马上就给他弄好。"过了没多长时间，小A就办好了，不仅为同学选好了课程，还将到达上课地点的乘车路线也回复得清清楚楚。看着那位家长的连连感谢和其他家长的夸奖，小A回复了一个大大的笑脸。那天小A没有在班级群里发邀请游戏的信息。

第二天，我在班级里大大地表扬了小A。自那次后小A变了，每次发作业的时候不仅把作业项目写出来，偶尔还会加一句："今天语文老师表扬了我们班，说我们班的默写比三班好，明天还有默写，请各位家长今天晚上帮助孩子好好复习，我们一定不能输给三班！"看着信息后面家长们整齐的回复"好的，一定能赢的，谢谢小A"，我突然想起小A在班级群里好久没有发过组团玩游戏之类的信息了。后来有一天，学习委员激动地告诉我："老师今天咱们班的作业全齐！小A所有作业都交了。"我赶快把小A叫到办公室大大地表扬了，然后问："你不玩游戏了，开始写作业了？"小A说："我必须得写作业啊，那些家长肯定得问他们孩子小A学习怎么样啊，要是听说我连作业都不写，那影响我的形象啊，我可是有偶像包袱的人！"看着笑得一脸张狂的小A，我觉得这只迷途的小鱼已经成功地被我网回了家。离开办公室的时候，小A对我说："老师您骗人，您说不捉鱼的，结果还是因为这个事治我！"我说："小同志你可不要冤枉人啊，我可一句都没说哦。"他一脸我已经看穿了，你就不要装了的表情对我说："我就知道您还是会捉鱼的，不过这种捉鱼我喜欢！"

当我告诉小A，因为他的成绩进步很大，所以我会在家长会上让他妈妈做进步学生家长代表发言时，小A兴奋坏了。家长会开始前他跑到我面前说："老师您看那个是我妈妈，漂亮吧，我妈妈为了发言做了头发，买了新衣服。那些家长肯定想知道我妈妈是谁，我特意让我妈妈打扮了。"然后又蹦蹦跳跳地跑到自己妈妈身边，一会儿帮妈妈整理一下领子，一会儿骄傲地和妈妈说些话。看着母子两个飞扬的笑脸，曾几何时小A的妈妈和我说："儿子长大了，都不和我说话了。"

我看到过很多的老师和家长将网络视为洪水猛兽，但是时代在发展，我们不能让我们的孩子逆着潮流而行。而网络本身就是一个工具，起好的作用还是坏的作用主要取决于用的人。只要我们的方法得当，网络也可以像一张真正的网，将"迷途的小鱼"引上正轨。

我的第一件 Nike 衫①

王　惠

上班已六年整，说起我的教师节，脑子里立刻浮现出我的第一件 Nike 衫。

刚踏上工作岗位，因为前任班主任突然得了严重的疾病，学校通知我接任四班班主任，突然，一切都太突然！硬着头皮上吧，除了上好我的语文课，还要管纪律、管作业、管处理学生突发事件，每天忙得焦头烂额，也会生很多很多气，比如女生郁闷出去约着朋友喝了个小酒、平时不爱学习的孩子凑在一起迟到等诸如此类。生气了除了耐着性子批评教育，气急了还会在全班同学面前"河东狮吼"。现在想来，那个时候是自己最无力、最丑陋，也是对学生最没有教育效果的时候。刚上班，丑真是难免啊！

当然也有开心的时候。学校组织学生踢足球比赛，为了踢赢上次赢过自己的对手，男孩子们很拼命，抓紧所有时间练习。比赛当天早读前，我还没有进班已经听到朗朗的读书声，这可不是我班孩子们的特点啊！进入教室，孩子们读得更整齐响亮。有事，我自己心想。其中一个面带笑容的孩子带头读得最响。肯定有事，这孩子是足球队主力。"好了，停下来吧，今天太阳打西边出来了？"孩子们都满脸带笑望着他们的惠姐。"让我来猜猜，今天比赛前想用早读的时间去练球？""惠姐真了解我们！""去吧！""惠姐万岁！"娃们带球狂奔出教室。下午，孩子们拼尽全力赢得了比赛，磨着惠姐免掉语文作业，"免掉，要求不过分"，又是欢呼声。单纯的孩子们带给我的快乐是足可以抵掉自己无谓的生气吧！

不知不觉在快乐和磕磕绊绊中度过了一年。教师节到了，一大早办公室同事就有小礼物哎，小花、小杯子、小卡片，多么让人觉得温暖而又嫉妒的小礼物，我的办公桌好

---

① 本文发表于 2017 年 9 月《教师报》第 3 版"我们的节日"。

冷清！失望在心底蔓延，笑容还得假装挂在脸上，对同事、对学生继续伤心地微笑，装作不在乎一切。办公室门有响动就要赶紧回头看看，失望还是失望，学生要找的老师不是我……挨到中午，办公室门被打开，一群学生围在外面："惠姐，节日快乐！"一个女孩递上一件衣服："老师，我们找范晓宇试穿的，她的身材和您差不多，您快看看。""我有她那么胖？"我笑说，打开衣服，大大的Nike映入眼帘，"哇，这是我第一件Nike。"我激动地说出了真话，孩子们笑了。"惠姐谢谢你们。"眼见一切的同事们好生羡慕，"四班的孩子们真懂事！"一切让人心里乐开花。

快乐和磕绊还在继续，只是Nike衫让一切的快乐和磕绊都有了温度，那是只有老师才能体会到的温度吧！

又是一年教师节。"我记得有一次您说要去开会，让我们早点回班看着点儿，结果我们偷着玩儿去了，您知道以后特失望，说辜负了信任。我觉得那次给我感触挺深的，明白了别人的信任是要靠自己去表现出来的，辜负别人的期望、信任会让人伤心。说实话，毕业3年了，具体的上课片段想不起来太多了，但是给我的感觉是，您的两年多班主任为我以后的几年十几年引了一条路，这条路很适合我。想想我们几个绝不是什么好学生，但您教出来的我们，成绩不高，可在担当和是非上，我们比谁都明确。很感谢您，惠姐，节日快乐。""您经常给我们推荐介绍好书让我们来读来学习，在课上也会抽出时间给我们讲解，在您的课上我仿佛感受了萧红的一生，感受了'十年生死两茫茫，不思量，自难忘'的深情，一直回味着一句'人是为了活着（本身）而活着'，您推荐的这些作品都让我受益匪浅。可以说高三这一年读过的书是我前十几年加在一起那么多了，不过自己不够有毅力，没有把读书的习惯养成和坚持下来。如果早点遇到您，我现在没准就是个满腹经纶的文艺青年了。惠姐，节日快乐。""我是个偏科的坏学生，语文课对我来说简直是个噩梦，但自从您来教我们语文课，我再不这么认为。记得有一次我因为抄写作文和您有拌过嘴，并且耍脾气地夺门而出。过错确实在于我，为此很多同学都来'批评'我，而且我也有看到您眼神里的失望和伤心，但我至今没有和您道过歉。事后您依旧和蔼地教导，让我不禁感觉到羞愧还有感谢。老师，谢谢您，节日快乐。"

"惠姐，还记得我们的日记吗？印象深刻的是您对我们写日记和读后感的督促，交给您的日记本好像不是一个作业、一项任务。我有时忍不住在日记后面写一点自己发生的囧事或者小心情，并且期待您的回应，您每次都会认真读完，并且写上自己的看法，句尾还会加一个笑脸。那时候我就觉得您就是这样的人啊，特别可爱特别认真愿意跟我们交心。我高三的时候就觉得自己突然很喜欢语文了，觉得自己在语文上很有悟性。虽然可能是假象，但是这些自信也让我的语文成绩渐渐得到提高，而这些都是因为您对我的鼓励,像小孩得到糖一样,心里很开心,有接着努力的动力。惠姐,节日快乐。"

教师生涯遇到懂你的学生何其有幸,我们会一直这样幸运吧,谢谢给予我感动和肯定的学生们,同人们,节日快乐啊!

微班会：开启德育大门的一把金钥匙
——浅谈微班会的特点[①]

吕 静

"知识改变命运，网络改变生活"，当今社会，信息技术迅猛发展，微博、微信相继出现，人与人之间的交往越来与便利，触觉在延长，距离在缩短，地球变成了一个村，人们的生活节奏越来越快。微时代的到来，也促进学校教育方式的改变，诞生了德育微课——微班会。

传统的主题班会，准备时间长，实施时间长，还可能由于"过分准备"，效果倍受质疑。微班会的"短""快""小""灵"的特点，让许多班主任情有独钟。微班会有以下特点：

1.短：用时短暂，力求高效。

微班会，顾名思义，短小精悍，一般为10分钟左右，是主题班会的有力补充。可在晨会、午间休息时、自习课上进行。10分钟的时间，符合现代生活的快节奏，符合许多学生10分钟内注意力高度集中的心理特点。因为师生精心设计，让时间的有效利用最优化。比如诗歌晨诵、朝会演讲、养心幻灯片、个性生日创意会等微班会都有这样的特点。

2.快：应变及时，行动快速。

微班会可以快速捕捉到教育契机。像突发事件、校内大事、新闻热点都可以快速地成为微班会的主题。如微班会"'双11'带给我们的启示"。班主任生活在学生中间，随时随地都会有一些事情发生，这些事情恰恰是班主任教育学生的契机，微班会随机可以生成。如"同学关系"就是在班里发生了打架的突发事件后召开的一次微班会。同学关系是一种人际关系，班级、学校是一个小型社会，在这个小集体中学会处理好同学关系，将

[①] 本文2018年11月15日发表于《德育报》。

来走上社会才能善于处理各种复杂的人际关系，适应社会、影响社会。微班会因为召开及时，也很好地化解了两个人的矛盾，效果也不错。

3. 小：话题小微，聚焦明确。

微班会时间有限，但古人即有"微言大义"的主张。话不在多，而在是否在理，是否说到点子上，是否走进学生的内心。由于时间的限制，微班会常常选择小微话题，一事一议，如学生的日常表现，多选择教室卫生、课堂纪律、课间安全、同学相处、与家长关系等话题。但与班主任的日常随机教育比，微班会有明确的主题，形式比较巧妙，交流比较深入，效果也显得扎实。当然微班会有时也会有心理健康教育、理想教育等大话题，但常常表现为长话短说、一点深入的特点。

4. 灵：方法多样，灵活易行。

由于时间、话题等限制，微班会要取得良好的效果，在班会课的形式上要多动脑筋。一句名言，一首诗，一个故事，一篇美文，一个图片，一个小视频，一个幻灯短片，社会上发生的热点问题，皆可成为微班会的素材。文字类素材在老师、同学的绘声绘色的诵读中，令人怦然心动；图片、视频、幻灯片类素材具有直观教育的功能；热点问题会激发学生的兴趣和求知的欲望。素材恰当运用会提高微班会的吸引力和感染力。微时代网上视频丰富。读图时代是一种现实，学生获取信息的方式发生了很大变化，"当代文化正在变成一种视觉文化，而不是一种印刷文化。"视觉符号生动形象，浅显的表意更能在短时间内吸引青少年的眼球。图片和媒体形式的使用，势必会增强教育活动的影响力。视频集图像、文字、声响、光线于一体，丰富的画面、精炼的文字、跌宕的音响、变幻的光亮，多种刺激使学生的大脑处于兴奋状态，具有信息量大、印象深刻、用时短暂的特点。例如：我在《习惯决定人生》的微班会上就播放了电影《阿甘正传》的片段，学生兴趣一下就被激发出来了，这就比空洞的说教效果好很多。例如：在改变班级不良现象时，可以从网上搜集一些学生们违反纪律的视频，老师在批评学生时，没有说教，而是采取体验教育的方式，让学生在真实的体验中获得切实的感悟，自己的做法不好，会给周围人带来不良影响，并引导了他们的情感指向。通过情感感染的功能，实现了道德移情，达到了教育的目的。

以上就是我在工作中得出的经验，微班会的妙处还有很多。总之，微视频、微教案、微资源、微探究、微讲演、微课……在花样翻新的种种"微"中，微班会独树一帜。如果将微班会比喻成刚涌起的春潮，那么，这个潮头正在一阵紧一阵，一阵高一阵地滚动。让我们借助"微"与"班会"的优势，高效利用班级的边角时空，让微班会开出艳丽的人格教育之花。

改革开放 40 年，我和竹子共"zhu"梦

——竹梦轩主题班会课[①]

成立曼

【背景分析】

一、理论背景

1.爱国主义是中华民族精神的核心，是社会主义核心价值观的重要内容。爱国，是存在于我们中华儿女每个人心中的一个重要的精神支柱，是我们实现"中国梦"的重要精神要素，是国家文化软实力的重要组成部分，是振兴中华、实现民族复兴的必然要求。

2.规则可以规范一个人的行为，文化可以约束一个人的灵魂。同样，班级文化也是一个班级的灵魂，是每个班级所特有的。班级文化具有自我调节、自我约束的功能，最大可能地成为了塑造学生心灵的栖居地。

3.根据团体动力学理论，通过团体活动，集体教育能够实现对学生个体的教育和引领。班集体具有传递社会规范的价值观，指导生活目标的社会化功能。因此，在班级文化建设和集体活动中以及主题班会中，可以增强学生对爱国主义的价值认同。

二、实践背景

1.班级学生中考选考科目为物化生 +1，选考科目偏理，历史政治知识相对薄弱，对改革开放 40 年成果了解不多，对新中国成立以来中国的发展脉络没有清晰的认识。

2.考虑到本班孩子均为 00 后，对改革开放之初取得的成就，只能通过他人或媒体

---

① 本文获丰台区 2018—2019 学年中小学主题班会一等奖。

宣传等间接途径获得，无法直接体会我国的发展和变化，因此，提出改革开放后，将其范围定位到中国梦提出后，学生比较熟悉的5年为切入点，梳理我国近5年来取得的成就。

3. 由于是新组建的班级，班级凝聚力欠佳，本次班会课以竹文化为依托，由中国梦过渡到班级梦进而过渡到每个人的梦，坚定学生的奋斗目标，要成为对班级和社会有用的人。

【教学目标】

1. 理解中国梦的内涵，感受近5年祖国取得的成就。
2. 明确作为新一代高中生，现阶段该如何与祖国共成长。
3. 认同通过班级梦和个人梦构建，可以为中国梦的实现贡献力量。

【课程内容】

导入：在漫长的历史长河中，总有一些人永垂青史，总有一些事迹铭记于今，2018年也是一个值得纪念的年份，我们迎来了改革开放40周年，我们同学们相遇在"竹梦轩"，因此，我们班会课的主题是："改革开放40年，我和竹子共'zhu'梦"。

学生活动：聆听、思考。

设计意图：通过2018这个特殊的年份，引导学生将改革开放和班级构建进行关联。

一、中国近5年的发展变化

教师活动：展示新中国成立以来的时间轴，梳理其发展脉络，提出2012年习近平首次提出中国梦，阐释中国梦的内涵，观看《厉害了，我的国》视频。

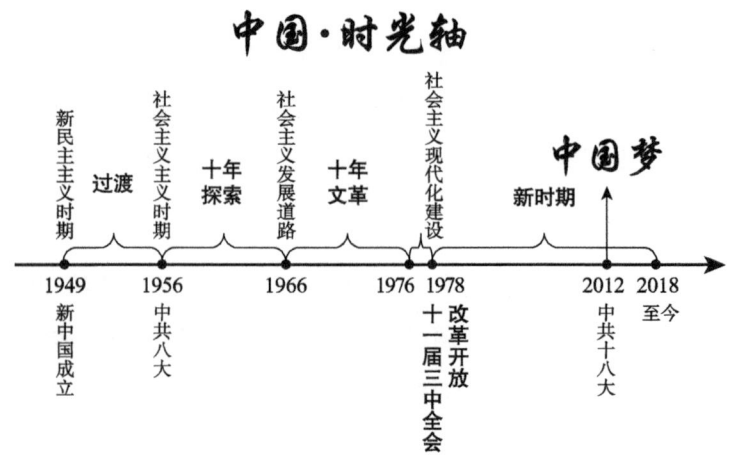

学生活动：思考并回答问题。

设计意图：使学生了解改革开放的时间和背景，了解中国梦的内涵，感受自中国梦提出后，近5年祖国的发展变化，增强国家认同感。

教师活动：总结：中国梦是中华民族的梦，也是每个中国人的梦。作为一名高中学生，我们可以为中国梦的实现做出哪些贡献？

学生活动：思考并回答问题。

设计意图：将中国梦过渡到班级梦，最后过渡到个人的成才梦，使学生意识到，努力奋斗，成就自我，共筑班级梦的过程，是现在的我们对祖国最好的回报。

二、我和竹子共"zhu"梦

（一）竹梦

教师活动：播放家长视频，阐述"竹"文化内涵。

学生活动：就视频内容进行总结发言，由学生代表解读班名、班训、班徽。

设计意图：将竹的优良品质融入到学生的日常学习和生活中，使学生认同竹文化、竹文明，增强班级凝聚力。

（二）筑梦

教师活动：通过开学第一课，师生共同建立班级公约。

学生活动：回忆。

设计意图：通过这一过程，使竹子的梦具体化、可视化，有据可循，为逐梦做准备。

（三）逐梦

1. 班级

教师活动：播放竹子们军训以来的照片，回忆高中生活的点滴，列举班级取得的成就。

学生活动：回忆。

设计意图：感受竹文化的魅力，增强班级凝聚力，使学生获得归属感和幸福感。

2. 成长共同体

教师活动：班级成绩的取得，离不开每个小组的努力，下面由小组代表介绍竹梦轩成长共同体小组的组名、取得的成就、存在的问题以及今后的努力目标。发言后教师总结：虽然每个组的目标和方向不同，但我们都有竹子的精神和品质，开学以来都取得了很大的进步。

学生活动：小组代表发言。

设计意图：学生根据本组同学特点，进一步将竹文化细化，与组内同学进行匹配，发挥优势，弥补不足。

3. 个人

教师活动：每个同学也制定了计划，展示了落实情况。请同学们分享在完成任务过程中存在的困难与收获。教师总结：靡不有初，鲜克有终，请同学们坚持初心。

学生活动：分享在完成任务过程中存在的困难与收获。

设计意图：将竹文化落实到每一位竹子身上，落实到具体的行动上。

三、集体宣誓

教师活动：宣布进行集体宣誓。

学生活动：起立，班长带全体同学朗诵誓词。

设计意图：宣誓内容以竹文化为依托，从具体行为到理想信念，从个人梦到班级梦再到中国梦，层层深入，升华主题。

【教育效果】

本节班会课，结合学生年龄特点和实际需要，提出改革开放后，将其范围定位到中国梦提出后，以学生比较熟悉的 5 年为切入点，感受我国近 5 年来取得的成就。

通过教师引导，使学生明确作为新一代高中生，现阶段该如何与祖国共成长；使学生认同通过班级梦和个人梦构建，可以为中国梦的实现贡献力量的观点。

以竹文化为依托，将竹的优良品质融入到学生的日常学习和生活中，使学生认同竹文化、竹文明，增强班级凝聚力。通过班文化到组文化再到个人计划，将竹文化细化，使竹子的梦具体化、可视化，实用性强。

【学生反馈】

班名竹梦轩，三个字寄托了老师对同学们的期望，我们不但要敢于追梦，更要像竹一样坚韧挺拔。在生活中更要有一种"倔"劲在里面。遇到问题不退缩，直面迎击。这节班会课让我们看到了自己的缺点和应该努力的地方，同时我们对自己的目标和责任更清晰了，只有更努力地学习才有可能实现中国梦。

——竹梦轩张梓轩

2018 年我与高一三班的所有人相遇在竹梦轩，组成 29+1 的集体。班会课展示了我们开学一个月以来的活动与成就，突然发现原来时间过得那么快，一个月的时间我已经完全融入这个集体。我代表我们组展示组名、成就和问题，在成老师的帮助下，我没有很紧张，锻炼了我的表达能力，增加了组内合作，增强了班级凝聚力。

——竹梦轩任茗洋

我是墨竹组的成员，"优而典雅，刚劲有力。书画之笔，水墨之语。墨中有竹，生生不息。"我为我们组写了一首小诗，相信我们小组会像水墨一样，有气势之美、典雅之美。通过这次班会我体会到我们每个小组以及每位同学的优点，感受到了竹梦轩的团结。我是一枝竹子，平凡而坚强的竹子。一枝又一枝竹子筑成了我们的竹梦轩。希望我们这片竹林能够永远地保持这份誓言，这份团结，保持初心。竹梦轩，愿此长久共筑梦。

——竹梦轩汪子创

竹子挺拔清秀，柔中带刚，生而有节，坚强不屈，我们应该具有这样的品质。当我们团结一致成为竹林之时，我们的力量将会打破一切困难，就像在《厉害了，我的国》的影片中所说的，现在我们的祖国强大了，想要建造什么，国家就会有先进的工具，而不是有什么工具设计什么方案。我们的C919大飞机首飞，我们的铁路跨高山穿隧道，我们抬头有神州低头有蛟龙，这是改革开放的成果，也是实现中国梦的成果。中国梦是民族的梦，更是我们每个中国人的梦。实现中国梦是我们每一个人的责任，我们每个人都严格要求自己，努力做得更好，超越自我。此生无悔入华夏，来世还做中国人。

——竹梦轩王晨

附录

竹梦轩誓词

我是一枝竹子，生而有节，柔中带刚；

我是一枝竹子，不畏困难，勇敢顽强；

我是一枝竹子，沐浴阳光，快乐成长；

我是一枝竹子，放飞青春，追逐梦想。

我希望生活在一个团结友爱、干净整洁、积极向上、有凝聚力的班级中。

我要努力做到尊敬师长、团结同学、遵守纪律、勤学好问、笃学敏行、言行一致、表里如一，争做德、智、体、美、劳全面发展的竹子，一个有理想、有本领、有担当的新时代青年，为中华民族的伟大复兴贡献自己的力量。

道理的诅咒[①]

马　静

"这个道理都跟你说多少遍了？""这个道理以前跟你讲过没有？""你这么大了，什么道理不懂？""其实心里什么道理都明白，就是不好好做！""这么明显的事，什么该做，什么不该做，你不知道吗！""什么道理都懂，就是不用心！"……

这是不是作为家长最愿意说的话？这是不是当孩子出现了问题，作为家长，最常挂在嘴边的话？先等等，这让我想起来一个著名的心理学研究实验……

实验过程

1990年，一位斯坦福大学研究生在她的博士论文中，记录了她研究的这样一个实验——一个简单的游戏。

被试者分别扮演"击拍者（tappers）"和"听猜者（listeners）"两类角色。击拍者每人拿到一份列有25首知名曲目的清单，其中包括"生日快乐歌"和国歌等大众都非常耳熟能详的歌曲。每位击拍者选定一首，然后在桌上将曲子的节奏敲出来，让听猜者根据听到的节奏猜出正确的歌名。

在游戏进行前，研究者让击拍者预估猜中的概率，击拍者预测成功概率为50%。而实验结果却让击拍者大跌眼镜，击拍者一共敲了120首歌的节拍，听猜者最终只猜对了3首，成功率仅为2.5%。换句话说，击拍者以为每表演两首曲子，对方就能猜中一首，结果，他们在平均敲了40首歌之后，听猜者才成功听懂了一首。

在这项实验中，击拍者全程都感到非常震惊："为什么这么明显的并且人人都听过的调子，对方都猜不出来呢？"可以想象他们看到听猜者把国歌猜成生日快乐歌时，脸上露

[①] 本文获北京市第八届"京研杯"教育教学研究成果二等奖。

出的"你是不是傻"的表情……

研究者解释说，击拍者一边打节拍脑海里肯定会响起相应的 BGM（背景音乐），他们会"自动听到这首歌曲在脑海里播放"，而此时，站在听猜者的角度，他们无法感知到旋律，只能听见一串不连贯（甚至感到"随机"）的敲击。

而这些还不是实验的重点，这个实验生动解释的一点是，当你拥有了某种知识，你就很难想象缺乏这种知识的情形，你就很难理解那些不了解这个知识的人完全无法 get 情况的原因。比如，对提前知道了歌曲名、脑海中响起 BGM 的击拍者来说，他们根本想象不出听猜者听到的是一下又一下分离的敲击声，而不是连贯的旋律。

这种现象最早在 The Journal of Political Economy 中被定义为"知识的诅咒"——当我们一旦知道某事，就无法想象不知道这事的情况发生的原因，我们被知识"诅咒"了，我们很难与他人分享这些"脑内的 BGM"，因为我们无法轻易地理解到对方的心理状态。

那么对于"什么道理都懂，就是不去做"，我们可不可以理解为道理的诅咒呢？那些我们认为理应的道理和沟通，事实情况可能是，家长的"独立自主"的 BGM 孩子无法听到，他们听到的可能是"你不应该这样，不应该那样，这个不对，那个也不对，道理是这样，道理是那样"之类的碎片"敲击声"，其实到底什么是道理呢？

一个有点可悲又需要警惕的事实是，我们可能都受了道理的诅咒，于是那些本应该依赖不断交流才能进行的互动，都成了击拍者与听猜者的下场，在信息的不平衡之中，我们陷入了一次又一次的"我明明给你讲了这么多遍的道理，你却怎么也不改""道理你都懂，就是不去做"的迷思中。

刚刚结束初三中考奋战后的我，接到了一个更大的挑战，当时初一年级一个班换了三位班主任，原因是有一个"他"——上课说话，玩手机，抽烟，喝酒，直呼老师姓名，骂老师，威胁同学，甚至于在课堂上小便，然后拿起瓶子让全体同学看，哪位老师与其聊天，进行教育，就骂哪位老师，坚决不听，说的话极其难听。由于这个"他"，我"被"接了这个班。

刚刚开学第一天，他就给我来了一个下马威，没有来上学，打电话，家长也是睡意不醒地说"不知道怎么回事啊，再说吧"。

第二天，他终于出现在了我的面前，穿着"流行短袖、短裤"，特别得意并具有挑战性地看了我一眼，转身回了座位。我笑了。全班同学都看着我，似乎在问我"您怎么没批评他"，甚至有人在审视新班主任的做法。我继续笑了。同学们有点好奇，我告诉了大家："你们所有人现在都是这样想的，看看新班主任怎么对付传说中的他，从中猜测新班主任的脾气。"所有人瞪圆了眼睛看着我，还没等我说什么，他开口说话了："不就昨天没来吗，记旷课啊，学校能把我怎么样，处分了又如何？"然后随口又说了一句脏话，转过头继续玩手机了。我继续着刚刚的笑容，问全体同学："你们怎么看旷课这件事？怎么看旷课后的态度这件事？如果是你，你怎么解决这件事？"三个问题抛出去，没有任何回应，全班同学都呆呆地看着我。"大家其实都有想法，只是不敢说，怕被怎么样；不想说，做不了好人但绝不做坏人；不愿意说，怕伤了哥们情谊。"我的总结结束，全班同学的眼神，似乎有所改变。正好下课，我把他叫到办公室，理由是拿回昨天发的新书。他心里明白，其实应该不是领书那么简单。他走到我办公室门口，问了句："我能回去了吗？"我笑了笑，把他"请"进了办公室。我告诉他，其实你昨天没来，不是想给新班主任一个下马威，而是生物钟真的没有调整过来，并且分析他刚刚说的那句话，其实是在不了解班主任的情况下，有点恐惧。我甚至告诉他，从他的眼神中，我看到了对老师这个职业的反感，而非某一位老师；我看到了他对学习的厌恶，而非某个学校的教育；我看到了一个没有安全感的他，原因是在某个时刻、某件事上，他单方面地认为的伤害，他都承认了；我看到了，一个处于青春期的他，无法控制自己情绪的他。

从此我踏上了遇见他的旅程，踏上了解开"道理诅咒"的征程。

在一次科任课后，他被请了家长。家长来了之后，第一句话就是"以前犯过这种错误没有，道理跟你讲了多少遍？"接着就是家长诉苦："天天给你讲道理，摆事实，什么道理都懂，就是不好好做！"孩子听到爸爸的痛诉，首先的反应是烦躁，然后是不再听。爸爸揪着他耳朵，还在讲所谓的道理。孩子忍无可忍："天天讲这些破道理，什么都是道理，你们大人说的都是道理，是道理我都得去做……"我在听过父子对话之后，仿照"知识的诅咒"，跟他们做了一个游戏，叫"我来演，你来猜"。我出了10个特别简单的成语，让他们每人表演5个，另一个人来猜，结果爸爸只猜对了1个，儿子1个也没对。我告诉爸爸，每天家长和老师的道理，就好像今天的表演一样，我们想当然地努力表演，其实孩子什么都没有看懂，孩子的表演，家长猜不出不也正好验证了这件事情吗？之后我们长谈了一次，了解到孩子父母离异，爸爸已经年龄很大，担心孩子不学好，天天跟他讲道理，摆事实，而且孩子很在意父母离异这件事，所以变得如此。

也就是从那天起，我有了实施的方案，我们也有了约定。

实施方案

1. 每天与他聊天，在聊天中，自己的定位既是班主任，又是妈妈，还要是爸爸。

班主任是要有规矩，妈妈是要有爱，爸爸是要有威严。我们仅仅是聊天，不讲所谓的道理，谈天说地。经过半个月的聊天，他居然自己提出要每天将聊天随笔写在本子上，作为以后的留念。

2. 在同学中形成氛围。

（1）班级中帮他找到好朋友，知心朋友，可以一起玩。

（2）每天要求他和班里同学进行一项体育运动。

（3）班级有正能量，对待任何事情，只对事，不对人，所以学生没有了担心、顾虑，也没有了负面影响。

（4）班级形成公约，所有事情学生做主，班主任只是去引导。

3. 与爸爸妈妈协商，每周带孩子出去玩一次，要求：妈妈牵着孩子手，爸爸让孩子休息时靠一靠肩膀。为的只是让孩子增加安全感，少一些"刺"。

4. 我和"他"的约定：

（1）对待问题的态度是改变而不是批评。

在错误面前我们一起回忆错误的原因，然后设想回到错误之前怎么办。他告诉我："老师，您教会了我如何解决问题，而不是批评，不是无尽的道理。"

（2）每次他忍不住发生了问题的时候，我第一个动作永远是拍拍他的肩膀。我告诉他这是拔掉他的"刺"，其实我是给他一个缓冲，一个平静的时间。对于青春期的孩子，最重要的是引导，适当的严厉＋爱，而非批评与道理。

在方案实施中我们一起做游戏，一起面对问题，经历了许多许多。一次，他主动利用一中午的时间为班级收拾瓶子，跑到离学校很远的地方去卖，因为那可以多卖点钱。我表扬了他，不是用言语，而是一个拥抱，他先是震惊，而后是嚎啕大哭……

青春期的孩子需要规矩，其实他们懂；需要人生道理，其实他们懂；需要有理想目标，其实他们懂；更需要的是理解和支持，需要的是班主任信任的眼神、妈妈温柔的双手、爸爸宽阔的肩膀。

有人说，在初二这个青春期的时候他遇到了我，是幸运的，但是，在这个时候我遇到了"他"，又是何等幸运，让我真正体会了爱＋理解＋支持＋方法是教育的根源，而非规矩、约束、道理，让我体会了"道理诅咒"的秘密。

且说那一抹绿
——从教室中的绿植谈班级文化

徐 晓

由保加利亚心理分析教育家 Lozanov 首创的"暗示法"主张舒适自然的教室布置和安排，他认为只有在放松和注意力集中的情况下，学生才能有效地学习。尽管"暗示法"有其偏颇的一面，但让学生们对教室环境感觉放松确实能够提升其效率和专注度。

毫不夸张地说，五班是全校绿植最多的一个班，大小方圆各形各色共十六七盆。其实建班伊始只有八九盆，来自班费的出资购买，其余的系同学们陆续自愿地从家中携带过来的。于是，常见却看不腻的是这样的场景——向阳的窗台上，如水波般的光影在红红绿绿的花瓣枝叶间浮动跳跃，流光溢彩，温馨可爱。我是个爱拿相机记录学生的老师，最爱拍的便是吃过午饭午休前，一米阳光里，学生在摆满盆栽的窗台前捧书静读的画面。这动人的美不止一次地让我感到：这些花儿不仅仅为教室布置提升了颜值，它们在营造教室内学习氛围，间接提升学生学习动力方面的作用也是功不可没。

一个设想需要多客体多角度去验证。从学生学习角度来看，初高中知识难度跨度大，考查的内容从偏重记忆到偏重思维，没有掌握好学习方法和节奏的学生容易有压力大、焦虑等心理，而教室中多样的绿植是亲近自然的缩影，无形中是一副学习压力的"舒缓剂"。在学生的微作文"我最喜欢的颜色"习作中，有位学生这样写道："我最喜欢的颜色是绿色，就是教室里植物枝条的那种青绿色，因为这个颜色代表了我们的青春与活力。倘若要把绿色人格化，那就是平静中透着不服输的一股劲儿。每当我感到困倦差点儿在课堂上打瞌睡的时候，每当我解题没有思路，烦躁不安的时候，我就会抬头看看窗边的那抹绿色，这是我静心的力量和希望的模样。"

十几岁的孩子正是处于成长的矛盾期，一方面想追求个性以彰显自己的独一无二，另一方面又想融入集体，受人欢迎，因此班级团结是文化建设中的难题之一。在第一次班级文化检查评比时，面对记录的摄像头，负责解说的同学带给了我惊喜——除了教室墙壁上的书法卷轴，展板和后黑板，她还详细地介绍了窗台上的一盆盆花。她说："这些花品种不同，习性也不一样，但都在同一处灿烂地绽放着，相映成辉，就好像来自不同学校的我们，每个人有自己的个性，但我们都在努力地绽放出更好的自己，努力和身边的人一起站成更美的样子。"对这位同学的语言进行分析，能得到这样的信息：教室中盆栽绿植的多样性使她联想到个性差异间的互融共生，她分享出这一想法后也带动了其他同学相关方面的思考，这也许是窗台上花盆数量越来越多的原因之一吧！留心之处，灵感闪动之际，相互包容、团结奋进的班集体便是这样由诸多潜移默化的文化建设凝聚起来的。

心理学家让·皮亚杰提出的"认知发展理论"中指出，个体自出生后在适应环境的活动中，对事物的认知及面对问题情境时的思维方式与能力表现，随年龄增长而改变。高中生的年龄阶段是思维与价值观养成的重要阶段，也是认知发展逐渐趋于成熟完善的阶段，认知能力的培养绝不仅仅限于课堂学习和教师的言传身教。浇花这件看起来很小的事，却培养了孩子们的责任意识，丰富了他们的认知，引导他们关注生命科学。班里的花有很多种，我开始认不全，但是随便找一个同学问他是否知道花名时，便能听到一番绘声绘色的描述："老师您看这个是薄荷，那个是满天星，我最喜欢那盆文竹，但是那些紫叶酢浆草也是很有意思的，它们白天叶片舒展，晚上就合抱起来……"没有人教过他们这些花的知识和习性，但是他们就都不知不觉间观察、掌握了，爱护花草在这里与爱护班级相辅相成，合而为一。每天同学们都会关注是否浇了花，每盆长势如何，在一些时间稍长的假期（比如国庆节、寒假）之前，同学们便自发将不耐旱的盆栽分工带回家，避免它们干涸而死，这无不反映出孩子们对班级的用心。

这里还有个小故事：在秋去冬来，天气转冷的时候，教室开始供暖，窗台就在暖气的上方。同学们逐渐发现仍是按之前的水量浇灌，花儿们却日渐干枯，文竹已经由青转黄，翠绿的薄荷枝叶也变成了黑青色……这些变化引起了同学们的关注，在他们每天呵护，不断琢磨浇水量的一段时间过后，新枝嫩叶又从干枯的老叶中生发出来。那几天不但是同学们开心地互相讨论，连我也觉得很感动——为生命的坚韧，为孩子们这份对生命的关切，为孩子们做事坚持始终的负责态度，为孩子们遇到问题不放弃尝试方法的执着——班级中看似容易被忽略的那抹绿在班级凝聚力和文化建设中的作用也是不可小觑，不可估量！

班级文化建设根据是否能够观测，可以分为"硬文化"和"软文化"两种。所谓的"硬文化"即是显性的文化，物质的文化，比如教室中的布置，前文所论述的窗台上摆放的绿植等。而"软文化"则是隐性的文化，潜移默化地影响着学生的言谈举止和精神面貌，比如班风的价值观取向，班级的团结理念等。在五班除了有绿植的"硬文化"，也有绿植的"软文化"——"班花"荷花和"班草"竹子。

在教育过程中，除了学习，"习得"也是潜移默化的。"习得"在教育学上的概念是指人类文化在被主体消化、积累、运用乃至创造性的发展过程中，人格的心理特性和心理构造得以发生、发展的过程。

高中阶段的孩子认知与生理同时发展，在对于自身形象的定位和与异性同学相处方面，会感到迷茫。健康良好的文化标杆和口号倡导能够"润物细无声"般地促进学生们人格的习得。高一五班基于将学生向淑女和绅士品性和价值观的培养方向出发，将班名确认为"荷风竹节"——取荷花"出淤泥而不染，濯清涟而不妖。中通外直，不蔓不枝，香远益清，亭亭净植，可远观而不可亵玩焉"的形象，来作为女同学的淑女形象的标杆；借青竹"咬定青山不放松，立根原在破岩中。千磨万击还坚劲，任尔东西南北风"的气节来作为男同学绅士、坚韧的模型。因此在教室里除了实体的花草"硬文化"，荷花和竹子的"软文化"在班里也随处可见——教室中两块展板的名字分别是"气贯荷池"和"志盈竹园"，用漂亮醒目的艺术字呈现着，展板间也用同学们剪画的荷花和青竹图案装扮着。

因着荷与竹的形象在历代文人骚客笔下也是常客，同学们借着语文课学习对联写作的契机，创作了多幅与荷花和竹子有关的对联，并由书法好的同学选取了其中的两幅书写后悬挂于教室：一副七言的"苍松茁生君子竹，粉黛吐露淑女荷"，一副五言的"花间淑女荷，目中君子竹"。对联虽不全合平仄，却是同学们明白了其中寓意与寄托的体现。

就这样，高一五班从不缺少绿植。在这里，多样的绿植既是学生们对明日进步的憧憬象征，也蕴含着浓厚的古典韵味；在这里，多样的绿植既是学生们自身茁壮成长的希望，也是班集体多彩青春的辉映；在这里，多样的绿植既是学生们对生命的关爱，也包含了他们对于班级的热爱。这，便对应了实验学校提倡的品质"端庄儒雅、青春阳光"和发展道路"传承、融合、创新、发展"。这，更是形成了高一五班的特色。

四
课题研究报告

通过"学案导学",提高学生数学预习实效性的实证研究[①]

韩红伟　杨晓红

一、课题的提出

"学案导学"教学法是一种新型的教学模式,它旨在通过学生的自主学习,培养学生的自学能力,提高教学效益。所谓"学案导学"是指以"学案"为载体,以导学为方法,教师的指导为主导,学生的自主学习为主体,师生共同合作完成教学任务的一种教学模式。这种教学模式一改过去教师单纯地讲,学生被动地听的"满堂灌"的教学模式,充分体现了教师的主导作用和学生的主体作用,使主导作用和主体作用和谐统一,发挥最大效益。

我们重新审视自己的教学过程,并调查与访谈所教班级的学生,努力查找数学预习实效性不高的原因,认为原因主要来自两个方面:

(一)学生方面

1. 数学预习大多流于形式,只是大概翻一下书,懒得细读与思考。

2. 缺少预习的方法,习惯了被动地等待老师的讲解。

3. 缺乏独立自主的思维,不能提出不懂的问题。

(二)教师方面

1. 教师布置的数学预习作业形式比较单一,不能充分调动学生的积极性。

2. 布置预习作业时没有设计明确的学习目标,造成学生只是机械完成教师布置的作

---

① 本文 2017 年 9 月获北京市第八届"京研杯"教育教学成果一等奖。

业，而不是自觉主动去探究。

3. 预习作业没有涉及学生之间的交流、互动、检查、评比、质疑等环节，制约了学生的发展。

根据学生、老师的上述情况，我们想设计有针对性的、目标明确的数学预习学案，切实提高数学预习的实效性，并最终达到提高数学课堂教学的实效性。

二、研究目的、意义及价值

（一）学生在教师指导下开展预习，完成学案，有效提高课上的听讲效率。

（二）"学案导学"使教师上课更有针对性，符合学生的实际，为学生搭设学习平台，更加有效地进行学法指导与能力培养；促进教师更深入地研究教材与教法，为教学拓宽思路。

（三）把课堂学习内容提前呈现，在学生充分准备的基础上，让数学课堂学习成为一个生生、师生互动，不断生成新知识、新能力的过程。

（四）拓宽研究领域，突出研究特色，推动学校"立人"教育"质疑与反思"落到数学课堂教学中。

三、课题的界定

核心概念的界定："学案导学"

学生根据教师设计的学案，认真阅读教材，了解教材内容，然后根据学案要求完成相关内容，学生可提出自己的观点或见解，师生共同研究学习。这种教学模式一方面满足了学生思维发展的需要，另一方面又能满足学生自我意识发展需要，对学生的自我发展和自我价值的体现有十分积极的作用。而教师则不仅仅是知识的传授者，更重要的任务是培养学生的自学能力、自学习惯，教会他们怎样学习、怎样思考，提高学生分析问题、解决问题的能力。

四、研究目标

（一）学生达到的目标

1. 课前了解学习目标和学习内容，根据学案内容认真进行课本预习。自行解决学案中基础题部分，生疏或难以解决的问题应做好标记，第二天与同学交流或在课堂上向老师质疑。

2. 提出新的思考，在课堂学习中与教师、同学进行交流与思维碰撞，让课堂40分钟可以有重点、有针对性地学习。

3. 课后及时反思，总结学习方法，进行方法与规律的记录和整理。

（二）教师达到的目标

1. 教师先根据学习内容，制定有效的学案，认真指导学生使用学案。经过一定时间的练习，逐步指导学生独立制定学案。

2. 教师预先得到学生的预习反馈，了解学情。（检查学案）

3. 根据学生的实际需要确定教学策略，主动、灵活地处理教材，及时修正教学设计。

4. 数学课堂上精讲多练，优选教学方案，优化教学手段，做到以学定教、教学相长，提高课堂实效性。

五、本课题的研究思路、研究方法

本研究采用行动研究方法。主要对小学数学"学案导学"的方式方法，进行不断地实践、调整、修改，再实践、调整、修改，逐步完善。

（一）钻研教材，设计学案。

（二）课前，学生按要求认真完成学案。

（三）课上，小组合作进行学案交流，反馈。

（四）备课时，教师根据学生交流反馈的情况，及时修改教学设计，课上针对学案中较集中的问题，有针对性地讲解，努力提高数学课堂的实效性。

（五）综合评价学生学习效果，指导学生进行反思与总结。

基本环节：课前预习导学—课堂学习探究—课内训练巩固—当堂检测评估—课外拓展延伸。

六、研究步骤

（一）准备阶段：分析教学背景，研究选题方向，搜集研究信息，确定研究课题。

1. 进行调研，把握问题（访谈学生）。

2. 进行成因与形成分析，确定研究内容与研究起点。

3. 进行问题解决方案设计，完成研究方案。

4. 做好人员分工、材料等准备，并做好实施中应收集的材料内容确定与方法安排。

（二）实施阶段：制定实验的总体方案，进行课题实证研究，形成有效教学策略。

1. 运用调查问卷的方式前测，了解学生关于这个问题的基本情况。

2. 运用"学案导学"的方式引导学生自学，运用课上小组交流的方式，检查预习效果，发现问题。

3. 教师每节课前根据"学案导学"反馈，调整教学策略，设计教学方案。

4. 当堂评测，检验学习效果。

5. 积累相关材料：学案、课堂实录、教学案例、学生体会和感受等。

（三）总结阶段：整理实验材料，总结和汇编研究成果。

1. 后测、对比分析。

2. 整理资料。

3. 撰写报告。

七、研究成果

（一）学生的变化

1. 激发了学生学习数学的兴趣。

"兴趣是最好的老师"，学生一旦对所学的知识有了兴趣，就有了学习的动力，看似枯燥的预习也会变得可爱起来。"学案导学"有效地激发了学生的学习兴趣，让学生的学习精力更加集中。

（1）明确学习目标，不再盲目应付。

以前：数学书预习后干干净净，不会批注、做笔记、提问题。

现在：不仅书上边读边批画，还要写出自己的问题。

例：预习时读书的具体要求。

*通读内容，动手画、圈知识要点，了解主要内容。

*细读内容，理解主要数学知识。列举身边熟悉的事例来理解概念；动手实践来感受数学；大胆尝试解答例题来思考问题；巧用对比来分析关系。

*精读难点内容，思考、标注疑点，这是数学预习的重要一环。

（2）学案将学习的重点前移，规定了预习的内容、方法和要求，在很大程度上满足了学生的好奇心和求知欲。

课题	圆的周长				
课型	学案导学课	年级	六年级	教师	杨晓红
学习内容	北京市义务教育课程改革实验教材数学十一册 p85-88				

学习目标	1. 理解圆的周长和圆周率的意义，推导圆的周长公式，并能正确计算圆的周长。 2. 通过大胆猜想、动手实践、自主探索与合作交流等活动发现和理解圆周长的计算方法。 3. 在探究中体验成功，增强自信心。 4. 结合圆周率的教学，激发爱国热情。
重点难点	通过动手实践、自主探索与合作交流等活动发现和理解圆的周长的计算方法。

（3）课上学习采用的问题式教学、探究式学习，大大激发了学生求疑解困的欲望，学习的兴趣和积极性得到了充分的调动，主动参与成了学生的一大特征。

例：学习圆的周长时，设计的课上小组合作探究，推导出圆周长的计算方法。

交流解惑	1. 合作探究：圆周长与直径的关系 实验：小组合作，用你们喜欢的方法量量组中圆的周长和直径，并填表。仔细分析表中数据，你们发现了什么？ | 测量对象	圆的周长	圆的直径	周长是直径的多少倍
1 一元硬币			
2 光　盘			
3 纸　杯　口			| 2. 认识圆周率。 3. 推导圆周长的公式：圆的周长 = 直径 × 圆周率。
---	---

2. 突出了学生在数学课堂上的主体地位。

《义务教育数学课程标准》指出："学生是学习的主体，是学习的主人。""学案导学"为学生提供自主探索、主动获取知识、分析运用知识的机会。

（1）落实自主探究，不再被动等待。学案呈现给学生的是一系列需要探究的问题，学生必然要想办法去解决，或看书、或实验、或调查等，学生在想办法解决一系列问题的过程中，自然就经历了自主探究活动。

（2）培养学生思维，积极主动思考。学生在解决的一系列问题中，不再是被动地去执行任务，而是要去主动、认真、细致地思考，有利于培养学生良好的思维品质。

（3）有效提高了课上的听讲效率。学生由于课前进行了比较充分的预习，了解了学习的内容，明确了问题，因此，课上可以有的放矢地听讲、学习，对老师讲解的知识产生共鸣，生生间、师生间积极互动，真正成为课堂的主人，有效提高了课堂学习效率。

3. 培养了学生良好的数学学习习惯。

"学案导学"引领学生经历数学学习的全过程，有效培养了学生的良好学习习惯，帮助学生逐步实现由"学会"到"会学"的转变。

（1）读书与思考的习惯。学案中的问题都是围绕课本上的新知识设计的，这样就有利于培养学生带着问题看书和看书后进行思考的良好习惯。

（2）合作与交流的习惯。学生在自学中，一定会遇到一些难以解决的问题，必然想与其他同学进行探索与交流，小组合作交流成为学生的一种自觉行为，避免了小组合作学习的形式主义。

例：学习三角形三边关系时，设计的小组合作探究，发现三角形任意两边之和大于第三边的规律。

交流解惑	探索并发现三角形三边的关系：你们想自己用小棒摆三角形吗？ （1）请每个同学拿出小棒（3厘米3根、6厘米2根、9厘米2根、12厘米2根）和表格。如果用小棒代替线段，请你任选三根小棒，看看能不能摆出一个三角形？将结果记录在表格中，三根小棒的长度要从短到长记录。同桌两人一组，合作完成。			动手探究 组内交流 答疑解疑 老师点拨
	次数	请从短到长记录下使用的3根小棒的长度（单位：厘米）	能摆成三角形打√，不能摆成三角形打×	
	1			
	2			
	3			
	……			
	（2）学生动手操作，合作交流。 （3）学生汇报摆的结果。 （4）发现规律：三角形任意两边之和大于第三边。			

（3）质疑与反思的习惯。学前提出问题，课上探究问题，带着问题认真听讲、合作探究，课后总结学法，反思自己的学习过程，不断提高质疑与反思的能力，逐渐养成良好的习惯。

（二）教师的变化

1.更加全面地了解学生。

"学案导学"可以让教师在课前对学生的知识水平、认知心理、学习态度、可接受程度、环境影响等有了更加全面的了解，使教学有的放矢，更有针对性。

例：五年级《运用多种策略解决问题》这节课，我们共设计了四个具有真实性和挑战性的问题，目的是引导学生以问题解决为任务，激发学生学习的内在动力，产生对解决问题策略的需求。前测：鸡兔同笼，有10个头，32条腿，鸡兔各几只？

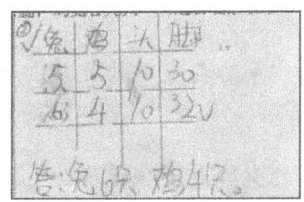 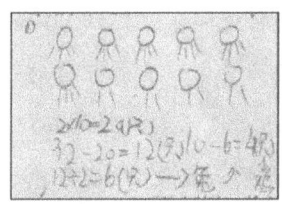

五（3）班 41人	方法	列表法	画图法	方程法	假设法
	人数	33人	23人	5人	24人
	百分比	79.09%	50.47%	11.63%	52.14%

通过预习和完成学案，我们发现学生已具备一定的相关经验和技能，会用画图、列表等方法解决一些简单的实际问题。列表法掌握较好，而方程的方法问题较大。我们根据学生已有的知识水平研究制定出新的教学目标：（1）让学生在解决问题的过程中，进一步体会和运用相关解题策略解决问题。（2）使学生进一步积累解决问题的经验，获得解决问题的成功体验，增强解决问题的策略意识，并能主动寻找解决问题的有效方法。

2.更加深入地研究教材。

根据学案上反映出的共性与个性的问题，教师要深入研读教材，进行二次备课。

（1）除研究教材内容所占的地位、整体结构、主要线索、纵横联系，把握住知识点，更要关注如何利用学案帮助学生形成知识链，构成知识网。

（2）除钻研教材编写者的意图，把握住重点、难点，更要设计学案中的训练点，实现学用结合。

例：红绿两根同样的跳绳，剪去红跳绳的 $\frac{2}{7}$ 米，剪去绿跳绳的 $\frac{2}{7}$。剩下的部分相比，下面说法正确的是（　　）。

　　A.红跳绳长　　B.绿跳绳长　　C.长度相等　　D.无法比较

学生在解决这类问题时遇到困难，怎样设计训练点，帮助学生跨越这道难关呢？

我们把学过的设数法作为解决策略：设跳绳长度为1米，大于1米或小于1米时，分别计算出红绿跳绳剩下部分的长度，再进行比较。

指导学生运用画图的方法，用线段图表示出题意，将抽象的语言文字转化为形象的图形，便于理解题意，找到解决问题的办法。学用结合，教师为学生搭建好桥梁。

（3）除把握住教材内容的深度、广度，更要针对不同层次的学生需求，因材施教，精心设计分层练习，满足不同程度的学生的学习需求。我们按难易程度设计星级作业，学生根据自己的能力有选择地完成。

例：《圆的周长》一课的分层练习

* 一颗星基本题：直接运用所学知识解决问题。

* 圆形花坛的直径是 4 米，花坛一周的长度是多少米？

* 摩天轮的半径为 5 米，坐着它转动一周，大约在空中转过多少米？

** 两颗星变化题：灵活运用所学知识解决问题。

** 绳子绕树一周的长度是 251.2 厘米，树的直径是多少厘米？

** 汽车车轮的外直径为 1 米，每分钟旋转 100 周，车站到学校要行 8 分钟，车站到学校距离多少米？

*** 三颗星思考题：需要综合运用学过的知识解决问题。

*** 如图所示，求 A、B 两条小路的长度（单位：米）。

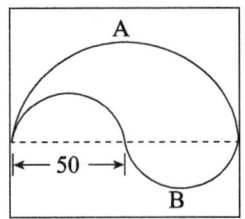

（4）除关注如何让学生真正参与学习的全部过程，更要把握住课内知识向课外的拓展与延伸。

3. 更加关注学生的学习过程。《义务教育数学课程标准》提出"……学生应当有足够的时间和空间经历观察、实验、猜测、计算、推理、验证等活动过程。"

＜教学实录＞

感受几何之美

师：我们在学案中复习了长、正方形面积的计算方法，那就请同学们大胆地猜一猜平行四边形面积的计算公式是什么？并且说一下为什么这么猜？

生 1：我猜平行四边形面积的计算公式是"底×邻边"。长方形的面积是"长×宽"，也就是两个邻边相乘，我认为平行四边形的面积也可能是两个邻边相乘，所以我猜"底×邻边"。

师：有道理。老师把它写在黑板上。（板书：底×邻边）

生 2：我猜平行四边形面积的计算公式是"（底＋邻边）×2"。

师：你能说一下理由吗？同学们对他的猜想有意见吗？

生 3：这是求的平行四边形的周长，而不是求它的面积。

师：刚才那位同学还坚持你的猜想吗？其他同学还有不同的想法吗？

生 4：我猜平行四边形面积的计算公式是"底×高"。我沿着平行四边形的高把它剪下来，再移到右边，正好拼成一个长方形，所以我就猜"底×高"。

师：有头脑。咱们把它记录下来。（板书：底×高）同学们还有不同的想法吗？这些猜想一定正确吗？下一步该怎么办呢？

生：验证。

接下来，同学们动手剪一剪，拼一拼，想一想，再分成小组合作交流自己的验证。最后全班讨论，推导出计算方法，进行练习。

这样的设计更好地关注了学生的学习过程，不是被动接受，而是主动探究。

4.更加全新多样的评价方式。

评价内容有对学生完成学案的评价，对学生课堂表现的评价，对学生小组合作交流的评价，对学生知识掌握的评价等。评价方式有自我检测、课上巩固练习、当堂评测、小组评价、家长评价、教师评价、阶段测验等。

数学课堂观察表

时间_____ 授课教师_____ 听课教师_____

观察对象	观察内容	观察点	观察情况记录
学生	倾听	倾听老师讲课	①80%以上的学生能倾听老师讲课，有些人还能做笔记、提问等。	
		②60%至80%的学生能倾听老师讲课，有些还做笔记、提问等。	
		③60%以下的学生能倾听老师讲课，但是很少有人做笔记、提问等。	
		倾听同学发言	①80%以上的学生能够倾听同学的发言，并能补充。	
		②60%至80%的学生能倾听同学发言。	
		③60%以下的学生能倾听同学发言，有些人不礼貌地打断他人说话。	
	表达	①不能完整清楚地说出思路。	
		②基本能清楚地说出思路。	
		③能清晰完整地说出思路。	
	理解	①不能完成课堂检查评估。	
		②基本能够完成，但有问题。	
		③能够正确迅速完成检查评估。	
	提出问题（质疑）	①能提出和计算有关的问题。	
		②能提出与算理、算法有关的问题。	
		③能提出拓展提升的问题。	
	实践操作	①不能完成相关的操作活动。	
		②基本完成相关的操作活动。	
		③能很好掌握要领，完成操作。	
您的总体印象（请您具体提出几点）			

您的意见与建议（请您具体概括几点）	

（三）其他方面的变化

我们并不是专业的科研人员，但我们在区教科研专业老师的带领下，边摸索边总结边实践，看书、上网、查资料、共同交流，不知不觉中，周围的老师、我们的学生、家长都发生了可喜的变化。

1. 形成了浓厚的教研氛围。

开始，学案只在两个班级做实验，当一段时间过后，同组的老师们明显感受到学生的变化，都主动要求用学案帮助学生预习。老师们下课轮流编写学案，在一起就交流好点子、好题型。就这样，我们的课题研究带动了组里的其他教师，使大家能够深入课堂教学，形成浓厚的研究氛围。

2. 班级建设更出色。

良好的学习氛围，主动的探索精神，使学生的学习成绩稳中有升，在单元检测和全区五年级抽测中取得优秀的成绩。同时，班集体的凝聚力不断增强，参加学校的各种活动均取得骄人的成绩，获得优秀班集体和精神文明班等荣誉称号。

3. 家长更积极主动配合学校工作。

良好成绩的取得获得家长们的一片赞誉，使他们更加关心学校的教育、关心孩子的学习。我们把家长请进课堂，参与我们的教育和教学活动，参与到班级的建设中来。他们给我们出主意，想办法，家校形成合力，更好地促进了学生的成长！

家长来信

> 杨老师您好：
>
> 　　我是武豪的父亲，今天收到了来自十二中的录取通知书，孩子终于考上梦寐以求的初中，我们全家都沉浸在无比的喜悦中！由衷地跟老师说一声：谢谢！谢谢您和韩老师对武豪的教育和培养！
>
> 　　四年级时，您和韩老师开始教孩子。在生活上，您对武豪无微不至地关心，让他每天把上学当作一件特别高兴的事。我更想说的是，在您们的教育下，孩子逐步养成很多很好的学习习惯，掌握了不少好的学习方法，特别是在数学的学习上，当然成绩也有了明显的提高！……

八、课题研究的思考及展望

"学案导学"使学生不再像以前那样等待老师"奉送真理",而是创造性地精心自主探索。在"学"中"创",学会学习,学会思考,这种迥异于缺乏引导的传统教学过程的教学方法,促进了学生的自主发展,提高了学习效率,使学生的数学学习更有实效性。课题的研究培养了学生质疑与反思的能力,让我校"六习进课堂"进一步深化,师生受益。

(一)面对取得的成绩我们又陷入深深的思考

1. 由于学生的年龄限制以及数学学科本身的特点,数学学案目前大部分由老师编写,学生完成。怎样调动学生的积极性,让他们能主动参与到学案的编写中来?

2. 目前我们研究出的学案还没有形成系列,缺少我们自己鲜明的特色。

3. 学案的设计怎样更好地与课堂教学衔接,怎样使它更有实效性、可操作性,让它更好地促进课堂教学?

(二)我们的展望

1. 在教师的指导下,成立数学研究小组,带动部分学生参与到学案的编写中来。

2. 进一步钻研教材,先以一册教材为突破口,尝试编写系列的学案,并不断改进,突出学案的针对性和趣味性,使其更符合孩子的年龄特点。

3. 对学生的学案要进行及时的反馈和整理,要深入了解学情,根据学生的实际需要进行复备课,优选教学方案、优化教学手段,让学案更好地服务于课堂,不断提高数学课堂教学的实效性!

运用正向激励提高数学课堂
教学效率的研究报告[①]

佟铁红

一、研究背景

(一)理论依据

教育学家第斯多惠曾说:"教学的艺术不在于传授本领,而在于激励、唤醒、鼓舞。"所谓激励,是指激发人的动机的心理过程,通过激励使人在某种内部或外部刺激的影响下,始终维持在一个兴奋的、积极的状态之中。2011年教育部重新修订的《义务教育数学课程标准》明确指出:"对学生数学学习过程的评价,应该考察学生是否积极主动地参与数学学习活动,是否乐意与同伴进行交流、合作,是否具有学习数学的兴趣。"因而,在课堂学习的过程中,教师应经常利用正向激励激发学生的学习积极性和创新思维,有效地促进学生朝着既定的学习目标迈进。

北京市在改进教育教学工作中指出:教师要关注对学生个性爱好的诊断与发现,要善于发现和诊断学生的优势,要求教师鼓励学生,激发学生的潜能。这和本课题运用正向激励创设高效课堂吻合。

(二)实践依据

作者任教的学校是一所集小学、初中、高中为一体的十二年一贯制学校,是北京市唯一一所中国教科院直属学校,市级科研先进校,学校成绩在所在区名列前茅。作者在小学高年级部担任两个教学班的数学老师,每个班有学生四十名左右。其中一班学生上课时积

---

① 本文2016年6月获北京市第五届"智慧教师"教育教学研究成果一等奖。

极性不高，对数学不感兴趣，作业效率低。其中小明和小刚由于基础较差，对数学学习有抵触情绪，还有一个女生小柯虽然比较听话，但由于个性比较内向，对数学学习没有一点信心。我认为在课堂上运用激励能提高学生对数学的兴趣，提高学生的积极性及教学效率。

二、课题界定

（一）核心概念界定

正向激励：正向激励是对人的行为进行正面强化，使人以一种愉快的心情继续其行为，并进一步调动其积极性，一种是物质奖励，另一种是信任、表扬、提拔等精神奖励。美国心理学家和行为科学家斯金纳（Burrhus Frederic Skinner）等人提出强化理论，也叫操作条件反射理论、行为修正理论。斯金纳区分了两种强化类型：正强化（positive reinforcement，又称积极强化）和负强化（negative reinforcement，又称消极强化）。当在环境中增加某种刺激，有机体反应概率增加，这种刺激就是正强化。

高效课堂：高效课堂就是用较少的时间产生更好的教学效果。更好的教学效果可以从以下两个方面来体现，一是效率的最大化，强调的是在单位时间内学生的受益量，二是效益的最优化，强调的是学生受教育教学影响的积极程度。

（二）研究内容

1. 正向激励机制是对人的行为进行正面强化，使人以一种愉快的心情继续其行为，并进一步调动其积极性。

2. 新的课程理念着力引导教师的正向引导和学生的自主探究，使教师的主导作用和学生的主体地位真正落实。

3. 正向激励力求在愉快的氛围中通过自主探究真正理解和掌握基本的数学知识与技能、数学思想与方法，获得数学思维的发展。

三、研究对象及研究方法

（一）研究对象：六年级学生

（二）研究方法：行动研究法

四、研究过程

（一）确定研究课题，进行理论学习，查找资料，制定研究方案（2015年9月）

1. 组织高年级数学教师开会，拟定实施计划。

2. 查找相关资料，进行理论学习。

3. 制定研究方案。

（二）调查学生不发言的原因（2015年10月）

1. 制定问卷（学生问卷和教师问卷）。

2. 在学生中做问卷调查。

3. 在教师中做问卷调查。

（三）根据调查问卷课题组教师集体制定实施办法（2015年11月）

1. 教师改进的方面。

2. 对学生的要求。

（四）根据制定的实施办法进行课堂教学（2015年11月—12月）

1. 课前实施。

2. 新授课中实施。

3. 复习课中实施。

4. 家庭作业中实施。

五、研究实施

（一）通过化淡妆、面带微笑，从形象上为高效课堂做铺垫

从注重自身形象，提升教学时老师个人状态入手。在上班时简单地化淡妆使个人看起来精神饱满。走进班级时面带微笑，表现出对教学活动充满信心。通过仪表和一举一动，传递给学生正能量。小柯同学在一篇作文《我的老师》里写道："数学老师佟老师走进来时，如带进了徐徐春风，令人神清气爽，让我精神倍增。"

从学生的描述里我看到了着淡妆、面带微笑，给孩子留下的印象是正面的，为接下来的高效课堂做好了铺垫工作。

（二）课前5分钟调动学生积极性

每天课前5分钟，由学生把课前找到的和教学内容相关的好题推荐给其他同学。每天一位同学推荐一道题，需在课下计算时间练习讲解，课上要用5分钟时间讲解完。其他同学针对出题的难易程度及讲解的清楚程度打出几颗星，最多5颗星，并把出题人的名字及出的题记录在本上。

（三）从课上小组起队名喊口号，小组合作的方式激发学生的合作意识、竞争意识和主动探索的能力

长久以来，教师喜欢将"指导""控制"学生作为自己的神圣使命，似乎教师的作用就是传授知识、传递知识，学生理所当然地在教师的控制之下接受种种要求和指令。我们往往忽略了一个事实，教师对学生控制过多带来的是学生疏于思考且不会思考。具有革新意义的教学策略是由美国学者罗杰斯倡导的淡化教师"指导""控制"意识的"非指导性教学"。有人对罗杰斯的教学过程进行了观察并作出了报告：他的课程是完全不拘形式的。任何人甚至教师也不知道下一分钟教室里会出现什么局面，会对哪一个题目展开讨论，会提出哪个问题，哪些人的需要、感情会宣泄出来。这种无拘无束的自由气氛是由罗杰斯本人创造的。在这里，人们享受到人类相互给予的一切自由。在我们现行的制度化的班级教学中，罗杰斯的"非指导性教学"似乎激进了一些，但它的意义在于，它提醒那些"自以为是"的教师在努力忙于"指导"和"控制"学生的创造性活动的同时，是否该考虑转换视角、改变立场。

因此，让学生自己起队名喊口号，以小组合作的方式学习，从而让学生建立自己的归属感，激发孩子们的潜能。四人的职责明确：主持人负责主持探究活动整体策划，记录员负责整合每位同学的数学方法，纪律负责人负责探究的过程中提醒组内说话的音量和阻止与探究无关的事情发生，发言人负责本组对外发言。每节课都围绕学习内容组织探究活动。

（四）信任、表扬学生，以提拔学生当小干部等精神奖励机制激发学生的潜能

每个月评一次奖，用鼓励的语言和同学交流数学知识占30%，自主做思维训练题成绩占30%，单元试卷成绩占40%，取班级前八名，教师进行物质奖励并提拔成本月小干部。每月一次，极大地激发了学生的学习愿望，尤其是主动学习的积极性得到提高。

（五）引入思维导图，培养良好思维习惯

通过课后用思维导图及学生自己出题的方式，梳理数学知识，让学生养成良好的思维习惯，确保高效课堂的效果。

用思维导图勾连已学知识和新学知识之间的联系。每节新课上课之前，请同学们根据本节课的学习任务推想可能用到的已学知识，再根据课题提出想学习的内容，并确定学习内容，在学习过程中勾连新旧知识之间的联系，并做出思维导图。

六、研究的成果及分析

（一）增强了学生学习数学的兴趣

1. 学生提高了参与课堂教学的积极性。

学生理解了老师教的目的是为了让学生学会。通过正向激励机制，师生间的心理距离越来越短，学生也敢于表达自己的观点，回答错的时候能正确看待，所以能完整地、有创造性地表达自己的想法了。正向激励要注重小组合作团队学习机制建设，在角色上进行了大胆创新，使每位同学都成为合作学习的主人。这种机制创新，超越了个体接受式教学范式，走向了团队发现和团队成功的学习方式，为小组和班级全体成员的合作成功搭建了良好的学习平台。

在一节课的展示交流环节，根据创设情景部分，把三块月饼平均分给四个小朋友，每个小朋友得到多少块？进入主题，是本节课的难点，负责板书的同学，不能直接得到答案，我提示她请下面的同学帮忙，根据你的理解把你认为正确的结果写出来，3÷4=（ ）块。学生不知道哪个答案正确，我及时帮助，如果我们不确定每个小朋友分到几块月饼，那就赶快拿出你准备好的3张圆形纸片代表三块月饼，组长负责收集本组同学的分配方案，带领本组同学分月饼，看看每个同学到底得到几块月饼，分法最简洁、最巧妙的组到前面来展示。在学生最需要找到解决办法的时候，让学生通过小组合作共同想办法，学生都特别积极主动地去找办法，都特别想让自己组最先找到办法，大大促进了学生的学习积极性。

2. 学生的成绩得到了提高。

有了正向激励机制，学生能主动参与到课堂讨论中来，敢于表达自己的见解，成了自己学习的主人，课堂讨论环节越来越热烈了，学生善于思考了，考试成绩提高了。在第一学期期末考试中，一班数学平均分提高了5分，在年级排名前进了两名。

3. 学生自我总结出了好的方法，提高了学习能力。

学生的内在潜力被激发出来了，好胜的特性每个孩子都有，都不甘落后，你追我赶的氛围就形成了，同学们找到了属于自己的学习方法，学习能力得到了提高。比如对数学学习有抵触情绪的小明，有争强好胜的心理，在推荐和讲解习题的环节，老师布置任务让他上台讲，他提前几天就开始做准备，让家长把题和解题方法教给他后，还反复练习，课下偷偷地找小伙伴给他们讲，看他们是否还有问题。小明讲题的那天，大家一致认为讲得很好，还获得了老师的奖励。一下子他学习数学的兴趣就上来了，而且他把与同学交流作为一种非常好的学习方法坚持了下来，提高了学习能力。

（二）教师的教学、科研能力得到提高

1.更加认真研究教材与学生。

有了学生和教师的倾心交流，以及学生爱的表达，教师也更愿意钻研教材。为了得到学生的认可和达到自己预期的目的，每周都会做一节录像课，把自己上课的内容录下来，对照着预期要求修正自己的问题；为了让学生更能明白所学内容，找到利于孩子接受的方法去研究。在师生关系方面，不是上对下的长幼关系、授受关系，而是真正意义上的民主、平等、人文和谐的发展关系。师生为了共同的目标而相互合作，相互帮助，追求的是一种真学习。《分数与除法关系》这节课，首先创设了中秋节4个小朋友分月饼的情景，请同学们提出数学问题，把8块月饼平均分给4个小朋友，每个小朋友得到几块月饼？再请另外一个同学回答，请第三位同学到黑板上板书出除法算式，接着继续换情景，请写板书的同学向课堂上的其他同学提问，她负责板书，像老师一样也可以让同学之间互相点评。在此过程中最低要求，孩子参与到课堂中来了，另外敢于在课堂上发表自己的观点，不怕出问题。

2.在每个教学环节提出什么样的问题做到心中有数。

每个环节提出什么问题，适合什么样的孩子回答，教师在研究的过程中都会尽力去思考。有了研究的课题，教师对细节的要求也会更高。

搭建解放学生，让学生成长为问题解决的主人的平台。注重学生学习能力的培养，尤其是自主学习能力、合作探究能力、问题发现生成能力、问题解决能力等。将学习还给学生，将方法教给学生。在学本课堂中，因师生关系得到了根本性的改善，学生在"不怕"的氛围中学习，身心得到解放。在这种愉悦真实的学习环境中，人人成为问题解决的主人，也就成为学习的主人。

3.更加关注学习过程，注重思维培养，增强效果反馈。

根据学科特点，数学主要教孩子学会思考，体会数学思想方法。这些都是在孩子学习过程中培养的，因此教师会想办法关注孩子学习过程，看是否实现了自己当初的预期。

以《分数与除法的关系》这节课为例，过程中我请最先分出来的组长带领组员到前面给大家展示他们分月饼的情况，一个组长带四个组员，组长负责剪纸片，四个组员作为分到月饼的小朋友，说出自己得到多少块月饼，分工明确。在组长平均分月饼的过程中，两只手忙不过来，我作为学生的帮手及时出现，帮忙拿剪下的月饼，并提示组长问每个小朋友得到几块，学生说把3块月饼看成单位"1"，平均分成了4份，我得到了其中的1份，我得到了1/4。此时正是分数作为部分与整体的关系的知识体现，需要和具体的量相匹配。此时我追问，3块的1/4，到底是几块呢？快把你们得到的月饼拼一拼，看看够1块吗？如果不够，应该是几块呢？学生按老师的要求把得到的月饼拼到一起，很快告诉大家是 3/4 块，此时，同学们独立完美地把 3 块的 1/4，和 1 块的 3/4 都表示 3/4 块结合在一起，如此在生本课堂的氛围中攻克本课难点，顺利进入到找分数与除法的关系上，让我充分感受到学习真的是学生自己理解到位了，要学习的知识自然就生成了。在单位时间内完成学习任务，这种以交流展示为主线的对话拉动了每个学生的思维系统，激活了每个学生的思维潜能，培养了学生的学科思辨能力，最终使每个学生都能够能言善辩，富有较强的语言表达能力，给每个学生搭建了思维绽放的平台。

4. 撰写科研论文。

有了研究课题，老师就要对自己每阶段的成果进行总结汇报，撰写论文也是研究的需要，也就顺利成章了。

（三）学校和家长感受到好的变化，创造了更好的外部环境

1. 得到学生和家长的一致认可。

学生通过写纸条的方式说："我很喜欢您，不知是您前卫的教学方法吸引了我，还是您慈祥温暖的话语鼓励了我，每次上您的课时间总是那样快。您每次的课前十分钟是我最认可的地方，也是我最欣赏的地方。虽然我这次与自己比成绩并不成功，可谁又能说下次不能成功呢？"

还有同学这样写道："在这半年来您教会了我许多知识和学习的方法，我十分喜欢您。我认为您开设的思维导图对我的帮助非常大，让我将已经学过的知识在脑中有了个构思，望您下学期继续保持。"

有同学还反映："您教学方式很好，对我数学帮助很大。而学习知识需要举一反三，这也是您一直强调的。六年级上学期我的进步很大，谢谢您带领我年轻的灵魂遨游在数学的世界里。"

除了学生表达了自己对老师的认可外，有的家长也专门在微信、电话或者当面肯定了老师正向激励机制对孩子的激励作用，充分认可了老师的努力。

2. 得到学校的认可和支持。

通过此课题研究，学生学习积极性提高了，学生成绩提升了，课题组获得了学生、家长的认可，也得到了学校的大力支持，带动了年轻老师探索高效课堂的愿望。

七、问题与思考

这项研究让我们的课堂教学更有时效性，教学达到了事半功倍的效果，同时也提高了我们自身的素质，我们觉得现在的课堂不再是死气沉沉，而是十分热烈。老师认真地教

学，学生有兴趣地聆听。课堂是和谐的，有效的。学生在这样的课堂教学中，不断收获着知识，提高着能力，发展着思维，开阔着视野。但是我们也发现，学生有时候还是有反复，可能会懒散下来，不那么自觉了。所以，本课题的研究我们几位老师还是会继续的。接下来我们会结合我校的"立人教育"继续对"正向激励机制下的高效课堂的研究"这个课题进行更为深入的研究，进一步高效推进"六习进课堂"，进而培养学生主动探究的能力。

教师自立式发展路径 (二)

肖春园 李晨辉 主编

学苑出版社

图书在版编目（CIP）数据

教师自立式发展路径/肖春园，李晨辉主编．－－北京：学苑出版社，2020.7
ISBN 978-7-5077-5969-3

Ⅰ.①教…　Ⅱ.①肖…　②李…　Ⅲ.①师资培养—研究　Ⅳ.① G451.2

中国版本图书馆 CIP 数据核字（2020）第 127822 号

责任编辑：任彦霞
出版发行：学苑出版社
社　　址：北京市丰台区南方庄 2 号院 1 号楼
邮政编码：100079
网　　址：www.book001.com
电子信箱：xueyuanpress@163.com
联系电话：010-67601101（销售部）　010-67603091（总编室）
印 刷 厂：北京虎彩文化传播有限公司
开本尺寸：787×1092　1/16
印　　张：44.50
字　　数：846 千字
版　　次：2020 年 7 月第 1 版
印　　次：2020 年 7 月第 1 次印刷
定　　价：120.00 元（全两册）

目 录

一 四届实验杯案例

一代人的情感之殇
　　——解读《这是四点零八分的北京》……………………………… 王　惠 003
"水调歌头"教学设计"六件套"……………………………………… 张聪艺 007
利用资源优势　活化哲学课堂
　　——以"实践是认识的基础"教学为例 ………………………… 杨　咏 016
浅谈互文阅读在"白杨"教学中的运用 ……………………… 陈文玲　韩红伟 020

二 国市区竞赛案例

"伏尔加船夫曲"教学设计 …………………………………………… 陶陵宇 031
"扇形统计图"教学设计 ……………………………………………… 黄春燕 048
"Unit 8 Revision Lesson 27"教学设计 ……………………………… 管芳芳 054
北京版小学英语四年级下册"Unit Five Is May Day a holiday?"(3)教学设计…… 徐　娜 061
"吴昌硕的书画和篆刻"教学设计 …………………………………… 贺思麒 069

三 期刊发表的案例

"信用工具和外汇"教学设计 ………………………………………… 王　莉 079
"化石为进化提供直接证据"的教学设计与实施 …………………… 邢若虹 087
"Module 4 Unit 3 A Taste of English Humor"教学设计 …………… 吕淑红 094

四 日常课优秀案例

"用转化思想解决体积问题"教学设计系列 ······ 佟铁红 103

"再认识氮的循环"教学设计系列 ······ 杨巨峰 117

人教版必修3第一单元阅读"Festivals And Celebrations"教学设计系列 ······ 马 阳 125

基于化学学科素养的高三化学复习
　　——以实验专题复习为例 ······ 杨 阳 133

核心素养导向的化学微项目式教学的初步探究
　　——以"我是侯德榜""水溶液中离子平衡"复习课为例 ······ 朱轶飞 138

五 青研班教学案例

"减数分裂核心概念的构建"教学设计系列 ······ 成立曼 145

"一次函数的性质"教学设计系列 ······ 马 静 152

"机械能守恒定律"教学设计系列 ······ 徐 芸 174

"数列专题复习"教学设计系列 ······ 王 敏 180

"人大代表：肩负人民的重托"教学设计系列 ······ 杨 咏 188

"图形的变换"教学设计系列 ······ 佘 文 197

"Lesson 7 Chinese New Year（I）"教学设计系列 ······ 刘 燕 204

"函数的单调性（2）"教学设计系列 ······ 骈建伟 213

《师说》与《续师说》互文阅读教学设计系列 ······ 徐 晓 219

"《论语》仁之本——孝"教学设计系列 ······ 张聪艺 232

"流体力学专题复习"教学设计系列 ······ 姜汉新 237

第四单元 第1课时"资本主义时代的曙光"教学设计系列 ······ 李 贵 242

情境化教与学在中学生物学课堂中的运用 ······ 成立曼 250

"铁及其化合物"（第3课时）教学设计系列 ······ 李秋燕 252

"方程思想在几何中的应用"教学设计系列 ······ 刘宝军 260

"新时代的劳动者——我看就业"教学设计系列 ······ 那立媛 270

"地图和地图的方向"教学设计系列 ······ 王素慧 278

"三峡"教学设计 …………………………………………………… 张　晶 295
"书愤"教学设计系列 ………………………………………… 徐灿辉 299
"国家财政"教学设计系列 …………………………………… 王雅君 322
"电能的输送"教学设计系列 ………………………………… 毕海星 328
"多用电表的原理与使用"教学设计系列 …………………… 毕海星 335
"测量电源电动势和内阻"教学设计系列 …………………… 何京华 342
"4.2 探究液体压强"教学设计系列 …………………………… 由军平 349
"立体几何中的向量方法（1）"教学设计系列 ……………… 李雅萍 357
"植物生长素的发现"教学设计系列 ………………………… 惠　婕 369
"Unit 5　Now and Then 复习课"教学设计 ………………… 王　妍 381
人教版 M5U1 "Great scientists–Reading & Speaking" 教学设计系列 ………… 王晓静 385

一
四届实验杯案例

一代人的情感之殇[①]
——解读《这是四点零八分的北京》

王 惠

食指在写《这是四点零八分的北京》之前,写过一首《送北大荒的战友》,"不是带走思恋和痴情的白帆渐渐远逝/也不是普通列车满载旅客奔送关东/是时代的列车向着光辉的未来前进/是党的血液沿着钢铁的动脉奔腾/所以不该也不能用眼泪为你们送行/而应该鼓起一阵又一阵的掌声/因为这是鼓励一个初步的儿童/迈开步伐走向光辉壮丽的前程"。这首诗基调昂扬、催人奋进。命运弄人,食指也成为了上山下乡的一名知青,在他离开家乡北京去往插队的山西杏花村的列车上,他写出了打动人心的《这是四点零八分的北京》。这首诗终于没被时代所裹挟,而是在时代洪流中发出了自己内心真实的声音,这是一代人的情感之殇。读之至今让人感动,也会让人永远动容。《这是四点零八分的北京》是对车站离别的场面描写,这不是"死别",但却是甚于"死别"的"生离",知青甚至连户口都要迁到下放地,谁能把握明天?诗歌一共7节,总共描写了6个生离的场面。1节:刺耳惊心的生离;2节:突兀不知的生离;3节:刺心疼痛的生离;4节:突然醒悟的生离;5节:卷走车站的生离;6、7节:唯恐失去的生离。诗歌第1节"这是四点零八分的北京/一片手的海浪翻动/这是四点零八分的北京/一声尖厉的汽笛长鸣"突出强调"四点零八分的北京"。

鲁迅先生在《纪念刘和珍君》中写道,"中华民国十五年三月二十五日,就是国立北京女子师范大学为十八日在段祺瑞执政府前遇害的刘和珍杨德群两君开追悼会的那一天,我独在礼堂外徘徊,遇见程君……","我在十八日早晨,才知道上午有群众向执政府请愿

[①] 本文 2018 年 4 月发表于《语文建设》。

的事；下午便得到噩耗，说卫队居然开枪，死伤至数百人，而刘和珍君即在遇害者之列。"恩格斯在《在马克思墓前的讲话》中写道，"3月14日下午两点三刻，当代最伟大的思想家停止思想了。让他一个人留在房里还不到两分钟，当我们进去的时候，便发现他在安乐椅上安静地睡着了——但已经永远地睡着了。"中华民国十五年三月二十五日为刘和珍君开追悼会、3月14日下午两点三刻马克思逝世、四点零八分食指离开北京，这都是作者清晰刻下的具体时间刻度，意在突出强调这个时刻是自己一生最刻骨铭心的时刻。

诗歌第3节"我的心骤然一阵疼痛，一定是／妈妈缀扣子的针线穿透了我的心胸／这时，我的心变成了一只风筝／风筝的线绳就在妈妈的手中"，不由得让人想起孟郊的《游子吟》，"慈母手中线，游子身上衣。临行密密缝，意恐迟迟归"。因为要离家，所以母亲会在这之前把所有的衣服准备好，这是一份沉甸甸的母爱。这节里讲到母子间的相互牵挂。"穿透"一词写尽了离别时的痛苦、揪心乃至扎心。多年后，作者食指回忆道，"小时候，衣服扣子掉了，母亲给我缀扣子时，我穿着衣服站在母亲面前，母亲把扣子缀好了，就把头俯在我的胸前，把线咬断，这是印在我脑子里非常深的印象。临走的那天，母亲又给我钉了扣子，是将扣子加固。母亲没有去车站，只有妹妹丽娜一人去送我们。以后才知道，那天父亲也去了火车站，只站在远处望着。我们走的那天，全家没吃晚饭，连灯也没开。"多年后的回忆印证了1968年12月20日车站离别的场景。面临离别，政治神话褪去光彩，展现出来的是最真实的生活场景与最真实的情感和人性。同时可以看出，诗歌和回忆中叙述的表达有所不同，"穿透"运用拈连修辞造成了语言陌生化的效果，这正是诗歌语言的特质之一。"穿透"的本来是扣子，作者写成"穿透"了心胸，"拈"得自然，"连"得贴切，凝练而又深刻地写出了深厚痛苦的情感。这种母子间痛苦的情感不只是食指一个人的，他代表了当时离别的知青们。"我从人头攒动的缝隙中望见了妈妈，她正躲在水泥柱子后面，用手帕捂着嘴，呆呆地朝着我在的方向望，红肿了好多时的眼睛没有泪水，我是她所送别的第二个儿子，过几天，又要送三儿子奔赴山西。她到了欲哭无泪的程度。可是，就在我和妈妈的眼光相碰撞的瞬间，妈妈霎地抛掉手帕，折转身去，一头冲进人群，朝站外跑去。我想，不这样她的精神真要彻底崩溃了！"这是一段他人的回忆，食指的诗写尽了知青们和妈妈们痛苦的情感。

诗歌第5节"一阵阵告别的声浪／就要卷走车站／北京在我的脚下／已经缓缓地移动"是夸张和错觉描写。"卷"是夸张，说明要走的人不舍得北京，不舍得他们的亲人；去送站的人也不舍得他们即将要离开的亲人。相互不舍的情绪交织在一起，人们声嘶力竭发出震耳欲聋的嚎哭声，这嚎哭是内心的无助和痛苦的宣泄。"随着一声催人上车的长铃，送人的和被送的人们抱得更紧，哭声，确切说，是嚎声，像突爆的巨雷一下子撼动整个火车站。锣鼓乐手们把他们手中的家什的音量搞到了极限。高音喇叭里《大海航行靠舵手》的歌声被调到最大音量。但仍被这站台上的上千人和站外的数万人的哭嚎声吞没了！"他人的回忆证明了告别声浪之大，人们的痛苦之深。"北京在我的脚下／已经缓缓地移动"是错觉描写。"错觉指在特定条件下对事物必然会产生的某种固有倾向的歪曲知觉。错觉不同于幻觉，它是在一定条件下必然产生的正常现象。"不说火车"移动"，而说北京"移动"，错觉描写突出"我"被时代大潮裹挟而走、正离开北京妈妈。北京"移动"像是在说北京离开了，"我"被北京抛弃了，失落、孤独而痛楚。这种错觉中的虚写用笔，我们还可以通过洛夫的《边界望乡》欣赏："一座远山迎面飞来／把我撞成了／严重的内伤"，"撞"是错觉虚写，写出了久已不见的故国之山猝不及防进入作者的望远镜，作者既爱这山又因太久不见内心痛极的感受。

另外，诗歌中还有一些动作描写及其修饰语。动作描写如第6节"我再次向北京挥动手臂／想一把抓住她的衣领"，"抓"符合儿子对妈妈的依恋，仿佛使我们回到了依恋妈妈的儿时，在儿子的眼里，妈妈永远是最后的"求救者"。"抓"是不想离开、想和妈妈亲近的渴望，但也是一种无力的渴望，北京已经抛弃了"我"。第7节"终于抓住了什么东西／管他是谁的手，不能松"，"抓"是因为马上就要离开了，管他是谁的手都要抓住，不想放弃希望，这是最后的挣扎。修饰语如第1节"一声尖厉的汽笛长鸣"，作者曾经把"尖厉"换成了"雄伟"，显然不恰当，"雄伟"是褒义词，"尖厉"是刺耳的声音，是"我"不希望听到的声音。"尖厉"这个词从首节开始就奠定了本诗的悲壮情感基调。诗歌第2节"北京车站高大的建筑／突然一阵剧烈地抖动／我吃惊地望着窗外／不知发生了什么事情"，"突然"与"吃惊"写出了火车即将开动之时的茫然，这茫然是因为他太爱北京了，突然要离开，非常不舍，心情十分迷茫。这是痛苦触动心灵的猝不及防。《边城》中写道，"黄狗在屋外吠着，翠翠开了大门，到外面去站了一下，耳听到各处是虫声，天上月色极好，大星子嵌进透蓝天空里，非常沉静温柔。翠翠想：'这是真事吗？爷爷当真死了吗？'"翠翠不相信相依为命的爷爷已经死了，在重大的打击面前，人当真是会茫然无措的。

第6节"然后对她大声地叫喊／永远记着我，妈妈啊北京"，"大声""永远"是没有希望的呐喊，写出了"我"要到一个完全陌生的环境中去，希望北京妈妈能记住"我"的无力的渴望。"我"通过这种无望的呐喊来发泄心中的一个情感。"我"是惶恐的。"大声"作者也改成过"亲热"，显然"大声"更好。"亲热"是一种很幸福的感觉，是一种幸福的味道，"大声"写出了作者的不舍，和整首诗是悲壮的基调相符。第7节"因为这是我的北京／这是我的最后的北京"，"我的""我的最后的"写出了"我"的不舍和绝望。知识青年上山下乡有政策，人去哪里户口就要迁到哪里。离开北京谁都不知道要发生什么事情，真可能是再也回不来了。有评论者这样评价《这是四点零八分的北京》："在没有诗的时代，在诗被逼进了一条绝路的时候，他使诗开始了回归，他摒弃了把诗作为阶级斗争工具的做法，把以阶级的共性为主体的诗歌开始转变为以诗人个性为主体的诗歌，在诗中出现了个体生命的呼唤，对人的尊严的呼唤。"1995年荣获诺贝尔文学奖的爱尔兰诗人希内先生曾经这样谈过诗人郭路生的诗："中国诗人食指那首关于列车的诗（《这是四点零八分的北京》）和芒克那首有关太阳像血淋淋的盾牌的诗（《天空》）都可以拿来作为共同的精神财产，以及可以转变成共同的精神财产。那首关于列车的诗，似乎一开始就依赖个人体验，但在我看来，它似乎像一首成为抵抗之歌的诗，但当初写的时候却不是要成为对群众的公开发言，他是要表达一种个人的悲伤……"

最后，对同是知青诗歌的《这是四点零八分的北京》和梁小斌《中国，我的钥匙丢了》进行比较阅读。1.背景差别：写于1968年12月20日的《这是四点零八分的北京》的创作背景，是大规模上山下乡运动开展时期。1968年12月，毛泽东主席下达了"知识青年到农村去，接受贫下中农的再教育，很有必要"的指示，上山下乡运动大规模展开，当年在校的初中和高中生（1966、1967、1968年三届学生，后来被称为"老三届"），全部前往农村。梁小斌1980年发表《中国，我的钥匙丢了》。其中"钥匙"象征青年一代在"文化大革命"中所失去的青春等一切美好的东西，诗中通过"我"寻找"钥匙"的过程，体现了一代青年人的觉醒和思考。2.主旨差别：食指的《这是四点零八分的北京》是情感的失落，是故土情、亲情的"被剥离"；而梁小斌的《中国，我的钥匙丢了》是精神的迷茫，是一代人精神灯塔"被打碎"。

"水调歌头"教学设计"六件套"

张聪艺

【教案】

一、教学目标

1. 结合重点词意对诗词进行诠释；
2. 诵读诗词，学会用知人论世方法理解诗人的思想情感；
3. 感悟作者豪放词的特点，培养学生语言感知的核心素养，理解作者的人生态度。

二、学习重难点

1. 诵读诗词，学会用知人论世方法理解诗人的思想情感；
2. 感悟作者豪放词的特点，培养学生语言感知的核心素养。

【教学过程】

一、导入环节

我们今天了解的这位诗人——苏轼，他诗文书画都精通，并且词开豪放一派，下面我们就来学习他的一首豪放词《水调歌头》。

二、一读诗词，订正字音，把握节奏

要求：读准字音；语速要慢，把握节奏；读出情感。

三、检查预习，解决疑难

预设问题：

1. 又恐琼楼玉宇，高处不胜寒。

明确：又害怕在宫殿经受不住高处的寒冷。

2. 起舞弄清影，何似在人间？

明确：跳舞玩弄着孤清的影子，也就是说在月光下跳舞，与影子为伴，哪里比得上在人间？

3. 转朱阁，低绮户，照无眠。

明确：转是转过，低是低低地穿过。转过红色的楼阁，低低地穿过雕花的门窗，照着屋里没有睡意的人。我们觉得还是不完整，缺少主语，主语我们加什么？——对，月亮。

在内容理解基础上再读。

四、二读诗词，探究作者情感

问题1：作者在什么状态下写下这首词？

（提醒大家看小字）——预设：大醉。

明确：欢醉。

现在我们大家自己读词，读出了什么情感？

悲伤。（板书）

问题2：欢醉为何还会悲伤？

明确：与弟弟不能团圆。

问题3：从文中哪些句子体现出来？

明确：转朱阁，低绮户，照无眠。

所以说词的情感中有对弟弟的相思之情。作者孤单悲伤，不能与弟弟相会是一方面原因，更多的是与当时自己的处境相关。在这里就要教给大家一个知人论世的方法（就是了解一个人的思想和情感，就要了解他的经历和时代背景）。我们来看一下苏轼。

知人论世

苏轼：年少时接受了严格良好的家庭教育，21岁参加科举考试，22岁获进士及第，25岁获制科三等。这样一个才华出众、少年成名的苏轼，他的仕途却是一波三折。在朝廷中，因政见不和，遭人谗陷，多次被贬。这首词写于密州，因为与当权变革者王安石政见不和，主动请求调离京城，要求调到离苏辙近一点的地方，但最终也不能如愿。虽说这次是自愿请调，实则还是被贬，所以这个时候诗人在政治上不受重视，内心自然苦闷。

所以说，结合作者的生平和写作背景，词中除了有对弟弟思念的悲伤，更多的还有来自什么的苦闷？

明确：政治上的失意。（板书）

问题4：词中有没有表现诗人政治失意的句子？

明确:不知天上宫阙,今夕是何年?我欲乘风归去,又恐琼楼玉宇,高处不胜寒。起舞弄清影,何似在人间?

问题5:结合背景理解"宫阙""琼楼玉宇""高处""寒"各指代什么?

明确:"宫阙"在这里指朝廷;"琼楼玉宇,高处"也都指朝廷。

苏轼是怀有远大政治抱负的,虽然自己被贬到地方,但仍心系国家政事,正如《岳阳楼记》当中范仲淹所说"处江湖之远则忧其君"。

问题6:"寒"在这里指寒冷吗?

明确:心寒。

在理解词中情感基础上读诗词。

五、三读诗词,探究作者的人生态度

问题7:作者在词中思考什么问题?

明确:不应有恨,何事长向别时圆?(为什么月亮总是在人分离的时候才圆呢?)

问题8:作者最后想明白了吗?哪些句子体现出来?

明确:人有悲欢离合,月有阴晴圆缺,此事古难全。但愿人长久,千里共婵娟。

从作者的回答中可以体悟到他想明白了,能够从政治失意的苦闷中解脱出来,排解自己的孤寂忧愤,并且向月寄托美好祝愿,希望人们可以健健康康,寿命长久。

问题9:从中看出作者对生活的什么态度?

明确:乐观,积极向上,旷达。

我们再来读一遍,这一遍,我们要把词中的悲伤和豪放都读出来。

六、拓展诗词

林语堂曾经评价苏东坡,说"苏东坡是一个无可救药的乐天派",这种情怀在他的诗词中无处不在。

下面我们来看他的一首小诗,更加深刻地体会苏轼的旷达和豪放。

惠州一绝

罗浮山下四时春,卢橘杨梅次第新。

日啖荔枝三百颗,不辞长作岭南人。

注释:[1]罗浮山:在广东博罗、增城、龙门交界处,长达百余公里,峰峦四百多,风景秀丽,为岭南名山。

[2]卢橘:橘的一种,因其色黑,故名(卢:黑色)。但在东坡诗中指枇杷。

[3]啖(dàn):吃。

[4]三百颗：极言其多，意指饱食荔枝。

[5]辞：离开。

[6]岭南：古代被称为南蛮之地，中原人士闻之生畏，不愿到广东来。

写作背景：这首诗写于作者被流放惠州时。岭南两广一带在宋时为蛮荒之地，罪臣多被流放至此。迁客逐臣到这里，往往颇多哀怨嗟叹之辞。而苏轼则不然，他在这首七绝中表现出他素有的乐观旷达、随遇而安的精神风貌，同时还表达了他对岭南风物的热爱之情。

问题：诗中哪句话可以表现出作者旷达？

明确：日啖荔枝三百颗，不辞长作岭南人。

七、总结

通过这两首诗词，我们看到了一个政治失意时仍然豁达开朗的苏轼。他把别人眼中的苟且，活成了自己的潇洒人生。钱穆曾经说过："苏东坡诗之伟大，因他一辈子没有在政治上得意过。他一生奔走潦倒，波澜曲折都在诗里见……但在他处艰难的环境中，他的人格是伟大的……"正是这种面对困境的人生态度造就了他如此之高的成就。他面对生活的乐观和豁达是我们每个人都要学习的，老师也希望同学们在以后的生活中乐观、快乐。

八、作业

通过了解苏轼，对苏轼写一个400字以内的简单评述。

板书：

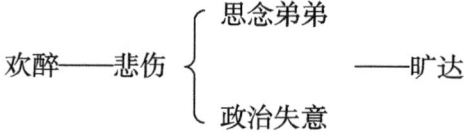

【学案】

一、教学目标

1. 初读诗词，结合重点词意对诗词进行诠释。

2. 再读诗词，把握诗词中的意象，了解诗词意境。

3. 反复诵读，通过知人论世和与柳宗元诗词的对比理解诗人的思想情感。

二、教学重难点

通过知人论世和与柳宗元诗词的对比理解诗人的思想情感。

作者简介：

苏轼（1037—1101），北宋文学家、书画家、美食家。字子瞻，号东坡居士。汉族，四川人，葬于颍昌（今河南省平顶山市郏县）。一生仕途坎坷，学识渊博，天资极高，诗文书画皆精，为"唐宋八大家"之一。其文汪洋恣肆，明白畅达，与欧阳修并称"欧苏"；诗清新豪健，善用夸张、比喻，艺术表现独具风格，与黄庭坚并称"苏黄"；词开豪放一派，对后世有巨大影响，与辛弃疾并称"苏辛"；书法擅长行书、楷书，能自创新意，用笔丰腴跌宕，有天真烂漫之趣，与黄庭坚、米芾、蔡襄并称"宋四家"；画学文同，论画主张神似，提倡"士人画"。

课前预习：

结合下列注释翻译课文

水调歌头·明月几时有

丙辰中秋，欢饮达旦，大醉，作此篇，兼怀子由。

明月几时有？把酒问青天。不知天上宫阙，今夕是何年。我欲乘风归去，又恐琼楼玉宇，高处不胜寒。起舞弄清影，何似在人间？

转朱阁，低绮户，照无眠。不应有恨，何事长向别时圆？人有悲欢离合，月有阴晴圆缺，此事古难全。但愿人长久，千里共婵娟。

【注释】

丙辰：指公元 1076 年（宋神宗熙宁九年）。这一年苏轼在密州任太守。

达旦：到天亮。

子由：苏轼的弟弟苏辙的字。

把酒：端起酒杯。

宫阙（què）：指宫殿。

归去：回去，这里指回到月宫里去。

琼（qióng）楼玉宇：美玉砌成的楼宇，指想象中的仙宫。

胜：承担、承受。

弄：赏玩。

何似：哪里比得上。

朱阁：朱红的华丽楼阁。

绮户：雕饰华丽的门窗。

不应有恨，何事长向别时圆：（月儿）不该（对人们）有什么怨恨吧，为什么偏在人们分离时圆呢？

婵娟：本意指妇女容颜美好的样子，这里指月亮。

翻译：_____

_____

_____

_____

课堂探讨：

1.这首词表达了诗人怎样的思想感情？

_____

_____

_____

2.将苏轼与柳宗元的情感进行对比。

我们读读下面这首小诗，体会作者的思想情感。

江　雪

（唐）柳宗元

千山鸟飞绝，万径人踪灭。

孤舟蓑笠翁，独钓寒江雪。

写作背景：唐顺宗永贞元年（805年），柳宗元参加了王叔文为首的政治革新运动。由于受到保守势力与宦官的联合反攻，革新失败。柳宗元因此被贬官到有"南荒"之称的永州。实际上在永州是毫无实权而受地方官员监视的"罪犯"。在永州写下这首千古名诗。

问题：这两首诗词都写于被贬的时候，那么在表达情感上有什么异同？

_____

_____

课后收获：

【评课议课】

一、专家点评

张聪艺老师在讲授《水调歌头》这首诗词时，带领学生理解诗词内容，通过多种方式的读带动学生体悟作者情感，这一设计是教授诗词最好的方法，符合初中学生的认知，在很大程度上提升了学生对诗词的感受能力。这节课有效性体现在以下几个方面：

（一）课堂目标设计明确

在课堂开始，给学生出示学习目标，让学生做到心中明确，带着目标学习。本节课的学习目标围绕一条主线——作者情感进行：由悲伤到豁达，最后提升到人生态度和人性之美，由小问题着手，一步步引导至立意高处。

（二）课堂构思巧妙

通过读贯穿课堂，老师用揉字、解词、析句、分析意象、知人论世的方法体悟作者情感，引导学生一步步理解文章，在整体上对作者进行了解，把握诗词基调和情感。

（三）通过意象感受意境

诗词当中，理解意象是理解诗词的基础。这节课，张老师不仅仅带领学生读，而且在读中细致分析词中的意象，让学生自己思考，自己说，从意象中感受词中所说意境。

二、专家处方

读古诗词，理解作者情感是一方面，更为重要的是让学生感受诗词意境美，感受诗词语言美，所以读是最能激发、唤醒读者的。针对这节课，还可以从以下几个方面进行突破：

（一）学情分析

对学生有一个充分把握，清楚学生哪里会，哪里不会，需要什么帮助。找出容易出问题的地方让学生理解，例如文中"恨"的意思，是怨还是恨？让学生自己准备工具书，通过自己动手查，结合诗词感受，析字走进意境，更能理解作者情感。

（二）细化文本

理解古诗词离不开钻研文本，在文本研究上还需要再下功夫，从字词的读音到意义，都要有一个全面把握。例如：文中"高处不胜寒"的"胜"，既可以读"shēng"，也可以读"shèng"，那么两种读音有什么不同，原因、道理要给学生解释清楚，然后确定文中是读哪一个。

（三）如何读诗

把诗词理解透彻，思考用什么方法实现意象——意境——知人论世——情感态度这样层层深入的理解。思考如何从碎片理解到整体理解。

【案例反思】

《义务教育语文课程标准（2011年版）》（以下简称《课标》）指出："阅读教学应引导学生钻研文本，在主动积极的思维和情感活动中，加深理解和体验，有所感悟和思考，受到情感熏陶，获得思想启迪，享受审美乐趣。阅读教学应注重培养学生感受、理解、欣赏和评价的能力。"古诗词的阅读，重在引领学生感受诗词语言美、意境美和情感美，达到对古典诗词的热爱。对诗词如何解读，培养学生达到什么目的，如何培养，成为教学中不断探究的问题。《课标》中也指出："阅读教学都要重视朗读，要让学生在朗读中通过品味语言，体会作者及作品中的情感态度，学习用恰当的语气语调朗读，表现自己对作者及其作品情感态度的理解。"因此本节课以读带动学生去理解诗词收到很好的效果。

一、本节课可取之处

1. 主线明确

本节课围绕作者情感线展开，用读感悟作者情感。一读诗词，理解词的内容。二读诗词，探究作者情感。先从整体上把握作者"悲"的情感。通过设置小问题，引导学生理解"悲"从思念而来；再结合"知人论世"，让学生明白"悲"由政治失意而生。三读诗词，探究作者人生态度。面对自己的人生处境，作者对待人生的态度是否像他的"悲"情一样，对人生充满失望？很显然，在文中作者虽有对人生的思考和怨恨，但是他对人生的态度确实乐观、积极向上。所以他面对人生有一种旷达的胸襟。

2. 方法明确

课堂以读为主，以读带析，以析促悟。整堂课看似是以读为主，但其中却又不失对诗词的解析。通过分析诗词中的字意、意象，理解诗词意境。例如：解读知人论世，让学生自己解析诗词中的"宫阙""琼楼玉宇""高处""寒"各指代什么？先理解字词的深意再来理解句意，最后由句意感悟作者情感。课堂上经过这样的揉字、解词、析句，让学生对诗词有更深入的体会和把握，情感就油然而生，再让学生通过读带动自己，走进诗词，读出诗中意蕴，体悟作者情感。

这堂课虽然达到了教学目标，让学生理解了作者情感，课程上还是有很多处理不当，需要完善的地方，同时课后也深入思考了一些问题。

二、不足之处

1. 课堂虽有对字词解析，但是对文本研读深度还不够，还需要再细致研究。同时，进一步明确了解学生情况，课堂上对有疑问的地方追问，打破砂锅问到底，激发学生的探究欲望。

2. 课堂对学生的关注度还要再加强。对学生说出的词要加以肯定和解释，做到让学生明白，有利于提高学生课堂注意力和兴趣。

3. 课堂内容太满，拓展可以作为学生课下作业，让学生对苏轼的词进行收集，自己做一个苏轼词集，赏析每首诗词，从而更全面了解苏轼，体会他内心深处的情感和面对人生的旷达。

三、思考问题

第一次把诗词作为公开课，通过这节公开课，一直在思考几个问题。

1. 诗词短小，包含内容丰富，情感复杂，所以短文长教该如何进行？

2. 审美体验作为解读诗词的一个难点，该如何让初中生提升对诗词的热爱？

3. "读"是理解诗词的好方法，但是如何读也是我们在设计课堂时需要认真思考的问题。本节课只是作为解读诗词的一个尝试，其中存在很多问题须改进，探索诗词教学的道路依然任重而道远。

利用资源优势　活化哲学课堂
——以"实践是认识的基础"教学为例

杨　咏

2019年9月初，笔者有幸参加由李晓东教授亲自指导的"基于核心素养培育的政治学科能力改进项目"，心中忐忑并万分珍惜这次学习的机会。参加这次项目，笔者选择人教版高中《思想政治》必修四第二单元第六课第一框第二目"实践是认识的基础"作为教学内容。

哲学课程本身具有语言晦涩性和思维深度性的特点，许多同学刚开始接触哲学时，表现出不能理解和畏难情绪。笔者认为，哲学理论不是空中楼阁，对哲学理论的学习要紧扣社会生活的主题，立足于学生的生活经验和发展需求，真正体现出哲学源于生活、指导生活、高于生活。

"马克思主义哲学，在人与世界的关系方面，从实践出发理解周围世界；在历史观中，从实践出发理解社会存在和发展；在认识论中，把实践作为全部认识的基础。离开实践，就不能科学完整地理解马克思主义哲学。"所以，实践是马克思主义哲学首要的、基本的观点。在试讲后的评课过程中，李教授的话引发我的思考，正如他在论文中写道："将中国学生发展核心素养切实落地，要把德育课程与德育实践深度结合，不能让走出课堂或者课堂之外的活动流于形式，否则会失去育人的本质要求，让学生参与自己喜闻乐见的活动从而潜移默化地实现核心素养的培养。"本课的教学目标明确指出，要"通过学习实践与认识的关系原理，使学生初步确立科学的实践观"，要"牢固树立实践第一的观点。一切知识来源于实践，一切知识都要服务于实践"。鉴于此，笔者决定以学生参与课前活动的方式为本课寻找教学资源打开突破口。在笔者看来，本课的新颖之处在于：

第一，关注社会生活，凭借大视野发掘教学资源。

教学资源的开发和利用可以促进教师内在专业自主意识得以提升、知识结构得以完善、创造性教学能力得以改善。而适合学生、易于理解并乐于接受的教学资源能激发学生的学习积极性和主动性，从而促进学生的发展。在设计本课教学内容之初，笔者查阅了大量素材，最后确定用时下正在热搜的"中国名片"——高铁，这一中国"新四大发明"之一作为教学资源。在本课中，笔者对以下几种资源进行了挖掘和整合。

1. 结合学生亲身经历，挖掘成熟的社会资源。暑假期间，本年级学生参加"徽州行"社会实践活动。往返12个小时乘坐高铁的体验，使他们对高铁或多或少有一些感性或理性的认识。利用这样鲜活的资源，学生的理解感悟力和参与度随之提升。当然，仅仅找寻这样的素材还不能承载本课的内容，于是，笔者决定带领学生参观"中国铁道博物馆"，通过了解"中国铁路发展史"，深入理解中国铁路的过去、现在和未来，增强民族自信心和自豪感。在参观博物馆的过程中，学生模拟高铁驾驶技术，饶有兴趣地完成一系列高铁驾驶动作。这看似是一次游戏活动，我们却从中领悟出一个道理，即实践可以把主观与客观联系起来加以比较和对照，从而检验出主观认识与客观实际是否相符合，突破本课难点"实践是检验认识真理性的唯一标准"。

2. 形成良好的家校合作氛围，充分发挥家长资源优势。在家长对学校充分信任并乐于为学生搭建资源共享的平台这一基础之上，笔者认为凭借家长对学生个体施加教育影响的密切化程度，家长资源的合理利用有时会比教师讲授效果更好。本班有一位学生的姥爷是中国工程院院士，作为第一颗原子弹爆炸时数据计算小组成员，曾经为学生讲过早期铁路计算工具——"手摇计算机"的故事。在这位学生向班级其他同学做介绍的过程中，同学们不仅对铁路计算工具的发展有了一定的了解，也为我国取得的科技发展成就而赞叹。还有一位学生家长是列车调度员，这位家长非常支持学校工作，通过拍摄视频带学生参观调度室的工作环境、介绍几十年来调度室调度技术的变化。学生们深深体会到认识产生于实践的需要，实践的发展为人们提供日益完备的认识工具，这些工具延伸了人们的认识器官，锻炼和提高了认识的能力，促进了人类认识的发展。无论是口述还是配合鲜活的视频资料，都让学生感觉耳目一新。家长作为学校开发教学资源的支持者和配合者，在条件允许的情况下，家长自身的知识、智慧、特长，可直接为拓展教学资源而用。

3. 研究整合课程资源，用大文科思维引领教学。近些年，一些学校开设ALPHS课程，即人文社会学科综合实践课程，这是一门基于学校特色以培养学生必备品格和关键能力为目的而开设的学校特设课程。这一类型课程的开设就是基于学科核心素养能力培养的背景下各学科之间适当的合作与融合，这也是提升思维能力、培养理性精神的重要途径。因此，实现学科资源共享、细化和同向回归资源就显得尤为重要。在反思本课教学设计以后，笔者认为如果利用参观博物馆了解到的青藏铁路的建设历程，从地理学科角度，简单陈述青藏线建设中遇到的千里多年冻土的地质构造、高寒缺氧的环境和脆弱的生态等问题，从而让学生们体会到人类改造世界这种实践过程的艰辛，体会到建设青藏铁路，在加强国内其他地区与西藏联系，促进藏族与其他各民族的文化交流，增强民族团结等方面具有重大意义，从而实现情感、态度和价值观的升华。

第二，活用资源，为优化课堂教学服务。

在笔者看来，一个热点问题下的可用资源很多，但资源不能一味罗列叠加，用实践活动的方式加以推动，巧用、活用可以收到事半功倍的效果。本节课，我在以下几个方面对资源的使用进行设计：

1. 利用设问挖掘已有资源，问题设计体现"本""源"原则。俗话说，"不问不识"，可见，"问"与"识"之间有必然的因果联系，"问"是方式，"识"是目的。在笔者看来，教学的初级目标是把握文本内容，次级目标是提升思维能力，高级目标是情感、态度、价值观的升华。资源的呈现有很多方式，但针对资源提出有层次性的设问无疑是探究文本之本、提升思维之源的有效途径。在突破教学重点"实践是认识发展的动力"时，笔者并非简单罗列材料，而是精心选择引用2017年世界各国高铁总里程、速度的对比图，向学生发问："请从图中总结世界各国高铁发展呈现怎样的状态和趋势？中国为什么遥遥领先，难道说这些发达资本主义国家没有经济、科技实力修高铁？美国为什么没有修建高铁？"从观察数据图到对其他国家高铁图文并茂的介绍，学生经过深入讨论，从自己的经历、亲属的介绍而获得的对美国的了解，总结出中国在高铁研发和制造上处于世界领先水平，这是因为国家经济社会发展的需要，从而生成"认识产生于实践的需要"。教师在充分利用已有教学资源的基础上，从基本认知提问到归纳推理性提问，学生的学习能力不断提升。

2. 资源分类细化，使"成长共同体"的功能得到最大发挥。按照笔者所在学校学生养成教育"学习品质六习"的评价体系，在教学过程中，充分发挥"成长共同体"学习合作小组的作用。正如陈经纶中学的王苹老师所说："教学资源的应用有助于加强学生之间的合作学习，可以更好地充分利用学生资源服务课堂。"通过教学资源的开发，学生大胆交流，和谐气氛能活跃学生思维，帮助学生乐于发表意见，大胆创新。

在开展参观博物馆和收集各种教学资源等实践活动前，老师把握教学主导地位，给成长共同体各小组设置研究问题。各小组在预习文本内容的前提下，分别选取一个问题作为自己的研究对象，以问题来驱动实践活动。比如在参观之前，笔者给B组同学提出问题："请在参观后总结中国铁路的发展经过了哪些阶段？中国铁路为什么能取得今天的成就？"铁路人对铁路技术的研究来源于国家建设、发展需要，而铁路技术的进步也是依靠客观需要的推动，所以在课堂上，学生比较容易在讨论中生成文本知识，即"实践是认识的来源""实践是认识发展的动力"。C组同学在进入高铁模拟驾驶舱之前，也领取了本组的问题，即"模拟之前，你觉得驾驶员是怎样驾驶高铁的？在体验过以后，你的认识是否有变化？"通过实践活动，学生明晰了"实践是联系主观认识与客观事物的桥梁，实践是检验认识真理性的唯一标准"，化解了本课难点。笔者之所以这样设计，是参考了李晓东教授的观点："思想政治课中已经被证明效果显著的一些做法，如鼓励学生自主探究、主动学习，'体验发现的乐趣''做社会生活的参加者'等，这都让学习者的积极性、主动性和参与性有很大提高，也让教学过程呈现出前所未有的新样态。"

3. 遵循三维目标，对资源利用效果评价的方式多元化。因教学内容和课程地位的不同，决定了高中思想政治课既教书又育人，是以育人为目的的教学过程。政治老师除了要促成教学"模仿模式"——以知识与技能的传授与习得为基本的教学方式以外，也应重视实现思考态度及探究方法的形成这一教学"变化模式"的形成，促成情感、态度、价值观的升华。因此，在选取高铁相关材料资源时，笔者注意引导学生既关注高铁技术的变化，又学习高铁人精益求精的精神品质，立体化实现教学三维目标，更加重视学生主体的作用，坚守政治课堂这一德育阵地。例如在学生介绍老一辈技术人员利用手摇计算机进行计算，研制第一颗原子弹和研发铁路技术时，在场同学通过了解当年的历史，体会科技工作者在艰苦的环境下孜孜以求、不畏艰难的工作态度。再如学生参与模拟高铁驾驶员的活动之后，除了了解高铁驾驶工作，还谈到了自己的感想，看似简单的驾驶背后，是非常严格的训练，是高铁驾驶员必须具备的较高的专业素质和职业道德，并且要懂得奉献。老师在此时点拨："这就是一个劳动者对待职业的态度。"这大体是德育素质的培养。我觉得这也符合核心素养中的科学精神，即坚持马克思主义世界观和方法论，对个人成长、社会进步、国家发展做出理性的价值判断和行为选择。

在笔者看来，一名优秀的教师会选择适当的材料，在适当的时间和地点以适当的方式呈现出来，他们会深入挖掘材料，精心设计问题。在课堂教学中，应突出其过程性，允许学生有思维的碰撞，有独创性见解，正所谓问题是创新的动力。让学生通过对材料的理解，"水到渠成"式地实现知识的发生、发现和应用过程。在问题的探索过程中，通过师生对话、独立思考、自主探究、合作交流等活动，完成学习过程，优化学习效果。

总而言之，笔者认为正确的教学理念是教学的指挥棒，丰富的教学资源是教学的催化剂，适当的教学方法是教学的突破口。

浅谈互文阅读在"白杨"教学中的运用

陈文玲　韩红伟

法国符号学家、女权主义批评家朱丽娅·克里斯蒂娃在其《符号学》一书中提出"互文性"又称为"文本间性"或"互文本性"这一概念，认为"任何作品的文本都像许多行文的镶嵌品那样构成的，任何文本都是其他文本的吸收和转化"。互文阅读教学即把课文置于众多的相关性文本群中，在不同文本的相互映照下，显露出课文隐秘的意义，学生也只有把课文与不同的文本语境关联起来，其隐含的意味才能不断发掘出来。《全日制义务教育语文课程标准（实验稿）》（以下简称新课标）明确指出："在加大思维容量的同时，扩大有效信息量的传递，课文阅读与课外阅读要紧密结合。要指导学生到更广阔的阅读天地中获取信息，丰富知识，陶冶情操。"新课标的精神和互文阅读的理念不谋而合。

互文阅读教学最终价值指向是促进教学文本的领悟生成。在《白杨》两课时的教学中，为了完成"理解和运用借物喻人的写法"教学目标，我们根据对文本主旨的理解、学生实际的学习困难和以往教学经验，发现学生在这两课时的学习中，会有这样的学习困难：第一课时，了解白杨特点……学生无法建立白杨高大挺秀的形象，体会不出白杨适应性强的特点。第二课时，背景障碍。尤其是在运用借物喻人的方法写一段话时，往往会有三方面的困难——找相似点的困难，选取事物的困难，写的形式的困难。针对学生的这些困难，我们运用互文阅读，让学生对白杨特点的理解由浅入深；运用互文阅读，让学生自己获取信息，突破背景障碍；运用互文阅读，解决学生运用层面的三个障碍；运用互文阅读，让学生在有意义的言语实践中学会运用。教学实践证明，运用互文阅读，不但加深了

---

① 本文发表于《基础教育课程》2014年第02期。

学生对课内文本的理解，更能加强学生阅读能力的提升，对学生的写作也有很大的帮助，从而全面提升学生的综合能力，取得较好的教学效果。

一、运用互文阅读，让学生对白杨特点的理解由浅入深

（一）运用互文阅读的目的

一篇文章中最至关紧要的地方对文章的主题思想、情感变化、词句理解等起决定作用。抓住这些地方，进行同一主题的不同文本之间的互文阅读，可以解决学生认知的空白，加深学生对文本主题的理解。在《白杨》第一课时的教学中，了解白杨的特点，以往的讲课都发现，学生对白杨树的坚强一读就能读出来，但对"体现在哪儿"不能提炼出适应性强的特点，这显然是学生认知的空白。再有白杨树的高大挺直的特点虽然一读就能读出来，但是学生的认知是在纸面上，不能建立具体化的东西。学生谈理解的时候，说不出比文字更好的语言。出示图片可以辅助理解，但不是在用语文的方式。句式填写是语文的方式，但以往听课会出现可笑的填写，诸如公园需要、花园需要等，造成不符语境。

鉴于以上情况，教学中我们考虑用"互文阅读"理解的方式，以文字涵养文字。既然学生用自己的语言说不出更好的，就让他们从相关文字中选到合适的文段帮助自己解读，以达到"理解"和"积累"的目的。

（二）运用互文阅读的选文

我国著名教育家叶圣陶说："语文教本好比一个锁钥，用这个锁钥可以开发无限的库藏。"针对白杨的特点，我们选择了茅盾的《白杨礼赞》片段和百度百科关于白杨树的片段，对白杨的形象形成注解，使白杨的形象在学生头脑中丰满起来，解决学生对白杨这种树的认知空白。

选文一

那就是白杨树，西北极普通的一种树，然而实在是不平凡的一种树。

那是力争上游的一种树，笔直的干，笔直的枝。它的干通常是丈把高，像加过人工似的，一丈以内绝无旁枝。它所有的丫枝一律向上，而且紧紧靠拢，也像加过人工似的，成为一束，绝不旁逸斜出。它的宽大的叶子也是片片向上，几乎没有斜生的，更不用说倒垂了。它的皮光滑而有银色的晕圈，微微泛出淡青色。这是虽在北方风雪的压迫下却保持着倔强挺立的一种树。哪怕只有碗那样粗细，它却努力向上发展，高到丈许，两丈，参天耸立，不折不挠，对抗着西北风。

选自茅盾《白杨礼赞》

选文二

白杨树是西北最普通的一种树，只要有草的地方，就有白杨树的影子。它们威武地站立路旁，每株都有几十米吧，笔直地耸入高空，把蓝天划成条条块块。白杨树是不太讲究生存条件的，大路边，田埂旁，哪里有黄土的地方，哪里就有她的生存。她不追逐雨水，不贪恋阳光，只要能够在哪怕板结的土地上，给一点水分，白杨树的一截枝条就会生根、抽芽。白杨树如果树高20米，那么根长得40米以上，她的根已经和黄土地连为一个整体。只要挪动一点杂草生存的空间，她就会把黄土地装点，撑起一片绿色。她不需要人去施肥，也不需要像娇嫩的草坪那样浇灌，只要不挥刀斧去砍伐，给她一点宽松的环境，让她吸收自由的空气，她就会挺拔向上。

摘自百度百科

（三）运用互文阅读的操作

1. 把高大挺秀形象具体化

课例：

师：通过读课文，我们对白杨有了初步的认识。这种白杨树，生长在大西北，我们这里是很少有的，那，你想看看它吗？

师：这是我国著名作家茅盾笔下的白杨树，这是百度百科中一位作者对白杨树的介绍，我们就是要"通过文字"，去"看到"白杨。请你一篇一篇地读，读到哪些文字时，让你仿佛看到了这高大挺秀的白杨树，你就用曲线把它画下来。

自读画批后，让学生练习朗读，"最好通过你的朗读让人能看到这棵高大挺秀的白杨树"。

老师读：如果我说——白杨树从来就这么直，这么高大。想想你读哪？指名读：

（1）"那是力争上游的一种树，笔直的干，笔直的枝。它的干通常是丈把高，像加过人工似的，一丈以内绝无旁枝。它所有的丫枝一律向上，而且紧紧靠拢，也像加过人工似的，成为一束，绝不旁逸斜出。"

（2）"它们威武地站立路旁，每株都有几十米吧，笔直地耸入高空，把蓝天划成条条块块。"

（3）"白杨树如果树高20米，那么根长得40米以上，她的根已经和黄土地连为一个整体。"

就这么读着、读着，我们就仿佛看到了这高大挺秀的白杨树。你看，这就是文字的力量。

这里，老师让学生从课外文本当中去摘取有关白杨外形的描写，让这些描写对文中这句话形成注解，把"高大挺秀"形象化、具体化了。但是，这种形象化、具体化是用文字的力量来实现的，而非图片。

2. 把适应性强具体抽象化

课例：

师：在这里，还写了这样一句话，请你读一读。

> 哪儿需要它，它就很快地在哪儿生根、发芽，长出粗壮的枝干。

师：这"哪儿"，都指的是什么地方啊？不着急回答，浏览一下课文，再浏览一下选文，你发现白杨树都生长在哪些地方了，就把这个地方圈起来。

师：请把你圈画出来的这些地方"联系起来"看一看，你发现这些地方有什么共同的特点？

预设：大路边，田埂旁，哪里有黄土的地方，板结的土地。

车窗外是茫茫的大戈壁，没有山，没有水，也没有人烟。天和地的界限也分得并不那么清晰，都是浑黄一体。

师：这些都是很艰苦的地方，白杨树在这样的地方生根、发芽，长出粗壮的枝干。你又对白杨的特点有了什么新的认识？

学生很快就理解了白杨的适应性强的特点。

师：你看，文章每遍读，都会让我们有不同的发现。

师小结：如果你自己在阅读文章时，觉得不解渴，也可以像今天这样，找一下相关文章来阅读，这种互文阅读的方法可以帮助我们加深对文本的理解。

老师用互文阅读的方式，带领学生浏览一下课文，再浏览一下选文，把课文中真实的恶劣环境与选文中的地点（大路边、田埂旁、有黄土的地方、板结的土地）对接，在具体真实的环境中把白杨"适应性强"的特点凸显出来。这就是互文阅读的运用。

实践证明，《白杨》教学中适时地引入互文阅读不仅有助于学生对文本的解读，还大大丰富了学生的认知水平。

二、运用互文阅读，让学生自己获取信息，突破背景障碍

（一）运用互文阅读的目的

《北京市中小学语文学科教学改进意见》中指出："积极拓展、整合教学资源，促进语文和其他学科教学的衔接。提倡把历史、地理、政治等学科内容作为语文学习的依托和背

景，加强学习过程的开放性、体验性和实践性，构建满足学生个性需求的语文教与学方式。5-6年级重点培养学生从文字材料中获取和处理信息的初步能力。"

《白杨》一课中，由于时代的间隔，当今的学生对文中"爸爸的心愿"是很难做到设身处地心领神会的。从孩子们推想三个"只知道"可以得知，这些是文中的孩子们不理解的，也同样是我们的学生不理解的。为了突破背景障碍，老师给出课外资料，让学生根据课外资料提取信息解答问题。资料的补充起到了"弥补学生认知空白"的作用，更重要的是把资料中的文字、非连续文本用阅读理解的方式，去解决阅读中的问题。我们期待着学生怎样来得知建设者的特点？不是我们讲出来的，不是我们边出图边解释得出来的，而是他们凭借自己的阅读理解能力去"独立"获得的。他们提取的信息不是散点式的，而是把要点找全，形成自己的结论，呈现的是学生提取信息能力的成长。

（二）运用互文阅读的选文

针对建设者的特点，老师选择的资源有文字以及地图、标语、图片等非连续文本，以形成对课文内容理解的一种助推，培养学生提取信息的能力。老师提供了以下阅读材料：

这些历史、地理和政治阅读材料的选择，就是为了作为语文学习的依托和背景，加强学习的开放性、体验性，满足学生的需求，解决学生认知的空白。

（三）运用互文阅读策略的操作

针对建设者的特点，老师选择的资料有文字、非连续文本（地图、标语、图片等），以形成对课文内容理解的一种助推，培养学生提取信息的能力。

阅读课外资源时，老师这样说道：静下心来，从书中，从资料中，去寻找答案。但是请你注意，我们是高年级的学生了，可不能只找到一处就着急说出答案。你通过阅读可能发现与问题有关的许多信息，你能不能把你找到的几处信息联系起来解决一个问题？这个问题是，1961年的新疆是个怎样的地方？

老师这样提问：

1. 你都从哪儿找到第一个问题的答案了？把你找到的几处信息联系起来说一说。

学生可能找到课文第一自然段，形成这样的结论：新疆环境特别恶劣。学生可能找到资料1，形成新疆地理位置重要的结论。学生提取的信息还是散点式，老师有意识让学生把要点找全，形成自己的结论。

2. 用上一组关联词（虽然……但是……），谁还会说？

训练学生这样说"新疆虽然是个环境特别恶劣的地方，但是它的地理位置非常重要。"——这就是提取信息能力的训练。

这样互文阅读的运用，既解决了新疆是个怎样的地方，又训练了学生提取信息的能力。我们在语文课堂上经常这样训练，久而久之，学生的能力自然就会提升。资料的补充起到了"突破背景障碍，弥补认知空白"的作用，更重要的是通过资料中文字、非连续文本用阅读理解的方式，去解决阅读中的问题。其中还有资源的二次使用，在一二课时中承载着不同的任务，第一课时介绍新疆，第二课时提取信息，解决问题。这样的互文阅读，突破背景障碍，训练学生"提取信息"的能力。学生理解了建设者的特点，找到了树与人的相似点，也就建立起树与人的联系，从而发现并理解借物喻人的写法。

三、运用互文阅读，解决学生运用层面的三个障碍

（一）运用互文阅读的目的

新课标指出："语文课程应注重引导学生多读书、多积累，重视语言文字运用的实践，在实践中领悟文化内涵和语文应用规律。"《北京市中小学语文学科教学改进意见》中也指出，中、高年级培养学生掌握语言应用规律，引导学生关注语言应用的实际效果。叶圣陶先生曾说过："语文教材无非是个例子，凭着这个例子要使学生能够举一反三，练成阅读和写作的熟练技能。"

在主题升华处引进相关互文，不仅有利于对课文的解读，还有利于学生掌握写作方法，培养学生的写作能力。对《白杨》借物喻人的写法从理解走向运用时，学生遇到了3个困难：（1）找相似点的困难。（2）选取事物的困难。（3）表达形式的困难。教师引导学生围绕同一主题的不同文本之间的互文阅读，帮助学生解决了学习中遇到的困难。

（二）运用互文阅读的选文

针对运用借物喻人的写的困难，老师找到互文内容与学生认知、情感实际之间的连接点，选取了与学生生活相近的、多种形式的文体，包括茅盾的散文《白杨礼赞》、歌曲

《小白杨》、颁奖词《粉笔》、学生作品《诗歌》、古诗"春蚕到死丝方尽，蜡炬成灰泪始干"，尤其是写老师的颁奖词和教师节学生写的诗歌，为学生的写打开了思路。

（三）运用互文阅读的操作

互文阅读的最终价值指向是促进原文本的领悟生成。它不是简单的阅读的量的增加，而是阅读质量的完美提升；它不是文本内容的简单扩充，而是文本内容的有力映射和佐证。互文阅读目标的定位就决定了目标达成的高效。所以我们在操作时一定要找准互文文本之间的内容与情感表达上的平衡点，选择互文内容与学生认知、情感实际之间的连接点。

1. 针对找相似点的困难

在本文中强调树与人的相似点，拓展文中我们通过读懂同样的事物可以赞美不同的人。学习了文中的《白杨》，教师选取了茅盾的散文《白杨礼赞》和歌曲《小白杨》三文相联系——文中作者借白杨赞美边疆建设者，散文《白杨礼赞》作者借白杨赞美农民，歌词《小白杨》作者借白杨赞美边防军战士，使学生发现同样的白杨在不同人的眼中具有了不同的象征。白杨与作者想要赞美的这些人有相似的特点。只要把白杨与这些人的相似的特点写清楚，就可以让读者透过白杨看到想赞美的人，感受到他们的精神——强化相似特点。

2. 针对选取事物的困难

拓展中，我们通过读懂同样的人可以选取不同事物来赞美——选取颁奖词《粉笔》和诗歌等学生作品（贺卡、照片）。同样是赞美老师可以用粉笔——颁奖词《粉笔》，可以用春雨——学生作品《诗歌》，可以用蜡烛——古诗"春蚕到死丝方尽，蜡炬成灰泪始干"，还可以用红烛、春蚕、太阳、园丁、明灯……你想用什么赞美谁？通过读懂同样的人可以选取不同事物来赞美，从而解决了学生选取事物的困难。

3. 针对写的形式的困难

随着借物喻人的诗、歌、文出现，此时，老师问：你想用什么赞美谁？打开了学生写的思路，使写的形式多样化，也就解决了学生写的形式的困难。至此，运用互文阅读的策略，有效地解决了以上三个困难。

四、运用互文阅读，让学生在有意义的言语实践中学会运用

（一）运用互文阅读的目的

《北京市中小学语文学科教学改进意见》首次对提升学生语文听说读写能力进行全面说明，提倡学生在运用中学习语文。中、高年级培养学生掌握语言应用规律，引导学生关

注语言应用的实际效果。因此,我们的语文教学,要在有意义的言语实践中学习、积累并进行语言文字的运用。

(二)运用互文阅读的操作

在《白杨》一课中,老师就将写列入课时目标。拓展到写时,老师的要求很明确,"请你选择一种事物,用借物喻人的写法,为你想赞美的人献上一首诗,或者写上几句话。"课后我们做了调查,学生所选取的事物有:蜡烛、春蚕、太阳、夜来香、红梅、松柏……从要赞美的人来看,全班有35名学生,写老师的有18人,写妈妈的有9人,写军人的有5人,写清洁工人的有2人,写建筑工人的有1人,这些都是他们身边的人。从写的形式看,有颁奖词式的、有散文式的、有诗歌式的。

这就是我们学生的作品。"春雨绵绵细无声,您总把地扫干净。深夜悄悄无人在,您总辛勤在劳动。清洁工人真伟大,默默奉献为大家。""蜡粉燃烧终到尽,舍身为人何不赞?永久不忘母亲情,丝丝微爱记在心。时时幸福在身旁,谁知母亲汗洒尽。"

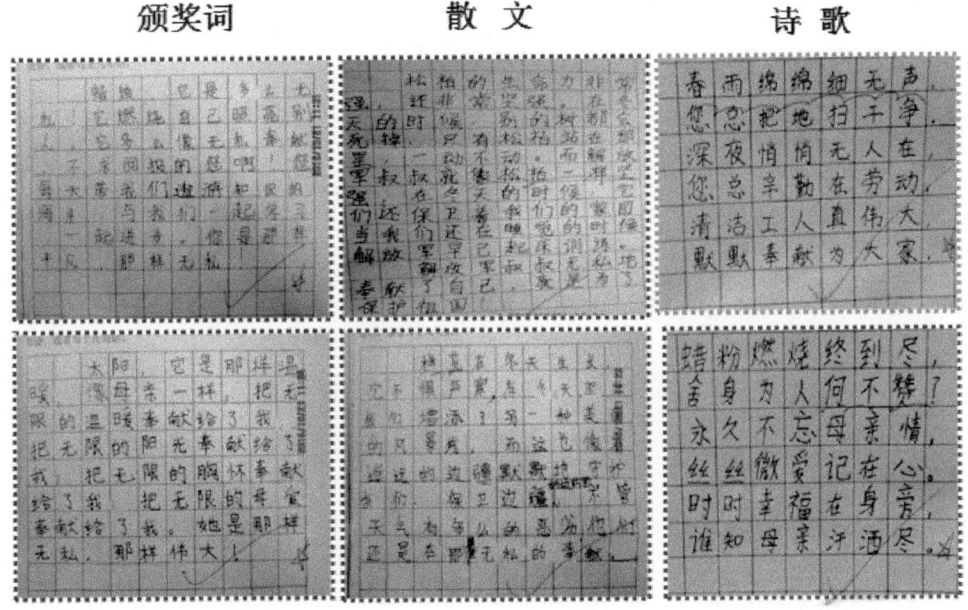

虽然孩子们的练笔还很稚嫩,还有一些问题,但是他们在短短的时间内,能够写出几句话或几行诗,清楚地借一种事物来赞美一个人。他们把语文用到了实践中,用在了生活里,徜徉在字里行间,品味生活的味道,领悟人生的真谛。

《白杨》一课的教学,我们结合新课标精神和互文阅读的理念,运用互文阅读,让学生对白杨特点的理解由浅入深;运用互文阅读,让学生自己获取信息,突破背景障碍;运用互文阅读,解决学生运用层面的三个障碍;运用互文阅读,让学生在有意义的言语实践中学会运用。我们以课文为例，活用教材，教给学生能用、有用、会用的语文，教给学生阅读和表达的方法，培养了学生的语文能力。学生学会理解和运用借物喻人的写法赞美身边的人，做到了一课"真"得。

　　《白杨》一课的教学，我们深深体会到，互文文本的引入能加深学生对课文文本的理解，更能加强学生阅读能力的提升，对学生的写作也有很大的帮助，从而全面提升学生的综合能力。同时我们也深深意识到，深入地理解和分析一个文本，就要充分关注文本与其他文本的互文关系。教师自身的互文性知识背景影响学生的互文性阅读，可以打开学生的思路，引发学生更广地思考，更好地理解文本，学生针对文本的讨论会更深入；教师会在学生打开思路的同时，激发自身更多的灵感，教师的素质也会在这个过程中不断得到提升。互文阅读使教师与学生教学相长，最终实现教学效果的提高。

二
国市区竞赛案例

"伏尔加船夫曲"教学设计[①]

陶陵宇

一、指导思想与理论依据

本课的歌曲欣赏，通过对歌曲音乐要素（音色、力度、旋律）的分析，以演唱与伴奏形成的卡农（Canon）和肢体的参与来感知、探究和表现主题，同时结合创作背景和油画理解、体验歌曲所塑造的音乐形象与表达的音乐情感，从而提高学生的音乐感受与欣赏能力。

《义务教育音乐课程标准（2011年版）》中确定音乐课程性质体现在人文性、审美性和实践性三个方面。本课突出体现了音乐课程的三个性质：由音乐实践活动的参与，到感悟音乐的旋律、力度、歌词与伴奏、人声与器乐音色的融合之美，再到时代背景与油画名作之文化诠释。具体体现在：

实践性方面，音乐音响不具有语义的确定性和事物形态的具象性，要通过多种实践形式才能得以实施。本课通过对歌曲的聆听、肢体参与、卡农演唱等实践形式，体会纤夫拉纤时沉重的步伐，感知主题和音乐形象。

审美性方面，音乐培养和提高学生感受美、表现美、鉴赏美、创造美的能力。《伏尔加船夫曲》是俄罗斯民间音乐中提炼出的经典之作，歌曲本身蕴含着力度美、旋律美、演唱与伴奏融合之美，教学中引导学生全方位体验和探究这一经典音乐的美好。

人文性方面，人文性是不同国家、不同民族、不同时代文化发展对民族性格、民族情感和民族精神的展现。歌曲《伏尔加船夫曲》是曲调古老而流传宽广的俄罗斯民歌，作品的时代背景与油画《伏尔加河上的纤夫》的视觉冲击，使学生在文化背景下体会忧伤情感

[①] 本文获2017年北京市中小学优秀教学设计评选一等奖。

中所蕴含的反抗、坚强、乐观的民族精神。

二、教学背景分析

（一）教学内容分析

1. 作品分析

《伏尔加船夫曲》是一首古老的俄罗斯民歌，由俄罗斯民族乐派"强力集团"（又称五人团）成员之一巴拉基列夫在伏尔加河畔记录了这首曲调，是俄罗斯民族乐派从俄罗斯民间音乐中提炼出的精华之作。歌曲中的伏尔加河，是欧洲最长的一条河流，它风光秀丽，资源丰富，勤劳勇敢的两岸人民，建立起自己生活的家园，创造了优秀的俄罗斯文化。因此，伏尔加河被俄罗斯人民亲切地称为"母亲河"。

（1）对歌曲音乐风格的分析

《伏尔加船夫曲》是一首纤夫之歌，具有浓郁的俄罗斯音乐风格。俄罗斯幅员辽阔、地域广大，使得俄罗斯音乐宽广壮阔，带有颂歌风格。

本首歌曲具体体现在：

① 主题音调由开始的叹息、压抑的旋律，逐渐发展为壮阔、颂歌式具有英雄气质的旋律。

② 歌曲伴奏乐器与男低音音色极其相似，展现了浑厚、坚定、悲壮的民族形象及纤夫性格特点，呈现出俄罗斯人民骄傲、坚强、英雄性的民族精神气质。

（2）对歌曲音乐要素与情绪情感的分析

节奏：模仿喊号子节奏贯穿歌曲

音色：男低音演唱。

力度：整首歌曲由弱到强，再由强到弱。

速度：缓慢，尾声做渐慢处理。

旋律：整体旋律呈下行，只有中间部分"号子"旋律原来的低音"mi"翻上了八度 上行，表现了纤夫的呐喊和渴望。

调式：小调。每个乐句最后音都是属音"mi"；歌曲高潮是长达10拍的高音"mi"；尾音"mi"渐弱渐慢中终止，结束在半终止的属音上，仿佛刻画纤夫不断重复的苦难劳动没有尽头。

曲式结构：歌曲是通篇大段。为便于学习和记忆，我进行了仔细分析和研究，把《伏尔加船夫曲》分成开始部分、中间部分、结尾部分。

【开始部分】8小节。歌曲开始力度极弱（ppp），仿佛纤夫们在微弱的叹息声、号子声中拉着笨重的货船从远方缓缓走来。歌曲 1-4 小节是歌曲主题,这个带有步伐特征的音乐主题一直贯穿全曲,是这首歌曲和歌曲伴奏最基本的材料。每个乐句的开始音都是"sol",尾音是"mi"。

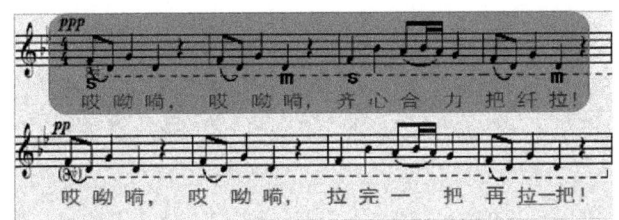

"号子"旋律不仅出现在衬词中(哎呦嗬),在歌词中也重复出现,给人沉重的感受,而在沉重的叹息声中又隐藏着反抗的力量。

【中间部分】这里是歌曲情感最丰富的部分。

为便于学生认读曲谱,有助于记忆,我把这一大段旋律进行了整合,加入反复记号,由原来 44 个小节缩成 12 个小节,3 段歌词。变化重复的歌曲主题作为过渡句。

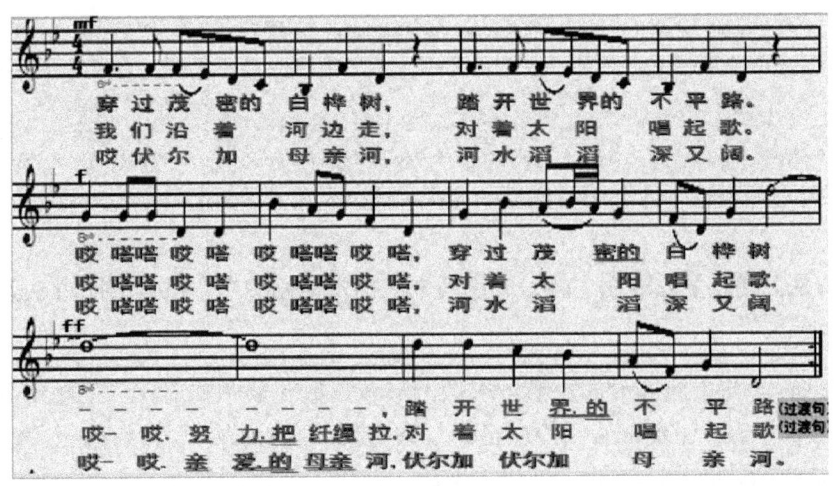

①歌词分析

第一段歌词:纤夫呐喊出"踏开世界的不平路",表现了纤夫在极度压抑和痛苦中,爆发出强烈的呐喊声和对社会平等的渴望。

第二段歌词:3 次演唱"对着太阳唱起歌",表现了纤夫虽然生活在水深火热之中,但依旧充满了追求光明和幸福的信念。

第三段歌词:歌词表达了纤夫对母亲河——伏尔加河的深深的爱。"河水滔滔深又阔",这句歌词表现了伏尔加河像母亲一样有着博大的胸怀。

②旋律分析

开始时旋律（1-4小节）级进下行徐缓抒情，一丝丝宁静与前面主题形成对比，用抒情的方式流露出纤夫们对母亲河——伏尔加河的深爱。歌曲的开始音依旧是"sol"，尾音是"mi"。

接着旋律（5-10小节）此时，整个音乐织体流动起来，如同河水滚滚向前，显示了伏尔加河的磅礴气势。每个小节第一个音不断变化"la"—"do"—"la"—"sol"，仿佛宁静片刻之后掀起一个大浪，而后微微喘息的旋律在力度的不断推动下，号子旋律被翻上八度，宛如滔天巨浪达到歌曲高潮：最高音、最长音、最强音，近乎呐喊的音调极具感染力，彰显出纤夫摆脱痛苦的决心和对光明自由生活的渴望。高潮之后，旋律级进下行（11-12小节），变化重复歌曲主题。

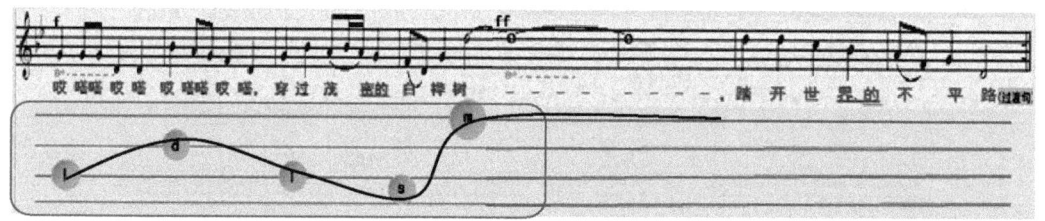

过渡句是变化重复的歌曲主题，表现纤夫在抒发他们的内心世界的同时，沉重的步伐依旧前行。

【结尾部分】与中间部分的声嘶力竭般的呐喊形成了鲜明的对比。主题重复力度由p变为pp，接着又重复主题的片段，力度也一再变弱，最后到了ppp的程度。旋律在渐慢和渐弱中消逝，仿佛纤夫们已离开我们渐渐远去，消失在天边的暮色中。歌曲结束在属音"mi"上，没有完全终止，仿佛预示着纤夫的苦难不知何时是尽头，也仿佛对光明充满希望。

（3）对歌曲伴奏的分析

①伴奏主要乐器

"大号"是歌曲主要伴奏乐器，它是铜管乐器中音域最低的乐器，音色浑厚低沉，和男低音的音色非常相似。

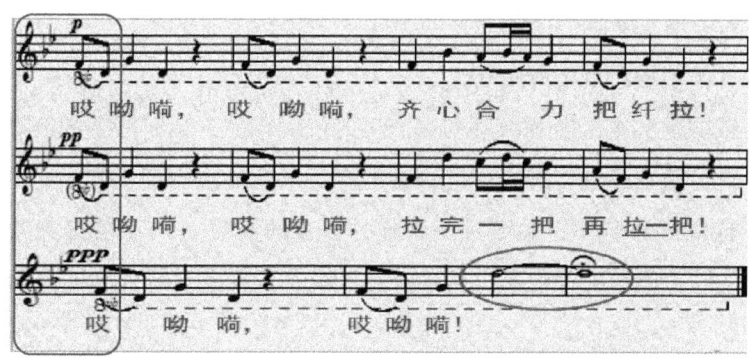

②伴奏特点

在劳动号子旋律中，伴奏旋律重复男低音的演唱，与男低音的演唱形成卡农，使得歌曲的号子声连绵不断。

在中间部分高潮处，十拍的长音呐喊声中再次加入弦乐与大号的卡农，步伐般的节奏使拉纤的场景具有了连贯性，帮助歌曲推向了顶峰，与中间部分最后一句的伴奏合成歌曲主题旋律。

2. 对相关文化的分析

（1）创作的历史背景

在沙俄时代，伏尔加河完全处于自然状态，河道通航极为不畅，但是却常有大吨位的货船航行，因此，大量的劳动人民在伏尔加河河畔，靠为过往的船只拉纤为生。在艰苦的劳动中，纤夫们创造了忧伤而又强悍的劳动号子，而后被作曲家提炼成这首从容不迫、坚定有力的《伏尔加船夫曲》，广为流传，成为俄罗斯民歌经久不衰的经典曲目。20世纪二三十年代传入中国，受到广泛的欢迎。

（2）油画《伏尔加河上的纤夫》

此油画是俄国现实主义绘画大师列宾杰出的代表作品。当时写生的列宾看到如牲口一样在蠕动的纤夫，萌发了创作纤夫主题作品的念头。他几次来到伏尔加河考察，用三年的时间，完成了这幅世界名作。被烈日炙烤着的焦黄的河畔上，11名纤夫蓬头垢面、衣衫褴褛，能感到他们步履是那样沉重，仿佛听到低沉、压抑的伏尔加船夫曲的回声。

（二）学生情况分析

1. 在音乐表现要素上

力度：本校四年级学生可以感知歌曲整体力度上的层次变化，大多数学生能想象力度变化所描绘的情景。但是歌曲高潮长达十拍的力度不仅没有减弱反而在最后两拍时更强。在教学中，学生不容易分辨得这么细致，需要教师引导听辨。

速度：能感知歌曲整体速度是缓慢，但是纤夫前行步伐与速度的结合有些学生领会不好。教学中，用课件出示纤夫前行脚印，让学生对比判断后，引导学生肢体参与，明确速度与步伐的进行。

节奏：多数学生可以感知喊着号子节奏是帮助纤夫更用力，但是对喊着号子还可以统一步伐和提高动作的协调性没有感知。在教学中告诉学生和中国民歌体裁劳动号子很相似，并分组唱着号子节奏体验。

音色：学生能判断出男低音演唱，但是没有注意歌曲主要伴奏乐器——"大号"，进一步刻画和烘托了音乐形象。在教学中，教师引导学生聆听歌曲伴奏并卡农演唱，出示图片介绍，感受其作用。

旋律：曲谱不难，学生在识谱上可随着歌曲视唱曲谱。但是大多数学生不会注意每句结束音都是"mi"，而且中间部分的旋律流动起来如河水滚滚，气势磅礴。在教学中视唱与聆听相结合，引导学生发现并感受。

2. 对歌曲的感性认知上

本课的重点就是对纤夫音乐形象和情绪情感的体会。《伏尔加船夫曲》这首音乐作品，反映的是俄国沙皇统治时期纤夫的苦难生活，生活在现代的学生很难理解作品所反映的时代。教学中从音乐表现要素上引导学生充分理解作品，结合列宾的油画帮助学生一起理解音乐作品。

（三）教学方式与手段说明

教学方式：启发想象、模仿体验、引导参与、积极发现。

教学手段：采用对比聆听歌曲主题引出音乐话题，通过聆听、演唱、分析、表现、结合油画作品等教学手段，引导学生感知歌曲的音乐要素、旋律的表现，提高对歌曲的情绪情感的理解。

（四）技术准备

1. 用格式工厂和会声会影编辑视频文件
2. 用 MP3 剪切器编辑音频文件

（五）前期教学状况、问题及其对策

状况：学生对这首作品很陌生，对历史背景不了解。

问题：对音乐所表达的情绪情感很难理解。

对策1：分析力度、音色、伴奏乐器，感受情绪。

对策2：提炼号子主题，演唱并用肢体表现。

对策3：观察列宾油画中的人物表情、衣着。

对策4：分析歌词与旋律表达的情感。

三、教学目标

（一）"情感态度与价值观"目标

能感受《伏尔加船夫曲》表现的纤夫拉纤时的音乐形象，理解他们的内心世界——对不平的呐喊、对光明的渴望和对伏尔加河深深的热爱。

（二）"过程与方法"目标

通过对比、聆听、主题歌唱，体验男低音的音色和衬词、力度的作用，体会纤夫拉纤的沉重步伐并揭示标题；然后通过歌词分析、油画观察、旋律分析、卡农演唱，理解纤夫内心丰富的情感；最后通过聆听、分析、演唱体会渐渐远去、消失在暮色中的纤夫形象。

（三）"知识与技能"目标

1. 感知力度层次变化在歌曲中的作用。
2. 感知旋律进行对歌曲情感的表达。
3. 听辨并记忆主题。

四、教学重点与难点

（一）教学重点

感知歌曲塑造的音乐形象，理解纤夫的内心世界。

（二）教学难点

音乐要素变化所表达的情绪情感。

五、教学过程

（一）歌曲主题的欣赏与分析

[阶段目标]：熟悉歌曲主题，能从主题中获取音色、"号子"旋律、歌词与伴奏表现出的纤夫拉纤形象。

1. 聆听歌曲主题

（1）听主题，对比相同与不同。（开始部分与中间部分的歌曲主题）

（2）预想学生回答：

相同：音色、歌词、旋律。

不同：力度、情绪。第一句叹息、压抑，第二句坚定、有力。

2. 视唱歌曲主题

（1）学生跟琴唱，从歌词和聆听中描述歌曲的信息。

（2）预想学生回答：

①从歌词上知道是一首表现纤夫的歌曲；

②从衬词中判断纤夫正在拉纤；

（教师补充：与中国民歌中的劳动号子相似，简单介绍劳动号子）

③从男低音的演唱中感受到沉重；

④从力度上分析纤夫的远近。

（3）判断、模仿纤夫步伐

教师播放音乐，学生判断纤夫行进的步伐更趋向于哪一种。

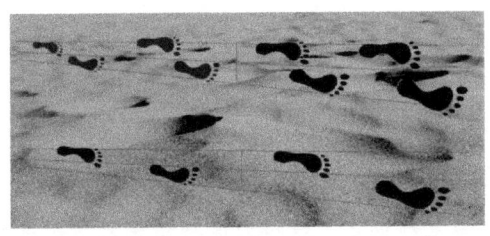

然后学生模仿纤夫沉重的步伐。

（4）唱号子旋律

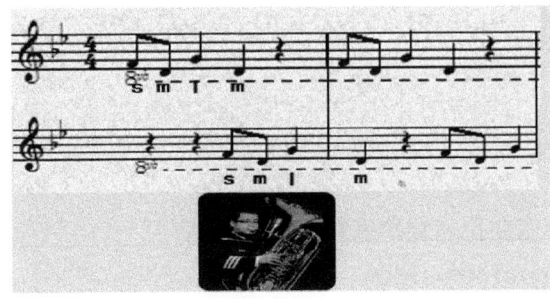

①学生视唱歌曲劳动号子的固定音型；

②聆听伴奏——卡农，伴奏主要乐器——大号；

③学生分成两个声部卡农演唱号子主题。

设计说明：通过对比聆听加深对歌曲主题的记忆，知道歌曲主要表现内容；在演唱、判断号子声中感受纤夫沉重的步伐，熟悉歌曲主要伴奏乐器，为更好理解歌曲音乐形象做铺垫。

（二）全曲欣赏与分析

1. 完整聆听

[阶段目标]：能整体感知歌曲力度的层次变化，初步感受歌曲情感，知道歌曲主题贯穿全曲，了解列宾的油画。

（1）感受歌曲初步印象

①完整听，谈谈对歌曲的第一印象，从歌曲中获得什么音乐信息？

②预想学生回答：

聆听、表达感受到的音乐情景和感受音乐要素等（如：力度有没有变化？为什么用男低音演唱？伴奏有什么特点？场景是什么样？）。

（2）结合油画揭示标题

教师活动：揭示课题《伏尔加船夫曲》。教师结合列宾的《伏尔加河上的纤夫》油画，简单介绍《伏尔加船夫曲》的历史背景和纤夫的作用。

设计说明：引导学生对音乐作品的初步印象进行交流，教师归纳总结作品的情绪、情感、历史场景，结合油画激发学生对音乐作品的探究。

2. 分段聆听——开始部分

[阶段目标]：知道歌曲主题重复，理解力度与旋律表现出来的拉纤场景。

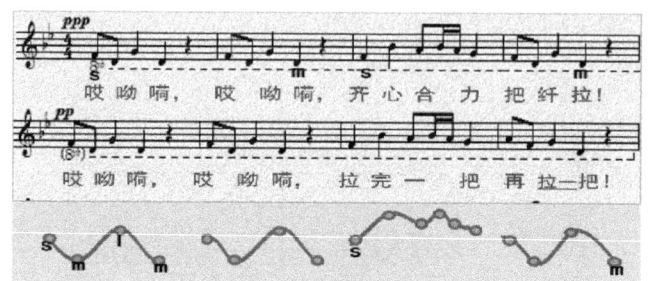

（1）听——感知力度变化与旋律重复

（教师音频与动画旋律线同时播放）

①感知力度、旋律，想象纤夫拉纤场景。

②预想学生回答：力度极弱（仿佛纤夫从远处走来）。旋律起伏比较大（仿佛纤夫深一脚浅一脚地前行）。

（2）唱——记住主题旋律

①唱歌谱——感知号子旋律多次重复，开始音是"sol"，尾音是"mi"。

②唱歌词——表现力度、音色

容易出现问题：学生控制不住力度；音色不够低沉。

解决方法：把气息控制住，包住声音演唱；把口腔打开，尽量用低沉的声音演唱。

（3）肢体表现

①出示《伏尔加河上的纤夫》画面，引导学生观察身体和步伐的形态（身体倾斜用力、脚步拼命用力蹬地）。

②学生观察描述，模仿纤夫拉纤形态，体会沉重劳动。

设计说明：通过聆听、演唱开始部分，感知歌曲力度和旋律描绘的纤夫拉纤形象——纤夫们拉着沉重的货船由远及近缓缓走来。观察图片上的纤夫身体和步伐，模仿体验纤夫的沉重劳动，引发学生情感共鸣。

3. 分段聆听——中间部分（情感表达最丰富的乐段）

[阶段目标]：从歌词与旋律融合中，理解纤夫的呐喊、纤夫的渴望和纤夫的爱。

（1）第一段歌词

①听——歌词

感知纤夫的心声，理解歌词——"踏开世界不平路"的含义。

出示图片：仔细观察纤夫的衣服、鞋子、神情，与大船上的老板进行对比，引导学生获得情感体验。

②听——呐喊

感知歌曲高潮——最高音、最长音、最强音。号子旋律最后音"mi"被翻上八度延长至10拍。

再次聆听高潮长音的力度变化，学生感知最后两拍力度增强，表现纤夫在极度压抑后的释放。

③听——伴奏

聆听高潮长音的伴奏：

- 感知伴奏旋律卡农进行，步伐般号子旋律交替出现，使拉纤场景具有连贯性。
- 学生唱伴奏旋律——卡农。

听"踏开世界不平路"伴奏：是"齐心合力把纤拉"的旋律。
- 感知主题旋律以歌曲伴奏的形式表现，与演唱形成和声色彩。

④分析——旋律的推进

听一、二句

发现开始音与结束音依旧是"sol"和"mi"。

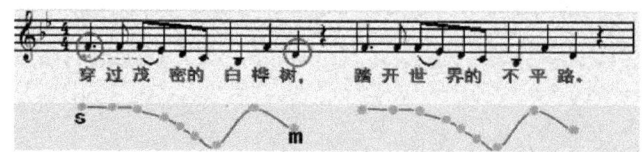

听三、四句

感受每个小节第一个音不断变化"la"—"do"—"la"—"sol"—"mi"，如同河水滚滚向前，显示了伏尔加河水的磅礴气势，如滔滔巨浪。号子旋律被提高八度最后达到歌曲高潮：最高音、最长音、最强音。

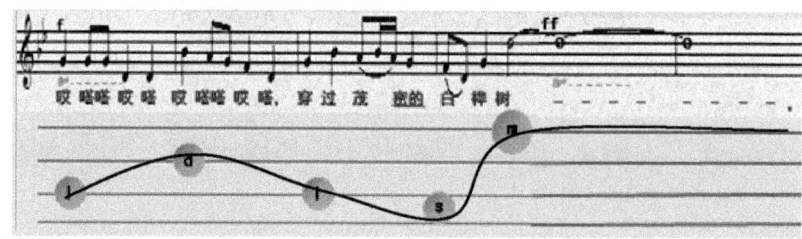

（2）第二段歌词

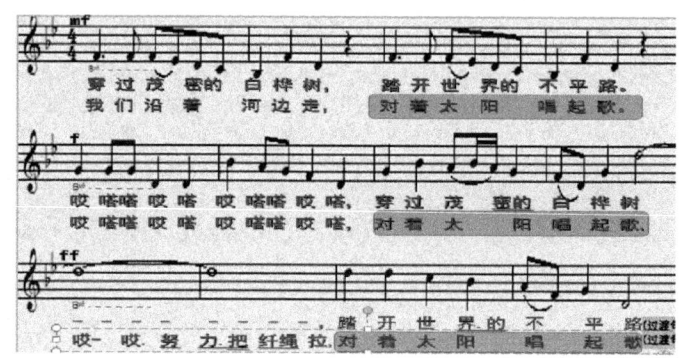

①听——歌词

感受纤夫情感,歌词为什么重复三遍"对着太阳唱起歌"?

学生预想回答:太阳代表着光明,表现纤夫追求光明、幸福的信念。

②听——高潮处的歌词

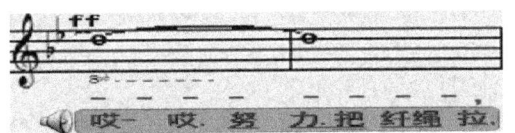

对比与第一段歌词的不同,体会纤夫用全身心的力量,迫切追逐着太阳,追逐着光明的信念。

(3)第三段歌词

①听——歌词

教师活动:从最后一段歌词感受到纤夫什么情感?反复称伏尔加河为母亲河。歌词"河水滔滔深又阔",像母亲一样有着博大的胸怀。

②唱——高潮处歌词

(4)听过渡句

教师活动:听——是否熟悉?

学生活动:聆听,发现歌曲主题伴随歌曲始终。

(5)完整听中间部分

教师活动:引导学生再次感受纤夫的呐喊、追求光明的信念和对伏尔加河深深的爱。

(视频播放)

设计说明:歌曲的强烈情感的表达,不单单是歌词赋予的,旋律、伴奏、力度都起到了至关重要的作用。通过对歌词、旋律与力度、伴奏的分析，走进纤夫的内心深处，了解歌曲高潮时的情感爆发，强烈感受纤夫对不平的呐喊、对光明的渴望、对母亲河深深的热爱。

4.分段聆听——结尾部分

[阶段目标]：知道歌曲主题再次重复，力度越来越弱以及尾音半终止所刻画出的音乐形象。

（1）听——感受力度、速度的变化

①感受力度、速度所刻画的纤夫形象。

学生预想回答：表现了纤夫们拖着沉重的货船、迈着艰辛的步伐远去，直到最后消失在河岸的尽头。

②听尾声：感知尾音的渐慢、延长记号的使用，是否有终止感。

学生展开想象：好像苦难没有终止，不知何时是尽头；对光明依旧充满希望。

（2）唱——肢体表现

跟歌曲哼唱，最后尾音用手表示纤夫远去。

设计说明：通过聆听知道歌曲主题再次重复，感受力度、速度在结尾部分刻画的音乐形象。通过模唱加深对主题的记忆，理解歌曲结束于半终止所描绘的纤夫情感。

5.完整复听

[阶段目标]：再次完整体会，学生能轻轻跟着唱主题并用肢体表现。

播放全曲，引导学生再次感知整首歌曲的情感。

设计说明：通过完整欣赏歌曲，加深对歌曲和歌曲主题的记忆，诠释震撼人心灵深处的情感表达。

六、学习评价方式

（一）课堂中采用了师评、互评、他评的形式

（二）多次用对比的教学方式评价

七、教学设计的特点

（一）抓住音乐特点，提升音乐审美能力的角度

1. 抓住旋律特点增情感

开始部分的旋律起伏较大，犹如纤夫们从远处深一脚浅一脚地缓慢走来。为引导学生感知，教师制作了旋律线，在聆听中同时播放流动的旋律线。这种视听结合手段，使学生明显感受旋律与音色、力度一起烘托出纤夫拉纤时沉重的、压抑的情感。

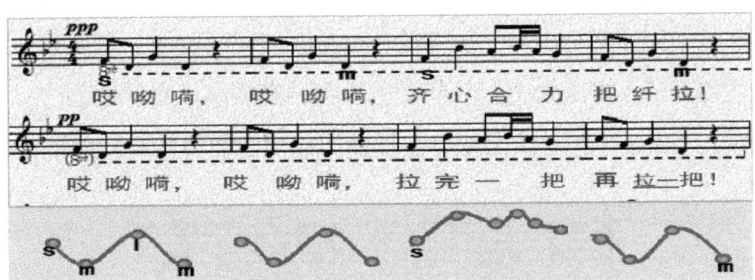

中间部分旋律的推进，引发纤夫情感的爆发。开始时旋律下行级进、徐缓抒情，是纤夫内心的独白。这个音乐形象和前面形成较大的反差，用抒情的方式流露出对母亲河的热爱，为后面旋律高潮的推进埋下伏笔。

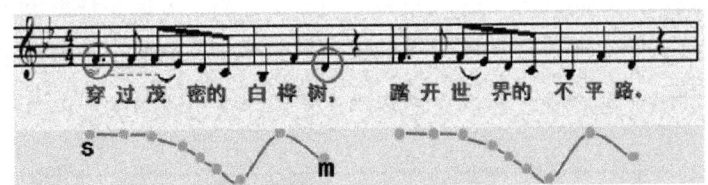

接着旋律流动起来，如河水滚滚，气势磅礴。每个小节第一个音不断变化"la"—"do"—"la"—"sol"，仿佛像要掀起一个浪，而后旋律像大吸了一口气，把号子旋律中的"mi"音翻高八度，宛如滔滔巨浪达到歌曲高潮：最高音、最长音、最强音。旋律的流动和推进增强了歌曲激昂的情绪，推动了情感的爆发，形成呐喊式的音调，表达了纤夫摆脱痛苦的决心。

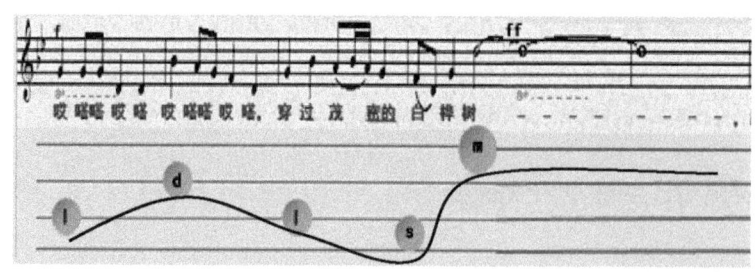

结尾部分的旋律重复开始部分,歌曲以半终止"mi"音结束,好像苦难的延续和对光明的向往。

2. 抓住伴奏特点添色彩

整首歌曲有两处伴奏最有特点:

第一处:在歌曲开始部分,号子旋律的伴奏重复演唱的旋律,与演唱形成卡农,使得歌曲的号子声连绵不断。在课堂中,引导学生聆听伴奏旋律,然后分组,一半学生模仿男低音唱歌唱旋律,一半学生模仿大号唱伴奏旋律,感知歌曲伴奏对歌曲情绪的烘托。

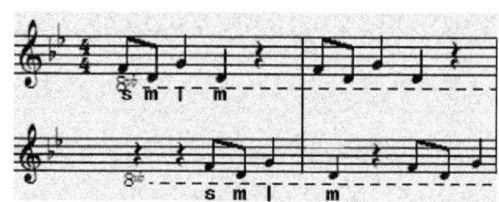

第二处:在歌曲中间部分,旋律高潮处长达10拍的伴奏,在第3拍时伴奏用弦乐和大号形式卡农演奏,一方面代表了纤夫们高呼的号子,另一方面步伐般的节奏使拉纤场景具有连贯性,推进歌曲情绪更加高涨,与最后的一句伴奏合起来形成歌曲的主题旋律。学生用卡农的形式演唱伴奏旋律,合唱主题旋律,感受伴奏与演唱的和声色彩。

（二）实践、审美与人文相结合，提升音乐学科课程价值

《伏尔加船夫曲》具有鲜明的时代感和民族性。本课通过聆听歌曲、肢体参与、卡农演唱引导学生主动参与音乐实践，感受歌曲所蕴含着的力度美、旋律美、演唱与伴奏融合之美，再借助油画的视觉冲击，帮助学生全方位理解音乐作品，提升学生对世界民族音乐文化的理解、尊重和热爱。

"扇形统计图"教学设计

黄春燕

教学案例基本信息					
对应信息技术主题	PPT				
开始时间	10：40		结束时间		11：19
学科	小学数学	学段	高段	年级	六年级
案例名称	《扇形统计图》				
教材	书名：义务教育教科书 数学 六年级 上册　出版社：北京出版社 出版日期：2014年7月				

教学案例设计参与人员			
分工（可修改）	姓名	单位	联系方式
设计者	黄春燕	中国教育科学研究院丰台实验学校	13683121041
实施者	黄春燕	中国教育科学研究院丰台实验学校	13683121041
学科指导者	申健	中国教育科学研究院丰台实验学校	13681161388
信息技术指导者	黄春燕	中国教育科学研究院丰台实验学校	13683121041
课件制作者	黄春燕	中国教育科学研究院丰台实验学校	13683121041

课程说明（信息技术与学科教学内容结合方面的指导思想与理论依据）
1.《全日制义务教育数学课程标准（实验稿）》提出，要使学生"经历运用数据描述信息、做出推断的过程，发展统计观念"。 2.情境创设是数学课堂必不可少的一部分，恰当的情境就是数学课堂的"母体"，"是小学生学数学的承重墙"。 3.用PPT展示学生的作品，提高学生的学习兴趣和课堂效率。
信息技术环境软硬件要求及搭建环境情况
电脑、PPT课件、Windows 7操作系统

---

① 本文获得2015—2016年度"一师一优课、一课一名师"活动部级优秀奖。

教学背景分析

学生在第一学段已经学习了简单的统计图和统计表,在第二学段学习了比较复杂的统计表和条形统计图以及折线统计图。经历了提出问题、收集数据和整理、分析数据与解决问题的过程。学生在前面学习了条形统计图和折线统计图,对这两种统计图的特点和作用有一定的认识,具有一定的分析和概括能力。在此基础上,通过新旧知识的对比,自然生成新知识,对扇形统计图的特点和作用形成深刻的认识。以此达到通过具体的事例体会扇形统计图的价值,发展学生的统计观念的目的。

教学目标与教学重难点

教学目标:
1. 理解扇形统计图的特点和作用,能绘制简单的扇形统计图。
2. 经历对扇形统计图的观察的过程,能根据扇形统计图提出并解决数学问题。进一步了解统计在实际生活中的地位和作用。
3. 在学习过程中,感受扇形统计图的价值,体会统计的作用和意义。

教学重点:认识扇形统计图的特点和作用,能从统计图中读出必要的信息并进行分析。
教学难点:画简单的扇形统计图。

教学过程

教学阶段	教师活动	学生活动	设置意图	技术应用	时间安排
一、复习铺垫,引出新课	1. 上星期的一天,已经放学了,可是六(2)班的几名学生还在操场上玩儿。我就拍了几张照片作为"证据"。你想看看吗?	看照片。	学生们虽然每天在一起生活学习,但是很少在屏幕中见到自己的同学。另外,观看学生淘气的"证据",也能够激发学生的兴趣。	PPT	0'0—0'47
	2. 这几名学生告诉我:"我们真的没在那玩儿,因为周五就要进行最后一次体育测试,我们在加紧锻炼呢。"同学们正是因为刻苦锻炼,在周五的体育测试中取得了特别好的成绩。他们还制作了一幅统计图。我们一起看看。这是一幅折线统计图,从这幅统计图中你发现了哪些数学信息?	观察统计图,思考并回答问题。	展示学生制作的统计图,使学生感到亲切,并复习了折线统计图的特点和作用。	PPT	0'47—2'43

续表

教学阶段	教师活动	学生活动	设置意图	技术应用	时间安排
一、复习铺垫，引出新课	3.最后一次测试，良好以上的有3人。在这3人中，良好的有几人，优秀的又有几人，从这幅统计图中能看出来吗？那我们看看下一幅统计图中能不能看出来。出示条形统计图：从这幅统计图中你又可以看出什么？	观察统计图，思考并回答问题。	复习了条形统计图的特点和作用。	PPT	2′43–4′04
	4.我们要想知道优秀的人数占全班的百分之几，不合格的人数占全班的百分之几从条形统计图中能看出来吗？这时，就要学习新的统计图——扇形统计图。	思考并回答问题。	引出新课，并初步体会三种统计图的作用。	PPT	4′04–4′31
	5.之前，你见过扇形统计图吗？说说你都对它有哪些了解？我们一起看一幅扇形统计图。有圆吗？有扇形吗？它们分别表示什么？从这幅扇形统计图你能知道喜欢哪种运动的人数最多吗？其实从扇形统计图中也能看出数量的多少，还能够看出整体和部分之间的关系。	思考并回答问题。	联系学生生活实际，统计自己亲身经历的体能测试，为引出有关统计数据提供了现实背景。同时，采用真实的数据进行教学，可以引发学生学习的兴趣，也可以让他们经历数据收集、整理的全过程，进一步体会到统计的意义和价值。	PPT	4′31–8′59

续表

教学阶段	教师活动	学生活动	设置意图	技术应用	时间安排
二、合作交流，探究新知	（一） 1. 还回到刚才的条形统计图，我们要想计算出优秀、良好、合格和不合格的同学人数占到了全班的百分之几，把它改画成扇形统计图，你可以吗？自己试着完成这幅扇形统计图。 2. 交流反馈。 3. 你怎么知道这个扇形表示的是优秀学生占全班的25%？其他的几个扇形又是怎么确定的？	学生完成扇形统计图。	体会数据的收集、整理过程，初步学习画扇形统计图。	PPT	8′59″-15′32″
	（二） 1. 刚才我们一起了解了六年级（2）班体育测试的情况，并且把它制成了一幅扇形统计图。那全年级学生的体育测试情况你想知道吗？我们一起看看。出示统计表：说说你看到了什么？能把它改画成一幅扇形统计图吗？这可比刚才要难哟！如果遇到困难，可以和同桌的同学交流一下，也可以让我来帮帮你。 2. 说说你的想法。 3. 各部分和整体之间的关系我们知道了，那各个扇形应该画多大呀？你是怎么想的？	学生完成扇形统计图。全班交流反馈。	培养学生观察、分析的能力。只有清楚地了解把圆平均分成的份数，一份表示百分之几，才能正确地得出各个部分应该包含这样的几份。	PPT	15′32″-25′34″

续表

教学阶段	教师活动	学生活动	设置意图	技术应用	时间安排
	4. 总结：刚才结合我们六（2）班的体育测试情况改画扇形统计图的时候，已经把扇形准备好了，我们直接判断填进去就好了。这次，虽然没有扇形，但是我们同学就发现这个圆被等分成了20份，这个20份就特别重要了。1份就是1/20，5%。那25%、55%、15%、5%分别包括几个小格我们就知道了。画出各个扇形，把各部分以及它所占的分率填进去，这幅扇形统计图就画好了。		让学生经历扇形统计图制作的过程，使学生对扇形统计图有一个较为完整、全面的认识，进一步了解扇形统计图的特点，感受扇形统计图的价值。	PPT	15′32–25′34
二、合作交流，探究新知	（三） 1. 全校学生的体育测试情况我们看到了，你们还想了解点儿什么？我们一起看看男生的情况。出示扇形统计图。你从统计图中看到了什么，知道了什么，先观察观察。 2. 如果告诉你全校男生有120人，根据扇形统计图，你能提出并解决哪些数学问题？只列式，可以不计算。 3. 说说你的算式，请同学猜猜你解决的是什么问题。 4. 我们用扇形统计图中的数学信息，结合全校男生的120人，可以解决很多的数学问题。	学生观察、思考，提出并解决问题。 全班交流、反馈。	在解决问题的过程中，感受扇形统计图的意义和作用。使学生感到学有所用，激发学生学习的兴趣。	PPT	25′34–35′20

续表

教学阶段	教师活动	学生活动	设置意图	技术应用	时间安排
三、回顾整理 总结概括	1. 今天，我们一起学习了扇形统计图，你对扇形统计图有了解吗？你都知道了什么？学会了什么？有哪些感受？谁愿意说一说？ 2. 到现在为止，我们就把小学阶段所有的统计图都学完了。我们学习了条形、折线和扇形统计图，它们都有各自的特点，我们根据它们的特点、作用，在我们需要解决哪类问题的时候，就可以筛选出合适的统计图来解决问题。	学生思考，全班交流。	进一步感受三种统计图的不同的作用。培养学生总结概括的能力。		35′20-37′08
四、提出问题，引发思考	1. 刚才有些女生不敢了解自己的体育测试成绩。男生想看看吗？出示扇形统计图。引出矛盾冲突。 2. 如果告诉你优秀的学生有20人，你又能提出并解决哪些问题？回去再试试。	学生交流。	体会同一个事物的统计图也会有所不同。	PPT	37′08-39′16

"Unit 8 Revision Lesson 27" 教学设计

管芳芳

教学基本信息					
课题	Unit 8 Revision Lesson 27				
学科	英语	学段	中段	年级	四年级
教材	书名：义务教育教科书　英语　四年级 上册　出版社：北京出版社　出版日期：2014 年 7 月				

教学设计参与人员			
	姓名	单位	联系方式
设计者	管芳芳	中国教育科学研究院丰台实验学校	15201137544
实施者			
指导者			
课件制作者			
其他参与者			

指导思想与理论依据
《义务教育英语课程标准（2011 年版）》倡导任务型的教学模式，让学生在教师的指导下，通过感知、体验、实践、参与和合作等方式，实现任务的目标，感受成功。在学习过程中进行情感和策略调整，以形成积极的学习态度，促进语言实际运用能力的提高。 根据《义务教育英语课程标准（2011 年版）》的要求，动物与环境的话题属于学生熟悉的话题，学生应该能够做简单的交流或表达。因此，本节复习课结合旧知，以学生比较感兴趣的短文为载体，进行阅读输入，最后，以"现场秀"的方式让学生自由地输出。
教学背景分析
教材内容及分析： 这是北京课改版英语四年级上册第八单元的一节复习课。本课的内容首先主要是复习了第七单元有关大自然的知识和内容，要求学生能够掌握和熟练运用重点句型 "Where do they live?" "They live ..." 和 "... can't live without ..."。在此基础上，教师以学生们熟悉的话题短文——动物与环境为载体，进行阅读拓展练习，进行有关大自然常识的输入。最后，让学生结合所学句型以及有关常识进行现

---

① 本文获得 2015—2016 年度"一师一优课、一课一名师"活动部级优秀奖。

续表

场秀，实现有效地输出。
教师对教学内容进行了有效的整合，始终以话题为引领展开教学，整合了教材中有关大自然的图片，让学生看图说话，激活旧知。此外，教师将第58页的有关大自然的听力题变为看图说话题，注重培养学生的表达能力。

学生分析：
我校四年级的学生通过几年的英语学习已经具备了一定的英语能力，形成了一定的英语学习习惯和学习氛围，对英语学习保持着浓厚的兴趣。有关大自然的话题，学生已经有了一定的了解，而其子话题——动物与环境更是学生感兴趣的话题，师大版教材中已经学过了很多有关动物的词汇，如giraffe、panda、tiger、lion、monkey等词以及地点词forest、farm、sea等。此外，通过调查发现，不少同学在课外英语培训班中甚至学过了woodpecker、whale等有一定难度的词，这为学生学习短文提供了一定的语言铺垫，有助于扫清语言障碍。

虽然是学生熟悉的话题，但是却不是学生熟悉的语言知识，在阅读理解过程中，不少生词还是会难倒不少学困生，因此，教师通过教授学生划关键词来寻找答案，完成练习。通过小组合作讨论和核对答案，有助于优等生带动学困生，生生互动，师生互动的氛围让学困生能够积极参与，提升其主动性。此外，教师还通过课件呈现重难点，利用多媒体的声、光、色，更好地突出重点，解决难点。

教学目标

知识与技能：
1. 复习第七单元所学关于大自然的相关句型，Where do they live? They live.... 以及 ...can't live without...，学生能够听懂，会认读，会说，并能在相应的情境中运用。
2. 复习第七单元所学关于大自然的相关词汇，如 air、lake、grassland、nature 以及方位地点词 on the grassland、in the forest、by the lake 等，学生能够在具体的情境中进行运用。
3. 学生能够读懂短文，并能够通过找关键词来完成相应的练习。

过程与方法：
1. 通过设置图片情境让学生回顾第七单元有关大自然的知识，通过小组合作讨论短文，完成练习并讲解答案。
2. 引导学生在阅读短文的过程中，通过找、划关键词的方法来完成练习，掌握一定的阅读策略。
3. 以短文为载体复习第七单元内容，整个过程以"看图说话"为导入，激活旧知；以"阅读短文"为过程，巩固拓展，以"现场秀"为输出，实践提高。

情感态度与价值观：
1. 通过课堂活动，特别是小组合作完成练习并展示答案的方式，来培养学生合作学习的意识。
2. 在整个教学过程中，通过创设图片情境和播放视频来对学生进行情感教育，树立保护动物、保护大自然的意识。

教学重、难点

教学重点： 第七单元的主要句型和词汇。
突破方法： 通过呈现学生熟悉的情境图片及关键词来巩固重点句型；通过各种小组合作活动来练习重点句型，实现学生的语言输出。
教学难点： 本课的阅读部分。
突破方法： 阅读部分首先是粗读，然后是精读。粗读掌握短文大概，精读掌握短文细节。在阅读过程中，教师阅读第一部分进行了示范，通过找关键词来做练习，然后将学生分为三大组，分别完成后面三部分的阅读练习，小组合作进行讨论并上台讲解答案，有助于分散难点，共享信息。最后，让学生进行现场秀，以说的形式输出。

教学资源
技术准备：多媒体教学课件，实物教具，句卡，小动物头饰，小动物卡片，环境海报。

教学流程示意（可选项）
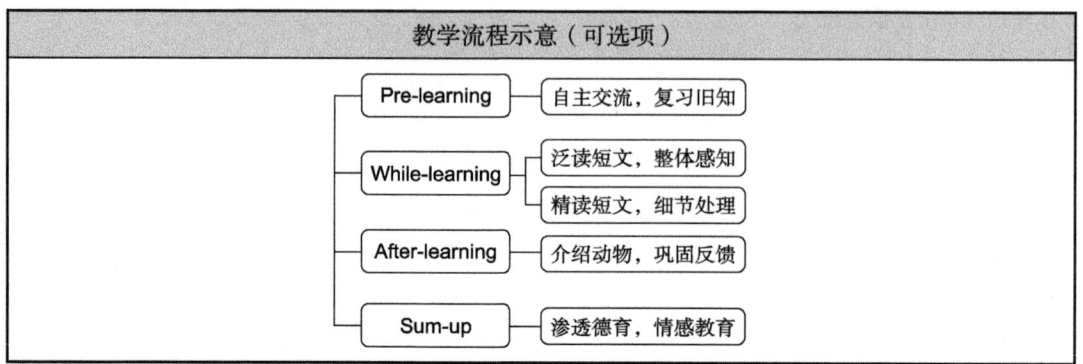

教学过程（文字描述）

（以下 T 代表老师，S 代表学生）

Step1 Pre-learning

（一）自主交流，复习旧知

T：Boys and girls, Do you remember these pictures? Look at these people, where do they live?

Ss：He lives in the forest.（教师呈现 forest 图片）

They live by the lake.（教师呈现 lake 图片）

She lives on the grassland.（教师呈现 grassland 图片）

T：Wow, their homes are so beautiful. What about these animals?（PPT 上呈现五种动物的图片）Where do the animals live?

Ss：The panda lives in the forest.（教师呈现 panda 图片）

The monkey lives in the forest.（教师呈现 monkey 图片）

The giraffe lives on the grassland.（教师呈现 giraffe 图片）

The fish lives in the water/lake.（教师呈现 fish 图片）

The lion lives on the grassland.（教师呈现 lion 图片）

T：Boys and girls, look at all these animals, do you like them? If you do a good job in the class, you can get the animal cards. What animals do you like?

S：I like dogs, rabbits, giraffes....

T：Good, but do you know prairie dogs? Woodpeckers? Beavers?（处理新词，带读新词）

We know so many animals. I think all of you like the animals, because they are our friends. We can't live without animals.（呈现图片，复习句型）

We can't live without....
继续呈现图片，复习句型 ...can't live without....

T：Boys and girls, look at the trees, the flowers, the animals and everything. What is it? Everything is....

S：Nature.

T：Today we are going to learn more about nature.（教师板书 nature）。

【设计意图】该教学环节主要是通过设置情境图片来激活学生旧知，一方面是复习第七单元的重点句型，Where do/does...live? ...live/lives in/on.... 以及 ...can't live without....，为最后的现场秀做语言铺垫。另一方面也是为了激活学生有关小动物的英文知识储备，公布评价方式。同时，在此环节，教师分散重点，将本课阅读所涉及的难词，prairie dog、woodpecker 以及 beaver 在此进行处理，让学生初步感受新知，强化记忆。

Step 2 While—learning

（二）泛读短文，整体感知

T：Boys and girls, please look at this picture.（上图小动物在喝水的图片）There are so many animals here. What are the animals doing?

S：They are drinking water.

T：Where are they?

S：They are in the lake, river...

T：Maybe they are in a pond.（学习新词 pond，带读 pond）After drinking the water, they go to the grassland.（复习旧知 grassland）Boy and girls, do you know what animals live on the grassland?

S：lions, rabbits, giraffes...（学生自由发挥）

T：Now let's listen to the tape and learn more about the grassland.

S：（学生听第一篇短文）

T：（教师做示范，通过划出关键词，找"地点"和"动物"来做题。播放土拨鼠视频。）

S：...live in/on the...（学生完成书上第 60 页连线题，帮小动物找家。核对答案，将正确的小动物卡片贴在相应的图片中并进行介绍。）

T：Ok. Boys and girls, what animals live in the forest?

S：The woodpeckers live in the forest.

T：Yes, Look, there are more animals living here. They are so happy. But suddenly, listen! Who is coming? A man is coming. All the animals are scared and they are gone. The man is cutting the trees and damaging their homes. They don't have homes.
What should we do? We shouldn't cut the trees. We should plant more trees.（呈现小学生植树的图片）
Look at this picture. Where is it? It's a pond. What animals live in the pond?

S：Beavers live in the pond.

T：And look at the ocean. It's so large and beautiful. What animals live in the ocean?

S：Whales, seals and sea lions live in the ocean.

T：Yes, they are so happy now and they are dancing now. But look, their home is damaged.

续表

There is a lot of garbage in the ocean. The seals and sea lions are missing. The whale is dead. They are so poor. We shouldn't throw the garbage in the ocean. We should protect it. Look! The animals are back again.

【设计意图】该教学环节的设置主要是让学生初次泛读课文，通过找关键词来掌握阅读主旨信息。在处理"grassland"这一段时，教师进行了示范，是为了让学生明确学习任务，掌握学习方法和策略，以便让学生更好地完成任务。此外，在该环节的任务型教学过程中，教师适时地进行了情感教育，将德育具体化，贯穿整个教学过程始终。

（三）精读短文，细节处理

T：Boys and girls, now please look at the four pictures, can you describe them?

Ss：（学生自由发挥）

T：Yes. The animals live so happily. Look at the prairie dogs and the giraffes. They like the grassland. But what is a grassland? Why do they like it? Now let's read the passage again and know more about grassland.

教师示范，带学生做题，划出文中关键词和关键句，完成三种不种类型的题型（判断题、选择题和问答题）。

S：（学生分为三大组，完成三种不同类型的题，阅读并处理 forest、pond 和 ocean。

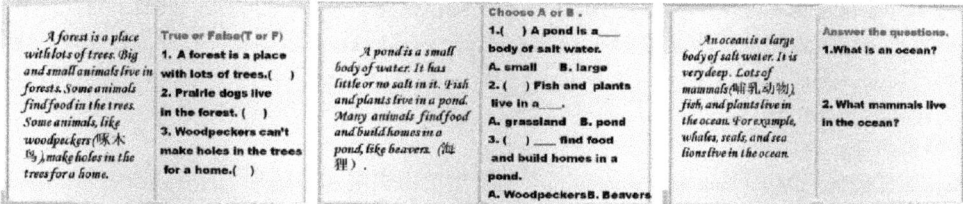

学生小组之间讨论并核对答案，每组学生上台讲解答案，学生之间进行信息补充。）

【设计意图】该教学环节主要是出示教学任务，通过设置三种不同类型的题型，让学生精读短文，抓住细节信息。小组合作分别处理不同的段落，这样不仅分散了难点，而且小组合作有利于促进学生之间的交流，有利于优等生带动后进生，培养学生团结和合作意识。此外，小组展示环节有助于补充信息差。

Step 3 After-learning

（四）介绍动物，巩固反馈

T：Boys and girls, These animals are the animal stars in these places. Do you wanna be the animal stars. Look, I'm a whale now and I will introduce myself to you.

Hello! I'm a whale. I live in the ocean. I like the ocean because it's very large and beautiful. I can swim and eat a lot of fish in the ocean. I can't live without ocean. Do you like me? Thank you!

Ok. Who wanna be the animal star and do a live show? You can use your animal cards or you can get one from here.（教师在 PPT 上呈现语言支持材料，语言材料的呈现主要是主句型，让学生自由发挥和想象。）

> Hello! Everybody!
> I'm a...
> I live in/on...
> I like..., because...
> (I don't like..., because...)
> I can...
> ...can't live without...
> ......

续表

S:（学生拿着自己喜欢的动物卡片根据所给的语言支撑进行介绍）
T: Ok, boys and girls. You can paste the animal cards to the right places on the blackboard.
S:（学生将自己所获得的动物卡片贴到黑板上的相应位置，评价方式得以呈现。）
【设计意图】该教学环节的设置是为了让学生进行语言输出。在经过前面环节的主句型复习以及短文的背景知识的输入后，在老师给予语言支撑的基础上，学生能够就小动物话题实现更好的输出。语言材料的给予主要是主句型，而不是全部，主要是考虑到学生不同的层次和水平，进行分层次的任务布置。

Step 4 Sum-up
（五）渗透德育，情感教育
T: Boys and girls, there are so many cute animals on the board and they are so happy in their homes. Their homes are so beautiful. But you know, we are damaging their homes now. I think we should protect them and protect the nature. Bow how to protect them?
S：我们不应该砍树。
T: Yes, we shouldn't cut trees.
S：我们不应该伤害小动物。
T: Yeah, we shouldn't kill or harm them.
S：我们不应该乱扔垃圾。
T: Good. We should not throw the garbage into the ocean.
【设计意图】该教学环节的设置是为了再次对学生进行德育，培养学生环保意识，情感教育贯穿始终。
Homework:
1. Read the passage three times.（朗读短文三遍）
2. Do something to protect our nature.（做一件环保的事）

学习效果评价设计

评价方式：
1. 教师的评价
教师对学生的课堂表现及时地进行评价，可以通过口头激励、奖励小动物卡片等方式激励和评价学生。教师的评价应该考察学生在课堂上多方面的表现，包括表演、参与、合作、交流、探究等。
2. 学生自评
学生对照评价量规表进行自我评价。

评价量规
学生自评表

学习效果	not bad	good	very good
我能够在具体的情景中运用所学句型。			
我能够理解所学短文并完成练习。			
我能够在小组合作中积极交流，积极展示。			
我能运用所学句型介绍小动物。			

续表

本教学设计与以往或其他教学设计相比的特点
1. 以话题为引领，整合教材 本课的教学设计始终是以话题——动物和环境为引领，整合了教材内容，出示了第七单元有关大自然的图片，让学生利用所学的句型看图说话，这样能够激活学生已学的知识，巩固旧知。此外，本课将第 58 页的听力部分的前两幅图片变为看图说话题，让学生结合所学知识和已有经验用英语表达。最后，再以第 60 页的短文为载体，拓展有关动物与环境的背景知识，让学生了解更多有关大自然的知识，有了一定的知识储备，再让学生结合所学句型展开现场秀，进行语言输出。这样不仅练习和巩固了已学句型，而且有助于培养学生综合语言语用能力。 2. 情感教育贯穿始终 在本课的教学环节过程中，情感教育贯穿始终。在泛读短文时，通过出示美丽的森林和被破坏的森林两幅图片进行对比，培养学生保护环境和动物的情感和意识；在讲解海洋及动物时，通过出示美丽的海洋和污染的海洋两幅对比图片来激发学生的环保热情；在最后的德育渗透环节，教师再次呈现本课所学习的四个场景图以及居住在这些场景的小动物，让学生自由发挥说一说该如何保护环境、保护小动物、保护大自然。由此，情感教育自始至终自然具体，而不仅仅是课末的一个标签。 3. 布置任务，教授策略，合作提升 在本课的教学环节过程中，倡导任务型的教学任务。教师首先布置任务，给予学生一定的指导和示范，通过教授一些方法和策略，让学生个体或是小组去完成任务。在泛读时，由于练习简单，教师让学生独自思考，通过划关键词来寻找信息；在精读时，由于练习有一定的难度，教师则是让学生小组合作来完成练习，小组展示来解决问题。这样有助于分散难点，提高做题效率，同时也能互帮互助，培养合作意识。小组合作才能真正达到实效，而不是有形式而无实质。

北京版小学英语四年级下册"Unit 5 Is May Day a holiday?"(3)教学设计①

徐 娜

教学基本信息					
课题	Lesson 17 Dragon Boat Festival				
学科	英语	学段	中段	年级	四年级
是否已实施	否				
指导思想与理论依据					
《义务教育英语课程标准（2011年版）》中指出，义务教育阶段的英语课程具有工具性和人文性的双重性质。就人文性而言，英语课程承担着提高学生综合人文素养的任务。而其中最重要的一点是通过英语课程了解本民族的传统文化，继而培养一种归属感和爱国主义精神。而核心素养更是以培养"全面发展的人"为核心，英语教学在关注学生语言能力和学习能力的同时，更要关注对学生思维品质和文化品格的培养。 依此，本节课教师以学生为中心，引导学生从自己的生活经验出发，了解中国传统节日的特别之处。学生在质疑和学习对话的过程中，借助补充的阅读材料，学会用英语表达端午节的风俗习惯等信息。同时，结合板书构建思维导图并介绍端午节的方式，在梳理学习内容的同时，渗透学习方法，增强学生对传统文化的热爱和弘扬意识。最后，以提出更多的端午节有关问题为落脚点，激发学生挖掘传统文化背后的更多知识的欲望。					
教学背景分析					
教材内容及分析： 本课是北京版小学英语四年级（下）Unit 5 的第 3 课时。本单元话题是节日及安排，继前两课国际劳动节和国际儿童节进行中外文化差异对比后，本课呈现如何向外国朋友介绍中国传统节日——端午节。关于中国传统节日的话题，教材在一年级上册呈现了春节的祝福语 Happy Chinese New Year，在三年级上册呈现了春节的时间和挂灯笼等节日习俗信息，对春节介绍比较全面。这是本教材第三次出现中国传统节日，重点呈现的是端午节的名称和习俗，简单呈现了春节、元宵节和中秋节的习俗。					

---

① 本文获 2018 年度"一师一优课、一课一名师"活动部级奖项。

续表

本节课对话内容是由中国的男孩毛毛向美国的女孩 Sara 介绍 Dragon Boat Festival 的两个特别之处 eat zongzi 和 have dragon boat races。对话内容中没有提供节日的时间，而农历时间对于中国传统节日的学习很重要，所以我在本节课补充了下一课时 Lesson18 中的一个相关的阅读资料。并在资料中补充了端午节的另一名称和戴五彩线的习俗，为学生提供了比较完整的端午节的信息。

学生分析：

我校四年级学生具备一定的语言能力和理解能力，但是对于本课提到的传统节日、在很多地方、特别之处等有难度的短语，学生理解和运用还是存在一定的困难的。所以，教师在教学过程中要提供必要的图片和文字等信息，帮助他们更好地理解，也有对长难句进行朗读指导的必要。

本课重点介绍的端午节的习俗中，学生最熟悉的是吃粽子，而我们北方的孩子对文本中另一习俗赛龙舟不是很熟悉，所以我在本课设计了"龙舟比赛"这一特色评比方式，以及结合奖励五彩线给学生的方式，让学生体会和感受这一中国传统节日多样的文化。

另外，学生在学习时容易被动接受知识，所以要加强对学生思维的引导。思维导图的构建和阅读材料学习的结合，更易于培养学生主动去探寻知识，在教师问题的引导下，培养学生良好的语言能力和思维品质。

教学目标

通过本节课的学习，学生能够做到：

1. 用句型"What's special about this day?"询问端午节的活动，并能用"In many places people..."回答提问。
2. 理解对话文本内容，熟练朗读对话。
3. 借助补充的文本，知道端午节的农历时间。
4. 在思维导图的帮助下，简单介绍端午节。

教学重、难点

教学重点：

学生能够体会和感受到端午节的习俗和文化，并能用英语简单介绍端午节，包括名称、时间和风俗习惯。

突破方法：用好课上的每一个环节，教师通过巧设问题、提供图片、补充文本和构建导图等方式对本课重点进行逐步深入的处理。

教学难点：

1. 学生能用正确的语音语调用句型"What's special about this day?"询问端午节的活动，并能用"In many places people..."回答提问。
2. 让北方学生体会赛龙舟这一中国端午节特有的节日习俗。

突破方法：用好课上的每一个环节，教师通过谈论话题、调动已知、设置评比和多次呈现等方式对本课难点进行分散弱化的处理。

教学资源

PPT课件，传统节日、龙舟、粽子等板书用词卡图片，对话人物 Maomao 和 Sara 的头像，五彩线等。

续表

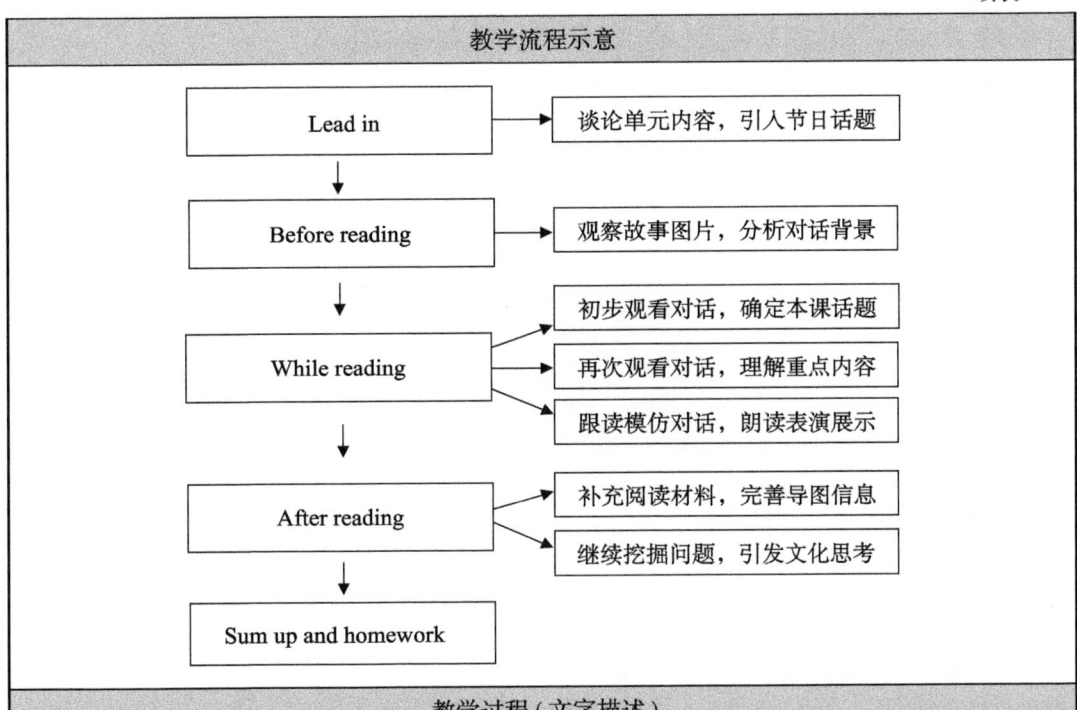

教学过程（文字描述）

Step 1 Lead in 3 分钟
谈论单元内容，引入节日话题

教师与学生交流本单元前两课的话题内容 holidays，并由 15 课和 16 课中提到的节日 May Day 和 Children's Day 以及对话内容，在与学生交流中导入新课，继续学习节日。

T：Yes, we talk about some holidays. Which holiday do Guoguo and Sara talk about? What is Guoguo going to do on May Day? What are you going to do on this day?

设计意图：以本单元学习的对话为入口，学生在回顾过程中复习学过的节日，逐步将学生引入新课话题。

Step 2 Before reading 2 分钟
观察故事图片，分析对话背景

PPT 呈现对话图片 1，教师导入话题。

T：Look, Who are talking today? Where are they? What are they talking? How do you know that?

学生观察对话图 1，教师根据学生的回答板书主人公 Maomao 和 Sara。
学生与教师交流中得出主人公谈论的内容并分析出原因，教师板书 Chinese Festival。
教师让学生思考 T：Who wants to know Chinese Festival? Why?
得出故事背景为中国小朋友 Maomao 正向美国小朋友 Sara 介绍中国的节日。

设计意图：以学生为中心，在问题引领下培养学生的观察图片能力和启发学生分析思考能力，调动学生对话题学习的主动性和积极性。

Step 3 While reading 15 分钟
1. 初步观看对话，确定本课话题
T：Which Chinese Festival are they talking about?
教师播放完整对话 1-2 遍，学生听出主人公谈论话题，引出课题 Dragon Boat Festival（贴在板书中间）。
教师介绍本课评价方式，把男生和女生的两只龙舟贴在板书小河起点处。

2. 再次观看对话，理解重点内容
（1）学习两个习俗
教师接着调动学生对端午节话题的已知信息。接着将话题引入课文细节：主人公谈论了端午节的什么，由此引出 Maomao 告诉了她这个中国节日的特殊习俗，学习本课重点和难点信息。
T：What do you know about the Dragon Boat Festival? 学生说出已知。
T：So what else do people do on this day? 学生想一想，说一说内容。
T：What else? Maybe you can know from our dialogue.
教师播放完整对话 1-2 遍，学生找到端午节吃粽子和赛龙舟的习俗，教师板书导图中这两个端午节活动的信息。
教师用地图方式呈现并解释很多地方人们都吃粽子，让学生感知句子 "In many places people eat zongzi" 的含义。

续表

播放"They also have dragon boat races."的PPT，教师询问学生是否看过或参加过龙舟赛，因为大部分学生都没有关于龙舟赛的经历，所以教师播放多张龙舟赛图片，并与学生交流图片中或参加课堂龙舟赛的感受，自然渗透"It sounds fun"的表达。

（2）学习询问习俗
教师运用图片和英英解释，帮助学生理解"special"和"What's special about this day"的含义。
T：That's the special things about this festival.
　　Do you know special? Look at the picture, which is special?

 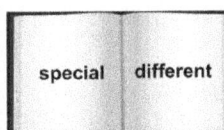 

教师与学生交流学生在端午节所做的事情，为后续的描述活动做好铺垫。
T: What do you do on the Dragon Boat Festival? What will you do this year?
S: I will...

3. 跟读模仿对话，朗读表演展示
（1）回顾完整动画1遍
T：You know many things about this festival, do you want to see it again?
（2）跟读对话，模仿对话
T：Do you want to read it? 学生试着自己朗读。
学生指书跟读完整对话1遍。
教师与学生角色扮演朗读对话1-2遍。
找两名学生示范朗读对话1遍。
两人一组pair work活动。
反馈表演，展示3组。

设计意图：用整体输入的方式帮助学生梳理对话的主题内容和重点信息，再用思维导图梳理信息，学生学习了端午节及其习俗的表达方法，也学习到了学习方法。用多种方法进行对话及新词、新句的学习，培养学生学习策略。

Step 4　After reading　18分钟
1. 补充阅读材料，完善导图信息
（1）阅读材料，完成导图
教师就端午节话题继续与学生交流，引导学生探寻更多的节日信息，完成拓展阅读。

续表

T: Now we know the name and the two special things about the Dragon Boat Festival. Do you want to know more? Here is a paper, you can find more special things about this festival. Let's read it.

> **Dragon Boat Festival**
> The Dragon Boat Festival is a traditional Chinese festival. We also call it Duan Wu Festival. It is on the fifth day of the fifth month in the Chinese calendar. People eat zongzi. They also have dragon boat races. And sometimes children wear five colour rings. It sounds fun.

教师示意学生拿出补充的阅读材料，提示学生材料中有他们要探寻的答案。
材料内容包括端午节的另一名称、农历时间五月初五及另外传统节日习俗：戴五彩线。
学生分三步阅读：1. 自主阅读。2. 四人小组讨论交流。3. 反馈信息，回答问题。
教师在反馈中讲解"traditional"的含义，并提及其他几个中国传统节日帮助理解。
用农历帮助学生理解五月初五的含义和表达方法"on the fifth day of the fifth month"。
教师在与学生反馈交流中，补充板书信息，完善思维导图内容，包括端午节的名称、时间和节日习俗。
（2）介绍端午节
T: Can you tell this festival to others? Let's tell together.
利用思维导图，学生按照名称、时间、习俗等顺序进行端午节的介绍，并拓展自己在端午节假期通常会做的事情，教师进行补充和指导。
学生模仿示范自主练习。
学生两人一组 pair work 活动，互相介绍端午节。
请3-4名学生分别在板书前进行全班展示，评价反馈。
2. 继续挖掘问题，引发文化思考
教师继续引导学生思考关于这一中国传统节日的更多信息。
（学生可以自由讨论，自问自答。）
T: Now we already know many things about the Dragon Boat Festival. What else do you want to know about this day? Do you have other questions?
学生提出关于端午节的更多问题，教师将学生提出的问题写在准备好的一张白纸上。
（预测：学生会提出很多为什么会吃粽子，划龙舟这样的探寻习俗来由的问题。
教师告诉学生课后搜寻资料，下节课我们将继续学习端午节的更多知识，为进一步深入学习端午节做好铺垫。）
设计意图：在求知欲望的驱动下，学生展开有效的阅读学习，在小组互助学习的形式中，了解端午节这一传统节日的农历表达法和更多的习俗。结合思维导图、学生端午节真实的生活经验等，培养学生的思维能力和综合表达能力。最后思考问题的设计，为下节课做好了铺垫，更培养了学生深度挖掘从而热爱传统文化的意识。

Step 6 Sum up and homework 2分钟
总结评比：
教师宣布龙舟赛获胜队，为获胜队的同学们发五彩线作为奖励，孩子们亲身体验了端午节的又一重要节日习俗。

续表

布置作业：	

本课板书设计：	
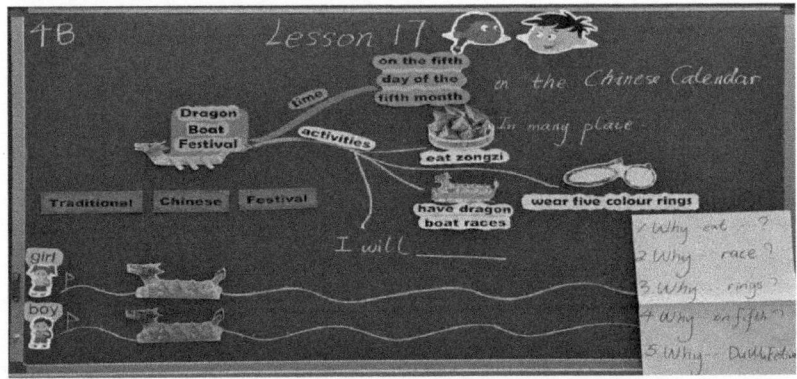	
学习效果评价设计	
评价方式： 男女生进行龙舟比赛，教师根据学生的课堂表现为他们的船加速并向前移动，先到达终点的一方获胜。	
评价量规： 以激励学生为目的，教师按学生回答问题的程度和课堂表现视情况加减分。 以下为参考加分标准： 个别同学（少于5名）举手的问题，回答出的，每次前进三步。 少数同学（10名左右）举手的问题，回答出的，每次前进两步。 多数同学（多于15名）举手的问题，回答出的，每次前进一步。 如果课堂中出现学生违反课堂纪律，每人每次退一步。	
本教学设计与以往或其他教学设计相比的特点	
1. 以学生为本，让学生的学习乐在其中 本节课从导入到每个环节的设计，都是从学生的已知知识出发自然过渡到新知识的学习。所有的问题都来自学生，最后又是在学生的学习中巧妙解决的，体现了以学生为本。学生在本节课的学习中既感到熟悉，又有新的收获。 2. 巧设评价方式，结合教学内容发挥双重作用 教师在本节课的教学中，巧妙地将评价方式与本课的教学内容融合在了一起，是本课的一大亮点。	

续表

除了让学生切身体会到了 dragon boat races 的文化形式和激烈氛围外,还让学生在龙舟前进的过程中更有兴趣多思考,主动参与到课堂中来,从而解决问题。

3. 弘扬传统文化,提高学生核心素养

本节课最重要的教学目标便是让学生在学习中感受到中国传统节日,特别是端午节的习俗文化,并且让学生有意识地把节日文化和民族精神传承、发扬下去。本节课,学生在用英语学习传统节日的过程中,在板书思维导图的引领下,提高了学习品质、思维品质和文化品质。

"吴昌硕的书画和篆刻"教学设计[①]

贺思麒

指导思想与理论依据
指导思想：根据《义务教育美术课程标准（2011年版）》，本课主要依据"欣赏·评述"学习领域要求学生能够观察、描述和分析，逐步形成审美趣味和美术欣赏能力，教学应注重学生的积极参与，激发学生的主体意识。第二课时篆刻属于"造型·表现"学习领域，不以单纯的技能传授为目的，而是贴近不同年龄阶段学生的身心发展特征与实际水平，鼓励学生运用描绘、雕塑等手段和方法进行美术创作活动。本课程有利于落实核心素养的培养，通过学习吴昌硕的书画和篆刻，提高学生图像识读能力、热爱美术，培养学生的人文精神，感受中国传统文化的精髓。通过课堂实践，提高美术表现力，增强对民族文化精神与特点的认识，提高中学生的公民素质。 **理论依据**：遵循建构主义学习理论，以已有经验为基础，创设情境，激发动力，引导学生自主学习，完成知识的建构。本课采用"树型结构"教学方式，教授给学生多种技法和风格，学生自主练习，最后探究出属于自己的篆刻风格，层层递进，掌握知识，融会贯通。
教学背景分析
教学内容：本课为人民美术出版社八年级下册第6课《吴昌硕的书画和篆刻》，属于"欣赏·评述"学习领域。共分为五课时：第一课时学习篆刻基础知识。第二课时和第三课时学习姓名章篆刻，教师着重讲解篆法、章法来明确篆文布局、印章审美、视觉感受、篆刻刀法。第四课时和第五课时再进行闲章的篆刻，形成几节较系统的篆刻课程。 **学生情况**：学生已经学习了《齐白石的花鸟画》《李可染的山水画》《蒋兆和的人物画》，本课是系列欣赏的最后一课。我主讲本课《吴昌硕的书画和篆刻》第二课时——篆刻。本篆刻课程为初中美术系列教材中出现的唯一一节篆刻课程，因此，需要多个课时系统讲解。学生知道诗书画印四位一体，但没有学过篆刻。在初二阶段，学生手的掌控能力还较弱，因此要引导学生静下心来，勤加练习。学生没用过篆刻刀，在篆刻的过程中可能会出现问题，需要个别指导或对同一个问题进行指导。另外篆刻时间较长，教师需要给学生充分的时间实践，多鼓励引导，多看多做。 **教学方式**：小组汇报，对比探究法，演示法。 **教学手段**：信息技术等手段，实物展示制作。 **技术准备**：PPT，微课视频，实物投影。
教学目标
知识与技能：了解治印的基础知识、章法布局，吴昌硕对传统的继承与发展。知道吴昌硕篆刻的风格，掌握基本的刀法与技法，能够刻一枚姓名章。

[①] 本文2018年11月获北京市第十一届《京美杯》征文 教学设计二等奖。

续表

过程与方法：鉴赏吴昌硕经典篆刻作品，分析不合理的印章来明确篆刻的基本技法。学习双刀冲刀法，印制一枚白文印章。

情感态度与价值观：感受篆刻的魅力、吴昌硕独特的艺术气质和审美思想，体会双刀冲刀法白文印所体现出来的美感，认识吴昌硕刻苦研究传统艺术精髓的治学态度和大胆创新精神，培养审美素养。

教学重难点分析及解决措施

教学重点：了解篆刻基本技法——双刀冲刀法，欣赏吴昌硕的经典篆刻作品及篆刻作品的艺术特点。

解决办法：

1. 观察体会，教师出示错误印稿，对比分析，学生辨析正确的印文，明确印文布局之美。

2. 学习双刀冲刀法技巧，教师示范双刀法和冲刀法，结合学生练习，视频展示"边"的刻法、"折"的刻法。进行实践操作。

教学难点：理解篆刻之美，感受其艺术特征。

突破方法：1. 在第一课时，小组汇报学习篆刻基础知识。

2. 学案配合，夯实基础知识。

3. 教师示范篆刻过程和难点，把一个问题拆分成几个小问题。

教学流程

导入新课 ➡ 新课讲授 ➡ 分析对比 ➡ 教师演示 ⬇
拓展提高 ⬅ 课堂总结 ⬅ 交流展示 ⬅ 课堂实践

教学过程			
教学阶段	教师活动	学生活动	设置意图
课前准备（1分钟）	准备宣纸、吸铁石、刻刀、印石，调试投影设备，西沃5.0。	准备印石、刻刀、印泥、宣纸、学案、书本。	准备自己的学习用具，做好上课准备。
导入新课（1分钟）	请同学们打开书，回顾吴昌硕的个人简介。出示石鼓文和封泥图片。板书课题	复习吴昌硕的个人简介、生平经历。学生感受吴昌硕学习石鼓文和封泥的古拙效果。	温故而知新，创设课堂情境。通过课本中的学习资源，理解美术名词。体会吴昌硕在篆刻创作中汲取封泥的气质与古韵。了解吴昌硕借古开今、风格独具的真正原因。增强篆刻审美感受力。

续表

教学阶段	教师活动	学生活动	设置意图
新课讲授（9分钟）	一、印章与印面 了解印石、印面、印稿、印款的关系。 二、篆法 提问1.印章的风格有什么不同？为什么？ 黄牧甫　　吴昌硕 三、章法，布白安排 观察并分析印稿1： 1.界格线不封，有虚有实，以便气运贯通。 2."堂"字与右边字体比例相同，统一又有对比变化。 3.笔画斑驳，虚实相生，粗细对比。 印稿2： 1.田字格，取法秦印（印宗秦汉）。	欣赏印章，了解印章的基本概念。 学生代表分析 　对比：一枚普通现代印章没有篆刻的美感，只有实用性。 　吴昌硕取法石鼓文，金石味道浓厚，既有观赏价值又有实用性。 　黄牧甫刀法简洁，笔画平直，字体规整，风格典雅。 学生代表分析 　朱文与白文视觉效果不同。 　都是吴昌硕的印章，左边的更瑰丽，右边的更有古意，残破的。 释文：传朴堂 从章法分析印章。知道鉴赏印章的方法。学生聆听，思考。 释文：湖州安吉县 学生自主观察，代表分析印章特点。	开拓学生审美层次，增强学生图像识读能力。 鼓励学生深入观察，细致分析，掌握良好的欣赏方法。 范例选择吴昌硕具有代表性的印章，结合欣赏提高对篆刻艺术的认识，感受吴昌硕篆刻力拙而锋锐，貌古而神虚的特点。

续表

教学阶段	教师活动	学生活动	设置意图
新课讲授（9分钟）	2. "安吉"两个字笔画较少，合在一起占一个格。 3. "县"字，上紧下松。 印稿3： 1. 笔画大方浑厚。 2. 互相呼应，顾盼。 四、构图及章法，判断哪一枚印章更合理？ 共4个，有的是笔画的问题，有的是布局的问题。 五、刀法 讲授篆刻技巧，步骤。 1. 双刀法 结合教师示范。 2. 冲刀法 结合教师示范。 欣赏图片，体会不同风格不同的印面效果。 3. "边"的刻法	从章法分析印章。知道鉴赏印章的方法。 体会吴昌硕具有代表性的印章艺术特点。 释文：破荷亭 "荷"字单人旁与"亭"字相接，使印章左右贯通，互相呼应，布白合理。 学生指出哪个印章有问题，为什么？ 对比更合理的印章，落实篆刻基础知识。 学生加深理解，掌握篆刻基本刀法。 学习篆刻刀法，体会篆刻的技巧和魅力。 对比分析刻印的不同风格，学会鉴赏印章，有自己的喜好。	强调学生的艺术感受能力，体会篆刻之美，感受祖国优秀传统文化。 提高篆刻审美力，增强对视觉形象的感知，理解。 深刻感受吴昌硕不同表现形式的美，理解其审美风格，加强对篆刻风格的理解。 学习双刀冲刀法，学习印制一枚白文印章的方法。 增加课本以外的内容，加深学生对篆刻的理解。

续表

教学阶段	教师活动	学生活动	设置意图
新课讲授（9分钟）	4."折"的刻法 六、出示治印步骤	播放教师示范篆刻视频，学生体会教师的篆刻过程，体会篆刻的难点和注意事项。 1. 砂纸打磨后，铅笔写稿，内容为"姓"； 2. 刮边线； 3. 白文，冲刀法； 4. 扫除粉末； 5. 修饰印面； 6. 盖印（轻敲印泥），擦干净。	感受篆刻的魅力，体会双刀冲刀法白文印所体现出来的美感。 认识吴昌硕刻苦研究传统艺术精髓的治学态度和大胆创新精神。
课堂实践（30分钟）	完成个人"姓"章一枚，钤印在宣纸上。	要求： 1. 布局合理； 2. 白文； 3. 线条粗犷； 4. 印章字体清晰。	注意安全，谨防刀具伤手。 理论与实践相结合，使学生在探索实践中体会到创新的潜能巨大，提高美术表现力和创新能力，落实核心素养。
交流展示（3分钟）	挑几名刻印比较好的同学上台展示，交流。	学生到黑板前，把刻好的印章盖印在团扇宣纸上，体会篆刻的独特魅力。 在学案上盖印，自己收藏。	学会正视自己，认同自己，养成健康人格。 体会篆刻的乐趣，学会享受生活，学习用美术形式解决问题，提高自己的文化修养和艺术品位，感受传统文化赋予我们的精神力量。
拓展提高（2分钟）	介绍西泠印社 用吴昌硕的一句话，告诉学生山山水水富饶了我们的精神，画画最重要的不是相貌相似。鼓励学生多读书提高道德修养和学识水平，学习吴昌硕大气的民族气节和时代精神，提高自己的气质和气节。	了解西泠印社，了解篆刻百花齐放的艺术风格，以及我国篆刻对外国的影响。	希望同学们进一步了解篆刻知识，明白吴昌硕是中国近现代有开创性的、承先启后的一代艺术大家，感受中国传统文化特有的审美情趣和表达方式，为中华民族古老的文化发扬光大而努力。 情感教育润物无声。学习吴昌硕大气的民族气节和时代精神，提高自己的气质和气节。

续表

学习效果评价设计
评价方式： 自评和互评 重视美术学习能力、学习态度、情感和价值观。 **学生本节课知识掌握情况自评：** <table><tr><td></td><td>篆书30</td><td>章法20</td><td>刀法30</td><td>铃印效果20</td><td>总分100</td></tr><tr><td>姓名</td><td></td><td></td><td></td><td></td><td></td></tr></table> 篆刻的感受：   本课学习后的感受：（200字）

板书设计
吴昌硕的书画和篆刻 ——印从书出，高古雄浑 1. 篆法 2. 章法 3. 刀法 { 双刀法 　　　　　　冲刀法  作品展示区

本课程教学设计的效果和教学反思
教学效果： 　　本节课主讲吴昌硕的篆刻，从温故知新开始导入，进入情境，了解吴昌硕的人生经历、个人风格、在篆刻领域的地位。学生通过鉴赏吴昌硕的印章，提高图像识读能力，明白篆法、章法、刀法。通过辨别不合理的印章来达到夯实基础知识，避免走弯路，学会布局安排、篆刻技巧、掌握基本篆刻技法的目标，能够为自己刻一枚姓名印章，提高了美术表现力和创新精神，激发学生兴趣，让课堂更加民主。大部分学生都能够完成课堂任务，且有强烈的进一步探索下去的愿望，形成用美术形式创造美好生活的愿望与能力。 　　篆刻艺术自产生以来，材质、印文、篆法丰富多变，通过学生体验创造，教师带领学生分析吴昌硕的印章，进行篆刻实践，使学生基础扎实，目标明确，更有利于学生拓宽创新思维意识，返璞归真，为进一步感受篆刻艺术，增强创作愉悦感，为了我国传统文化打下良好的基础。 　　将评价贯穿于课堂教学中，通过自评与互评的形式，关注学生掌握美术知识、技能的情况，重视美术学习能力、学习态度、情感和价值观等方面的评价。学生表示收获较多，感受到古老文化的魅力，兴趣浓厚，课堂参与度很高，形成审美心理结构。引导学生进行积极的情感体验与艺术实践，逐步形成对人类优秀传统美术创造的热爱，珍视文化遗产，促进学生认知发展、人格构建。 **教学反思：** 　　在第一课时中，学生分组进行篆刻基础知识查询、小组汇报。利用在线篆刻转换器和篆书字典来查询自己的姓名章，选篆，配篆，写出草图，再根据篆字书写自己的姓，根据布局进行修改完善，反写在印石上。

续表

第二课时和第三课时进行姓名章篆刻，教师着重讲篆法、章法来明确篆文布局、印章审美、视觉感受、篆刻刀法。在这一节课，一定要多倾听学生的感受，站在学生的角度感受篆刻的过程。循循善诱地引导学生辨析篆刻之美，体验篆刻的悠然过程，学会静下心来学习，培养良好的美术习惯。 　　第四课时和第五课时再进行闲章的篆刻，形成几节较系统的篆刻课程。初步掌握一种篆刻技法，创作两件以上的篆刻作品，表达自己的思想和个性。 　　本节课是篆刻的第二课时，范例选择吴昌硕具有代表性的印章，结合欣赏，提高对篆刻艺术的认识，感受吴昌硕篆刻力拙而锋锐，貌古而神虚的特点。鼓励学生深入观察，细致分析，掌握良好的欣赏方法。根据学生的年龄特点、认知特点，注重趣味性和知识性，关注学生的学习过程与学习方法。学习双刀冲刀法、印制一枚白文印章的方法。将理论与实践相结合，学生在探索实践中体会到创新的巨大潜能，提高美术表现力和创新能力，落实核心素养的培养。 　　通过指导学生艺术实践的教师示范、步骤等，使学生掌握篆刻知识与技法，进行课堂实践活动，以多种形式大胆进行展示和交流，用口头和书面评价表的方式对自己和他人的篆刻作品进行评价，学会用专业基本知识展现学习成果，增强自我表达意识；通过以视觉艺术为主的艺术交流，架起与他人思想和情感沟通的桥梁；提高鉴赏篆刻作品的感知力、理解力，培养创新意识；最后使学生了解西泠印社，了解篆刻百花齐放的艺术风格，以及我国篆刻对外国的影响。用吴昌硕的一句话与学生共勉，告诉学生山山水水富饶了我们的精神，画画最重要的不是相貌相似。鼓励学生多读书提高道德修养和学识水平，学习吴昌硕大气的民族气节和时代精神，提高自己的气质和气节，增强社会责任感，达到了美育的效果。

三
期刊发表的案例

"信用工具和外汇"教学设计[①]

王 莉

【教学分析】

一、教学目标

（一）知识目标

学生能了解两种结算方式，了解信用卡的优点，知道现金支票和转账支票的用途，懂得外汇的含义，理解汇率的变化，了解保持人民币币值基本稳定的意义。

（二）能力目标

增强学生使用信用卡、支票的实践能力；增强学生适应现代社会生活的能力；通过分析人民币升值的影响提高学生全面分析问题的能力。

（三）情感态度价值观目标

培养学生出行和理财的安全意识、效率意识；使学生体会汇率变化对经济带来的各种影响；帮助学生树立人民币币值应保持基本稳定的正确认识。

二、教学重难点

教学重点：信用卡、外汇与汇率

教学难点：汇率、人民币升值的影响

【教学过程】

导入新课：

今天我和大家一起来学习第一课第二框《信用工具和外汇》。上周我有幸和丰台区的

---

① 本文发表于《思想政治课教学》2012年11期。

其他政治老师一起观摩学习了在广东珠海举办的全国思想政治优质课比赛,这一趟组团出行让我体会到了信用工具在我们现代社会生活中的重要作用。今天结合老师的亲身体验,我们一起来通过旅游感受现代生活。

一、支票

此次活动是为了提高老师们的教学水平,学校有义务为老师接受职业技能培训创造条件,因此,本次活动学校要负担一部分费用。我校作为公办学校,国家规定超过1000元的支出必须使用支票,因此老师从学校会计那里得到了一张这样的支票:

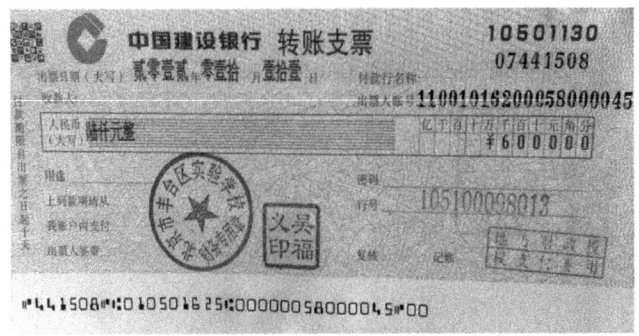

另外老师还从网上找到了这样一张支票:

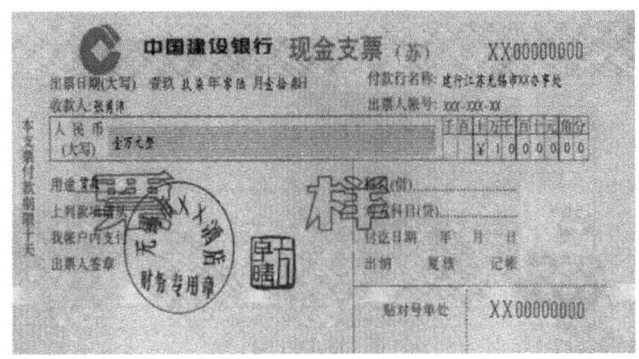

请大家仔细观察,讨论这两张支票有何用途,在使用支票的时候我们应该注意些什么问题?

学生回答。

【设计意图:学生通过观察支票中的有关信息,如现金支票,一万元,收款人,出票人等,去理解现金支票的用途,并借此提高学生提取关键信息的能力】

老师点评:在我国,支票分为现金支票和转账支票。那么我们怎么才能有支票呢?需要在银行开立支票存款账户。凡开立支票存款账户的,银行给予空白支票簿,存户可在其存款金额内签发支票。付款单位开出现金支票后可以提取现金,而开出转账支票后,收款单位可以凭此票到指定银行把这笔钱转入自己的账户，但不能提取现金，而且转账支票主要用于同城结算，外埠结算往往需要使用汇票。

好，现在请大家总结什么是支票？

支票是活期存款的支付凭证，是出票人委托银行等金融机构见票时无条件支付一定金额给收款人或者持票人的票据。

老师们到达珠海后，开始了忙碌的学习，但是到了晚上，大家开始根据自己的需要出门采购东西了。恰好我们酒店旁边有一家大型超市叫吉之岛，在这家超市里，老师们有了不同的消费需求：

人民币 180 元

人民币 1500 元

请大家讨论：老师看中的这两样商品怎么付费比较好，请说明理由。

学生讨论后回答：鞋可以用现金，也可以刷卡，金额比较少，但是女包最好刷卡，金额较大。

二、信用卡

老师：很好，我们同学在自己的生活中已经积累了一定的经济学知识。在经济往来中，通常有两种结算方式：一种是现金结算，即用纸币来完成经济往来的收付行为，另一种是转账结算，也就是双方通过银行转账来完成经济往来的收付行为。在转账结算的过程中，我们必须借助一定的信用工具。其中常见的信用工具有信用卡和支票。支票我们刚刚已经了解了，那么什么是信用卡？信用卡在我们的生活中很常见，大家并不陌生，大家看看老师手中拿的卡是信用卡吗？你自己钱包里的卡呢？

老师出示各种各样的卡，包括学生或者老师的校园饭卡、各种银行卡、北京市政交通一卡通、资和信卡、雅高卡等，由学生来判断是不是信用卡。

然后老师开始讲解教材上信用卡的含义：信用卡是具有消费、转账结算、存取现金、信用贷款等部分或者全部功能的电子支付卡。实际上，教材对于信用卡的定义是一个广义的定义，老师所拿的这些卡按照教材定义都应该算是信用卡。但是日常生活中，我们所讲的信用卡一般是狭义的信用卡，即银行信用卡：它是商业银行对资信状况良好的客户发行的一种信用凭证。我们可以凭卡到银行存取款、转账，也可以在商场消费。银行信用卡可以分为借记卡、贷记卡、准贷记卡。银行信用卡老师给大家带来了两种：一种是借记卡，一种是贷记卡。真正意义上的信用卡应该是银行贷记卡。

信用卡可以集存取款、消费、结算、查询为一体，能够减少现金的使用，简化收款手续，方便购物消费，增强消费安全，给持卡人带来诸多便利。

珠海与澳门陆路相连，出了拱北关口，就是澳门，因此，老师们学习之余，抽空去了一趟澳门。通关后逛到中午，老师们走进一家卖双皮奶的小店，想尝尝澳门有名的特色小吃双皮奶。另外在商场里，有老师看中了周大福的黄金手镯，据说每克黄金比内地便宜 50 元。

红豆双皮奶，22 元港币

周大福黄金手镯 8000 元港币

请大家思考，老师们该怎么付费？

学生讨论后回答。

老师总结：购买黄金首饰最好用信用卡结算，但也要看到，刷卡消费要以自己的偿还能力为限，不可盲目透支，要谨防过度持卡消费带来的利息损失。我们应该重视自己的信用，吃双皮奶要用现金结算，但是人民币作为我国的合法纸币，还不是国际结算货币，我们到大陆以外的地方旅游购物，一般是不能用人民币消费的。当然，在香港、澳门、台湾有的地方也收人民币，但是不多，如果不兑换一定量的纸币会很不方便。因此要先把人民币按照一定的比率兑换成港币等外币。这就涉及货币之间的兑换问题。

三、外汇和汇率

（一）外汇的含义

外汇是用外币表示的用于国际间结算的支付手段。外汇包括外币，但不等于外币，因为外汇除外币外，还包括银行存款等外币支付凭证、债券、股票等外币有价证券、其他外汇资产等。

（二）汇率的含义

汇率即汇价，是指两种货币之间的兑换比率。

我国汇率的计算公式为直接标价法,即100单位外币可以兑换多少人民币。

如果说100单位外币可以兑换成更多的人民币,则说明外币升值,人民币贬值,外币的汇率上升。反之,如果100单位外汇可以兑换的人民币少了,则外币贬值,人民币升值,外币的汇率跌落。

请学生观察图中汇率走势图,思考图中人民币币值发生了怎样的变化?港币对人民币汇率是升了还是降了?

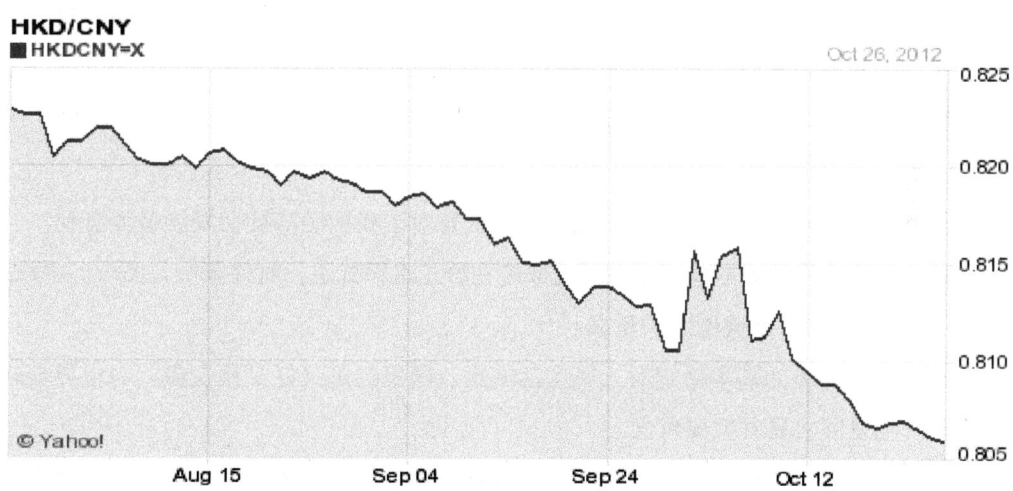

请学生观察下图,判断人民币币值发生了什么变化?

学生读图,根据图中信息判断得出美元汇率跌落,人民币升值。

老师设问:人民币升值,也就是说人民币更值钱了,能够买更多的东西了,那么如果你去香港、澳门购物旅游,将会对你产生什么影响?

学生回答：旅游费用降低了。

老师总结：人民币升值，意味着同样的人民币能够换得更多的外汇，在国际市场上，人民币的购买能力增强，有利于进口。但是我们不能仅仅看到人民币升值的有利一面，应该全面分析人民币升值的影响。现在我们来看一段视频，请大家边看边思考人民币升值还有哪些影响？

学生结合材料讨论人民币升值对我国的影响。

老师点评：人民币升值显然不利于我国的出口。出口企业竞争加剧，利润减少，一方面有可能导致企业生产规模缩小，经营不善者甚至可能破产，进而会进一步加大我国国内的就业压力。另一方面，出口环境的恶化会迫使出口企业调整外贸结构，依靠科技进步和加强管理获得竞争优势，从而有利于调整我国的产业结构，改善我国在国际分工中的地位。

老师问：综合来看，人民币币值保持什么状态对于我国经济社会发展最为有利？

保持人民币币值的基本稳定，即对内保持物价总水平稳定，对外保持人民币汇率稳定。

（三）保持人民币币值稳定的意义

保持人民币币值的基本稳定对人民生活安定、国民经济又好又快发展，对世界金融的稳定、经济的发展，具有重要意义。

一趟旅行，让我们体验到了现代生活的便捷，也让我们通过这些生活现象，感受到了源于生活的经济学知识，更让我们明白了保持人民币币值相对稳定的重要意义。好，今天的课到此为止，谢谢大家。

【板书设计】

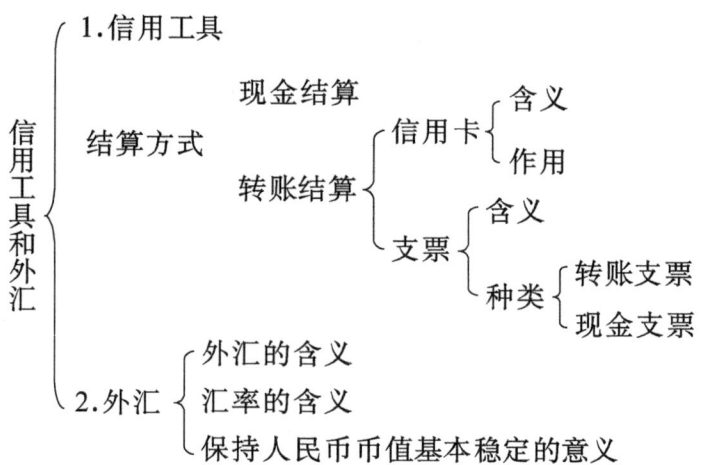

【备课资料】

一、外币与外汇

外汇包括外币，但不等于外币，并不是所有的外国货币都能成为外汇，一种外币要成为外汇，必须满足三个条件。

其一，自由兑换性，即这种外币能够自由兑换成本币。

其二，普遍接受性，这种外币能够在国际经济往来中被各国普遍接受和使用。

其三，可偿性。这种外币资产能够保证得到偿付。

也就是说，必须能自由兑换成本币，在经济往来中被各国普遍地接受和使用的外币才能成为外汇。

二、汇率标价的两种方式

其一，间接标价法，它是以一定单位的本国货币为标准，计算应收若干单位的外国货币。在国际上，美元、英镑等均为间接标价法。

在间接标价法中，本国货币的数额保持不变，外国货币的数额随着本国货币币值的对比变化而变动。如果一定数额的本币能兑换的外币数额比前期少，这表明外币币值上升，本币币值下降，即外汇汇率上升；反之，如果一定数额的本币能兑换的外币数额比前期多，则说明外币币值下降，本币币值上升，即外汇汇率下跌。

其二，直接标价法，它是以一定单位的外国货币为标准来计算应付多少单位本国货币。包括中国在内的世界上绝大多数国家目前都采用直接标价法。

在直接标价法下，若一定单位的外币折合的本币数额增加，则说明外币币值上升，本币币值下降，外汇汇率上升；反之，如果一定单位的外币折合的本币数额减少，则说明外币币值下降，本币币值上升，外汇汇率下跌。

直接标价法和间接标价法之间存在着一种倒数互换关系。

三、要全面看待人民币升值的影响

（一）人民币升值的弊端

第一，将对我国出口企业特别是劳动密集型企业造成冲击。

第二，不利于我国引进境外直接投资。

第三，加大国内就业压力。

第四，巨额外汇储备将面临缩水的威胁。

第五，影响金融市场的稳定。

人民币升值会吸引大量热钱进入我国，导致"输入型通胀"，热钱的涌入会虚假抬高房价及大宗商品价格，从而带动普通商品的全面涨价，导致居民的实际购买力下降。

（二）人民币升值的有利一面

第一，扩大国内消费者对进口产品的需求。

第二，减轻进口能源和原料的成本负担。

第三，有利于促进我国产业结构调整，改善我国在国际分工中的地位。

第四，有助于缓和我国和主要贸易伙伴的关系。

四、物价高涨致深圳主妇纷纷赴港"打酱油"

20年前，由于深圳农贸市场零售农副产品比香港的价格便宜，香港许多家庭主妇专门由九龙乘火车到深圳采购。20多年过去了，如今随着大陆物价不断上涨，港币对人民币连续贬值，深港间的客货流向发生了逆转。深圳主妇们为了省钱纷纷到香港的超市去购买生活用品。红富士苹果深圳平均一个要4块钱，而同样大小的苹果在香港10港元能买4个；深圳的鸡蛋已涨到9毛钱一个，类似的在香港惠康超市23港元就能买30个；10卷装的维达卫生纸，深圳的超市卖32.5元，香港超市才卖28港元……相比较起来，香港的物价似乎真的比内地要更便宜。有媒体感慨，以往赴港购物往往是带有奢侈意味的浪漫之行，如今却变成了为厨房和卫生间补货的苦力之旅。深圳人到香港"打酱油"，只是近期内地物价快速上涨的一个缩影。

五、视频资料《人民币升值的影响》

来源于优酷网。

"化石为进化提供直接证据"的教学设计与实施[①]

邢若虹

《义务教育生物学课程标准（2011年版）》指出，为了给学生创造更好的学习条件，促进学生主动学习，更好地理解和掌握学习内容，提高学习效率，教师应积极开发和利用各种课程资源。在初中生物学"化石为进化提供直接证据"的教学设计中，笔者利用搜集的相关教学资源，设计了一组学生乐于参与的学习活动，引领他们在鉴赏琥珀、模拟探究和构建概念模型等活动中，发展独立思考和自主学习能力，取得了较好的教学效益。

【学习需求分析】

随着基础教育课程改革的深入开展，广大教育工作者及其一线教师们，逐步领悟发展学生核心素养是学科教学的基本目标，也是衡量课堂教学有效性的基本标准。理性思维和探究学习是培养学生科学素养的重要方面，理性思维是基于论证和逻辑推理的科学思维方式，探究学习则是初中阶段学生习得概念的重要途径之一。

发展学生核心素养以基础知识为依托。在北京版《义务教育教科书生物学八年级下册》有关生物进化的章节中，"化石为进化提供直接证据"这个知识单元包括3个知识点，依次是：化石的概念内涵，地层中化石分布等，化石揭示的生物进化特征。实际上，本单元教学内容是围绕着两个重要概念展开的，一是给化石下定义，二是阐明化石与生物进化的关系，按照奥苏贝尔的认知学习分类，前者属于概念学习，后者属于命题学习（加涅称为规则学习）。在化石概念学习过程中，学生由直观各类化石到揭示化石共同的本质特征，直至给化石下定义。显然，在化石概念形成的同时，学生们的思维也经历过审辨、比较、

[①] 该设计最终发表于《生物学通报》2017年10月，后《中学政治教学及其它学科》2018年2期全文转载。

区分、归纳、概括和抽象等活动过程。在化石与生物进化关系的规则学习过程中,学生要以化石为证据,通过分析与综合、抽象与概括的思维过程,揭示化石记录的生物进化信息(基本论点),形成化石为生物进化提供直接证据的观点。由此可见,本单元教学内容既是帮助学生习得生物进化的必备知识,也是培养学生理性思维的极佳素材。

【学情分析】

我校的初二年级学生好奇心强、思维活跃、爱问好动,尤其乐于参与生物学探究学习或实验活动。通过"生命起源"的教学活动学生已知,地球上的生命源于原始地球条件下的非生命物质通过化学途径进化来的,那么,地球上的生物为什么多种多样呢?初二学生已经不满足于"生物多样性是其进化结果"这样简单而直白的答案,他们渴望知道生物进化证据是什么?化石是生物进化最有说服力的直接证据,许多学生还记得儿时玩具中的恐龙,有的学生在小学阶段曾参观自然博物馆,对生物进化尚有模糊印象。因此,尽管学生们对生物进化知识知之甚少,但对化石与生物进化问题却有着浓厚兴趣。

初二年级学生的思维发展正处于由形象思维向抽象思维过渡的阶段,这是引领他们学会探究学习和发展理性思维的最佳时期。在教学过程中,教师只要重视为学生创设问题情境,提供必要的感性材料,引导学生学会审辨客观事物,通过总结与归纳、分析与综合、判断与推理等思维过程,抽出学习对象共同的、本质特征,形成概念并构建知识网络,必将取得预期的教学效益。

但是,我校初二学生之间在认知水平、学习态度、学习习惯和方法等方面的差异也较大。基于对学生的学习需求、思维发展和学习行为的上述认识,笔者设计"化石为进化提供直接证据"的学习活动时,注意从学生兴趣和需求出发,搜集并合理整合教学资源,有序安排系列学习活动,以利于促进学生情感态度、探究学习和理性思维的发展。

【学习目标表述】

一、知识目标

鉴赏和识别化石标本、图片和视频资料,说出化石指称的事物类别及其共同的关键特征;描述常见化石的形成条件及过程;给化石下定义。

二、能力目标

依据不同地质年代地层中化石特征,分析说明生物进化时间和趋势;模拟挖掘白垩纪地层中的恐龙化石群,理解生物与环境共同进化的关系;分析始祖鸟化石体征,说明生物进化结果，以及相关生物之间的亲缘关系；领悟化石是生物进化的直接证据，构建化石概念模型并作出解释。

三、情感态度价值观

认同地球上生物与环境共同进化的观点，领悟地球是人类和一切生物的家园，认识保护地球及生物多样性是人类的责任。

【教学过程设计】

通过学习现代教学理论和实践，笔者认为促进学生自主发展的课堂，应正视和面对学生个性发展的差异，立足于唤起每个学生的自主发展意识，创设学生能够自主选择和积极参与的学习情境，让他们通过各种学习活动的体验和领悟，学会独立思考和探究学习，学会尊重他人和善于合作，学会自我决策和勇于实践，学会自我评价和调控。

怎样创设一个学生自主选择和参与的学习情境呢？《义务教育生物学课程标准（2011年版）》指出，围绕着生物学重要概念来设计并组织教学活动，能有效地提高教学效益。前面提到，本单元知识包括两个重要概念：一是"化石指保存在地层中古代生物的遗体、遗物和遗迹"，二是"化石为生物进化提供直接证据"。学生对化石感到陌生，对生物进化也不甚清楚。为了实现本单元的预期目标，笔者以精选的教学内容为依托，遵循从具体到抽象、由事实到本质的学生认知规律，参照自主性学习模式，设计的单元教学程序如下：

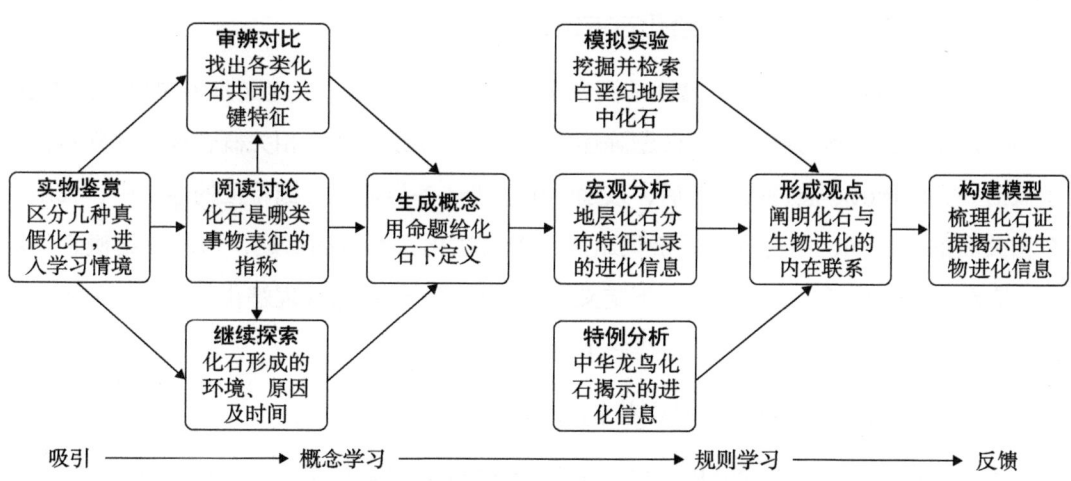

图1 化石为生物进化提供直接证据的教学流程图

一、鉴赏真假化石，唤起学习注意力

学生已知地球上生命起源的大体过程，因此，本课可用问题导入：地球上生命诞生后

是怎样发展成为丰富多彩的生物界呢？这涉及生物进化，地层中埋藏的古生物化石是生物进化最有说服力的证据。有关化石的教学，笔者先出示真蕨叶化石、鱼骨化石，以及市面上出售的用松香包裹昆虫制作的"琥珀化石"，让同学们鉴赏其中的真假化石，以此激发他们的学习兴趣和求知欲。

二、自主探索学习对象，明辨化石的关键特征

鉴赏真假化石的活动，促使同学们急迫地想知道化石是什么？此时笔者提醒他们通过阅读课本和小组讨论等活动，先厘清"化石"这个概念（术语）所指称的具体对象，以及化石分类的依据。然后，组织学生欣赏有关地层中化石分布的视频课件或图片，对化石获得充分的感性认识，进而启发他们思考并抽出各类化石共同的关键特征：1.化石保存在不同地质年代地层中；2.属于古代生物的遗体、遗物和遗迹；3.绝大多数呈固定的石化状态。在辨析化石特征的同时，学生会产生疑问：埋在地层中的古代生物为什么会形成化石呢？让学生带着这个问题，再次阅读课文和课前教师传输的相关微信资料。笔者结合视频或图片向同学们解说恐龙化石、冰冻猛犸象化石的成因，并请他们思考和讨论化石形成的特定环境、石化过程和持续时间，尤其是沉积岩地层和化石形成年代是一致的，大约经历数千万年的地质变化。这样，有助于同学们理解地层好比一本书，化石犹如每页书上的文字，不仅记载着地球演化历程，也记载着生物进化史，从而为领悟"化石为生物进化提供直接证据"做好铺垫。

三、抽出关键术语，尝试给化石下定义

抽出一类事物共同的本质属性是概念学习的起步，给概念下定义是习得概念的关键。教学时，先向学生阐明概念是用命题陈述的，每个命题是由几个相关概念构成的判断，用于概括一类事物的本质特征。然后，鼓励学生从表述各类化石关键特征的语句中，找出几个相关联的关键词，用这几个关键词组成一个表达化石本质的命题，这就是给概念下定义。实践表明，让学生尝试给化石下定义，不仅有助于他们深入理解化石概念的内涵，而且促使他们学会用概念生成方式习得一个新概念。

四、分析典型化石证据，获得生物进化信息

通过对典型化石证据的分析，揭示化石记录的生物进化信息，是本单元教学重点和难点。为了突破重点和化解难点，笔者依次设计：地层化石分布的宏观分析、白垩纪恐龙化石群分析、始祖鸟特征分析三部曲，其实施过程如下：

地层中化石分布揭示的生物进化信息最有说服力。教学时，先让学生欣赏《鲸本陆

行》视频节选，使学生感悟到：人们认识鲸的进化历程，是以地层中鲸化石为证据，通过科学论证和逻辑推理而得知的，从而把化石与生物进化联系起来。然后，依次展示不同地质年代地层中的化石图片，结合图片解释地球表层的岩石圈分层的原因，不同地质年代地层的排列顺序，以及地球表面运动使地层顺序发生的动态变化。学生一旦理解地层的形成及其动态变化，就能够读懂课本对地层中化石分布特点的描述，能够审辨地层中化石图片信息，并依据化石种类数及化石生物体征，判断地层演化的持续时间和生物进化的趋势。

同学们通过审视地质年代和生物进化历史图表得知，中生代是裸子植物和爬行动物时代，他们对恐龙世界有着浓厚的兴趣。为此，笔者组织学生"模拟挖掘与检索白垩纪地层中恐龙化石"的实验活动。模拟探究活动的开始，先向学生介绍科学家们是怎样进行地层中化石的野外挖掘和实验室研究的，然后每组学生仿照科学家的实验室研究方法，模拟挖掘包埋在石膏块中的恐龙"化石"（儿童玩具店出售），并依据恐龙化石体征和分类检索表，进行识别、检索与分类。最后，汇总各组获得的恐龙化石资料，通过比较分析不同种类恐龙的食性和运动行为，推测恐龙与其生活环境之间的进化关系。

始祖鸟生活于约1亿5500万到1亿5000万年前的晚侏罗纪，化石分布在德国南部。始祖鸟生活于恐龙时代，但是由于与同时拥有鸟类及兽脚亚目的特征，因此与恐龙有所区别。教学时借助投影展示始祖鸟化石及彩色复原图片，结合图片阐明始祖鸟的特征：它有着翅膀和尾巴；它可以达半米长；它的羽毛与现代鸟类相似，但它颚骨上有锋利的牙齿，脚上三趾都有弯爪及有长的骨质尾巴。由于有着鸟类及恐龙的特征，始祖鸟一般被认为是它们之间的连结：可能是第一种由陆地生物转变成鸟类的生物。因此，始祖鸟这种古老的生物，为恐龙向鸟类演化这一推论提供了一些证据。启发同学们思考：始祖鸟提供的生物进化信息。

五、概括化石记录的生物进化信息，形成相应的生物进化观点

初中生刚刚习得的新知识处于暂时记忆状态，只有通过变式练习强化新知识的意义，才能将其贮存在人的长时记忆系统中。因此，在引领学生分析化石证据之后，笔者出示一张化石证据——分析结论的空白表格，每个小组先行讨论和尝试性填写，然后，通过交流师生共同概括化石记录的生物进化信息（表1）。最后，鼓励同学们用一个完整的命题，表达化石与生物进化之间的内在联系，从而形成一个进化观点——化石是生物进化的直接证据。

表1 化石揭示的生物进化信息

化石证据		生物进化信息
地层分布	发现最早地层	35亿年前（进化时间漫长）
	化石分布特征	简单到复杂、低等到高等、水生到陆生
白垩纪恐龙化石群	与环境关系	共同进化
	种类及体征	多样性和适应性（进化结果）
始祖鸟	中间过渡体征	鸟类祖先源于爬行动物演化
分析结论（形成进化观点）		化石是生物进化的直接证据

六、构建化石概念模型，强化命题网络贮存

认知学习理论认为，人脑中的知识只有以一定的网络系统贮存才能有效地提取利用。笔者在教学反馈环节，不急于用测试练习诊断学生对新知识的掌握程度，而是启发他们从化石是生物进化证据的角度，尝试以板书形式构建概念模型。具体做法是：先让学生按照语法常识，尝试分解"化石是生物进化的直接证据"这个关系命题句，从中找出主词（化石）、谓词（是）和宾词（证据），以及陈述句中的重要副词（进化），然后笔者将三个关键术语板书在适当位置，启发学生从习得知识中选用适当词汇或短语构建化石概念模型（图2），将单元知识结构化，以利于知识的贮存、提取和利用。

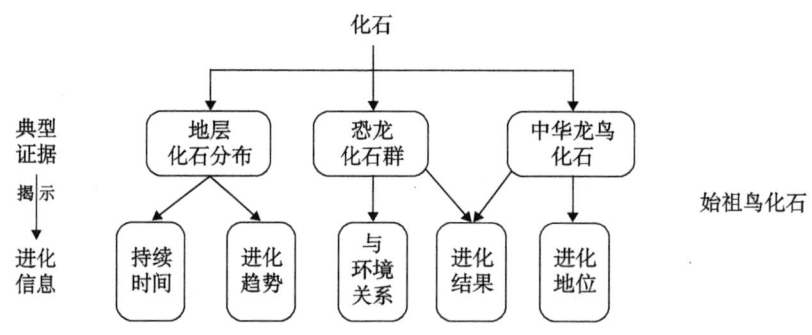

图2 化石为生物进化提供直接证据的概念模型

【教学反馈信息】

本节授课结束两天后，笔者与3组学生分别座谈学习感受。学优生开始认为化石内容简单，但随着分析化石证据、揭示进化信息、形成进化观点的学习活动推进，获得了很多新知识，而且这些知识的脉络在脑子里印象清晰。他们对始祖鸟化石很感兴趣，希望得到更多的相关信息。中等生认为学习活动和任务设置难度适宜，认同小组讨论对知识学习的

作用，赞赏将零散知识串联成网络，记忆起来很方便。学习滞后生感觉跟得上教学进程，但讨论过程多是听别人发言。他们对模拟挖掘实验很有兴趣，但对始祖鸟的拓展知识有些力不从心。他们欢迎在每个知识点教学之后，老师引领同学进行的归纳、概括和构建知识网络，认为这有助于他们对知识的理解和记忆。

学生学习的反馈信息给笔者极大的鼓舞，也促使本人总结教学实践的点滴经验。笔者体会到，备课时对教学内容的再加工、再组织和再创造，是打造有效课堂的基础。单元教学内容都由若干关键术语支撑，并围绕1–2个重要概念展开，在抽出关键术语的基础上，梳理整合搜集的教学资源，围绕重要概念设计并组织学习活动，教学时重视以知识为依托，引领学生独立思考和自主学习是取得预期教学效益的关键。

以上是笔者教学实践的体会，敬请同仁斧正。

"Module 4 Unit 3 A Taste of English Humor"教学设计

吕淑红

教学基本信息

课题	Module 4 Unit 3 A Taste of English Humor — A Master of Nonverbal Humor				
是否属于 地方课程或校本课程	否				
学科	英语	学段	高中	年级	高二
上课教师	吕淑红				
教材	书名:《普通高中课程标准实验教科书英语(必修4)》 出版社:人民教育出版社　出版日期:2007年5月				

指导思想与理论依据

《普通高中英语课程标准(实验)》(以下简称《课标》)指出,英语学习应在进一步发展学生基本语言运用能力的同时,着重提高学生用英语获取信息、处理信息、分析问题和解决问题的能力,并培养学生用英语进行思维和表达的能力。《课标》中的阅读七级目标要求学生能从一般文章中获取和处理主要信息、能理解文章主旨和作者意图、能通过文章中的线索进行推理。

高中英语学科核心素养中要求教师在教学中注重培养学生的语言能力、思维品质、文化意识和学习能力。核心素养强调英语学习是学生主动建构意义的过程。在这一过程中,学生以主题意义探究为目的,以语篇为载体,在理解与表达的语言实践活动中,融合知识学习和技能发展,通过感知、预测、获取、分析、概括、比较、评价、创新等思维活动,建构结构化知识,在分析问题和解决问题的过程中,发展思维品质,形成文化理解,学会学习,塑造正确的人生观和价值观,促进英语学科素养的形成与发展。

续表

教学背景分析
教学内容： 本单元是人教版高中英语必修四第三单元。单元的中心话题是英语幽默，通过 verbal humor（English jokes，funny stories，funny poems...）and nonverbal humor（mime）等幽默形式，让学生了解幽默的意义以及具有代表性的幽默艺术家、作家，体会英语幽默，同时又对比中式幽默，让学生了解由于中外文化的差异，人们对幽默的理解、表现幽默的方式都不尽相同。另一方面，通过各种幽默形式的展示，鼓励学生保持乐观的人生态度，培养幽默感，陶冶情操。 *A Master of Nonverbal Humor* 是本单元的阅读部分。整篇文章结构清晰，描写了卓别林的一生、精湛的演技及其伟大成就。文中借助对卓别林在《淘金记》中滑稽、夸张的动作表演的描写，让我们在捧腹大笑之余，看到了一个勤奋、乐观、坚忍不拔的形象，在潜移默化中影响学生形成正确、积极向上的人生观。文中含本课生词47个词，其中非课标词汇19个，给学生充分理解文本带来了一定的困难。因此，在第一节课中教师通过充分阅读（三遍阅读）让学生达成以下目标：1. 学生通过回答问题了解卓别林的个人、演艺基本信息以及他人的评价。2. 学生划出语言难点，通过小组内讨论或者小组间帮助克服文本理解的困难。3. 学生通过绘制时间轴（timeline）了解卓别林成为幽默大师的演艺之路，为绘制思维导图做准备。4. 进一步绘制思维导图（作业），了解文章的结构。通过第一课时的学习，发现学生只了解卓别林其人，并不了解卓别林所生活的时代背景、默片时代的电影以及卓别林的幽默内涵，因此我要求学生查阅了卓别林的生平、代表作、他所生活的时代背景以及当时电影业的背景，为第二节课的深入理解做准备。 本节课是阅读的第二节课，主要是通过文中对卓别林的童年经历、表演风格及其影响的描述，通过字里行间所反映的深层意义，通过学生分析卓别林的幽默特点、感悟卓别林幽默的内涵，体会卓别林幽默的表演为当时人们带来的影响，深入挖掘卓别林成为一代幽默大师的原因。 **学生情况：** 此节课的上课对象为我校高二文科班的学生，学生程度中等，熟练掌握了略读、跳读等阅读技巧，具有一定的分析能力、概括能力，能够理解文章中浅层信息，但深入理解文章需要教师的引导、同学之间的讨论才能达成，个别学生具有较好的英语表达和思考能力。 学生对于中式幽默的了解一般来说没有问题，但是对于英语幽默的了解不多，大部分的学生只知道卓别林这一名字及其无声电影；但是因为时代的差异，学生对哑剧的表演特点以及卓别林式的幽默、卓别林电影的时代背景、表演特点等了解甚少。 在学习本单元之前，学生已经学习了有关曼德拉、珍妮·古道尔以及袁隆平的人物描述，有了一定的语言积累，对人物的理解有了丰富的认识，为把握本篇文章的写作结构、深入理解卓别林的幽默内涵、成功原因打下了一定的基础。 **教学方式：** 任务驱动学习与小组学习 本节课根据文本情境设置具体任务，以任务为驱动，让学生在完成任务的过程中体会成就感。全班8个小组，采取小组讨论的学习方式完成任务，在小组不同层次的学生都互相得到帮助、获得相应的发展。 **教学手段：** PPT、板书、学案 **技术准备：** 计算机、PPT、影像资料
教学目标
知识与技能 1. 学生通过对文章的深层次的细节理解能够欣赏卓别林幽默表演的内涵和特点； 2. 学生通过对文章的整体理解说出卓别林成为一代幽默大师的原因。

过程与方法

运用任务型学习、自主性学习、合作性学习为主的教学法，让学生自我思考、合作讨论、分析问题、总结归纳卓别林成为一代幽默大师的原因。

情感态度与价值观

1. 学生通过理解卓别林幽默所体现的乐观、坚强、善良的内涵，树立积极向上的人生态度与价值观。
2. 学生通过小组合作学习，发展与人沟通和合作的能力。

教学流程示意

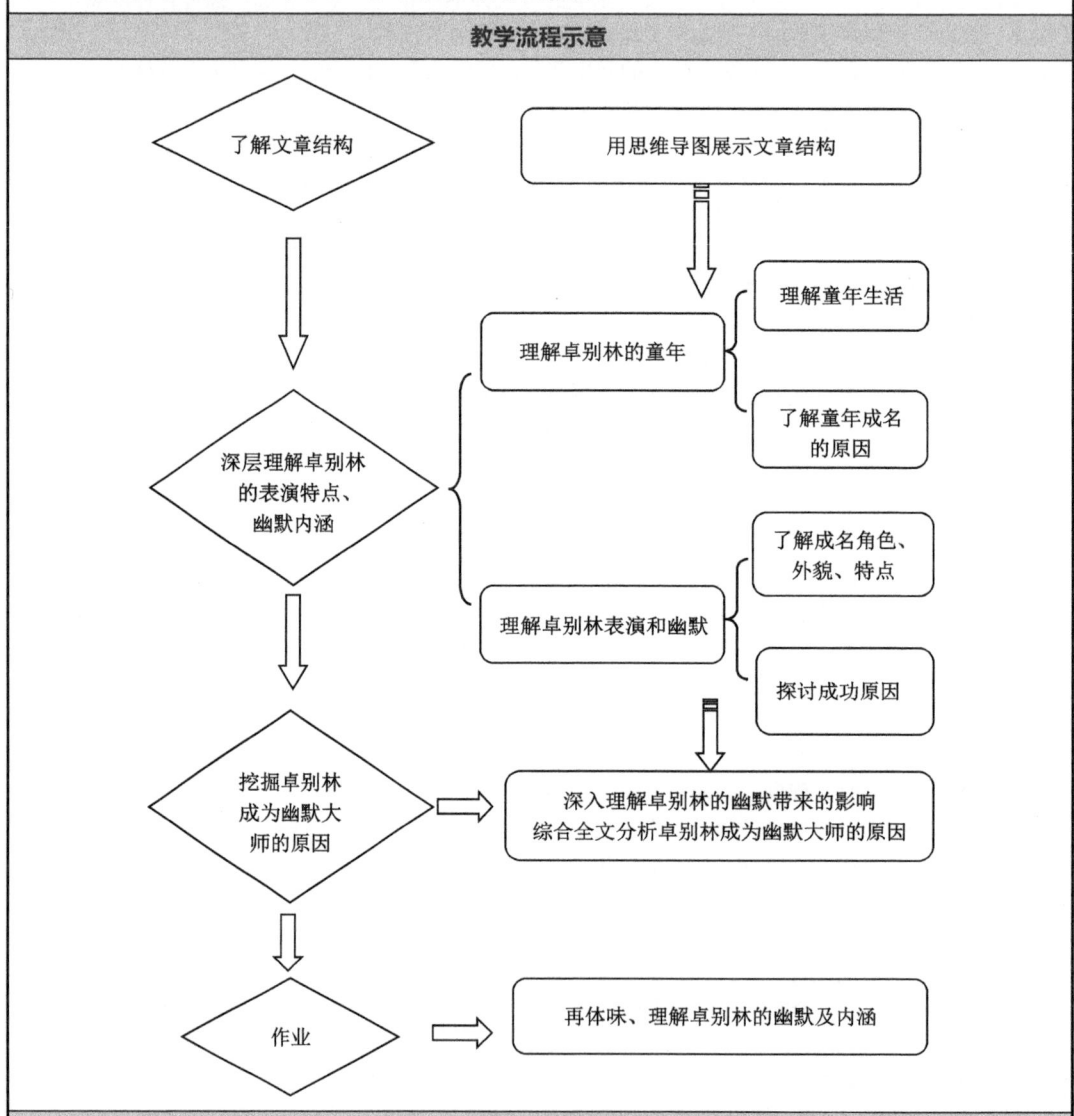

教学过程（文字描述）

本次课程教学主要分为以下三个部分：

一、了解文章结构。学生展示思维导图（mind map），回顾文本内容，为深层理解做准备。

二、深层理解卓别林的表演特点和幽默内涵。这一环节分为两个部分。第一部分：学生通过提取卓别林家庭背景状况的信息，理解概括卓别林童年生活的特点。第二部分：学生通过文本阅读描述卓

教学过程（文字描述）
别林成名角色小流浪汉的形象、社会地位以及人生态度；通过文本阅读理解小流浪汉在《淘金热》中的"吃鞋子"片段中所表现的乐观、坚强和善良；通过自主表演体现对文本的理解；通过观看了解卓别林的表演，深入体会卓别林苦中作乐、积极向上的幽默内涵。学生进一步讨论总结卓别林表演成功的原因，体会卓别林的童年生活经历在卓别林的演艺生涯中起着至关重要的作用，从而理解艺术源于现实，又服务于现实。 三、挖掘卓别林成为幽默大师的原因。学生通过小组讨论总结卓别林成为一代幽默大师的原因。理解他的成就不仅源于他幽默精湛的表演、他的多才多艺以及成就，更因为他的电影为生活在当时背景下的人们带来的精神鼓舞，是他区别于一般艺术家的原因。通过理解雨果的评价"Laughter is the sun that drives winter from the human face…"这一比喻手法中"sun"和"winter"在本篇文章中所指代的具体内容，深入理解卓别林所做出的贡献，进一步加深对一代幽默大师卓别林及其幽默内涵的理解。
教学过程

Step I Understanding the structure of the text（4'）

Ss share their mind maps of the text structure（homework）in their groups and some students will share their own mind maps on the blackboard.

（*Homework*：*Draw a mind map to show the aspects*（方面）*which are introduced in the text and at the same time find out which paragraph the aspect is in and write it beside the aspect.*）

设计意图：

学生通过 mind map 回顾文章内容，梳理文章结构，理解文章各部分与主题之间的关系，训练学生的逻辑思维能力。

课堂实录：

学生基本上能够利用不同形式的 mind map 来正确梳理文章的结构。

Step II Deep understanding of the unique ways of Charlie Chaplin's humor（26'）

Part 1 Charlie Chaplin's childhood experience（6'）

1. Ss read Charlie Chaplin's life experience in his childhood（Para 2），answer the questions and underline the answers in the text and list the key words in their mind maps.

Q1. What kind of life did Charlie Chaplin live in his childhood? Can you find the facts to show it?

Q2. When did he become popular as a child star? Why was he so popular?

2. Ss share their answers in groups and in class.

设计意图：

学生通过提取卓别林儿时家庭背景的信息及童年成名原因，为理解卓别林早期生活经历奠定了其日后的表演成功以及理解卓别林成为一代幽默大师埋下伏笔。

课堂实录：

◆ 学生能够正确获取证明卓别林童年生活艰辛的事实：uncertain income, looked after his sick mother and brother, his father died, poor parents.

◆ 学生也能够正确理解他成为童星的原因：Because of his humor. His acting is subtle and humorous.

Part 2 Charlie Chaplin's acting and humor（20'）

1. Ss read the text, answer the questions, discuss in groups and deepen their understanding of Charlie Chaplin's acting and humor.

Q1. Which character made him famous around the world?

Q2. What did the little tramp look like? Can you describe it to your partner?

Q3. Can you find other words for the little tramp in this paragraph? What are they?
Q4. The little tramp was a social failure. Why was he still loved by people?
Q5. (*The little tramp was loved for his optimism, his determination to overcome all difficulties and his kindness.*) What are the difficulties? How did he overcome the difficulties? What did he do?
设计意图：
学生通过了解小流浪汉的形象、社会地位及表演小流浪汉吃鞋的场景，体会小流浪汉的积极乐观的生活态度，从而理解卓别林幽默的深层内涵。
课堂实录：
学生能够依据关键词描述小流浪汉的形象，也能够顺利找出 social failure 和 underdog。在小组讨论交流中，能根据文章中的描写，分析出小流浪汉虽然是个失败者，但他所传达的乐观、坚强和善良的正能量带给人们很多力量。
2. Ss role play the scene of eating shoe and evaluate their own acting.
设计意图：
学生通过表演，体会小流浪汉的乐观生活态度，深入理解卓别林苦中作乐的幽默内涵；同时，学生通过表演，为对比自己和卓别林的表演做准备，体会卓别林精湛表演的不易之处。
课堂实录：
学生参与的热情高涨，能用 body language 和面部表情等来表现出对故事以及小流浪汉乐观坚强的生活态度的理解。
3. Ss watch the flip, analyze and discuss the characteristic of Charlie Chaplin's acting and the reasons why he could act so successfully in groups.
Q6. What do you think about his acting?
Q7. Why could Charlie Chaplin play the little tramp so successfully?
Back-up question：Do you think Charlie Chaplin's poor childhood helped him in his work? Why?）
设计意图：
引导学生将自己的表演与卓别林的表演作比较，让学生深刻感悟到哑剧的表演不仅需要极大的技巧，更需要对生活的体验和感悟。
引导学生根据文本信息（childhood experience）和 mind map 比较全面地分析卓别林表演成功的原因，改变对卓别林的肤浅认识，加深对卓别林的表演及其幽默的深层理解。
课堂实录：
基于前文中的铺垫，学生对卓别林的评价更加到位。能够分析出卓别林成功的原因是因为他的天赋、童年时期贫穷的生活和他能体会穷人的感受。

Step III Title-understanding（14'）
1. Ss recall what we have learned, work in groups and finish the following tasks.
Why does the writer say Charlie Chaplin is the MASTER of nonverbal humor?
　　● Acting：
　　● Achievement：
　　● Influence：
　　　Back-up questions：
　　　① Charlie Chaplin lived from 1889 to 1977. What happened during 1910s to 1940s?
　　　② What life did people live during the wars? Can you imagine their feeling? How did they feel?
　　　③ What did Charlie Chaplin's acting bring to them? Find the answers from the text.
　　　　（Sentence understanding： He made people laugh at a time when they felt depressed, so they could

续表

feel more content with their lives.）
（学生如果直接说出 comments——brighten up...
Back-up questions: What kind of lives did the people live during the two world wars and the hard years? How did they feel at that time?）
④ In the sentence "Laughter is the sun that can drive winter from the human face...", "sun" and "winter" are used as metaphors（比喻）, what does sun and winter mean here?
Sun:（power）hope, optimism, determination, happiness, confidence...
Winter: the feeling of depression, hopeless, unhappiness...

2. Ss share their opinions in class.
3. The teacher sums up.

设计意图：
通过对三个 back-up questions 和对"sun"和"winter"在本篇文章中所指代的具体内容的理解，深入理解卓别林及其电影对当时的人们所做出的贡献，进一步加深对一代幽默大师卓别林及其幽默内涵的理解。让学生认识到卓别林成为一代幽默大师的原因不仅是因为他精湛的表演，更是因为他在电影中苦中作乐的精神成为当时人们在困苦生活中的精神支柱。

课堂实录：
学生能够非常顺利地说出卓别林成为大师的原因之一是他在表演方面有天赋、他的表演生动有趣；较好的学生能够体会到他成为大师是因为他带给人们的影响，他给人们自信和克服困难的勇气。教师给出四个 back-up questions，加深大家对卓别林的幽默的深层理解。在这一环节中，学生能够综合全文信息和 mind map 说出战争带给人们的无助、绝望、沮丧，也能够说出卓别林电影带给了人们希望和自信。在前面的铺垫之后，学生对 sun 和 winter 的理解也比较到位。

Step IV Homework（1'）
1. Watch two films of Charlie Chaplin and write an essay to analyze how Charlie Chaplin expressed his optimism, determination and kindness in his films?
2. Mr. Bean is also a humor artist from Britain. Compare Mr. Bean's acting with that of Charlie Chaplin's, what are the similarities and differences?

设计意图：
通过让学生观看卓别林的电影，重新品味卓别林的幽默，体会卓别林幽默"苦中作乐"的内涵。通过与憨豆先生幽默的对比，理解时代背景对幽默内涵的影响。

学习效果评价设计
评价方式：学生在课堂上完善思维导图，体现他们对文本的理解和信息加工过程。
评价量规：学生根据自己对整篇文章的理解和学习，整理自己的思维导图。
本教学设计与以往或其他教学设计相比的特点

1. 本次教学设计充分利用 mind map 展示学生的思维过程。从 step I 开始使用 mind map 展示学生对整个文章结构的把握开始，逐步利用 mind map 展示学生对卓别林童年贫困生活例证信息的获取，展示学生对卓别林表演特点和内涵的分析过程，展示学生对卓别林幽默所带给人们的影响的提取，整个过程体现了理解卓别林成为艺术大师的思维过程，使对文章的理解从表层走向更深层次。
2. 本次教学设计实现了对卓别林丰富立体的理解。教师利用课前布置背景知识、课前画 mind map、课上理解文本信息、观看卓别林电影录像以及课后布置作业等多种媒体渠道，丰富学生对卓别林的理解。
3. 学生通过自己的表演，切实体验哑剧的表演特点，对卓别林的表演有了更深层次的认识，加深了对卓别林所表现的苦中作乐的幽默内涵的理解。

四
日常课优秀案例

"用转化思想解决体积问题"
教学设计系列

佟铁红

【教案】

教学基本信息					
课题	用转化思想解决体积问题				
学科	数学	年级	六年级	教师	佟铁红
指导思想与理论依据					
《义务教育数学课程标准（2011年版）》的培养目标把"双基"扩展为"四基"，明确提出"感悟数学基本思想"这一要求，可见对数学基本思想的重视。 而"转化思想"是数学思想的核心和精髓，是小学阶段解决问题时常用的有效方法，渗透于"数与代数""图形与几何""综合与实践"等各个学习内容中，尤其是"图形与几何"的教学，始终围绕转化思想展开。当学生遇到新问题时，自觉应用转化思想，将"新"转"旧"，将"难"化"易"，这对发展学生的思维能力，提高学生综合运用数学知识解决实际问题的能力有着重要作用。 因此，选取适当的学习资源，突出数学转化思想，发展学生的空间观念，提高学生综合运用数学知识解决实际问题的能力，是本节教学设计的指导思想与理论依据。					
教学目标（内容框架）					
1. 经历"发现问题—探究问题—解决问题"的活动过程，感悟转化思想，发展空间观念，提高综合运用数学知识解决实际问题的能力。 2. 让学生体会数学的基本思想和思维方式。 3. 学习利用转化的思想，灵活、综合运用长方体、正方体、圆柱、圆锥等形体的知识解决实际问题。提升对转化的认识，形成策略意识。 **教学重点**：落实体会转化思想，形成策略意识，灵活掌握计算物体体积或容积的方法。 **教学难点**：提高灵活、综合运用数学知识解决实际问题的能力。					

教学流程示意（可选项）
回顾旧知，体会转化 ↓ 层层深入，形成策略 ↓ 巩固练习，内化提升 ↓ 回顾整理，反思小结
教学过程（文字描述）
教学过程： 一、回顾旧知，体会转化（时间安排：3 分钟） 回忆，我们都学过哪些立体图形的体积？还记得我们是怎么学习这些立体图形体积计算方法的吗？ （1）学生复述（板书长方体、正方体、圆柱、圆锥体积计算公式） 【预设】其中圆柱体积形成过程让学生演示。 把圆柱的底面平均分成若干份，再把圆柱切开，拼成一个近似的长方体。长方体的底面积等于圆柱的底面积，长方体的高等于圆柱的高。长方体的体积与圆柱的体积相等，所以圆柱的体积=底面积×高） （2）学生演示   （3）在转化的过程中，什么发生了变化？什么没有变？ 【预设】 物体的形状发生了变化，圆柱变成了长方体；物体的表面积发生了变化，变成长方体后，表面积增加了长方体的左、右两个面的面积；物体的体积没有发生变化。 （4）每一个新的体积我们都是怎么学习的？ 【预设】都是把它和学过的知识建立联系来解决的。 （设计意图：通过回顾这些转化的过程，让学生意识到运用转化的策略可以把新的知识转化成已经学过的知识再进行认识和探索。） 二、层层深入，形成策略（时间安排：20 分钟） 这节课，我们继续运用转化的策略，解决一些体积问题。 问题1： （1）你能从下面这组图中读出哪些数学信息？可以提出哪些数学问题？你会解答吗？

【预设】底面积是50平方分米的圆柱体容器，高10分米，放入4分米深的水，放入一些彩石，水面上升2分米。
（2）你能根据这些已知条件提出一个体积问题吗？
【预设】求彩石的体积？求水的体积？
（3）谁来回答他提出的问题？50×2=100（立方分米）。你为什么这么做？
【预设】因为石头是不规则的，所以我通过求上升的水的体积来求石头的体积。它们体积相等。

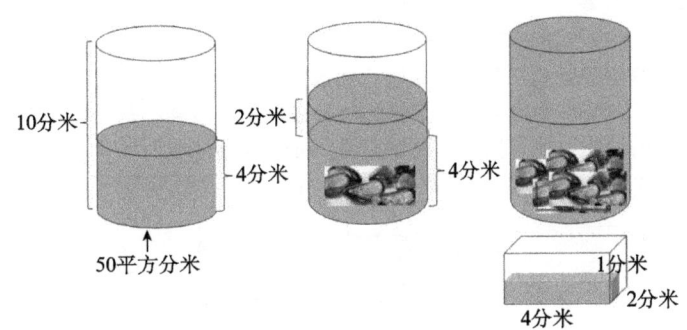

（4）如果继续往里面加入彩石，水溢了出来，又怎么求呢？
【预设】求上升的水体积和溢出的水的体积之和。
（5）给你这些条件你能求出又放入的水的体积吗？写到学习单上。
50×（10-6）+4×2×1=208（立方分米）
（6）对比：回顾比较这几种情境都是怎么求彩石体积的？又有哪些区别？
【预设】共同点就是都通过把彩石体积转化成水的体积，不同点是，第一种情况是把不规则的彩石的体积转化成了圆柱的体积，第二种情境是通过把彩石体积转化成两部分体积之和。也就是说我们都是把不规则物体的体积转化成了规则物体的体积，把没学过的物体的体积转化成了已学物体的体积来解决。
（设计意图：培养学生读图和提出简单问题的能力，两种情境都体现了把不规则物体转化成规则物体的转化思想，根据需要可以化整为零，通过两部分体积之和求后放的彩石的体积。）

三、巩固练习，内化提升（时间安排：15分钟）
问题2：
（1）老师这里有瓶饮料，我想知道这个瓶子最多能盛多少饮料，你有办法求出来吗？
【预设】倒过来求规则部分的体积。
（2）为什么？
【预设】瓶的容积不变，空气的体积不变，饮料的体积不变。
（3）老师给你这些条件，你能求出饮料瓶的容积吗？底面直径6厘米，里面有10厘米深的饮料，如果告诉你把饮料瓶倒过来后空余部分的高度是5厘米。（请画出草图后计算）

续表

方法1：$3.14×(6÷2)^2×10=282.6$（cm^3）
　　　　$3.14×(6÷2)^2×5=141.3$（cm^3）
　　　　$282.6+141.3=423.9$（cm^3）
方法2：$3.14×(6÷2)^2×(10+5)=423.9$（$cm^3$）
（4）这几种方法有哪些异同？
【预设】相同点都是通过转化成规则物体求体积，不同是方法不同，体积有的变了有的没变。
评：发现同学们特别会思考。
（设计意图：空间观念的培养需要不断的经验的积累、想象力的丰富，因此在处理这道题时先让学生发现数学问题，再根据问题自己想需要哪些已知条件，最后给出想要的条件后用"画图"的方式表达出来并解决问题，此环节为学生提供足够的时间去观察和想象、思考和分析。）
刚才我们求的是瓶子的容积，现在换成下面的物品，你还有办法求吗？
问题3：下图是用石膏做成的物品，你能算出需要石膏多少立方厘米吗？（单位：厘米）

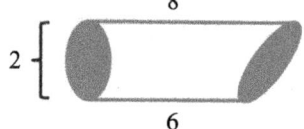

（1）先把你的想法用"画图"的方式表达出来，再列式计算。
（设计意图：渗透转化思想及一题多解，同是转化，不同方法之间的区别和联系。培养学生发散思维。）
（2）交流想法：
【预设】
方法1：这样完全相同的两个物体对接在一起，正好能组成一个规则的圆柱，根据所给数据能求出圆柱的体积，再除以2就是这个物体的体积了。

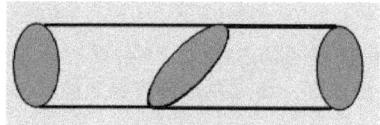

$3.14×(2÷2)^2×(8+6)÷2=21.98$（$cm^3$）
明确这种转化中，体积发生变化了吗？发生了怎样的变化？
在这个转化过程中，体积发生了变化，转化后的规则圆柱的体积是原来物体体积的2倍。
方法2：将这个物体分割成两部分，如下图①，添加与虚线右侧完全一样的部分，按照图②所示，转化成规则圆柱。
原物体体积＝虚线左侧圆柱体积＋虚线右侧圆柱体积的一半。

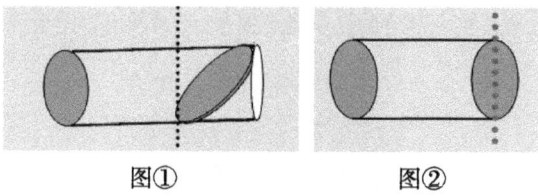

$3.14×(2÷2)^2×6+3.14×(2÷2)^2×(8-6)÷2=21.98$（$cm^3$）
方法3：距离这个物体右端1厘米[(8-6)÷2]处，平行于底面进行切割，如下图①，将切割下来的部分旋转后与物体对接，转化成规则圆柱，如图②所示。

续表

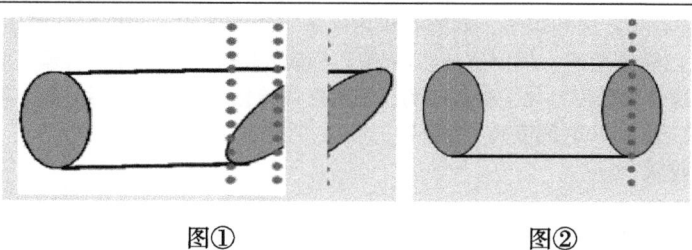

图① 　　　　　　　　图②

物体体积=转化后的圆柱体积。

在这个转化过程中，物体的体积没有发生变化，形状变成了一个底面直径是2厘米，长［6+（8-6）÷2］厘米的圆柱。

3.14×（2÷2）²×［6+（8-6）÷2］=21.98（cm³）

方法4：沿底面直径进行切割，（如图①）将物体切割成形状相同的两部分后，再进行对接（如图②所示）。这样物体的体积就是圆柱体积的一半。

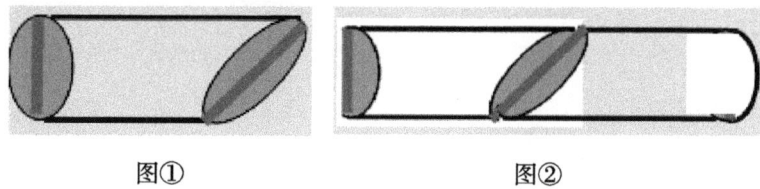

图① 　　　　　　　　图②

3.14×（2÷2）²×（8+6）÷2=21.98（cm³）

（3）对比方法：比较以上4种方法，分别说说它们是怎样进行转化的？

（设计意图：转化情况不是一成不变的，多数情况属于"等积变形"的转化，但也有"积变形也变"的转化。为避免学生产生转化都是"等积变形"的局限性思维，因此在练习中让学生尝试画图，自己直观演示转化过程。充分理解各种转化过程后，再组织学生对不同方法的比较反思，拓展解题思路的同时，使学生零散感性的认识得到提升，完善转化的策略。）

问题4：一种儿童玩具——陀螺（如图），它的上面是圆柱，下面是圆锥。经过测试，当圆柱的底面半径是1.5厘米，高是4厘米，圆锥的高是圆柱的四分之三时，陀螺才能转得又稳又快，这样的陀螺的体积是多少立方厘米？

①想象是由哪个平面图形旋转得来的。
②尝试把平面图形的样子画下来。
③如果不这样旋转还可以怎样转？

（设计意图：一种思考方法的理解、掌握和应用不是一蹴而就的，此练习来源于学生的实际生活，能激发学生解决问题的愿望，同时进一步渗透了"面动成体"的思想，培养了学生的空间想象能力；帮助学生再次体验利用转化，将形成的不规则形体转化成规则形体后计算体积的方法。）

四、回顾整理 反思小结（时间安排：2分钟）

这节课你有什么收获？

五、板书

运用转化思想解决体积问题

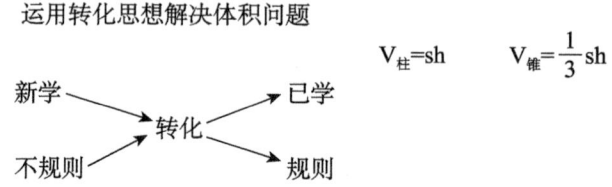

$V_柱=sh$　　　$V_锥=\dfrac{1}{3}sh$

【学案】

学习单（一）

问题1：

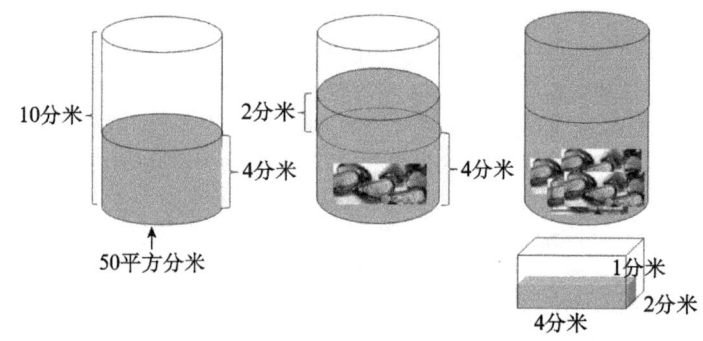

问题2：这里有个饮料瓶（如图），底面直径6厘米，里面有10厘米深的饮料，如果告诉你把饮料瓶倒过来后空余部分的高度是5厘米，你能算出饮料瓶的容积是多少毫升吗？（请画出草图后计算）

问题 3：这个物体的体积是多少立方厘米？（单位：厘米）

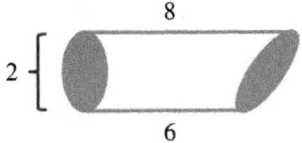

学习单（二）

问题 4：一种儿童玩具——陀螺（如图），它的上面是圆柱，下面是圆锥。经过测试，当圆柱的底面半径是 1.5 厘米，高是 4 厘米，圆锥的高是圆柱的四分之三时，陀螺才能转得又稳又快，这样的陀螺的体积是多少立方厘米？

思考题：以长为 4 厘米的边为轴旋转一周得到的立体图形的体积是多少立方厘米？

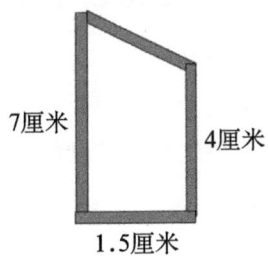

【评课议课】

什么是一堂好的数学课？

吕志新

我们在一起讨论什么样的课是一节好课，我先请老师们自己说一说自己的设计意图，是怎么想的也就是设计理念，我们讲的是数学课堂，什么样的课堂是一节好的课堂。首先我们要按课标领域分，"用转化思想解决体积问题"属于几何中的解决问题或者说求不规则物体的体积的一种拓展，我们研究的是一类的问题。解决这类问题我们应该怎么入手？

按类去思考。本节课在上课之前老师们有前期的说课、组内磨课，老师非常地辛苦。呈现出的一节好课需要我们思考：第一，教会孩子思考的课就是一节好课，要让学生会思维，要让学生会用数学的眼光去思考问题。当我们观察一面墙，语文老师看到什么，英语老师看到什么，作为数学老师应该看到什么？这是用数学的眼光发现问题，我们的老师做得就很好，让孩子去观察、去思考。第二，说话要有逻辑，学数学的人要懂得推理，要用数学的思维分析世界。第三，用数学的语言表达。学了数学要会看、会想、会表达，所以不是自己有多会表达，不是老师去说，就像课上老师要求的，让学生自己去表达，老师问能不能你去说说，让学生去思考、去表达。数学的抽象、推理、模型是最基本的数学思想。抽象完成的是一般性，推理完成的是数学的严谨性，老师在推理过程中体现了严谨，模型完成的是什么？通过一个模型完成一类事情，只要具备这样的情况就一定能完成。所以我们要关注抽象、推理本质的东西。那么课堂上要追求什么？要有意思，有意义，好玩，学生爱学，通过这样的方式考察学生爱不爱学、有没有意义。要引领学生学的课堂才是好课堂，要用这样的思想观察和看课堂，从高到低地看待我们的课堂，是不是引导学生去看、去想、去表达。这更多的是在课堂中要求学生观察、操作或是表达，无非是动脑、动手、动口，要让学生活动，老师做得很不错。本节课关注学生发现问题的能力，老师做得特别好，还有就是老师对解题策略的引领，这节课最突出的印象是这位老师不简单，这节课涵盖了老师多年的教学经验，能促进学生的思维，聚焦学生的课堂，尤其学生在倒瓶子的时候，学生很棒，能说出那么多种好的方法。

建议：如果更好地再加强一点生生的交流，让学生的思维可视化，学生画图时让学生先看看，再说说，就是再增加一点生生交流的过程，多一些鼓励就更好了。

【案例反思】

"用转化思想解决体积问题"课后反思

佟铁红

本节课是教师根据六年级学生的学习进度设计的一节复习课，教师授课过程中基本达到了预期的设计。运用转化思想解决体积问题，从复习学过的长正方体体积、圆柱圆锥体积计算方法的形成过程，让学生意识到，所有的新课的学习实际上都是通过把它转化成学过的知识去解决的，从而引出本节课的课题。接着教师出示三道题。第一题是让学生通过读题、提问题，解答学生提出的问题的方式培养学生读图、提问的能力，接着教师继续往里放石头可能出现水满了，怎么解决，最后如果水溢出来又怎么样？让学生回答，可以通过求上升的水的体积和溢出的水的体积来求石头的体积，最后教师给出一组数据让学生去解答。解答完后教师让学生进行总结归纳此类题的解决方法。

接着教师出示一个装着部分饮料的瓶子，问学生能否算出最多能盛多少水？通过学生的回答明确解决办法，再给学生数据让他们实际算出瓶子的容积，方法有两种。通过让学生分别展示两种方法后找到两种方法的异同点，一个是直接转化成两个规则物体体积求，另一个是把两个部分的体积放在一起求，相同点就是通过转化成规则物体体积求。

最后如果不借助水的体积你能求一个物体的体积吗？出示一个不规则物体的体积，让学生用多种方法解答，此题的目的是培养学生一题多解并在不同的解法中找到异同点。

归纳总结，数学题是做不完的，我们能否在解决问题的过程中找到数学思想和数学方法显得很重要。这里特别要注意的是转化前后体积是否变化，不变应该怎样求，变化时需要怎么处理。这种思想除了可以解决体积问题还可以解决面积问题，还可以把新的问题转化成学过的知识去解决。

整节课学生和教师配合得很默契，基本上说出了教师预设的结果，尤其第三道题的四种方法，学生都能想出来很不简单。但是教师在讲课的时候留给学生的时间并不充分，生生交流不够充分，所以下次再讲课时教师应多加留意。

【论文提炼】

浅谈用转化的思想解决问题的策略
——讲授"用转化思想解决体积问题"有感

《义务教育数学课程标准（2011年版）》的培养目标把"双基"扩展为"四基"，明确提出"感悟数学基本思想"这一要求，可见对数学基本思想的重视。而"转化思想"是数学思想的核心和精髓，是小学阶段解决问题时常用的有效方法，渗透于"数与代数""图形与几何""综合与实践"等各个学习内容中，尤其是"图形与几何"的教学，始终围绕转化思想展开。学生遇到新问题时，自觉应用转化思想，将"新"转"旧"，将"难"化"易"，这对发展学生的思维能力，提高学生综合运用数学知识解决实际问题的能力有着重要作用。因此，选取适当的学习资源，突出数学转化思想，发展学生的空间观念，提高学生运用转化思想解决问题是数学教学带给学生的必要思想，把用转化思想解决问题形成策略也是笔者写本篇文章的意图。

一、回顾旧知，体会转化

当我们有意在课堂上把一类问题形成策略的时候，需要教师给学生创设问题情境，因为大部分学生刚开始上课是不知道教师本节课的意图的。如果教师的意图是让学生运用转化思想解决体积问题，那么学生是否有转化的经验就显得非常重要。比如在讲《用转化思想解决体积问题》这节课时，教师就可以通过回顾学过的知识让学生来体会，可以问学生都学过哪些立体图形的体积？还记得是怎么学习这些立体图形体积计算方法的吗？

通过学生的回答，教师板书长方体、正方体、圆柱、圆锥体积计算公式，其中圆柱体积形成过程让学生边表述边演示，把圆柱的底面平均分成若干份，再把圆柱切开，拼成一个近似的长方体。长方体的底面积等于圆柱的底面积，长方体的高等于圆柱的高。长方体的体积与圆柱的体积相等，所以圆柱的体积＝底面积×高，如果教师想让学生体会转化前后的变化，可以继续问学生，在转化的过程中，什么发生了变化？什么没有变？

学生就会根据已有经验，答出物体的形状发生了变化，圆柱变成了长方体；物体的表面积发生了变化，变成长方体后，表面积增加了长方体的左、右两个面的面积；物体的体积没有发生变化。在回顾阶段学生就初步对转化思想有个总结，通过教师的提问：每一个新的体积我们都是怎么学习的？学生就会意识到，都是把它和学过的知识建立联系来解决。引入阶段让学生在本节课之初调动已有关于转化思想的意识，为后续深入学习做好铺垫。

二、层层深入，形成策略

当学生的已有转化思想被调动起来后，教师可以通过一个具体数学问题，引入知识的重点。比如教师在讲"用转化思想解决体积问题"时，就可以提出这样的问题：

（1）你能从下面这组图中读出哪些数学信息？可以提出哪些数学问题？你会解答吗？

（2）你能根据这些已知条件提出一个体积问题吗？

（3）谁来回答他提出的问题？

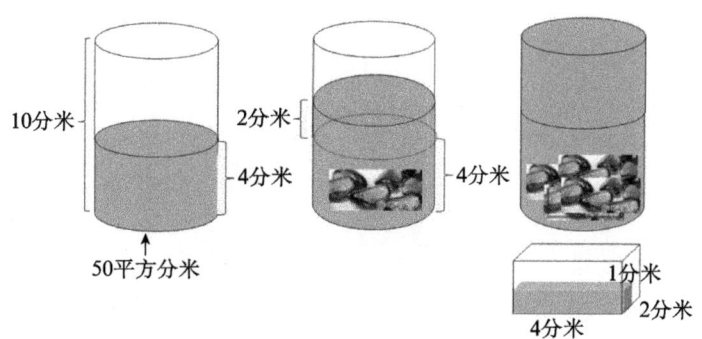

（4）如果继续往里面加入彩石，水溢了出来，又怎么求呢？

（5）给你这些条件你能求出又放入的水的体积吗？写到学习单上。

教师通过这几个问题，既可以培养学生发现问题、提出问题和解决问题的能力，而且通过情境的变化，让学生总结出两种情境都把不规则物体转化成规则物体的转化思想，根据需要可以化整为零，通过两部分体积之和求后放的彩石的体积。

教师在提出问题的同时，也要注重数学思想和方法的引导。当然在此题中教师的核心目标没有变，应紧扣主题，体会把不规则物体转化成规则物体，再去解决问题，一直围绕中心层层深入，形成转化策略。

三、生生交流，让转化思想内化

三尺讲台不再仅是老师的天地，同时也是"小老师"们的天地；在课堂中不再是老师一言堂，而是生生、师生互相交流共同解决问题，在交流过程中教师应进行点拨，即在提出问题、互相交流过程中突破教学重难点。学生在交流中不仅能解决问题，也能碰撞出新思维的火花，不同的思路就会有不同的方法，同时也能引燃新的"炸弹"，"众人拾柴火焰高"也就是这个道理。采用这种教学方式，不仅学生的思维得到了提升，语言表达也有明显的进步，课堂学习的氛围不再是死气沉沉的了，学生也不是那么讨厌数学了。这种方式不仅可以在新授内容时采用，而且可以更多地在练习课上采用，让学生真正地参与到课堂中，成为学习的主人。

这个过程，仍然可以《用转化思想解决体积问题》为例，教师提出这样一个问题，就可以激起很多思想的"火花"。

（1）老师这里有瓶饮料，我想知道这个瓶子最多能盛多少饮料，你有办法求出来吗？

（2）为什么？

（3）老师给你这些条件，你能求出饮料瓶的容积吗？底面直径6厘米，里面有10厘米深的饮料，如果告诉你把饮料瓶倒过来后空余部分的高度是5厘米。（请画出草图后计算）

（4）这几种方法有哪些异同？

通过教师设计的提问、对学生的评价，以及组织学生互相交流思想，发现同学们特别会思考。转化思想的培养需要不断的经验的积累、想象力的丰富，因此在处理这道题时先让学生发现数学问题，再根据问题自己想需要哪些已知条件，最后给出想要的条件后用"画图"的方式表达出来并解决问题。此环节为学生提供足够的时间去观察和想象、思考和分析，最终学生在生生的互动、师生的交流，在质疑的过程中体会转化的思想。

四、一题多解，在不同的方法中体会转化思想

一题多解，在不同的方法中体会转化思想，仍然需要教师有意识地创设有多种解法的问题，不仅能蕴藏转化思想，而且要有不同的转化方法，同时都能解决此问题。如"用转化思想解决体积问题"一课中，教师设计的题如下：

下图是用石膏做成的物品，你能算出需要石膏多少立方厘米吗？（单位：厘米）

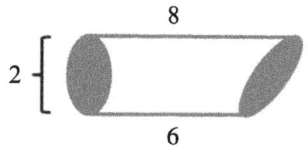

本题一出，当教师给学生留足课堂思考时间后，学生能想出很多方法，比如：

方法1：这样完全相同的两个物体对接在一起，正好能组成一个规则的圆柱，根据所给数据能求出圆柱的体积，再除以2就是这个物体的体积了。

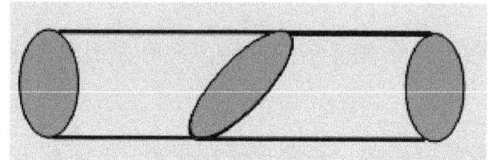

$3.14 \times (2 \div 2)^2 \times (8+6) \div 2 = 21.98$（cm³）

方法2：将这个物体分割成两部分，如下图①，添加与虚线右侧完全一样的部分，按照图②所示，转化成规则圆柱。

原物体体积 = 虚线左侧圆柱体积 + 虚线右侧圆柱体积的一半。

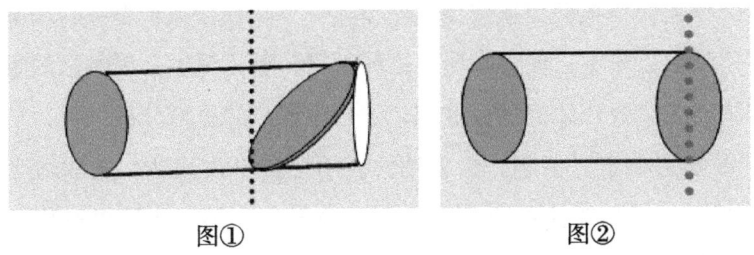

图①　　　　　　　　图②

3.14×（2÷2）²×6+3.14×（2÷2）²×（8-6）÷2=21.98（cm³）

方法2：距离这个物体右端1厘米［（8-6）÷2］处，平行于底面进行切割，如下图①，将切割下来的部分旋转后与物体对接，转化成规则圆柱，如图②所示。

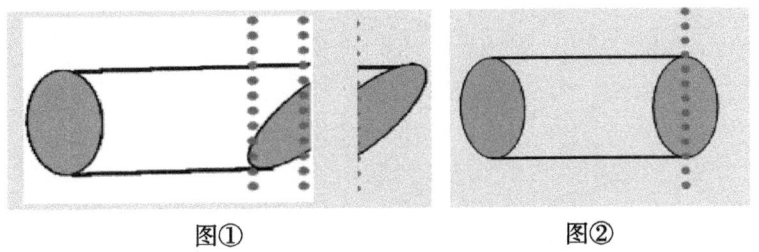

图①　　　　　　　　图②

物体体积 = 转化后的圆柱体积。

在这个转化过程中，物体的体积没有发生变化，形状变成了一个底面直径是2厘米，长［6+（8-6）÷2］厘米的圆柱。

3.14×（2÷2）²×［6+（8-6）÷2］=21.98（cm³）

方法四：沿底面直径进行切割，（如图①）将物体切割成形状相同的两部分后，再进行对接（如图②所示）。这样物体的体积就是圆柱体积的一半。

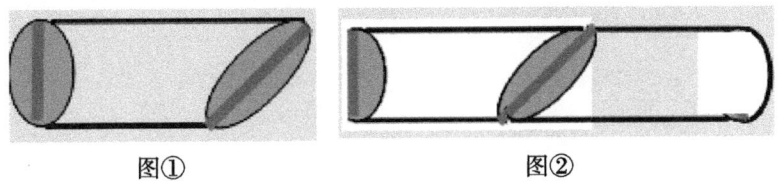

图①　　　　　　　　图②

3.14×（2÷2）²×（8+6）÷2=21.98（cm³）

转化情况不是一成不变的，多数情况属于"等积变形"的转化，但也有"积变形也变"的转化。当学生充分理解各种转化过程后，再组织学生对不同方法的比较反思，拓展解题思路的同时，使学生零散感性的认识得到提升，完善转化的策略。

　　这些方法都是学生自己想出来并且总结出来的，此时转化的策略学生已经内化成自己的解决问题的策略了，这也是教师想要看到的结果。一堂好课需要我们通过一节课的研究能解决一类的问题。解决这类问题我们应该按类去思考，一节能教会孩子思考的课就是好课。通过问题的创设促使学生会思考，促进学生思维的发展，要让学生会用数学的眼光发现问题，思考问题，解决问题。要让他们学会推理，学会用数学的思维分析世界，学会用数学的语言表达。学了数学要会看、会想、会表达，让学生自己去表达。选取适当的学习资源，突出数学转化思想，发展学生的空间观念，提高学生运用转化思想解决问题是数学教学带给学生的必要思想，最终把用转化思想解决问题内化于心，这便是一堂有意义的课。

"再认识氮的循环"教学设计系列

杨巨峰

【教学分析】

一、指导思想与理论依据

《普通高中化学课程标准（2017年版）》提出"宏观辨识与微观探析""变化观念与平衡思想""证据推理与模型认识""实验探究与创新意识""科学精神和社会责任"等五个要素的高中化学核心素养。"核心素养"指出，学生在面对具体情境及与化学相关的事实时，能够在观察与辨识的基础上提出问题、开展探究并得出结论；能够正确运用化学模型描述或预测物质及其变化、分析与解释化学现象；能够结合具体情境，调用已有知识与方法分析解决问题，在化学原理应用时自觉考虑化学过程对自然带来的可能影响，贯彻可持续发展思想，坚持"绿色化学"的观念。

《高考考试说明》（北京卷）化学考试内容部分明确要求学生能"根据研究物质的思路和方法，掌握常见非金属元素及其重要化合物的主要性质和应用……根据氧化还原反应的规律研究物质的化学性质以及常见氧化剂和还原剂之间的反应"。

二、教学背景分析

教学内容：本节课共分为五个环节。环节一：认识自然界中的氮循环，引导学生根据氮及其化合物的转化关系，寻找自然界氮循环的路线。环节二：改变氮的循环，介绍人工固氮解决了人类的粮食问题，带来了很多益处，但是多出来的化合态的氮也造成了温室效应、氨氮废水等一系列环境问题。由此引出环节三：模拟氮的循环，小组讨论设计方案处理武汉水污染事件废水中的氨水和铵根离子，并将设计的流程图上传到微信群，通过组内自评和教师评价的方式使每个学生都能积极参与到这一活动中，学生能够自主调用两个角度类别和化合价角度解决物质转化问题，在这一过程中学生提高了处理复杂问题的能力和创新思维。环节四：实现氮的循环，通过提供某氨肥厂氨氮废水处理的流程，进一步探查学生解决综合问题的能力，也是对环节三的进一步总结。环节五：收获与体会，与学生共同提炼总结解决氨氮废水问题的一般思路，并扩展为解决一般问题的思路与方法。

学生情况：高三（4）班是我校重点班，学生程度较好，在高三基本概念、基本理论复习后，学生已经较好地掌握了基本概念氧化还原反应，基本理论电化学、化学平衡移动原理，元素化合物已经复习了硫及其化合物，知道研究物质转化要从类别和化合价两个角度实现。

教学方式：讨论法

教学手段：手机微信，互联网

技术准备：电脑，手机，白板

三、本课教学目标设计

（一）知识与技能

1. 能从元素化合物的认识角度（类别、化合价）分析物质性质，学会构建"价、类二维关系图"，运用"价、类二维关系图"完成转化任务。

2. 能运用氧化还原思想分析问题，会书写陌生氧化还原反应方程式。

3. 运用化学平衡移动原理、电解池原理等解决实际问题。

（二）过程与方法

通过对含氮废水的形成及治理，提高用化学思想解决实际环境问题的能力。

（三）情感态度与价值观

1. 鼓励学生积极参与运用化学解决环境问题的实践活动，培养学生重视和关心环境问题的情感、态度及正确的行为模式。

2. 体会化学反应在制造新物质方面的作用以及新物质的合成对人类生活的影响，感受化学与可持续发展的重要关系，树立资源保护意识及合理开发意识。

3. 帮助学生体会概念、原理知识对元素化合物复习的指导作用，建立化学变化中的元素观、转化观。

【教学过程与教学资源设计】

教学阶段	教师活动	学生活动	设置意图	技术应用	时间安排
环节一：认识氮的循环	氮元素是生命的基础，千百万年来在自然界循环着，人类的活动改变了氮循环的轨迹，今天让我们运用所学化学知识方法再次认识氮的循环。首先请同学画出氮及其化合物的二维转化图，展示自然界氮的循环的示意图，完善氮及其化合物的转化关系。	回忆书写氮及其化合物二维转化关系图，看自然界的氮的循环图后，完善氮及其化合物的转化关系图。	熟悉氮及其化合物的转化关系，认识自然界中氮的循环。	ppt	7min
环节二：改变氮的循环	人类对氮的循环的改变，是从人工固氮开始的，从1918年哈伯合成氨成功，至今已有百年历史，从二维转化关系图中寻找氨气都有哪些性质和用途呢？	在二维转化关系图上，认识物质的性质从类别和化合价角度分析，类别角度氨气具有碱性，化合价角度氨气-3价氮具有还原性，+1价氢具有氧化性。并指出各个性质所对应的用途。	学会认识核心物质性质的方法。	ppt	8min
环节三：模拟氮的循环	施用氮肥带来了粮食的增产，氨气的转化带来了各种化工产品，但是人工固氮打破了自然界氮的循环，酸雨、水体富营养化、温室效应一系列环境问题出现了，看一段短片《湖北武汉水污染事件》。武汉水污染事件中，氨氮废水的成分是什么？废水中氨氮的构成主要有两大类，一种是氨水形成的氨氮，一种是无机氮形成的氨氮，主要是硫酸铵、氯化铵等。设计方案除去氨氮废水中含有的 $NH_3·H_2O$ 与 NH_4^+。（1）从氮的循环的角度考虑，如何处理氨氮废水中的 $NH_3·H_2O$ 与 NH_4^+？（2）画出转化的流程图。（3）评价你的方案。	学生的设计及其评价： 1. $NH_4^+ \xrightarrow{+OH^-} NH_3 \xrightarrow{H_2SO_4} (NH_4)_2SO_4$。优点是可回收利用氨，可用硫酸作吸收剂吸收吹脱出的氨氮，生成的硫酸铵可制成化肥。缺点是低温时氨氮去除率低，吹出的气体形成二次污染。 2. $NH_4^+ \rightarrow N_2$。优点：去除率高，不受水温影响，操作方便。缺点：液氯消耗量大，费用高，且对液氯的贮存和使用的安全要求较高，反应副产物氯胺和氯代有机物会对环境造成二次污染。 3. $NH_4^+ \rightarrow NO_3^- \rightarrow N_2$。优点：生物法操作简单，效果稳定，不产生二次污染且经济。缺点：只能处理低浓度氨氮废水，常需外加碳源，能耗大，成本高。	通过氨态废水的转化与去除及评价多种方法的训练，形成发散思维，初步形成解决问题的一般思路。	手机微信及时将设计方案上传分享	15min

续表

教学阶段	教师活动	学生活动	设置意图	技术应用	时间安排
环节四：实现氮的循环	实际氨氮废水处理方法介绍 方法一：吹脱法 方法二：折点氯化法 方法三：生物法 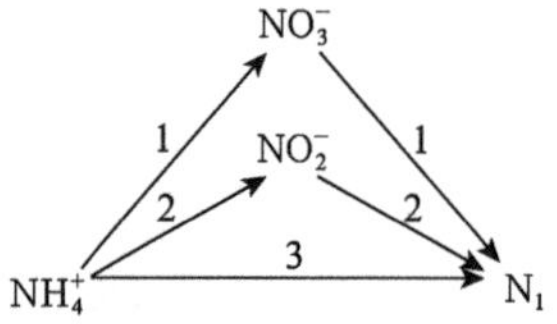 1 硝化反硝化；2 短程硝化反硝化；3 厌氧氨氧化废水生物脱氮的可能途径 某氮肥厂氨氮废水中的氮元素多以 NH_4^+ 和 $NH_3·H_2O$ 的形式存在，该废水的处理流程如下： 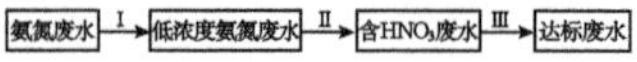 你知道每一步转化是如何实现的？ 过程Ⅰ：加 NaOH 溶液，调节 pH 至 9 后，升温至 30℃，通空气将氨赶出并回收。请用平衡移动原理解释原因。 过程Ⅱ：在微生物作用下实现转化，写出相应的离子反应方程式。 过程Ⅲ：一定条件下，向废水中加入 CH_3OH，将 HNO_3 还原成 N_2。 还可以用电解的方式实现转化。微生物燃料电池（MFC）是一种现代化氨氮去除技术，下图为 MFC 碳氮联合同时去除的氮转化系统原理示意图。 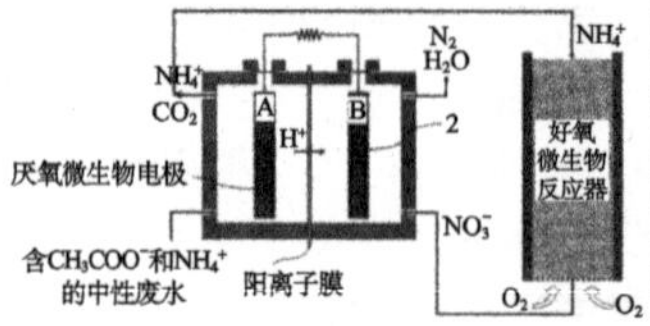 NH_4^+ 是如何实现去除的呢？写出 AB 两极的电极反应式。	学生思考回答，真正工业生产中是多种处理方法联合使用。化学反应原理指导调控物质的转化。 结合电化学方法实现物质的转化，去除氨氮废水中 NH_4^+。	引导学生关注化学知识的功能价值。 结合问题中难点的分析，提高学生接受、吸收、整合化学信息的能力和阅读分析流程图能力。	手机微信及时上传答案分享方法	10min

续表

教学阶段	教师活动	学生活动	设置意图	技术应用	时间安排
环节五：收获与体会	总结解决实际问题的一般思路与方法。 通过这节课的学习你有何收获？	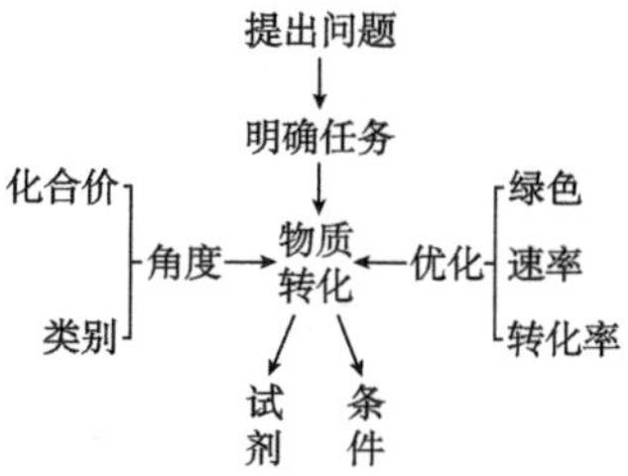 提出问题→明确任务→物质转化（化合价、类别角度；绿色、速率、转化率优化；试剂、条件） 学生总结知识上、方法上、认知上的收获。	针对某一真实问题，学生要有解决问题的程序。元素化合物知识和概念原理知识是解决问题中的载体、工具或证据。	ppt，板书	5min

【学习效果评价设计】

评价方式：纸笔测试。

氮的循环测试。

1. 我们已经学习过"氮及其化合物"。

（1）请尽可能"全"地写出含氮元素的物质，并在坐标图上表示。

（2）请在坐标图中用单箭头或者可逆号呈现它们的转化路径，并在箭头上标出实验药品。

2. 亚硝酸（HNO_2）可用于制染料、药物。你觉得 HNO_2 可能具有什么化学性质（即 HNO_2 能与哪些物质发生化学反应）？说出你的推测依据，并设计实验方案验证你的猜想。

猜想假设	方案设计		
化学性质	推测依据	选择试剂	预期现象

3. 氨气（NH_3）在生产生活中有广泛的应用，将氨气液化可用作制冷剂，氨气还可以转化为其他含氮化合物。如果以氨气为原料，如何将其转化为硝酸？另外哪些含氮物质能转化为氨气（可设计多条路径，表格不够，请自行加行）？请你设计完整的实验方案，实现氨气的转化。

预期转化	设计思路	选择试剂	预期现象
$NH_3 \rightarrow HNO_3$			
? $\rightarrow NH_3$			

4. 大多数城市的空气质量实时发布系统将以实时空气质量指数代替原来的 AQI 指数。燃煤烟气和汽车尾气是引发 AQI 指数上升的主要污染源。因此，对燃煤烟气和汽车尾气进行脱硝、脱碳和脱硫等处理，可实现绿色环保、节能减排等目的。汽车尾气脱硝、脱碳的主要原理为：

$$2NO(g)+2CO(g) \rightleftharpoons N_2(g)+2CO_2(g) \quad \Delta H<0$$

在一定条件下用气体传感器测得该反应在不同时间的 NO 和 CO 浓度。如下表：

时间 /s	$c(NO) / mol \cdot L^{-1}$	$c(CO) / mol \cdot L^{-1}$
0	1.00×10^{-3}	3.60×10^{-3}
1	4.50×10^{-4}	3.05×10^{-3}
2	2.50×10^{-4}	2.85×10^{-3}
3	1.50×10^{-4}	2.75×10^{-3}
4	1.00×10^{-4}	2.70×10^{-3}
5	1.00×10^{-4}	2.70×10^{-3}

（1）下列措施既能提高 NO 的转化率，又能提高反应速率的是_____（填字母）。

A. 增大压强　　　　B. 升高温度　　　　C. 加催化剂　　　　D. 降低温度

（2）前 2s 内的平均反应速率 $v(CO_2) =$ _____；CO 的平衡转化率为_____。

（3）该反应的平衡常数 K 为_____。

（4）采用低温臭氧氧化脱硫脱硝技术，同时吸收 SO_2 和 NOx，并获得铵盐。脱硫的总反应式为 $SO_2+O_3+2NH_3+H_2O \longrightarrow (NH_4)_2SO_4+O_2$

写用离子方程式表示硫酸铵溶液呈酸性的原因：

_____。

（5）设计如下图装置模拟传感器测定 CO 与 NO 的反应原理。

①Pt 电极上发生的是_____反应（填"氧化"或"还原"）。

②写出 NiO 电极的电极反应式：_____。

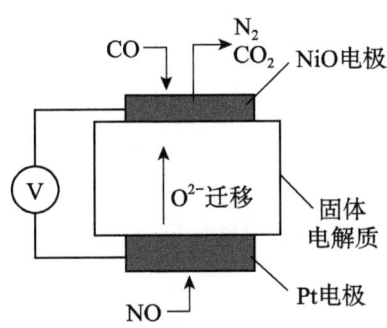

（6）你还能想出哪些治理汽车尾气的处理方案，请写出你的想法。

5.合成氨的工业化生产，解决了世界粮食问题，是重大的化学研究成果。但是随着合成氨的推广，人类大量开发应用含氮化合物，造成了一系列的社会环境问题，面对这样的现象和事实，你有何感想？并说出你的解决思路。

【教学反思】

高三的复习课，特别容易上成习题课。在第一次设计氮及其化合物的复习课时，我将近年的这部分内容的高考题及其模拟题找来做了，然后将这些习题分成以人工固氮发展史为线索，用概念理论知识解决的题目，和氨及其氮氧化物的检测、转化与去除的题目，进行了简单的罗列。课上就是围绕着应用化学反应原理来解题，每一道题都是一个新情境，学生就题论题，好像也讲了一圈儿氮的循环，但是学生的收获还是就题解题，也不太提得起学习的兴致。

在专家的指导下，反复修改，氮及其化合物的复习课不能定义成习题课，要有它的功能价值。正值十九大召开后，总书记提出要打赢蓝天保卫战，作为化学教师，有责任不但要让学生学好化学，还要让学生用好化学，让学生懂得人与自然要和谐发展，因此氮及其化合物的复习我确立主题为氮的循环。千百年来自然界氮遵循着自己的规律循环着，大气中、土壤中、江河湖泊中氮的含量是固定的。出于人类发展的需要，人工开始固氮，固氮的结果，破坏了自然氮的循环，导致了温室效应、水体富营养化、酸雨等污染问题。那如何尊重自然规律，实现人与自然的和谐发展，这些多余的固氮要让它再循环回到氮气。

以武汉水污染事件这一真实问题情境引出，让学生以非常开放的视角讨论了氮及其化合物的转化。课堂中学生通过从化合价角度和类别角度分析物质转化，对实现氨氮废水的转化问题进行剖析，写出转化流程，评价优点是什么，缺点是什么，让学生实实在在体会到自己面临着真问题、真技术，给出真的解决方案。

本节课还特别注重思维外显，包括一般层面的思路方法，又包括利用二维图实现物质转化的角度和思路。这些思路方法学生先进行小组讨论，将讨论结果及时通过手机微信上传白板，全班共享讨论，这样做学生感到自己真的在分析和解决问题，而不是在做题。

在教学中，也反映出学生在实际问题下分析问题的能力还是缺失的，比如高浓度氨氮废水到低浓度氨氮废水，学生想到的居然是加水稀释。因此，教师除了要引导学生按照化学思路方法设计反应，还要依据真实情境评估可行性，再去设想如何实施，使实际问题分析线索和序列更加外显。

高三的复习课，应将所学知识整合重新包装，让学生不仅可以应对高考，还要从提高学生的核心素养入手，引导学生学习方式的转变，不断促进学生核心素养的发展。以培养学生成为"全面发展的人"为出发点，这节课基本实现了这一目标。

人教版必修3第一单元阅读 "Festivals And Celebrations" 教学设计系列

马 阳

【教案学案】

班　级		组　名		姓　名	
课　题	人教版必修3第一单元 阅读 Festivals And Celebrations					
学习目标	层层递进，由梳理信息，到总结、归纳信息，最后到理解文章的逻辑性和增强不同国家的文化认同。具体如下： （1）获取梳理文中有关节日的时间、来源、活动、原因等事实性信息。 （2）概括、整合、阐述不同节日的特点与情感。 （3）梳理文章主旨句和篇章之间的逻辑结构。 （4）传承中国传统节日和了解西方节日，培养学生跨文化意识。				
学习重点	获取事实性信息。 整合不同节日的特点。				
学习难点	利用思维导图，梳理文章的篇章逻辑结构。 培养学生文化包容意识。				

一、复习巩固

Lead-in：Students list 4–5 key points of Chinese and Western festivals and make the others guess what they are. Make students think the questions：

（1）For guesser, how do you get the answers?

（2）For reporter, what would you like to introduce the festival?

二、探究新知

1. Read for general information in the whole.

About the content:

What is the passage about?

About the structure:

（1）What is consist of the reading?

（2）How many parts can we divide the text into?

（3）What does each part talk about?

2. Read for detailed information in Part 1.

（1）What do you know from Part 1? Underline key information.

（2）Introduce the Paragraph 1 according to the mind-map.

3. Read for detailed information in Part 2.

Self-study: What do you know from Part 2? Draw the structure of Part 2.

Task:

（1）Read & Underline（1'）

（2）Make a mind-map（individual work 2' & group work 5'）

（3）Oral practice（2'）

（4）Show time（reporter & helper 3'）

（5）Ask & answer（3'）

4. Read for the logical relationship between Part 1 and Part 2.

（1）Which types of festivals belong to religious?

（2）Which types of festivals belong to seasonal?

（3）Which types of festivals belong to special people and events?

三、应用新知

Discuss in pairs: Based on the reading passage, what do most festivals seem in common? Why they are important?

The common things	Reasons why they are important
food	
origins	
feelings（expectations or honor）	

四、学习反思

我的收获： 我的疑惑：

五、巩固练习

Introduce a Chinese Festival in English

【评课议课】

Festivals And Celebrations 点评

李 瑜

马老师课前准备较充分，教学思路清晰，教师引导学生自己梳理文章细节信息及之间的逻辑关系，学生完成动手实践、自主探究、小组合作、成果展示。总体来说，这节课中，学生有一定的参与度，并有一定的学习痕迹。

建议：根据学情，适时搭建台阶，加强与学生之间的互动。

根据学生的状况，适时调整教学活动，不宜一味贪求教学进度。根据学生回答，对学生不断进行追问，引发学生思考。与学生互动情况还应加强。

Festivals And Celebrations 点评

曹美玲

马老师这节课，现代信息技术运用较好，包括互动屏、多媒体和 PPT。马老师这节课跟之前相比，有较大的进步，但是还有一些提升的空间。

课堂用语可以再简洁一些。这样不仅能够节省课堂时间，还可以帮助学生更好地明白课堂指令和课堂学习任务。

教师的课堂把控力还需加强。教师应更加关注学生的状况，帮助学生形成良好的学习习惯。个别学生没有跟上教学进度，教师应及时提示并给予帮助。

教师应给学生更多时间讨论和展示，让学生自己理解、学习、探讨，更多地发挥学生的主动性。

【案例反思】

本文是一篇说明文，结构较清晰，但信息量较大。英语课程改革，提倡英语学科的核心素养。如何利用旧教材，施行英语新课程的授课，一直是我思考的问题。不管是哪种教学方法，一定以学生为中心，利用学生喜欢、接受的活动，提高课堂的效率。因此，精心设计教学活动，鼓励学生在体验中自己获得阅读体验。利用猜谜活动，充分调动学生求知欲，同时可以知道学生对节日这个话题已知的信息。利用学生已知的信息和信息差，激发学生主动获取文本。用开放的方式，让学生讨论文本内容。与此同时，教师和学生共同绘制思维导图，并指导思维导图绘制方式。接下来用任务单的方式，明确每步的任务，以小组的形式，让学生大胆尝试。在绘制思维导图的过程中，学生加深了对文本的理解，自己梳理了文本信息，并获得一些关于节日的英语表达。最后以小组讨论的方式，获得中西方节日的共性，培养了学生文化包容的意识，并对节日的内涵有了深刻的理解。最后鼓励学生学以致用，用英语介绍中国的节日。通过本文学习，学生大体知道应从起源和庆祝方式两个方面进行介绍。本案例具体反思如下：

1. 本文是必修 3 第一单元 Festivals And Celebrations，属于说明文，结构清晰，细节信息较多，适合用思维导图的方式，帮助学生梳理细节信息，理清文章之间的结构。

2. 课堂有学生参与。课前学生自己准备猜谜游戏并展示，课堂中小组合作画思维导图并进行小组展示，课下根据所学画海报。但学生参与度还可以再提高一点，让更多的学生投入到课堂活动中来。

3. 课堂上学生的学习活动有效发生。第一部分由学生自己寻找信息，老师通过问题不断引发学生思考，老师做示范，画思维导图。接下来的部分，由小组合作画思维导图。学生小组活动时画的思维导图，跟老师画的思维导图类似，说明老师起到了一定的指引和示范作用。

4. 老师指示语可以更简洁一些，有利于学生理解课堂活动。

5. 老师课堂应更灵活一些，不断追问学生，使学生不断思考，参与课堂活动。

【论文提炼】

基于英语学科活动观的阅读课初步探索
——以人教版必修 3 Unit1 Festivals And Celebrations 为例

马　阳

一、概述

《2017 年四省（市）普通高中英语学科教学指导意见》（以下简称《指导意见》）明确指出，英语学科核心素养即语言能力、文化品格、思维品质和学习能力这四大素养。英语学科活动应在主题语境下，通过包含语言、思维和文化的活动，使学生获得语言知识，运用语言技能，增加文化理解与认同，进而形成对本单元主题语境的理解，最终帮助学生形成积极的价值观，实现英语学科的育人作用。本文将以人教版必修3 Unit1 Festivals And Celebrations 为课例，设计包含英语核心素养的课堂活动，使学生积极参与课堂活动，在不知不觉中获得英语学科能力。

二、课例介绍与分析

（一）文本解读

文本解读是教师设计好课堂活动的前提，新课标的文本解读是围绕着是什么、为什么和怎么样进行的。接下来，我将以人教版必修3 Unit1 Festivals And Celebrations 为例，进行文本解读。

是什么是指文章的主要内容。本文 Festivals And Celebrations 属于节日庆祝，文体属于说明文。文章先由古代节日起源开始写起，接下来写现代节日起源。根据这些不同起源，用小标题将节日分以下几类：（1）纪念死者的节日；（2）纪念人的节日；（3）庆祝丰收的节日；（4）迎接春天的节日。最后一段，总结人们为什么庆祝节日。

为什么是指为什么学习此文章。本文章传承中国传统节日和了解西方节日，培养学生跨文化意识，既开拓了学生的国际视角，又促使学生更好地理解语言，提高文化涵养和交际能力。

怎么样是指文章是如何组织行文的。文章行文组织结构严谨，采取总—分—总结构，环环相扣。第一段提出古代节日起源，接下来提出现代节日起源，即宗教、季节、纪念一些名人和事件。再将节日以小标题的形式分为四类。最后，总结人们庆祝节日的原因。

（二）教学目标

教学目标设置由浅入深，难度梯度较为合理。具体设置如下：

1. 获取、梳理文中有关节日的时间、来源、活动、原因等事实性信息。
2. 概括、整合、阐述不同节日的特点与情感。
3. 梳理文章主旨句和篇章之间的逻辑结构。
4. 传承中国传统节日和了解西方节日，培养学生跨文化意识。

三、教学过程设计与分析

（一）读前活动

学生课前收集资料并准备中西方节日的猜谜游戏，列出4—5个要点。在猜谜的过程中，不同角色注意思考不同问题：对于猜谜者来说，你是如何知道答案的？并说出你的依据。对于汇报者来说，你是从哪几方面如何组织你的节日要点的？如果很难猜出答案，你将如何改进你的节日要点？

[分析]英语学科核心素养的学习能力，是让学生自我寻找学习资源并自己提取节日要点。在课堂展示过程中，要不断引发学生进行思考，找出猜谜的依据，并总结从哪几方面介绍节日，以及如何改善节日要点。教师引导学生表达观点并寻找依据，激发学生原有的认知水平，为接下来的文章学习做好铺垫。同时，教师引导学生进行概括、反思并进而达到自我提升。

（二）读中活动

《指导意见》要求，鼓励学生从语篇中梳理事实性信息，并概括和整合信息，分析篇章结构，从而建立属于自己的主题语境的知识体系，感知并理解语言所表达的深层意义和语篇所承载的文化内涵。

1. 整体阅读，大致理解

整体阅读，理解文章的主旨大意和文章结构（包括文段组成结构和篇章内部的层次划分），再读一遍，获取每一部分的主旨大意。在学生开始阅读之前，教师针对内容和结构提出了以下的问题，引发学生快速浏览文章，大致理解文章内容的结构。（1）What is the passage about?（2）What is consist of the reading?（3）How many parts can we divide the text into?（4）What does each part talk about?

[分析]学生整体理解文章的主旨大意和文章结构。文章组织结构包括文段组成结构和篇章内部的层次划分，进而再理解每一部分的大意。学生整体理解文章，对篇章有个宏观的把握。

2. 绘制思维导图，理解细节

首先，教师和学生共同完成第一部分的细节信息的梳理与思维导图的绘制。教师让学生阅读第一部分，并画出他们自己认为重点的细节信息并试图思考重点信息讲的是什么。然后教师和学生共同绘制思维导图。思维导图绘制如下：

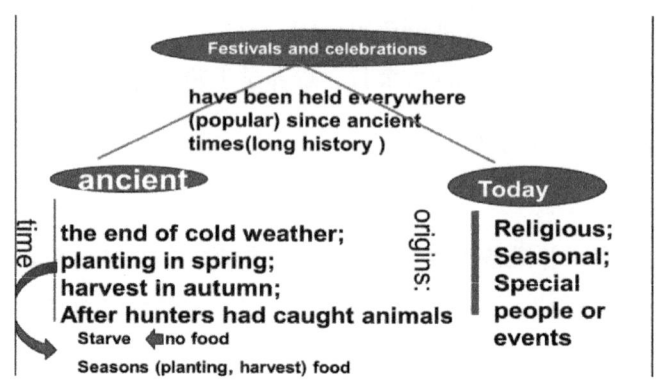

之后，通过思维导图，让学生复述，加深信息内化。同时让学生感悟思维导图的特点和绘制方法。

其次，让学生根据第一部分学习的启发，分小组进行绘制第二部分的思维导图。引导学生自主学习和合作学习，明确任务单的任务及时间。任务单设计如下：

Task：

（1）Read & Underline（1'）

（2）Make a mind-map（individual work 5' & group work 6'）

（3）Oral practice：retell the mind-map（3'）

（4）Show time：introduce the mind-map of your group.（reporter & helper 5'）

（5）Ask & answer if not clear（2'）

接下来，教师设计问题，引导学生思考不同类型的节日的起源跟什么相关，即第一部分和第二部分的逻辑对应关系。问题陈述如下：

（1）Which types of festivals belong to religious?

（2）Which types of festivals belong to seasonal?

（3）Which types of festivals belong to special people and events?

最后，学生梳理第三部分的重点信息，并表达我们喜欢过节日的原因，引导学生思考节日的文化内涵。

[分析]学科的学习理解能力，是指学生顺利进行知识和经验的输入和加工活动的能力，具体表现为能否完成记忆和回忆、辨识和提取、概括和关联、说明和证明等学习理解活动。教师通过思维导图的方式，引导学生自己梳理信息，体会信息之间的逻辑关系。学生可以利用思维导图的方式，自己与文本之间进行互动和交流。

（三）读后活动

1. 文化包容性培养

教师引导学生阅读后进行反思，学生思考中西方节日的共性特征及重要性。讨论问题设计如下：Based on the reading passage, what do most festivals seem in common? Why they are important?

The common things	Reasons why they are important
food	
origins	
feelings（expectations or honor）	

2. 节日内涵深化

教师通过问题，引发学生思考，谈谈他们对节日内涵的认识。通过本文学习，学生对节日的认识不仅仅局限于吃喝玩乐，更是一种期盼与追求，深化学生对节日主题语境的理解。

［分析］教师通过问题引导学生对所学内容进行判断、推理、内化为文化知识，促进语言运用，有助于知识和经验的输出。

四、总结

本案例的设计将英语学科活动观的三个方面，即学习理解、应用实践、迁移创新落实在整个阅读教学过程中，文本分析由浅入深，引导学生的思维由低阶到高阶发展，重点在提升学生能力。本案例运用思维导图，引导学生梳理概括文本信息，并围绕着"节日"这个话题展开讨论与思考，最后加深学生对节日这个主题语境的理解。

基于化学学科素养的高三化学复习
——以实验专题复习为例

杨 阳

化学学科核心素养是学科育人价值的集中体现，它将化学知识与技能的学习、化学思想观念的建构、科学探究与问题解决能力的发展、创新意识和社会责任感的形成等多方面的要求融为一体，体现了化学课程在帮助学生形成未来发展需要的正确价值观念、必备品格和关键能力中发挥的重要作用。在最新的考试大纲中，也着重强调了高考"考什么"，即必备知识、关键能力、学科素养、核心价值。而近几年北京高考化学试题也充分体现了对考生化学学科素养的全面考查。下面以化学实验复习为例谈谈高三复习中提升学生学科素养的教学策略。

一、基于化学学科素养的教学内容分析

北京高考化学试卷中的实验探究题会从学生比较熟悉的物质体系出发，带领学生对反应体系从现象到规律再到原理进行研究。涵盖的内容主要有物质性质、反应规律、化学反应原理以及实验方法。因此本节课以 $Fe(NO_3)_3$ 溶液与 Ag 的反应贯穿始终，首先要求学生能从分析体系中所含微粒出发，从溶解性、氧还性、酸碱性等方面全面认识微粒的性质，并能依据反应现象准确分析微粒在题目环境中体现出的性质。其次要求学生能依据实验现象提出实验原理的假设并能运用控制变量的思想进行验证性实验方案设计。最后学生能对产生现象的原因从化学反应速率、化学平衡等化学反应原理进行多因素分析，并形成一定的解题思路。在遇到复杂的反应体系时，能运用多种模型来描述和解释化学现象。在实践过程中，充分优化教学设计，落实发展学科核心素养的目标。

二、基于化学学科核心素养的教学目标确立

1. 通过分析 Fe（NO₃）₃ 溶液与 Ag 的反应，让学生体会：依据实验现象提出实验原理的假设，设计实验验证假设，最终依据现象得出结论的实验探究系统分析思路，初步建立解题模型。

2. 通过 Fe^{3+} 与 Ag 氧化性及反应方向的探究，发展学生"科学探究与创新意识"的核心素养并建构平衡思想。

3. 培养学生能通过微观粒子间的相互作用分析宏观现象的能力。

4. 通过用 Fe（NO₃）₃ 溶液做银饰的蚀刻剂，让学生感受到化学知识在生活中的应用。

三、基于化学学科核心素养的教学过程设计

1. 情景引入，初步建立实验探究的系统分析思路

课程从苗族人制作银饰时可以选用 Fe（NO₃）₃ 溶液做蚀刻剂引入，并让学生依据此原理，用 Fe（NO₃）₃ 溶液清洗做过银镜反应的试管，进而分析 Fe（NO₃）₃ 溶液中谁将 Ag 氧化成了银离子。学生全面分析溶液体系存在的粒子：Fe^{3+}、NO_3^-、H^+、Ag，并作出假设 ① Fe^{3+} 氧化了 Ag；② NO_3^-（H^+）氧化了 Ag。设计实验并实验验证两条假设：①在反应后的溶液中滴几滴铁氰化钾溶液；②将 3ml PH=1 1mol/LAgNO₃ 溶液加入做过银镜的试管中。依据实验现象学生得出结论：硝酸铁能与银反应，这是 Fe^{3+} 和 NO_3^-（H^+）共同氧化的结果。通过解决实际问题，这种依据现象提出假设、设计实验并实验验证假设、得出结论的系统分析思路便清晰地展现在学生面前。作出假设就要全面分析溶液体系存在的粒子，这种从宏观现象到微观解释的过程是学生比较欠缺的。而实验设计中控制变量的思想是需要学生在不断练习中反复强化的。

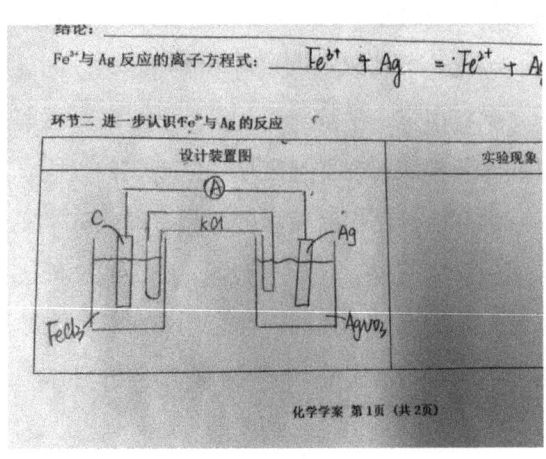

2. 进一步认识 Fe^{3+} 与 Ag 的反应，建立平衡观

设计实验证明这个氧化还原反应的发生 $Fe^{3+}+Ag= Fe^{2+}+Ag^+$。

学生设计原电池反应，通过电流计指针的偏转，判断反应的发生。

制作盐桥一般用饱和 KCl 溶液，但这个实验中为避免沉淀的生成，会使用饱和的 KNO_3 溶液进行实验演示：电流计指针向右偏转。

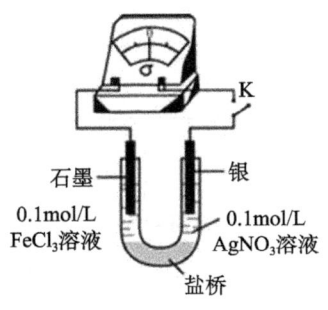
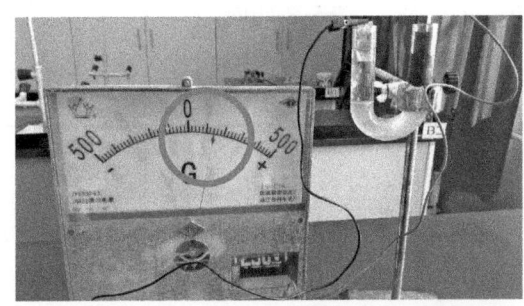

向左侧 U 型管中滴加几滴浓 $FeCl_2$ 溶液，观察现象：
电流计指针向右偏转。

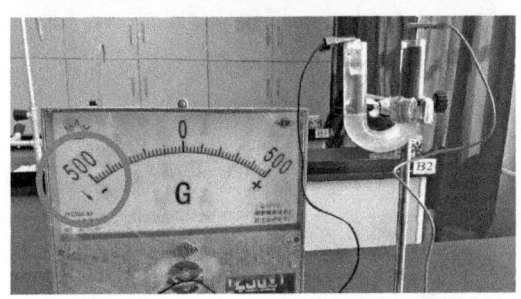

学生分析：实验开始，反应是 Fe^{3+} 将 Ag 氧化为 Ag^+，滴加几滴浓 $FeCl_2$ 后 $c(Fe^{2+})$ 增大，反应逆向移动，变成了 Ag^+ 将 Fe^{2+} 氧化为 Fe^{3+}，所以电流计指针前后偏转方向相反。因此这是一个可逆反应。

在这个实验分析过程中，希望学生能够体会从现象出发判断反应进行的方向，最终的解释还要依据物质的性质，而浓度会影响物质氧化性、还原性的强弱。至此对化学反应变化观念与平衡的思想有一定的认识，能动态地分析化学变化，解释实验现象。

3. 复杂体系，完善系统分析思路

已知：① 在 "$Fe+2Ag^+=Fe^{2+}+2Ag$" 的实验中可检测到 Fe^{3+}，溶液中的 Ag^+ 是产生 Fe^{3+} 的主要原因。

② Ag^+ 与 SCN^- 生成白色沉淀 AgSCN。

结合方程式推测反应时间不同，导致溶液红色先变深后变浅的原因。

学生分析：从现象入手，分析溶液体系存在的粒子之间的反应。

$c(Ag^+)$ 一直减小，$c(Fe^{3+})$ 先增大后减小。

实验装置、步骤	反应进行时间	实验现象
加入过量铁粉，振荡、静置，0.05 mol·L⁻¹ AgNO₃溶液（pH≈2），黄色溶液，黑色固体。不同时间取上层黄色溶液，滴加KSCN溶液	3min	产生大量白色沉淀；溶液呈红色
	30min	产生白色沉淀；较3 min时量少；溶液红色较3 min时加深
	120min	产生白色沉淀；较30 min时量少；溶液红色较30 min时变浅

从体系出发分析氧化还原反应：

① $Fe+2Ag^+=Fe^{2+}+2Ag$　② $Fe^{2+}+Ag^+=Fe^{3+}+Ag$　③ $2Fe^{3+}+Fe=3Fe^{2+}$

最后得出结论：反应开始时，$c(Ag^+)$大，以反应①、②为主，$c(Fe^{3+})$增大。约30分钟后，$c(Ag^+)$小，以反应③为主，$c(Fe^{3+})$减小。

这里强调：反应不同时间的现象不同，一定与速率有关，而$c(Ag^+)$的减小，氧化性的减弱是导致①②反应速率下降的原因。

引导学生在复杂体系中能够从实验现象出发，分析体系内微粒间的作用并运用速率、平衡等理论来解释多反应之间的平行、竞争关系，并再次体会物质氧化、还原等性质强弱的变化是影响反应进行程度的本质原因。

4. 完善实验探究的系统分析思路

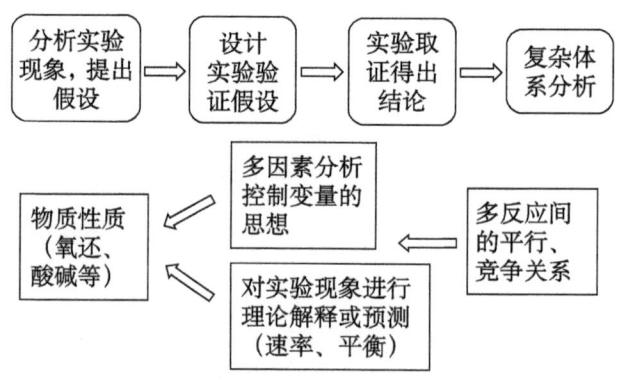

高考实验题目是学生比较薄弱的环节，熟悉一般的题型结构和有一定的解题思路，对学生在短时间内解答问题是非常有帮助的。整节课都围绕Fe^{3+}与Ag的反应进行，由易到难，学生能逐步加深对这个反应的认识，并体会到各环节的作用，最后截取高考题的片断更锻炼了学生应用解题思路的模型去分析问题的能力。

高三化学的复习课要让学生把知识系统化,更要通过巧妙的设计,把枯燥的学科内容与实际生活相联系,让学生去思考、去实践、去积累、去感悟,在提高解题能力的同时,不断提升和发展学科素养,实现立德树人的目标。

核心素养导向的化学微项目式教学的初步探究
——以"我是侯德榜""水溶液中离子平衡"复习课为例

朱轶飞

依据化学学科核心素养结构，教师需要在教学取向中作出变迁，由传统的知识解析的教学，向概念转变、观念建构，直至素养发展的教学。而项目式教学是促进学科核心素养融合发展的有效教学方式。项目式教学是以项目的驱动性问题为出发点，以学生为项目的学习和执行主体，在教师的整体把握和指导下，将学生的学习置于有意义的"问题"情境里，使学生通过分析真实问题、完成项目任务来建构项目承载的科学知识和科学方法，同时提高学生解决问题的综合能力。项目教学能够使学生经历成果导向下的综合任务完成过程，形成真实情境下的复杂问题解决思路，因而对培养学生的实践应用及迁移创新能力有着独特的功能与价值。在高中化学课程中尝试采用项目学习的方式开展教学，可使学生体会化学学科的"有趣"和"有用"，感受化学的学科魅力及应用价值。

一、项目主题的选取

开展项目教学时，首要的任务是寻找一个适合学生的项目学习主题并规划相应的项目学习成果。通常可以从教学内容对学生学科核心素养发展的价值、学科核心知识在科技生产生活领域中的实际应用等视角切入。

本微项目的主要内容是围绕水溶液中离子平衡知识的章节复习，以学生为中心解决三大核心任务，从而达到复杂水溶液体系模型的应用迁移和发展学科核心素养、学科能力的目标。

（一）教学内容对学科核心素养发展的价值

从素养发展角度看，本课例是以侯德榜先生制碱所经历的真实情景，从始至终贯穿了科学精神与社会责任，在三大任务线索中，又不同程度体现了变化观念与平衡思想、宏观辨识与微观探析、证据推理与模型认知以及实验探究与创新意识的素养。

（二）学科核心知识在社会发展中的实际应用价值

从学科发展角度来看，本课例是在学生对水溶液中离子平衡的基础知识有了一定程度的掌握以及会用模型分析简单水溶液体系后，以爱国化学家侯德榜先生所经历的实际制碱过程设置的一节复习课。本课例想要考查学生面对真实复杂的水溶液体系能否形成一般思路，以及能否应用化学知识解决实际生产问题。

二、项目目标的设定

目标的设定必须是知识学习目标与能力发展目标深度融合，体现化学学科核心素养。

（1）沿着侯德榜先生的足迹，运用复杂水溶液体系的认识模型分析制碱原理，运用变化和平衡原理解决生产和母液处理的实际问题。以三大核心任务线索作为驱动，完成纯碱的制备。

（2）实现以学生为主体的课堂，通过学生的分析、讨论、汇报来诊断学生的能力水平，在学生自评、互评、教师评价中发展学生对变化观念和平衡思想的认知。

（3）通过学习纯碱的工业制法和侯德榜的事迹，体会化学对社会发展的重大贡献，学习侯德榜勤于钻研、勇于创新实践的科学精神，树立绿色化学观念和社会责任感，培养以科学精神与社会责任为主的学科核心素养。

三、项目中驱动性问题的选取

假如每一名学生都是侯德榜先生。在当时复杂的背景下，我国急需纯碱但我国工业面临重重困难，本课例中三个驱动型的问题恰恰就是当时侯德榜先生制碱所面临的三个最大的困难。

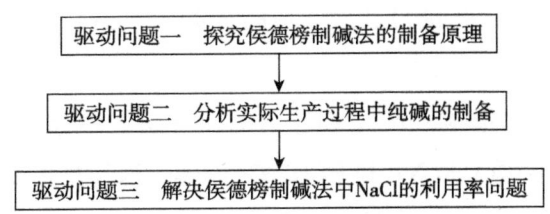

四、项目学习实施

本课例是《化学反应原理》第三章水溶液中离子平衡的一节复习课。在学生对水溶液中离子平衡的基础知识有了一定程度的掌握以及会用模型分析简单水溶液体系后，本课例想要考查学生面对真实复杂的水溶液体系能否形成一般思路，以及能否应用化学知识解决实际生产问题。面对三大核心任务，要从化学和实际问题两个角度考虑，每一个任务背后都有其知识发展点及其能力台阶。本课例整体教学共90分钟，四个环节。

（一）介绍背景知识，聚焦核心任务

（1）指出纯碱的重要性和当时我国工业所面临的困难。

（2）侯德榜先生为纯碱制造所做出的重要贡献。

（3）设计意图：介绍背景知识，感受侯德榜先生的爱国情怀与卓越贡献，聚焦本节课的核心任务线索——纯碱制备。

（二）分析纯碱制备原理

【教师讲解，提出驱动性问题】给出制备纯碱的四种原料：$NaCl$、NH_3、CO_2、H_2O，请学生小组讨论，如何制出 Na_2CO_3？请同学分析纯碱制备的原理。

【学生活动任务拆解】①这四种原料的混合体系中各微粒间发生什么相互作用？②相互作用的结果，溶液中主要微粒的种类？

【学生小组展开讨论，汇报，交流】

【学生观点一】从物质类别角度出发，关注类别之间的行为，酸性氧化物和碱，它们有相互作用。

【学生观点二】碳酸电离的 H^+ 和氨水电离的 OH^- 会生成 H_2O，拉动平衡正向进行。

【教师分析评价学生思路】同学一从物质类别角度出发，关注类别之间的行为，它们有相互作用。从反应本身而言，我们知道这两种类别的物质相遇会生成什么物质，那么这个反应究竟如何发生，其微观过程并未展现。没有意识到电离生成的微粒之间存在的离子反应 $H^++OH^-=H_2O$，可以拉动平衡，缺少动态平衡的意识。

【教师追问，提出分析性问题】上述反应的实质过程如何？能否从微观离子的角度去分析反应如何进行？

【学生观点三】体系中微粒：Na^+、Cl^-、NH_4^+、HCO_3^-，结合溶解度表，会发现生成的应该是 $NaHCO_3$ 沉淀，实质上是 Na^+ 和 HCO_3^- 结合，Cl^- 和 NH_4^+ 仍在溶液中。

【教师追问，提出归纳性问题】是否直接进行到底？单向进行？

【学生观点四】体系中有 Na^+ 和 HCO_3^- 以及固相 $NaHCO_3$。三者同时存在，具备可逆反应的特征。

【教师分析评价并总结】（1）离子反应和离子平衡有机融合的统一认识：平衡的互促使得反应发生。（2）溶解平衡不仅仅局限于难溶电解质。可溶性物质达到溶解限度，也形成溶解平衡。

（三）分析实际生产过程中纯碱的制备

【教师讲解，提出驱动性问题】分析实际生产过程中纯碱的制备。

【学生活动任务拆解】

【任务一】制碱的实际生产过程是如何操作的？

【子任务1】NaCl 的浓度。

【子任务2】添加顺序是先加 NH_3 还是 CO_2？

【学生观点一】先加 CO_2 以及理由。

【学生观点二】先加 NH_3 以及理由。

【教师分析评价并总结】在解决实际生产问题时（见下图），要考虑生产 $NaHCO_3$ 的效率，依据水溶液中离子平衡促进 H_2CO_3 的电离以获得更多的 HCO_3^-，选择制造碱性环境先通入 NH_3 以提高 CO_2 的溶解性，体现了解决问题时平衡思想的自发应用。

【任务二】请同学们从平衡移动的角度分析上述过程。

$NH_3+H_2O \rightleftharpoons NH_3 \cdot H_2O \rightleftharpoons NH_4^+ + OH^-$

$CO_2+H_2O \rightleftharpoons H_2CO_3 \rightleftharpoons HCO_3^- + H^+$

OH^- 与 H^+ 结合，拉动平衡正向移动。

【教师分析评价并总结】基于实际操作的真实情境，我们认真思考这一过程，CO_2 缓慢通入，平衡会被拉动，你能确保生成的一定是 $NaHCO_3$ 吗？实际碱过量，会得到 CO_3^{2-}，这时体系中会出现大量的 $(NH_4)_2CO_3$，并不是我们所需要的，如何把 $(NH_4)_2CO_3$ 变成 NH_4HCO_3？那就是继续通入 CO_2。我们知道，从物质类别考虑，弱酸与相应的正盐反应可以生成酸式盐。

（四）如何提高侯德榜制碱法中 NaCl 的利用率

【教师讲解，提出驱动性问题】如何提高侯德榜制碱法中 NaCl 的利用率？

【任务一】以前的操作有没有浪费？

【学生观点】有浪费。

【任务二，教师追问】从实际生产角度，这四种离子，哪些有用？哪些没用？

【学生观点】Cl^-、NH_4^+ 没用，Na^+、HCO_3^- 有用。应该将 NH_4Cl 分离。

【任务三，教师追问知识性问题】如何分离？

【学生观点】加热。

【任务四，教师追问】你觉得 NH_4Cl 的析出与 $NaHCO_3$ 的析出原理一样吗？

【学生观点】一样，结晶溶解平衡，可以降温。

【任务五，教师反问】从结晶溶解平衡的角度考虑，除了降温，有没有其他的方法？

【学生观点】可以加入 Cl^- 和 NH_4^+，增大 Cl^- 和 NH_4^+ 浓度。

【教师分析评价并总结】实际母液回收时，是通过降低温度、增大 NH_4^+ 和 Cl^- 浓度来实现的。母液回收充分体现了绿色化学和原子经济的思想。

结语

微项目学习的整个教学实施过程中，从学生活动的整体表现可以看出三大核心环节的驱动性问题和能力任务，都聚焦化学学科本体知识和化学实际生产两个视角，能较好满足学生的素养发展需求。教师高频地反问和追问极大促进了学生应用核心知识解决实际问题，体现了项目式教学的学科核心素养与学科核心知识的融合，学科核心素养与真实问题情境的融合。

五
青研班教学案例

"减数分裂核心概念的构建"
教学设计系列

成立曼

【教案】

教学课题	减数分裂核心概念的构建				
学科	生物	年级	高一	时长	1课时
教学背景分析	"减数分裂"是人教版教材《遗传与进化》第2章第1节"减数分裂和受精作用"第1课时的内容。本节是在学生认知孟德尔遗传定律的基础上,继续依照科学史的顺序,研究细胞层次的染色体行为和数量变化,揭示减数分裂的过程,为今后学生学习基因在染色体上、伴性遗传和染色体变异等知识奠定基础。 学生已经学习过有丝分裂的相关知识,对细胞增殖有了一定程度的认识。学生学习孟德尔遗传定律后,对遗传因子的形成、配子的概念有了一定程度的认知,但尚不清楚遗传因子、配子和染色体之间的关系。 在教学过程中,尝试运用论证式教学模式,并渗透科学史教育,构建减数分裂过程中染色体数目减半的物理模型、染色体行为变化的物理模型及相关概念的构建,最终构建减数分裂概念,使学生的科学思维得到发展。				
教学目标	生命观念:阐明细胞的减数分裂,举例说明配子的形成过程。 科学思维:运用科学史材料,重温人类对减数分裂认识的历史;运用模型建构的方法,模拟减数分裂过程中染色体数目和行为的变化。 社会责任:认同模型构建在建立科学理论过程中的作用;认同科学研究需要丰富的想象力和努力实践的精神。				
教学重点与难点	教学重点: 1.减数分裂的概念; 2.精子的形成过程。 教学难点: 减数分裂过程中染色体数量和行为的变化。				
教学方式与策略	运用模型建构、科学史教育以及论证式教学模式,激发学生对减数分裂内在机制的主动探究与理性思考,发展学生的科学思维,帮助学生构建核心概念。				

续表

	活动内容	活动意图
教学活动设计	**科学史材料导入：** 通过比利时胚胎学家贝内登（Edouard van Beneden）以马蛔虫为研究材料，发现马蛔虫受精卵中有4条染色体，而精子和卵细胞中有2条染色体。1887年，德国生物学家魏斯曼（August Weismann）系统总结自己及前人的研究成果，并进行预测：在卵细胞和精子成熟的过程中，必然有一个特殊的过程是染色体数目减半。这种特殊方式的有丝分裂，叫做减数分裂。 进而提出问题：染色体如何减半？引发学生思考。	渗透科学史教育，可以使学生沿着科学发展的步伐，还原科学家的思维过程，学生能够运用归纳与概括、演绎与推理、批判性与创造性等方法，分析和解决生物学问题，有助于学生科学思维的发展。
	环节一：染色体数目减半物理模型的构建 **活动1：构建数目物理模型** 以体细胞染色体数 2N=4 为例，请每个小组利用细胞与染色体的物理模型进行设计，并将设计好的模型进行拍照，共享在班级群。 提示：先制作体细胞染色体数目模型，再完成染色体减半数量模型。	为学生提供超轻黏土和细胞模型，由学生自己制作染色体的形态，锻炼学生的动手操作能力，培养团队精神和合作意识。
	任务1：利用物理模型提出猜想一二三 1. 染色体不复制直接减半，形成的子细胞染色体数为原始细胞的一半。 2. 减数第一次分裂时，染色体复制，着丝点断裂，姐妹染色单体分开；减数第二次分裂时，同源染色体分开，染色体减半。 3. 减数第一次分裂时，染色体复制，同源染色体分开，染色体减半；减数第二次分裂时，着丝点断裂，姐妹染色单体分开。 学生总结，教师归纳梳理。	学生通过自主构建物理模型的过程，模拟减数分裂过程中染色体数目变化，能够真切地体验染色体具体的规律性变化，了解减数分裂过程。在总结过程中，培养学生的分析能力和表达能力。
	任务2：基于科学史材料搜集证据，支持或辩驳观点 **证据一：科学史材料否定猜想1** 猜想1合理的前提是染色体未复制的细胞能启动分裂。接下来寻找证据，启发学生回忆以及癌细胞增殖机制。研究表明，通过阻止癌细胞染色体复制，细胞分裂停止。由此得出结论，染色体未复制的细胞不能启动分裂，说明猜想1是片面的。 **证据二：科学史材料进一步否定猜想1，肯定猜想2和3** 德国动物学家赫特维奇（O.Hertwig）于1891年，发现减数分裂过程的全部细节，记录了不同时期显微照片，发现细胞在进行减数分裂过程中经历两次分裂过程。 **证据三：科学史材料肯定物理猜想3** 国外学者 Montgomery 于1901年发现了同源染色体两两配对的现象；1902年美国遗传学家萨顿（Sutton）证实了配对的染色体一半来自父本一半来自母本的看法，并提出了同源染色体、联会、四分体以及交叉互换等概念。	运用论证式教学模式，通过科学史材料搜集证据以及相关事实的补充，使学生认识到，减数第一次分裂时，染色体复制，同源染色体分开，染色体减半，减数第二次分裂时，着丝点断裂，姐妹染色单体分开，从而构建出减数分裂过程中染色体数目减半的物理模型。

续表

教学活动设计	环节二：染色体行为变化物理模型的构建 活动2：构建行为物理模型 结合有丝分裂过程中染色体的一系列行为变化，构建减数分裂过程中染色体行为变化的物理模型。	利用细胞模型模拟减数分裂过程中染色体行为变化，使学生从宏观把握减数分裂的实质。
	环节三：减数分裂过程及相关概念的构建 进一步提供科学史材料及相关事实。 师生共同总结相关概念，包括同源染色体、联会、四分体以及交叉互换等概念，进而构建出减数分裂核心概念。 减数分裂：染色体复制一次，细胞分裂两次；子细胞中的染色体数目比母细胞减少一半。	通过进一步提供科学史材料及相关事实的补充，完成相关概念的构建过程，最终构建出减数分裂概念，使学生的科学思维得到发展。
教学特色	在教学过程中，尝试运用不同的教学策略，增加课堂教学的有效性。科学史的梳理以及科学论证教学模式，是实现科学思维的有效策略和途径。模型的运用能化抽象为具体，将正在发生的微观过程可视化。通过模型的构建过程，使学生能够形成自己的观点，发展科学思维。	

【学案】

环节一：染色体数目减半物理模型的构建

活动1：构建数目物理模型

以体细胞染色体数 2N=4 为例，请每个小组利用细胞与染色体的物理模型进行设计，并将设计好的模型进行拍照，共享在班级群。

提示：先制作体细胞染色体数目模型，再完成染色体减半数量模型。

任务1：利用物理模型提出猜想一二三

任务 2：基于科学史材料搜集证据，支持或辩驳观点。

结论：

环节二：染色体行为变化物理模型的构建
活动 2：构建行为物理模型
结合有丝分裂过程中染色体的一系列行为变化，构建减数分裂过程中染色体行为变化的物理模型。

环节三：减数分裂过程及相关概念的构建
1. 同源染色体：_____的两条染色体，一条来自_____，一条来自_____。
2. 联会：同源染色体_____的现象。
3. 四分体：_____后的_____，含有四条_____。
4. 交叉互换：四分体中的_____之间经常发生缠绕，并交换一部分片段。
5. 减数分裂：染色体复制_____次，细胞分裂_____次；子细胞中的染色体数目比母细胞_____。

【评课议课】

评"减数分裂核心概念的构建"公开课

董卅妹

成立曼老师的本节课极具特色，学生活动设计得恰到好处。在活动前带领学生根据之前所学的有丝分裂的知识，对生殖细胞的分裂方式进行了推测和质疑，让学生带着问题去亲自探索，锻炼了学生的科学思维和科学研究这两项生物学核心素养。整个活动精彩又生动，根据学生的活动结果，成老师进行总结与分析，并与学生共同探究得出减数分裂的正确方式，加深了学生的生命观念。整堂课通过物理模型的构建、学生的探索与质疑，最终达到理论上的提升。

教学教考教研何时能成为一张皮？
——成立曼老师研究课的意义
赵长河

教学教考教研，应该成为一张皮，这本来应该是常态和正态。但长期以来，因为各种原因，三者分离甚至对立却反而成为常态。如何扭转这种分离甚至对立的状态，应该是学校教科研起步就应着力的方向。青研班开办一年以来，我们实际上就一直通过各种路径，着力教学教考教研的融合。

过去的一年，已经走过的融合教学教考教研的路径，主要有下列三个。

一是研讨课"六件套"（教学设计系列）制度："教学案""课堂实录（课堂录像）""现场说课""同行点评""案例反思""论文总结"。"教学案"是预设，是"想教什么"；"课堂实录"是生成，是"实际教了什么"。有了以上教学过程，趁热打铁"现场说课"。"现场说课"既说预设，也尽可能说生成。此时，趁热打铁的"同行点评"，是授课老师必不可少的获取启发的途径。预设与生成的落差，"同行点评"的启发，正是"案例反思"的切入点。在前面一系列环节基础上，如果还能准确对接相关理论，写成"论文总结"那就又上了一个台阶。

二是专业阅读制度，包括：寒暑假的教育教学经典阅读；学期中途的呼应教育教学改革的"教师阅读速推"，这个阅读速推，就是为了便于教师掌握课改动态，使自己的教学能够对路；学期中途的教育教学期刊阅读及仿写活动，仿写也是为了使阅读能真正地促进教育写作能力，提升自己的教育教学思考能力。

三是实验杯课堂教学大赛对课堂形态的优化作用。

现在，成立曼老师的研究课，具有了教学教考教研交融的新的意义。

这样的研究课，首先是对上述三个既有路径的丰富和完善。第一个完善是成立曼老师对上课内容的深度思考和提炼总结。为了上好这节课，成老师充分研究了授课内容，研究的深广度体现在高质量的课例论文写作上。这是青研班开班一年以来，能够"不浪费"自己的课例，使自己的课例论文化的典型，也是教师研讨课"六件套"制度落实的典型。提到课例研讨，我们还得提及邢若红老师。邢若红老师去年发表在《生物学通报》上的课例论文，刚刚被人大复印资料中心 2018 年第 2 期全文复印。我常常建议我们老师的教科研写作从课例分析起步，研究自己的课例和名家的课例，这是基础教育研究能够快速入门的不二法门。洋洋数百万言的《于漪文集》，多是令人反复回味和揣摩的精彩案例。

生物组在董卅姝老师的带领下，教学教考教研并进，已然成为我校的品牌教研组。成老师作为刚刚入职的年轻老师，一人教一个年级6个班，期末联考还能保持区里第6的位置。还有刘燕老师、杨光老师、惠婕老师和屈佳乐老师，让我们为我们的生物组点赞！！

第二个完善是专业阅读促进教学教考教研的努力。第五周，我们还有"专业阅读促进教育教学汇报生物组三人行"的专题报告。

在这两个完善基础上，成立曼老师的研究课又开启了教学科研的另一扇门，这就是把研究课与课题研究结合起来。

这学期，我校已经成为北师大国家级课题的子课题研究单位，课题名称是"互联网+背景下教学案优化策略研究"。成老师这节课，在课中环节呈现了互联网手段促进教学案达成的努力，有对课堂动手实验成果手机照片传送的环节，有微信群展示评说实验成果的环节。

这样的开头，是使我们的课题研究真正落实到课堂的努力，是使我们的教学教考教研成为一张皮的努力。

有必要重点提一下教研和教考。有老师总以为教研会影响教考，这实在是一种误解。

没有教研的教考，是以耗费学生大量时间和挤占其他学科时间为代价的。就以作业布置的教考研究为例而言，理科老师最简单的教考研究，就是科学地选题。"要使学生出题海，老师必须下题海"，"老师做十道题，学生做一道题"。学生的那一道题，是老师做了十道题以后精选出来并精心排布的。

文科老师呢，最基本的是试卷阅读题的文本解读能力，这个阅读能力包括语文、政治、历史和地理等学科。语文老师，还有作文的题意解析能力，下水文写作能力，等等，不一而足。

总之，教学教考教研成为一张皮，互相促进，应该是我们需要努力恢复的教研常态。

谢谢成立曼老师的研究课。

【案例反思】

"减数分裂核心概念的构建"之反思

成立曼

在本节课中，运用论证式教学模式，通过科学史材料搜集证据以及相关事实的补充，使学生认识到，减数第一次分裂时，染色体复制，同源染色体分开，染色体减半，减数第二次分裂时，着丝点断裂，姐妹染色单体分开，从而构建出减数分裂过程中染色体数目减半的物理模型；通过进一步提供科学史材料及相关事实的补充，完成染色体行为变化的物理模型及相关概念的构建过程，最终构建出减数分裂概念，使学生的科学思维得到发展。

所谓论证是共同体围绕某一论题利用科学方法收集证据，运用一定的方式解释、评价自己及他人证据与观点之间的相关性，促进思维共享与交锋，最终达成可接受结论的活动。论证式教学是将论证活动引入课堂教学。如何将论证引入课堂，如何有效培养学生的论证能力已成为当前国际科学教育研究的热点之一。

教师基于具体的教学目标与学习目标提出有价值问题，学生在已学知识和已有经验基础上提出猜想或解决问题思路，并提供证据解释、证明猜想或思路的合理性，猜想或思路得到认可后则可上升为结论。如图1所示。为了给学生提供更大的思考空间，满足学生深入思维的需求，在本研究中由教师提出问题后，学生直接进入猜想环节，培养了学生的批判性思维和创造性思维，极大地发展了学生的科学思维。

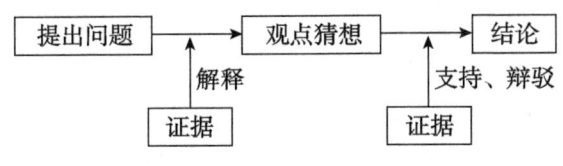

图1　论证式教学模型

生物学事实性知识较多，概念性知识抽象，有些知识间的逻辑联系不十分紧密。因此，在生物学教学中，有必要创设科学研究情境，开展论证式教学，将核心概念整理成问题，以问题引导思维，激发学生联系已有知识经验，进行抽丝剥茧式的分析，提出可能的、合理的猜想，并在同伴和教师的帮助下，从教材、网络、动手实验等途径寻找证据以支持、解释猜想或思路，得出结论，形成正确的生命观念。帮助学生"以科学家的思维方式或模拟科学家的研究过程"进行学习，在学会生物学知识的同时体验科学研究方法，逐步养成科学的思维方式，以此促进学生理性思维的发展，充分发挥论证式教学的教育价值。

科学史的梳理以及科学论证教学模式，是实现科学思维的有效策略和途径。模型的运用能化抽象为具体，将正在发生的微观过程可视化，通过模型的构建过程，使学生能够形成自己的观点，发展科学思维。学生理性思维的培养，最主要的是让学生学会思考。教师需要做的便是创设各种能够激发学生思考欲望的问题情境，适时发现学生的思维障碍，并加以引导，或提供相应的材料帮助其思考，即在教学设计中巧设问题并渗透解决问题的思维方式，然后应用于实际教学。在教学过程中，教师可尝试运用不同的教学策略，增加课堂教学的有效性。

"一次函数的性质"教学设计系列

马 静

【教案学案】

班 级		组 名		姓 名	
课 题	14.6一次函数的性质				
学习目标	1. 从不同角度理解一次函数性质，会利用一次函数性质解决问题． 2. 经历从实际、表达式、数值、函数图像多角度理解一次函数的性质的过程，感受研究函数性质的方法，体会数学结合的思想． 3. 通过研究一次函数性质的学习，获得研究函数性质的经验．				
学习重点	理解一次函数的增减性．				
学习难点	通过图像理解一次函数的增减性．				

一、复习巩固

1.在同一坐标系中画出下列一次函数的图象：（1）$y=x+1$（2）$y=2x-1$（3）$y=3x-6$

x		
$y=x+1$		

x		
$y=2x-1$		

x		
$y=3x-6$		

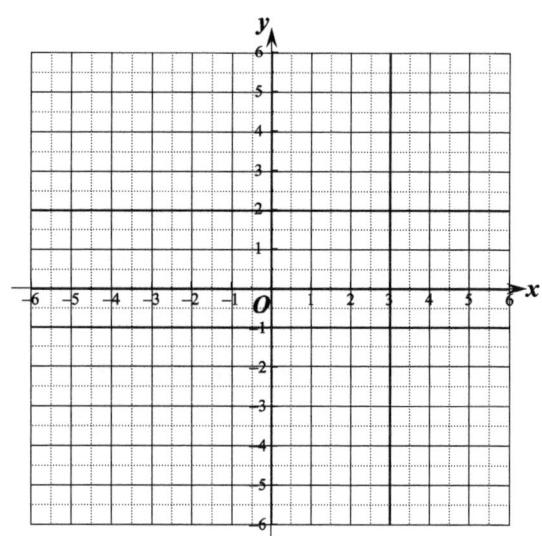

2. 在同一坐标系中画出下列一次函数的图象：（1）$y=-x+1$ （2）$y=-2x-1$ （3）$y=-3x-6$

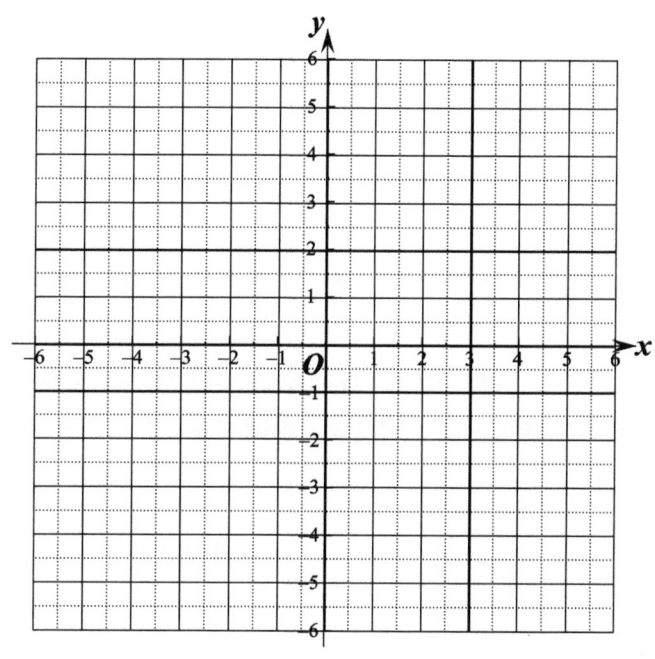

思考：

每组三个函数表达式的相同特征：

每组三个函数图象的相同特征：

二、探究新知

1. 展示交流：

2. $k>0$ 时一次函数图象具备特征：

3. 一次函数性质：

$k>0$ 时，_____

4. 小组合作：类比 $k>0$ 时一次函数性质，探究 $k<0$ 时一次函数的性质：

5. 归纳小结：

6. 口答：

（1）y 随 x 的增大而如何变化？

①$y=2x+1$　　②$y=3-4x$　　③$y=x+2$　　④$y=-2x$

（2）根据下列图象，判断 k、b 符号。

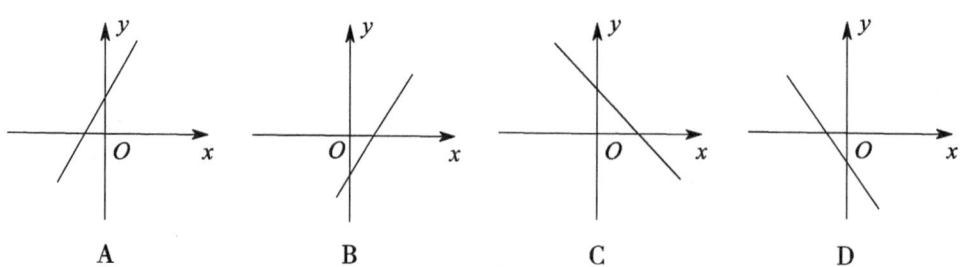

三、应用新知

例1：已知点 A$\left(-\sqrt{5}, y_1\right)$ 和点 B$\left(-2, y_2\right)$ 是一次函数 $y=-4x+7$ 图象上的点，比较 y_1 和 y_2 的大小．

例2：已知一次函数 $y=(m-3)x+2$ 的函数值随着 x 的增大而减小，且一次函数 $y=(2m+3)x-3$ 的函数值随着 x 的增大而增大，求同时满足上述条件的 m 的取值范围．

四、学习反思

我的收获：　　　　　　　　　　　　　　我的疑惑：

五、巩固练习

1. 直线 $y=2x-3$，y 随 x 的增大而_____

2. 一次函数 $y=(2-m)x-2$ 的函数值 y 随 x 的增大而减小，则 m 的取值范围是（　　）
A. $m<0$　　　　B. $m>0$　　　　C. $m<2$　　　　D. $m>0$

3. 若一次函数 $x\leqslant 4$ 的函数图象如图所示，那么对 $y=\dfrac{1}{x+3}$ 和 x 的符号判断正确的是（　　）

A. $k>0$，$b>0$
B. $k>0$，$b<0$
C. $k<0$，$b>0$
D. $k<0$，$b<0$

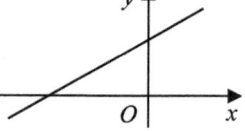

六、能力提升

点 $p_1(x_1, y_1)$、$p_2(x_2, y_2)$ 是一次函数 $y=-4x+3$ 图象上的两个点，且 $x_1<x_2$，则 y_1 与 y_2 的大小关系是（　　）
A. $y_1=y_2$　　　B. $y_1<y_2$　　　C. $y_1>y_2$　　　D. $y_1>y_2>0$

七、检测练习

1. 下列函数中，y 的值随 x 值的增大而减小的函数是（　　）
A. $y=2x+1$　　　B. $y=-2x+1$　　　C. $y=2x-1$　　　D. $y=4+2x$

2. 一次函数 $y=\sqrt{x-2}$ 的图象是（　　）

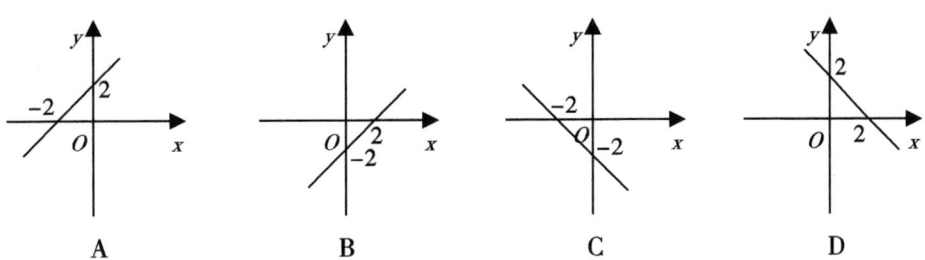

    A   B   C   D

3. 下列函数的图象大致是如图的是（　　）

A. $y=-3x+6$　　　B. $y=-3x-6$

C. $y=3x+6$　　　　D. $y=3x-6$

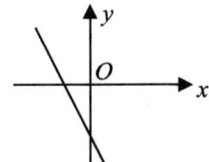

【评课议课】

"一次函数的性质"点评

蒋海燕

马老师课前准备充分，教学设计符合学生的认知基础和认知能力，教学思路清晰，语言准确流畅，整个过程都是引导学生自己发现规律。通过学生动手实践，自主探究，小组合作，成果展示，教师适时点拨提升，归纳出一次函数的性质，这充分体现了学生的主体地位、老师的主导作用。总起来说这节课在马老师的引导下学生思维积极，参与度高，教学效果好，是一节好课。

建议：根据学情，适时搭建台阶。

归纳函数性质是学生首次接触，没有明确的思路，而且学生思维的全面性和深刻性也不够，对由图象归纳性质，从学生的反应来看，还存在较大的困难。"思考"提出的问题对他们来说较大，指向性不明，虽然有利于学生发散性思维能力的培养，但是对于抽象概括能力不强的初二学生来说，难度较大，这时可以根据学生情况适时搭建台阶。例如从"表达式的角度"引导学生观察 y 随 x 的变化情况时，为了化抽象为具体，可用（列表法）当 x 取 -2、-1、0、1、2 时，一次函数 $y=2x-1$ 的值分别是多少？这样，学生在结合解析式感悟一次函数因变量随自变量的变化规律时会更加清晰具体。

关于马静老师"一次函数的性质"一课的几点感受

刘晓娟

作为一个已经十几年没有摸过数学的老文科生，对数学报有莫名的恐惧，即使面对初中的一次函数这样相对简单的内容心里也是发怵的。但是听了马静老师"一次函数的性质"这节课后，我发现我竟然听懂了一次函数的性质，而且还能够根据图形简单地判定。从这个意义上来说马老师的课是很成功，为此我仔细回顾了马老师是如何做到让我们听懂了的。

正所谓"内行看门道，外行看热闹"，下面我就从外行的角度谈谈我对这节课的几点感受。

第一，教学案设计合理。马老师的学案按照复习巩固、探究新知、口答、应用新知、巩固练习、能力提升几大板块设计，充分兼顾了学生新旧知识的衔接和应用能力的提升。

第二，教学中能够充分调动学生的积极性，课堂氛围好。在这一节课中，马老师采用了小组合作学习和学生到讲台前投影展示等方式，让学生能够充分地参与到教学中。同时，马老师让学生自己到黑板上总结一次函数的性质，并循循善诱地启发学生进行改错，都能够加深学生对知识的理解。

第三，多媒体手段的运用化抽象为具体，给学生更直观的感受，有助于加深学生对知识的认识。在探究函数的性质时，为了让学生能直观地感受 y、x 的增减变化，马老师直接在白板上进行了一个动态图的演示，这种动态的演示效果非常地不错。

马老师这节课所呈现给我们的优点很多，值得我们借鉴的地方也有很多。在此，感谢学校给我们提供的相互学习的机会。

"一次函数的性质"评课

刘宝军

2017 年 3 月 10 日，在本校录课室听了马静老师的一节八年级数学课，内容为《一次函数的性质》。课前，在教研组内对马静老师的教学设计大家提出了不少建议和意见，在多年的教学实践中虽然已多次经历了这一节内容的备课、上课、说课、评课等一系列的活动，但教学背景、教学方式手段的不同及学生的不同，必然会造成不小的现实差距，了解学生的只有马静老师自己。如何因材施教地设计出好的教学程序，马静老师也是狠下了一番功夫的。

一次函数的性质是一次函数的概念与图象的后续课的内容，以往是在研究一次函数图象的同时，顺便得出它的性质，然后加以应用。但为突出性质，分散难点，教研员是建议分开授课的，所以重点的突出自不必说了。

在此对照自己的教学实践，从以下几个方面谈点对马老师这个课例的看法：马静老师的这个课例，特点是利用导学案的优势，将上一节的画图象内容作为本节的前置预习，有效解决了性质与图象的脱节问题;设计的思路符合学生的认知特点,注重师生的双向互动,充分发挥了学生的主体作用,让学生在做中发现规律。通过学生课前自主学习,课上小组合作交流,亲自动手实践,教师适时引导点拨,归纳出一次函数的性质,并通过与现实生活的结合举例及必要的练习来理解巩固性质,符合学生的认知规律,使课堂知识得到及时巩固。对照教学目标,本节课的优点:

1. 重视学生活动,关注个性发展。在本节教学中,根据课堂设计的活动,充分利用多媒体几何画板的动态演示功能,让学生自己观察、自主学习和合作交流,教师适时进行点拨,生生互动、师生互动,极大地激发了学生学习的积极性和主动性,满足了学生的表现欲和探究欲,使学生学得轻松愉快,进行心灵的沟通与精神的交融。

2. 注重知识形成的探索过程。马静老师并没有将性质的结论直接告诉学生,而是不断地让学生在养成自我探索的过程中发现新知。本节课的亮点出现在学生小组代表板书 $k<0$ 时的性质时,针对学生暴露的问题,教师不是生硬阻止订正,而是启发学生层层深入,将每次尝试的结论用不同颜色的粉笔写在黑板上,使学生思维进步的认知过程完整呈现在黑板上,与全班学生进行了生动的互动交流,让全体学生受益。这一生成性问题也让听课者看到了马静老师教学所富有的艺术性。

在整堂课的教学活动中利用小组合作,充分体现了学生的主体性。借助导学案,马静老师向学生提供了充分参与数学活动的机会,帮助他们在自主探索和合作交流的过程中真正理解和掌握了基本的数学知识与技能,培养了学生动手、动口、动脑的能力和学生的合作交流能力。

3. 注重学生的自我反思。学生学习的收获不仅有基本知识与技能,还有过程与方法,以及情感、态度和价值观。课堂小结的设计,意在使学生学会归纳和反思,培养学生的归纳能力和自我反思的意识。

4. 板书设计规范合理,重难点突出,简洁实用。

本堂课的不足之处:

1. 本节课课堂上留给学生做练习及检测的时间有些少。需要压缩前几个活动时间,保证足够的做题时间。

2. 对函数增减性的探索结论,是通过计算验证、生活实例及几何画板的动态演示等环节来达成的。如果让学生进一步在前面已画的图象上动手描点验证,会更加深刻直观。

总之,马静老师的这节课优点很多,反映出她作为一线的青年教师,善于钻研教材、研究学生,通过各种方式调动学生的积极性和主动性,在整堂课的教学活动中充分体现了学生的主体地位和教师的主导作用。教学理念新,方法灵活。

评马静老师"一次函数性质"

佘 文

听完马静老师的课有几点感想。

首先,马老师对教材的理解是很到位的,并且精心设计了教学环节。为了让学生理解一次函数的性质,马老师设计了五个环节:图象感知——解析式和图象结合感知——利用解析式进行数的探索——利用课件直观感知——学生举生活实例再次感知。老师为难点的突破做了充分的准备,不是流于形式,而是充分重视学生的学习过程,让学生在丰富的活动中,通过不同的形式、不同的感官逐步理解一次函数的增减性。其次,马老师能够重视学生的主体性,教学活动中把学生的学放在首位。比如学生在模仿学习 $k<0$ 函数的性质时,让学生到讲台前去讲解。当学生遇到困难时,马老师没有急于告诉学生正确的答案,而是及时引导让学生自己探索最终的规律。最后马老师能遵循学生的学习规律,先教师示范学习 $k>0$ 时的性质,再让学生模仿探索 $k<0$ 时的规律,符合学生的认知规律。

当然我对本课也有自己的一点不同见解。我认为一次函数的增减性如果要借助图象来认知,就要让学生通过画图来解决。首先针对两种情况要画出两组不同的图象。如下图:

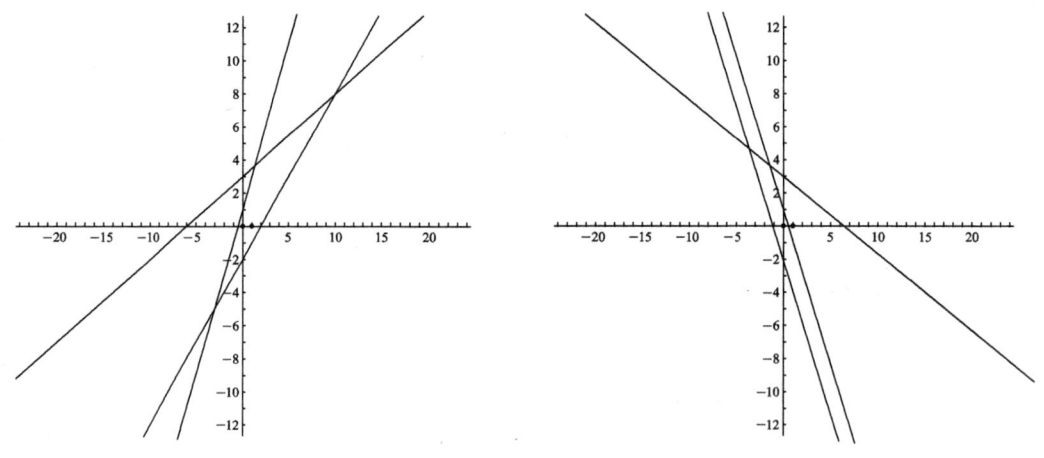

利用这两组图象来感知 $k>0$ 时图象是左低右高,反之是左高右低的,我觉得效果会好些。另外我认为应该让学生通过描点法,多画几个点来体会什么是 y 随 x 增大而增大,y 随 x 增大而减小,用课件演示的效果不是很到位。再有,我觉得应该先用生活实例说明一次函数的增减性,再用图象来直观感知,这样学生更易于理解一次函数的性质。

"一次函数的性质"点评

毕海星

马老师整节课的设计细致入微，将要研究的课题拆解开来，设计出了详细的环节。在具体实施的过程中，不惜花费大量时间让学生来解释，在整个研究过程中都注重引导学生发现和总结规律，整节课处处都体现了对学生的尊重、对学生思维发展过程的重视。总的来说，经过这样课堂的熏陶，学生不仅学到了知识，而且参与并体会到了知识建构的过程，能力和素质也同步得到了提高。

建议：根据学情，增加生活实例。

一次函数的概念源于生活实践。相信在之前的起始课上，讲解了大量的实例。本节课讲性质，完全可以再次利用同样的例子，但变换角度，从总结性质的方面去进行分析。课堂上学生遇到的困难，有些是锻炼他们思维所必需的，有些则是应当采取措施来降低的。由于学生对函数和函数性质并不熟悉，直接总结性质的难度很大。从实例出发，把要研究的问题寓于其中，无形中可以减少学生的思维难度，也能得到同样的结果。另一方面，描点法作图的做法也可以和本节课进行结合，在得到一个个点迹的过程中，引导学生分析、寻找变化的关系，有助于他们领悟函数概念的精髓。

"同课异构"碰撞的火花：数学课堂的真味是什么？
——写在马静老师"一次函数的性质"研讨课之前

李春林

由于带班级实践活动恰好时间冲突，遗憾不能现场学习。再次研读马静老师"一次函数的性质"的教学案，结合与王江红老师交流听试讲感受，粗谈一下学习体会：

"一次函数的性质"教学参考建议是 2 课时，马老师这节课是第 1 课时。本节课重点是一次函数增减性的探索和理解，难点是深刻理解函数增减性的意义。"认识一次函数图象'左低右高''左高右低'的态势的意义，难点在于当图象上的点位于 x 轴下方时，对它的纵坐标大小的判断。"（教参第 31 页）

本主题内容至少承载着这样几个教学功能：一是第一次体认研究函数增减性的方法，是后续研究更复杂函数的知识基础、方法形成和经验积累。二是一次函数性质的探究过程实质是函数研究方法之核心——数形结合思想的具体应用。三是一次函数性质是后续函数应用的"双基"支柱。一定意义上可以说，对于一次函数性质的理解和掌握，决定着本章函数内容的学习效果和思维发展的质量。

为此，教材上提供的探索过程是这样的：

第一步，动手操作：画出三组函数图象，这三组函数是直接借用前一节课画函数图象的练习题。第一组斜率 k 相等，$k<0$；第二组截距 b 相等且都为正数，$k>0$；第三组截距 b 相等且为正数，$k<0$。——这可谓是承前启后又基于学生理解难点而量身打造。

第二步，观察归纳：根据三组图象分别思考函数图象特征：一条直线、函数图象"左高右低""左低右高"的变化趋势与 k、b 的关系。

第三步，抽象概括：小组合作交流，整理思维，用数学语言表达一次函数的增减性与 k 的符号的关系。

第四步，综合应用：例1正向思维，给定函数解析式，利用函数增减性比较函数值大小；例2逆向思维，给出两个函数的增减性，确定系数取值范围。（见学案）

马老师的教学案设计非常清晰地展现了上述思维活动脉络。

之于教材的不同之处是动手操作画图环节。马老师设计了两组函数：第一组函数①$y=x+1$ ②$y=2x-1$ ③$y=3x-6$，它们的斜率 k 都为正数，截距 b 有正有负，三个函数之间没有必然的关联。第二组函数①$y=-x+1$ ②$y=-2x-1$ ③$y=-3x-6$，它们的斜率与第一组函数斜率 k 互为相反数，截距 b 对应保持不变。

简言之，两组函数的斜率 k 互为相反数，截距 b 相等。

比较之后，思考的第一个问题便是：马老师选择不同于教材的两组函数的设计意图是什么？5班学生思维灵敏、活跃，从试讲6班学生在概括归纳环节表现来看，这一设计确实具有比教材更大的开放性，蕴含的图象特征和函数性质也更为丰富。因此，这对学生的看图、识图等几何直观能力要求较高。由于同一坐标系下，每组函数的 k、b 没有明显关联，学生在观察增减性时有一定困难，同时每组函数中还蕴含着 k 的数值大小对函数陡缓程度的影响，这一点对于学生理性辨析思维要求很高。因此，本节课关键在于：充分的小组交流是必不可少的；学生展示交流环节，表述语言数学化的过程，也是展现学生思维、培养学生语言文字能力的重要时段。生成亮点也在于此。

预祝：预设与生成双赢，教师与学生共进！

无独有偶。恰逢上周四（3月2日）听了丰台八中施红星老师在教研员带领下的研讨课。施老师引领学生探索和理解一次函数的增减性的过程是这样的：

第一步，现实生活情境引出函数关系。

施老师设计的学案引入部分是这样的：

练习1：已知城市轻轨列车的平均速度约为2km/min，小李同学每天上学时，需先步行 1km 到达轻轨车站，求当他上车后，离开家的总路程 y（km）与他上车后的时间 x（min）的函数关系？解析式：y=2x+1

随着上车后时间的增加，他离家的总路程怎么变化？

练习 2：小明骑车去离家 3km 的商场购物，已知他骑车的平均速度为 0.5km/min，求他距商场的距离 y km 与他骑车时间 x min 之间的函数关系式？解析式：y=-0.5x+1

随着骑车时间的增加，距商场的距离怎么变化？

这样设计的意图是引领学生从生活现象到数学经验的初步感受，并引出一次函数的增减定义。

第二步，取值列表，引领学生从具体数值的角度感知函数的增减性。

练习并指出 y 随 x 的增大而发生怎样的变化？

表一：

x	⋯	–2	–1	0	1	2	⋯
$y=2x+1$	⋯	–3	–1	1	3	5	⋯

结论：_____

表二：

x	⋯	–2	–1	0	1	2	⋯
$y=-0.5x+3$	⋯	4	3.5	3	2.5	2	⋯

结论：_____

第三步，由特殊函数观察、分析图象的位置特征与解析式的系数之间的关系，进而一般化得到一次函数的增减性与斜率 k 的符号之间的对应关系。

一次函数性质：当 k>0 时，y 随 x 的增大而增大；当 k<0 时，y 随 x 的增大而减小。

k 值相同的一次函数的图象互相平行；b 值和一次函数图象的增减性无关。

第四步，性质应用。两个课例一样，都是快速的基本记忆性练习和教材上例题 1。

第五步，课堂总结。梳理函数的增减性的两个表征：从数的角度看，函数的增减性取决于函数的斜率 k 的正负；从形的角度看，函数的增减性表现于图象向右的变化态势。

谨以为，这样的设计淋漓尽致地揭示并呈现了研究函数的核心方法——数形结合思想的应用。

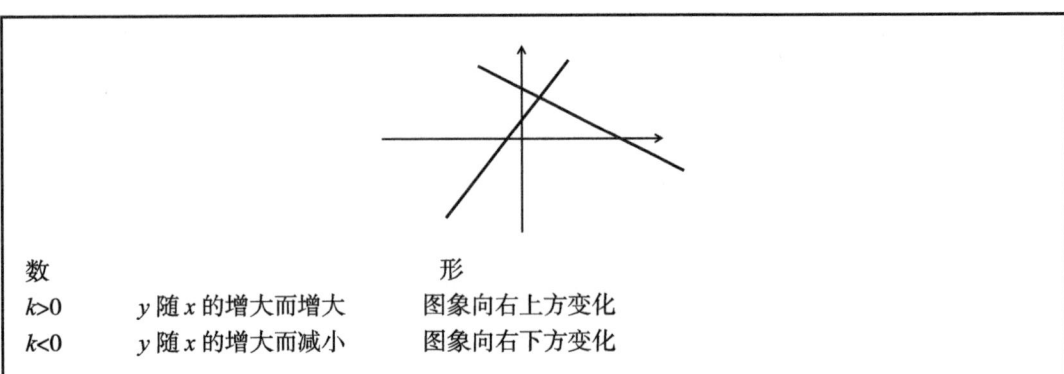

数　　　　　　　　　　　　　　形
$k>0$　　y 随 x 的增大而增大　　图象向右上方变化
$k<0$　　y 随 x 的增大而减小　　图象向右下方变化

施老师没有在预设的 50 分钟内完成教学计划。在第三步有这样的设计：

思考探究：
函数图象是通过其什么特征来体现出函数的增减性的？
师：图象来体现函数的增减性，就是要利用图象同时表示出 x、y 的变化．为了更方便地研究，我们可以先固定一个变量的值，只保留一个变量，观察函数图象是如何来体现一个量的变化的．

学生活动：（分组探究、合作交流）
活动 1：取从点 $(-2,-3)$ 出发的动点 (x,y)，让 $y=-3$ 不变，逐渐增大 x 值，画出点，连成图象，观察图象变化趋势，得出结论：当 x 的取值增大时，点向_____变化．
活动 2：取从点 $(-2,-3)$ 出发的动点 (x,y)，让 $x=-2$ 不变，逐渐增大 y 值，画出点，连成图象，观察图象变化趋势，得出结论：当 y 的取值增大时，点向_____变化．
教师演示：几何画板演示点的运动，学生由静到动感知图象是如何体现出因变量随自变量变化而变化的过程．
学生活动：观察已经画好的 $y=2x+1$ 和 $y=-0.5x+3$ 的图象，阐述它们是如何体现函数的增减性的．

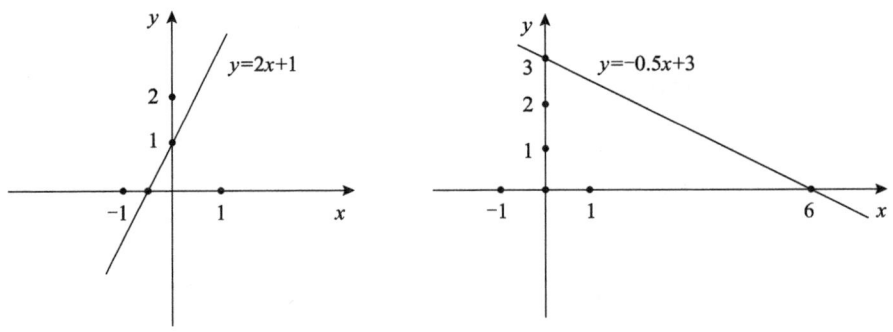

教师演示：几何画板演示点在线上的运动，学生由静到动感知图象是如何体现出因变量随自变量变化而变化的过程．
结论：函数图象是通过其位置特征来体现出函数的增减性的．
由函数的 y 随 x 的增大而增大或减小的变化演变为函数图象的变化．
反过来，图象的变化又能够体现出来 y 随 x 的增大而增大或减小，这里就把数和形进行了很好的融合，体现了数学的数形结合的思想．

大家在评课环节有这样的提法：真实课堂的实际情况是，有学生经过前面两个环节的台阶式铺垫，已经明确地说出了"趋势""y 随 x 的增大而增大/减小"，但老师仍然沿用预案，引领全体学生进行了"控制变量法"这一脚手架式的活动安排，占用了较多的课堂时间，而其意义和价值是大家探讨的焦点。本人意见是在起始课函数概念以及初次画函数图象，甚至在直角坐标系描点等前期各关联知识和方法处，循序渐进有预设、有计划地逐步进行。（正在尝试中……）

比较两个课例，它们的共同之处有二：都选用了教材上的例题1；都是在一定条件下引领学生利用函数进行归纳，概括一次函数的增减性，都在重点的剖析和难点的突破上做了努力和尝试，都在教学引导、归纳、探究以及数学思想方法渗透与培育等方面进行了积极构思，都用了几何画板进行动态演示……但是两个课例的差异更加凸显。

相同教材，相同课题，不同班级，不同学生，教师的设计差异很大，孰优孰劣，姑且不论，且说不同表现形式背后的"必备品格"和"关键能力"应该是在学科课堂上逐步培育的核心素养，那么它们到底是什么？该怎样去培育？学生学会相同的知识，达到相同的思维高度到底需要怎样的经历和经验？如何针对所教学生实际情况设计具有班本特色的学习过程和活动经历？……这，留待观看过马老师的课堂视频之后再做进一步的学习与思考：数学的真味到底是什么？

> 一次函数性质"顺口溜"
> 一次函数一直线，从左往右仔细看，
> 左低右高同增减，左高右低恰相反。
> k，b 作用很明显，一一道来记心间：
> k 之符号定象限，值的大小有陡缓；
> k 正一三负二四，值大陡峭小平缓；
> b 取正负上下移，数形结合竞开颜。

因材施教的体现在于调研与尊重学情，预设与生成的机智统合，有效与有益的学习经历和活动经验？

因材施教是在把握教学内容功能与价值基础上的学情调研和潜能开发？

教学任务必须完成吗？如何引导不同思维互补？
——听马静老师"一次函数的性质"课有感

赵长河

完成教学任务与让学生充分发挥的矛盾，主要还是抓住"让学生充分发挥"这个主要方面。如果这个任务是课堂的重难点，并且学生于此处也有了"发挥"的欲望，完不成教学任务又何妨？我们学人家的课堂，常常就是如何智慧地突破重难点的，如何体现学科特点地巧妙设计台阶，引发学生思维方式的转化的。我们做的微课，其实常常就是这样一些智慧的教学片断。当然，如果这个任务不是重难点，就没必要让学生充分发挥的。马静老师这节课在 $k<0$ 时一次函数性质这个重难点突破上，花了非常有价值的大量时间。刘宝军、佘文老师认为教学第一板块，学生上黑板投影并解说时，花费的时间长了点，正是认为这并非重难点。

$k<0$ 时一次函数性质的认知，是重难点。在处理这个重难点时，马静老师让学生上黑板，接着老师在已经小结 $k>0$ 时性质后，续写 $k<0$ 时性质时，学生的错误出现了 2 次。马静老师引导后再发动下面的同学发言，之后提示上黑板演示的学生用红笔改正。再错，再引导后提示用黄笔改正。终于对了。徐芸老师特别欣赏马静老师这个智慧的环节。这是学生自己的纠错，是有效教学。教学该等待时，不吝时间！

在重难点的突破上，如何利用学科特点，引导思维的转换，引导思维的互补？这是一个需要长期操练的功夫。高峡校长提出的，如何在"图象感知能力"与"数学计算能力"寻找到结合点，使二者之间能够互补，是中之评，值得长思量、深思量。其实，不仅数学学科，其他学科也牵涉这个引导思维转换和互补的教学智慧的练就问题。董卅妹、毕海星老师，作为临近学科的老师，他们就从思维转换、思维互补的培养上，谈及了自己学科教学上思维转化和互补的深刻体会。

多媒体运用，我们应该熟练了。马老师熟练运用实物投影和动态演示，尤其动态演示，有效地增强了听课者的直观感受和理解能力。我们需要赶紧自我抓紧精致我们的新媒体、新技术素养。

双对话和多对话。马静老师优雅的对话引导，是教学范例。她一边与上黑板的学生双对话，一边微笑着与台下的同学多对话，并且适时地连接起了双对话与多对话，使整个教学在一个和谐共振的教学场中进行。姜汉新老师，作为非常有学生缘的老师，对这个和学生对话的环节当然激赏有加。

【案例反思】

初中数学课堂活动设计的探究与思考
——"一次函数的性质"教学设计反思

马 静

函数的学习是学生从学习数学以来又一个阶段性的跨越，小学阶段虽对两个量之间的关系有简单的推理，但没有明确的定义与进一步探究，所以初中一次函数的学习是学生学习数学中函数的基础，也是学习高中数学必需的工具，因此需要在学习中加以重视。本节课内容至少承载着这样几个教学功能：一是第一次体会研究函数增减性的方法，是后续研究更复杂函数的知识基础、方法形成和经验积累；二是一次函数性质的探究过程实质是函数研究方法之核心——数形结合思想的具体应用；三是一次函数性质是后续函数应用的"双基"支柱。一定意义上可以说，对于一次函数性质的理解和掌握，决定着本章函数内容的学习效果和思维发展的质量。所以借助《一次函数的性质》教学设计谈谈我的想法。

一、重视学生在课堂中的主体地位

（一）开放性问题的设置

在教学活动中的第一个环节设置了学生动手过程，要求学生画出两组函数图象，既是对图象画法的巩固，也是本节课探究性质的基础；并且设置两个开放问题，充分发挥学生对已掌握知识的归纳总结能力。

1. 在同一坐标系中画出下列一次函数的图象：①$y=x+1$ ②$y=2x-1$ ③$y=3x-6$

x			
$y=x+1$			

x			
$y=2x-1$			

x			
$y=3x-6$			

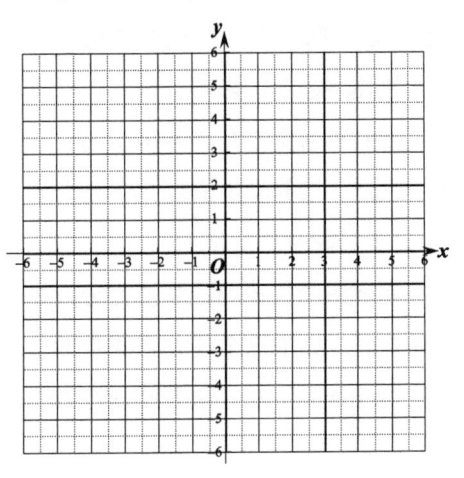

2. 在同一坐标系中画出下列一次函数的图象：① $y=-x+1$ ② $y=-2x-1$ ③ $y=-3x-6$

> 思考：
> 每组三个函数表达式的相同特征：
> 每组三个函数图象的相同特征：

此环节，教材上提供的探索过程是这样的：

第一步，动手操作：画出三组函数图象，这三组函数是直接借用前一节课画函数图象的练习题。第一组斜率 k 相等，$k<0$；第二组截距 b 相等且都为正数，$k>0$；第三组截距 b 相等且为正数，$k<0$。——这可谓是承前启后又基于学生理解难点而量身打造。

第二步，观察归纳：根据三组图象分别思考函数图象特征：一条直线、函数图象"左高右低""左低右高"的变化趋势与 k、b 的关系。

第三步，抽象概括：小组合作交流，整理思维，用数学语言表达一次函数的增减性与 k 的符号的关系。

之于教材的不同之处是动手操作画图环节。我设计了两组函数：第一组函数 ① $y=x+1$ ② $y=2x-1$ ③ $y=3x-6$，它们的斜率 k 都为正数，截距 b 有正有负，三个函数之间没必然的关联。第二组函数 ① $y=-x+1$ ② $y=-2x-1$ ③ $y=-3x-6$，它们的斜率与第一组函数斜率 k 互为相反数，截距 b 对应保持不变。

简言之，两组函数的斜率 k 互为相反数，截距 b 相等。

比较之后，我的思考是，班级学生思维灵敏、活跃，从学生在概括归纳环节的表现来看，这一设计确实具有比教材更大的开放性，蕴含的图象特征和函数性质也更为丰富。因此，这对学生的看图、识图等几何直观能力要求较高。由于同一坐标系下，每组函数的 k、b 没有明显关联，学生在观察增减性时有一定困难，同时每组函数中还蕴含着 k 的数值大小对函数陡缓程度的影响，这一点对于学生理性辨析思维要求很高。因此，本节课关键在于：充分的小组交流是必不可少的；学生展示交流环节，表述语言数学化的过程，也是展现学生思维、培养学生语言文字能力的重要时段，生成亮点也在于此。

（二）让学生充分发挥

在完成教学任务与让学生充分发挥的矛盾中，我主要还是抓住"让学生充分发挥"这个主要方面。如果这个任务是课堂的重难点，并且学生于此处也有了"发挥"的欲望，完不成教学任务又何妨？这节课在探索 $k<0$ 时，一次函数性质这个重难点突破上，用了大量时间。

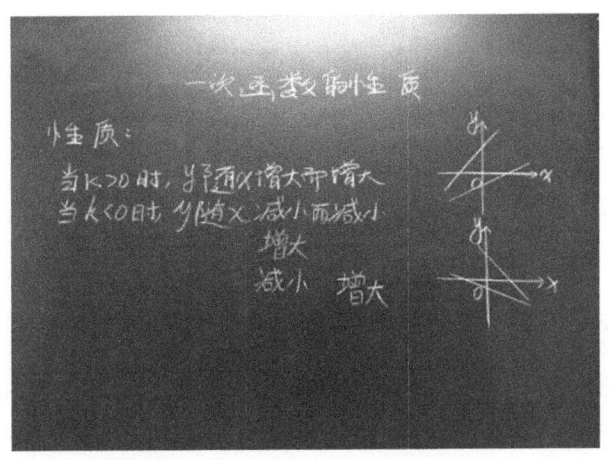

首先在第一个环节设计基础上，教师与学生共同探讨得到 $k>0$ 时一次函数的性质，发挥小组的作用，在小组探讨的基础上，学生上黑板投影并解说对 $k<0$ 时，一次函数性质的理解。其次在处理这个重难点时，我让学生上黑板，接着老师已经小结的 $k>0$ 时一次函数的性质，续写 $k<0$ 时一次函数的性质，这时错误出现了2次。我在引导后再发动下面的同学发言，之后提示演示的学生用红笔改正。再错，再引导后提示用黄笔改正。我一边与上黑板的学生双对话，一边与台下的同学多对话，并且适时地连接起了双对话与多对话，使整个教学在一个和谐共振的教学场中进行，充分发挥学生的课堂主体地位，使他们在数学课堂活动中获得基本经验，并在此环节中提升学生归纳类比、逻辑推理的数学核心素养。

二、重视学生基础知识的掌握，基本技能的理解

在探究出新知之后，设计了口答环节，是对新知最直接的应用。通过此环节的设置，了解学生对基础知识的掌握情况，对一次函数性质中 $k>0$，$k<0$ 时图象的不同呈现形式这个基本技能的理解程度。此环节又是双向的，即从数到形，从形到数的设置，充分培养了学生数形结合的思想，这也是学生学习函数的重要基础，为今后学习二次函数、反比例函数，以至于以后高中的指数函数、对数函数等奠定基础。

口答：

1.在下列条件下，确定一次函数中因变量随自变量的增大而变化的情况：

（1）$y=2x+1$　　（2）$y=3-4x$　　（3）$y=x+2$　　（4）$y=-2x$

2.根据下列图象，判断 k、b 符号。

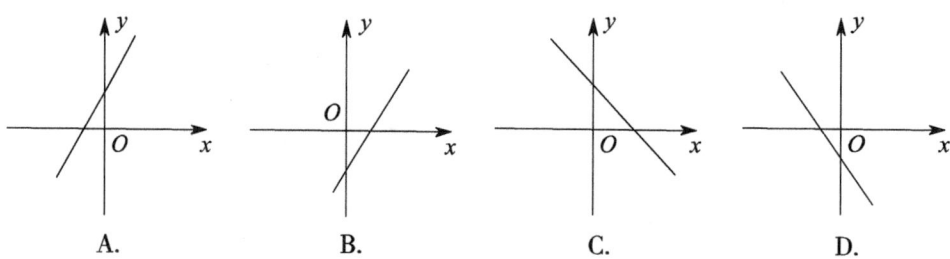

A.　　　　　B.　　　　　C.　　　　　D.

三、利用现代技术提升学生学习活动的兴趣

一次函数的性质一课中多次运用实物投影和动态演示，尤其动态演示，有效地增强了听课者的直观感受和理解能力，有效提升了学生学习的兴趣，并且使学生真正感受函数变化的过程。

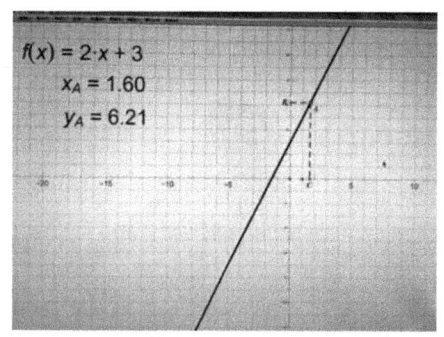
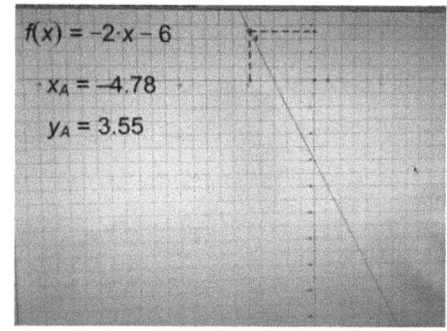

一次函数性质一节中，加入了几何画板演示动点 A 在直线上运动，纵坐标随着横坐标变化的过程，使学生看到了直观的、动态的一次函数性质，增强了学生对函数性质的理解。

四、与实际生活相联系，加深对数学知识的理解

对于刚刚接触函数的学生来说，还没有真正理解到底什么是函数，特别是性质，甚至有的学生到毕业也没有明白一次函数性质所描述的内容，所以本节课设置了一个环节，用生活实例去说明性质。通过学生课堂的反馈也表明，生活实际问题更容易被学生理解和接受，有助于学生对函数性质的理解。课堂中并没有用到我所预设的问题，而是学生自己举出了实例：去某公园，门票 2 园一张，去 x 人，总票价为 y 元，则去的人越多，花的钱越多，即 $y=2x$，此时 $k>0$，y 随 x 的增大而增大；如果我有 100 元，则剩的钱为 p 元，$p=100-2x$，去的人越多，剩的钱越少，即 $k<0$ 时，y 随 x 的增大而减小。

虽然此环节中学生没有注意到自变量的范围，但对于说明一次函数性质是无妨的。此环节充分发挥了学生的实际经验，体现了生活中处处有数学，数学来源于生活，应用于生活。

课前预设问题：

1. 小王同学每天坐公共汽车上学，已知公共汽车的平均速度为 2km/min，小王同学先步行 1km 到公共汽车站，求当小王同学上车后，他离开家的总路程 y（km）与他上车后的时间 x（min）函数关系为_____

随着上车后时间的增加，他离开家的总路程_____

2. 某机器开始工作时油箱中有油 10L，如果机器耗油为 2L/h，则油箱中剩余的油量 y（L）与工作时间 x（h）之间的函数关系为_____

随着工作时间的增加，油箱中的油_____

五、对课堂活动设计的思考

1. "预设"与"生成"的关系。本节课中，在探索 $k<0$ 时一次函数性质时，学生遇到了困难。归纳函数性质是学生首次接触，一部分学生只是在模仿，没有明确的思路，而且学生思维的全面性和深刻性也不够，"预设"与"生成"产生了差距。所以应该根据课上学情，适时搭建台阶。可用列表法，算一算，并再一次在图象上进行描点，感受点的位置的变化。这样学生在结合解析式感悟一次函数因变量随自变量的变化规律时会更加清晰具体。

2. 在重难点的突破上，如何利用学科特点，引导思维的转换，引导思维的互补？如何在"图像感知能力"与"数学计算能力"上寻找到结合点，真正地做到数形结合，把图像这个解决函数问题的工具利用好？

总之，课堂是学生的课堂，一切设计活动都要根据学生的情况而设定。所以"备课"中，最重要的是要"准备学生"，对学生有足够的了解；每个活动的设计要围绕学生学习获得知识、掌握方法、获得基本经验、形成能力、培养核心素养；在课堂的活动中要细化活动的环节和内容，便于学生参与到活动中，获得更好的数学学习体验。

【论文提炼】

初中函数教学中数学核心素养之逻辑推理的培养

马　静

数学核心素养包含数学抽象、逻辑推理、数学建模、数学运算、直观想象、数据分析六大方面。《义务教育数学课程标准（2017 年版）》中指出，数学素养是现代社会每一个公民应该具备的基本素养，数学课程应致力于义务教育阶段的培养目标，要面向全体学生，适应学生个性发展的需要，使得：人人都能获得良好的数学教育，不同的人在数学上得到不同的发展。初中学生正处于各种能力需要培养，基本素养正在形成的阶段，数学课堂的教学活动是他们获得数学学科素养的主要途径。作为一名初中数学教师，我在思考：如何设计课堂上的活动，使学生在参与课堂活动中获得相应的数学知识，积累经验，锻炼能力，获得数学学科的基本素养，才会在学生已经把"所学的数学知识都忘掉后，还能从数学的角度对待问题"。

逻辑推理能力贯穿整个数学学习的过程，是数学的思维方式，更是人们在生活中经常使用的思维方式。逻辑推理能力是一个综合性的能力，它是指学生通过尝试、估算、归纳、类比、画图等数学活动之后，能够根据题目条件发现一些规律，猜测某些结论。提到逻辑推理能力，更多的想到平面几何中的发展，如：在圆的教学中，根据圆的轴对称性，发现垂径定理；通过观察、度量，发现圆心角与圆周角之间的数量关系等等。在学生通过观察、操作、变换探究出图形的性质后，还要求学生对发现的性质进行证明，使直观操作和逻辑推理有机地整合在一起，使推理论证成为学生观察、实验、探究得出结论的自然延续，这个过程中就发展了学生的合情推理能力。但是我认为它在代数的教学中也占有很重要的地位，我借助一次函数这部分知识教学谈谈我的想法。

一、知识的积淀——准确画图对培养逻辑推理的作用

初中一次函数的学习是学生学习数学中函数的基础，也是学习高中数学必需的工具。学习函数，图象是不可缺少的工具。图象会提供很多信息，也更加简洁、直观，是我们分析问题、解决问题的抓手。函数图象是"代数中的几何"，所以要通过尝试大量列表、描点、连线画函数图象的实例，体会画图的技巧，同时准确画图为解决函数问题提供了方向。

刚刚画函数图象时，学生会出现不同的问题，画图能力并不是一蹴而就的而是要逐步提高的。因为画图需要熟练的过程，需要对整个函数的性质等方面有所了解。这就要求我们在教学过程中必须引导学生在画图上一步一个脚印地扎扎实实地练习，需要认真扎实的知识学习，更需要及时有效的反馈练习，通过一些必要的练习反复作用于学生的感知，附着于学生的知识结构，久而久之，以达到提高画图准确性的目的；进而通过所画图象总结归纳出一次函数图象呈现的形式，发展学生的推理能力。

二、知识的迁移——类比对培养逻辑推理的作用

有句古话是这样说的，授之以鱼不如授之以渔。在数学教学中正验证了这句话，把进行逻辑推理的方法教给学生、让学生自己推理出某种结论，比只是简单地将结果告诉他们更为重要。这个道理在当代数学家和教育家中也引起了共鸣。美国密歇根大学教育学院的

德博拉·鲍尔认为，数学具有吸引力的原因之一就在于它能够引导学生进行奇妙的推理，推理培养在数学教育中具有至关重要的作用。

二、探究新知：

1. 展示交流：

2. $k>0$ 时一次函数图象具备特征：

3. 一次函数性质：

$k>0$ 时，＿＿＿＿＿＿＿＿＿＿＿＿＿＿＿＿

4. 小组合作：类比 $k>0$ 时一次函数性质，探究 $k<0$ 时一次函数的性质：

归纳小结：

这是我在"一次函数的性质"教学中，对一次函数性质的探究过程，学生分小组讨论，根据已有知识进行类比学习。通过课堂证明，学生能够通过观察图像、类比 $k>0$，$k<0$ 时对一次函数图象的影响，归纳出一次函数性质，那么接下来研究二次函数的性质、反比例函数的性质，乃至高中研究指数函数、对数函数的性质等，学生会把握好准确的方法、明确的方向，所以逻辑推理能力在函数教学中也有很重要的作用。

三、知识的总结——归纳对培养逻辑推理的作用

对已有知识进行归纳总结，是对知识进行进一步逻辑推理的必经之路，所以这就要求教师在课堂上重视基本方法的教学。基本方法一旦被学生所掌握，就会成为进一步归纳出规律、认识新知识、解决新问题的逻辑思维工具。如果没有系统的科学方法的掌握作为前提，要进行分析、判断、推理等思维活动是困难的。

在"一次函数的性质"教学设计中，我在第一个环节设置了学生动手过程，要求学生画出两组函数图象，既是对图象画法的巩固，也是本节课探究性质的基础；并且设置两个开放问题，充分发挥学生对已掌握知识的归纳总结能力。

1. 在同一坐标系中画出下列一次函数的图象：（1）$y=x+1$（2）$y=2x-1$（3）$y=3x-6$

x		
$y=x+1$		

x		
$y=2x-1$		

x		
$y=3x-6$		

2.在同一坐标系中画出下列一次函数的图象：(1) $y=-x+1$ (2) $y=-2x-1$ (3) $y=-3x-6$

由于同一坐标系下，每组函数的 k、b 没有明显关联，学生在观察增减性时有一定困难，这时教师重视画函数图象的基本方法的归纳总结，引导学生再一次探究一次函数本身，重视探究的过程，发现规律。在教学中，教材的每一个知识点在提出之前都进行该知识的合理性或产生必然性的思维准备，要充分展现推理和推理过程，逐步培养学生合情推理能力。

四、知识的应用——实际生活中的数学对逻辑推理能力的培养

老师在进行数学教学活动时，如果仅仅以教材的内容为素材对学生的合情推理能力进行培养，毫无疑问，这样的教学活动能促进学生的合情推理能力的发展，但是，具有局限性，还有很多活动也能有效地发展学生的合情推理能力。例如，人们日常生活中经常需要做出判断和推理，许多游戏中也隐含着推理的要求。所以，要进一步拓宽发展学生合情推理能力的渠道，使学生感受到生活、活动中有"数学"，有"合情推理"。例如在《一次函数的性质》一节课设置了一个环节，用生活实例去说明性质。通过学生课堂的反馈表明，生活实际问题更容易被学生理解和接受，有助于学生对函数性质的理解。课堂中并没有用到我所预设的问题，而是学生自己举出的实例：去某公园，门票2元一张，去x人，总票价为y元，则去的人越多，花的钱越多，即$y=2x$，此时$k>0$，y随x的增大而增大；如果我有100元，则剩的钱为p元，$p=100-2x$，去的人越多，剩的钱越少，即$k<0$时，y随x的增大而减小。

虽然此环节中学生没有注意到自变量的范围，但对于说明一次函数性质是无妨的。此环节充分发挥了学生的实际经验，体现了生活中处处有数学，数学来源于生活，应用于生活。

课前预设问题：

1. 小王同学每天坐公共汽车上学，已知公共汽车的平均速度为 2km/min，小王同学先步行 1km 到公共汽车站，求当小王同学上车后，他离开家的总路程 y（km）与他上车后的时间 x（min）函数关系为_____

随着上车后时间的增加，他离开家的总路程_____

2. 某机器开始工作时油箱中有油 10L，如果机器耗油为 2L/h，则油箱中剩余的油量 y（L）与工作时间 x（h）之间的函数关系为_____

随着工作时间的增加，油箱中的油_____

对于刚刚接触函数的学生来说，还没有真正理解到底什么是函数，特别是性质，甚至有的学生到毕业也没有明白一次函数性质所描述的内容，但通过课堂反馈，学生更容易理解生活中这个变化的过程，所以通过生活的实例，可以更好地发展学生的逻辑推理能力。

总之，数学教学中对学生进行逻辑推理能力的培养，不仅仅能提高课堂效率，增强学生的学习兴趣，还能够使学生在掌握已有知识的基础上，掌握解决问题的方法，学会思考问题、解决问题，并在"所学的数学知识都忘掉后，还能用数学的角度对待问题"。

"机械能守恒定律"教学设计系列

徐 芸

【教案】

课题	机械能守恒定律	课型	实验与规律相互参证	课时	1课时
教学目标					

课题	机械能守恒定律		课型	实验与规律相互参证	课时	1课时
教学目标		1.知道机械能守恒定律及其适用条件;会判断实例中的机械能是否守恒;会列出机械能守恒时的表达式。 2.经历验证机械能守恒定律的实验过程;经历概括归纳"机械能守恒的条件"的过程,体会归纳的思想方法。 3.通过机械能守恒的建立过程,使学生深刻体会到物理学是一门建立在实验基础上的科学,培养学生正确的科学观、价值观。通过机械能守恒,感悟自然界的守恒思想,体会自然的对称美、和谐美。					
教学重点		1.通过理论推导及实验验证得出机械能守恒及其适用条件。 2.在具体的问题中能判定机械能是否守恒,并能列出定律的数学表达式。					
教学难点		1.从能的转化和功能关系出发理解机械能守恒的条件。 2.能正确判断研究对象在所经历的过程中机械能是否守恒,能正确分析物体系统所具有的机械能。					
主要教法		理论探究、实验验证					
教学资源		细线、小钢球、磁扣、实心球 打点计时器及其附件、直尺 多媒体设备					

教学过程

结构	教学内容及教师活动	学生活动
创设情景	1.引入 小游戏:碰鼻子游戏 请同学们注意观察他的表情和动作 问:球会打到他的鼻子吗?	参与其中 思考

续表

结构	教学过程	
	教学内容及教师活动	学生活动
结论	小实验：模拟演示 黑板上是一条等高线，从一端释放，请同学们注意观察小球摆到另一侧及再次摆回来的高度。 中间加一个障碍物，小球再次从一侧摆下来，小球的运动过程还一样吗？那么大家猜一下小球还能摆到原来的高度吗？ 我们看到小球的运动状态变了，但是摆动的最大高度都一样，那这其中是不是有什么守恒的量呢？ 标题：机械能守恒定律 2. 知识复习 机械能是我们初中学过的一个概念，在预习案中布置大家整理高中学过的内容有哪些概念和规律与机械能相关，我们一起来看一下同学们的整理！ 我们回到开始的小实验，在小球摆下的过程中，动能如何变化？ 势能如何变化？ 那机械能呢？ 下面我们就一起来探究一下，我们的猜想是否正确！ 3. 理论推导 我们先从一个更简单的过程开始研究。 <PPT> 一个小钢球由静止开始下落，途经距地面分别为 h1 和 h2 的位置 1 和位置 2，忽略空气阻力的影响，你能不能利用动能定理推导出两个位置的机械能之间的关系？	观察、思考 观察、思考、回答：摆球依然上升到原高度 猜不变、变
实验探究	我们看一下同学板演的过程，我们看到最后的结果，左侧表示 1 位置的机械能，右侧表示 2 位置的机械能，他们的关系是相等的。再看中间的式子，左侧表示的是重力势能的减少量，右侧表示动能的增加量，这个过程中重力势能的减少量等于动能的增加量，同样说明两个位置的机械能相等。这个关系是只有这两个位置特有的吗？你能不能证明初位置与下落任意高度 h 后至某位置，两点机械能间的关系？ 从上面我们看到，在钢球自由落体的全过程，势能的减少量等于动能的增加量，小球与地球组成的系统机械能的总量不变。这个结论对吗？我们还需要利用实验来验证。	动笔推导 有一个学生将推导过程书写在黑板上 回答：打点计时器、重锤、纸带、刻度尺
仪器介绍	4. 实验验证： 看一下我们都有什么器材？ ①能不能利用现有的器材设计一个方案，来验证重锤自由落体的过程中机械能是否守恒？	学生可能方案： 1. 重锤打出纸带，选取纸带上的两个点，量出它们之间的距离得到势能的减少量，分别算两个点的速度，得到两点的动能，如果 $\Delta E_K = -\Delta E_P$ 则机械能守恒

结构	教学内容及教师活动	学生活动
实验 数据分析 结论	②这两个方案都很好，哪一个更简便？ ③没有天平，无法测得重锤的质量，实验还能完成吗？ ④要保证你纸带上的第一个点是自由落体的起始点，你在实验时需要注意什么？ ⑤每组打出两至三条纸带，你从中挑出什么样的纸带来进行数据处理？ ⑥选出纸带后，为了完成验证我们需要测量哪些量呢？ ⑦纸带上这个点的瞬时速度如何计算？ <开始实验>动手实验并将实验中你测量和计算的物理量记录在表格中。 <小组汇报>完成的组将结果记录在excel表格中。 在误差允许的范围内，小球自由落体过程中重力势能的减少量等于动能的增加量，系统机械能守恒。 是所有的过程中都有机械能守恒的规律吗？我们分析一下实验误差，我们发现几乎每组数都是重力势能的减少量多于动能的增加量？为什么？ 因为空气阻力。 再回到开始的小实验，小球总是摆动到等高的位置说明了什么？ 如果换作气球再做碰鼻子的游戏呢？ 钢球摆动的过程和自由落体的过程机械能都是守恒的，它们有什么相似的地方？ 先看受力？ 再看做功？ 5. 总结提升： 我们可以总结出机械能守恒的条件是： 只有重力做功，物体的动能与势能相互转化，机械能守恒。 <PPT>只有重力做功时动能和重力势能相互转化，但总量不变，机械能守恒。 表达式：$mgh_1 + \frac{1}{2}mv_1^2 = mgh_2 + \frac{1}{2}mv_2^2$ $\Delta E_K = -\Delta E_P$ 6. 应用 （1）被推出的铅球机械能守恒吗？ （2）水滑梯游戏机械能守恒吗？ （3）起重机吊着潜艇匀速提升过程机械能是否守恒？ 放弹簧弹开滑块的视频，机械能中还包含弹性势能，请同学们思考有弹簧后的情况会如何呢？	选择 回答问题 回答问题 回答问题 回答问题 回答问题 选择第一个点和后面打出的某一个点 思考、回答 受力分析 做功分析

板书设计
机械能守恒定律

【评课议课】

上课如作文
——徐芸"机械能守恒定律"课点评

赵长河

上课如作文，起承转结，环环相扣，呈现的行云流水的课堂结构之美，其实是不分学科的。

徐芸老师妙手著文章，同堂听课的物理老师妙语作注释，文章注释相得益彰，使我这个物理门外汉也能领略起承转结的课堂美。这一节"机械能守恒定律"课，是一篇"夹叙夹议"的美文。"叙"者，物理实验也；"议"者，物理定律推导也。

且看"叙"之美。先是，置于一羸弱小女生鼻尖处的一条四边不着的细线悬挂的较大钢球，在徐老师的要求下，被抛向远处。远处的钢球倏忽而回返，回至鼻尖处而骤止。此刻，小女生还是本能地把头往后缩了一下，其实钢球根本不可能打到她的鼻尖。这惊心动魄的"起笔"，真的吸引眼球，提振精神。

承笔处，徐芸老师在黑板上用磁扣固定一细线悬挂的细小钢球，并在小球上方画了一条白线。然后把小球拉向右侧，与白线平齐等高后，放手，小球滑向左侧，也与白线平齐等高。然后，又增加实验的限制条件，在固定细线磁扣的下方，再粘贴一磁扣。粘贴的磁扣，先在固定细线的磁扣正下方，后在右下方。

在"叙"的基础上，然后才是"议"，由一名学生上黑板推导公式。"议"的起笔，由学生来完成。

然后又是"叙"。让学生两两分组，在下面做"小球自由落体过程中，重力势能的减少与动能增加关系"的实验，然后把实验结果填写在黑板上，共有四组同学汇报了自己的实验数据。

继而的"议"，是由老师引导学生通过分析四组同学的实验数据，得出结论："在误差允许的范围内，小球自由落体过程中，重力势能的减少量与动能增加量相等，系统机械能守恒。"

接下来，进入"叙"的转笔阶段。徐芸老师把开头实验中较重的引得小女生害怕的"钢球"，换成了"气球"。做同样的实验，气球却不能摆动到等高的位置。在此"夹叙"基础上，引出了下面的"夹议"。

夹议得出结论："机械能守恒条件是只有重力做功，物体的动能与势能相互转化，机械能守恒。"

继而，是更加抽象的"结笔"，得出了机械能守恒的表达式。

夹叙夹议，一会"杨振宁"，一会"李政道"。实验和推理相互映照，相得益彰。

谢谢徐芸老师给我们带来的课堂美！

【案例反思】

让实验在课上探究起来

徐 芸

从教近二十年，课程改革一直在探索中前行。其他科目的教材变了，内容可能跟着都变了，可是物理教材不管怎么变，主体内容却依然牢牢地坚守着阵地，捍卫着其在自然科学中特有的地位！我作为一名物理教师无比骄傲！

可是静下心来细细研究教材，会发现虽然知识没有变，但是对教师和学生提出的要求却变了。原来放在教材后面的学生分组实验纷纷被拿到了新课内容中，从"验证"实验变成了"探究"实验，比如"验证力的平行四边形定则"变成了课中的"探究力的平行四边形定则"，再比如"验证机械能守恒"变成了课中的"探究机械能守恒"……"验证"和"探究"两个字的差别意味着什么？《普通高中物理课程标准（实验）》要求我们："学生将在学习物理基础知识的同时，初步经历对自然规律的探究过程，从中体会物理学的思想，并在情感态度与价值观等方面受到熏陶。"而且"科学探究"也被列为了物理学科的核心素养之一，是学生需要通过物理学习内化而得到的一种品格和能力。为了让物理课上得更有"味道"就要让学生在物理课上探究起来。

课改之初，我有意识地安排学生在课上多动手，能探究的规律就放手让学生来做。但是遇到了不少麻烦。比如课时的限制，让学生动手探究了，自然挤占了课上讲知识、做练习的时间，该落实的没有落实只能再占用下一个课时；又比如一些实验不放心不讲解就让学生动手操作，觉得原来有了知识后还要讲了才由学生来完成，现在直接让他们做不就做乱套了吗；再比如为了设计一些简单易操作的探究实验耗费了大量的时间和精力，使自己开始动摇，看不到对教学成绩的促进，又做得如此辛苦，是否还要坚持下去呢？

慢慢地课上探究的过程少了，上课通过演示实验探究一下然后讲解知识点的情况越来越多，重点实验课后再分组验证，其实像是慢慢又回到了老路子。课上的是得心应手了，教学成绩似乎也更好了，可是心里却是不安的！而且在对比两种实验方式时发现课后验证实验有一个明显的缺点，那就是学生已经没有了好奇心，实验课像是游戏，操作不认真，数据处理敷衍，而实验方案更是等着老师讲或者照搬教材，学生的实验能力得不到有效的锻炼和提高。怎么办？

　　这时我又接手了新一届高一的学生，我告诉自己这一轮一定要有新的尝试！有了原来失败的经验，我决定循序渐进，在教学设计上下功夫，让课上的探究实验更可行，更有实用价值。首先，不再把重心放在创新探究实验上，而是尝试着就用我们原本很成熟的学生分组实验来探究；然后，相信学生，开始慢慢地来，学生的实验能力我相信是会慢慢提高的；最后，将探究实验和知识讲解尽可能融合，让学生带着一份好奇心和一份求知欲认真实验，从实验中探索规律，获得知识。决定了之后，我开始了一节课一节课地尝试。在"力的合成"一节中，我带着学生一步一步地在白纸上做出两个互成角度的共点力的图示和它们的合力的图示，然后由学生来发表自己的观点，最后统一得出结论：共点力的合成满足平行四边形定则。整节课紧凑流畅，学生实验认真投入，课后有学生说觉得特别有成就感。这节课后我肯定了自己的做法。相信学生，只要环节设计得当，课上学生完全可以把陌生的实验顺利完成。接下来到了《直线运动》一章，实验室就变成了我上课的第二阵地，从研究匀变速直线运动开始，我带着学生在实验室和打点计时器做了好朋友，有些规律探究、有些规律理论推导了再实验验证，学生对打点计时器的使用从生疏到熟练、规范；对纸带问题的数据处理从开始的漏洞百出到后来的快速精准；对误差分析的不知所云到说得头头是道，而且思路似乎也变灵活了，遇到题目总是能说出很多想法，真是让我感到意外之喜！

　　到了学习"牛顿第二定律"时，课上让学生一点一点地实验探究出最后的规律时，我真的又惊又喜，这么复杂的实验，原来讲一节课，实验一节课，数据处理练习一节课，可是现在将学生分成两大组一节课就全部完成了！看来学生的实验能力是真的上了一个新台阶呀！在后来的区公开课"机械能守恒定律"一课中，我在课上进行了探究重锤自由落体过程中机械能是否守恒的分组实验，学生快速准确地完成了，成为了整节课的一大亮点。老师们表示很惊讶普通校的学生竟然有这么好的实验能力。

　　新的一轮课程改革又开始了，但是改革的大方向不会变！我们的祖国需要越来越多的创新型人才投入到祖国的建设中，而作为物理教师的我们责无旁贷地要肩负起培养学生创新思维的重担。让实验在物理课上探究起来，将学生的思维火花点燃闪亮！

"数列专题复习"教学设计系列

王 敏

【教案学案】

学习目标

1. 巩固数列概念,能根据 S_n 求通项公式 a_n;
2. 掌握分组求和与裂项求和这两种方法求 S_n;
3. 培养学生归纳总结能力.

一、数列的概念

例1. 数字游戏。将适当的数字填入下列表格中,使每一个横行的数成等差数列,每一个纵行的数成等比数列,则 $a+b+c$ 的值为?

1		2		
$\frac{1}{2}$		1		
		a		
			b	
				c

例2. 已知数列 $\{a_n\}$ 中,$a_1=1$,$a_{n+1}=-\dfrac{1}{a_n+1}(n\in N_+)$,求 a_1,a_2,a_3,a_4 和 a_{2017}.

二、利用 S_n 求通项公式 a_n.

例3. 设数列 $\{a_n\}$ 的前 n 项和为 S_n. 已知 $a_1=1$，$a_{n+1}=2S_n+1$，$n\in N^*$，求通项公式 a_n.

三、求数列的前 n 项和 S_n.

例4. 已知 $\{a_n\}$ 是等比数列，$a_1=3$，$a_4=24$. 数列 $\{b_n\}$ 满足 $b_1=1$，$b_4=-8$，且 $\{a_n+b_n\}$ 是等差数列.

（Ⅰ）求数列 $\{a_n\}$ 和 $\{b_n\}$ 的通项公式；

（Ⅱ）求数列 $\{b_n\}$ 的前 n 项和.

例5. 已知
$$\frac{1}{1\times 2}=1-\frac{1}{2},$$
$$\frac{1}{2\times 3}=\frac{1}{2}-\frac{1}{3},$$
$$\frac{1}{3\times 4}=\frac{1}{3}-\frac{1}{4},$$
$$\cdots,$$
$$\frac{1}{n\times(n+1)}=\frac{1}{n}-\frac{1}{n+1}.$$

（1）探究数列 $\left\{\dfrac{1}{n(n+1)}\right\}$ 的前 n 项和 $S_n=\dfrac{1}{1\times 2}+\dfrac{1}{2\times 3}+\dfrac{1}{3\times 4}+\cdots+\dfrac{1}{n\times(n+1)}$；

（2）若 $b_n=\dfrac{1}{n\times(n+2)}$，你能仿照上述格式探究 $\{b_n\}$ 的前 n 项和 T_n 吗？

【评课议课】

高一学段数列复习课怎么上？
——从王敏老师的"数列专题复习"一课所学到的

李春林

今天听了我校青年班一节研讨课，是王敏老师的数列专题复习课。看到这个课题，感到自己非常幸运，很有福气。因为上周这个时间刚听完两节关于这一主题的同课异构研讨课，很受启发的同时也有很多困惑。这节课恰好帮助我厘清了疑团，让我豁然开朗。

从课堂组织方式来看，王老师对每道题目的处理大致遵循这样的流程：学生独立思考、尝试完成——教师巡视、关注指导个体——邀请能够正确完成的学生板书分享——师生共同交流、总结——有设计地引导进入下一道例题。王老师教态自然、从容。每一个环节都能看出，王老师在驾驭课堂方面很有章法。

从习题选配组合来看，虽然每一道例题都是数列部分的常见题目，但是王老师进行了精心编排，犹如把一颗颗散落的珍珠，用一根主线串联起来，使得看似分散的习题，因为王老师精心设计的引导语而具有极强的内在逻辑关联，进而凸显出教师主导的立意高远。这一点让人惊叹！可见王老师本人数学素养功力深厚。常规题目用出了新意，对于学生数学思维发展的引导可谓是用心良苦、用情很深。

从习题讲解分析来看，正如王老师自己所言，"不喜欢学生只是死记公式"，而是希望学生能够关注问题的本质分析，进入理解性学习的开阔地。教师的教学理念决定了教学行为。本节课，王老师的课堂语言最突出的一个高频词就是"定义"。王老师不仅多次在习题讲析交流过程中指导学生围绕"定义"展开思路探索，而且在精心设计学习进程引导语中明确指导。比如例1解题总结是"要时刻回归到定义，不要总想回到抽象的公式"、例3之后的过渡语是"让我们来看数列中，如何利用数列的定义来求前 n 项和"等。数学中的概念总是以名词及其定义的形式呈现，具有极强的概括性和抽象性。和各学科中的专有名词一样，数学概念有着自己深刻的内涵和广阔的外延，可以说是数学中相关命题辨析或定理获得的基点，更是千姿百态的数学习题编制的依据。一定意义上说，"回归定义""紧扣定义"是学生解决诸多数学问题过程中思路探求的出发点，也是培养学生数学思考习惯的根本抓手。因此，王老师在本节课中始终抓住"数列的定义"进行习题思路探索和解题反思的做法是非常精当的，也是教师在课堂教学过程中关注对学生进行学法指导的具体体现。这些都很有借鉴意义。

另外，王老师在板书设计、学生活动安排等方面也都张弛有道。王老师很讲究课堂语言的组织，有预设，也很准确而到位。这些之于各学科的课堂教学都是有很强的借鉴价值的。

在听评课过程中，"班主任"赵老师提到了课堂中学生反馈的几个细节。其中课堂引入环节，关于数列定义的回顾互动过程中，有的学生回答是"按一定规律排列的一列数叫数列"，相比较于数列定义的关键词，"一定顺序"而非"一定规律"，这一回答需要教师辨明讲清。这一点也启发本人在数学概念教学中要更加关注数学定义中关键词的解读，讲究数学概念本质的深度剖析。赵老师还简要分享了一个政治课例，是"先介绍产业经济的各种名词，再分析雄安经济案例"还是"先分析雄安经济案例，再介绍产业经济的各种名词"，主要看学习时段，前者适用于高一新授课，后者之于高三复习课更为妥当。这些也对本人有很大启发。

综观所听的三节数列复习课，关于中学数学复习课设计，终至拨云见日：高一学段的数列复习课，是否可以考虑分为以下三个专题？一是数列的概念专题，重点是根据数列的通项 a_n 与其前 n 项和 S_n 的递推关系，熟练互求，体悟数列通项公式，尤其是不同结构的递推关系所蕴含的数列的本质特征——对于某些特殊数列，可以找到通项 a_n 与其前 n 项和 S_n 关于序号 n 的函数关系式，如等差数列等；对于任意一个数列，都有数列通项 a_n 与其前 n 项和 S_n 的关系式：$a_n = \begin{cases} S_1 & (n=1) \\ S_n - S_{n-1} & (n \geq 2) \end{cases}$。习题选配本节课之例2、例3类。从正反辨析来看，可考虑在适宜处增添一个不存在通项公式的数列，以帮助学生进一步明确不是所有数列都存在或可以找出通项公式，甚至连递推关系式也不存在，即不存在任何规律的数列是更加普遍的存在，从而澄清数列通项这一属差定义是对于某些特殊数列而言的。二是等差、等比数列的简单综合专题，重点是等差、等比数列的通项 a_n 与其前 n 项和 S_n 的熟悉与熟练，如例1、例4类。本节课可考虑通过前节课的习题变式拓展或反思追问方式，引导学生关注等差、等比数列的通项 a_n 与其前 n 项和 S_n 等公式的推导方法，梳理、明确叠加（乘）法、分组求和法、倒序相加法和错位相减法等方法的适用条件、使用要点及注意细节等，为下一专题做好知识和方法准备。三是数列求和专题，关键是选配如本节课之例5类的丰富多样的题目，组织学生在解题中学会解题，在较为复杂的递推关系问题的解决过程中，始终紧扣并回归数列概念的本质。即任意数列的通项 a_n 与其前 n 项和 S_n 的关系式是 $a_n = \begin{cases} S_1 & (n=1) \\ S_n - S_{n-1} & (n \geq 2) \end{cases}$。

这就和"数列的概念专题"前后呼应起来了。

至此，学生关于数列的学习经验简洁明晰：等差、等比数列是两类特殊数列，它们存在一定的规律，这个规律就是通项 a_n 与其前 n 项和 S_n 公式，也就是 a_n、S_n 与序号 n 的（一次、二次或指数型）函数关系式。任意数列，无论这列数是否存在一定规律（存在通项公式或具有某种递推关系），但都存在关系式：$a_n = \begin{cases} S_1 & (n=1) \\ S_n - S_{n-1} & (n \geq 2) \end{cases}$。即数列的第 n 项等于前 n 项和减去前（$n-1$）项和。

那么，经过这样序列化的专题复习过程，数列的本质特征是"顺序"性，而非"规律"性，是否就不辩自明了呢？是不是可以把数列内容中所蕴含的函数思想、递推思想、转化方法和一般与特殊思想等揭示出来，从而使得数学解题活动积淀为学生的数学活动经验，内化为学生的数学核心素养？

总之，从王敏老师这节课中，本人学到了很多具有可操作性的策略，将会在今后的课堂教学中学以致用。

非常感谢王老师！感谢参与这次活动青年班跨学科评课的各位"同学"，大家的畅所欲言，同样也带给我很多启发。感谢"班主任"赵老师提供的学习机会！在此一并致谢！

【雷群莉】

本周王敏老师既参加"实验杯"决赛，又有青年班献课，加上下周就要期中考试，时间安排非常紧张，因此商议之后决定上一次期中考试的复习课，一节常态课，也是一节不太好上的复习课。"数列"复习总共只能安排一课时，重点是基本概念和基本方法的运用。

王敏老师在整堂课中教态自然，积极引导学生进行思考和讨论，学生参与度较高，较为顺利地完成了本节课的教学内容。作为一名入职不到一年的青年教师，在课堂上对教学内容和学生活动可以很好地把控，实在是难得可贵，这离不开他平时的努力。

这节课的主要内容有两个：一是对数列的概念的理解运用，例1和例2体现的是数列最典型的特征：一列数（有顺序的），研究方法常常是"列出来，数一数"，问题并不难，多数学生顺利解答，但是讨论和交流用了大约12分钟，王老师的归纳小结显得仓促。

这节课的另一个主要内容是：数列求通项公式及求前 n 项和的基本方法，安排例3和例4进行回顾和落实。例3展示了两个同学的不同解法，并让其他学生进行点评和错题辨析，学生积极参与，勇于表达。教师在归纳时如果分析为什么解法2是正确的，而且表达是严谨的，并对方法进行提炼，我想学生能更深刻认识数列前 n 项和与数列通项的关系以及等差（等比）数列定义的运用。例4学生的板演全是数学符号，基本上一个式子连着一个式子，一个文字表述也没有，应该说，学生对问题的理解和解决的方法是没问题的，但是表达是不严谨的，这应该也是我们在教学过程中要对学生进行训练的一个重要习惯。

其实，如何上复习课，如何在复习课上做到知识的落实和综合提高，也是我常常思考需要进行学习研究的问题，非常感谢今天王敏老师的展示。

【案例反思】

关于数列复习课的一些反思与感悟

王 敏

一、关于本节课的一些说明

1. 本节课恰逢期中考试前夕,而在两天前又值实验杯赛课,因此上课顺序进行了调整,学生对于之前的知识出现遗忘的情况较为严重,本节课是首次复习(数列新课已经上完快一月时间)。

2. 本节课重点是梳理数列整章的知识结构,强调数列的运算回归定义,以及研究数列的两个重要方面 a_n 与 S_n 的关系,最后归纳总结 S_n 的求法(本节课注意介绍分组求和法和裂项求和法)。

二、关于课堂的环节设计

1. 首先让学生回归数列定义。在本问题设计当中,学生出现两个答案,第一个是按一定规律排列的一列数,第二个是按一定顺序排列的一列数。在听课的老师中,大多数都是外学科老师,他们认为两个应该都正确,在这道题的处理上,我没有做好两个概念的解析,只是单纯地说明第二个正确,这一点是不应该的,特别是外学科老师出现的疑问,可能在下面的学生中依然存在这样的不理解。

2. 回忆完数列定义以后,让学生做数字游戏,将适当的数字填入下列表格中,使每一个横行的数成等差数列,每一个纵行的数成等比数列,则 $a+b+c$ 的值为?

1		2		
$\frac{1}{2}$		1		
		a		
			b	
				c

本环节可以说能够深刻地让学生体会数列的本质。

3. 例二进一步巩固数列的概念,同样也是找规律的题目。

4. 学生一起探讨 a_n 与 S_n 的关系,并让学生板书一个正确答案,一个很容易错误的答案,形成对比,并找同学解析。

5.学生自主练习后讨论分组求和法和裂项求和法。

总而言之，本节课设计的核心思路，就是回归数列定义，板书交给学生呈现，尽可能地让学生讲解，暴露问题，然后一起解决问题，理出一条对数列深刻理解的主线。

三、反思

本节课上完后，总体感觉有以下这些不足：

1.强调的是数列的概念，但是概念的辨析不到位。

2.课堂中例二的设计与例一有重复，而且花的时间较多，学案的设计上存在问题，同时对于课堂时间的把控上有些偏差（后面的巩固总结，差了3分钟）。

3.课堂中虽然有意识地让学生发言，但是都仅限于座位上，应该在必要时候让学生上讲台，到屏幕前面进行讲解将会让课堂氛围更浓。

4.板书每次都由学生书写，但都是完成后再书写，比较耽误时间，完全可以让同学上黑板做题，这样可以省下时间。

5.本节课中一共提问了刘泓銎同学3次，好学生发言较多，可能先让中等生，或者后进生先发言，然后好学生再补充效果将会更好。

四、赛课和青年班两次上课的前后

作为年轻老师，其实在得知4月19日赛课和4月21日青年班这两次公开课的时候，真的很紧张，基本上每天睡不着觉，特别是教学案的设计，需要对教材的深刻理解，直到4月15日周六第一次把完整的教学案编写出来后，我的师傅雷群莉老师特地到校为我进行指导。指导后又进行了大面积的修改，包括例题的选取、教学目标的调整、上课时间的把控，特别是总结语言的提炼等，都一一帮我进行了解读，真的很庆幸有这样的师傅在背后为我做支撑。当然还有蒋老师在上课前两天深夜10点半依然在询问我的备课情况，我深深地体会到一个团队给予我的关怀，我不是一个人在战斗。

直到4月19日赛课结束以后，感觉整个人一下子就对整个课堂有了不一样的理解，4月21日青年班的课上，明显地感觉出来自己确实跟之前相比成熟、老练了许多。我很感谢学校能有这样的活动，锻炼我们青年教师。通过这样的历练，我们真的很有收获。

接下来我简单地谈谈工作一年多来（包括之前的实习），我的课堂存在的问题和我以后教学中需要注意的问题。

1.作为青年教师，需要特别注意自己的基本功建设，从板书设计、教学语言、导思导学的安排、教学用具的使用等，精练自己的语言，杜绝说得多，写得多，真正发挥学生的主观能动性，让学生动起来。

2. 教材的解读和理解，多和师傅沟通，杜绝单兵作战，多听课，多交流，自然多进步。切不可上一节课备一节课，要先通读全本教材，要有自己的理解，多做高考题，明确我们的目标，不要教得杂，教得偏，重点不突出。

3. 多鼓励学生，特别是关注到班级所有学生，有时可能忽略了差生，为了赶进度反而只提问好学生，这样的课堂是低效的，要能随机应变。

4. 课后总结非常重要，这是一节课重难点的再次呈现，有利于学生形成知识体系，决不能敷衍了事。

5. 多静下心来反思，全面提高自己。

这次的赛课和青年班，确实收获满满，也许过程很痛苦，但是真的有收获，不涅槃何来重生？

"人大代表：肩负人民的重托"
教学设计系列

杨 咏

【教案学案】

《人大代表：肩负人民的重托》详案

教师：各位同学，我国宪法规定："中华人民共和国的一切权力属于人民"，那我们来回忆一下上节课的内容，人民是如何行使国家权力的呢？

学生回答。

教师总结：人民通过民主选举选出各级人大代表组成权力机关，代表人民直接统一行使国家权力。请问国家权力机关是由谁组成的呢？

学生回答。

教师总结：法律规定，人民代表大会的代表是国家权力机关的组成人员。（板书：人大代表的法律地位）

第一环节：走近人大代表（约8分钟）

有人觉得人大代表离我很远，我不认识，他们也不知道我的诉求，那到底是不是这样呢？我们今天有幸请到了我们学校数学老师蒋海燕老师，她是北京市特级教师，山东省第十二届人大代表。先后荣获县、市、省优质课一等奖。先后被评为骨干教师、优秀教师、师德标兵、五四杰出青年、突出贡献的中青年专家等称号。同学们可以现场采访蒋老师，了解你所关心的有关人大代表的相关问题。

1. 您是如何当选为山东省人大代表的？
2. 作为人大代表，您必须履行哪些职责？

3. 作为人大代表，您享有哪些权利？

4. 作为人大代表，您参与提出过哪些议案或者建议？

5. 您担任人大代表期间是否还从事学校的教育工作？

6. 既是人大代表，又担任本单位的教育工作，这两者之间会相互影响吗？

7. 您担任人大代表期间，您的生活来源由谁发放？

8. 作为人大代表，您是通过怎样的方式联系群众，了解人民意愿的？

9. 山东省和北京市是相同的行政级别，人大代表的资格可以直接转过来吗？

10. 在担任人大代表期间，您最深刻的感受是什么？

（板书：人大代表的产生方式、义务、权利）

教师总结：非常感谢蒋老师结合自己的人大代表的亲身经历回答了我们同学想知道的这么多问题。从你们的一问一答中，我们可以了解人大代表的法律地位、产生方式、义务、权利、人大代表与国外议员的不同、人大代表联系群众的方式等问题，收获颇多。

第二环节：假如我当代表（约22分钟）

不知道大家注意到没有，在蒋老师当选人大代表期间，一共以个人名义提出过12份建议。其实撰写议案、建议，是法律赋予人大代表的基本权利和职责，也是选民对人大代表的起码要求，但是因为全国人民代表大会职权范围内的议案应该由一个人大代表团或30名以上人大代表提出，而我们是几个同学一小组，所以我们不符合这项要求，我们可以以个人的名义提出建议。课前我们已经把同学分成了5个小组，就自己关心的问题通过社会实践活动的方式进行调研、撰写建议。下面是各小组展示环节，请同学们向在座的各位老师和同学展示你们的建议。

小组展示部分

教师总结：感谢各小组同学给我们带来了精彩的模拟人大代表的建议。在课前的实践活动中，你们不断动手、动脑、动嘴，充分调动积极性、创造性，我参与其中，看到你们具有良好的观察和分析社会问题的能力，较强的逻辑分析能力。正所谓"纸上得来终觉浅，绝知此事要躬行"。有人说，这都是些小事，也值得提建议吗？我认为，小事不小，事关民生，应当关注。

第三环节：肩负人民重托（约10分钟）

人大代表是国家主人的代表，一端连着人民，一端连着国家，发挥着极其重要的桥梁纽带作用。作为人民的使者和代言人，人大代表的素质决定着国家权力机关的水平，关系着国家的前途和命运，只有充分发挥代表的作用，人大制度才能有效运转。

2013年2月27日，新华社授权发布中华人民共和国第十二届全国人民代表大会代表名单，共计2987人。但是，在2016年9月13日第十二届全国人大常委会第二十三次会议上，却确定了辽宁省选出的45名全国人大代表当选无效，这其中缘由，我们来通过一个短片了解一下。

播放视频（约1分47秒）。

教师提问：看完这段视频，我想大家对这个震惊全国的辽宁省全国人大代表贿选案有了一些了解。其实，从2013年衡阳贿选案到去年的贿选案，从辽宁省原省委书记王珉、原省人大常委会副主任王阳、郑玉焯等省部级领导落马，到确认45名全国人大代表当选无效，犹如一部悬疑电影，一步步向公众揭开背后的黑幕。在这次严重的事件背后，我们必须要深刻反思。请同学们再看一段视频，思考以下问题：

1. 请陈述党和国家严查辽宁贿选案的重要性。

2. 党和国家应该如何做，才能真正落实公民的选举权和被选举权，保护公民基本的民主权利？

播放视频（约4分17秒）。

学生看视频，小组讨论并回答。

教师总结：人大代表本应该代表人民，表达人民的意愿和诉求，肩负人民的重托，而拉票贿选，是对我国人民代表大会制度和社会主义民主政治的公然挑战。严查此次事件，体现了以习近平同志为总书记的党中央坚定不移地推进全面依法治国、全面从严治党的态度和决心，维护了人民代表大会制度与社会主义法治的尊严和权威。十八大以来，中央反腐"无禁区，全覆盖，零容忍"，不断封堵着贪官的"外逃之路"和"精神退路"，有刮骨疗毒、猛药去疴的决心。我们未必能毕其功于一役，反腐永远在路上，但坚持我们的根本政治制度，党和国家的决心和力度，有目共睹。

另外，公民的选举权和被选举权是宪法规定的公民享有的基本民主权利，不能被非法剥夺。选举法中对选举程序、选区划分、候选人提名等都做了详细的规定，这是国家从法律层面的约束。公民个人应该遵守法律法规，有序行使。珍惜权利，履行法律义务。监督选举。公民行使选举权应出于公心，以人民利益为重，要了解候选人的品德和能力表现，在理性思考的基础上审慎投票。

辽宁贿选案相关报道：

人民日报：辽宁贿选案性质恶劣，让人触目惊心

新华社北京 9 月 13 日电　人民日报 9 月 14 日评论员文章：对拉票贿选坚持"零容忍"

为期一天的十二届全国人大常委会第二十三次会议，审议通过了代表资格审查委员会关于辽宁省人民代表大会选举产生的部分第十二届全国人大代表当选无效的报告，依法确定 45 名拉票贿选的全国人大代表当选无效；审议通过了关于成立辽宁省第十二届人民代表大会第七次会议筹备组的决定。

之所以要严查贿选问题，是因为：第一，选举法明确规定，以金钱或者其他财物贿赂选民或者代表，妨害选民和代表自由行使选举权和被选举权的，其当选无效。此次全国人大常委会确定 45 名拉票贿选的全国人大代表当选无效，决定成立辽宁省人民代表大会下一次会议筹备组，于法有据，程序严密。

第二，对拉票贿选案的处理，有力维护了我国的人民代表大会制度。人民代表大会制度是我国的根本政治制度，是坚持党的领导、人民当家作主、依法治国有机统一的根本制度安排。搞拉票贿选，是对我国人民代表大会制度和社会主义民主政治的公然挑战。选举制度作为我国人民代表大会制度的组织制度基础，是我国社会主义民主法治的重要组成部分。选举是否公正，直接关系到公民选举权和被选举权能否得到实现，直接关系到各级人大代表能否真正代表人民的利益。

第三，严肃依纪依法查处拉票贿选案，充分彰显了以习近平同志为总书记的党中央坚持全面从严治党、全面依法治国，严肃党纪国法，坚决惩治腐败的鲜明态度和坚定决心。习近平总书记多次强调，反腐败高压态势必须继续保持，坚持以"零容忍"态度惩治腐败。只有彻底查清选举领域的违法腐败行为，并依纪依法严肃处理，才能赢得民心，才能维护我们党在人民群众心中的地位和威信。

辽宁拉票贿选案是新中国成立以来查处的第一起发生在省级层面、严重违反党纪国法、严重违反政治纪律和政治规矩、严重违反组织纪律和换届纪律、严重破坏党内选举制度和人大选举制度的重大案件。涉案人数众多、性质恶劣、情节严重，触目惊心。目前，45 名拉票贿选的全国人大代表已被确定当选无效。

对拉票贿选案的处理，充分体现了党中央对拉票贿选"零容忍"的坚定决心。坚定不移惩治腐败，是我们党依法执政的必然要求。党纪国法面前人人平等，不论涉及什么人，不论涉及多少人，只要触犯了党纪国法，都将一查到底，绝不姑息迁就。党的十八大以来，在惩治腐败问题上，党中央的态度一直非常坚决，坚持有腐必反、有贪必肃。党中央多次强调，严肃选举纪律，严禁权钱交易，确保选举风清气正。

辽宁拉票贿选案再一次给我们敲响了警钟。当前正值地方各级领导班子和县乡人大换届选举，这是党和国家政治生活中的一件大事。做好换届选举工作，对于坚定不移走中国特色社会主义政治发展道路，巩固党的执政地位，保障人民当家作主，具有十分重要的意义。人大代表作为国家权力机关组成人员，代表人民的利益和意志依法参加行使国家权力。这种光荣的使命，绝不能用金钱来换取。绝不允许金钱渗透到人民代表大会制度中，绝不允许通过任何手段干扰破坏人大代表的选举。

如何落实公民的选举权和被选举权：

公民的选举权和被选举权是宪法规定的公民享有的基本民主权利，不能被非法剥夺。选举法中对选举程序、选区划分、候选人提名等都做了详细的规定，这是国家从法律层面的约束。公民个人应该遵守法律法规，有序行使。珍惜权利，履行法律义务。监督选举。公民行使选举权应出于公心，以人民利益为重，要了解候选人的品德和能力表现，在理性思考的基础上审慎投票。

《中华人民共和国宪法》第三十四条规定："中华人民共和国年满十八周岁的公民，不分民族、种族、性别、职业、家庭出身、宗教信仰、教育程度、财产状况、居住期限，都有选举权和被选举权；但是依照法律被剥夺政治权利的人除外。"选举权和被选举权是公民的基本政治权利之一。选举权是公民选举国家代表机关的代表与其他公职人员的权利。被选举权则是公民被选任为国家代表机关的代表或其他公职人员的权利。选举权和被选举权由我国宪法规定并受到法律保护。

为了保证我国公民选举权和被选举权的有效行使，我国立法机关还制定了选举法，对公民行使选举权的原则、程序和方法作出了规定。第十一章对破坏选举的制裁第五十七条为保障选民和代表自由行使选举权和被选举权，对有下列行为之一，破坏选举，违反治安管理规定的，依法给予治安管理处罚；构成犯罪的，依法追究刑事责任：（一）以金钱或者其他财物贿赂选民或者代表，妨害选民和代表自由行使选举权和被选举权的；（二）以暴力、威胁、欺骗或者其他非法手段妨害选民和代表自由行使选举权和被选举权的；（三）伪造选举文件、虚报选举票数或者有其他违法行为的；（四）对于控告、检举选举中违法行为的人，或者对于提出要求罢免代表的人进行压制、报复的。国家工作人员有前款所列行为的，还应当依法给予行政处分。以本条第一款所列违法行为当选的，其当选无效。第五十八条主持选举的机构发现有破坏选举的行为或者收到对破坏选举行为的举报，应当及时依法调查处理；需要追究法律责任的，及时移送有关机关予以处理。

中国教科院丰台实验学校教案

教学课题	人大代表：肩负人民的重托	课时	1课时
教学课型	新授课	教法	案例分析法、小组探究讨论法
教学目标	识记：了解人大代表的法律地位、产生方式、享有的权利与义务。 理解：知道人大代表是国家权力机关的组成人员，代表人民直接统一行使国家权力，在推动社会主义法治建设和社会全面发展方面发挥着至关重要的作用。 运用：通过社会实践活动进行调研，关注民生，撰写建议，从而使同学们理解人大代表的基本权利和职责，增强社会责任感。		
重点	人大代表的权利与义务		
难点	人大代表如何行使国家权力		
教具	电子白板		

教学环节	教师活动	学生活动	设计意图
导入新课	回顾知识，提问："人民是如何行使国家权力的？" 介绍人大代表钟南山、董明珠、谭晶	思考回答 聆听	从学生熟悉的公众人物出发，引出他们人大代表的身份，调动课堂气氛
正式授课	第一环节：走近人大代表 组织学生通过提问，现场采访蒋老师	组织问题、现场采访	通过现场采访，近距离交流，落实人大代表的产生、权利、义务等知识点
	第二节：假如我是代表 组织学生分小组，课堂展示学生课前的调查结果和建议	学生按小组展示建议内容并播放相关PPT	通过学生的课前和课中的实践活动，让学生体会人大代表的提案权，从而了解人大代表必须代表人民，关注民生
	第三环节：肩负人民重托 播放视频《辽宁省45名人大代表当选无效》和《反思辽宁拉票贿选案》 提出问题：1.请陈述党和国家严查辽宁贿选案的重要性。2.党和国家应该如何做，才能真正落实公民的选举权和被选举权，保护公民基本的民主权利。 课堂小结	观看视频、小组讨论、回答问题	通过视频介绍，重申人代表大会制度的权威，党和国家全面推进依法治国、从严治党的决心，以及人大代表的权利和义务，人大代表在推动社会主义法治建设和社会全面发展方面的中坚作用

作业	《三级跳》P45 1—9
板书设计	人民代表大会 ↑ 人大代表 ↑ 人民　　法律地位：国家权力机关组成人员　　产生方式：直接选举　间接选举　　义务　　权利：提案权、质询权、审议权、表决权
课后小记	

人大代表提出议案，政协委员提出提案，是法律赋予代表、委员的民主权利，是代表监督"一府两院"工作、委员参政议政的重要形式。议案、提案备受关注，不仅因为其内容涉及国家发展和社会民生，更在于它们实则是一份份代表、委员履职的成绩单。议案、提案最终落实的情况，反映了民主法制的发展水平。

下面我们给各位老师和同学出示五份近年较受关注的人大议案

1. 关于修改大气污染防治法的议案

"北京马拉松雾霾中起跑""重庆为治理雾霾叫停烟熏腊肉"，近年来，"雾霾"一词频频登上新闻头条。2013年全国人大会议期间，300多位代表共提出关于修改大气污染防治法的议案10件，周洪宇等30位代表提出制订清洁空气法的议案1件。

从执行情况来看：该议案修改工作已启动，大气污染防治法修订草案已提请全国人大常委会审议。

2. 关于修改红十字会法的议案

近年来，"郭美美""天价帐篷"等事件让中国红十字会屡陷公信力危机。2013年全国人大会议期间，郑功成等31名代表提出修改红十字会法的议案。

从执行情况来看：该议案被列入立法预备项目，修改工作已启动。

3. 关于修改水污染防治法的议案

"山西长治苯胺泄漏污染河水""广西贺江被重金属污染"，中国的水污染事件近年来时有发生。2013年全国人大会议期间，傅企华、袁敬华等60位代表提出了关于修改水污染防治法的议案。

从执行情况来看：该议案已列入十二届全国人大常委会立法规划，有关部门已经开展了前期研究工作。

4. 关于终止授权国务院制定税收暂行规定或者条例的议案

2013年,赵冬苓等32名全国人大代表联合署名提出关于终止授权国务院制定税收暂行规定或条例的议案。议案呼吁,全国人大及其常委会尽快收回税收立法权、税收法律解释权。

从执行情况来看:今年全国人民代表大会审议了立法法修正案草案,对全国人大及其常委会的专属立法权事项做了进一步细化。根据税收法定原则,明确税种和税收征收管理等税收基本制度只能由法律规定。

5. 关于制定公共场所禁烟法的议案

中国的控烟事业一直受到大众关注。2014年全国人大会议期间,方新等340位全国人大代表提出关于尽快制订和实施公共场所禁烟法的议案10件。

从执行情况来看:国务院法制办已将公共场所控制吸烟条例草案向社会公开征求意见。

【评课议课】

学生一看就会、就懂的概念如何呈现?
——评杨咏老师课

赵长河

学生一看就会、就懂的概念如何呈现,教学材料安排的顺序有何考量?

文科甚至包括大量理科的有些概念,是高中学生一看就会、就懂的,如何呈现?是上课伊始先讲解梳理中掌握;还是在具体案例的叙述中,让学生在案例分析中,经由老师同学质询掌握?这是一个非常有趣、值得探讨的共性问题。

比如这一课中设计的需要掌握的概念有"人大代表产生的方式,有直接和间接""基层(不设区的市、市辖区、县、自治县、乡、民族乡、镇)人大代表由直接选举产生""人大代表的法律地位、义务和权利""权利有提案权、质询权、审议权、表决权",诸如此类的知识,是学生一看就懂的知识。

可否先由学生课前梳理,上课伊始,让学生上黑板呈现他们各自的梳理,可以规定不同的小组采用不同的梳理方式汇报交流,有用表格的,有用大括号的。

比如这一课能否上来就以案例活动形式展开。假设情景:听课的学生代表某一级选举机构,上课伊始,上台进行提案报告的"代表",首先接受质询,他们作为"人大代表"

产生的合法性，引出代表产生的"直接、间接"的概念。继而引出行使他们的"提案权"的概念。

引出梳理一看就懂的文史类课程的概念的方法。又使我想起了第二届实验杯竞赛那立媛老师的课。

那老师这节课课题是《经济之产业发展》。这是一节高三复习课。那老师的目标描述关键词分别是"回顾""理解""运用"。重难点是"理解某产业转型发展的原因及措施"。那老师的流程有五个，一是试题归纳总结；二是初步了解产业发展，这一步有若干高一学过的《经济生活》中的知识延伸点，但把它定位于"初步了解"似乎欠准确，似乎是"与已有《经济生活》中概念建立联系"；三是最吸引学生和听课者的雄安特区案例分析，这一步有思路提炼框架的总结环节；四是仍然以雄安特区案例进行"灵活运用提升能力"的训练，这一步最精彩的是"变式训练"类型的小结和当堂训练；最后是"课后反思"，但仅止于这四个字，没有展开。

我要提出的问题是，有没有可能在材料呈现的顺序上做个微调。把雄安特区的案例放在开始呈现？当然要对这个案例的描述进行改造。增加描述的文字量，在描述中，把"产业""产业发展""为什么要推进某一产业发展转型""供给侧结构改革"等概念，渗透在描述用语中。然后让学生在这激发他新鲜感的案例描述中，有趣、高效地筛选出相关概念的描述。

也许那老师考虑高三复习课的大容量，用PPT直接投影"交代"概念可以加快课堂节奏。

如果是高一课我觉得更可以先呈现案例，然后在案例的阅读中把握核心概念的内涵。

这牵涉的其实是如何调动学习兴趣的问题，牵涉合理利用学生认知规律安排教学顺序的问题。有时，同样的教学内容，呈现的顺序不一样，调动学生的积极性的效果不一样。

当然这又需要老师对原本的案例叙述加以改造。根据需要，简或详之，详或简之。这改造案例叙述，是学科本体的功夫。这个放在高三复习课只用了150字叙述的材料，放到高一可以扩大为500字以上的叙述，在这样的叙述过程中，引出需要掌握的概念。

鲜活案例的选择，体现的是人文学科的当下性和趣味性。

本来十分有趣的人文学科，有时因为照本宣科和案例陈旧，提不起学生的兴趣。

杨咏老师本节课在案例选择的当下性和鲜活性上，花了功夫。第一个案例是本校特级教师蒋海燕老师当选和行使山东省人大代表的案例。第二个案例是"治理共享单车"。这两个案例，自然能调动学生的兴趣。

"图形的变换"教学设计系列

佘 文

【教案学案】

班　级	初三（5）	组　名		姓　名	
课　题	专题：图形的变换				
学习目标	1. 灵活运用图形变换的性质解决数学问题． 2. 运用数形结合的思想解决几何证明及函数问题．				
学习重点	运用图形变换思想解决几何证明与计算问题．				
学习难点	灵活运用图形变换思想解决数学问题．				

学习过程：

一、课前预习

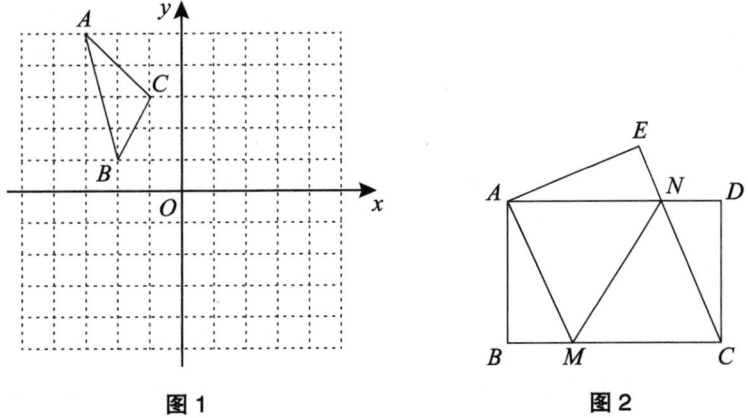

图1　　　　　　　　　　　图2

1. 如图1，在平面直角坐标系中，已知△ABC的三个顶点的坐标分别为 $A(-3, 5)$，$B(-2, 1)$，$C(-1, 3)$．

（1）若△ABC 经过平移后得到△$A_1B_1C_1$，已知点 C_1 的坐标为（-2，0），画出平移后图形，顶点 A_1 的坐标_____；

（2）若△ABC 和△$A_2B_2C_2$ 关于原点 O 成中心对称图形，画出△$A_2B_2C_2$，并写出点 B_2 的坐标_____；

（3）将△ABC 绕着点 O 按顺时针方向旋转 90° 得到△$A_3B_3C_3$，并写出点 C_3 的坐标_____．

2. 如图 2，将一张矩形纸片 ABCD 沿直线 MN 折叠，使点 C 落在点 A 处，点 D 落在点 E 处，直线 MN 交 BC 于点 M，交 AD 于点 N．

（1）请判断△CMN 的形状，并说明理由；

（2）如果 MC = 3ND，CD = 4，求线段 MN 的长．

3. 一次函数 y=2x-3 的图象先向右平移一个单位，再向下平移两个单位，此时图象的解析式为_____。

4. 总结

图形平移的性质：_____

图形旋转的性质：_____

图形的轴对称的性质：_____

图形的平移、旋转和轴对称有什么共同的特征：_____

二、大胆尝试

1. 如图，△ABC、△EDC 都是等腰直角三角形，∠ACB=∠ECD=90°，点 E 在线段 AB 运动上，观察图形后，结合旋转的性质，你能提出一个问题，并说出证明思路吗？

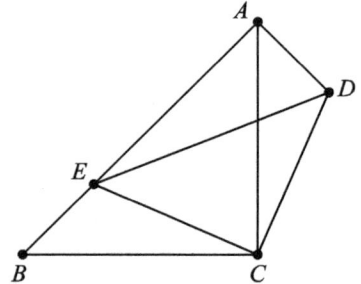

2. 在平行四边形 ABCD 中，点 B 关于 AD 的对称点为 B′，连接 AB′，CB′，CB′ 交 AD 于 F 点．

（1）如图 1，∠ABC = 90°，求证：F 为 CB′ 的中点；

（2）小宇通过观察、实验、提出猜想：如图 2，在点 B 绕点 A 旋转的过程中，点 F 始终为 CB′ 的中点．小宇把这个猜想与同学们进行交流，通过讨论，形成了证明该猜想的几种想法：

想法 1：过点 B′ 作 B′G ∥ CD 交 AD 于 G 点，只需证三角形全等；

想法2：连接BB'交AD于H点，只需证H为BB'的中点；

想法3：连接BB'，BF，只需证$\angle B'BC = 90°$.

请你参考上面的想法，证明F为CB'的中点.（一种方法即可）

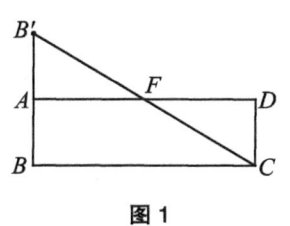

图1

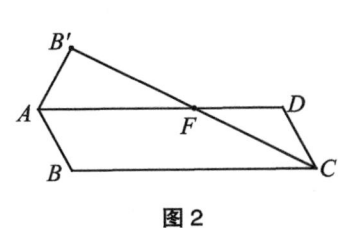

图2

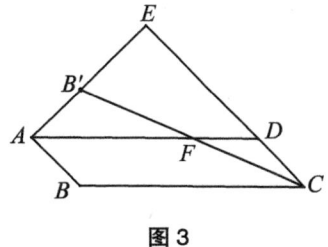

图3

3.二次函数$y=(m+1)x^2-2(m+1)x-m+3$，其中$m+1>0$.

（1）求该二次函数的对称轴方程；

（2）过动点$C(0, n)$作直线$l \perp y$轴.

若抛物线与x轴有两个交点，将抛物线在x轴下方的部分沿x轴翻折，图象的其余部分保持不变，得到一个新的图象．当$n=6$时，直线l与新的图象总有四个公共点，求m的取值范围．

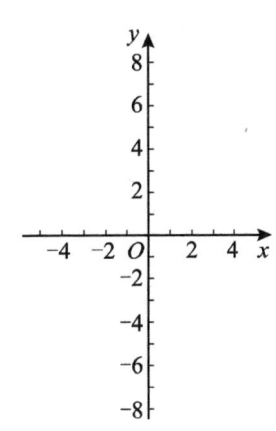

三、学习反思

我的收获：

我的疑惑：

四、自我评估

1.如图，在正方形ABCD中，E是AD中点，F是BA延长线上的一点，AF=$\frac{1}{2}$AB. 求证：$\triangle ABE \approx \triangle ADF$.

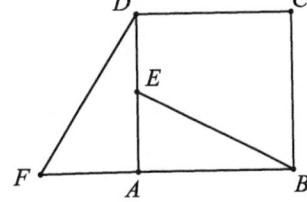

2. 在△ABC中，AB=AC，∠A=60°，点D是BC边的中点，作射线DE，与边AB交于点E，射线DE绕点D顺时针旋转120°，与直线AC交于点F.

（1）依题意将图1补全.

（2）小华通过观察、实验提出猜想：在点E运动的过程中，始终有DE=DF. 小华把这个猜想与同学们进行交流，通过讨论，形成了证明该猜想的几种想法：

想法1：由点D是BC边的中点，通过构造一边的平行线，利用全等三角形，可证DE=DF；

想法2：利用等边三角形的对称性，作点E关于线段AD的对称点P，由∠BAC与∠EDF互补，可得∠AED与∠AFD互补，由等角对等边，可证DE=DF；

想法3：由等腰三角形三线合一，可得AD是∠BAC的角平分线，由角平分线定理，构造点D到AB，AC的高，利用全等三角形，可证DE=DF.

请你参考上面的想法，帮助小华证明DE=DF（选一种方法即可）.

（3）在点E运动的过程中，直接写出BE，CF，AB之间的数量关系.

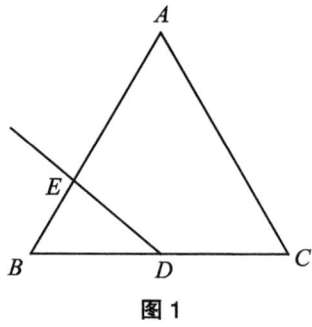

图1

【评课议课】

更具有课型价值的研讨课

——佘文老师"图形的变换"研讨课点评

赵长河

一、更具课型价值的研讨课

在距离中考还剩两周的时节，在时间几乎以分秒计算的此时，初三数学课怎么上？当初安排这个时间节点开设研讨课，就盘桓良久，最后还是安排了。真的想观摩观摩中考两周前，我们的毕业班课堂。于是，想到了老将，想到了佘文老师。一所学校，需要各样的课型研讨、建设。出现频率高的，常态课、示范课、竞赛课，新授课、复习课、习题课；出现频率低一点的，衔接课、考前课、实验课、研学旅行课、综合实践课，读书汇报、演讲比赛、话题辩论，等等，我们都要有相应的课型研讨建设。这之中，尤其是那些出现频率低的，也需要我们老师能够勇于探讨，积极实践。因为这样的课，更需要担当的勇气和探索的智慧。从这个意义上说，佘文老师的这一节考前课，就更具有了课型的意义。

二、重难点、大容量、综合性与回归课本

表面看，考前两周，重难点、大容量、综合性与回归课本之间似乎有点矛盾。因为，通常这个节点，各科似乎都在往回归课本的考前中心靠拢。但我觉得，这个矛盾只要处理得当，是可以得到很好地解决的。这也是佘文老师课的又一意义所在。

佘文老师的课题"图形的变换"涉及的考点，常常是中考试卷的压轴题部分，很显然是重难点。这节课，因为是考前综合提炼课，佘老师把"平移、旋转和轴对称"这三种图形变换糅合在一节课中复习。这三种图形变换，一轮复习时，一种变换就至少得一两个课时。这节课，要用一节课进行提炼，很显然，这体现的是一种大容量和综合性。

佘文老师这节课，让学生课上完成的订正和当堂练习，有四道题，符合一般课堂的习题量。更为可贵的细节是，解题过程中，佘老师每每引导学生回到三种图形变换的基本性质上，回到通过白板动态呈现的三种图形的基本性质上。

但似乎每一道题都是三种图形变换的综合。这增加了难度。

我想，如果这样安排四道题呢？

前三道题分别是只是单一有关平移、旋转和轴对称的简单题，此时可以考虑回归课本。最后一道题，体现三种图形变换的综合性。把教学案上精选的三种图形变换的综合题，放置在课后练习中。

三、不得不提的信息技术的娴熟运用

佘文老师对白板的娴熟使用，给听课者留下深刻的印象。由此我想到了我们绝大部分老师。我们的老师，对信息技术的需求是迫切的，但主动探求、运用的意识和实践，还不够。

我们需要主动亲近信息技术了。这将成为以后教学必备的基本功。这之中，尤其我们年轻老师，更要加快熟练这种技术。

按说，佘文老师属于年龄较大者，对于信息技术熟练掌握的主动性，也还如此积极前卫。这值得我们每个老师，思齐跟进。

【何晓润】

在周五学校的研修班活动中，听了一节佘文老师的初三数学复习课"图形的变换"，佘老师这节课从指导思想、课的设计都充分体现了数学学科的本质，注重对学生学科素养的培养和发展。使我感受较为突出的有以下两点：

第一，让学生经历知识的回顾、归纳、运用、构建知识网络的过程，先带领学生总结三种图形变化，说出它们的特征，再配合典型例题的分析进一步应用三种图形变化。通过这节课的复习，在全面了解的基础上开始学习，更加深化知识内容，达到经过多次反复，逐步提高认识的层次。每道例题的点评中都注重回到知识的本质上，帮助学生分析图形变换的主要特征，不仅进一步夯实了双基，熟练了通性通法而且使学生的思维品质有了提升。

第二，这节课也让我感受到佘老师鲜明的教学风格。每一道题呈现出来之后都让学生经历观察、思考、交流、探讨的过程，非常尊重学生原有的思维方式，并适当地引导，最后教师点评，提出更深一层的问题引发学生思考，较好地发挥了教师的主导作用。学生在几种不同的方法中进行比较，在这种碰撞的思维中加深对问题的理解，从而提升了分析问题、解决问题的能力。

对比初高中数学的课堂，自己感觉初中数学更加注重在学生原有认知基础上的引导、探究和发现的过程，使学生能力在这种过程中逐步地自我提升，而并不把重点放在对理论的深入、提升和总结上，这种充分尊重学生的思维的态度非常值得自己反思和学习，同时教师应站在一个更高的角度把握知识，这样在这总结、探索、发现的过程中，也更容易引领学生发现问题的本质，优化学生的思维。

【毕海星】

佘文老师教初三数学，他的这节课正值中考前夕，丰台区初三二模结束之后。在这个阶段，佘老师选择了专题复习图形的变换，具体涉及平移、旋转和轴对称。这部分是中考的重难点，选择这一课题，是需要很大勇气的。

佘文老师精选了四道习题，将三种图形变换融合在一起，力求实现知识和方法的质的提升。因此，这节课的容量大，综合性强，佘老师通过题目的设置，巧妙地实现了自己的教学目标。前三道题是关于某一种变换的简单题，以回归基础，抓基本考点为主，最后一题则需要综合应用多种变换。

在这样一节数学课上，佘老师对白板和几何画板的熟练程度令人佩服。对于解决复杂的数学动态变化的问题，信息技术可以起到非常重要的作用，佘老师可以说是我学习的榜样。

自然和谐、风格独具
——评佘文老师"图形的变换"研讨课

李春林

佘文老师选择了专题复习图形的变换,就像"一千个人眼里有一千个哈姆雷特"一样,这一专题,尤其是在丰台区初三二模结束之后,本身便很有看点,也很有亮点。

其一,充分利用媒体便利,增大课堂容量的同时提升了课堂效率。几何画板的动态演示、白板 elink 实时传图功能等都充分服务于课堂需求,做了很好的示范。

其二,教态从容与教风严谨相得益彰,展现出大气的教学风范。佘老师的课,之前就听过几次,很有自己的特点。他总是在不紧不慢、不慌不忙的节奏中自然地对全体学生思维的进程、交流的进程拿捏得很是到位。

其三,教学设计因材施教、不拘一格。佘文老师选配的四道题,将三种图形变换融合在一起,课堂容量很大,习题综合性强。一般来说,图形在经过几何变换之后产生的一组新的图形,其图形位置关系的变换,产生图形中的数量关系的内在关联。函数问题侧重于点的坐标的关联牵引出图象性质的生成,而几何问题则侧重于图形的全等(或相似)而引发的图形要素的关联。两类问题在思维方法上还是有着较为明显的差别。佘老师根据对自己学生的充分了解,大胆把两类问题穿插、组合,显示出很强的整体把握课堂的教学功力。从学生在板演讲解、讨论交流等各环节表现来看,不仅可以看出课堂效果很好,而且学生听讲专注、参与课堂自然、师生互动和谐。

佘老师上出了自己独特的味道。很赞!

"Lesson 7 Chinese New Year（Ⅰ）" 教学设计系列

刘 燕

【教案学案】

教学基本信息	
课题	Lesson 7 Chinese New Year 第一课时
理论基础	
《义务教育英语课程标准（2011年版）》总目标指出，能用简单的语言表达简单的观点，能读懂常见文体的小短文和相应水平的英文报刊文章。语言技能标准四级中读的技能要求学生能从简单的文章中找出有关信息，理解大意。语言技能标准五级阅读技能要求学生能根据上下文猜测生词。语言知识五级词汇标准要求学生运用词汇描述事物、行为和特征，说明概念等。	
教材分析	
本课是北师大版《义务教育教科书英语八年级（下册）》第三单元，话题是"节日"。本课是本单元的第一课，在承接 Get Ready 部分有关 "Festival and Holidays" 话题的基础上，本课主要介绍 Grace 在北京过春节的情况。 本课的教学主要分成两个课时，本节课是第一课时，侧重对课文的理解。首先通过头脑风暴的形式激发学生已有的知识：一年中的主要节日。然后利用谈论个人最喜欢的节日引入中国传统节日——春节，以及春节的习俗。接着通过阅读了解 Grace 在北京过春节的文章大意和细节信息——以时间为主线梳理 Grace 在除夕当天的各种活动，以及 Grace 当时的感受。本节课主要渗透现在完成时的疑问句的相关知识，主要引导学生理解现在完成时的语用功能。	
教学目标	
在本课学习结束时，学生能够： 1. 说出中国著名节日的名字和春节主要习俗； 2. 通过阅读找出 Grace 在春节不同时间做了什么活动、文化意义以及对除夕感受的信息； 3. 使用获取的信息复述 Grace 在除夕做的活动； 4. 通过梳理春节活动信息感悟传统文化意义。	

续表

教学重、难点

重点：1. 认读有关节日名称及相关活动的词汇；
　　　2. 通过阅读找出Grace在北京过春节时的各种活动信息。
难点：以时间线索为主线梳理Grace在北京过春节时的活动并获取她对于活动感受的信息，深入感悟传统文化的意义。

教学过程

过程	教师活动	学生活动	设计意图	时间
Pre-reading				
Step1	Warm up: Ask the students to think about what festivals they know.	Think about what festivals they know.	激活有关"节日"的背景知识。	2'
Step2	Ask the students to look at the pictures and then learn or review the festivals.	Look at the pictures and then learn or review the festivals.	借助于图片学习或复习节日的英语表达方式。	3'
Step3	Pairwork Ask the students to talk about what they often do on Chinese New Year's Day.	Talk about what they often do on Chinese New Year's Day.	激活有关春节各种活动的背景知识。	4'
While-reading				
Step5	Fast-reading 1. Learn the information about Grace by asking "What's the Chinese New Year like in foreigners' eyes?" 2. to help students read and understand the instant message: 1）Who is she talking with? 2）What are they talking about?	Answer questions: Where is she from? Where is she spending this Chinese New Year?	训练学生快速阅读抓大意的能力。	3'
Step6	Intensive-reading 1）Read each paragraph and underline the things Grace did. 2）Ss share their answers in groups. 3）Direct students to elicit the timeline that Grace did the different things. 4）List what Grace did in time order. 5）Go over the answers, asking individual student to say the answer aloud. Encourage students to answer in complete sentences. 6）Read the passage again and answer the question about Grace's feeling and find the evidence. 7）Let the students read after the tape.	1）Read each paragraph and underline the intensive message. 2）Check answers by sharing in group. 3）underline the evidence in each paragraph. 4）Read after the tape. 5）Go over the things Grace did in time order, and practice reading the information by using complete sentences. 6）Students work individually, then in pairs to find evidence to show Grace's feelings.	训练学生详细阅读抓细节信息的能力； 通过小组合作整合订正答案； 训练学生通过梳理事件归纳时间主线的能力。 训练学生详细阅读抓细节信息的能力； 加强朗读，增强语感。	20'

Post-reading				
Step7	Oral practice Group A: Retell the text. Example: Grace is spending the Chinese New Year in Beijing now. She has done a lot of things. In the morning she put up the Chinese New Year decorations...In the afternoon, she helped Li Lin's family prepare the Chinese New Year dinner... Group B: Talk about what you did on a holiday or a festival that you are interested in. Model: I spent my holiday or festival with ... in ... In the morning, I did... In the afternoon... In the evening... At midnight... Some useful information you may need.	Students find the evidence such as —*The character "福" means "good luck" so we put them on doors and windows.* Talk with partners to introduce more meanings of traditions.	1. 阅读找出 Grace 了解到了哪些春节习俗的文化含义，补充主线信息。 2. 设计有真实交际性的活动：通过告知 Grace 其他传统文化含义引导学生挖掘、感悟中国春节传统文化的含义。	8'
Step8	Homework	Practice Role-play Finish the evaluation form		1'

Table： Some useful information you may need

names of holidays or festivals	activities	feelings
Mid-autumn Festival	enjoy the moonlight, eat mooncakes, ...	happy, excited, tired...
Dragon Boat Festival	go boating, eat zongzi ...	happy, excited, tired...
Mother's Day	give flowers to mom, invite mom to see a movie...	happy, excited, tired...
...	...	...

Lesson 7　Chinese New Year（I）

Class_____　　　Name_____

教学目标：

在本课学习结束时，学生能够：

1. 说出中国传统节日的名字和春节主要习俗；

2. 通过阅读找出 Grace 在春节不同时间做了什么活动、文化意义以及对除夕感受的信息；

3. 使用获取的信息复述 Grace 在除夕做的活动；

4. 通过梳理春节活动信息感悟传统文化意义。

教学重、难点：

重点：1. 认读有关节日名称及相关活动的词汇；

　　　2. 通过阅读找出 Grace 在北京过春节时的各种活动信息。

难点：以时间线索为主线梳理 Grace 在北京过春节时的活动并获取她对于活动感受的信息，深入感悟传统文化的意义。

Oral practice

Group A：Retell the text

Group B：Talk about what you did on a holiday or a festival that you are interested in.

Model：

I spent my holiday or festival with ... in ... In the morning, I did... In the afternoon... In the evening... At midnight...

Some useful information you may need

names of holidays or festivals	activities	feelings
Mid-autumn Festival	enjoy the moonlight, eat mooncakes, ...	happy, excited, tired...
Dragon Boat Festival	go boating, eat zongzi ...	happy, excited, tired...
Mother's Day	give flowers to mom, invite mom to see a movie...	happy, excited, tired...
...	...	...

Feedback（形成性评价反馈表）

Class_____   Name_____

1. I can say some traditions of Chinese New Year's eve.

    more than 5   3-5   less than 3

2. I can find the answers in reading.

    all   most   a few

3. I can make a good dialogue between dad and mum.

    more than 10 sentences   5-10   less than 5 sentences

4. I can express my opinion in the debate.

5. I answered questions actively in this class.

    more than 3 times   1-3   none

【评课议课】

语言习得、目标叙写、评价促学、STEM 课程
——刘燕老师公开课评析

赵长河

一、课堂流程遵循语言由易到难的习得规律

这是一节介绍中国传统节日春节的阅读课。教材以来自英国的 Grace 的视角展开叙述。教学目标主要定位在：学生在阅读过程中以英语表达获得信息的能力。刘燕老师由词到句到文，逐渐引导学生习得由易到难的语言识记、理解和表达能力。先是进行有关传统节日活动和相关事物的词汇认知。这是课堂的"发散"。再是提供了一圈围绕传统节日"春节"的单词首字母，引发学生联想与春节有关的词汇。较之第一个环节，难度递增了。在这样的铺垫和导入下进入本课重点——有关春节的叙事。由"发散"到"聚敛"。这一段选文，

采用了表格填空的形式，提示筛选信息的角度，分别是Time、Things、Feelings。这个环节有速度要求。这个环节是学生根据核心单词的提示，正确而流畅地连词成句，三名学生依次上场。其中一名学生能够脱稿，另外两名朗读自己课上连词成句成段的内容。

课后了解，这是一个普通班，课前学生对这个环节有所准备。更难能可贵的环节是，刘燕老师今天请到讲台前展示的三名学生是这个班学习能力较弱的学生。马静老师非常欣赏这个关注各层面尤其能力较弱学生学情的教学举措。更深一层，在公开课中，勇于让可能影响"老师上课出彩"的、能力较弱的学生上场，本就是一名老师最大的人文情怀。从新课程理念而言，一节课最大的出彩也应是"学生学得出彩"。

接下来的环节是拓展延伸，是由春节延伸到其他传统节日，分别是"Mid-autumn Festival" "Dragon Boat Festival" "Mother's Day"。这个环节，要求的能力更高。学生在规定时间的准备后，完全脱稿说出。学生表现不如前面的环节。这环节更需要的是"听说课"的能力。由此，李明喜老师建议，尽管这节课定位在"阅读课"，也可融入一些"听说课"的能力教学。李老师还顺带提示，"Mother's Day"不是中国传统节日的教学选材的细节注意点。从建议的角度而言，余文老师的建议是，从语言课的大声诵读的语言习得的规律出发观察，本节课大声诵读的声音似乎少了一些。也许这跟刘燕老师把这节课定位在"阅读课"而非"听说课"有关。

至此，教学流程基本完成了。郭坤老师非常欣赏整个环节的由易到难、行云流水式的课堂美。郭老师几乎评价了课堂教学的每一个环节。总体来说，郭老师认为，从"阅读课"的定位角度而言，这是一节定位非常准确、参与度高、信息量大的好课。

张宝瑜老师教语文，但英语非常ok。她从刘燕老师以关注标点符号的角度切入教学谈起，认为刘老师语言教学渗透传统文化内容，"挺主流"。更主要的，她提出"与学生生活有关系的语言学习才有意思"，这是刘燕老师语言学习场设置的巧妙。这巧妙，其实也是一种教学根本大法的显现：与学生生活有关联。

英语同行杨稷平老师、王妍老师主要从细节建议的角度，表达了她们的评课内容。英语组的公开课，作为教研团队，她们已然深度参与了集体备课。此时，她们更主要的，是揣摩每一个细节的合宜性。她们还负责了课堂实录的当堂记录。团队第一，个体第二。

二、值得推广的形成性评价表

最后一个环节是"形成性评价反馈表"，学生要当堂填写。

1. I can say some traditions of Chinese New Year's eve.

  more than 5 3–5 less than 3

2. I can find the answers in reading.

    all   most   a few

3. I can make a good dialogue between dad and mum.

  more than 10 sentences   5–10   less than 5 sentences

4. I can express my opinion in the debate.

5. I answered questions actively in this class.

  more than 3 times   1–3   none

评价，首先是学生这个学习主体的自我评价。这个环节，有普适的推广价值。课后我问刘燕老师，这个环节是仅仅今天公开课有，还是一种日常课堂教学环节。刘燕老师说是日常环节。我们要为这个"日常环节"点赞。我们希望这个环节成为我们学校课堂教学的"常规"。"以评价促进教学"绝不是仅仅体现为考试后冰冷的数据，而是每一节课的适时评价、适时调整；"以评价促进教学"也绝不仅仅是教者评价学者，更重要的是学者的有意识的自我评价。当学生建立了每一堂课"我这节课获得了什么？"的自我的主体评价意识和习惯，评价才能真正地起到促进教学的作用。建立以学习主体的对学习的当堂及时的自我评价体系，也才能有"一课一得，得得相连"的教学效果。

想起了陆继椿老师！这个创立了"一课有一得，得得相联系"语文教学流派的著名语文特级教师。

华东师大附中语文特级教师陆继椿创立的这个教学流派，特点是教学重训练，一课有一得，得得相联系。"一课有一得，得得相联系"是"分类集中、分阶段进行语文训练"的教学体系设计思想之一。教师在教学中注重"一课有一得"的能力训练。

刘燕老师这节课使用的形成性评价反馈表，如果能坚持长期，合理运用，确实能起到"一课有一得，得得相联系"的教学效果。

三、教学目标叙写的有效性

我有感触的还有刘燕老师教学目标的叙写。长期以来，我们的教学目标叙写，存在两个大的问题。第一是机械地每节课把目标分割成所谓三维目标，"知识能力""过程方法""情感态度价值观"，三个维度一路写来，每个维度平均两个目标，一节课就是六个目标。这实在是一种滑稽的写法。一节课能达成这么多目标吗？三维目标为什么油水式地分离开呢？三维目标不是油水分离，而是水乳交融。第二是目标动词虚化，比如语文的目标叙写，光有"感悟"一词，就玄之又玄了，就让人摸不着它的"众妙之门"了。

好的目标动词，应该指向明确，可以测量。

目标动词分为知识性目标动词，有三个层级，了解水平：再认或回忆知识；识别、辨认事实或证据；举出例子；描述对象的基本特征等。描述，识别，列出，例举，说出，举例说出。理解水平：把握内在逻辑联系；与已有知识建立联系；进行解释、推断、区分、扩展；提供证据，收集、整理信息等。说明，举例说明，概述，区别，解释，选出，收集，处理，阐明。应用水平：在新情境中使用的概念、原理；进行总结、推广；建立不同情境下的合理联系等。分析，得出，设计，拟定，应用，评价，撰写。

第二是技能型目标动词，也有三个层级。模仿水平：在具体示范和指导下完成操作。尝试，模仿。独立操作水平：独立完成操作；进行调整与改进；与已有技能建立联系等。运用，模仿。

第三是情感性目标动词，同样是三个层级。经历（感受）水平：从事相关活动，建立感性认识，体验，参加，参与，交流。反应（认同）水平：在经历基础上表达感受、态度和价值判断；做出相应反应等。关注，认同，拒绝。领悟（内化）水平：具有稳定的态度、一致的行为和个性化的价值观念等。确立，形成，养成。

从这个意义上说，刘燕老师这节课的目标动词，是指向明确的，是可以测量的。刘燕老师是这样叙写目标的：

在本课学习结束时，学生能够：

1. 说出中国著名节日的名字和春节主要习俗；
2. 通过阅读找出 Grace 在春节不同时间做了什么活动、文化意义以及对除夕感受的信息；
3. 使用获取的信息复述 Grace 在除夕做的活动；
4. 通过梳理春节活动信息感悟传统文化意义。

其中，"说出""找出""使用信息……复述活动""梳理信息……感悟意义"，这些目标动词具有指向明确性、可测量性。

这样的目标叙写，才是值得提倡的。

四、STEM 课程观的端倪初现

刘燕老师选择的英语阅读材料，是有关中国传统节日的。这种糅合英语语言和中国文化的课堂教学，笔者认为有 STEM 课程观的端倪初显。

本来，"STEM 教育是科学、技术、工程、数学教育（Science, Technology, Engineering and Mathematics）的简称。它起源于 20 世纪 80 年代的美国，旨在打破学科领域边界，培养学生的科技理工素养，进而提升国家竞争力和创新能力。美国的 STEM 教育在提升国民科学素养、增强国家经济实力、驱动创新等方面均具有显著作用。为此，美国建立了 STEM 学校，专注于培养高素质人才，这些学校的相关案例值得国内借鉴。截至 2014 年，美国大约有 358 所公立 STEM 中学，而美国总统奥巴马呼吁在未来 10 年要新建 1000 所 STEM 中学。我国的 STEM 教育起步较晚，在基础教育阶段还没有建立起完整的 STEM 教育体系，也没有专门的 STEM 中学。鉴于美国发展 STEM 教育所取得的巨大成就，重视并发展我国的 STEM 教育具有深远意义。"

"科学、技术、工程和数学这四门学科都包含了知识和实践的部分，它们几乎囊括了理工科课程的全部范畴，四者之间有着紧密的联系。总的来说，STEM 教育应具有三大核心理念：跨学科整合、问题驱动、情景与合作。"

就跨学科整合而言，"科学是数学的思想和平台，数学是科学的工具和语言；数学和科学是工程的基础，工程又是科学和数学的关键；工程设计能产出高新技术，高新技术又为工程实施提供有力的硬件支持。"

原本的 STEM 课程，当然只是科学、技术、工程和数学这四门学科的整合。但就 STEM 课程的"学科整合"的特点而言，将来有无可能出现其他学科的有机整合？比如，用英语"讲好中国故事"的课程，即如刘燕老师这节课。林语堂先生就有大量的那个时代的用英语"讲好中国故事"的创造。1935 年后，林语堂先生在美国用英文写《苏东坡传》《吾国与吾民》《京华烟云》《风声鹤唳》等文化著作和长篇小说。

期盼刘燕老师这节带有 STEM 课程整合性质的英语阅读课，能给其他学科老师更多的学科整合意识，更多的学科整合实践，以提前的准备迎接新一轮课程改革。

"Chinese New Year" 点评

毕海星

刘老师整节课的设计环环相扣，课堂进程顺畅自如，师生交流充分，学生发言积极踊跃，是一节质量很高的阅读课。具体来看，PPT 上设计的一系列问题非常有效，以分解的小任务来推进教学的进程，使得整节课主线清晰，体现出教师对课堂的极强的把控能力。

提出建议，仅供参考：如果学生课前预习过课文，是否可以在课上不限制问题，直接进行汇报。增加发散性的教学活动设计，给学生自由发挥提供更大的空间。比如以短片或一系列图片的形式展现过新年的某些场景，让学生用英语来模拟。将学生分组，在组内分享自己今年过年的一些经历和感受等。总之，不仅对课文进行阅读，而且想象自己的亲身体会，仿照课文的样子来抒发自己的情感，最终做到活学活用。

"函数的单调性（2）"教学设计系列

骈建伟

【教案学案】

教学目标：能利用导数研究函数的单调性，会用二次求导求函数的单调区间．

一、温故而知新

1.函数的单调性与导数的关系：已知函数$f(x)$在某个区间内可导，

① 如果$f'(x)>0$，那么函数$f(x)$在这个区间内是 单调递增；

② 如果$f'(x)<0$，那么函数$f(x)$在这个区间内是 单调递减．

2.求一个函数的单调区间的一般步骤是：

①定义域；②求导；③令$f'(x)=0$，求零点；④列表；⑤得结论．

二、拓展训练

1.设函数$f(x)=xe^x+1$，求$f(x)$的单调区间．

2.设函数$f(x)=xe^{2-x}+ex$，求$f(x)$的单调区间．

解：由$f'(x)=e^{2-x}(1-x+e^{x-1})$及$e^{2-x}>0$知：$f'(x)$与$1-x+e^{x-1}$同号．

令$g(x)=1-x+e^{x-1}$，则$g'(x)=-1+e^{x-1}$．

所以，当$x\in(-\infty,1)$时，$g'(x)<0$，$g(x)$在区间$(-\infty,1)$内单调递减；

当$x\in(1,+\infty)$时，$g'(x)>0$，$g(x)$在区间$(1,+\infty)$内单调递增．

故$g(1)=1$是$g(x)$在区间$(-\infty,+\infty)$内的最小值，从而$g(x)>0,x\in(-\infty,+\infty)$．

综上可知，$f'(x)>0,x\in(-\infty,+\infty)$．

故$f(x)$的单调递增区间$(-\infty,+\infty)$．

3. 已知函数 $f(x) = e^x \cos x - x$．

（Ⅰ）求曲线 $y = f(x)$ 在点 $(0, f(0))$ 处的切线方程；

（Ⅱ）求函数 $f(x)$ 在区间 $\left[0, \dfrac{\pi}{2}\right]$ 上的最大值和最小值．

解：（Ⅰ）因为 $f(x) = e^x \cos x - x$，所以 $f'(x) = e^x(\cos x - \sin x) - 1$, $f'(0) = 0$．

又因为 $f(0) = 1$，所以曲线 $y = f(x)$ 在点 $(0, f(0))$ 处的切线方程为 $y = 1$．

（Ⅱ）设 $h(x) = e^x(\cos x - \sin x) - 1$，则 $h'(x) = e^x(\cos x - \sin x - \sin x - \cos x) = -2e^x \sin x$．

当 $x \in \left(0, \dfrac{\pi}{2}\right]$ 时，$h'(x) < 0$，

所以 $h(x)$ 在区间 $\left[0, \dfrac{\pi}{2}\right]$ 上单调递减．

所以对任意 $x \in (0, \dfrac{\pi}{2}]$ 有 $h(x) < h(0) = 0$，即 $f'(x) < 0$．

所以函数 $f(x)$ 在区间 $\left[0, \dfrac{\pi}{2}\right]$ 上单调递减．

因此 $f(x)$ 在区间 $\left[0, \dfrac{\pi}{2}\right]$ 上的最大值为 $f(0) = 1$，最小值为 $f\left(\dfrac{\pi}{2}\right) = -\dfrac{\pi}{2}$．

三、达标练习

4. 已知函数 $f(x) = \left(x + \dfrac{a}{x}\right)e^x$，$a \in R$，

（1）当 $a = 0$ 时，求曲线 $y = f(x)$ 在点 $(1, f(1))$ 处的切线方程；

（2）当 $a = -1$ 时，求证：$f(x)$ 在 $(0, +\infty)$ 上为增函数．

解：函数 $f(x)$ 的定义域为 $\{x \mid x \neq 0\}$，

$f'(x) = \dfrac{x^3 + x^2 + ax - a}{x^2} e^x$

（1）当 $a = 0$ 时，$f(x) = x \cdot e^x$，$f'(x) = (x+1)e^x$

所以 $f(1) = e$，$f'(1) = 2e$

所以曲线 $y = f(x)$ 在点（1，$f(1)$）处的切线方程为 $y - e = 2e \cdot (x - 1)$，即 $2ex - y - e = 0$．

（2）证明：当 $a = -1$ 时，

$f'(x) = \dfrac{x^3 + x^2 - x + 1}{x^2} e^x \ (x > 0)$

令 $g(x) = x^3 + x^2 - x + 1$

则 $g'(x) = 3x^2 + 2x - 1 = (3x - 1)(x + 1)$

令 $g'(x) = (3x - 1)(x + 1) > 0$，得 $x > \dfrac{1}{3}$，

令 $g'(x) = (3x-1)(x+1) < 0$，得 $0 < x < \dfrac{1}{3}$

所以函数 $g(x)$ 在 $\left(0, \dfrac{1}{3}\right)$ 上是减函数，

在 $\left(\dfrac{1}{3}, +\infty\right)$ 上是增函数，

所以函数 $g(x)$ 在 $x = \dfrac{1}{3}$ 处取得最小值，

且 $g\left(\dfrac{1}{3}\right) = \dfrac{22}{27} > 0$

所以 $g(x)$ 在 $(0, +\infty)$ 上恒成大于零，于是，当 $x \in (0, +\infty)$ 时，$f'(x) = \dfrac{x^3 + x^2 - x + 1}{x^2} e^x > 0$ 恒成立，

所以当 $a = -1$ 时，函数 $f(x)$ 在 $(0, +\infty)$ 上为增函数．

【评课议课】

基于函数的单调性复习课的一点想法

王　敏

函数的单调性复习课，目前的学情为，学生已经学完了导数的应用这一整章内容，特别地，本章内容为"导数及其应用"，所以从教材的安排来看，突出的难点也就在应用这一环节上。而本节授课内容就是导数在研究函数中的应用。基于以上学情和教材的编排，通过本节课对骈老师的观摩，我想到了很多，特别是骈老师对课堂学生思维的引领、练习题的选择上都花了很大功夫，让本节课从简单到复杂，从已知到未知，然后探讨未知的知识形成过程，不可谓不巧妙。结合本节课例，以及我的个人想法，我将本节课大致分为以下几个阶段。

第一个阶段，从复习知识入手，通常利用导数求函数单调性的步骤为：1. 定义域；2. 求导；3. 令导数为 0；4. 判断导数的正负区间；5. 通过导数的正负判断函数的单调区间。在这个过程中，骈老师注重学生活动，通过学生上黑板，或者提问等形式引领课堂，特别是采用了列表法规范学生书写步骤，思路明确，信息清晰，书写规范，格式严谨，具有很强的示范性。

第二个阶段，当学生对复习内容熟练时，抛出新题，引出本节重难点。即表现为利用传统做法解决不了问题时，又该怎么办呢？

在这个过程中，骈老师给了学生充足的时间去思考，也有去和学生交流。但是这里其实可以多设计环节，逐个突破难点。可以通过问题串形式，引导学生思维：

例 2. 设函数 $f(x) = xe^{2-x} + ex$，求 $f(x)$ 的单调区间。

求导后：$f'(x) = e^{2-x}(1-x+e^{x-1})$，由于 $e^{2-x}>0$，可得 $f'(x)$ 与 $1-x+e^{x-1}$ 同号，但是 $1-x+e^{x-1}=0$ 的根又如何去求呢？又如何判断 $f'(x)$ 的正负呢？其实本质的需求还是判断正负。

个人建议如下：

问题 1：同学们，本题采用上述常规方法求导后，能求出导函数的根吗？又能判断导函数的正负区间吗？

学生：不能。

问题 2：既然不能通过求根的方法得到导函数的正负区间，那么我们能不能想想有没有其他方法能判断呢？例如，导函数有没有可能恒正或者恒负呢？

学生思考。

问题 3：我们怎么去判断一个函数是恒正还是恒负呢？

学生：可以利用最值，若最小值大于 0，则恒正，若最大值小于 0，则恒负。

通过以上 3 个问题，学生很自然地就过渡到要求导函数的最值问题。而求解最值又需要求导数，到这里提出二次求导，学生可能更容易接受，也更能明白为什么要二次求导。

第三个阶段：突破难点后，其实大部分学生已经能明白今天讲课的主要内容是什么了，但是总结无疑能更起到升华作用，特别是知识的梳理。

我们为什么要求导？（求导的目的，是想利用导数在函数中的应用）

我们怎么利用导数去求单调区间？（导数正负，我们的目标就是判断导数的正负区间）

能判断则判断，判断不了，转而求导函数最值。

求导函数最值，离不开对导函数求导，这也就是为什么要二次求导。

当然，以上总结若能让学生总结，那将更加完美。

总体而言，本节课教学目标设置合理，引入清晰，教学过程流畅，可以说是一节传统的数学复习课，但是设计中也自成特色，略有提高，特别是二次求导方法对学生来说有一定难度，时间分配合理。以上仅从我收获的教学难点突破心得进行分析。

再次感谢骈老师献课。

同伴互助提问式教研，促进授课老师的成长

赵长河

一、同伴互助式教研

骈建伟老师上的是高三一轮复习课，课题是"函数的单调性"，教学目标是"能利用

导数研究函数的单调性，会用二次求导求函数的单调区间"。因为若干老师的外出学习，此次参与听课的老师相对少了点。评课开始，就只好点将数学同行王敏老师了。我注意到的细节是，因为是"同行同入校"的因素，王老师评课少了客套的话语，主要放在商榷的层面。评课过程中，还时时夹以王老师、骈老师间的对话。王老师质询，骈老师回答。这一问一答间，他们终于达成了共识。主要是"求一个函数的单调区间的一般步骤"中的第三步后的处理，即"3. 令 $f'(x)=0$，求零点"如何进行下一步？他们最终达成了共识，骈老师采纳了王老师的建议。

由此，我想到了，我们以后的观课、评课，能否开诚布公地多一些这样的表达：这个环节如果我来处理，我想这样来上，理由如次，一二三地加以陈述。这样的观课、评课，绝不是否定上课老师，恰恰是一种严谨负责的教研态度。

甚至，这样的教研态度和行为，都可以上升到一个学校的文化层面。在这里，"自立"和"立人"得到了和谐统一。

二、提问式教研

在温故知新环节，骈老师提问并带领学生回顾小结了"求一个函数的单调区间的一般步骤"，这个步骤包含五步：1. 定义域；2. 求导；3. 令 $f'(x)=0$，求零点；4. 列表；5. 得结论。观课后，有老师作出下列提问：

1. 在 3 道题的解答过程中，这五个步骤，似乎没有按步强调。一轮复习，这样的强调必要吗？

2. 这五步，哪一步是重难点？老师又是如何突出的？后来在说课中，我们知道第三步是重难点。学生到了这一步，常常不知道如何往下继续进行。

3. 这个"一般步骤"，与数学建模有关系吗？如有生活中的相关联的数学问题，有无上升到建模的可能？

4. "一般步骤"体现的常规方法与特殊方法的关系？如何处理？一轮复习中，常规方法应该是更应熟练掌握的方法吧？

5. 不同题型，如何灵活运用"常规方法"与"特殊方法"？

选择题适合"特殊方法"吗？

这样的提问，实际上是可以促进上课老师和听课老师的研究意识，从而增加研课的实际获得的。

也希望这样的提问，成为一种评课的"新常态"。希望用这样的"新常态"，取代每次停留于一般课堂环节评论的"旧常态"。即使老师这样的"新常态"的提问，因为专业的隔离而没有进入专业层面甚至有"误读"的缺憾；也因为有了授课老师的专业解答，总能会取得一般意义上的融通理解的听评课效果。

三、青年班、研修班课程的多样性

因为临近期末，借着研课的机会，我对老师们做了一个青年班、研修班课程设置的调研。目前，我们两个班的课程主要有四类：1.开设研讨课；2."听评课"（一学期共10节）；3."听讲专家讲座"（2次，分别是"如何听评课""如何进行课题研究"）；4."专题培训"（2次"白板等使用""微课制作技术"）；5."参加论文写作和竞赛"（5次）；6.参加区校级乃至市级国家级教学大赛；7.师徒互听课；8.参与各级课题研究。

除了第8项，不同学科间的参与程度有落差，其余应该说都能落在实地了。

下学期，从什么维度再进行优化？听课老师发表了各自的看法和建议。杨咏老师建议能否区级乃至市级层面，请学科专家定期"进课堂，带研究"。王惠老师建议，能否放大用好校本师资的资源。

回答杨咏老师的建议，我们可以充分利用中国教科院资源。回答王惠老师的建议，我们下学期充分用好现有的骨干老师资源，请他们深入两个班的课堂，望闻问切，实地指导。

借此机会，也提前恭请各位老师就我校的教师发展建言献策。"教师发展"，实在是事关我们实验学校发展的头等大事。

再次谢谢骈老师献课。

《师说》与《续师说》互文阅读教学设计系列

徐　晓

【教案学案】

一、教学目标

1. 学会运用语法分析法，已学知识联想法等方法推导、掌握文言字词。
2. 简要复习《师说》议论中用的论证方法。
3. 对比分析《师说》和《续师说》内容。

二、教学重点

从《师说》和《续师说》分别提倡的为师标准，来比较两者所提倡的师道，解决《续师说》是否反对为师之道这一题眼。

三、教学难点

文言文字词推导、学习的思维方法。

四、课前预学部分

（一）知识链接

1. 关于"说"："说"，是_____，一般为陈述_____。可以_____，也可以_____，比如学过的_____都属于"说"一类文章。"说"，古义为陈述和解说，因而对这类文体都可以按"解说……的道理"来理解。《师说》意思是解说关于"_____"的道理。

2. 韩愈（768—824），字_____，河阳（今河南孟州）人。祖籍昌黎，因为昌黎韩氏是望族，所以后人又称他为"＿＿＿＿"。晚年任吏部侍郎，故又称"＿＿＿＿"。死后谥"文"，也称"＿＿＿＿"。他幼年贫穷，刻苦自学，25岁中进士，29岁以后任宣武节度使属官，后来任国子监祭酒、吏部侍郎等职，中间曾几度被贬，他的整个中年时代是不得志的。韩愈是唐代＿＿＿＿＿＿＿＿＿＿的倡导者。

韩愈不仅是唐代古文运动的领袖，而且也是杰出的＿＿＿＿作家。著有《昌黎先生文集》四十卷，其中有许多为人们所传诵的优秀散文。他的散文，题材广泛，内容深刻，形式多样，语言质朴，风格刚健，气势雄壮，因此苏轼称他"＿＿＿＿＿"，后世尊他为＿＿＿＿＿＿＿＿＿之首。

（二）阅读课文，给下列加点字注音

句读（　）　针砭（　）　阿谀（　）　郯子（　）　苌弘（　）

老聃（　）　经传（　）　李蟠（　）　或不焉（　）

贻（　）笑大方

（三）诵读课文

五、课堂研学部分

（一）自主学习内容

全文翻译，解释加点词语和画线的句子

古之学者必有师。师者，所以传道受业解惑也。人非生而知之者，孰能无惑？惑而不从师，其为惑也，终不解矣。生乎吾前，其闻道也固先乎吾，吾从而师之；生乎吾后，其闻道也亦先乎吾，吾从而师之。吾师道也，夫庸知其年之先后生于吾乎？是故无贵无贱，无长无少，道之所存，师之所存也。

嗟乎！师道之不传也久矣！欲人之无惑也难矣！古之圣人，其出人也远矣，犹且从师而问焉；今之众人，其下圣人也亦远矣，而耻学于师。是故圣益圣，愚益愚。圣人之所以为圣，愚人之所以为愚，其皆出于此乎？爱其子，择师而教之；于其身也，则耻师焉，惑矣。彼童子之师，授之书而习其句读者，非吾所谓传其道解其惑者也。句读之不知，惑之不解，或师焉，或不焉，小学而大遗，吾未见其明也。巫医乐师百工之人，不耻相师。士大夫之族，曰师曰弟子云者，则群聚而笑之。问之，则曰："彼与彼年相若也，道相似也。位卑则足羞，官盛则近谀。"呜呼！师道之不复可知矣。巫医乐师百工之人，君子不齿，今其智乃反不能及，其可怪也欤！

圣人无常师。孔子师郯子、苌弘、师襄、老聃。郯子之徒，其贤不及孔子。孔子曰：三人行，则必有我师。是故弟子不必不如师，师不必贤于弟子，闻道有先后，术业有专攻，如是而已。

李氏子蟠，年十七，好古文，六艺经传皆通习之，不拘于时，学于余。余嘉其能行古道，作《师说》以贻之。

问题一：用学过的文言字词学习方法来检测重点字词。

问题二：简要复习本文采用的议论方法及作用。

问题三：《师说》提倡的为师标准是什么？请找出原文中的观点句，并用自己的语言解释概括。

(二) 师生研讨内容

《续师说》

黄宗羲

嗟乎！师道之不传也，岂特弟子之过哉，亦为师者有以致之耳。师者，所以传道受业解惑者也；道之未闻，业之未精，有惑而不能解，则非师矣。本无可师，强聚道路交臂之人，曰师曰弟子云者，曾不如童子之师，习其句读，巫医、乐师、百工之人，授以艺术者之有其实也。传道受业解惑，既无所籍于师，则生不为之怜，死不为之丧，亦非过也。遂以为古之师弟子皆然，而使师之为道，出于童子、巫医、乐师、百工之下，则是为师者之罪也。

今世以无忌惮相高。代笔门客，张口辄骂欧曾；兔园蒙师，摇笔即毁朱陆。古人姓氏，道听未审，议论其学术文章，已累幅见于坊书矣。乳儿粉子，轻儇浅躁，动欲越过前人，抗然自命；世无孔子，不当在弟子之列，盖不特耻为弟子，相率而耻不为师。呼！其可怪也。若是，则师之为道，人心之蟊贼也，吾惟恐其传也矣。

昔者孙明复之为师也，以石守道为之弟子，执杖屦，待左右，明复坐则立，升降拜则扶之，师弟子之礼，若是其重也。故何北山之于来学，未尝受其北面。北山之意，以为苟无其德，宁虚其位，以待后之学者，不可使师道自我而坏也。北山可以为师，避师名而不为，其慎重如此！羲老而失学，欲求为弟子者也，诸君子徒以其久待刘夫子而过情推奖，羲其敢冒今世之无耻哉？反昌黎之意，作《续师说》以谢之。

【补充注释】①黄宗羲（1610—1695）：明末清初经学家、史学家、思想家、教育家。②欧曾：指文学家欧阳修和曾巩。③兔园蒙师：指知识浅陋的读书人。④朱陆：指宋代理学家朱熹和陆九渊。⑤乳儿粉子：指年轻识浅的人。⑥何北山：何基（1188—1268），字子恭，人称北山先生，以读书讲学为平生志向，教授门生，不遗余力。

问题一：《续师说》提倡的为师标准是什么？请找出原文中的观点句，并用自己的语言解释概括。

问题二：结合议论文的功能，标出两篇文章中体现师道传承时代背景的语句，从而解读《师说》与《续师说》对为师标准论述不同的原因。

问题三：本文末尾写道："反昌黎之意，作《续师说》以谢之"，韩愈在《师说》中提倡从师之道，那么《续师说》是在反对从师之道吗？结合两篇文章中观点相驳的语句，进行比较、说明。

写作练习：比较完《师说》和《续师说》，梳理自己的感悟，请你分别从学生和老师的角度，论述你对师道的理解，写一篇你自己的"师说"议论文微写作。

《师说》字词检测

一、请用列出的方法解释加点词：

1. 对举法：传道受业
2. 已学知识联想法：所以传道受业解惑也

                      虽世殊时异，所以兴怀

                      所以遣将守关者

3. 固定结构翻译法：道之所存
4. 句子成分推理法：师道之不传也久矣
5. 虚词用法词法推断法：择师而教之

二、请解释下列加点字，并从上述推断方法中选择对应的分析方法：

1. 而耻学于师
2. 吾从而师之　　　则群聚而笑之
3. 其可怪也欤　　　其孰能讥之乎　　　其皆出于此乎
4. 不拘于时　　　此非曹孟德之困于周郎者乎　　　学于余
5. 遂以为古之师弟子皆然　　以为苟无其德　　自以为关中之固　　以为桂林、象郡
6. 既无所籍于师
7. 师之为道　　　昔者孙明复之为师也
8. 轻儇浅躁

《续师说》阅读

黄宗羲

嗟乎！师道之不传也，岂特弟子之过哉，亦为师者有以致之耳。师者，所以传道受业解惑者也；道之未闻，业之未精，有惑而不能解，则非师矣。本无可师，强聚道路交臂之人，曰师曰弟子云者，曾不如童子之师，习其句读，巫医、乐师、百工之人，授以艺术者之有其实也。传道受业解惑，既无所籍于师，则生不为之怜，死不为之丧，亦非过也。遂以为古之师弟子皆然，而使师之为道，出于童子、巫医、乐师、百工之下，则是为师者之罪也。

今世以无忌惮相高。代笔门客，张口辄骂欧曾；兔园蒙师，摇笔即毁朱陆。古人姓氏，道听未审，议论其学术文章，已累幅见于坊书矣。乳儿粉子，轻儇浅躁，动欲越过前人，抗然自命；世无孔子，不当在弟子之列，盖不特耻为弟子，相率而耻不为师。吁！其可怪也。若是，则师之为道，人心之蟊贼也，吾惟恐其传也矣。

昔者孙明复之为师也，以石守道为之弟子，执杖屦，待左右，明复坐则立，升降拜则扶之，师弟子之礼，若是其重也。故何北山之于来学，未尝受其北面。北山之意，以为苟无其德，宁虚其位，以待后之学者，不可使师道自我而坏也。北山可以为师，避师名而不为，其慎重如此！羲老而失学，欲求为弟子者也，诸君子徒以其久待刘夫子而过情推奖，羲其敢冒今世之无耻哉？反昌黎之意，作《续师说》以谢之。

【补充注释】①黄宗羲（1610—1695）：明末清初经学家、史学家、思想家、教育家。②欧曾：指文学家欧阳修和曾巩。③兔园蒙师：指知识浅陋的读书人。④朱陆：指宋代理学家朱熹和陆九渊。⑤乳儿粉子：指年轻识浅的人。⑥何北山：何基（1188—1268），字子恭，人称北山先生，以读书讲学为平生志向，教授门生，不遗余力。

1. 对下列句子中加点的词语的解释，不正确的一项是（　　）（3分）

A. 授以艺术者之有其实也　　艺术：技艺、技术
B. 古人姓氏，道听未审　　　审：考察清楚
C. 升降拜则扶之　　　　　　升降：出入，进出
D. 反昌黎之意　　　　　　　反：违背

2. 下列句子中加点的虚词，意义用用法完全相同的一项是（　　）（3分）

A. 道之未闻，业之未精　　　　句读之不知，惑之不解
B. 则是为师者之罪也　　　　　于其身也，则耻师焉
C. 羲其敢冒今世之无耻哉　　　既其出，则或咎其欲出者
D. 作《续师说》以谢之　　　　以其乃华山之阳名之也

3.根据原文意思，下列说法错误的一项是（　　　）（3分）

A."代笔门客，张口辄骂欧曾；兔园蒙师，摇笔即毁朱陆"一句，批判当时追名逐利、华而不实的学风。

B.黄宗羲说"吾惟恐其传也矣"，主要担心的是无才德者为师之风蔓延，在社会上形成不良的学风。

C.黄宗羲和韩愈都分析了"师道之不传"的原因，韩愈认为是弟子之过，黄宗羲更强调为师者之过。

D.作者用孙明复、何北山两人的事例，意在说明执师弟子之礼，乃庄重之事；为人之师，应慎重对待。

4.把文中画横线的句子翻译成现代汉语。（8分）

（1）既无所籍于师，则生不为之怜，死不为之丧，亦非过也。（4分）

_____

（2）以为苟无其德，宁虚其位，以待后之学者，不可使师道自我而坏也。（4分）

_____

阅读答案

1. D（反，反推。）

2. A（A项之：都是结构助词，主谓之间取消句子独立性或宾语前置的标志。B项则：表顺承，译为"于是，就"/表转折，译为"却，但是"；C项其：语气词，表反问，译为"哪里，难道"/助词，无实义。D项以：用来/因为。）

3. A（批判的是当时学风轻浮浅薄，动辄就想超过以前的人，自认为与前人相当。）

4.（1）既然没有什么要依靠老师的，那么老师活着时不关心他，老师死了不为他办丧事，也就不是过错了。（"籍""过"各1分，句意2分）

（2）认为如果没有品德，宁肯空着老师的位子，来等待后来的有学识之人，不能够让为师之道从自己开始败坏。（学者、师道各1分，句意2分）

【评课议课】

深备课与浅教学

赵长河

应该说，徐晓老师从互文阅读的视角出发，比较阅读了韩愈《师说》和黄宗羲《续师说》，是用了文本研读的功夫的。多年前，我们在教学韩愈《师说》时，总是要组织群文阅读。这组群文包括韩愈《师说》、黄宗羲《续师说》《广师说》、柳宗元《答韦中立论师道书》，还包括解评三代"谢本师"（章太炎"谢"俞曲园，周作人"谢"章太炎，沈启无"谢"周作人）。后来还结合了时事，这就是2015-09-22北青网上刘旭的报道，说是人民大学历史系硕士新生郝相赫，在微信朋友圈批其学术前辈为"庸才"和"汉奸"的嘲讽言论，导师孙家洲教授"极为震怒"，斥其为"狂徒"，网发公开信要"断绝师生关系"。

徐晓老师此次备课时，对这些群文材料进行了研读，最后缩小范围，凝成切入点，给大家呈现了现在这样的一节课。这样的呈现是以课前的深入研读为基础的，是深备课。当时她有疑虑：我们的学生能完成这样的互文阅读吗？

这就牵涉到一个问题：深备课与浅教学。备课必须深，研透文本；必须广，尽量多占有互文性文本。然后阅读比较，从中找到切入点，形成自己的"课眼"。我们的学情，也许不能像重点中学学生那样掌握这么多。但是老师的备课必须深和广。唯有这样，我们才能在从学情出发的浅教学中，不停留在浅的层面。浅，只是内容的减少，不是文本引读的肤浅。浅，只是深入浅出，不是浅入浅出。

徐晓老师，首先从文言教学之"言"出发，比较了两篇课文的"言"。这一层比较，张晶老师极为称道，认为改变了文言教学"言"教学时，常见的死记硬背的方法，从词法句法角度引领学生推断文言虚词的用法。其实，文言教学"言"的教学还有很多从汉语文特点出发的趣味教法，诸如"字源（偏旁）推断法""对举推断法""词性推断法""句法推断法""搭配推断法"，等等。徐老师这一个环节，遵循了落实文言教学教"言"的原则，花了整节课的一半时间，有老师认为用时过长了。何宏亮老师于此处，也是重点质疑整个课堂时间分布的合理性。如果采用曹秋野老师的建议，这个教学板块的第二环节，也像第一环节示例那样，分类呈现，学生应该更容易完成掌握。徐老师没有分类，是她认为课前已经有了相应的练习。这里还是一个学情的准确研判问题。

第二个环节，是从文本角度教学文言之"文"，从比较表面看来截然相反的韩愈和黄宗羲的论点出发，引导学生细读文本。细读文本的角度选择应该说是抓住了关键，一是韩愈时代和黄宗羲时代不同的"为师标准"。黄宗羲提出的为师标准实际上是以否定的形式表达的，此处，教者如果引导学生学会"否定肯定互相转换表达"的概括提炼，就更好了。第二个比较点是韩愈黄宗羲时代，不一样的从师风尚也即时代背景。这是从是什么到为什么的论证思路。

有了以上的文本细读引导，第三环节就自然产生了，这就是抓住黄宗羲文本中的"反昌黎之意"的句子，这个句子是牛鼻子。学生在前两步细读基础上，自然得出韩文重点在批评不好从师，因此提出的为师标准降低了。黄文重点在批评好为人师，因此提出的为师标准提高了。

这个课例落实文言教学之"文"的教学，着重内容层面的辨析，实际上也是对学生批判思维能力的一次锻炼。

最后一个环节是作业布置，徐晓老师把本节课没有展开的写法层面的内容，以作业的形式呈现了：

请通过《师说》与《续师说》的比较学习，整理感悟，分别从学生和老师的角度，用两篇课文呈现的举例论证法和多角度对比论证法，来写一篇你自己的"续师说"。

应该说，徐晓老师本节课，与此前的试上课比较，最大的进步是教学展开的路子清晰了，也有了一定的生成。年轻教师开始上课，首先是"教路"的清晰，是预设的合理。在这基础上，如果能有一点生成，有所进阶，当然就更好了。能够达到这样的阶层，还是何宏亮老师的话，"要敢于上课"。

当然，有些教学细节的问题，也应该有意地往优化方向努力。比如与学生面对面的对话，比如课堂批评语和催促语的慎用。

从教学建议角度而言，徐老师可以把本课设计重点转换一下，把以"内容层面的文本细读"为重点，调整为以"证法层面的文本细读"为重点，把内容设置成作业。这样，可以有两种思路了。参考《语文教学通讯》《中学语文教学》等刊载的课例设计，写出两个教案设计。

期待徐晓老师的不断进阶！

从师之道
——从《师说》与《续师说》说起
张聪艺

听了徐晓老师的《师说》和《续师说》，收获颇多。整堂课知识安排紧凑，循序渐进，在徐晓老师引导下，学生娓娓道来。

徐老师的这堂课目标明确，重点是比较《师说》和《续师说》中分别提倡的为师之道，解决《续师说》是否反对为师之道；难点是文言文字词推导和学习的思维方法。

首先，徐老师对学生的预习情况作了小测，及时了解学生掌握字词的能力。在预测过程中，老师提醒学生用学过的方法进行解答，可以看出平时教学中徐老师对学生进行了系统的训练。在检测中关注学生，留意学生，并且在讲解中涉及到了很多理解文言文词汇的方法。例如：根据句子成分推论法，固定结构法，词法推断、句子推理法等。这些方法对学习文言文有很大的帮助，可增强学生的迁移能力，培养学生的学习能力。

其次，正是对字词有了深入理解，为接下来分析《师说》和《续师说》做了铺垫。二者都是讲师道，那么什么样的人可以做老师，做老师有什么样的标准，需要具备哪些条件？徐老师用这些问题将学生引入课文当中，运用多种教学方法引导学生思考、分析，由简单到复杂，步步深入。从学生熟悉的课内文《师说》着手，让学生自己找出从师的标准：“是故无贵无贱，无长无少，道之所存，师之所存也。”并且强调让学生圈点批注，这样利于引导学生形成良好的学习习惯，不仅教学生学知识，同时培养了学生的学习能力；然后在《师说》基础上从课内文延伸到课外文，对《续师说》进行分析，理解基础上找出《续师说》的从师标准：“道之未闻，业之未精，有惑而不能解，则非师也。”韩愈提倡的是"择善而从"，黄宗羲提倡"业精而求"，通过比较二者的从师之道，黄宗羲从师的标准要求更高。这种标准的高低是根据时代背景不同而提出的，进而了解不同时代学习风气的不同，再进一步去分析造成这种风气的原因：韩愈强调是学生之过，而黄宗羲强调更是老师之过。这样的环环相扣的教学设计，让学生有一个清晰明了的思路，这样的教学思路是非常值得学习的。

本堂课不仅让学生掌握了字词，而且让学生在比较韩愈和黄宗羲的观点中对时代背景有了更深入的了解，对有不同从师之道有了更为明确的认识。这种结合课内外学习的方法值得借鉴。

【案例反思】

从公开课中学习目标的实施测试反思平日教学
—— 读《可见的学习》有感

徐 晓

这个暑假拜读了约翰·哈蒂的《可见的学习》，与一贯侧重研究教学的方法和效果的角度有所不同，该书将教学对学生学习产生的影响作为思考教学的根本，讲解并论证了将学习过程"可见"的有效性。这里的"可见"即指让学生的学对教师可见，确保教师明确辨析出教学对学生的影响，以及过程中产生显著作用的因素；也指使教学对学生可见，从而使学生学会成为自己的教师，能够自我调节，保持终身学习。其中约翰·哈蒂对"学习目的"和"成功标准"，"测验"和"评价"等理论的阐释，使我联想到上学期所做的《〈师说〉与〈续师说〉互文阅读》这一公开课中学习目标的设置，以及实施时的测验结果。

在这节公开课中，教学的流程是从《师说》和《续师说》分别提倡的"为师标准"着手，来解读、比较两文所提倡的"师道"之异同，从而解决《续师说》"反昌黎之意"是否是反对韩愈《师说》中"从师风尚"这一题眼。我对本课的学习目标设置如下：1. 运用语法分析法，已学知识联想法等方法推导、掌握文言字词。2. 简要复习《师说》议论中用的论证方法。3. 对比分析《师说》和《续师说》内容。

本课是一节扩展互文阅读课，学习目标1是否有必要设置呢？在备课时基于以下几点原因，我保留了此学习目标：第一，文言文的教学，归根到底在于字词的落实，倘若没有对文言字词、字意的基本梳理，就难以保证学生们对文段主旨和内容的透彻理解，因此，我认为即便是阅读课，也不应丢掉字词落实环节。第二，在我平时的文言文课堂中，一直在对学生贯串训练文言字词推导、学习的思维方法。第三，在公开课讲授前，已将《师说》和《续师说》的文本练习发给学生，让他们提前疏通文意。第四，此学习目标通过课堂开始的几分钟小测验来完成，不需占用本课互文阅读的大分量时间，内容是筛选自《师说》《续师说》，及少量本学期已学过文言文中的字词。（文言小测附在文章最末）

如此看来，学习目标1的完成并不应该是需要耗时很多，或者完成费力的一项任务，然而，在教学计划中仅占7分钟（做题5分钟，对答案2分钟）的一个小测验，却在公开课讲授时艰难地进行了15分钟（做题6分钟，讲解加对答案9分钟），以至于本课互文阅读的主要环节的时间十分紧凑。为何在备课过程中我对学情的预判会与学生们真实的掌握水平有如此之大的出入？为何我认为是大部分同学已掌握的学习方法和知识，却只有寥寥数人能回答出，并且其中还有错误答案？这节准备很久却不算成功的公开课一直在我心中存留有诸多疑惑。带着从《可见的学习》中学到的理论，我重新审视那堂公开课，将实施学习目标1的测验结果看成是日常教学的"指南针"，对自己的课堂进行了梳理和总结。

一、让学生进行有目标的学习

有目标的学习分为两个部分：一个是弄清要从课堂中学到什么（学习目的），另一个是设法知道是否达成了所期望的学习（成功标准）。有目标的学习不仅仅是教师要清楚把课堂和学生引向何处，也要保证学生知道他们自己身处什么位置。

"学习目的"是针对一堂课的具体学习任务，学生或教师的个人"设计"、意图、想法或期望获得的结果，与我们在备课教学案中常使用的术语"教学目标"或"学习目标"有异曲同工之处，只是前者更侧重师生共同知晓、共同为之努力。

在本文公开课的案例反思中，我意识到自己在之前的课堂教学中，没能做到让学生清楚地知晓每堂课的学习目的和成功标准。例如在讲授文言文时，学生明白除了文章的内容主旨、文体及写作手法之外，实词和虚词以及各种特殊用法的词汇的掌握也是每课的学习目的，然而，推导文言词汇的学习和方法这一比较难监测的思维过程的学习目的，学生却有所忽略。文言篇章时时不同，死记硬背住某篇中的词意不能在阅读他文和考试中有所迁移，掌握推导的思维方法才是对课文中实词、虚词的学习目的。

在我之前看来，每次讲授文言词汇时都提到一些分析方法，便是在强调思维过程的重要性。而当我从教学者转变为自己教学的学习者，以及自己对学生影响的评价者时，才发觉学生完全可能弄反意思，而理解成老师讲的方法都是在帮我们记忆文中字词的含义，从而把重点落在字词本身而不是推导方法。这也是为何在公开课中，我认为已经是学生们耳熟能详的学习方法，他们却使用起来很吃力的原因之一。

此外，在学习过程中我发现经常有同学有误区，觉得语文是从小积累的结果，因此一两节课不学习也不会有差别；或者虽然听讲了，课中也有新方法和内容，却说不出自己这节课学了什么，在课后写"三新笔记"时头脑发空，心里感觉像是无所获。这便是一堂课的短期的学习目的没有被学生感知，因此，不但是一个阶段，每节课让学生进行清楚的、有目标的学习也十分关键。

有了学习目的会使学生学习有着明确的出发点，但倘若没有与之相应的终点即有关的成功标准，就会让学生觉得永远在学习的路上没有尽头，因而产生疲倦感。因此每堂课合理利用包含学习目的和成功标准的工作单，告知学生他们的目标和可比对的学习进度，同时监控测评学生的进步，更有机会使每课效应量大于0.4。

比如，在文言文学习的工作单中加上下面这条，来解决思维过程的监控问题：

学习目的：弄明白文言词汇含义及用法的推论思维过程。

成功标准：我能推论出本节课中重要词汇的含义及用法，并讲出推导过程。

二、培养学生刻意练习的能力

当学习有明确清晰的目标，具有适当的挑战，教师和学生都致力于确定所追求的目标是否实现以及实现的程度如何，并伴有旨在达成掌握目标的刻意练习时，可见的教和学就会发生。

在明确学习目的和成功标准之后，学生就可以从学习者转变为自己学习的教师，从而实现持久性学习。但有时候，学习并不是快乐的，而是艰苦的，需要对照着教师提供的形成性反馈来一遍遍练习提高，也需要自己在与成功标准的比对中，总结出经验并一遍遍练习或修正策略。在此过程中，学生们不但能够接近并达到成功标准，也能培养出专心和坚持的技能。

在本文公开课的教学案例中，日常文言文课堂讲解词汇学习方法时，我也会对学生进行提问，但多数是讲授式、问答式，或者小组报告式学习，以多数学生能够回答为达到掌握标准的判断标准。在课下的书面练习中，涉及文言字词的解释题目，看同学们能够以较快时间写出就视为其掌握了，而这恰恰是忽略了文言词汇的思维推论过程。不管是课上还是课下，都没有给足时间和机会来培养学生对这方面进行刻意练习的能力，纠正性反馈更是由此缺乏。

作为教师，我们应提供多样化的练习机会，并且关注学生答案的形成性思维过程。比如让一些同学来分享自己理解词汇时采用的方法和推论的步骤（以站起来回答、直面书写、小组分享等方式），从中判断该生所使用的策略性质，促使他们刻意练习任务的持续。

三、营造欢迎错误的课堂氛围

对学习者来说，安全的环境就是错误得到欢迎和关照的环境。因为学生可以从纠正错误的思维过程和反馈中受益良多，经过纠错学习的知识和方法往往掌握得更加牢固。

在本文的公开课案例中，对测验答案的时候，虽然大部分对答案拿不准的同学不敢发声回应，但还是可以听到一些错误的答案。因为对教和学的高期待一时没有达到，我一度将这错误的答案看成是对自己教学的怀疑和对学生学习的失望，然而实际上，错误正是了解学生思辨过程、进度，以及自己尝试多元策略的契机。

细细想来，像案例中出现的这种情况，即在测验时，学生显示出的学习水平与日常课堂教学中我所了解到的水平不同的情况，并非第一次发生。此时，我认真思考，是否在课堂上营造了欢迎错误——学生的错误可被接受，学生的错误思维过程可被鼓励表达的课堂氛围？

在新手教师的教学起步阶段，我对自己和学生都怀有高期待和高要求，却没能很好地正视学生在课堂中犯错的正常现象，将自己讲过而学生又出现的错误归因为一种教学任务没有完成的负面表现，有时忽略了去究其原因分析思维过程。在课堂上我所能听到的多数为正确答案，也许是一些学生基于表现目标的驱使，侧重于在课堂中表现自己的能力，而并非意味着他们关注并清楚是如何得到了正确的答案。

从学生的视角看，课堂氛围应该是公正平等的，学生认为即使说"我不知道"或"我需要帮助"也没关系，这样他们的进步会更快。因此我在日后的教学中要去接受、包容、欢迎学生的错误，用心营造充满关爱，注重过程和平等互动，合作对话的课堂氛围，从而更准确地把握学生的学习效应量，更可见地引导学生学习的过程。

附文言小测：

一、请用列出的方法解释加点词：

1. 对举法：传道受业

2. 已学知识联想法：所以传道受业解惑也

　　　　　　　　　虽世殊时异，所以兴怀

　　　　　　　　　所以遣将守关者

3. 固定结构翻译法：道之所存

4. 句子成分推理法：师道之不传也久矣

5. 虚词用法词法推断法：择师而教之

二、请解释下列加点字，并从上述推断方法中选择对应的分析方法：

1. 而耻学于师

2. 吾从而师之　　则群聚而笑之

3. 其可怪也欤　　其孰能讥之乎　　其皆出于此乎

4. 不拘于时　　此非曹孟德之困于周郎者乎　　学于余

5. 遂以为古之师弟子皆然　　以为苟无其德　　自以为关中之固　　以为桂林、象郡

6. 既无所藉于师

7. 师之为道　　昔者孙明复之为师也

8. 轻儇浅躁

"《论语》仁之本——孝"教学设计系列

张聪艺

【教案学案】

一、教学目标

1. 理解《论语·学而》中的"学"是什么和"学"的重要性；
2. 理解和感悟《论语》中的"孝"；
3. 能够在生活中践行"孝"。

二、教学重难点

1. 理解和感悟《论语》中的"孝"；
2. 能够在生活中践行"孝"。

【学习过程】

一、"学"是什么？

_____

二、理解和感悟《论语》中的"孝"。

1. "《论语·学而》"中"学"什么？（"学"的内容）

_____

2. "仁"的根本是什么？

_____

3. 整理《论语·学而》中关于"孝"的内容。

4. 理解《论语·为政》中孔子弟子问孝的几则内容。

孟懿子问孝。子曰:"无违。生,事之以礼;死,葬之以礼,祭之以礼。"

孟武伯问孝。子曰:"父母唯其疾之忧。"

子游问孝。子曰:"今之孝者,是谓能养。至于犬马,皆能有养;不敬,何以别乎?"

子夏问孝。子曰:"色难。有事,弟子服其劳;有酒食,先生馔,曾是以为孝乎?"

三、践行"孝"

1. 你认为自己生活中做到"孝"了吗?(结合以上关于"孝"的内容和自己实际情况谈一谈)

2. 父母有错误行为或是误解了你,怎么解决?

四、总结

【课后作业】

通过感悟和讨论"孝",对"孝"有了新的认识和理解,也对自己以前的行为有了新的认识,课下自己结合实际情况和课上对"孝"的理解,给父母写一封简短的信,题目自拟,字数不限。

【板书】

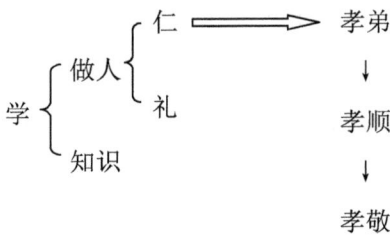

【评课议课】

打造好实验学校名著阅读课的课程品牌
——张聪艺"《论语》仁之本——孝"点评

赵长河

2017年6月23日,青年班张聪艺老师的课题是"《论语》仁之本——孝",与名著阅读关联。借此,我也就这个非常迫切的话题谈一点看法。

一、名著阅读课的应然

我校名著阅读课应该呈现充实、扎实的课程开发状态,应该能够建设好我们的品牌。理由如次:

1. 2017年市级教育规划课题"基于学校文化的校本阅读课程开发研究"以"良好"等级顺利结题;2017年分别由张伟丽、吴玮老师主持的初高中关于名著阅读的区级课题,顺利通过区级批复。应该说,具备了充实、扎实开发课程的准备条件。

2. 2017年,有关整本书阅读已经正式写入国家文件。从此,名著阅读、整本书阅读,应该能从地下状态公然进入学校正常课时了。确实,我们学校从2016级高一开始,也已经正式把名著阅读纳入正常课时。

3. 名著阅读在中高考中的权重日益增强。2017年北京高考试卷在2016年基础上继续增加名著阅读的权重。微写作,全部与名著阅读有关,涉及的名著有《平凡的世界》《红楼梦》《边城》《红岩》《呐喊》《老人与海》。考查的方式是"指向性情节叙述+点评概述"(第一、二题),或者反过来"点评概述人物+相关情节阐释证明"(第三题)。不仅用微写作"专题"考查名著阅读,而且在大现代文阅读考查中自然勾连名著阅读考查。涉及的名著也在微写作考查涉及的范围内。勾连大现代文阅读和名著阅读的点是"环境与人物"的关系。这一种勾连,还处于一种相关联想记忆的层次,还处于名著阅读考查的"初级阶段"。可以预料的是,名著阅读的考查,以后应该逐渐向"思考领悟探究"层级发展,增强名著阅读考查的难度。我设想,能否直接选用名著文本的选段命题,从选段勾连全书?在阅读考查中专门设置这一题型?

4. 名著阅读,应该根据初高中学生不同的认知特点和具体的开课要求,采用不同的教法和学法。《论语》,初中只要求学习前四篇共92章,高中要求学完《论语》全书20篇共500章。初中除了掌握章句含义,着重联系现实生活的章句内涵阐发。具体的文言层面的章句解释、翻译,不再是高中《论语》学习的重点。除了着重联系现实生活的章句内涵阐发外，高中还应有贯通全书，以各层面主题词重新整合的研究性学习。初中的《论语》学习，还应有朗朗的诵读声，应该展现少年"朗诵者"的风采。这也是这个年龄段的学生通过语言学习经典应有的教法。这一点，侯继生老师在评析张聪艺老师课的时候，已经提出了建议。

5.《论语》这样的名著阅读，老师课程开发之前，还应该有名家解读的比较阅读，大量的章句，名家的解读是有差异甚至截然相反的。老师必须要在比较阅读中，才能提炼出课堂的激趣生疑点，进而找到"课眼"。就《论语》而言，老师至少得比较阅读"杨伯峻""钱穆""李泽厚"的《论语》，当然进而能阅读"李零""钱逊"的《论语》就更好了。比如聪艺老师这节课，其中有研讨以下章句的环节：孟武伯问孝。子曰："父母唯其疾之忧。"

这个章句，名家就有不同的解读，这些不同的解读正是生发"课眼"之处。但这节课，没有关注到这一点。这还是缺失课前的丰富细致的研读。关于课前的"丰富细致"，这里还想借用侯继生老师的叮咛，再作提醒，年轻老师要尽量提供出带有详案特质的课前备课资料。这样的"丰富细致"无疑是能有效促进成长的。

二、名著阅读课的实然

1.我校高中语文组围绕市区级有关名著阅读的研究课题，多人次开设了区级研讨课，参加了市级录像竞赛课。

高二吴玮、王惠老师同课异构"雷雨"区级研讨课，两位老师开课后立即整理，形成了后续的相应的文字材料。高三刘晓娟老师以"老人与海"阅读为课题，参加第二届实验杯竞赛。高一张宝瑜、赵长河老师同课异构"平凡的世界"区级研讨课。高一张宝瑜、赵长河、徐晓老师，以"平凡的世界""论语"名著阅读课，参加"首届北京市课题研究录像课比赛"。张宝瑜老师获得一个一等奖，一个二等奖，赵长河老师获得两个二等奖，徐晓老师获得一个三等奖。这样与课题研究关联的录像课（以后还有现场课），以后会成为市级赛课常态。

2.初中语文组的名著阅读课，已然成为日常教学内容。张聪艺老师的课，正是名著阅读常态课基础上的提炼优化课。

3.初高中都已把名著阅读课的开设，提到了应对中高考、优化阅读素养的高度，不同程度地加以落实了，但落实的程度有差异。

三、名著阅读课的将然

名著阅读，首先要有教师之前的大量比较阅读作为基础，才能课程化进而课堂化。这是名著阅读最重要的将然。我这里只想从引导学的层面简单谈一点，就是如何从"读写结合"的角度和"研学旅行"的角度，激发学生的名著阅读兴趣。学生有兴趣了，名著阅读才能进入，才能有实效。

1. 以名著为素材写作。2017年高考后，我引导高一6班学生用《红楼梦》作为素材，写作"说纽带"这个高考大作文。学生兴趣浓厚，习作效果显著。同时，也自然促进了学生对《红楼梦》的再次细读。这样的细读，学生是主动的。因为，这是写好这篇作文的前提。

2. 从名著片段中借鉴写法，进行仿写训练。比如从《红楼梦》学习不同视角的叙述，体悟详略造成的不同叙述速度等等。

3. 用研学旅行激发名著的深入阅读。高一6班进行的"大观园研学旅行"，就按照各人领取不同景点，写作与此景点有关的人和事的导游词，作为行前课。这样的行前课，自然又激发了学生重读相关章节的兴趣。

要开发好名著阅读课程，我们的将然当然远远不止这些，需要我们老师齐心合力。

我这里只是抛砖引玉而已。

谢谢聪艺老师的课！

"流体力学专题复习"教学设计系列

姜汉新

【教学分析】

在高中物理教学过程中,学生常常会遇到一类问题,其研究对象是气体或者液体,例如:风力发电、水力采煤等等。中学教学中把这类问题称为流体问题。这类问题学生往往觉得难以下手,原因主要在于物理模型难以建立。常见的解法是建一个柱体模型,设 Δt 参量,找出对应的物理量的表达式,在计算中运用到能量关系或者动量定理。

一、教学目标

1. 让学生具有用所学流体建模知识分析解决实际问题。
2. 通过小组讨论培养学生的语言表达能力。

二、教学重难点

建立流体模型。

【教学流程】

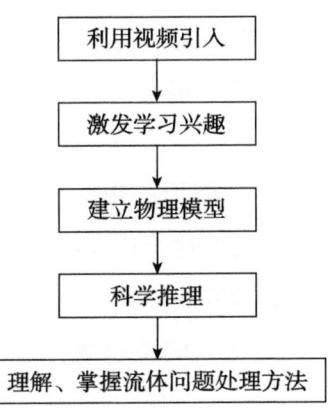

1. 位于新疆的塔克拉玛干沙漠是利用风力发电的绝世佳境。设该地强风的风速 v=20m/s，空气密度 ρ=1.3kg/m³，如果把通过横截面积为 S=20m² 的风的动能全部转化为电能，则电功率的大小为多少？（计算结果保留一位有效数字）

2. 高压采煤水枪出水口的截面积为 S，水的速度为 v，射出的水打到煤层上后速度为零，若水的密度为 ρ，求水对煤层的冲力。

3. 大风可能给人们的生产和生活带来一些危害，同时风能也是可以开发利用的清洁能源。

（1）据北京市气象台监测显示，2012 年 3 月 23 日北京刮起了今年以来最大的风，其短时风力达到近十级。在海淀区某公路旁停放的一辆小轿车被大风吹倒的数字信息亭砸中，如图甲所示。已知该信息亭形状为长方体，其高度为 h，底面是边长为 l 的正方形，信息亭所受的重力为 G，重心位于其几何中心。

①求大风吹倒信息亭的过程中，至少需要对信息亭做多少功。

②若已知空气密度为 ρ，大风的风速大小恒为 v，方向垂直于正常直立的信息亭的竖直表面，大风中运动的空气与信息亭表面作用后速度变为零。求信息亭正常直立时，大风给它的对时间的平均作用力为多大。

（2）风力发电是利用风能的一种方式，风力发电机可以将风能（气流的动能）转化为电能，其主要部件如图乙所示。已知某风力发电机风轮机旋转叶片正面迎风时的有效受风面积为 S，运动的空气与受风面作用后速度变为零，风力发电机将风能转化为电能的效率和空气密度均保持不变。当风速为 v 且风向与风力发电机受风面垂直时，风力发电机输出的电功率为 P。求在同样的风向条件下，风速为 $\dfrac{v}{2}$ 时这台风力发电机输出的电功率。

利用风能发电时由于风速、风向不稳定，会造成风力发电输出的电压和功率不稳定。请你提出一条合理性建议，解决这一问题。

甲

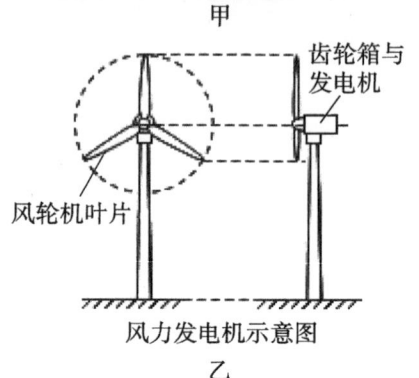

风力发电机示意图
乙

4. 雨滴在空中下落时，由于空气阻力的影响，最终会以恒定的速度匀速下降，我们把这个速度叫做收尾速度。研究表明，在无风的天气条件下，空气对下落雨滴的阻力可由公式 $f=\dfrac{1}{2}C\rho Sv^2$ 来计算，

其中 C 为空气对雨滴的阻力系数（可视为常量），ρ 为空气的密度，S 为雨滴的有效横截面积（即垂直于速度 v 方向的横截面积）。假设雨滴下落时可视为球形，且在到达地面前均已达到收尾速度。每个雨滴的质量均为 m，半径均为 R，雨滴下落空间范围内的空气密度为 ρ_0，空气对雨滴的阻力系数为 C_0，重力加速度为 g。

（1）求雨滴在无风的天气条件下沿竖直方向下落时收尾速度的大小；

（2）若根据云层高度估测出雨滴在无风的天气条件下由静止开始竖直下落的高度为 h，求每个雨滴在竖直下落过程中克服空气阻力所做的功；

（3）大量而密集的雨滴接连不断地打在地面上，就会对地面产生持续的压力。设在无风的天气条件下雨滴以收尾速度匀速竖直下落的空间，单位体积内的雨滴个数为 n（数量足够多），雨滴落在地面上不反弹，雨滴撞击地面时其所受重力可忽略不计，求水平地面单位面积上受到的由于雨滴对其撞击所产生的压力大小。

5. 一导线的质量 $m=8.0$g，长度 $L=0.10$m，感应电流 $I=1.0$A，假设一个原子贡献 1 个自由电子，计算该导线中电子沿导线长度方向定向移动的平均速率 v_e（下表中列出一些你可能会用到的数据）；

阿伏伽德罗常数 N_A	6.0×10^{23}mol^{-1}
元电荷 e	1.6×10^{-19}C
导线 MN 的摩尔质量 μ	6.0×10^{-2} kg/mol

【评课议课】

外行能看门道吗

赵长河

目前，我校青年班、研修班基本形成了三环节评课流程。第一环节是上课老师说课；第二环节是同学科老师评课；第三环节是其他学科老师着重从课堂环节、师生互动等角度提问，上课老师和同学科老师回答。今天我这个教语文的班主任，主要尝试回答可能大多数老师困惑已久的问题，这就是第三个环节，非本学科老师也就是"外行"能看出门道吗？

我说，能。

第一，我们可以看老师与学生互动的安排。这节课，总共四道题，第一道和第四道题，姜老师都安排了学生上黑板演示。其间，他在巡视行间的时候，与下面的个别学生进行了小声互动讨论。姜老师寻找的演示和讨论的对象，都是靠近讲台的学生。这个对象的选择，其实我们外行就可看出调整的必要。从教室控场的角度，可以选择教室前中后的学生，这样有利于通过控场而调动激发全班进入学习状态。当然，选择对象，从学业成绩优中差分别选择，从课前批阅发现的不同错误类型角度分别选择，也是合理的选择方法。

第二，我们可以看学生黑板演示的答题规范性问题。有些答题的规范性，应该是不分学科的通识。比如，第一个上黑板的学生从头至尾是由公式到公式，中间没有一句体现逻辑走向的汉语表达。教者解释说，汉语表达有可能因为表达不清甚至错讹而弄巧成拙，导致扣分。而由公式到公式，只要答案正确，通常不扣分。且不说阅卷时这种潜在行规的"通常"是否存在。即便存在，教者也要着力学生公式推导之间汉语逻辑连贯能力的培养，这是为学生的终身发展奠基。

第三，我们可以看PPT有助于学生领会题目要领甚至建立思考模型了吗？第一道题目在评讲学生黑板演示内容的时候，姜老师插入了三张PPT，对该题做了小结并上升到建模层面。这样的PPT才是合宜精要的。

第四，我们可以看情感态度价值观的融入是否自然无痕。姜老师最后环节播放了一段介绍我国风力发电的视频。这个视频，切合"流体力学题建模"的课题。姜老师把这个视频与课题和具体题目关联之后，自然引出期望在座的同学将来能够在风力等清洁能源发电领域有所建树，为解决困扰首都和华北平原的雾霾难题贡献力量。这样一种价值观渗透是自然的。

第五，我们可以看是否关注学科检测评价的发展趋势。这一节复习流体力学的课题，前两道题的流体，分别是主要以题目中数字直接表达的"风"和"水"。而第三道，主要以生活情境表达流体"风"的题目，姜老师解释说用生活情境模型包装物理原理模型，当下已经成为物理的流行题。那么，如何引导学生突破"包装模型"中的"包装"，从而进入"物理模型"，正是我们要看的点。突破"包装模型"，其实关联的是学生非常重要的"物理阅读能力"。这个阅读能力，是学生进入物理模型的第一步。

其实，除了经验的"看门道"，我们还得同步回到理论的"看门道"。大家不妨回头再读读沈毅、崔允漷的《课堂观察——走向专业的听评课》。

（本文刊《北京教育（普教版）》2018年第7期）

【何京华】

9月22日上午第一节在学校青年班、研修班举办的公开课活动中，高中物理组的姜汉新老师作为研修班的年轻教师上了一节精彩的高三复习课。我作为一名物理教师通过这节课也受到了很多启发。

下面我从物理教学的角度对这节课加以评析：

本节课经过了精心的安排和设计。首先，从教学设计上看，本节课采用层层推进的手段让生活走向物理，让物理走向社会，面向全体学生。老师在引导学生完成学案的同时，给出了学生充分的思考时间和适当的提示，放手让学生在黑板上书写题目的相应答案，并让大家帮助找出问题所在。从课堂教学来看，老师能很好地把握住教材和考纲的要求，始终以引导学生为主，启迪学生思维，渗透物理思维和方法，展示了老师扎实的基本功。整个课结构严谨，一气呵成，课堂内容丰富充实，老师对课堂的驾驭能力在本节课堂上也发挥得淋漓尽致。

本节课的亮点具体体现在以下几个方面：1. 姜老师的多媒体课件 PPT 中的例题对应的图片都是自己纯手工绘制的，每一张都和相应的题目对应。充分利用教学素材，启迪思维，教师的主导作用和学生的主体作用得到发挥。2. 有效地为学生提供了充分的思考、学习时机。3. 有效地进行教学调控。教师的调控能力较高，体现在有效地根据学习内容和任务处理学案，教学环节紧凑，教学容量恰当，有效地组织学生进行启发式教学，教学语言亲切，教态自然。4. 在做过相应题目之后姜老师给学生们展示了一段风力发电的视频，而且对比雾霾产生的一个原因火力发电为学生进行了一段非常有意义的爱国主义教育和环保节能的教育，对于学生科学态度和责任的培养有很大的帮助。

这节课需要继续探讨的问题：1. 有些口头语可以注意"翻译"为标准的物理语言，例如"一骨儿节"可以转化为单位时间作用在有效面积上的空气体积。2. 题目中没有的物理量需要提示学生设出相应的字母，例如第三题的第二问建议学生将风能转化为电能的效率设为 η，空气密度设为 ρ，所设的物理量在解题中是可以约去的，最后的答案是不会出现所设的字母的。3. 有一点很多老师都提出来了，比如研修班班主任赵老师提到："为什么物理的解题只有公式没有任何文字的说明？"其实物理的解题中应当有相应的文字叙述，而且是非常必要的。建议姜老师在培养学生的书写表达过程中，注意相应的文字叙述。例如：对某某研究对象，从某处到某处应用动能定理等。

总之，姜老师这节课真正体现了教师不但是知识的传播者，而且更应该成为教育科学的探究者和研究者。

第四单元　第1课时"资本主义时代的曙光"教学设计系列

李　贵

【教案】

授课老师	李贵
授课班级	初三（2）班　中考班
学情分析	本课内容在初二上学期讲过，但由于之前不重视历史，加上时间有点久，所以学生掌握得不怎么好。另外自分班以来，经过几次摸底考试，学生普遍基础知识不牢，对历史学习缺乏方法，不懂得整理和归纳。但是自选考分班以来，学生学习历史的积极性和兴趣普遍提高，能够在老师的引导下，很好地完成学习任务。
课程标准	知道《神曲》、莎士比亚的戏剧等，初步理解文艺复兴对人的思想解放的意义；通过哥伦布发现美洲、麦哲伦环球航行，初步理解新航路开辟的世界影响。
考点	《神曲》、莎士比亚的戏剧；文艺复兴对人的思想解放的意义；新航路开辟的影响。
教学目标	知识与能力：知道文艺复兴、新航路开辟的基本知识，提高依据地图、图表、文字材料等历史材料，阅读分析、提取概括信息的能力以及分析理解历史问题的能力。 过程与方法：运用图片和分析概念关键词的方式，引导学生回忆和加深基本史实与基本概念。运用表格地图和表格，引导学生总结，提高归纳能力。运用史料分析的方式，引导学生掌握论从史出的历史方法。通过连串设问，引导学生思考。 情感态度与价值观：认识到思想解放和世界市场在人类跨入资本主义时代所起的重大作用。
重点与难点	重点：知道文艺复兴和海路大通的概况。 难点：理解文艺复兴和新航路开辟的意义，建构知识体系。

教学过程			
教学环节	教师活动	学生活动	教学目的
导入	出示两组图片。 问：图片共同反映了什么历史事件？ 出示单元目录，明确考点。	学生看图回忆。 回答。	通过图片有助于帮助学生回忆重大历史事件，同时增强感性认识。

续表

教学环节	教师活动	学生活动	教学目的
一、基本概念界定	出示基本概念，指导学生划出关键词，明确文艺复兴在前，海路大通在后。	学案上划关键词。	明确概念。
二、基本知识梳理	1. 文艺复兴 出示人物头像。 问：他们是谁？有哪些作品？ 出示表格，归纳作品。 出示表格。 问：对比中世纪，巨匠们在追求什么？ 文艺复兴有什么意义？ 促进人的觉醒，推动文化发展，为欧洲步入近代奠定思想文化基础。 2. 新航路开辟 出示新航路开辟地图，指导看图。 问：哪两个国家走在探险前列？四条航线分别到达哪里？ 出示表格总结四条航线。 出示时间轴，请学生依据表格，给四位航海家出海时间排序，强调1500年的重要性。 出示6张小图片。 问：当时航海家们为什么要去探险？（原因） 当时有哪些条件支持航海家们探险呢？（条件） 出示材料，指导小组讨论"新航路开辟的影响有哪些？"	学生看图回答问题。 在学案上完成表格。 学生比较，并回答问题。 结合表格思考文艺复兴的意义。 学会看地图。 完成学案表格。 回答问题。 听讲。 回忆、思考、回答，填写学案。	复习基础知识，提高归纳总结能力。 通过对比，加深对文艺复兴人文主义核心思想的理解。分解人文主义的内涵，理解人文主义的内涵。 学习看地图，从地图上获取信息，用表格整理知识。 引导学生利用时间轴，建立时间顺序。 图片直观，有助于学生回忆与理解历史背景。

教学环节	教师活动	学生活动	教学目的
	出示思考题：有人说，中古时代晚期，欧洲有两大发现，一是人的发现，二是世界的发现。请问这分别指的是什么历史事件？为什么？	讨论回答，完成学案。 思考回答。	学会全面地分析历史，辩证地分析历史。
三、总体认识	教师总结提升： 出示目录。 文艺复兴，以人文主义为核心，在思想文化领域为资产阶级奠定基础；文艺复兴推动了海路大通，连接了真正意义上的世界，在市场方面为资产阶级开拓了广阔的世界市场。这两个历史事件，都是在资本主义产生和发展的背景上出现的，反过来又促进了资本主义的发展。两个历史事件的出现，意味着世界迎来了资本主义时代的曙光。但是资本主义要想如日中天，还需要资产阶级在政治上有所作为，这是下一节课要讲的内容。	听讲，补充学案小结。	用目录和示意图的方式，帮助学生建构知识体系。
四、巩固练习	选择题和材料题。 略。		
五、课后反思			

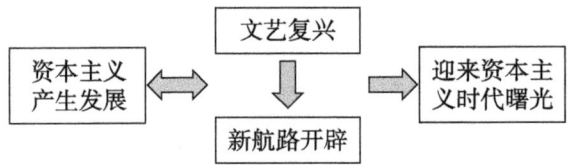

【学案】

世界近代史复习 第四单元 跨入近代社会
第1课时 "资本主义时代的曙光" 学案

李　贵

【课程标准】知道《神曲》、莎士比亚的戏剧等，初步理解文艺复兴对人的思想解放的意义；通过哥伦布发现美洲、麦哲伦环球航行，初步理解新航路开辟的世界影响。

【考点】《神曲》、莎士比亚的戏剧；文艺复兴对人的思想解放的意义；新航路开辟的影响。

【重点】知道文艺复兴和海路大通的概况。

【难点】理解人文主义的内涵和新航路开辟的意义，建构知识体系。

【知识梳理】

一、基本概念界定　请画出关键词

（1）**文艺复兴**——14—16世纪，新兴资产阶级为了摆脱封建神学的束缚，从意大利发起的一场以复兴古希腊、罗马古典文化为旗帜的思想文化运动。后人称之为文艺复兴运动。

（2）**新航路开辟**——15世纪末，西欧各国本想探寻通往东方的航线，经过一系列航海探险活动，开辟了通往印度和美洲等世界各地的航路。

二、基本知识梳理

文艺复兴	根本原因				
	时间地点				
	实质				
	核心思想				
	代表人物及作品	人物	作品		
			《　　　》		
			《　　　》《　　　》		
			《　　　》《　　　》《　　　》		
	意义				
新航路开辟	原因				
	条件				
	概况	开始时间	航海家	资助国	成就
	影响	对世界： 对欧洲： 对亚非拉：			

三、小结

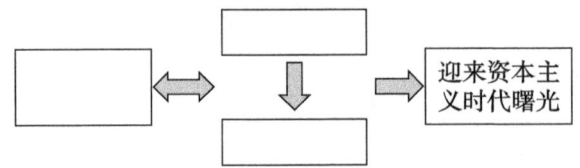

四、练习题

1. 阅读下列材料，回答问题。

材料一 14-16世纪，在欧洲出现了一场意义深远的运动。这场运动冲破了天主教会一千多年来对欧洲社会生活和人们精神世界的统治，淡化了神的主宰地位、强调人性的解放，重视人的价值和作用。

材料二

材料三 1500年以前，人类基本上生活在彼此隔绝的地区中。……直到1500年前后，各种族集团之间才第一次有了直接的交往。……因此，1500年是人类历史上的一个重要转折点。

——［美］斯塔夫里阿诺斯《全球通史》

（1）材料一和材料二共同反映了什么主题？这场运动的先驱者是谁？

（2）试根据材料一并结合所学知识判断，1500年左右世界史上发生了什么大事？试说明"1500年是人类历史上的一个重要转折点"的依据。

（3）材料一、二与材料三所反映的历史事件之间有什么联系？它们有什么共同的作用？

史料补充：新航路开辟的影响

材料1：

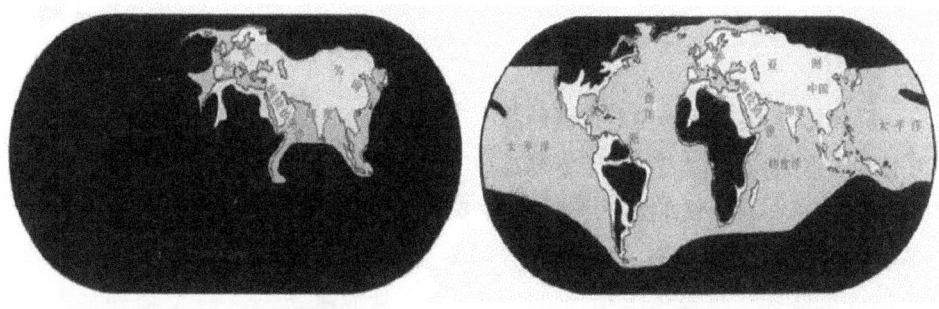

1420年欧洲人认识的世界　　　　　　　　1620年欧洲人认识的世界

材料2："16世纪，欧洲的黄金从55万公斤增加到119万多公斤……新兴的资产阶级靠使用廉价的劳动力和高价出售产品而得到好处。"

——孔祥民主编《世界中古史》

材料3："中世纪兴旺发达的地中海贸易成为明日黄花，威尼斯、热那亚等城市的商业地位一落千丈……而欧洲大西洋沿岸的里斯本、伦敦和阿姆斯特丹成为重要的国际商业都市。"

——刘景华《人类六千年》

材料4：

【评课议课】

事实性知识的学习和图式学习
——李贵老师课例点评

赵长河

一、课题和教学重难点

课题是"资本主义时代的曙光——复习文艺复兴和新航路开辟"。教学重点是"知道文艺复兴和海路大通的概况"。教学难点是"理解文艺复兴和新航路开辟的意义，建构知识体系"。

二、教学环节概述

（一）1.导入课题，出示两组分别关联"文艺复兴"和"新航路"的图片，以让学生齐答方式引出"文艺复兴""新航路"的概念。以知识目录的形式，明确此节复习课范围：第四单元，跨入近代社会；明确考点：《神曲》、莎士比亚的戏剧；文艺复兴对人的思想解放的意义；新航路开辟的影响。（二）2.明确基本概念"文艺复兴""新航路"。利用学案上的两个概念的陈述，指导学生用划关键词的方法掌握概念。（三）3.梳理基本知识。完成"文艺复兴"代表人物和相关作品填表。填表对比"文艺复兴"和"中世纪"特点，表格一侧先完全出示中世纪特点，然后让学生对比着在表格另一侧归纳出文艺复兴的特点。4.梳理基本知识。利用地图、表格、图片，梳理复习新航路知识，渗透时空观念。（四）整体思考和归纳的引导。5.为什么要去探险？支撑探险的条件有哪些？引导两个问题的回答，都是左边用相关的提示性图片提示。6.新航路开辟的影响。利用学案补充史料引导讨论。影响的角度也提醒了：对世界、对欧洲、对亚非拉。7.总结归纳。思考题：有人说，中古时代晚期，欧洲有两大发现，一是人的发现，二是世界的发现。请问：这分别指的是什么历史事件？为什么？总结归纳，指出两个历史事件的共同背景和共同影响，利用示意图，建构知识体系；利用导入的目录，首尾呼应。（五）8.选择中考题，课堂练习。

三、整体描述

应该说，李贵老师的课，整体的五个环节——导入考点、基本概念复习、基本知识复习、整体思考概括、课堂练习，环环相扣，自然递进，环节过渡自然，师生互动自然，听课有一种行云流水的舒服感。

四、重点讨论

（一）事实性知识的学习

本课复习内容出现了大量事实性知识的学习环节。

事实性知识又叫事实。事实性知识通常通过词语表达，因而言语学习的三种方法对掌握事实性知识具有高效性。这里我们以第一种方法即配对联想为例加以阐释，配对联想指在刺激项目和反应项目间建立联系（联想），如由"线"联想到"针"，由"光明"联想到"黑暗"。

例如本课中，完成"文艺复兴"代表人物和相关作品填表环节，就是一种典型的配对联想。这种事实性知识的学习还处于"记忆"的程度。

又如本课中,填表对比"文艺复兴"和"中世纪"特点,表格一侧先完全出示中世纪特点,然后让学生对比着在表格另一侧归纳出文艺复兴时期的特点。这种配对联想的学习就处于"理解""运用"的程度了。

(二)表格和图式

本课出现了大量表格填空的学习环节。

"表格是存在于我们头脑之外的,而图式则是我们头脑内部的表示一类事物共同特征的一种表格";"图式是我们头脑中关于一类客体、事件或情境的一般知识结构"。(王小明《学习心理学》)

学案中出现了"文艺复兴"和"新航路"两个表格要求填空。第一个有关"文艺复兴"的表格就可以提炼为"图式"的例子,以此为参照,可以引导学生自行设置"新航路"的表格。

(三)指向历史理解和价值观的历史核心素养的教和学

历史理解,着重指将对史事的叙述提升为理解其意义的理性认识和情感取向。历史价值观着重指对历史的事实判断与价值判断的辩证统一,是从对历史真实和历史意义的追求中凝练出来的价值取向。

本课的"整体思考概括"环节,就主要体现了有关历史理解和历史价值观的核心素养的培养。

(四)一切历史都是当代史

"一切历史都是当代史",是克罗齐的著名论断。克罗齐说:"历史是活的历史,编年史是死的历史;历史是当代史,编年史是过去史;历史主要是思想行动,编年史主要是意志行动。一切历史当它不再被思考,而只是用抽象词语记录,就变成了编年史,尽管那些词语曾经是具体的和富有表现力的。"他还认为:"当生活的发展逐渐需要时,死历史就会复活,过去史就变成现在的。"他的理论着重历史的现时性,其实就是着重历史与生活的联贯。

本课的"文艺复兴"和"新航路"两个重大的历史事件本就存在因果关系,"文艺复兴"是引发"新航路"的重要的思想因素。

从"一切历史都是当代史"的论断出发,我们也可联系当下的历史。习近平主席的"人类命运共同体思想",也正是"一带一路建设"的重要的思想依托。本课也可从这个点加以生发延伸。

情境化教与学在中学生物学课堂中的运用

成立曼

情境化教与学是基于学生看到学习材料的意义和当他们将新信息和先前知识与自身经验连接起来时的学习哲学之上的学习。教学过程中，要求教师创造条件，将学习内容融合在具体的学生可以感知的环境中，构建新旧知识之间的脚手架，为新知识提供生长点，实现知识在意义上的主动建构，以搭建学科与生活之间的桥梁，这个搭桥过程即是情境化教学。

情境化教学符合新课标的教育理念，与学生生活相联系，使学生在熟悉的环境下进行知识的构建，符合学生的认知规律。在课堂教学中，可以从以下几个方面创设情境，提高教学效果。

一、创设真实情境，带着问题进入课堂

在讲解核酸这一内容时，很多学生头脑中会有关于遗传物质的零散碎片，生活中也听说过DNA这一名词，在观看电视节目时也有所涉及，但无法将这些事实性知识和科学概念进行准确的把握。基于这样的背景，我会为学生创建一个真实的情境。例如，我会问学生，大家喜欢看特工片吗？同学们回答：喜欢。这个时候学生已经被带进了特定的情境。我回答：我也很喜欢看，一直被特工的十八般武艺深深折服。教师继续引导：特工不仅要具备十八般武艺，还要有破案侦查能力，比如，通过收集现场的头发和血迹判断目标者身份。教师继续发问：同学们知道为什么通过头发和血迹就能判断目标者吗？激发了同学的好奇心和求知欲，这个时候教师回答：因为头发和血迹里含有遗传物质DNA，每个人的DNA都是独一无二的。那么，DNA中的遗传信息储存在哪？为什么DNA分子具有特异

性？学生会带着这些问题进入课堂。兴趣是最好的老师，通过生活情境的创设，激发了学生的学习热情，学生不再是空着脑袋进入课堂，而是有侧重地解决现实问题，课堂教学效果明显提高。

二、运用隐喻变抽象为具体，增加生活体验

在讲解物质跨膜运输的这一内容时，学生对于主动运输和被动运输是否需要能量这一事实性知识很难理解和记忆，我主要采取隐喻的方式创设情境，增加学生生活体验。被动运输为顺浓度梯度即从高浓度到低浓度，就像从滑梯上端向下端滑，因此，被动运输不需要能量；主动运输为逆浓度梯度即从低浓度到高浓度，就像从滑梯的下端向上端滑，因此，主动运输需要能量。通过该隐喻的使用，使学生在理解这一知识时，能够通过相关实例将抽象的知识具体化和形象化，有利于学生掌握相关概念。

三、增加课外活动，还原真实生活

课本知识和生活实际存在断层现象，学科课外活动是将二者进行有效连接的桥梁。中学生物学课程，是贴近学生生活的一门课程。如果能合理地安排一些课外活动，增加学生的生活体验，不仅能使学生高效掌握课本知识，还能为学生今后的学习和职业发展提供一定的借鉴和思路。在讲解呼吸作用这一内容时，为了增加学生对发酵这一概念的理解，我给学生增加了有关葡萄酒的相关知识，教学生如何动手酿制葡萄酒以及如何品酒等，学生印象深刻，课后布置了自制葡萄酒这一任务。通过这样的体验，学生真正地感受到了生物学就在身边，从而提升到学习可以使我们更好地生活这样的体验。

情境化教与学在各学科中均有所体现。近期，去情境化也被多位学者提及，在我看来，两者并不矛盾。情境化教学强调教师通过情境的创设，帮助学生通过生活化的背景构建新知识的过程；去情境化则是通过模型构建等方式，提取核心概念去除无关信息的过程。二者的方式不同，但在情境化和去情境化的过程中，都锻炼了学生的理性思维，增强了学生的社会责任，从而发展了学生的生物学科核心素养。进一步分析发现，二者并不是独立的，教师在教学过程中，既要学会情境化，也要学会去情境化，从而提高课堂教学效率。

"铁及其化合物"（第3课时）教学设计系列

李秋燕

【教案学案】

一、学习目标

（一）知识目标

1. 知道 Fe^{2+} 既有氧化性也有还原性、Fe^{3+} 有氧化性，理解二者之间的转化原理。
2. 正确书写 Fe^{2+} 和 Fe^{3+} 转化的相关离子方程式。

（二）能力目标

1. 逐步提升实验设计能力（试剂选择，实验操作）。
2. 巩固提升正确书写离子方程式的能力。

（三）情感价值观目标

1. 树立"理论预测需要实验验证"的科学态度，加深对"化学是一门以实验为基础的学科"的认识。
2. 继续培养小组合作模式，增强组员间的协作性和默契。

【教学过程】

探究"Fe^{2+} 和 Fe^{3+} 的性质"

环节一：提出猜想（预测）

从化合价的角度分析，Fe^{2+} 和 Fe^{3+} 分别具有什么化学性质？

Fe^{2+}: _____

Fe^{3+}: _____

环节二：设计实验并验证

[任务1] 验证 Fe^{2+} 的氧化性（回顾初中所学知识，写出体现 Fe^{2+} 的氧化性的一个化学方程式）

_____

[任务2] 验证 Fe^{2+} 的还原性

可供选择的试剂：

$FeSO_4$ 溶液、$FeCl_3$ 溶液、H_2O_2 溶液、KSCN 溶液、$KMnO_4$ 溶液、氯水（Cl_2）、铁粉、铜片

你们组选择的试剂是_____

实验现象：_____

反应原理（用离子方程式表示）_____

[任务3] 验证 Fe^{3+} 的氧化性

你们组选择的试剂是_____

实验现象：_____

反应原理（用离子方程式表示）_____

环节三：得出结论

1. 知识总结

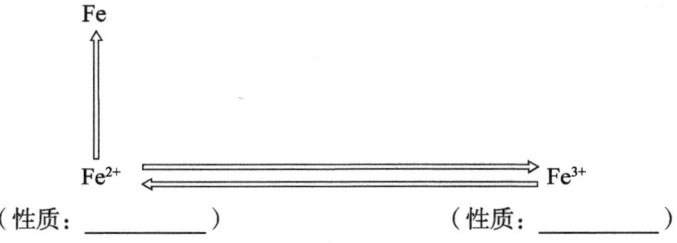

2. 方法总结

科学探究的一般过程有哪些？

环节四：学以致用

1. "乳酸亚铁口服液"中维生素 C 的作用是什么？服用这种补血剂时，还有什么其他的注意事项？

2. 观察 $FeSO_4$ 溶液，实验室在保存 $FeCl_2$ 溶液或 $FeSO_4$ 溶液时，常在溶液中加入适量铁粉，原因是什么？_____

3. 过去电子工业常用 30% 的 $FeCl_3$ 溶液腐蚀敷有铜箔的绝缘板，制造印刷线路板。制作时，把应该保留的铜箔遮挡，然后把铜箔放入氯化铁溶液中，这样没有遮挡的铜箔就被腐蚀掉了，留下了可以导电的铜线。请写出上述反应的离子方程式。

_____
_____

【评课议课】

评李秋燕老师课 "探究 Fe^{2+} 和 Fe^{3+} 的性质"

林佩贤

本节课是高中化学（必修一）第三章《金属及其化合物》中的一节内容。根据课程标准所确定的"课程强调学生的主体性"，要"有助于学生主动构建自身发展所需的化学基础知识和基本技能"的课程性质，本节课主要采用了实验探究的形式。《普通高中化学课程标准》（实验）指出："通过以化学实验为主体的多种探究活动，使学生体验科学研究的过程，激发学习化学的兴趣，强化科学探究的意识，促进学习方式的转变，培养学生的创新精神和实践能力。"因此，在教学中必须强化实验的功能，改变以往的实验只是起演示和辅助的作用，重视化学实验及化学实验教学的设计，以培养学生的化学实践能力、创新精神、科学方法和合作精神。

一、教学目标明确

本节课是关于 Fe^{2+} 和 Fe^{3+} 相互转化的教学，也是"铁的重要化合物"教学中的难点。李秋燕老师在教学中通过讨论、发现问题、实验探究、类比等方法让学生自主学习，最终解决了以下问题：

（1）通过实验探究掌握铁盐和亚铁盐的主要化学性质，了解 Fe^{2+}、Fe^{3+} 的检验方法。

（2）从氧化还原的角度，掌握三价铁离子与二价亚铁离子之间的相互转化，并设计实验方案进行验证。

（3）了解铁与人体健康的科学原理和生活常识。

二、教学效果显著

本节课以实验为载体，突出学生为主体，培养了学生的自学能力，比较、概括能力，分析、综合能力等，使学生各方面的素质都得以提高。以实验探究为主的教学方法符合学生的认知规律，有利于培养学生从形象思维到逻辑思维的提升，帮助学生从感性认识提高到理性认识，再从理性认识到生活实践的应用。它更强调了学习的过程，通过学生的切身体验来掌握概念和规律。运用氧化还原反应知识，逐步培养了学生如何经过分析、预测，进而设计实验方案的能力，同时增强了学生的实验操作能力，使他们进一步熟悉了常用的氧化剂（氯水、双氧水、高锰酸钾）和还原剂（铁粉、铜片）。在探究活动中，学生情绪饱满，求知欲旺盛，课堂气氛活跃，学生的积极性、主动性得以充分发挥，并培养了学生实事求是的科学态度。

三、联系生活实际

课的开始以生活实际出发，乳酸亚铁口服液的出现引发了学生思考生活中实际的问题，激发了学生的求知欲，进一步唤起了学生学好化学和用好化学的必要性，渗透了化学与生活息息相关的理念。课的结尾引导学生学以致用，还可以举例切开的苹果等。

化学实验课中的"意外"问题——"天赐"的教学良机

曹秋野

有幸聆听李秋燕老师呈现的一节化学实验课。实验课尤其是学生实验课是很多老师不愿更不敢展示的课，原因有很多，其中最主要是因为实验中存在着很大的不确定性，有时，在实验程序或操作上稍有不同，实验结果与理论假设的结果就会存在很大差异。这种实验中的意外不仅很难辅助本节课教学目标的达成，有时还干扰了教学过程，阻碍了目标的达成。

本节课学生操作的实验中也遇到了这种"意外"问题，但李老师并没有回避，而是带领学生探究产生"意外"的原因，找出解决问题的对策。这样睿智的处理，不仅使基本的教学目标有效达成，还将此"意外"问题转化为"天赐"的教学良机，培养了学生的探究意识与研究素养，加深了学生对所学知识的理解。

一、课堂实验环节部分描述

【提出假设】Fe^{2+} 离子具有还原性和氧化性

【实验检验】

［任务1］设计实验验证 Fe^{2+} 离子的氧化性

［任务2］设计实验验证 Fe^{2+} 离子的还原性

可供选择的试剂：$FeSO_4$ 溶液、$FeCl_3$ 溶液、H_2O_2 溶液、KSCN 溶液、$KMnO_4$ 溶液、氯水（Cl_2）、铁粉、铜片。

二、实验意外及李老师的处理

在学生实验过程中，李老师巡视各个小组的实验，发现其中一组按照实验要求和程序操作后，实验现象与理论预设的现象不一致。此时，李老师并没有采取指导或回避的态度强行推动课堂进程，而是将此意外情况展示出来，并组织学生探讨未产生预设实验现象的可能原因。通过引导，学生逐步意识到可能是因为某项试剂不足，李老师明知学生的判断是对是错，但依然未给出准确的答案，而是根据学生们的设想，引导学生向试管中补充了几滴之前认为不足的试剂，在试剂补充后，预设的实验现象立刻呈现，学生们也有期待应验的神态。

提出假设进行检验是科学研究的必要过程。在假设检验的过程中，检验结果可能与假设一致，也可能与假设不一致。如果检验结果与假设不一致，就需要探究产生此结果的原因，是理论本身存在问题，还是检验过程存在问题？如果过程存在问题，如何改进？而不是被动地接受检验结果，或仅仅接受老师或权威提供的解释和指导。这种探究意识和批判精神不仅是科学研究的必要素养，也是适应未来社会成为创新型人才的必要素养。

三、"意外"问题不意外　"天赐"良机非天赐

对教学中遇到的意外问题，教师应保持一种开放的态度，问题的解决是知识掌握的最高表现形式。在教学设计中，设计问题是其中重要方面。教师设计各式各样的问题，旨在通过引导学生解决问题从而使学生能够灵活地掌握和运用知识，形成较好的认知结构。教案中预设的问题有些时候并不能适应教学实际，而在教学中未经预设而意外产生的问题更有生命力。因此日常教学中教师对意外问题不应以恐惧和回避的态度处理，而应保持开放的态度，争取发挥意外问题的积极作用。

在教学过程中真正意料之外的问题不应很多。如果教师备课足够充分，应能预见到绝大部分"意外"情况，在课堂上意外情况发生前，也能早做准备予以应对。除此之外，更为巧妙的方式是根据教学需要提早设计出课堂上的"意外"问题，对"意外"问题解决的过程能够更好地推动教学目标的达成。开放的教学态度和充分的教学准备，使"意外"问题不意外，"天赐"良机成人为。

评李秋燕老师的课——"铁及其化合物"

应柳枝

感谢学校每周一次的公开课,各种课堂风格在此轮番展示。记得上次在组里的活动听李老师的"铁及其化合物"课,李老师用魔术的形式引入,把铁及其化合物的知识穿插其中,结束让学生对魔术解密,吸引了学生的眼球,激发了学生的学习兴趣。课后各位深耕中学一线教师的点评至今让人回味无穷。

本次"铁及其化合物"相对上次更精练了,细节处理更完美,内容更丰满了。本节课教学设计好,使用先理论的提出再用实验验证的优秀学科教学方法,即引导学生发现问题、提出问题、分析问题、解决问题的教学方法,符合《高中化学课程标准(征求意见稿)》中反复提到的核心素养的培养要求。化学学科核心素养之一——培养学生的探究能力,李老师用课堂教学践行了这一要求。

具体到李老师的课堂教学各种亮点及本节课知识点该如何设计等,如学生实验失败时该如何将错就错给予引导,是以铁的生活中知识为主线引入铁的性质还是以铁的性质为主线引入铁的生活知识都在学校的一线资深教师中进行了充分讨论,在此不再给老师们画好的蛇添足了。

本节课的主线是铁的三种价态之间转换,其间李老师结合生活情景的例子,如乳酸铁口服液等,符合现在我们的课程标准修改的要求,即结合高考精神传递正能量,给部分提到化学脑子里就是污染和爆炸的人洗洗脑,让他们知道我们现在提倡绿色化学,化学是一门可以洗净天空、刷白云朵,可以送卫星上天、送蛟龙入海的造福人类的学科。

中学课堂的化学课涉及的实验基本属于安全系数很高的,李老师本节课让孩子们从平常的老师掌控课堂形式转化为学生自主掌控的状态,充分发挥了孩子们的探究精神,让他们在科学知识的海洋中自由驰骋。同时李老师也布置了课后的作业,让孩子们自主去发现生活中与铁有关的知识。我想这节课还没有结束,李老师的课让人意犹未尽,后期如继续上本课,孩子们将有更多的知识与大家分享,如治疗缺铁性贫血的药剂用什么,为什么硫酸亚铁药片外表要包一层特制的糖衣;为什么补铁口服液密封瓶打开要尽快食用;工厂用什么方法消除废气中的 Cl_2 对环境的污染,将废气通过含有铁粉的 $FeCl_2$ 溶液,这一处理过程中发生了什么变化;蓝墨水滴在衣服上如何清洗;在烧制砖瓦时用黏土做成的坯经过烘烧后,不同烧制方法就制得不同的颜色的砖瓦(红色和青蓝色)等,然后设计出体现本节课教学知识点的案例实验,归纳出本节课的知识点——铁的三个价态之间转换及其转换条件。可以说李老师本节课的教学设计相当成功。

可控的不确定性
——李秋燕老师课点评

赵长河

这次的评课题目,借用顾轩老师现场评课的用语,叫做"可控的不确定性"。这个题目其实揭示了教学中预设与生成的关系问题。所谓"可控"主要指预设,所谓"不确定性"主要指生成。下面重点从"可控的不确定性"这个角度评课。

一、课堂主要环节描述

课题:探究"Fe^{2+}和Fe^{3+}的性质"。

【环节一】导入。出示验血化验单,观察该患者的血红蛋白的指标,请你诊断该患者患有什么疾病?该如何治疗?【提示:缺铁性贫血,需要补血】出示乳酸亚铁口服液,设问本品和维生素C同时服用的作用。

【环节二】提出猜想(预测)。从化合价的角度分析,Fe^{2+}和Fe^{3+}分别具有什么化学性质?

【环节三】设计实验并验证

[任务1]验证Fe^{2+}的氧化性(回顾初中所学知识,写出体现Fe^{2+}的氧化性的一个化学方程式)

[任务2]验证Fe^{2+}的还原性

可供选择的试剂:$FeSO_4$溶液、$FeCl_3$溶液、H_2O_2溶液、KSCN溶液、$KMnO_4$溶液、氯水(Cl_2)、铁粉、铜片

你们组选择的试剂是?

实验现象?反应原理(用离子方程式表示)?

[任务3]验证Fe^{3+}的氧化性

你们组选择的试剂是?

实验现象?反应原理(用离子方程式表示)?

【环节四】得出结论。1. 知识总结。2. 方法总结

【环节五】学以致用。1. 回复导入时的"乳酸亚铁口服液"。2. 观察$FeSO_4$溶液,实验室在保存$FeCl_2$溶液或$FeSO_4$溶液时,常在溶液中加入适量铁粉,原因是什么?3. 过去电子工业常用30%的$FeCl_3$溶液腐蚀敷有铜箔的绝缘板,制造印刷线路板。制作时,把应该保留的铜箔遮挡,然后把铜箔放入氯化铁溶液中,这样没有遮挡的铜箔就被腐蚀掉了,留下了可以导电的铜线。请写出上述反应的离子方程式。

二、预设、生成互动中的化学核心素养培养的体现

秋燕老师环节二"提出猜想"的设计,作为一种预设,体现的是"宏观辨识与微观探析"中的"能根据物质的微观结构预测物质在特定条件下可能具有的性质和可能发生的变化"高中化学核心素养的培养。

最精彩的还是第三环节,用实验验证第二环节的猜想,猜想是可控的确定性,是预设。用了多种符合条件的试剂供选择。选择什么样的试剂,不同试剂有着什么不同的实验现象和效果,这有不可控性,有生成性。因为每组所选用的试剂、添加药品的顺序和数量都有不可控性。对这样的不可控的实验过程进行记录、思考,进而调整优化实验方案,也就有了生成的探究性学习效果。

在学生通过实验,验证猜想的结论的过程中,秋燕老师巡视各个小组的实验操作,除了发现并纠正用手捏取药品等低层次错误外,主要现场询问并引导解答出现异常实验现象的原因,有所加试剂氧化性或还原性有问题、实验顺序有问题、药品剂量有问题等等。在实验基础上,引导得出结论。这个结论不同于第二环节的推测猜想的结论。

"能依据探究目的设计并优化实验方案,完成实验操作,能对观察记录的实验信息进行加工并获得结论;能和同学交流实验探究的成果,提出进一步探究或改进实验的设想",这是高中化学"实验探究与创新意识"核心素养的表述。由此而言,秋燕老师的课堂设计,是贴着这个化学核心素养的培养设计的。

有了以上的环节,第四环节得出结论的部分,就是水到渠成的了。而且,得出的结论,除了"思维框架"特质的知识系统,还有方法总结。

最后学以致用环节,回到并回答开头的导入,并进而拓展了实验室和生活中的类似化学现象。这样,不但呼应出了一个圆满的课堂结构,而且还运用课堂中学到的知识方法,生成了新的探究延伸的问题。

"方程思想在几何中的应用"教学设计系列

刘宝军

【教案学案】

班　　级	初三（1）班	组　　名		姓　　名	
课　　题	方程思想在几何中的应用				
学习目标	1.分析图形特征，寻找等量关系，探求建立方程的不同途径，基本掌握运用方程思想解决几何问题的要点； 2.逐步形成运用方程的思想解决几何问题的意识； 3.学会与人合作与交流； 4.通过解基本、简单的题型，感受数学并不是高不可攀的，激发学习数学的兴趣，在问题的讨论中培养积极探究、独立思考的习惯和交流合作精神.				
学习重点	用方程思想探究解决问题.				
学习难点	用恰当方法在所求量与已知量之间建立相等关系，解决有关几何问题.				

【学习过程】

一、自主探索

课前练习：

1. Rt△ABC 中，∠C=Rt∠，AC=6，BC=8，则斜边 AB 上的高线 CD=_____

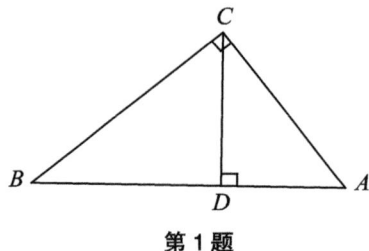

第1题

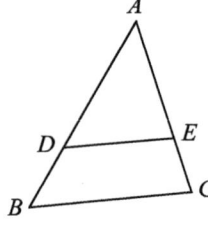

第2题

2. 如图，△ABC 中，D、E 是 AB、AC 上的点，且 DE ∥ BC，若 DE=2，BC=3，BD=1，则 AD 的长是_____

3. 如图，⊙O 的弦 AB⊥半径 OE 于 D，若 AB=12，DE=2，则 ⊙O 的半径是_____

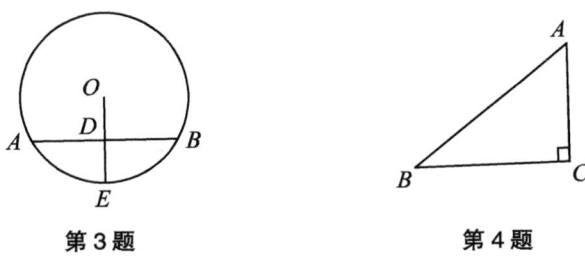

第 3 题　　　　　　　　　　第 4 题

4. 在 Rt△ABC 中，$\angle C = Rt\angle$，$AB = AC + 2$，$\sin A = \dfrac{3}{5}$，求 AC 的长.

二、交流探究

1. 小组讨论归纳出前面练习中的每个题，在解题步骤上有何相同之处？主要步骤是哪几步？

2. 在所求量与已知量之间建立等量关系的常用方法有哪些？

三、例题分析

例 1.（折叠问题）

如图，已知矩形 ABCD 中，E 是 AB 上一点，沿 EC 折叠，使点 B 落在 AD 边的 B′处，若 AB=6，BC=10，求 AE 的长.

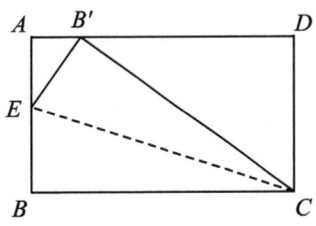

变式：如图，已知矩形 ABCD 中，E 是 AB 上一点，沿 EC 折叠，使点 B 落在对角线 AC 的 B′ 处，若 AB=6，BC=8，求 AE 的长．

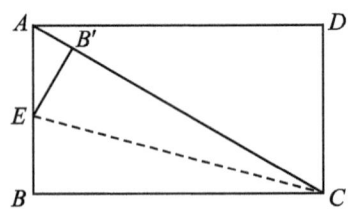

例 2：（探究存在性问题）

如图，在直角梯形 ABCD 中，∠A=90°，AB ∥ CD，AB=1，CD=6．

（1）若 AD=5，在线段 AD 上是否存在点 P，使得以点 P、A、B 为顶点的三角形和以点 P、C、D 为顶点的三角形相似？若存在，这样的点 P 有几个？它们到点 A 的距离是多少？若不存在，请说明理由．

若将上面的 AD=5，改为 AD=4 又如何呢？

思考：符合条件的点 P 的个数与方程解的个数有什么联系？

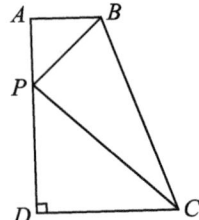

（2）若设 AD=m，在线段 AD 上存在唯一的一个点 P，使得以点 P、A、B 为顶点的三角形和以点 P、C、D 为顶点的三角形相似，求 m 的取值范围．

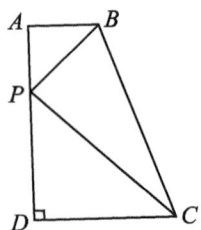

（3）若设 $AD=m$，在线段 AD 上存在两个点 P，使得以点 P、A、B 为顶点的三角形和以点 P、C、D 为顶点的三角形相似，求 m 的值．

四、反思小结

我的收获：

我的疑惑：

五、课后拓展训练（运动型探究题）

如图，矩形 $ABCD$ 中，$AB=16cm$，$AD=6cm$，动点 P、Q 分别从点 A、C 同时出发，点 P 以 3cm/s 的速度向点 B 移动，一直到达 B 点为止；点 Q 以 2cm/s 的速度向点 D 移动，一直到达 D 点为止。P、Q 两点出发后，

（1）经过多少秒可得四边形 $PBCQ$ 的面积为 33cm²？

（2）经过几秒可得点 P 与点 Q 间的距离等于 10cm？

（3）是否存在经过几秒得点 P、Q 的连线与对角线 AC 垂直的可能？若存在，求出经过几秒？如不存在，请说明理由．

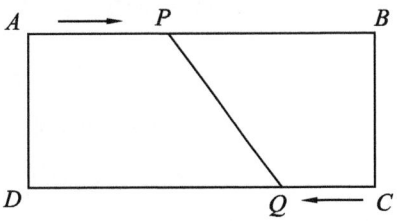

【评课议课】

精心设计导学案，真正做到"学教合一"
——听刘宝军老师"方程思想在几何中的应用"有感

李雅萍

一直觉得刘老师是个风趣幽默的人，想象他的课堂一定非常有趣，所以非常想听他的课。12月18日，有幸听到刘老师的课。果然，他的课堂引人入胜，每个学生都非常投入，我也是在他的引导下，思考层层深入，一节课，一会儿就结束了，觉得意犹未尽！刘老师的课，使我收获很多，这里我主要说两点：

一、细节决定成败，导学案设计精妙

"方程思想在几何中的应用"的"导学案"有学习目标、学习重点、学习难点、自主探索、交流探究、例题分析、反思总结、课后拓展训练八部分。要求学生在课前完成学习目标、学习重点、学习难点、自主探索，让学生对上课内容有所了解，让学生提前知道学习的重点和难点，听课时有针对性，而交流探究、例题分析、反思总结则是当堂课上完成的，课后拓展训练是课后完成。导学案设计层次分明，重点突出，能适合不同层次的学生去学习，做到了"教学合一"。

评课时提问：咱们初中数学课，都是用导学案吗？导学案已经成一个体系？刘老师回答：基本所有数学课都有导学案，并且是三个年级打通，每年都会在上一年级的基础上，做局部调整，保证学案的系统性、连贯性、时效性。

我认为实施数学"导学案"有利于学生自主学习，有利于教师的专业成长，有利于备课组团队的发展，是一件多方受益的好事，我们真该学习。还有一个细节，导学案的开头有个"教师寄语"，写道：在数学的天地里，重要的不是我们知道什么，而是我们怎么知道什么。刘老师真是做到了"润物细无声"！

二、利用变式训练，提高思维创新能力

1. 一题多解，拓宽学生的思维能力

案例一：例1.（折叠问题）

如图，已知矩形 $ABCD$ 中，E 是 AB 上一点，沿 EC 折叠，使点 B 落在 AD 边的 B' 处，若 $AB=6$，$BC=10$，求 AE 的长．

[解析] 方法一：利用勾股定理构造方程

设 $AE=x$,则 $BE=B'E=6-x$,在 $Rt\triangle B'CD$ 中,
$B'C=10$,$CD=6$,则 $B'D=8$,$AB'=2$
在 $Rt\triangle B'AE$ 中,由勾股定理得 $x=\dfrac{8}{3}$,即 $AE=\dfrac{8}{3}$

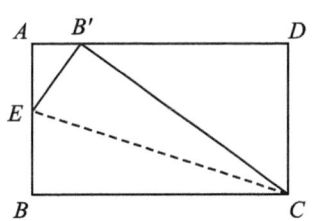

方法二：利用相似三角形构造方程

（线段长度见方法一）由 $Rt\triangle B'AE \sim Rt\triangle B'CD$ 得 $\dfrac{AE}{AB'}=\dfrac{B'D}{CD}$,

所以 $\dfrac{x}{2}=\dfrac{8}{6}$ 得 $x=\dfrac{8}{3}$,即 $AE=\dfrac{8}{3}$

方法三：利用三角函数构造方程

（线段长度见方法一）在 $Rt\triangle B'AE$ 及 $Rt\triangle B'CD$ 中,$\angle AEB'=\angle DB'C$

利用正切值相等,可得 $AE=\dfrac{8}{3}$

通过刘老师的引导，学生从不同的角度对问题进行分析和思考，摆脱了定式思维的影响和束缚，找出了不同的解决方法。在这过程中，激发学生的好胜心，让他们利用已有知识进行充分探究，找到不同的解决方法。在解题过程中，学生的思维不断深入，让他们从已有的知识中选择有用的信息，顺利解决问题。再回过头看这三种方法，后一种都比前一种简单，学生不容易出错，让学生有一种豁然开朗的感觉，逐步培养了学生多想少算的思维习惯。

2. 多题一解，提高学生概括能力

在例1后，刘老师配了这样一个变式

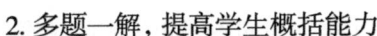

变式：如图，已知矩形 $ABCD$ 中，E 是 AB 上一点，沿 EC 折叠，使点 B 落在对角线 AC 的 B' 处，若 $AB=6$,$BC=8$,求 AE 的长.

这题，看似和例题不同，但它们的内在本质（或者说是解题的思路、方法）是一样的，刘老师通过对这类题目的收集、比较，引导学生寻求通法通解，并让学生自己感悟它们之间的内在联系，形成数学思想方法，提高概括能力。

3. 通过变式，培养学生发散思维能力

刘老师的学案上，还呈现了这样的例题：

例2：（探究存在性问题）

如图，在直角梯形 $ABCD$ 中，$\angle A=90°$,$AB \parallel CD$,$AB=1$,$CD=6$.

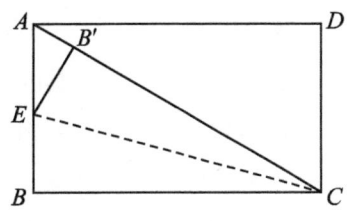

（1）若 AD=5，在线段 AD 上是否存在点 P，使得以点 P、A、B 为顶点的三角形和以点 P、C、D 为顶点的三角形相似？若存在，这样的点 P 有几个？它们到点 A 的距离是多少？若不存在，请说明理由．

若将上面的 AD=5，改为 AD=4 又如何呢？

思考：符合条件的点 P 的个数与方程解的个数有什么联系？

（2）若设 AD=m，在线段 AD 上存在唯一的一个点 P，使得以点 P、A、B 为顶点的三角形和以点 P、C、D 为顶点的三角形相似，求 m 的取值范围．

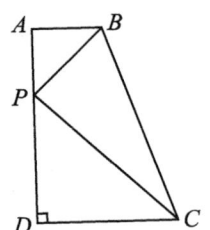

（3）若设 AD=m，在线段 AD 上存在两个点 P，使得以点 P、A、B 为顶点的三角形和以点 P、C、D 为顶点的三角形相似，求 m 的值．

这个例题，三个层次，一题多变，总结规律，培养学生思维的深刻性。通过变式教学，不是解决一个问题，而是解决一类问题，遏制"题海战术"，开拓学生解题思路，培养学生的探索意识，实现"以少胜多"。伽利略曾说过"科学是在不断改变思维角度的探索中前进的"。故而课堂教学要常新，善变，通过原题目延伸出更多具有相关性、相似性、相反性的新问题，深刻挖掘例题的教育功能。

最后，再次感谢刘老师给我们呈现这样的好课、这样精细的备课和优秀的学案设计。我想，这样的导学案，其内容具有选择性、竞争性、合作性，学生可以从中选择适合自己水平的内容，学生之间的相互讨论也加强了；这样的变式训练能培养和发展学生的求异思维，发散思维，逆向思维，从而培养学生多角度、全方位考虑问题的能力，非常有助于学生提高分析问题，解决问题的能力。

教学案与课堂教学的关系
——刘宝军老师课例点评

赵长河

对于我校近两年由使用教学案入手，从而大力推行的课堂教学改革而言，刘宝军老师这一节课题为"方程思想在几何中的应用"复习课的教学案设计及其与课堂教学关系的处理，可以说提供了一个极好的课堂教学改革的样本。

一、教学案与课堂教学首先是预设与生成的关系

教学案呈现了学习的目标、重难点、预习内容包括课堂学习的基本流程，这是预设。目标叙写也由"教学目标"变成了"学习目标"。这些预先通过学案呈现给学生的内容，使学生的课前预习有了着力点。学生通过课前对学案的学习，也在课堂学习前就发现了本课学习的疑难点，听课也更有盯着"疑难点"的方向性。刘宝军老师的学案，除了学习目标和重难点的呈现外，主要包含了以下六个部分（刘老师学案标识的是五个）。分别是课前练习；对课前预习的交流探究；运用"交流探究"习得的方法解决"折叠问题"，包括折叠问题的变式；运用"交流探究"习得的方法解决"存在性问题"，包括逐层深入的两个问题（分别是线段 AD 上存在唯一的一个点 P 和存在两个点 P）；反思小结包括收获和疑惑；课后拓展训练即运动型探究题。

二、课堂生成的还应是学案预习部分的概括提炼

上课伊始，刘老师首先用投影的方式呈现下述内容：从分析问题的数量关系入手，适当设定未知数，把所研究的数学问题中已知量和未知量之间的数量关系，转化为方程或方程组的数学模型，从而使问题得到解决的思维方法——方程思想。

这个内容的呈现，其实是把学案中呈现的学习目标进一步概括提炼为一种重要的数学思想即方程思想和数形结合的思想。

学案课前预习包含了四道逐渐提升难度的题目。首先让学习小组汇报课前预习时研讨练习的四道题，运用了什么样的方法？最后归纳得出结论，是用几何图形中常用的等量关系来解题的。这个等量关系是：面积不变性、相似性质、勾股定理和解直角三角形中边角关系。

结论不应由学案呈现，而应像刘老师那样，在课堂中生成。学案呈现的是隐含认知规律的学习材料，课堂生成的是经过对学习材料探究习得的定理和结论。

这个探究习得的结论，为后续的两道例题解答提供了必要的知识。

三、课堂生成的还可能是自然渗透的生活案例，符合学生程度的一题多解等等

用数形结合思想解决生活情境中问题的案例，生活中肯定很多。如何做到自然渗透，而不是强行嵌进，是需要考量的问题。刘老师课堂教学中插入的计算孕妇生几胎的案例，应该是符合自然渗透原则的。这样的案例，不放在学案中提前呈现，可以激发课堂学习气氛；放在案例中提前呈现，也可以激发预习的热情。

四、学案和课堂教学，要在思维的纵深推进和横向拓展上呼应共振

整个学案体现的是由预习到四种方法的归纳，由四种方法的归纳到例题解答时的运用，再到课后拓展上的四种方法的综合运用。

课堂教学，刘老师引导学生解答两道例题时，也引导出一题多解。一题多解的角度，就是预习题概括提炼出的四种方法。

五、提问

这是一节复习课。预习的题目，学生可以凭借已经学过的知识解决。如果是一节新授课呢？预习的题目，如何做到与学生此前已经习得的知识衔接？如何在已经习得的知识中，符合学生认知规律地衍生、设计出课前预习题，从而为课堂学习提供铺垫？

六、建议

初中数学的教学案，已经非常精致化。选题的思路，有学科的思想，也有认知的规律。初中数学老师，可以说花了精力。这个精力，有时甚至体现为"让学生做一道题，老师已经完成了十道题"的艰辛。如何在学案的步骤之间，在一道道选题之间，连接上论述文字，从而使学案书籍化，应该是下一步要做的工作。这个工作，是使更多的老师受益的工作，是启迪其他学科教学案编写的工作。

期待我们初中数学组。

听刘老师课有感
——数形结合只为数学所用吗？

顾 轩

几何利用了图形中的特点，可以根据图形中的几点求得其他内容。在我的记忆中，几何题往往要写很长的证明过程或解题过程。今天的课程中，刘老师向学生展示总结了一种新的思路：用方程思想去解题。这种思想更加凸显了数学的本质，而且是学生从小学就学过的方程的方法，很容易理解，可以说是为学生铺平了道路。刘老师在课前通过归纳总结，找到了这种思路可以用到的几种问题，并在课上一开始就展示了出来，方便学生建立自己的知识结构。

听课过程中我就在想，学生已经具备了如此的数学能力，那我的化学教学中可以得到很大的便利。化学的教学是从定性和定量两个角度来研究问题的。最初简单部分我们只关注性质的改变，而后随着学习的深入我们会定量地研究问题。在定量的问题上，我们往往

只关注基本的变量和定量之间引发的对比实验,而很少关注量的改变带来的影响。利用现在学校已经有的一些传感记录技术,我们很容易测量到实验的数据,对比这些数据如果绘制一张散点图,连线后就能很直观地找到几种不同物理量在某个化学变化中的变化规律。有了图形和数字的对应,将难以分析的数值表现为图像,实现了学习的直观化和简单化。

学科融合其实不仅仅体现在生化学科或者史地政学科之间,任何一个学科的知识或技能都能为其他学科所用,加强学科间教师的听课和交流,能让老师们更多地思考自己的学科中还有哪些能够引用的,还有哪些能够利用的。这些思考都能让学生的课堂活动或者情境迸发出更绚烂的火花。

"新时代的劳动者——我看就业"
教学设计系列

那立媛

【教案学案】

一、目标展示

1. 识记：识记劳动与就业的意义、正确的就业观。

2. 理解：理解我国就业形势的严峻性以及解决就业的具体措施。

3. 运用：正确认识我国就业形势的辩证思维能力；依法维护劳动者合法权益的能力。

4. 重难点：树立正确的就业观；劳动者维护自身权益的途径。

二、课前调查

2017年就业形势调查总结结果。

三、新课

1. 2017年就业形势调查汇总报告。

2. 应聘前后。

探究一：为什么要就业？

探究二：怎样解决就业问题？（按主体思考：党和政府、劳动者）（企业课后拓展）

探究三：劳动者怎样依法维权？

参考角度：

权利与义务_____

劳动者意识_____

维权途径_____

3. 我看就业——思考与总结

四、知识建构

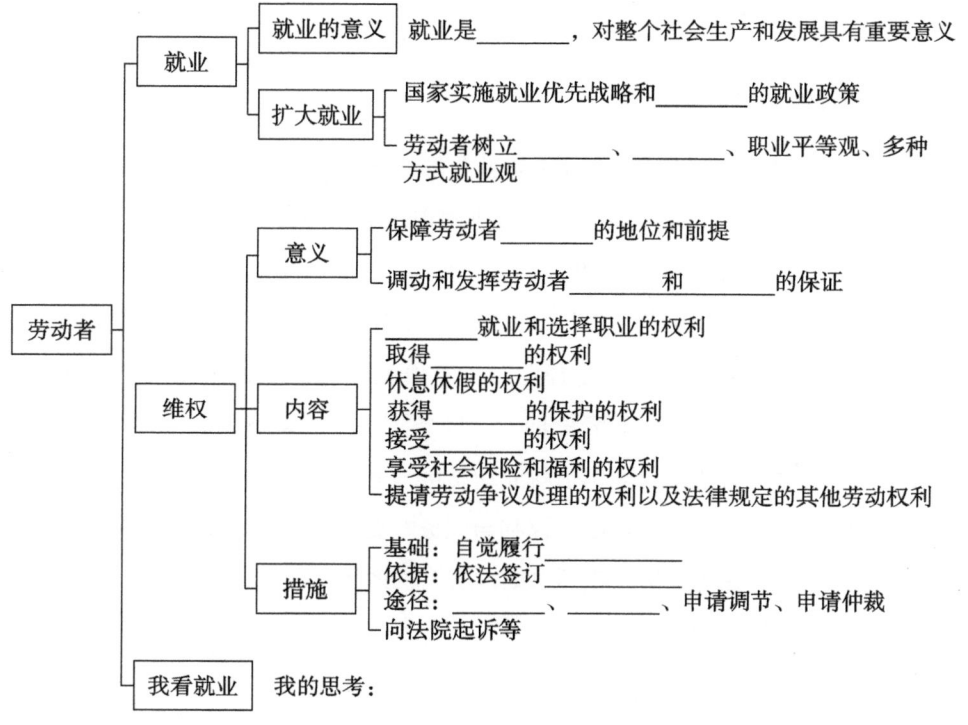

五、检测

1. 面对严峻的就业形势，教育部有关人士指出，在市场竞争中，当代大学生只有自身实力强才能就业机会多，这意味着劳动者应当树立（　　）

　　A. 自主择业观　　B. 职业平等观　　C. 竞争就业观　　D. 多种方式就业观

2. 在首届全国职业院校技能大赛上，有近千家企业观看，其中位列世界500强的企业有20多家。有的企业老总还当起了"星探"，亲自到赛场抢夺技能"明星"，这与当前的"就业难"形成强烈反差。上述材料主要表明，劳动者（　　）

　　①要不断提高职业技能和技术水平　②要增强市场竞争意识，转变就业观念

③要依法履行平等就业和选择职业的义务　④实施积极就业政策，改善就业环境

A.①②　　　　　B.①②④　　　　　C.②③　　　　　D.①③④

《三级跳》练习

【评课议课】

学科活动，要既"活"又"动"起来

——那立媛老师课点评

赵长河

一、课堂环节

1.5位同学上台报告课前作业"2017年就业形势调查"。

2.教师呈现PPT，依次为"2017就业形势调查汇报""2017年秋季校园招聘毕业生就业难度指数""大学毕业生首选就业单位"。

3.教师设问环节"正确的就业观"。又分为两个环节，第一个环节是就业前，引导辨析当下几种典型的"就业"观：自主择业观、竞争就业观、职业平等观、多种方式就业观。第二个环节是应聘就业后，教者课前录制准备了一个"采访微课"，此环节就采用音频播放的方式呈现就业后如何处理包括就业纠纷等一系列问题。然后就是探究三：劳动者怎样依法维权？学案上提供参考角度：权利与义务、劳动者意识、维权途径。这个探究三的角度，实际是学生听音频采访后梳理总结"听"的效果。

4.知识建构，学案呈现思维导图。

5.检测。包括三级跳在内的练习。

二、延伸思考

那老师这节课，从核心素养的体现到学案的使用落实，都有若干可圈可点的地方。比如学生课前对当下热点调查的课堂汇报，比如教者课前录制的微课，比如思维导图的学案呈现，比如相关作业的学案呈现，等等，不一而足。我想集中谈的一点是：学科活动，要既"活"又"动"起来。

1.学科活动要"活"。活动活动，首先要活，才能构建情境教学。活，主要是关注当下生活的案例呈现。政治学科"活"的特点，较之其他学科尤其突出。就此而言，那老师的选材确实做到了"活"。

2.学科活动还要真正"动"起来。"动"，当然首先是师生、生生借助学习材料的互

动。但更主要的是"动"的深度，有无质疑问难的环节，有无课堂生成的因子。应该说，那老师的课"动"了起来。接下来，优化重录时应追求"质疑问难"环节的生成。

3. 学科活动还要"整体"动起来。课堂的开始环节、中间环节和收课环节的"动"，最好首尾呼应，中段协调，形成整体的"动"，仿佛一支"游龙有余"的舞龙队那样给人整体的美。为了追求这样的整体美，人们在课堂设计时，常常设计主问题。以主问题带动一节课，形成"任务驱动式"教学。也因此，我们建议上一节王素慧老师的课，从整体上设计一项驱动式任务：如何引导德国访学的师生到达我校，完成地理"方向"的学习。那老师这节课，有无可能也有这样的能一贯到底的整体"驱动式"任务？

感受美妙课堂，品味细微意境

毕海星

10月23日听了高一政治那立媛老师的一节课"新时代的劳动者"。对于高一的学生而言，就业还是遥不可及的事情。在短短的一节课内，如何让他们感受到当下的就业环境，意识到劳动者的权利与义务，并不是一件轻松的事。但，那老师做到了。

从这节课的整体环节设计上看，那老师设置了层层深入的探究活动。在不同的环节采用不同的教学形式，有利于学生在各种体验中逐步获取知识，在各种情境中理解并掌握知识。例如，上课伊始由学生进行调查问卷的总结汇报，不仅锻炼了学生的表达能力，而且很好地引出了本节的课题。接下来很自然地开始研讨问题：人们为什么要就业？这个话题引发了广泛的讨论，每个人都能说出自己的观点和想法。那老师接着反问：不就业了会怎么样？通过这样的问题探究讨论，逐步在全班形成了共识：就业不仅对个人有意义，而且对社会也有重要意义。

就业时树立正确的就业观至关重要。学生头脑中本身就有各种各样的观念，如何将这些观念系统化，总结提升为最终的知识，是本节的一个重点。那老师采用了学生说小品的方法，巧妙地解决了这个问题。一组学生在前排，在问答交流中，用自己的语言说出了内心的想法，也是在场师生们通常的想法。由于这里的观点较多，通过老师一个人讲，效果显然不如多名同学分别说出来。但那老师设置的流程却是，先直白地说出想法，然后带领全班将这些想法进行归类，最终得到成型的四种就业观。这个过程给我的印象最为深刻，因为在听课的同时，这块知识在我头脑中也是逐步生成的。明确了知识来源的形成过程，对于其中的细微差异自然能明察秋毫。

这节课的亮点很多，例如微课的使用，关于权利与义务关系的讲解等等。作为一名物理教师，提点外行人的看法。在探究第一个问题时，如果以非常实际的例子来说明，会使探究更为容易。也就是在这个探究问题的框架下，可以进行由浅入深的细节步骤设计。当学生说不准确的时候，就从他们最熟悉的场景入手。比如拍一个每天都在路边买煎饼的场景，比如再现学生们经常去的文具店的场景，这些工作对我们每天的生活产生着无形的影响，更能触动学生。另外，现场说法的后半段，关于劳动合同、权利和义务的环节，电视中现身说法的节目很多，能不能考虑截取有用的片段在课堂上播放呢？如果课堂时间允许，这种方式的效果可能会更好。

我眼中的一节高中政治课
——回顾那立媛老师"新时代的劳动者"

王艳军

沐浴金秋十月的色彩，踏着早高峰的浪潮，我有幸应那立媛老师之约前来听一节她的研修班展示课。中国是礼仪之邦，素有礼尚往来传统，写这篇感受暂且作为我对那老师的回赠礼物吧。

一、课堂回放，精彩纷呈无限

时间已过去一周多了，那节课当时的情景依然很清晰地呈现在自己的眼前。

镜头一

"大家好，我是高一（1）班×××，今天由我为大家做2018年就业形势调查的总结汇报。

……2017年的待就业人员加在一起约有惊人的1500万，堪称史上更难就业季……

……哲学、法学专业是相对比较难就业的专业……

……预计2018年的就业形势依然不会好转……

最后，我希望这次对2018年就业形势的调查汇报也能让大家有所反思，我们作为中学生，现在应该有所规划，不断地提升自我、完善自我。就业不易，我们一定要抓紧努力！！！"

从表情、声音、语气、风格、气场等，俨然就是一位新闻节目类主持人的范儿！课堂给学生提供展示个人才华的平台，这本身就是教育。

镜头二

一名女生在短短的几分钟时间，按照老师给出的框架，将一长串的知识点完成填写并一气呵成地表达出来，令大家赞叹不已。

这个过程集学生动脑、动手、动嘴、动情于一体，增强了学生对知识的把握，同时也增强了学生学习的自信……这还是教育。

学生是课堂学习的主体，教师的教学就是要通过种种形式把课堂交给学生，让学生在课堂上学习知识，在课堂上学习做人，在课堂上模拟实践……

镜头三

在学生小品进行期间，一段熟悉、清晰的录音顿时调动了我的各种感觉器官，我边听边观察边猜测……原来是那老师事先做好的微课！主要讲述在签订用人合同时应如何保护个人的合法权益以及解决争端的具体途径。一方面减轻了教师多班上课的负担，同时又能够准确地解读专业性极强的内容。此时，我不得不佩服那老师的教学智慧、循循善诱的引导、扎实有效的知识功底、大胆尝试新技术和新手段在教学中的灵活应用……这些正是我们当今时代大力倡导的开拓创新、大胆实践的时代精神！

二、课堂期待，研磨空间无限

世间没有十全十美的事情，亮点固然是对我们教学的认可，但留有遗憾更能激发我们去努力探究和完善。

由于学生的课业负担重，业余时间非常紧张，根本做不到严格排练，小品表演只局限于念念剧本，但我们完全可以让学生模仿招聘会的现场场景来布置（包括招聘信息展示、岗位信息、招聘及应聘人员站位等）……

留给学生的作业"我看就业——思考与总结"，我个人认为没有实质性的意义。

可以设计成"请每一位学生利用周六日休息时间，亲身做一次招聘现场应聘的体验，并完成一份体验报告或感受，全班进行交流"。这样，学生既可以掌握课本知识，又能够进行一次自我教育，还可以延伸一年之后对选科、个人专业发展的指导……

三、课堂联想，细节点亮无限

我真心希望再上课的那老师，比平时更亮丽，衣着得体，落落大方；面带微笑，循循善诱；屏幕上的字迹清清楚楚、颜色分明光彩醒目、重点突出、一览无余；我更希望那老师再给我们带来惊喜，录音、视频，特别是黑板上的粉笔字，像一个个跳动的音符，会令我久久不忘。

我更期待着这一天，那老师向我走过来，兴奋地告诉我，做了这节展示课后，又参加了微课评比，在区级研讨活动时做了专题交流，论文获了奖，还加入了某某课题的研究团队……

功夫不负有心人，坚信有付出一定有回报，机会总是给那些有准备的人。

教学是没有极限的，但我们坚信，它会一次比一次更好，学生感觉温暖、轻松、有收获；教师自己感觉到课堂教学更顺畅、更自如、更有乐趣，师生关系更融洽，作为一名教师自身价值真正得到实现。这才是教学的最高境界。

从"探究"中学习
——评那立媛老师课

林佩贤

10月23日的这天青年班活动，听到这节给我触动很深的政治课，那立媛老师上的"新时代的劳动者——我看就业"。整节课思路清晰，以学生为主线，利用学生调查报告、情景短剧等教学手段，引导学生理解本节课的知识内容，理解我国就业形势的严峻性，以及解决就业的具体措施，让学生自然而然地梳理了正确的就业观并通过小组讨论和做题巩固，熟悉了劳动者维护自身权益的途径。但是，那老师这节课最让我有所触动的地方在于探究。

传统式的教学多是老师一人的天下，过分地强调掌握和被动地接受知识，冷落了发现，贬低了探究，这让学生单纯地变成了被动学习、记忆的"学习机器"，进而逐渐磨灭了学生对学习的热爱和兴趣，严重者使得学生产生厌学的情绪[1]。正是因为如此，新课程才会不断地倡导和大力推广探究式教学。其实这种学习方式在国外的教育界已经积累了非常丰富的经验，但是在我国"探究"仍是一个比较新颖的名词。

身为一名化学老师，对"探究"一词再熟悉不过了。但是令我没想到的是，探究在政治这一文科科目上也能有这么好的应用。这充分说明了探究式教学的重要性以及实用性。本节课以学生调查制作的"就业形势调查汇报"引入了2017年就业形势调查结果，由此带领学生分析如何在如此严峻的就业形势下解决就业问题。那老师共涉及了三个探究，首先向学生抛出问题，让学生进行思考，例如"为什么要就业""怎样解决就业问题"等，然后在学生思考的同时，邀请学生表演针对就业问题，教师学生课下精心排练的生活情景短剧，将学生带进现实的情景，使得学生能够边看短剧边结合老师抛出的问题并联系生活实际进行分析。这不仅充分地调动了学生的积极性，还极大程度地促使学生进行了发散性思维。如此紧凑的问题探究环节的设置，让学生在老师的带领下，一步步地找到了问题的答案，慢慢地在大脑中构建了思路清晰的知识网络。

整节课以学生为主体，以探究为主线，让学生最大程度发挥了他们的调查能力、分析能力、思考能力，通过学生调查、小组活动、小组讨论、巩固练习以及课后拓展，直接地锻炼了学生的学习能力，还教会了学生可以解决一切问题的方法——探究。不论是政治也好，化学也罢；学习也好，生活也罢，探究都是我们解决问题的一个良好的方式。我觉得今后我也要将"探究"尽可能多地融入教学中，转变自己的教学思想。当老师们的思想转变后，学生的思想转变还会远吗？

评课稿

董卅妹

近日，听了那立媛老师的一节"经济生活"之"新时代的劳动者——我看就业"的公开课，收获颇多，也引发了我对本学科教学改进工作的思考，主要表现在以下方面：

其一，本堂课内容结构完整、重点突出，教师对重难点的把握得当，选取的材料也是来源于客观实际，符合政治课的要求。

其二，灵活运用多媒体进行教学，特别需要强调的是老师熟练使用微课软件，巧妙地化解本课的难点，也让学生印象深刻，效果不错。

其三，教会学生学习的方法。在教学过程中，那老师注意引导学生关注、找出具体知识的主干，用深入浅出的语言引导学生理解、把握。

其四，注意总结落实，通过描画思维导图的方式，引导学生用自己的思维方式正确地理解本课内容。虽然每个同学的总结不尽相同，但只要符合知识逻辑，就可以被采纳。

其五，精心设计板书。那老师用形象的方式精心设计板书，所有重点知识汇聚成一个"业"字，学生容易理解并印象深刻。

当然，本人认为，本课是否还可以和高中学生的职业生涯规划相关课程结合起来？为了增强学生的理解，是否可以让孩子实地体会招聘会现场，通过观察和采访，理解就业的相关知识？

"地图和地图的方向"教学设计系列

王素慧

【教案】

一、教学指导思想与理论依据

(一)情境教学法

情境教学法就是要在教学过程中引起学生积极的、健康的情感体验,直接提高学生对学习的积极性,使学习活动成为学生主动进行的、快乐的事情。情感对认知活动的增力效能,给我们解决当前小学生中普遍存在的学习动力不足的问题以新的启示。情感的调节功能是指情感对认知活动的组织或瓦解作用,即中等强度的、愉快的情绪有利于智力操作的组织和进行,而情绪过强和过弱以及情绪不佳则可能导致思维的混乱和记忆的困难。情境教学法要求创设的情境就是要使学生感到轻松愉快、心平气和、耳目一新,促进学生心理活动的展开和深入进行。课堂教学的实践也使人深深感到:欢快活泼的课堂气氛是取得优良教学效果的重要条件,学生情感高涨和欢欣鼓舞之时往往是知识内化和深化之时。

(二)地理学科核心素养——读图能力

2015年一个崭新的概念"核心素养",首次出现在国家文件中,在教育部印发的《关于全面深化课程改革 落实立德树人根本任务的意见》提出,要研究制定学生发展的核心素养体系和学业质量标准,把核心素养和学业质量要求落实到各学科教学中,促进学生全面而有个性的发展。在贯彻素质教育的今天,尤其在地理这门学科中,充分利用地图,培养学生的观察力、想象力和思维能力,是地理教学中最重要的、最突出的方法,这本身也是地理教学区别于其他教学的特点。

地图是地理教学中必不可少的组成部分,也是方便人们对空间认识的一种重要载体。

对于地图的重要性，我国古代学者郑樵就提出"古之学者，为学有要，置图于左，置书于右，索象于图，索理于书"，相对于文字而言，地图能以其形象、直观、简明、生动的特点，更加深了学生对地理事物的空间理解。方向是地图三要素中必不可少的一项，其重要性不言而喻。

二、教学背景分析

（一）学生情况分析

初一的学生，已经有一些生活经验，知道早晨日出的方向为东、傍晚日落的方向为西。了解一般地图上的方向为上北下南、左西右东四个基本方向。由于学生居住生活在大城市，外出游玩较多，公园导游图、车载导航地图生活中都见过和使用过，对熟悉的内容，学生学习起来会更感兴趣。

（二）教学方式和教学手段

教师以学校为主线，一般地图定向时，练习丰台实验学校校园在丰台区、北京市、中国的什么方位。指向标定向时，让学生在校园平面图上标指向标，以此来正确地显示学校大门、各个教学楼以及操场、篮球场分布的方位。熟悉了校园主体建筑分布的方位之后，结合9月香港学生来我校参观访问学习的情境，让学生给香港同学指路。

讲授法、画图法、多媒体辅助教学。

（三）技术准备

教师自己利用制图软件绘制丰台实验学校校园鸟瞰图和校园平面图，教师准备适当的教学辅助课件。

（四）前期教学情况

地图为教材第一章第二节内容，第一节学习了地球和地球仪，其中关于经纬网已经学习过纬线指示东西方向、经线指示南北方向。

（五）问题和对策

地图上如何确定方向，实际生活中方向又是如何，二者有机联系起来，能将地图上的方向和实际的方向对应起来，这样才是真正学会了看地图方向，地图才能更好地为我们的生活服务。设计了校园指路的教学环节，如果学生在学校里能正确指引道路，那么换成公园，学生也能顺利便捷地到达公园的各个景点；如果是去一个没有去过的商场、图书馆或者其他地方，学生根据地图显示的位置，也能顺利地到达。

学生在指路的时候，很容易出现直着走、往左走、往右走这样一些不准确、甚至是指错路的用语，教师要告诉学生为什么不能这样说，如何指路才是正确的。

三、教学目标设计

1. 教师通过询问学生，在日常生活中见过什么样的地图，以此引入对地图的学习。地图包含三要素，本节课主要学习三要素里的方向。

2. 拿到任何一张地图，我们如何识别地图的方向呢？一般有三种方法：一般地图定向法、指向标定向法和经纬网定向法。前两种方法与日常生活联系十分密切，都是以丰台实验学校校园为例，贯穿整节课的学习。

3. 地图上的方向识别清楚了，实际生活中的方向也能正确识别，地图才能真正地在生活中为我们寻找位置和指路。生活中识别方向的方法——电子地图、指南针、路牌、日出日落方向、年轮、北极星等，学生理解掌握较容易。

4. 学生通过给境外来访师生指路，能够把课本上的知识转化为生活中有用的知识，体现了地理学科核心素养中地理实践力的培养。同时，学生如果能正确地指路，学生在地理课堂上有成功的喜悦感，会进一步增强地理学习的信心和兴趣。

四、教学资源设计

本节课主要学习地图三要素中的方向，即在不同类型的地图上识别方向。对于初一学生来说，一般地图定向法和指向标定向法是重点内容。其实教材里面还有一个隐含内容，就是在实际生活中识别方向。

教学资源：多媒体、丰台实验学校校园平面图、教学案

【教学过程】

导入：

教师通过询问学生在日常生活中见过什么样的地图，并用多媒体显示交通地图、旅游地图、电子地图、美食地图等内容、形式丰富多样的地图，引入对地图的学习。

可见，地图和我们的生活联系十分密切，这节课，我们就学习如何看地图。学会之后，生活中各式各样的地图，都不会难倒我们，都会为我们所用，能更好地为我们的生活服务。同时，地图是无声的语言，它虽然不会说话，但它能准确地告诉我们很多地理事物的位置、分布以及方位等，比语言描述更加直观、形象和准确。会看地图，对地理的学习事半功倍。

一、地图的概念及地图三要素

我们谈论了一些地图，到底什么是地图呢，或者说如何绘制地图呢？我们来看一幅地图。

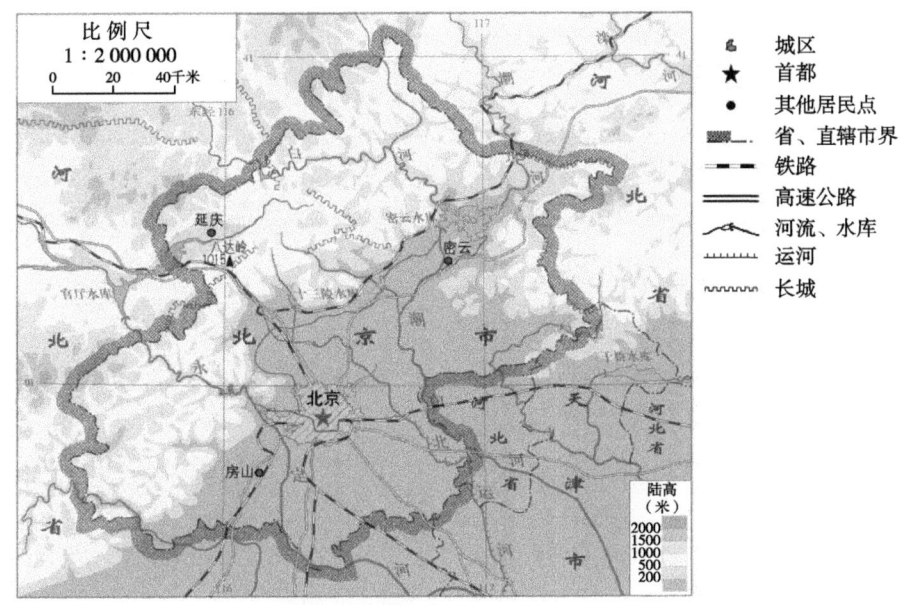

北京市地形略图

读图的时候一定要先看图名。这幅图的图名是什么呢？北京市地形略图。从这幅地图里，你能读出哪些信息？学生回答有：北京市、天津市、河北省等省市；首都、居民点、铁路、高速公路、长城等地理事物。还能看到绿色、黄色等不同的颜色。还能看到比例尺。那我们可以对地图的概念做如下解释：把地球表面某一地区的地理事物按一定比例缩小，用不同的符号和颜色绘制在平面上，并标注上相关的文字和数字，就成为一幅地图。这里面包含了地图的三要素，比例尺和图例比较明显，学生容易总结出来；其实还隐藏了方向。我们把概念做如下分解和总结：按一定比例缩小，即比例尺，这是第一个要素。某一地区地理事物按一定比例缩小之后方位并没有变化，比如天津市位于北京市的方向，地图上和实际分布表示的是一致的。这是隐含的第二个要素，方向。不同的符号和颜色，以及地图上标注的文字和数字，我们统一叫作图例。

二、地图的方向

（一）一般定向法

今天我们学习地图三要素当中的方向，地图的方向一般有三种表示方法。第一种是一般地图定向法：面对地图，上北下南、左西右东，在这四个方向的基础之上又划分出了东北、西北、西南、东南四个方向。一般地图定向法的学习，是通过让学生描述中国教育科学研究院丰台实验学校分别在丰台区、北京市、中国的什么方位来理解和掌握。

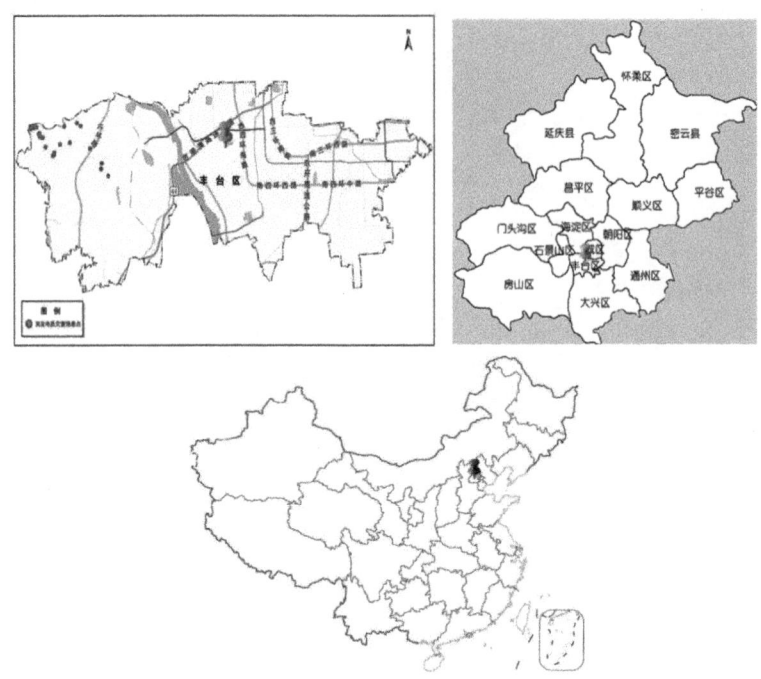

三幅图里图钉的位置代表丰台实验学校的位置。这三幅图显示：丰台实验学校位于丰台区中部、位于北京市南部、位于中国东北部。

（二）指向标定向法

1.根据指向标判断方向

指向标箭头指北。北方向确定以后，和北相反的方向为南，与南北方向垂直的为东西方向，用左西右东来确定东、西方向。在东、西、南、北四个方向的基础之上，又划分出了东北、东南、西南、西北四个方向，即四面八方。

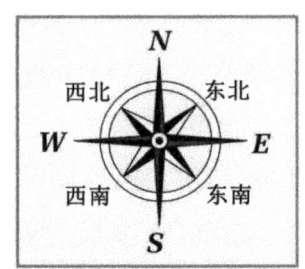

上述内容讲解完之后，给学生一道指向标的练习题，问题是 a 在 b 的什么方向？在谁的什么方向，就要以该点为中心点，依照指向标画出该点的东、西、南、北四个方向。先做指向标的平行线，然后以 b 为垂点做该线的垂线。

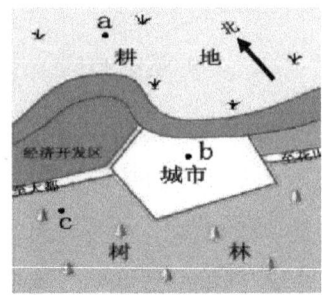

做完图之后，观察东、西、南、北四个方向，然后就能得出 a 在 b 的东北方向（北偏东，不是正北方向）。

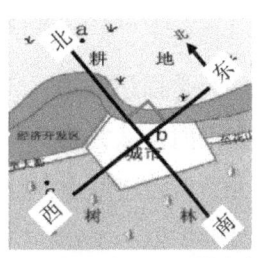

紧接着，判断 b 在 c 的什么方向。有了前面的学习基础，这个问题学生能够很快判断出 b 在 c 的东南方向。

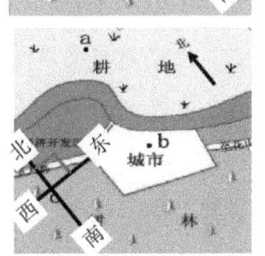

2. 根据实际方向画出指向标

给出学校鸟瞰图和平面图，根据生活经验来确定方向，并在平面图上画出指向标。生活经验方面对学生进行提示：每天早晨进校门的时候太阳在你的前方还是背后，每周一 9：30 升旗面向国旗时太阳在我们的什么方向。根据这些能够判读出学校大门朝东（略偏东北，可以忽略不计）、旗杆在学校南方。确定大门朝东以后，找到北方向，画出一个箭头指北的指向标。

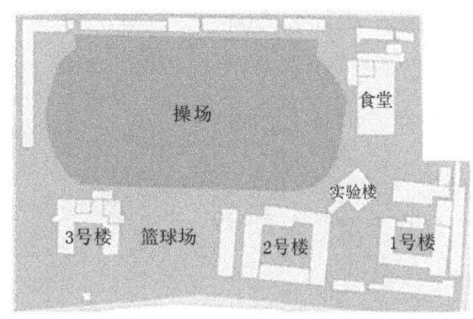

我们平时的读图习惯是上北下南左西右东，这个指向标的方向不符合我们的读图习惯，我们可以把图逆时针旋转 90°，如右图。

2017 年 9 月有香港学生来我校访问学习。如果你在学校门口遇到了问路的香港同学，你能帮这个同学指路吗？

①报告厅怎么走？

②图书馆怎么走？

③你在几年级几班，怎么走？

让学生先在图上画出来，然后再用地理语言描述该线路。每一个问题请一个学生到多媒体上画，画完语言描述。一个同

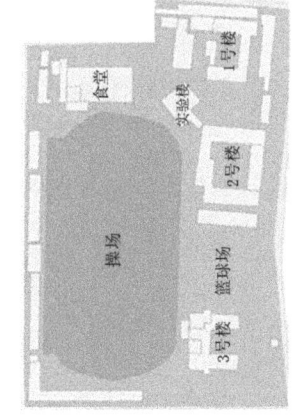

学描述完了，其他同学来纠错，老师边听边指导，以此让学生明白并掌握地理方向和位置的科学描述方法。学生习惯用左右描述，但左右是相对的，用左右描述的前提是首先确定面向什么方向。用东、西、南、北表述更科学，而且不容易出错。室外用东、西、南、北，室内用左右、前后这些相对位置来描述的更多，因为室内不容易分辨东、西、南、北这些方向。上述三个问题的参考答案：①从学校大门直着往西走，路过实验室，到达食堂，三楼就是报告厅。②从学校大门直着往西走，从实验室和2号楼中间穿过，然后往南拐，一直沿着操场走，过了篮球场就能看到3号楼，3号楼一层右手边就是图书馆。③我在初一（4）班，教室在2号楼一层南侧。有很多条路能走到教室，在此描述一条最近的道路。从学校大门进来后，直走一二十米往南拐，进入2号楼一层，顺时针方向走到南侧最靠西的教室，就是初一（4）班。

生活中我们很少用到经纬网定向法，但大尺度的海上航行一定会用到。

（三）经纬网定向法

经纬网确定方向的方法：①纬线指示东西、经线指示南北。②东经度越来越大的方向为东、西经度越来越大的方向为西；北纬度越来越大的方向为北，南纬度越来越大的方向为南。③地球自转方向为自西向东。

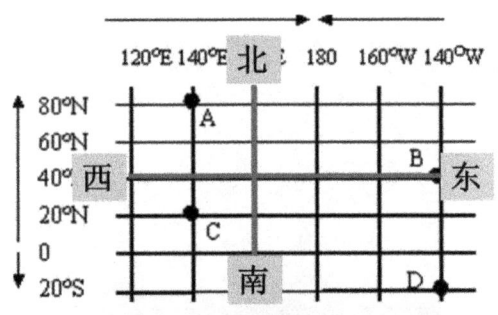

1. A在C的什么方向？

正北

2. D在C的什么方向？

东南

3. D在B的什么方向？

正南

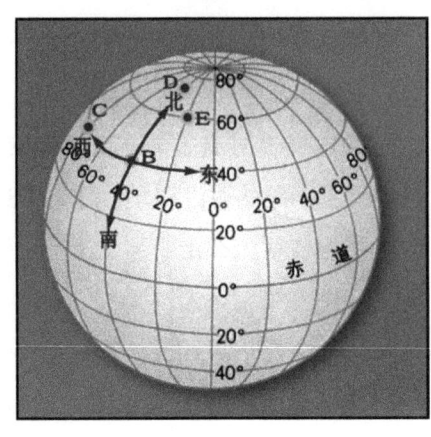

1. C点位于B点的什么方向？

西北

2. D点位于B点的什么方向？

正北

3. E点位于B点的什么方向？

东北

1.A 在 B 的什么方向？

正西

2.C 在 B 的什么方向？

正北

3.D 在 B 的什么方向？

东北

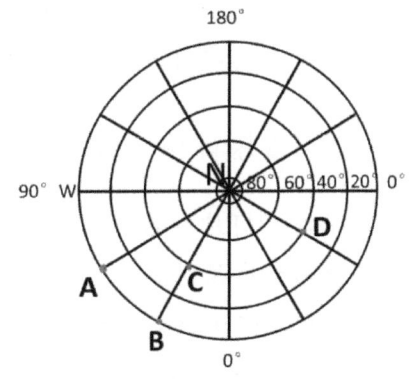

三、生活中辨认方向的方法

1. 路牌

2. 早晨、中午太阳的方位

早晨太阳从东方升起，在北京正午时太阳在南方。

四、野外辨认方向的方法

除了指南针，还可以根据年轮、北极星来定向。年轮稀疏的一面为向阳面，因为光照条件好、热量充足，生长快，故年轮稀疏。

在星空找到北斗七星后，顺着勺口外侧两星的连线，向外延长约 5 倍的距离，便可找到一颗亮星，它就是北极星。北极星所在方向即正北。

【学习效果评价设计】

本节课幻灯片和教学案设计都遵循讲、练结合的方法，首先让学生落实基础知识，紧接着就有题目检测，因此从课堂回答和教学案的填写都能及时检测学生的掌握情况。另外，学生有配套的三级跳练习，根据作业的批改情况也能对教学效果有及时的反馈。

【学案】

学　科	七年级上　地理	班级	
教学课题	第一章地球和地图　第二节　地图 第 1 课时 地图和地图的方向	姓名	
学习目标	1. 在地图上辨别方向； 2. 在实际生活中辨别方向、应用地图。		

学习过程：

步骤一：生活中离不开地图

1. 地图：把地球表面某一地区的地理事物按一定比例_____，用不同的 _____ 和 ____ 绘制在平面上，并标注上相关的文字和 _____，就成为一幅地图。

2. 地图的三要素指：_____、_____、_____。

步骤二：地图的方向

1. 一般地图定向

四个基本方向：上 _____ 下_____，左 _____ 右 _____；

在此基础上还可以再分出 _____、_____、_____、_____。

2. 指向标定向

下图为丰台实验学校校园平面图，请尝试在图中画出指向标。

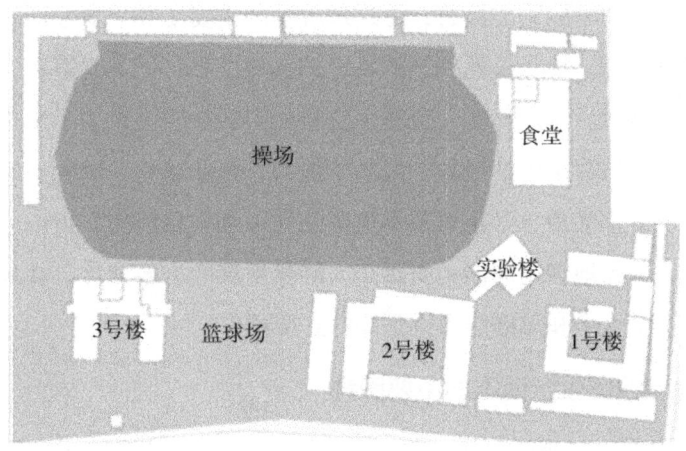

3. 经纬网定向

【评课议课】

试析初中地理教学中空间智力的培养
——王素慧老师研究课之研究
曹秋野

一、空间智力教育现状及面对的主要问题

空间能力是一种"视觉形式的知觉与保持"及"视觉形状的心理操作和重构"的能力。加德纳提出的多元智能理论认为空间能力是一种智力，通常称为空间智力。在我国基础教育中，很早就把空间智力的培养列为目标之一，主要落实于数学、物理、地理等学科教学中。研究表明，空间智力不仅对学生成绩有显著预测作用，同时还可以促进学生创造性思维的发展。中学阶段是空间智力发展的关键期，其中初一至初二是空间智力发展中最快速的时期，因此对初一学生空间智力的培养就显得尤为关键。通过对比研究发现我国中学生空间智力的发展总体并不理想，富裕地区与落后地区间，重点学校与普通学校间，城市与农村间儿童空间智力发展存在较大差异。地理作为初中重要学科，承担了培养学生空间智力的任务。空间智力也是学好地理学的必要素养之一。在初中地理教学中，如何更有效地培养学生的空间智力成为有待探讨的重要问题。

二、地理教学在空间智力培养中的重要作用

地图是将地球上的地理信息，表示在一定载体上的图形，以传递它们的数量在空间上

的分布。地图作为地理学的第二语言，是地理教学的重要工具。对地图的识别与应用也是地理教学中的重要内容。地图虽然表达的是地理空间世界，但不是真正的现实。真实的地球世界经过抽象、概括后形成地图。地图用符号之间的空间关系表示地理空间世界，对地图的学习和应用可以培养学生的地理空间思维能力，包括建立正确的空间概念、判断空间方位的能力。在日常生活中，学生对基本地图的知识和使用能力，可以应用于认识和理解身边的空间世界，因此地理空间能力是每个人终身发展的必要素养。在地图教学中，培养和提高学生空间认知水平和思维能力也是非常必要的。

三、初中地理地图教学面临的主要困难

初中学生处于形式运算阶段（formal operations stage），这个时期，他们思维发展到抽象逻辑推理水平。初一至初二是空间智力发展的最高速时期，这一时期的大部分学生仅能对简单的抽象符号和概念进行理解和加工，但因抽象思维能力不够成熟，对抽象结构与形象结构间的转化以及对复杂抽象概念和结构的理解和建构上依然需要借助具体事物。这也是初中阶段学生常常不能理解地图的重要原因。

四、地理教学中空间智力的培养方法

由于初中生地理空间想象能力还处于正在高速发展的起步阶段，教师应遵循学生从立体到平面、从具体到抽象的认知发展规律，注重将枯燥的地图符号具体化、形象化，将抽象的知识形象化，平面知识立体化。因此，地理的教学离不开地图、地球仪等教具以及图片、影像、虚拟模型等多媒体内容的使用。地理教具及丰富的多媒体内容的应用，可将抽象、繁杂的地理知识具体化、形象化，不仅可以激发学生兴趣，还可以提高学生的地理空间想象能力。通过不断练习逐渐加深对知识的理解和基本技能的掌握，从而推动空间智力发展。

听王素慧老师地理课的感受

王　妍

《可见的学习》一书当中，大部分综合性讨论背后的简单原则是"可见的教和可见的学"。当学习有明确清晰的目标，具有适当的挑战，教师和学生都致力于确定所追求的目标是否实现以及实现的程度如何时，可见的教和学就会发生。

王老师这节地理课的学习目标有两个，一是在地图上辨别方向；二是在实际生活中辨别方向、应用地图。学习目标清晰明确，并且具有很强的实用性，贴近学生们的实际学习

生活，学以致用。所以在这节实用的地理课堂上，教师和学生们都有自己明确的目标，课堂上可见的教和学就会发生。

《可见的学习》中还提到，教师为学生提供多种机会和选择来发展他们的学习策略，这些策略是针对某种内容或领域知识的表层和深层水平学习的，发展这种学习策略的目的是使学生能够建构对相应学习的概念性理解，而这种理解在之后的学习中也会用到。

这节课上，王老师讲解地图三要素中的方向，并且为学生提供三种确定方向的方法：一是一般地图定向法；二是指向标定向法；三是经纬网定向法。教师为学生提供了三种学习方法，逐一讲解使学生们构建了对地图学习的概念性理解。王老师在给其框架之后，又对每一种认知方法配以练习，而且练习是以实际生活为例，我认为这是这节课上最大的亮点。例如在讲解一般地图定向时，以我们学校为例，问学生我们学校在丰台区的什么方位？在北京市的什么位置？在中国的位置？这样贴近学生生活的实例，激发了学生的学习兴趣，可见的教和学随处发生。教学行动需要教师谨慎地施以干预，以确保学生的认知发生变化。在这一环节，王老师很巧妙地将概念化的知识联系了学生们的实际生活，潜移默化地在改变着学生们对知识的认知。

在讲解指向标认知地图时，PPT上出现了实验学校的鸟瞰图，并且以香港学生来我校访问这一实例，让学生利用指向标告诉来访学生报告厅在哪里？图书馆在哪里？自己的班级在哪里？这样的设计环节紧凑，紧密联系实际生活，具体的实例为学生提供具有意义和挑战性的经历，使学生们在具体认知方面逐步发展。

个人建议是课堂内容较多，考虑到初中孩子的知识水平，是否应该将经纬网的讲解放到下一个课时？

评王素惠老师地理公开课
——地图三要素

成立曼

10月16日上午第二节是地理教师王素惠的公开课，研修班和青年班的老师们、学校的领导们以及各位地理老师纷纷过来研讨和学习。王老师的整堂课设计合理，注重对学生学科核心素养的培养，贴近学生生活，对非地理专业的我具有很好的启发，值得我好好思考和研究。

王老师整堂课思路清晰，通过举例、论证、再举例、总结归纳等层层递进的方式，使学生掌握了本节课的核心概念，突破了本节课的重难点。在讲解过程中能够做到设计合理，语言精练，知识点讲解清晰、细致、全面，从而帮助学生构建了知识体系。同样，整堂课能顺利高效进行，跟王老师与同学们的融洽关系分不开，良好的师生关系是有效教学的基础。

在以后的课堂教学中，我努力做到以下几点：

1. 在课堂教学过程中，一定做到以学生为主体，充分调动学生学习积极性，发展学生的创造性思维。

2. 及时对学生的学习行为和学习结果进行过程性评价，随时跟进学生，对学生可能出现的错误进行预测，提出改进措施，分析原因。

3. 生物教学需要培养学生的阅读能力，注重学生获取与分析信息能力的培养，跨学科概念应渗透到每个教学环节当中。

4. 在教学的各个环节中，注重发展学生的核心素养。做与不做一定会有不同，要相信每个学生的可塑性都很大。

5. 教育需要爱和陪伴，没有爱的课堂注定是暗淡的。这种爱体现在教师对学生学习和生活的关注。

评王素慧老师"地图和地图的方向"一课

顾 轩

随着交通的发展，人们越来越多地会去一些其他的地区旅游。在陌生的地方最好的向导就是地图，所以读图能力是人们应该普及的一种能力。王老师这一节课就充分地培养了孩子这一能力。

总体来说这一堂课过得很快，王老师展示了孩子们身边最近的情境，让他们带着任务去体验所学内容。在这一过程中，孩子们利用自己已有的知识完成了辨认方位、指路等任务，并且在这些任务之后通过同学们的点评完成了知识的总结。所有知识网络的建立非常地顺畅，自然而然完成了认识不同种类的地图、在各种地图中辨认方位等知识、技能的讲授和训练。整个过程学生体验充分，趣味性高，让孩子们都能够积极参与，并且训练了孩子们的描述能力和逻辑思维能力。

课程中的几个细节是让我印象很深刻的。其一是知识的落实：孩子们总结出地图中的各个要素后，王老师会让孩子们全员齐读，加深记忆。其二是每个知识点都能配套学生任务，让他们能够运用刚刚学到的知识解决问题并从中获得成就感。其三是王老师能够创造一些没有固定答案的问题，让孩子们能够各抒己见，产生多角度看待问题的课堂。

在这短短的40分钟，孩子们和听课教师们都不感到疲惫地认识了多种地图，并且学到了相应的识图技巧，可以说一定是细心备课、耐心磨课的结果！

情境教学在英语学科中的运用
——观摩王素慧老师的地理公开课有感

马　阳

今天聆听了王素慧老师的公开课，我受益匪浅。虽然我是跨学科听课，但是学科之间也是有一定的联系的。王素慧老师教学环节紧凑，语言简练，引导学生看图名、图例和注释，培养学生看地图的基本能力。其中，使我印象最深的是王素慧老师运用了情境教学，利用实验中学俯视地图来讲解如何在地图上分辨方向，体现了地理学科的核心素养。这充分联系实际，让人感觉地理就在我们生活之中。

"情境教学地图"和我们英语学科的"情境交际"的做法不谋而合。众所周知，英语是用来交际的，学习英语的最终目的就是为了交流。现在，"实用英语"和"情境对话"变得盛行。人们已经渐渐从注重语言知识转变为注重实际交际。初中英语教学鼓励学生根据情境创设对话，高中英语也鼓励学生多用英语表达自己的观点。英语学科越来越注重"实际运用"而淡化"语言知识"。

我们思考一下，不难发现其中的原因。那就是学科应和实际生活相联系。只有知识和实际相结合，我们才感觉学的知识并不是那么枯燥，才觉得所学学科是有用的。也只有这样，才能最大程度调动学生学习的积极性、主动性。学科的学习不应因为高考的结束而结束，要想让学生"终身学习"，就必须让学生觉得自己所学的知识并不脱离生活实际，并不是不接地气的。在日常英语教学中，我也会努力为学生创造生活中的情境，比如角色扮演、小组讨论、对话练习等。利用日常生活中学生喜欢的电影、歌曲等学习英语，从生活中的英语出发，激发学生兴趣。与此同时，加强学生应用文的写作与阅读，比如如何写建议信，如何用英语制作海报。学生在这些活动中，既学习了知识，又增加了学习英语的兴趣。鼓励学生在生活中学习，然后又继续运用到生活中去。从"生活中来"到"生活中去"，形成一个良好的循环。把"生活"和"英语"紧密地结合，让学生真真切切地感受到英语独特的魅力。

王素慧老师这堂地理课内容丰富，语言精简，十分成功。但是最令我思考的是"情境中地图的运用"。利用"实验中学"俯视地图，有助于调动学生的积极性，因为这是学生比较熟悉、比较感兴趣的地方。这对我们英语学科同样有很大的启示，英语的教学应从生活中来，再到生活中去。以学生感兴趣的事物作为知识传授的主体，一方面可以充分调动学生的积极性，一方面可以提高学生学习英语的兴趣。

评王素慧老师的课

杨 咏

近日，我听了王素慧老师的一堂地理课，是有关认识地图的知识，下面我就这节课谈谈自己的几点认识：

其一，重视学生核心素养的培养。地理素养是指学习者经过地理学习后所养成的比较稳定的心理品格，包括地理知识、地理观点、地理方法、地理能力、地理态度、地理情感等构成要素。在我看来，王老师整堂课教学以学生为中心，以身边的环境为依托，做到从学情出发，学生乐于并能够参与其中，掌握一定的学习方法，并有判断分析生活中地理现象的能力。如涉及到"一般地理定向法"时，以我校为中心，多维度思考我校在丰台区、北京市和整个国家的地理位置，学生思维有了张力。

其二，对于书本中概念问题的处理较得当。在讲地图的概念时，不是单纯地读并解释，而是拿出地图，让孩子们自己发现地图上的要素及其特点。如此一来，既提升了学生观察、分析事物的能力，更能提高他们的归纳总结能力。地理来源于生活，解决生活实际，大概就是这个道理。

其三，重视创设情境教学。在"指向标定向法"的教学环节中，王老师以"给香港同学指路"为题，请学生标划从大门到报告厅、图书馆、班级的位置。这是一个开放型的问题，没有标准答案，但这种方式贴近生活实际，更能激发学生的参与热情，效果很好。

适度安排学习任务，保证全程任务驱动
——王素慧老师"方向"课例评析

赵长河

一、课例

王老师的课题是"地图"章节下面的"方向"专题。总共学习了四种定向法，分别是"一般地图定向法""指向标定向法""生活经验定向法"（如太阳的升落方向、年轮疏密）、"经纬网定向法"。第三个定向法，王老师没有特别明确。上课流程五步，第一步从上位概念"地图"开始学习，其间由生活现象中"交通、影像、电子、旅游和美食"引出地图概

念的学习，其间用了学案填空的方式完成了"什么是地图"的学习。第二、三、四、五步就是四种定向法的学习，学习过程中，始终伴以有关丰台实验学校的定向问题。从生活情境出发，设置教学活动，这是王老师教学最值得称道处。

二、建议

1. 适度安排学习任务。王老师这节课的容量失之于过多。可以删掉最后的最难的"经纬网地图定向法"的学习。这样，才不至于"赶课"。我们老师有时为了完成教学任务，常常用赶时间的方式完成全部教学内容。这常常是得不偿失的行为。

2. 设置一个整体的任务，以任务驱动来激发引导学习。如整体设置成这样一个任务：德国（或马来西亚、中国香港）学生访学我校，如何用信息交流的方式指引他们准确到达我校；到达我校后，如何用信息交流的方式指引他们到达北京各个文化游学点。这样，就把四个定向学习中，看似互不关联的多次指认标注有关丰台实验学校各个方向的学习，关联在了一起，形成了"任务驱动式学习"。

三、延伸

任务驱动式学习，又称为"抛锚式教学"，其实质是将教学"锚接"于（即安排在）复杂的、有意义的问题情境中，而且各个"锚点"（伴随的教学事件）都能够提供多课程的延伸。通过让学习者合作解决真实性的一系列相关的问题，来学习隐含于问题背后的科学知识，形成解决问题的技能，并形成自主学习的能力。每个大情境能够支持学生进行持续的探索，学生能够在几个星期甚至几个月时间内从多种角度对其中的问题进行持续的求解。这种学习，包含以下环节：

1. 创设情境。使学习能在和现实情况基本一致或类似的情境中发生。

2. 确定问题。在上述情境下，选择出与当前学习主题密切相关的真实性事件或问题作为学习的中心内容，让学生面临一个需要解决的现实问题。这一环节的作用就是"抛锚"。

3. 自主学习。不是由教师直接告诉学生应当如何去解决面临的问题，而是由教师向学生提供解决问题的有关线索。例如需要搜集哪一类资料，从何处获取有关的信息资料，以及现实中专家解决类似问题的探索过程等。并特别注意学生自主学习的能力。这些能力包括：确定学习内容表的能力（学习内容表是指为完成与给定问题有关的学习任务所需要的知识点清单）；获取有关信息与资料的能力（知道从何处获取以及如何去获取所需要的信息与资料）；利用、评价有关信息与资料的能力。

4. 协作学习。讨论交流，通过不同观点的交锋、补充、修正，加深每个学生对当前问题的理解。

5.效果评价。由于抛锚式教学的学习过程就是解决问题的过程,即由该过程可以直接反映出学生的学习效果,因此评价往往不需要进行独立于教学过程的专门测验,只需在学习过程中随时观察、记录学生的表现即可。

【案例反思】

本节的教学设计,最大的特色在于从学生的生活实际出发,学习身边的地理、学习有用的地理,激发学生的学习热情。

地图上确定方向有三种方法,一般定向法和指向标定向法都以校园为载体。学习一般定向法,让学生观察学校在丰台区、北京市、中国的方位,空间尺度从小到大,渗透了地理学科不同空间尺度看问题的研究方法。学习指向标定向法,给出中国教育科学研究院丰台实验学校的鸟瞰图和平面图(自己绘制),在这样的真实情境中,结合香港师生来我校学习访问,以指路的方式让学生熟练地掌握校园内的各个方向,并能准确描述。学生很熟悉自己每天学习的校园,以校园的各个方向为基础,逐步扩展到认识学生的住所、去过的公园,以及以后第一次去的书店、商场等各种真实场景中地理事物的方向,真正成为学有所用的地理。

除了学习地图上的方向,本人还设计了生活中辨认方向的方法,通过路牌和太阳的方位来辨认。理论和实际相结合,地理才更有生命力,否则地理永远只能是书本上的死知识。最后又给学生简短地介绍了野外辨认方向的方法,以便将来旅行、野外实践之用;同时,年轮、星星和宇宙也会给学生带来无限遐想和思考。

"三峡"教学设计

张 晶

课题	《三峡》（1课时）	版本	部编版
教学对象	初二学生	设计者	张晶
教材分析	《义务教育语文课程标准（2011年版）》提出：诵读古代诗词，阅读浅易文言文，能借助注释和工具书理解基本内容。注重积累、感悟和运用，提高自己的欣赏品位。《三峡》所在单元选取了九篇古诗文，基本上都是篇幅短小，内容浅显的古代散文和诗歌，都在描写自然山水之美中融入了作者的细腻情思，是人与自然的交融，是人与自然的对话。学习本单元要注意培养学生阅读古诗文的能力，还要注意培养其对大自然的热爱之情，对山水景物的感悟能力、欣赏能力。《三峡》是一篇很好的写景散文。课文对三峡的山水和一年四季景色的描写，向我们展示了三峡的美丽风光。文章写景生动，用词精准，有着一种特殊的艺术魅力，尤其是作者的正侧描写、动静相结合的描写手法，更是令人赞叹。		
教学背景分析	学生通过初一的学习，已经有了一定的文言词汇的积累，掌握了简单的学习文言文的方法。利用工具书和注释来疏通文意已经能完成，但以初二学生的特点和知识结构，要赏析文章，尤其是写景散文，还是有一定难度的。		
教学目标	1. 积累文言词语，掌握读音和意义，领会课文内容。 2. 在反复朗读、整体感知的基础上把握各段写景重点及景物特征，体会文章整体布局的妙处。 3. 感受作者笔下三峡的独特风光，激发对祖国壮丽山河的热爱之情。		
教学重点	反复朗读课文，把握各段写景重点及景物特征。		
教学难点	体会文章整体布局的妙处，把握作者的思想感情。		
教学资源	教学工具：PPT，导学案 教学方法：朗读法，小组讨论法 教学策略：学生自主学习，老师作为引导；小组学习模式		

续表

教学过程与方法 第一课时			
教师活动	学生活动	教学辅助手段	设计意图
一、创设情境，导入课文 同学们，暑假刚刚结束，想必会有不少同学出去旅行了。谁能谈谈你所去之处，印象最深的是什么？你的感受如何？ 同学们说的非常地丰富，其实在我们叙述的过程中，大家已将景物描写的方法都运用于其中了。我们来归纳一下：定点观察、移步换景、调动多种感官。 好，今天我们来学习《三峡》，看看北魏著名地理学家、散文家郦道元是如何通过语言揭开三峡神秘面纱的。 二、初读感知，理解文意 教师针对学生基础进行点评 教师点评，指出特殊字词的用法及意义，比如：阙同"缺"；"三"在古文中不是确实而是指多数。 教师巡堂，及时点拨。 三、深入研读，理清思路 全文仅一百五十余字，却思路清晰、音韵和谐，那么郦道元是如何用凝练的笔墨将三峡的万千气象尽收笔底的呢？下面，就让我们一起来看看。 问题1：课文写了三峡景物的什么特征？如何抓住景物特征进行描写的？ 板书：群山图 连绵高峻 雄壮美 正 侧	学生畅所欲言自己的旅行收获。 一、一读课文，借助注释及有关参考资料完成学案。 1.加点字注音。 2.文学常识积累。 二、再读课文，借助注释及有关参考资料，解释实词。 三、三读课文，初步口译文中句子，了解课文大意，在课文中注明不理解的句子。 小组讨论，将遇到不会翻译的句子跟组员讨论一下。 四、组与组之间互相提问、翻译重点句子。 学生分组讨论交流，最后选四个学生进行全班交流。 学生思考展示： 第一段重点写山，"两岸连山，略无阙处"，两岸都是连绵的高山，几乎没有中断的地方，正	学案 学案 学案 PPT展示	通过学生自身观察景物的经验引导出写景的描写方法；还可以训练其口语表达 引导学生三遍阅读与思考，读通文章，读懂文意。

续表

教师活动	学生活动	教学辅助手段	设计意图
	面突出群山连绵的特点。"重岩叠嶂，隐天蔽日，自非亭午夜分，不见曦月"，侧面突出了峰峦重叠，雄峻险拔的山势。		
板书：夏水图　浩大湍急　奔放美	第二段重点写夏天的水，"夏水襄陵，沿溯阻绝"正面突出大水猛涨。"或王命急宣，有时朝发白帝，暮至江陵……"侧面突出江流湍急的特点。		引导学生在理解文意基础上，深入理解文本意境
板书：春冬图　清荣峻茂　清幽美　动静结合	第三段重点写春冬之景，通过仰视俯视相结合，动静结合，多角度描述景物形态、色彩等方法写出了水清、树茂、山峻、草盛的景物特征。		
板书：深秋图　凄清寂静　凄婉美	第四段重点写深秋之景，"每至晴初霜旦，林寒涧肃"是说一片清凉和寂静，充满凄清肃杀的气氛。"常有高猿长啸……"写出山猿哀鸣，渲染了秋天的萧瑟气氛。	PPT	
问题2：由此来看，作者抒发了怎样的情感？	学生展示：热爱之情。		
问题3：文章为什么不按春夏秋冬四季更迭的顺序写景，而要先写夏景，并将春冬二季合为一体呢？	学生展示：因为三峡的水最具特色。		
四、拓展延伸 阅读下面这首诗，你能说出它和本文之间的某些联系吗？ 　　　早发白帝城 　　　　李白 　朝辞白帝彩云间， 　千里江陵一日还。 　两岸猿声啼不住， 　轻舟已过万重山。		投影，PPT，学案	补充课外知识，学会知识迁移。

续表

教师活动	学生活动	教学辅助手段	设计意图
五、思考质疑 有人认为三峡工程将破坏三峡的美,请谈谈自己的看法。 六、课堂小结 本节课在疏通文意和把握文章内容的基础上,欣赏了三峡四季之美和山水之美,体会到了作者情景交融的写法,对今后我们的写作有一定的帮助。	学生展示 《早发白帝城》与《三峡》都描绘了三峡风光,前者是诗,后者是游记散文。文章的第二段与这首诗的一、二、四句相印证,都表现了夏天三峡水流速度极快;文章第四段与诗的第三句相对应,都是写连续不断的猿鸣;文章第一段则与诗中的"万重山"相应。		训练学生思考质疑。

"书愤"教学设计系列

徐灿辉

【教案】

学　　校	中国教育科学研究院丰台实验学校	授课地点	高二（5）班
学　　科	语文	授课教师	徐灿辉
课　　题	《书愤》		

一、考点分析

高考考纲明确要求，学生对诗歌进行鉴赏时，能"鉴赏文学作品的形象、语言和表达技巧；评价文学作品的思想内容和作者的观点态度"。本课教学，旨在让学生在老师的引导下，通过反复诵读、咬文嚼字式的语言品读、用知人论世、相互联系的诗歌鉴赏方法，感悟作者的思想感情。

二、学情分析

经过小学到高中的古诗文学习，学生已初步积累了一定量的诗文，掌握了一些诗歌的鉴赏方法，但真正独自操作还需老师从多方面做技巧指导。

三、教学目标

1. 进一步感知知人论世、相互联系的诗歌鉴赏方法；
2. 理解南宋陆游等爱国志士壮志难酬、年华空老、有心报国、无路请缨的悲愤情怀；
3. 克服学生学习诗歌的畏难情绪，激发学生对古诗文的兴趣。

四、教学重点

通过知人论世、相互联系的诗歌鉴赏方法引导学生把握作者的思想感情。

五、教学难点

理解南宋陆游等爱国志士壮志难酬、年华空老、有心报国、无路请缨的悲愤情怀。

六、教学方法

诵读法、点拨法、合作探究、讲授法。

【教学过程】

一、题目解读

（1分钟）

师：今天我们一起来学习陆游的《书愤》，首先请大家结合课下注释解释一下标题。

生：书：写。

愤：愤懑，悲愤。

书愤：书写心中的愤懑、不满。

师：作者会因哪些事，书写哪些"愤"？下面请大家打开课本，自由地读一遍课文，读的时候注意两点：1.有没有你不认识的字？2.有没有不理解的词？

教学过程设计意图：预习导入；知新，为本节课打基础，激发学生对诗歌深读的兴趣。

二、整体感知

（9分钟）

生：（一）学生自读。

1. 注意字音、字义。

2. 全诗梳理。

（二）男生齐读，女生评价。

（三）名家范读。

（四）男生再读，女生再评。

师：通过学生多次诵读引出写作背景及诗歌行文脉络。

教学过程设计意图：引导学生根据要求有层次、充分地诵读，从而解决诗歌字音、字义、诗意、结构等基本问题，逐步自主对诗歌进行整体感知。

三、合作探究

（22分钟）

师：这首诗的整体脉络是按照（时间先后）顺序，写出了作者青年到晚年的人生经历。那么，从青年到晚年的陆游到底会因为哪些事书写哪些悲愤之情？下面，我们一起走进课文，探究一下下面的问题：

（一）这首诗题为"书愤"，就全诗来看，作者具体因哪些事而"愤"？（用诗中原句字眼回答）

（二）诗人借以上之事，具体表现了什么悲愤之情？（请联系时代背景和每联的关键词进行解读）

（三）造成诗人"愤"的根源是什么？

生：小组讨论后，派代表进行解说。

（一）这首诗题为"书愤"，就全诗来看，作者具体因哪些事而"愤"？（用诗中原句字眼回答）

所愤之一：世事艰；

所愤之二：空自许；

所愤之三：鬓先斑；

所愤之四：谁堪伯仲间。

（二）诗人借以上之事，具体表现了什么悲愤之情？（请联系时代背景和每联的关键词进行解读）

超越组：早岁那知世事艰，中原北望气如山。——报国无门之"愤"。

四真组：楼船夜雪瓜洲渡，铁马秋风大散关。——壮志难酬之"愤"。

第一组：塞上长城空自许，镜中衰鬓已先斑。——年华老去、壮志难酬之"愤"。

卡路里组：出师一表真名世，千载谁堪伯仲间！——收复无望之"愤"。

（三）造成诗人"愤"的根源是什么？

拥护者组："愤"的根源是南宋朝廷的"主和派"，他们是阻挠抗金救国的绊脚石，是绞杀爱国力量的刽子手。

师：通过以上学习，我们不难看出，在那个朝代，陆游遇到了壮志难酬，年华空老，报国无门，无路请缨的遭遇。

教学过程设计意图：通过小组合作探究，训练学生的语言、思维和胆量，进而培养学生自主学习、独立思考的能力，同时，让学生在与小组的交流中分享自己成功的快乐，促进其全面发展。

通过这一环节,让学生自己在讨论中,逐步理清作者的情感表达,明白情感背后的根源,进一步认识在那个偏安江南、不思北伐的南宋朝廷,爱国的艰难。

事实上,在那个时代,不只有陆游有这样的遭遇,下面还有一些人,他们也有类似的遭遇。我们来看看这几句话,大家先猜猜是谁写的,你从哪些字词中看到了与作者类似的悲愤之情?

了却君王天下事,赢得生前身后名。可怜白发生!

白首为功名。旧山松竹老,阻归程。欲将心事付瑶琴。知音少,弦断有谁听。

生:思考后,回答:

——辛弃疾《破阵子》……

——岳飞《小重山》……

师:总结后,提出:诗人写自己壮年时候的如山气势及25年前两次胜利的战斗,然后写老年壮志难酬,年华空老的经过,最终想要表达哪些情感?(即主旨)

生:这首诗……表达对诸葛亮敬仰的同时,抒发了诗人壮志难酬、老迈年高的感叹和对投降派的强烈愤慨。

四、拓展延伸

(6分钟)

师:联系《蜀相》和今天所学的《书愤》,找出两首诗在歌颂诸葛亮的功绩、个人情感上的不同和两首诗的相同点。做题前咱们一起背诵一下《蜀相》,5分钟时间交给你们。

生:(讨论后回答)

不同点:

歌颂功绩

《蜀相》:着重讲"天下计"的雄才大略和"两朝开济"的赤胆忠心。

《书愤》:着重歌颂出师表中的"鞠躬尽瘁,死而后已"的精神。

抒发情感

《蜀相》:追慕、敬仰、惋惜及自己的壮志难酬的痛苦。

《书愤》:以诸葛亮自况,渴望北征复国,建功立业。

相同点:

背景:

《书愤》和《蜀相》都作于国家动荡的年代。

内容：

两首诗都借诸葛亮这一历史人物来表达自己的情感。

蕴含了深切的爱国之情。

教学过程设计意图：在教师引导下，进一步教会学生进行诗歌比较阅读。掌握一定的比较阅读技巧。

五、总结

（1分钟）

师：通过对比，我们不难看出，不管是三国时的诸葛亮、唐代的杜甫，还是宋代的陆游，不管他们身处的社会背景如何，自己的人生经历怎样，面对国家，他们的赤胆忠心从未改变。我们现在何其有幸，生活在一个繁荣昌盛、人尽其才的伟大时代。所以，作为新时代的青年，老师觉得：我们更加有理由在实现中华民族伟大复兴中国梦的征程中，奉献我们自己的一份绵薄之力。这应该是这首诗歌留给我们的启示。

教学过程设计意图：回顾本节课内容。（见板书设计）在比较阅读中让学生了解各朝各代爱国志士相同的爱国情怀，激发学生珍惜当下，为国做力所能及的事，从而指导学生今后的学习生活。

六、作业

（1分钟）

1. 背诵本诗。

2. 比较《书愤》和《临安春雨初霁》两首诗在表现重点与风格上的差异。

教学过程设计意图：学以致用，学生在课后练习中进一步熟悉诗歌比较阅读的技巧；同时，通过对同时期作品的研读，感受作者在写作重点与风格上的差异，进一步感受作者那份深沉的爱国之情。

【板书设计】

书愤

壮年	世事艰	气如山	愤报国无门
	空自许	塞上长城	愤壮志难酬
晚年	鬓先斑	有壮志	愤年华空老
	谁堪伯仲间	统一中原	愤收复无望

主要特色与创新之处：以教材为根本，让学生自己在反复诵读中抓住语文最根本的字、句，体悟作者的思想感情，教师情感激发引导情感升华，学生自己体验成功的快乐，激发对古诗文的学习热情。

自我反思：

主要尝试了以下三点：

第一，学生多种形式的诵读。

第二，关键词句咬文嚼字式的品读。

第三，教师多样的情感激发。

存在以下问题：

首先，目标写作不是很规范。其次，错点生成的敏锐性不够。

【学案】

一、学习目标

1. 把握重点词句，整体把握诗文脉络。
2. 学习知人论世、相互联系的诗歌鉴赏方法。
3. 理解南宋陆游等爱国志士壮志难酬、年华空老、有心报国、无路请缨的悲愤情怀。

二、学习重点难点

1. 知人论世、相互联系的诗歌鉴赏方法指导。
2. 理解南宋陆游等爱国志士壮志难酬、年华空老、有心报国、无路请缨的悲愤情怀。

三、学习方法

1. 反复吟诵，读品结合，细细品味诗歌蕴含的思想感情。
2. 点拨法。点拨最能体现情感的词句。
3. 合作探究、比较法，理解诗歌内容、情感。

课前预习

1. 知识链接。

陆游，字_____，号_____。_____人，著名的_____诗人。生于北宋危亡之际，少年时即深受家庭亲友间爱国思想的熏陶，诗作今存九千多首，内容丰富，主要表现渴望收复失地的爱国热情。主要作品有《游山西村》《书愤》《临安春雨初霁》《十一月四日风雨大作》《钗头凤》《示儿》等。其中词作_____和诗作_____最能反映陆游一生的际遇。少年时陆游就立下了"＿＿＿＿，＿＿＿＿"的志向。他一贯坚持抗金主张，怀着"一身报国有万死"的牺牲精神，决心"扫胡尘""靖（平定）国难"，但在政治斗争中，屡遭朝廷投降派的排挤、打击，使得他"报国欲死无战场"。可是，他始终不渝地坚持自己的理想。嘉定二年（1209年），85岁的老诗人，抱着"死前恨不见中原"的遗恨，离开人世。临终作诗仍念念不忘北伐和收复失地。

2. 结合课下注释，用白话文把诗歌翻译下来。

_____

_____

【教学过程】

一、解题

书：

愤：

书愤：

二、诵读感知

（一）初读

1. 注意字音、字义

2. 全诗梳理

（二）范读

朗诵全诗，体会全诗的感情

（三）整体感知

三、思考探究

（一）这首诗题为"书愤"，就全诗来看，作者具体因哪些事而"愤"？（用诗中原句字眼回答）

（二）诗人借以上之事，具体表现了什么悲愤之情？（请联系时代背景和每联的关键词进行解读）

首联：早岁那知世事艰，中原北望气如山。

颔联：楼船夜雪瓜洲渡，铁马秋风大散关。

颈联：塞上长城空自许，镜中衰鬓已先斑。

尾联：出师一表真名世，千载谁堪伯仲间！

（三）思考

1. 造成诗人"愤"的根源是什么？

2. 在这样的时代背景下还有哪些人有类似的遭遇？

（四）本诗的主旨是什么？

四、拓展延伸

1. 联系社会背景及作者，请用比较的方法进一步理解《书愤》和《蜀相》这两首作品，找出两首诗在歌颂诸葛亮的功绩、抒发情感上的不同以及两首诗的相同点。

A. 不同点

歌颂功绩	
抒发情感	

B. 相同点：

五、总结

六、作业

1. 背诵本诗。

2. 比较《书愤》和《临安春雨初霁》两首诗在表现重点与风格上的差异。

临安春雨初霁

陆游

世味年来薄似纱，谁令骑马客京华？

小楼一夜听春雨，深巷明朝卖杏花。

矮纸斜行闲作草，晴窗细乳戏分茶。

素衣莫起风尘叹，犹及清明可到家。

【课堂实录】

"书愤"课堂实录

徐灿辉

一、学习目标

1. 理解南宋陆游等爱国志士壮志难酬、年华空老、有心报国、无路请缨的悲愤情怀；

2.学习知人论世、相互联系的诗歌鉴赏方法。

二、学习重点难点

把握作者的思想感情。通过对南宋朝代背景的了解,掌握南宋爱国诗人和词人的思想感情。

1.知人论世、相互联系的诗歌鉴赏方法指导。

2.《书愤》主旨的理解及表现手法的运用。

三、学习方法

1.反复吟诵,读品结合,细细品味诗歌蕴含的思想感情,感知诗歌的声韵美。

2.点拨法。对于诗歌,点拨最能体现情感的词句。

3.合作探究。

四、教学课时

1课时。

五、教学过程

师:今天我们一起来学习陆游的《书愤》,首先请大家结合课下注释解释一下标题。

生:书:写。

愤:愤懑,悲愤。

书愤:书写心中的愤懑、不满。

师:作者会因哪些事,书写哪些"愤"?下面请大家打开课本,自由地读一遍课文,读的时候注意两点:1.有没有你不认识的字?2.有没有不理解的词?(1分钟准备)

师:可以了吗?现在请全班的男生,一起读一下这首诗。

男生:(读)……

师:女生们评价一下男生读得怎么样?

女生:(评)声音洪亮,气势足。

师:还有吗?……说不出来了!其实在读诗的时候,要求我们:字音要读准,停顿要读对,感情要到位!男生们在刚才的朗读过程中,确实有女生们说的这些优点,但老师认为:你们有些地方,把握还是不特别到位。要突破这些,我们就有必要扫除字词障碍,同时,对作者的相关情况也应做些了解。

刚才在男生读的过程中,有一个字与我的理解是不一样的:如"早岁那知世事艰"中的"那"字,明明读"nà",可男生们读成"nǎ",大家认为到底是我对了?还是男生们读对了？

生：男生们读对了！

师：为什么？

生：通假字，通"哪"，早些年哪里知道世事艰难。

师：文中还有没有你们不认识的字？不理解的词？……没有？那老师就得考考你们了，请解释以下字词：渡、空、许、斑、名世、堪。并大概翻译这些字词所在的句子。

生：渡——渡口；空——徒劳地，白白地；许——期望，自许；斑——黑发中夹杂白发；名世——名传后世；堪——能够。

师：这就是我们要解决的字词障碍。

那么，到底怎么读才能读得更到位呢，下面我们认真来听听。

范读……

接下来请男生们再读一遍，女生们请认真思考：跟刚才的第一遍相比有没有差别？

女生（评）：更好了：字音读准了；停顿读对了；情感也较以前到位了！

师：很中肯的评价，可老师觉得还是有一点点遗憾，那就是他们的情感把握更多的是一种模仿。大家想想：我们在读这首诗的时候，多少岁？……（十六七岁）……但是你们结合注释再看看作者写这首诗的时候多少岁？……61岁……作者61岁写的这首诗，当然我们就很难读出那种沧桑之感了，我们只能通过诗歌的内容进一步地感受。61岁的陆游，他的人生经历跟我们是不一样的，他写这首诗的背景与我们也是有区别的，那么，61岁的陆游，是在什么样的背景下写这首诗的？

写作背景：

南宋时，金兵入侵，中原沦陷在即。陆游主张抗金，却一再遭到打击排斥，多次被罢官。这首有名的七律作于宋孝宗十三年（1185年），从淳熙七年起，他罢官在家乡山阴（今浙江绍兴）赋闲了6年，少年时"扫胡尘""靖国难"的志向眼看就要化为泡影，在悲愤失望中他挥毫写下了这首诗。

大家想想看，整首诗中哪几联是写他60多岁的岁月的？

生：塞上长城空自许，镜中衰鬓已先斑。出师一表真名世，千载谁堪伯仲间！

师：如果第三、四联是写诗人晚年的生活，那么第一、二联是写作者什么时候的生活？

生：壮年、青年。

师：由此可见，这首诗的整体脉络是按照（时间先后）顺序，写出了自己青年到晚年的人生经历。请大家根据这样的思路进行背诵。

那么，从青年到晚年的陆游到底会因为哪些事书写哪些悲愤之情？下面，我们一起走进课文，探究一下下面的问题：

（一）这首诗题为"书愤"，就全诗来看，作者具体因哪些事而"愤"？（用诗中原句字眼回答）

生：所愤之一：世事艰；

所愤之二：空自许；

所愤之三：鬓先斑；

所愤之四：谁堪伯仲间。

师：综上所知：作者诗中所愤之事有四。

（二）诗人借以上之事，具体表现了什么悲愤之情？（请联系时代背景和每联的关键词进行解读）

（三）造成诗人"愤"的根源是什么？

要求：

1. 分组讨论。

2. 抓住每联的关键词。

3. 联系时代背景进行解读。

生：分组讨论，并派代表进行解说。

超越组（解读）：早岁那知世事艰，中原北望气如山。

即：年轻时就立志北伐中原，哪里想到世事竟然如此艰难。我常常北望中原大地，热血沸腾，怨气如山啊。抒发的是：报国无门之"愤"。

师："世事艰""气如山"。

生："世事艰"？

仕途不顺的辛酸与坎坷，因主张收复失地而受投降派的种种刁难、排挤和迫害。

"气如山"？

胸中的愤怒喷薄而出：怀有一腔报国热情，为之奔走一生却得不到朝廷的支持。

四真组（解读）：楼船夜雪瓜洲渡，铁马秋风大散关。

即：记得在瓜洲渡痛击金兵，雪夜里飞奔着楼船战舰。秋风中跨战马纵横驰骋，收复了大散关捷报频传。这两句形象地概括了25年前两次胜利的战斗：瓜洲渡击退金兵的进犯，大散关失而复得。这两次战斗都发生在绍兴三十一年（1161年），当时诗人才36岁。

意在表明：南宋人民具有保卫自己国土的伟大力量，这也是作者渴望横扫金军、收复失地的爱国理想的集中体现。可南宋朝廷偏安江南，不思北伐。抒发的是：壮志难酬之"愤"。

第一组（解读）：塞上长城空自许，镜中衰鬓已先斑。

即：想当初我自比万里长城，立壮志为祖国扫除边患。到如今垂垂老鬓发如霜，盼北伐盼恢复都成空谈。诗人以檀道济自许，早年有自许为"塞上长城"的宏图抱负却因为主战而屡次被贬斥，最终成空，鬓发斑白、年老体衰、山河依然破碎、人民依然受难，岁月蹉跎，有心投国，却无路请缨。这既是对自己年华老去、壮志难酬的愤慨，也是对投降派的愤怒指责。

师：（补充）塞上长城典故——自毁长城

南北朝时期，宋国大将檀道济，因为名声太高，左右部将又都骁勇善战，皇帝很不放心，在一些大臣的挑拨下，把他骗到京城建康想除掉他。檀道济被关进大牢，两眼瞪得像火把一样，又气又恨一口喝下一斛酒（一斛能装五斗米），大吼道："你们这样做是自毁你们的万里长城啊！"人们常把自己削弱自己的力量，自己挖自己墙脚的现象称为自毁长城。

卡路里组（解读）：出师一表真名世，千载谁堪伯仲间！

即：不由人缅怀那诸葛孔明，出师表真可谓名不虚传，有谁像诸葛亮鞠躬尽瘁，率三军复汉室北定中原！《出师表》所说的"当奖率三军，北定中原"，这正是陆游的毕生心愿。诸葛亮的"鞠躬尽瘁，死而后已"的精神，正是陆游所要发扬的精神。诸葛亮的"亲贤臣，远小人"的告诫，正是陆游认为南宋当权者应该吸取的。诗人用诸葛亮上表后主刘禅，出师北伐的典故，表达了对诸葛亮的仰慕之情，也表明他至死也不会放弃恢复中原之志。虽屡遭挫折，但意志并未消沉。

师：如何理解"千载谁堪伯仲间"？

生：有谁能像诸葛亮鞠躬尽瘁，率三军复汉室北定中原！含蓄地谴责了南宋朝廷畏敌如虎、苟且偷安，以致收复大业无人领军的愤懑。抒发的是：收复无望之"愤"。

师（总结）：诗人借以上之事，具体要表现什么悲愤之情？

  世事艰——愤报国无门

  空自许——愤壮志难酬

  鬓先斑——愤年华空老

  谁堪伯仲间——愤收复无望

拥护者组（解读）：造成诗人"愤"的根源是什么？

"愤"的根源是南宋朝廷的"主和派"，他们是阻挠抗金救国的绊脚石，是绞杀爱国力量的刽子手。

师：通过以上学习，我们不难看出，在那个朝代，陆游遇到了壮志难酬，年华空老，报国无门，无路请缨的遭遇。事实上，在那个时代，不只有陆游有这样的遭遇，下面还有一些人，他们也有类似的遭遇。我们来看看这几句话：

了却君王天下事，赢得生前身后名。可怜白发生！

白首为功名。旧山松竹老，阻归程。欲将心事付瑶琴。知音少，弦断有谁听。

大家猜猜，各自的作者是谁？你是如何理解这几句话的？

生：了却君王天下事，赢得生前身后名。可怜白发生！——辛弃疾《破阵子》

这一切都是为了"了却"洗雪国耻，恢复中原的"天下事"，是为了施展雄才大略，赢得为国家建功立业的"生前身后名"，字里行间洋溢着爱国激情。可结句"可怜白发生"，笔锋陡转，使感情从最高点一跌千丈，吐尽壮志难酬的无限感慨，揭示了理想与现实的尖锐对立，抒发了报国有心，请缨无路的悲愤，使全词笼上了浓郁的悲凉色彩。

白首为功名。旧山松竹老，阻归程。欲将心事付瑶琴。知音少，弦断有谁听。——岳飞《小重山》

词人终其一生渴望为国建功立业，痴心不改。中原父老在金人的统治之下，顽强挺立，渴望早日复国，可如今他们都已老了。议和声起阻断了收复中原、回归故乡的进程，暗含作者多年矢志北伐的壮志难酬，忧愤难平。既然不能建功立业，收复河山，回家度过余生也好。可是故乡已经落到敌人的手里，有家难归。"欲将心事付瑶琴。知音少，弦断有谁听"，这里化用善于操琴的俞伯牙和知音钟子期的典故寄托作者的一腔愤懑和无处言说的沉痛，来表达苦闷的心情，将自己的心事寄托于琴弦，可是却没有知音，就是把琴弦弹断了也没有人来听。当时作者主张抗金，收复失地，但是朝野上下一片议和声，使作者陷入孤掌难鸣的处境，不禁担忧起国家的未来和命运，心情沉重。

师：不难看出在那个偏安江南、不思北伐的南宋朝廷，壮志难酬、年华空老的并不只有陆游，很多像陆游一样的爱国志士也有类似的悲剧，可见这种悲剧在那个朝代，应该是整个时代的悲剧。而造成悲剧的根源，在于南宋朝廷的"主和派"，这里面暗含诗人对投降派的强烈愤慨之情。

接下来请大家思考一下，诗人写自己壮年时候的如山气势及25年前两次胜利的战斗，然后写老年壮志难酬，年华空老的经过，最终想要表达哪些情感？（即主旨）

生：这首诗借北望中原，回顾了青年时的凌云壮志和火热的战斗生活，并由此俯仰千载，表达对诸葛亮敬仰的同时，抒发了诗人壮志难酬、老迈年高的感叹和对投降派的强烈愤慨。

师：大家有没有发现，有一个名字我们刚刚学过，有一位诗人在他整个人生中有20多首诗都写到了这个人，大家知道是谁？

生：杜甫《蜀相》。

师：接下来，我们就联系《蜀相》和今天所学的《书愤》，找出两首诗在歌颂诸葛亮的功绩、个人情感上的不同和两首诗的相同点。做题前咱们一起背诵一下《蜀相》，5分钟时间交给你们。

生：（讨论后回答）

不同点：

歌颂功绩

《蜀相》：着重讲"天下计"的雄才大略和"两朝开济"的赤胆忠心。

《书愤》：着重歌颂出师表中的"鞠躬尽瘁，死而后已"的精神。

抒发情感

《蜀相》：追慕、敬仰、惋惜及自己的壮志难酬的痛苦。

《书愤》：以诸葛亮自况，渴望北征复国，建功立业。

相同点：

背景：

《书愤》和《蜀相》都作于国家动荡的年代。

内容：

两首诗都借诸葛亮这一历史人物来表达自己的情感。

蕴含了深切的爱国之情。

师：通过对比，我们不难看出，不管是三国时的诸葛亮、唐代的杜甫，还是宋代的陆游，不管他们身处的社会背景如何，自己的人生经历怎样，面对国家，他们的赤胆忠心从未改变。我们现在何其有幸，生活在一个繁荣昌盛、人尽其才的伟大时代。所以，作为新时代的青年，老师觉得：我们更加有理由在实现中华民族伟大复兴中国梦的征程中，奉献我们自己的一份绵薄之力。这应该是这首诗歌留给我们的启示。

下面，我们看一下课后作业：

1. 背诵本诗。

2. 比较《书愤》和《临安春雨初霁》两首诗在表现重点与风格上的差异。

最后，让我们在大家有感情的齐读声中结束这节课的学习。

【说课稿】

"书愤"说课稿

徐灿辉

各位领导、老师大家上午好！

我是高二语文教师徐灿辉。

下面我将对我的这节课进行解说。

教材及教学内容：本节课选自高中语文选修教材《中国古代诗歌散文欣赏》，教材的编写是为了适应同学们学习古代诗文的需要。它着重从文学鉴赏角度进一步引导学生阅读古代诗文，让同学们有计划地阅读一定数量的名篇，通过自己的鉴赏探究，感受其思想、艺术魅力、发挥想象力和审美力，提高对古代诗文语言的感受力，体会中华文化的博大精深，深化热爱祖国的情感，增进运用祖国语言文字的能力。全书共六章，诗歌、散文各三章，从高中生实际水平出发，对于诗歌从"以意逆志，知人论世"（探究诗歌的旨意），"置身诗境，缘景明情"（把握诗歌的意境），"因声求气、吟咏诗韵"（体会诗歌的声韵）三个方面入手。本节课即为"以意逆志，知人论世"（探究诗歌的旨意）部分的赏析名篇。

学情分析：本次教学针对的是我所教授的高二（5）班，该班整体学习基础相对薄弱，历次语文考试中，学生在文言文和诗歌鉴赏这两处丢分严重，主要原因是读不懂文或诗，甚至无从着手；同时，随着从小学到初、高中语文课本中古代诗歌散文逐年的增加，他们已经领略了许多作品的文采和意境，背熟了许多篇章和格言警句。这对于古诗文的学习，还只是初始阶段，我们有必要进一步扩展阅读，在学习中形成自己的阅读体验，提升自己的审美境界，为形成一定的传统文化底蕴奠定坚实的基础。

教学方法：针对以上的学生和学习特点，根据教学内容，我采用了反复吟诵、读品结合、点拨、合作探究等教学方法，并辅助多媒体进行启发、开放式教学，在老师的引导下，充分调动学生学习积极性，使学生成为课堂的主人。

下面，我将结合学生和课程特点，从内容定位、教学目标、重点难点、教学进程四个方面向各位介绍本节内容：

一、内容定位

"以意逆志，知人论世"是教材的第一单元，教学将会给学生带来先入为主的影响，其效果直接影响到学生语文学习中类似篇章的学习。

所以本节的内容定位是：在学生初步结合注释了解诗歌大意和作者人生经历及写作背

景的基础上，让学生用知人论世、相互联系的诗歌鉴赏方法，在合作探究中形成自己对南宋陆游等爱国志士壮志难酬、年华空老、有心报国、无路请缨悲愤情怀的阅读体验，从而提升自己的审美境界，为下一步学习类似篇章打下基础。

二、教学目标

接下来结合学生特点和课程定位，我将教学目标设定为三项：

1. 把握重点词句，整体把握诗文脉络。
2. 学习知人论世、相互联系及比较的诗歌鉴赏方法。
3. 理解南宋陆游等爱国志士壮志难酬、年华空老、有心报国、无路请缨的悲愤情怀；体会不同时代背景下仁人志士的爱国情怀。

三、重点难点

通过平时与学生的交流，我感觉他们对诗歌内容和情感的解读有较大的障碍，因此本节课的重难点设计为：

1. 知人论世、相互联系以及比较阅读的诗歌鉴赏方法指导。
2. 理解南宋陆游等爱国志士壮志难酬、年华空老、有心报国、无路请缨的悲愤情怀。

四、教学进程

本次课程的教学进程包括以下六个环节，时间40分钟。

教学环节	教学内容	时间分配
教学环节一	解题	1分钟
教学环节二	整体感知	9分钟
教学环节三	合作探究	22分钟
教学环节四	拓展延伸	6分钟
教学环节五	总结	1分钟
教学环节六	课后作业	1分钟

接下来是我对教学内容所做的设计：

教学环节一：解题（时间1分钟）

在已经了解作者生平经历及结合注释翻译全诗的基础上，开门见山进入课题，引导学生自己根据课下注释对标题进行解读。

设计目的在于：让学生保有原兴趣的基础上，尽快进入文章，从而进一步调动学生积极性，激发学习兴趣，并由此引出教学环节二。

教学环节二：整体感知（时间 9 分钟）

本环节主要以诵读为主，分别有自由读、男生齐读、名家范读、男生再读等，然后在评价男生再读中导出写作背景，从而引导学生感知全诗以时间为序的整体脉络（文脉：这是上次丰台区教研员给我的启发，他认为语文课教授文章，特别是古文时，最好都保持文章应有的文脉，这样能让学生对文章有更好的整体感知、背诵也有据可循……）。

俗话说："书读百遍，其义自见。"事实是通过本环节的夯实，同学们对整首诗的印象更为深刻，诵读水平有了提高，对全诗的意思也更为明了。

教学环节三：合作探究（时间 22 分钟）

在梳理诗歌整体脉络的同时，导出：

（一）这首诗题为"书愤"，就全诗来看，作者具体因哪些事而"愤"？（用诗中原句字眼回答）

通过引导，明确作者所愤有四之后，顺势要求学生抓住每联的关键词、联系时代背景、分组解读（其实这就是"以意逆志，知人论世"的诗歌赏析方法）以下两道题：

（二）诗人想借以上之事，具体表现了什么悲愤之情？

（三）造成诗人"愤"的根源是什么？

通过交流展示，学生们形成了各自的阅读体验，各组总结"愤"的具体表现有四，根源在于南宋朝廷"主和派"的阻挠、绞杀。教师在小结的基础上提出：

在这样的时代背景下还有哪些人有类似的遭遇？

用词作引导，让学生明白在那个偏安江南、不思北伐的朝代，壮志难酬、年华空老、有心报国、无路请缨不仅是陆游一个人的悲剧，也是那个朝代像陆游一样所有爱国英雄的悲愤情怀，更是那个时代的悲哀。

在此过程中学生理解了全诗的内容及情感，也进一步学会了"以意逆志，知人论世"的诗歌赏析方法，增强了对诗歌鉴赏的信心。第四个问题紧随展开。

（四）本诗的主旨是什么？

也就是水到渠成了。

在主旨句中抓住"诸葛亮"这个关键词。引导学生进入教学环节四。

教学环节四：拓展延伸（时间 6 分钟）

联系社会背景及作者，请用比较的方法进一步理解《书愤》和《蜀相》这两首作品，找出两首诗在歌颂诸葛亮的功绩、抒发情感上的不同以及两首诗的相同点。

旨在通过两首诗的比较让学生进一步熟悉比较阅读诗歌的方法，并借此明确在不同时代、不同背景下的仁人志士，不管身处何境，对国家的那份赤胆忠心是永远不会改变的。从而激发学生的爱国热情，也最终实现本堂课的教学目标。

接下来就是总结和课后作业

教学环节五：总结（时间1分钟）

回顾本节课内容，激发学生珍惜当下，为国做力所能及的事，从而指导学生今后的学习生活。

教学环节六：课后作业（时间1分钟）

主要考察的是学生课后自觉实践能力，所以我会要求学生围绕"我的大学我做主"这个主题分组准备并举行一次演讲比赛。这也是本堂课考评的重要内容。

以上就是我说课的内容，请各位批评指正！

【评课议课】

如何选取评课的"评点"
—— 以徐灿辉等老师课为例

赵长河

学会观课评课，是一名老师的基本业务素质。这其中，能够恰当捕捉选取评课的点，又是最基本的能力。可以说对于上课老师而言，重要的是能否选取恰当的常常能牵一发动全身的"教点"；对于评课老师而言，重要的是能否选取恰当的常常能一语中的、给人启发的"评点"。

下面主要以徐灿辉等老师的研究课为例，例释"评点"，期望能给各位启发。

关注完整的教学环节，从中选择一个点说透。这个完整的教学环节，包括整个的教学流程。课前预习预设与课堂教学生成的关联度有多少？课后作业拓展与课堂教学生成的关联度有多少？目标叙写是否具有行为动词特征？目标是否仅仅泛泛而谈而缺失"这一个"的特征，是否可检测，课堂效果是否可见（是否"可见的学习"）？课堂教学的起承转合是否自然？课堂教学有无及时利用学生的错误？课堂引入的背景材料是否恰当，引入时间是否合宜？学习活动是否真实有效地展开了？非常时髦的分组讨论是否必要？诸如此类不一而足。

一、目标叙写的可见性

目标叙写，应该以可检测的行为动词为主，这是目标叙写的常规。

即以2018年12月10日徐灿辉老师的"书愤"研究课教学目标叙写为例。徐老师的教学目标，其中有"把握重点词句，整体把握诗文脉络"。根据下面的教学内容，以上目标叙述就可以调整为"学会识别诗歌题目中诗眼的方法，并以此把握诗歌脉络"。这样的调整，使学习更加可见。因为"把握重点词句，整体把握诗文脉络"，在中学语文学习中，几乎每节课都有；"重点词句"实在太多，每节课都这样叙写就流于泛泛而谈了。其实，类似《书愤》的构思，就有杜甫的《春夜喜雨》，整首诗就是围绕"喜"字展开的。

再如 2018 年 12 月 11 日吴玮老师的《荷塘月色》的目标叙写，其中有"学习作者运用语言的技巧：比喻、通感的巧妙运用，动词、叠词的精心选用"。是否可做如下调整：能识别比喻（博喻）、通感手法，能说出本体喻体、本体通感体的相似、相通点，并从此角度赏析相关文段；知道动词、叠词妙用的角度，并从此角度赏析相关文段。

二、延伸拓展的合宜性

再说说上面两位老师的课堂拓展延伸。应该说，两位老师的拓展延伸，都显出了一名老教师的精准选择教学材料的功力，都能切合进而促进教学目标的达成和深化。吴玮老师选择的是 2012 年北京高考诗歌鉴赏题中的炼字题，徐灿辉老师选择的是"联系社会背景及作者，请用比较的方法进一步理解《书愤》和《蜀相》这两首作品，找出两首诗在歌颂诸葛亮的功绩、抒发情感上的不同以及两首诗的相同点"。徐老师的课后作业是"比较《书愤》和《临安春雨初霁》两首诗在表现重点与风格上的差异"。徐老师的课堂延伸选择的材料，是不同作者对同一对象的不同叙写，课后作业是同一作者对不同情境的叙写。

这两处的拓展延伸，既契合课堂目标的达成，又有不同学段课程目标的渗透，更有不着痕迹的高考能力点的渗透。北京高考的语文阅读，近年来趋向比较阅读，从诗歌间的比较阅读，到诗文间的比较阅读，都有命题探索。

三、前后活动的呼应性

徐老师先后安排了四次诗歌诵读活动。第一次男生读，女生评。第二次，音频范读。第三次男生再读，女生再评。第四次，全体诵读，结课。

这四次活动前后呼应，不断进阶。徐老师读和评前，都提出了不断进阶的要求。

第一次，是字音的准确，声音的大小。此次活动，徐老师还巧妙地抓住"早岁那知世事艰"中的"那"的读音，做自然的激发疑问的教学。活动如下：徐老师有意范读第一句时，按照普通话读音把"那"读成第四声，而不是正确的第二声；然后设置疑问，再自然带出其他词句学习。

第二次，全班静静地欣赏音频范读中的苍老之声、悲愤之声。然后自然地提示一句，男生的朗读和音频朗读，比较而言少了什么？少了蕴含年龄、经历的苍老之声、悲愤之声。

第三次，男生再次诵读。

第四次，结课诵读。

整个诵读活动，是进阶的、有效的。

四、补充材料的适时性

文理科教学，常常有课中补充材料的环节。在确保准确补充的前提下，这个环节开展的最重要的原则，是适时性。何时补充？应该是"不愤不启，不悱不发"的时刻，是学生需要补充材料、辅助理解的时刻。但是，我们看到的课堂却常常违反了这个原则。语文课，我们常常见到的是作者介绍、写作背景，上课伊始就出现。理科课，常常有的科学史材料，出现的时机不恰当，甚而与具体的课堂目标弱关联乃至无关联。

徐老师这节课的背景材料的补充，遵循了适时性的原则。

共出现了两次背景材料和作者身世的介绍。第一次是音频朗读和男生第一次朗读的比较。徐老师的设问是：不谙世事的十六七岁的男生朗读体现的感情和音频体现的61岁诗人的感情，能相仿佛吗？这个环节，徐老师又继续追问，哪几句能看出是60多岁人写的？第二次补充背景材料的时机，是在小结诗人"愤"的原因的环节。

五、分组学习的必要性

分组学习，似乎已经成了各类公开教学的常式。但我们要思考分组的必要性，分组是否真的促进了合作学习和探究学习，进而养成同学们的自主学习能力？

分组的形式，目前常见的似乎有两种。一种是分解任务型，把一个完整的学习任务，按小组进行瓜分。通常一个小组只能完成一项任务。那么如何处理其余未能完成的任务？仅仅靠听讲另外组的合作学习成果的分享吗？一种是讨论疑点型，把可能存在正反或多向答案的问题，分配给不同小组，然后课堂上互相辩驳。

徐老师的分组，属于分解任务型。她按照四个不同的"愤"，把全班分成了四组。分组时，交代了具体的学习要点：联系时代背景，抓住每联关键词。完成合作学习后，分组汇报和共享学习成果。应该说，既有合作探究的学习过程，又有合作学习的成果分享，分组达到了预设目标。

六、台阶引导的小步化

台阶的搭建，体现的是点拨教学的智慧。台阶的小步化，从而遵循不同年龄思维特点和学习规律，引导学生进入探究，获取解决问题的知识能力进而解决问题，应该是台阶搭建的基本原则。

2018年10月30日，骆艳霞老师"朝花夕拾"之"阿长和山海经"中就有一处很好的台阶搭建的案例。

课堂中，有个环节老师这样设问：再读19—29节，回答阿长如何给迅哥儿买到《山海经》的？

这个问题其实非常精妙，它意在引导学生回归文本中的具体场景，引导细读文本，培养合宜的想象能力。可惜的是，设问缺少台阶，所以第一个学生回答时只是从原文摘录。教者意在引导体味不知道《山海经》的阿长，买《山海经》的艰难，学生的回答显然没有达到目的。可以设置台阶：误认为《山海经》为"三哼经"的阿长如何艰难地买到《山海经》的？请加以合理想象，从对话、动作、神情等角度描述阿长为迅哥儿买《山海经》的经过。

徐老师的"书愤"教学中，我发现她经常使用的课堂用语，是要学生举例阐释说明的"比如说"。这节课中的"比如说"的提示语，有引导细读的功效，有时也起到了小步搭台阶的作用。

七、理解学习的生活化

无论理科文科，教者都应有引导学生回归生活情境的意识，这常常能促进理解。还是骆艳霞老师"朝花夕拾"之"阿长和山海经"一课。

老师问：阿长睡觉时挤得我无法翻身，睡相丑，这个细节能读出阿长的什么性格侧面？

有学生回答能读出"自私"，没有读出老师想要的"粗俗"。这其实有几方面原因。一是学生不能从成人生活的角度，读懂细节；或许只是从少年人、同龄人的角度读成人生活；二是不能深读，没能追问一下，阿长的"挤"是有意还是无意，如果无意怎么能读出"自私"？正因为"无意"，才能读出底层人阿长的粗俗。

上述徐灿辉老师的课例，从年龄差异的角度，引导学生体悟两种不同诵读体现的不同感情。一种是十六七岁的中学生朗读《书愤》体现的感情，一种是音频体现的60多岁的老人吟诵《书愤》体现的感情。这就是一种引导生活化地理解学习内容的教学策略。

八、错点生成的敏锐性

学生学习过程中形成的"错点"，其实是生成教学良好的切入点。但我们老师的日常教学尤其公开课教学中，常常因为要完成教学任务等因素，有意无意地忽略这个"错点"。

上述骆艳霞老师问：阿长睡觉时挤得我无法翻身，睡相丑，这个细节能读出阿长的什么性格侧面？

有学生回答能读出"自私"，其实正是一个"错点"。可以借此引导学生，文学作品的细读，有时需要贴近生活，从生活经验的角度帮助自己正确理解作品的内涵。

徐老师这节课的后半段有个比较阅读的活动，其中有根据诗句和诗人的身世，猜测词作者的环节。"昨夜寒蛩不住鸣。惊回千里梦，已三更。起来独自绕阶行。人悄悄，帘外月胧明。白首为功名。旧山松竹老，阻归程。欲将心事付瑶琴，知音少，弦断有谁听？"这是岳飞的深情委婉，抒发壮志难酬的悲痛词作，似乎一反《满江红》的慷慨激昂和壮怀激烈。所以下面有学生猜测作者是李清照。学生的猜测其实是有既往习得的根据的，这确实有李清照的词风。此时，教者应该抓住"错点"，引导学生理解古代诗人主要风格以外的风格变异。李清照也有"生当作人杰，死亦为鬼雄"的豪壮的一面，陶渊明亦有"金刚怒目"的一面。同样，岳飞词作中的"深情委婉"，也就可以理解了。再者，"白首为功名"的词句，也可引导从知人论世的角度理解。

抓住"错点"，及时生成，常常可以遇见意外的精彩和收获。

读品结合，上出"语文味"
——点评徐灿辉老师"书愤"教学
刘晓娟

一堂好的语文课应该有"语文味"。何为"语文味"？王崧舟老师是这样说的，"语文味就是守住语文本体的一亩三分地"。在我看来，徐灿辉老师"书愤"一课的教学就体现出了浓浓的"语文味"。

一、"语文味"体现在扎扎实实的诵读中。这节课徐老师非常重视学生的诵读，她在课中共设计了5个诵读环节。自读——男生齐读，女生点评，教师释疑——名家配乐范读——男生再读——下课前以全班齐读作结。我们日常的语文教学中，老师们虽然都知道诗歌教学中诵读的重要性，但是往往又舍不得拿出足够多的时间让学生去反复诵读。徐老师能够在一节课中给出这么多的时间让学生来反复地品读是难能可贵的。学生通过对诗歌的反复诵读，再去进行诗歌情感的分析也就更顺理成章了，正所谓"读书百遍，其义自现"。

二、"语文味"体现在抓住字眼条分缕析的品读中。这节课徐老师紧扣标题"书愤"二字，首先让学生利用诗中的原句字眼去回答"作者因哪些事而愤？"然后让学生联系时代背景和每联的关键词去解读"诗人借以上之事，具体表现了什么悲愤之情？"徐老师的这两个问题都特别要求学生使用"原句字眼""关键词"作答，这种着眼于诗歌关键词的诗歌情感分析就会给人以扎扎实实的感觉，而不会给人以空中楼阁之感。

三、"语文味"体现在知人论世的适度拓展中。诗歌是诗人情感的载体，要理解诗歌的情感就离不开知人论世。徐老师对诗歌的分析讲解始终紧扣诗歌和诗人两个关键点，让学生在诗歌中去体会爱国诗人陆游空怀满腔报国之志却无路请缨的报国无门之愤；去体会陆游在收复中原无望时的壮志难酬之愤……为了让学生更好地理解诗人的这种情感，徐老师还拓展了同时代的辛弃疾和岳飞的相关诗词，让学生明白《书愤》中的"愤"不仅抒写的是陆游的悲愤，更是英雄的悲愤与时代的悲剧。徐老师不只进行了同时代的横向对比，还选取了杜甫的《蜀相》进行纵向对比，她要求同学们联系社会背景及作者身世，用比较的方法进一步理解《书愤》和《蜀相》这两首作品，找出两首诗在歌颂诸葛亮的功绩、个人情感上的不同和两首诗的相同点。通过这种拓展阅读，同学们不仅思维能力得到了锻炼，更是在阅读中升华了爱国情感。

整体来看，徐老师为我们贡献了一堂非常精彩的具有浓浓"语文味"的语文课，让我收获了很多。

"国家财政"教学设计系列

王雅君

【教案】

一、教材分析

本课是人教版《经济生活》第三单元第八课第一框的内容。"国家财政"这一框承接了上一课个人收入分配这部分内容，是对国民收入的延展和深入。同时又引出了下框税收，因为税收是国家财政收入的主要来源。所以，本框在整个教材中起到了承上启下的作用，具有不容忽视的重要地位，可以为学生积极参与经济生活注入新的动力。

二、教学背景分析

有关财政领域知识对于高一学生来说是较陌生的，平常生活中是较少关注的。另外，财政知识是较为宏观的知识，学生理解起来也较难。这需要教师创设情境，使学生能在情境中构建知识、升华情感，以达到知情融合。

三、教学目标

1. 政治认同：理解正确使用财政手段发挥财政的作用，增强国家观念，关心支持财政工作。

2. 公众参与：前往丰台区财政局，自主查阅丰台区财政局网站，了解财政在身边建设中起到的作用。

四、教学重难点

教学重点：财政作用。

教学难点：财政政策，预算和决算。

五、教学方法

讲授法、启发式教学法、任务驱动法。

六、教学过程

（一）共话民生，畅想财政乐曲

师：前段时间港珠澳大桥通车了，全长55公里，是连接香港、珠海、澳门的重要交通枢纽，这项工程可以说是举世瞩目，是世界上最长的跨海大桥。港珠澳大桥的投资高达上千亿。

请大家思考：仅仅依靠个人出资能修建这座大桥吗？

生：（齐声）不能。

师：大家知道港珠澳大桥建设投资来源于哪里吗？

生：政府。

师：没错。国家通过一定的形式和渠道筹集起来的资金就叫国家财政收入。所以，港珠澳大桥的建设来源于国家的财政收入。

那么，国家的财政收入来源于哪里呢？

生：税收。

师：很好。税收是财政收入的最主要的来源，请大家看一个图表，除此之外还有这些因素。

师：在现实生活中，你还知道哪些服务是政府提供的吗？

生：修建公路；修建地铁；建设公共设施；提供贫困补助；九年义务教育免学杂费；北京60岁以上老人可免费乘公交、逛公园；财政支出。

师：财政在我们身边起着巨大的作用。

接下来，让我们一起走进我们的家乡丰台，共同感受一下财政的作用。

（二）走进丰台，感受财政惠民

师：课前我对学生进行了调查，只有两成的同学知道丰台财政局在哪儿。实际上丰体北路9号我们经常会路过，但是大家都没有注意到。所以，课前我让学生们去了趟丰台的财政局并查阅了财政局网站，了解并感受财政对我们生活的作用。（公众参与）

接下来，请同学们就自己亲眼见到的丰台变化和网站上了解的财政惠民情况，为我们展示一下。

生1：

2018年，河西第二水厂完成选址，第三水厂也将于2019年底完成主体工程。两个水厂建成后，河西地区的群众将告别长期饮用地下水的历史，实现市政水全覆盖。

生2：在教育方面，丰台区在河西地区先后引进人大附中、民大附中、北大附小等区外知名中小学，让当地孩子在家门口就能上名校。

生3：在医疗领域，丰台区在全国率先探索出"智慧家庭医生优化协同"模式，并成为全市推广的范本；天坛医院迁址丰台填补了丰台区域市属三级甲等综合医院的空白，丰台区百姓就近就能享受高水平的医疗服务。

生4：在社会保障上，为老旧小区加装电梯134部，占全市新增电梯的55%，南苑乡成寿寺村集体土地租赁房成为全市首个实现开工的项目。

生5：2018年，丰台区通过政府购买"喘息服务"的方式，请专业护理人员上门照料失能、失智老人或送养老机构短期托养照护，为长期照料失能、失智老人的照料者提供服务，这是北京市首个由政府"买单"提供"喘息服务"的试点，首批400位老人享受到这一政策。同时，为空巢独居老人开展养老"连心通"服务5.2万人次。

师：2018年，我国宏观经济稳中求进，民生等重点领域支出得到保障。丰台在民生领域（包括养老、医疗、教育、社保、服务等方面）的成绩满满，群众的幸福感爆棚，这些都是财政的巨大作用。

【板书设计】

1. 国家财政是促进社会公平、改善人民生活的物质保障。

师：大家知道连通我们丰台区有多少地铁吗？

生：（相互补充）

开通运营的有地铁4号线、5号线、7号线、9号线、10号线、14号线、大兴线、房山线、亦庄线等9条线路。

师：在建的地铁线路还有8号线三期、14号线中段、16号线、房山线北延等。

师：大家都知道建设地铁的周期非常长，投资非常大，而且建设中还会遇到很多的困难。显然，个人的力量是远远不够的。因此，财政在这期间就发挥着巨大的作用。

板书：

2. 国家财政具有促进资源合理配置的作用。

师：你还可以说出财政的作用在促进资源合理配置方面有什么例子吗？

生1：比如上课老师举的港珠澳大桥的例子。

生2：还有比如开发西部地区，促进东西部均衡发展。

【评课议课】

学科核心素养在教学中的渗透
——评课"国家财政"

那立媛

《普通高中思想政治课程标准（2017年版）》指出："高中思想政治以立德树人为根本任务，以培育社会主义核心价值观为根本目的，是帮助学生确立正确的政治方向、提高思想政治学科核心素养、增强社会理解和参与能力的综合性、活动型学科课程。"在高中政治课的教学中，应该不断探索和尝试与社会实践相结合，引导学生自主思考、合作探究，培育政治认同、科学精神、法制意识和公共参与等核心素养。

一、本课学科核心素养的目标设定

不同教学内容所要求的核心素养不同，需要在课前认真研究教学内容与目标，把握学情，才能在教学中达到培养不同素养的目的。王雅君老师的"国家财政"一课是人教版《经济生活》第三单元第八课第一框的内容。王老师认真分析了教学内容设定教学目标，预设培养学科核心素养。这一框承接了上一课个人收入分配这部分内容，是对国民收入的延展和深入，又引出了下框国家财政收入的主要来源——税收，具有不容忽视的重要地位。所以，将教学目标设定为：学生在理解正确使用财政手段发挥财政的作用的同时，还会关心支持财政工作，增强国家观念，牢固树立中国特色社会主义理想信念，逐步培养了政治认同这一学科素养。针对学生不了解丰台财政的情况，王老师将教学与社会实践活动相结合，鼓励学生前往丰台区财政局，自主查阅丰台区财政局网站，参与活动，了解财政在身边建设中起到的作用，学生感受到了公众参与的活力与重要性，增强了参与能力，逐步培养了公众参与这一学科素养。

二、教学过程中学科核心素养的渗透

本课的教学从"共话民生，畅想财政乐曲"引入。结合港珠澳大桥通车时事引出国家财政。港珠澳大桥全长55公里，是连接香港、珠海、澳门的重要交通枢纽，这项工程可以说是举世瞩目，是世界上最长的跨海大桥。港珠澳大桥的投资高达上千亿，仅仅依靠个人出资能修建这座大桥吗？投资来源于哪里？两个问题将学生的思路引向国家财政。这一导入引出的不仅仅是知识，还有学生对国家财政强大的自豪和自信，这正是政治认同素养在教学中的点滴渗透。

在"走进丰台，感受财政惠民"这一环节中，王老师针对学情设计了调研财政局的活

动。本班只有2个同学知道丰台财政局的位置（丰体北路9号），很多同学经常路过，但没有注意到，这说明学生对生活的关注还不够。所以，课前王老师让学生们先去丰台财政局并上网查阅相关资料，了解并感受财政对我们生活的作用。这个活动的设计是为了让学生参与生活，有参与意识，了解财政与我们生活的关系，为更好地渗透和提升公共参与能力做好铺垫。

学生亲眼见到丰台的变化和网站上了解到财政惠民情况后，感受很深刻，借机又设计了展示活动，让更多的学生能够分享变化的喜悦，更深刻地感受生活的变化，感受政府和国家的强大与发展。

生1：

2018年，河西第二水厂完成选址，第三水厂也将于2019年底完成主体工程。两个水厂建成后，河西地区的群众将告别长期饮用地下水的历史，实现市政水全覆盖。

生2：在教育方面，丰台区在河西地区先后引进人大附中、民大附中、北大附小等区外知名中小学，让当地孩子在家门口就能上名校。

生3：在医疗领域，丰台区在全国率先探索出"智慧家庭医生优化协同"模式，并成为全市推广的范本；天坛医院迁址丰台填补了丰台区域市属三级甲等综合医院的空白，丰台区百姓就近就能享受高水平的医疗服务。

生4：在社会保障上，为老旧小区加装电梯134部，占全市新增电梯的55%，南苑乡成寿寺村集体土地租赁房成为全市首个实现开工的项目。

生5：2018年，丰台区通过政府购买"喘息服务"的方式，请专业护理人员上门照料失能、失智老人或送养老机构短期托养照护，为长期照料失能、失智老人的照料者提供服务，这是北京市首个由政府"买单"提供"喘息服务"的试点，首批400位老人享受到这一政策。同时，为空巢独居老人开展养老"连心通"服务5.2万人次。

师：2018年，我国宏观经济稳中求进，民生等重点领域支出得到保障。丰台在民生领域（包括养老、医疗、教育、社保、服务等方面）的成绩满满，群众的幸福感爆棚，这些都是财政的巨大作用。

在这个展示活动中，不仅能够渗透政治认同的素养，还能够在分享中、参与中感受到公民公共参与的成果和活力，一改与我无关的观念，公共参与的意识由此建立起来。

课堂教学要源于学生生活，所以，王老师在讲授国家财政是促进社会公平、改善人民生活的物质保障这一知识时，结合丰台区的地铁建设和分布情况设计教学内容。开通运营的有地铁4号线、5号线、7号线、9号线、10号线、14号线、大兴线、房山线、亦庄线等9条线路。在建的地铁线路还有8号线三期、14号线中段、16号线、房山线北延等。

建设地铁的周期非常长，投资非常大，而且建设中还会遇到很多的困难。显然，个人的力量是远远不够的。因此，财政在这期间就发挥着巨大的作用。讲解清楚明了，并及时举一反三问道："你还可以说出财政的作用在促进资源合理配置方面有什么例子吗？"

生1：比如上课老师举的港珠澳大桥的例子。

生2：还有比如开发西部地区，促进东西部均衡发展。

结合学生回答，将学生思路引到财政可以协调区域发展。

本课总结能够在回顾本课内容的同时，让学生意识到要在生活中感受、体会，学会参与，学会运用所学的知识服务生活，最终政治认同和公共参与的核心素养得到进一步落实。

三、教学评价及改进建议

本节课的教学环节紧凑、清晰；教师教态自然、娓娓道来；教学活动设计亮点突出，注重了学生活动与教学的结合；能够充分研究教学内容与学情，教学目标与学科核心素养的达成较好。尤其"国家财政是促进社会公平、改善人民生活的物质保障"这一知识的突破设计得特别好，值得同人共同学习。

需要改进的一点建议：教学时间的分配与重难点知识的突破需要再调整。"国家财政具有促进国民经济平稳运行的作用。"对于学生来说，这是一个难点，还需要再做细致剖析。

【案例反思】

"国家财政"教学反思

以往的"国家财政"的教学设计比较宏观，主要从国家角度举例，学生对时事背景不理解时很难切实感受到财政的作用和每个人都息息相关。因此，我对教学素材进行了选择。

首先，我选取了港珠澳大桥为例，因为授课前不久恰逢港珠澳大桥开通。因此，从时事出发让学生将国家大事与所学相结合，培养他们分析问题的能力。

其次，讲解国家财政的作用，需要学生们感同身受才能真正理解，因此对教学资料选取上我选择发生在学生身边的事例，在学生们分享中共同感受财政的惠民。

另外，对于财政支出、财政预算和决算等知识同样结合丰台财政局提供的数据。丰台区本土资料的结合是我教学设计最大的亮点，也是想通过学生身边熟悉的事例与知识建立有机的融合。

但是鉴于本人理解程度有限，在讲解财政政策在促进经济平稳运行的作用方面讲得不够透彻。接下来需要不断地听课学习，增进对知识的理解。

"电能的输送"教学设计系列

毕海星

【教材分析】

本节课是教科版《普通高中课程标准实验教科书物理选修3-2》第二章《交变电流》的最后一节,是学生运用电磁感应和交流电的知识解决实际问题的实例。教学设计要将之前的知识和实际的应用进行结合,使学生将头脑中的前概念"高压线"进阶到高压输电原理。对概念的深入理解和进阶,离不开物理情境的创造。为此,设计了远距离输电的模拟实验,用很长的导线在实验室内进行模拟,通过使用变压器前后的小灯泡亮度变化,体会到高压输电的意义。这样做,能够将现实生活中的物理问题呈现在物理课堂上,有利于学生理解"电压越高,导线中的电流就越小,导线上的电压损失就会越小"的输电原理。

【教学目标】

一、知识与技能

知道"便于远距离输送"是电能的优点。

知道电能输送过程中有功率损失和电压损失,理解降低这两种损失的措施。

了解远距离输电的主要环节,知道远距离输电时应用高电压的道理。

二、过程与方法

通过演示实验,说明输电过程中存在电能损耗(转化成内能)。

通过分析输电线上的功率损失并讨论解决办法,提高学生分析物理问题的能力。

三、情感、态度与价值观

培养学生遇到问题要认真、全面分析的科学态度。

【教学重点】

找出影响远距离输电损失的因素，理解高压输电可减少功率与电压的损失。

【教学难点】

理解高压输电原理，区别导线上的输电电压 U 和损失电压 $U_{损}$。

【教学流程】

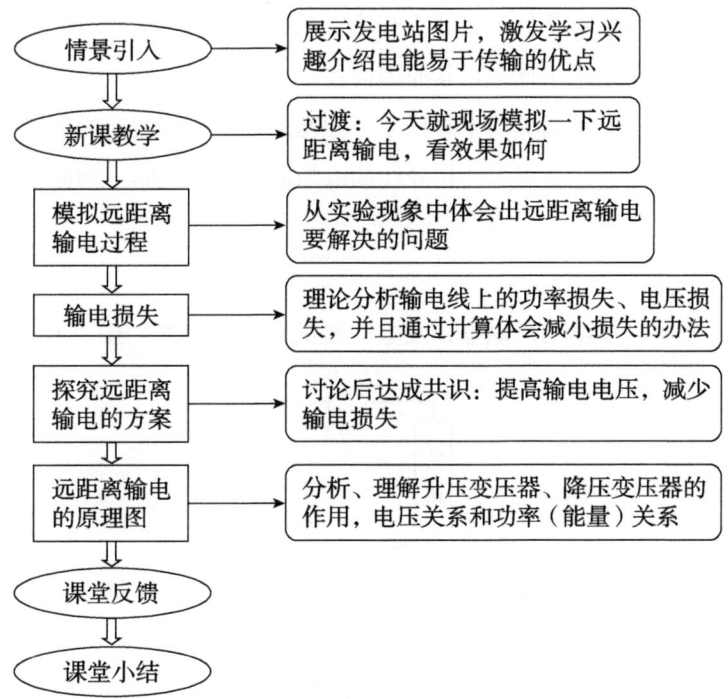

情境引入：

展示发电站图片。

思考问题：有多种发电站，常见的包括水电站、火电站、核电站、太阳能电站等。它们是根据什么来命名的？

发电站一般都建在哪些地方？

水电站将水蕴含的机械能转化为电能,火电站用煤炭中的化学能来发电,……总之,发电站可以把各种形式的能转化为电能,再进行传输,那电能跟其他能源相比,有什么优点吗?为何这些能源要转化为电能呢?直接利用这些能源不也挺好吗?

主要是因为电能使用方便,而且可以通过电网来传输。关于输电过程,你都知道些什么?跟大家分享你的知识。路边随处可见电线杆,每家每户都有电线入户,有时你可以看到高压线,这些都是跟输电过程有关的。

今天我们就来实验模拟一下电能从发电站传输到用户的过程。

环节一:探究并实验模拟远距离输电过程

1. 演示实验并进行探究

演示实验:采用交流电源供电,在讲台上接通小灯泡的电路,小灯泡发光明亮。

从同一电源接出两条长导线,接通小灯泡,观察小灯泡亮度的变化。

师生共同讨论现象说明了什么,其原因何在。

小灯泡明显变暗了,说明其功率降低了。原因就在于输电线上损失了一定的电能。如果线路再长些,损失的电能会更多。长导线的电阻此时不能忽略,因此在输电线上有功率损失和电压损失。

画出示意图如下。

明确目的:发电厂要给用户供电,发电厂提供的功率为 P、出厂时的电压为 U。

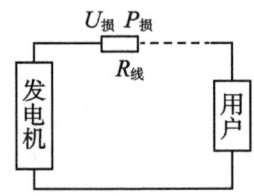

[师] 输电线上功率损失的原因是什么?功率损失的表达式是什么?如何减小输电线上的电压损失?

[生] 由于输电线有电阻,当有电流流过输电线时,有一部分电能转化为电热而损失掉了。这是输电线上功率损失的主要原因。

[师生讨论并总结] 如何减少输电线上的功率损失呢?

设输电电流为 I,输电线的电阻为 R,则功率损失为 $\Delta P = I^2 R$。

根据功率损失的表达式 $\Delta P = I^2 R$ 可知,要减少输电线上的功率损失,有两种方法:其一是减小输电线的电阻;其二是减小输电电流。

讨论:在输送一定功率 P 的情况下,减小输电线的电阻的方法,减小输电电流的方法。

根据讨论提出解决方案：在输电功率一定的条件下，根据 $P = UI$ 可知，要减小输电线中的电流 I，必须提高输电电压 U，这就是采用高压输电的原理。

2. 模拟远距离输电

提高输电电压，可以减小输电线上的电流，以减少输电线上损失的电压和功率。

如何验证上述方案是否可行呢？

师生共同讨论并提出实验验证的方案。

实验：在靠近电源处连接升压变压器，在靠近灯泡处连接降压变压器。连接后观察小灯泡的亮度。

与不使用变压器时对比，小灯泡的亮度明显发生变化，说明了什么？

输送一定的功率 P，如果采用高压输电，则输电电流会减小，在输电线上损失的电压和功率都会减小，输电效率就得以提高。为了实现高压输电，需要在出厂之初就使用升压变压器，而为了使用户获得合适的电压，需要在靠近用户处使用降压变压器。

环节二：远距离输电线路和原理图

实际的电路往往比较复杂，下图展示了输电过程中的几个关键环节。

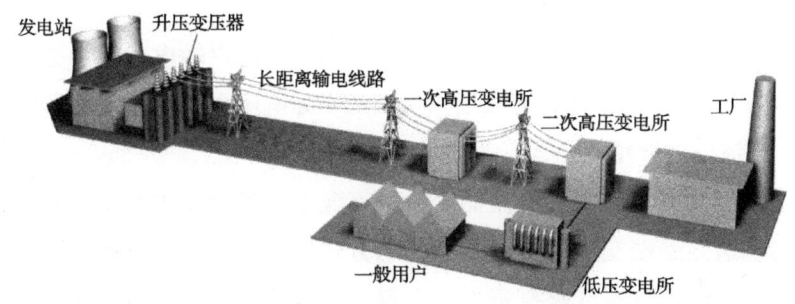

上述输电过程，我们可以用简单点儿的原理图加以说明，（引导学生分析）如图所示，发电站与用户之间距离较远，为了减少输电线上的功率损失，应当采取高压输电的方式，因此在靠近发电站的地方应该用升压变压器升高电压，然后再向外传输。在靠近用户的地方应该用降压变压器降低电压，以便于用户使用。

远距离输电原理图如下图所示。

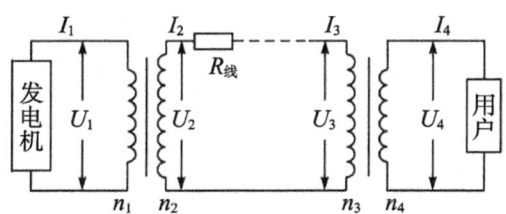

设发电机的输出功率为 P，输出电压为 U_1，输电线的总电阻为 $R_{线}$，升压变压器的匝数比为 $n_1:n_2$，降压变压器的匝数比为 $n_3:n_4$，则上图中各物理量之间的关系为：

$U_1:U_2=n_1:n_2 \qquad I_2:I_1=n_1:n_2 \qquad U_3:U_4=n_3:n_4 \qquad I_4:I_3=n_3:n_4$

$U_2=U_{损}+U_3 \qquad P=P_{损}+P_{用}$

$P_{损}=I_2^2 \cdot R_{线} \qquad U_{损}=I_2 R_{线}$

环节三：例题分析

例1. 在远距离输电中，当输电线电阻和输送的电功率不变时，下列说法正确的是（　　）

A. 输电线上损失的电压与输送的电流成正比

B. 输电电压越高，输电线上损失的电压越大

C. 输电线上损失的功率与输电电压的平方成反比

D. 输电线上损失的功率与输电线的电流平方成正比

例2. 单相交流发电机的路端电压为 220 V，输出的电功率为 4 400 W，发电机到用户单根输电线的电阻为 2 Ω，求

（1）用户得到的电压和电功率各是多少？

（2）如果用变压比为 1∶10 的升压变压器升压后向用户输电，用户处再用变压比为 10∶1 的降压变压器降压后使用，那么用户得到的实际电压和电功率又是多少？

环节四：直流输电介绍

将发电厂发出的交流电，经整流器变换成直流电输送至受电端，再用逆变器将直流电变换成交流电送到受端交流电网的一种输电方式。主要应用于远距离大功率输电和非同步交流系统的联网，具有线路投资少、不存在系统稳定问题、调节快速、运行可靠等优点。

小资料：3月29日13点36分，随着施工人员顺利将最后两根子导线牵引到位，哈密南至郑州正负800千伏特高压直流输电工程中重要的一个环节——输电线路成功跨越黄河，这也是国内首次特高压直流工程跨越黄河施工。作为该工程全线施工难度最大的部分，黄河大跨越标段长3.9千米，共有铁塔5基，其中跨越塔全高147.1米，相当于50层楼高，是河南最高的电力铁塔，单基重约362吨。

环节五：课堂小结

通过本节课，主要学习了以下问题：

1. 远距离输电线路上，$P_{损}=I^2 R_{线}=\dfrac{U^2}{R_{线}}$，其中 $I=\dfrac{P_{总}}{U_{输}}$。

2. 远距离输电中，采用高压输电 $P_{损}$ 和 $U_{损}$ 都能减少。

3. 交流输电和直流输电有其各自的优点和不足。

4. 电站输出功率由用户消耗功率决定。

环节六：布置作业

完成学案上的习题。

板书设计

电能的输送

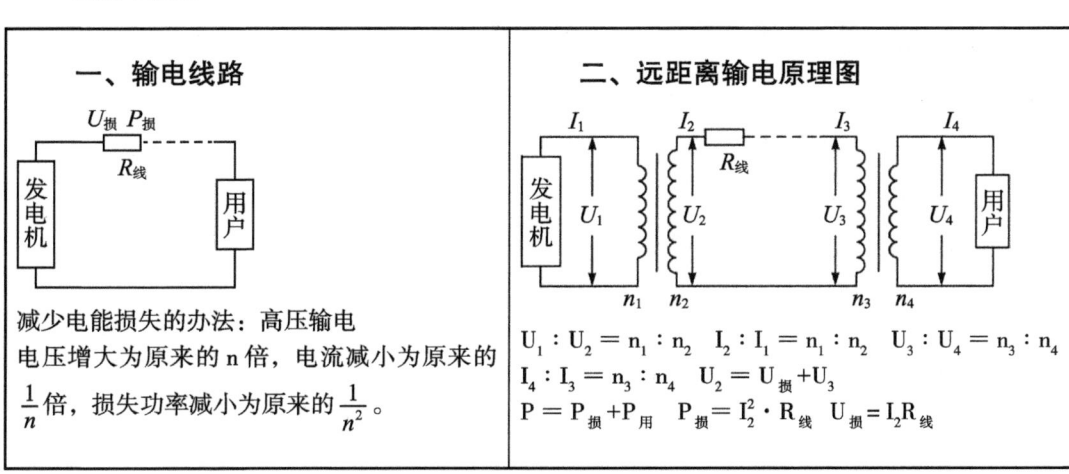

【案例反思】

"电能的输送"教学反思与评价

毕海星

一、教学反思

在进行教学设计时，我预计可以达到以下效果：1. 使学生产生学习的需求，在问题引领下开展学习。2. 能够充分培养学生的分析能力，发展学生学习物理的兴趣。3. 变规律的传授过程为规律的探究过程，培养学生的思维能力。

二、教学评价

本节课的设计体现了如下几个特点：

1. 以创设问题情境为切入点，如通过创设发电站的情境吸引学生的注意力，创设师生共有的问题情境，自然而然地引出要研究的课题，有利于激发学生的学习兴趣，使学生产生学习的需求，同时为学生的学习创设条件。

2. 坚持以观察实验为基础，通过设计远距离输电的模拟实验，尤其是长导线和模拟电线杆的设计，为学生创设了一个生动的、直观的物理情境。通过实验以物说理，建立物理概念、物理模型，探索物理规律，可以激发学生兴趣，发现问题，及时寻求如何解决问题，可以发挥学生的主动性和创造性。

3. 对输电问题的研究，采用由浅入深、理论和实际相结合的过程，由师生共同经历探究活动，再从中获取经验和能力，重视了知识在学生头脑中的生成，避免了灌输式教学，符合学生的认知规律。从课后反馈信息来看，学生普遍理解了电能输送的意义，对远距离输电的原理理解得较为深入。

"多用电表的原理与使用"教学设计系列

毕海星

【教案】

一、教学目标

（一）知识与技能

1. 掌握电阻挡（欧姆表）的原理，即利用闭合电路欧姆定律方法测量电阻的阻值，了解欧姆表的内部结构和刻度特点。

2. 了解多用电表的基本结构，通过实际操作学会使用多用电表测量电阻的方法。

（二）过程与方法

1. 通过对欧姆表原理的分析，提高学生综合应用知识解决问题的能力。

2. 通过应用多用电表测量电阻，培养学生的动手实践能力。

（三）情感、态度与价值观

通过学生对欧姆表原理的自主探究活动，激发学生学习物理的兴趣。

二、教学重难点

本节主要学习多用电表中的电阻挡（欧姆挡）的原理和使用，其中原理是**难点**，**重点**是多用电表的使用。

三、教法学法

启发法、探究法、实验法

四、教学用具

指针式多用电表、定值电阻、多媒体

五、教学过程

（一）复习引入

电流计可以改装成安培表，改装的原理和方法是什么？

利用并联电阻的分流作用，给表头 G 并联一个适当的分流电阻 R，将表头 G 改装成一个量程较大的电流表 A。

电流计可以改装成伏特表，改装的原理和方法是什么？

利用串联电阻的分压作用，给表头 G 串联一个适当的分压电阻 R，将表头 G 改装成一个量程较大的电压表 V。

怎么测量导体的电阻？能不能将表头 G 直接改装成一个测量电阻的表呢？

（二）讲授新课

（投影）例题：在如图 1 所示的电路中，电源的电动势 $E=1.5$ V，内阻 $r=0.5\Omega$，电流表满偏电流 $I_g=10$ mA，电流表电阻 $R_g=7.5\Omega$，A、B 为接线柱。

1. 用一条导线把 A、B 直接连起来，此时，应把可变电阻 R_1 调节为多少才能使电流表恰好达到满偏电流？

此时 A、B 间所接电阻值为多少？（0）

2. 调至满偏后保持 R_1 的值不变，在 A、B 间接入一个 150Ω 的定值电阻 R_2，电流表指针指着多少刻度的位置？

此时所接的电阻可以使指针偏转为满偏的一半（半偏），因此该阻值可称为中值电阻（此时所接电阻与多用电表的总内阻相等）。

3. 保持 R_1 的值不变，在 A、B 间接入 450Ω 的定值电阻 R_3，电流表指针指着多少刻度的位置？

思考：在 A、B 间所接的电阻和表头的指针示数之间有什么关系？（所接电阻 R 改变，指针的偏转角度不同即示数也改变，某一电阻值对应一电流值）能否推导出它们之间的关系式？

4. 如果把任意电阻 R 接在 A、B 之间，电流表读数 I 与 R 值有什么关系？

学生推导关系式：$I = \dfrac{E}{R+r+R_1+R_g} = \dfrac{1.5V}{R+150\Omega}$，这说明接入的电阻 R 和电流表示数 I 之间存在一一对应的关系。

换言之，我们也可以根据电流表示数来判断所接入的电阻大小，即 $R=\dfrac{1.5\text{V}}{I}-150\Omega$。

由上述结果可以看出，被测电阻 R 与电流表读数 I 存在着这样一个非线性的函数关系。

教师引导：经过讨论，我们是不是想到了也可以用等效的方法将电流表刻度按照 $R=\dfrac{1.5\text{V}}{I}-150\Omega$ 这个规律改成电阻的刻度呢，如图2就是一个简单的欧姆表（虚线框内部分）。

思考这一关系式的含义，当 I 为零时，R 应该是多少？那么欧姆表的刻度与之前改装的安培表、伏特表有什么不同？

观察手里的多用电表欧姆挡，指出其刻度与安培表、伏特表的区别。

欧姆表的零刻度在最右边（电流值最大），欧姆表的最大刻度在最左边（电流为零）且应标"∞"。

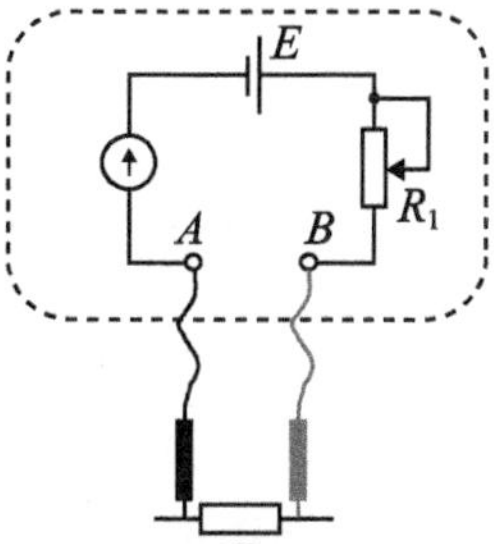

（投影）教师说明如何将电流刻度改成电阻刻度。

欧姆表：

（学生总结）

1. 电阻值刻度：欧姆表的刻度是不均匀的，零刻度在刻度盘最右边，越往左边刻度的密度越大。

中值电阻：指针刚好指到刻度盘的中央，此时所对应的被测电阻值称为中值电阻，$R_中=R_内$。

欧姆表内阻 $R_内$ 都包括哪些电阻？（用给定的 R、R_g、r 表示）

教师引导：刚才用一道例题说明了，通过表头的电流和被测电阻之间存在非线性的函数关系。那我们在推导这一关系时用到了什么规律？（副板书，闭合电路欧姆定律）

图2

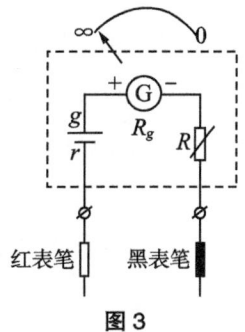

图3

师生共同推导：给定各个物理量的字母，利用闭合电路欧姆定律推导被测电阻阻值的一般表达式。

2. 欧姆表原理：全电路欧姆定律 $I=\dfrac{E}{R+R_g+r+R_x}$

满偏电流 $I_g=\dfrac{E}{R+R_g+r}$

被测电阻阻值表达式：$R_x=\dfrac{E}{I}-(R+R_g+r)$

$(R+R_g+r)$ 可统称为欧姆表内阻 $R_内$，由上面的例题可知，当 $R_x=(R+R_g+r)$ 时，$I=\dfrac{I_g}{2}$，即电流表的指针刚好指到刻度盘的中央，此时所对应的被测电阻值称为中值电阻，$R_{中}=R_{内}$。

电流方向：从红表笔流入，黑表笔流出。

多用电表的使用：

（投影）图4所示为一个多量程多用电表的电路示意图，电流、电压、电阻各有两个量程。

学生活动：开关S调到哪个位置上多用表测量的是电流？

调到哪个位置上测量的是电压？

调到哪个位置上测量的是电阻？

教师介绍多用电表（投影），学生观察。

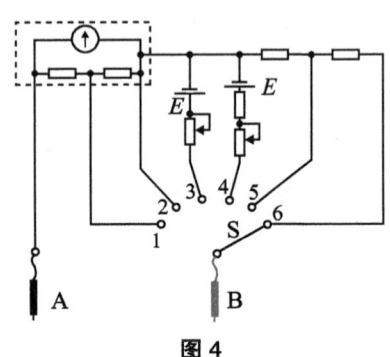

图4

1. 多用电表的性能

多用电表，通常叫万用表，它是实际生活中在电器安装、使用、维修过程中必备的常用的仪表，万用表具有用途多、量程广、使用方便等优点，它可以用来测量<u>交流</u>与<u>直流电压</u>、<u>电流</u>和<u>电阻</u>等，而且每一种测量又具有多个量程。

2. 多用电表的原理

多用电表由一只灵敏的<u>电流计</u>，与若干元件组成测量电路，每进行一种测量时只使用其中的一部分电路，其他部分不起作用。

（1）直流电流表

直流电流挡的几个挡位实际是由同一个表头改装而成的几个<u>量程</u>不同的电流表。

（2）直流电压挡

直流电压挡的几个挡位实际是由同一表头改装而成的几个<u>量程</u>不同的电压表。

在多用表中仅是几个分流电阻、分压电阻，在电路设计中有合理的综合利用。

（3）电阻挡（欧姆表）

3. 多用电表的使用

（演示说明结合学生操作实物）介绍多用电表的使用方法及注意事项。

学生注意选择开关和表盘。

多用表的型号很多，但使用方法基本相同，请同学们注意如下几个问题。

（1）表盘面上"+""-"插孔，表示直流电流挡、直流电压挡的正、负接线柱。因此，不管测什么项目，首先将_____插入"+"插孔，将_____插入"-"插孔，如将红表笔作为多用电表的公共端，那么直流电流挡、直流电压挡时，电流从红表笔流入，从黑表笔流出；用电阻挡时由原理图可知，红表笔连接的是表内电源的_____，黑表笔连接的是表内电源的_____，因此，电流是从_____流入，从_____流出。

（2）测量前，应把选择开头旋到相应项目的适当量程上，读数时要注意挡位与刻度盘对应。直流电流挡、直流电压挡跟电流表和电压表的使用方法一样，要注意所选的量程应大于电器两端电压的估计值或通过用电器电流的估计值。

（3）欧姆挡的使用需要注意如下几点：①选挡接着_____；②换挡重新_____；③示数要乘倍率；④用毕将选择开头拨离欧姆挡，一般旋至交流电压最高挡上或"OFF"挡上；⑤被测电阻要跟电源、其他元件_____。

练习使用多用电表：

学生自己动手完成。测量某定值电阻（或小灯泡）的电阻值。

1. 课堂小结

学生总结本节课的收获。简单总结欧姆表的原理和使用方法。

2. 例题

（1）用多用电表欧姆挡测电阻，有许多注意事项，下列说法中哪些是错误的（　　）

A. 测量前必须调定位螺丝，待指针指零，而且每测一次电阻都要重新调零

B. 每次换挡后必须重新进行电阻调零

C. 待测电阻如果是连接在某电路中，应把它先与其他元件断开，再进行测量

D. 两个表笔要与待测电阻接触良好才能测得较准确，为此，应当用两只手分别将两个表笔与电阻两端紧紧捏在一起

E. 使用完毕应当拔出表笔，并把选择开关旋到OFF挡或交流电压最高挡

（2）调整欧姆零点后，用"×10"挡测量一个电阻的阻值，发现表针偏转角度极小，那么正确的判断和做法是（　　）

A. 这个示数值很小

B. 这个示数值很大

C. 为了把电阻值测得更准确些，应换用"×1"挡，重新调整欧姆零点后测量。

D. 为了把电阻值测得更准确些，应换用"×100"挡，重新调整欧姆零点后测量。

（3）某人用多用电表按正确步骤测量一电阻的阻值，当选择欧姆挡"×1"挡测量时，指针指示位置如下图所示，则其电阻值是_____。如果要用这只多用电表测量一个约200欧的电阻，为了使测量比较精确，选择开关应选的欧姆挡是_____。改变挡位调整倍率后，要特别注意_____。

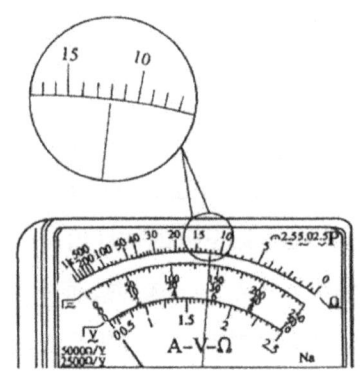

【案例反思】

"多用电表的原理与使用"教学反思与评价

毕海星

一、教学反思

这节课的重点包括多用电表的原理和使用两部分,其中原理实际上主要是欧姆表的原理。原本我的设计里包括了多用电表内部结构示意图,想让学生认识到电压挡、电流挡、电阻挡等的联系,这才能称得上多用表的原理。但实际教学时,发现很难"一口吃成胖子",电路结构对学生而言是个难以逾越的难点,而我这节课的重点内容之一"多用表的使用"时间就不够用了。经过试讲之后,在曾老师的提议下,我明白了"一节课重点太多就相当于没有了重点"。于是,我结合学生特点,把内容设置成了纯粹的两部分:欧姆表的原理、多用表欧姆挡的使用。

有效的课堂应该是学生产生了真实需求的课堂,要想让学生努力学习,最有效的办法是让他们产生学习需求。基于这样的想法,我带领学生复习了电压表和电流表的改装,这样电压和电流就都可以测量了。接下来,学生很自然地就会产生疑问:"能不能改装出一块直接测量电阻的表呢?"应该怎么设计这样一块欧姆表呢?直接让学生设计是不现实的,所以我以一道题目作为引子,让学生在计算过程中认识到所接电阻和电流计示数之间的关系。最终找到了这样一种对应关系,接下来就是改换刻度。学生已然了解了如何操作,但很多学生思想里仍没有彻底明白,改刻度的时候暴露出不少问题。我分析认为,这是平时不太注重让学生自己探究造成的结果。如果在学习电流表和电压表改装的时候,就让学生动手完成关键的几个环节,那么学生在设计欧姆表的时候就会驾轻就熟。

不过,我上课的节奏有点慢,时间安排不到位,出现了拖堂现象。这提醒我在今后教学中应该精心设计好每一个环节，做好预案，并锤炼好自己的教学语言。

二、教学评价

在授课过程中，我基本尊重了学生的思维特点和认知规律，也特别注意激发学生的学习热情。多次展示了学生的解答过程，并在此基础上展开进一步的追问，有效地调动了学生的思维，整个过程学生的参与度较高，而且也能总结出隐藏在题目里的电流值和部分电阻之间的非线性关系。在教学重点明确的情况下，我心情放松，上课时的思路也清晰了不少。学生改变刻度的过程，实际上是在梳理欧姆表的设计原理，因此在改变刻度之后，再总结欧姆表的刻度特点，显得顺理成章。

之后讲解多用电表的使用，我先介绍了电表的外部结构，让学生对其有个初步认识，同时介绍了主要部件的作用和调节方法。在使用时总结了测量电阻时的步骤和注意事项。

物理规律（包括定律、定理、原理和定则等）是物理现象、过程在一定条件下发生、发展和变化的必然趋势及其本身联系的反映，欧姆表的原理也是如此。但欧姆表的原理不容易想明白，这时候教师就要想办法降低难度，给学生搭建合适的台阶。关键点放在：电流计示数和待测电阻之间有什么样的关系？抓住这个关键点，讲解时思路才能清晰，学生才能真正懂得多用电表欧姆挡的原理。

"测量电源电动势和内阻"教学设计系列

何京华

【教案】

班　　级	高一246班	组　　名	高一物理组	姓名	何京华
课　　题	测量电源电动势和内阻					
教材分析	《普通高中物理课程标准（实验）》中"对学生科学探究及物理实验能力的基本要求"，有以下要求： 1. 提出问题——能发现与物理学有关的问题，从物理学的角度较明确地表述这些问题，认识发现问题和提出问题的意义。 2. 猜想与假设——对解决问题的方式和问题的答案提出假设，对物理实验结果进行预测，认识猜想与假设的重要性。 3. 制定计划与设计实验——知道实验目的和已有条件，制定实验方案，尝试选择实验方法及所需要的装置与器材，考虑实验的变量及其控制方法，认识制定计划的作用。 4. 进行实验与收集证据——用多种方式收集数据，按说明书进行实验操作，会使用基本的实验仪器，如实记录实验数据，知道重复收集实验数据的意义，具有安全操作的意识，认识科学收集实验数据的重要性。 5. 分析与论证——对实验数据进行分析处理，尝试根据实验现象和数据得出结论，对实验结果进行解释和描述，认识在实验中进行分析论证是很重要的。 6. 评估——尝试分析假设与实验结果间的差异，注意探究活动中未解决的矛盾，发现新的问题，吸取经验教训，改进探究方案，认识评估的意义。 7. 交流与合作——能写出实验探究报告，在合作中注意既坚持原则又尊重他人，有合作精神，认识交流与合作的重要性。					
学情分析	本课实施对象为普通高中高一年级学生。 学生已经经历了高中第一学期的学习习惯培养，所以应该具有一定的高中物理实验经验和方法。所以在这节实验课的教学中要充分体现学生的主体作用，带领学生对高中物理电学实验按照规范的操作流程进行实验。					

续表

学习目标	1. 明确实验目的：测电源的电动势和内阻。 2. 明确减小误差的方法。 3. 会进行系统误差分析。
学习重点	通过两种方法的反馈，养成自主探究的学习习惯。
学习难点	进行系统误差分析是本节课的难点。

（以下为教学设计过程，包括引入环节、师生活动设计、随堂检测、作业布置、课程设计说明、教师课后反思等环节，教师可以根据本学科的特点进行设计）

教学步骤	教学过程	设计思路
新课引入	一、新课引入： 【提问1】把铜片和铝片插入苹果，是否就成一个苹果电池？怎样判断是否是一个电池？ 【回答1】用伏特表测量 【实验】实验测试 【结论】这就是一个苹果电池，我们粗测出了它的电动势。 【提问2】要想测出其电动势和内电阻，你需要什么仪器，采用什么样的电路图，原理是什么？	以兴趣激励学生
完善实验过程	二、实验目的：测量一个干电池的电动势和内阻 三、实验原理： 方案一：只用一块伏特表。优点：简单。缺点：测量实际上为路端电压，不准确，不能测出内电阻。 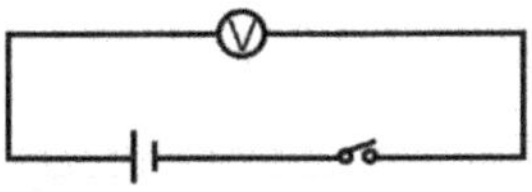 方案二：一块伏特表、一块电流表。如图 方案三：一块伏特表、一块电流表。如图	明确实验目的和实验原理
知识回顾	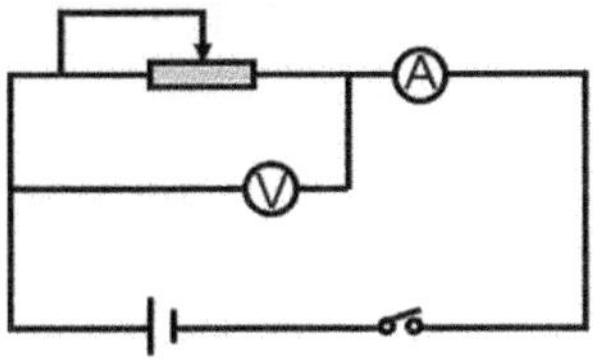 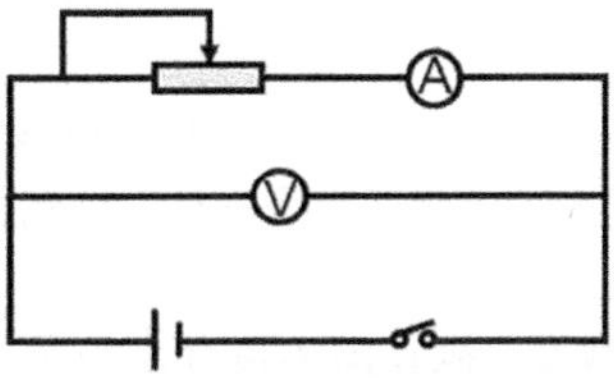 方案二和方案三的原理相同，都是依据闭合电路欧姆定律：$E = U + Ir$ 其中 E 为电源电动势，U 为路端电压，I 为干路电流，r 为电源内阻。 请各位同学以学习小组为单位，讨论方案二和方案三哪一个更可行？	学生通过对比思考、小组讨论的方式，达到知识生成

续表

教学步骤	教学过程	设计思路
	【汇报】方案二中安培表的示数是干路电流，但是伏特表的示数比路端电压小，所以会有系统误差。方案三中伏特表的示数是路端电压，但是安培表的示数比干路电流小，所以也会有系统误差。我们的目的是测电源的电动势和内阻，依据是 $E = U + Ir$，减小误差就是使得 U 与 Ir 之和更接近真实值。根据我们仪器的特点，一般都有 $R_V \gg r$ 而 r 一般都不会远大于 R_V，即安培表在方案二中的分压效果比伏特表方案三中的分流效果明显，对实验的影响更大些，所以方案三中的 U 与 Ir 之和更接近于 E，所以我们通常都选方案三。 四、实验仪器：伏特表、安培表、滑动变阻器、待测干电池两节、电键、导线若干 五、实验步骤： 1.将实验仪器按照图连接好，检查电路连接无误后进行下面操作。	实验仪器和实验步骤
进行实验记录数据	2.闭合电键，调节滑动变阻器，读出并记录安培表和伏特表的示数。 3.重新调节滑动变阻器，读出并记录安培表和伏特表的读数。 4.重复步骤3，多测几组数据，至少得到6组数据。 5.断开电源，整理实验仪器。 六、数据记录： 		1	2	3	4	5	6
---	---	---	---	---	---	---
A 读数						
V 读数								通过两种方法的反馈，养成自主探究的学习习惯
处理数据	七、数据处理： 1.方法一：代数法 利用上面的6组数据，根据 $E = U + Ir$ 列出3个二元一次方程组，分别求解，得到三组 E 和 r 值，然后求出平均值。 分析：这种方法比一组数据误差要小，但是数学解方程麻烦。 2.方法二：图像法 根据 $E = U + Ir$ 得出 $U = E - Ir$，以 I 为横轴，U 为纵轴，画出坐标系，将得到的6组数据描点、连线，并将图线两侧用虚线延长，分别交轴于两点。 注意： （1）实验中至少得到6组数据，画在图上拟合出一条直线。要求：使多数点落在直线上，并且分布在直线两侧的数据点的个数要大致相等，这样可使偶然误差得到部分抵消，从而提高精确度。（如果有一个点离直线偏远，说明这个点是坏点，要大胆地舍去）	

教学步骤	教学过程	设计思路
教师总结	（2）读出纵轴的截距，此数值为电源的电动势，横轴的截距为短路电流，直线的斜率为电源的内电阻。 （3）由于 r 一般很小，得到图线斜率的绝对值就较小。为了使测量结果准确，可以将纵轴的坐标不从零开始，计算 r 时选取直线上相距较远的两点求得。此时，直线与横轴的交点的数值就不是短路电流了，而直线与纵轴的交点仍为电动势，此时的斜率仍为内电阻，但是注意斜率的求法 $r=\dfrac{\Delta U}{\Delta I}$。 （4）与坐标轴的两个交点均是无法用实验实际测到的，是利用线得到的图线向两侧合理外推得到的，所以画成虚线。 八、误差分析： 【教师分析】 用简便的思路（等效电源）来进行误差分析 _____ _____	教师以提示方式为主，引导学生将自主关系明确化，并系统化
课后思考	其中等效电源电动势 $E_{等}$ 和内阻为 $r_{等}$： 外电路断开时，$E_{测}$ 即为电压表两端的电压，电压表内阻 R_V 与 r 串联，由电流相等 $\dfrac{E_{测}}{R_V}=\dfrac{E_{真}}{R_V+r}$ 电源内阻的测量值 $r_{测}$ 等效于电压表内阻 R_V 与电源内阻 r 并联的总电阻 $E_{等}=\dfrac{R_V}{R_V+r}E_{真}\qquad r_{等}=\dfrac{R_V r}{R_V+r}$ 结论：$\quad E_{测}=E_{等}<E_{真}$ $\qquad\qquad r_{测}=r_{等}<r_{真}$ 九、扩展思考： 若没有电流表怎么办？另有定值电阻、电阻箱可供选择。	拓展思路，为电路创新设计打基础

教师课后反思：

1. 总体情况总结：注重了整个实验的完整性，所有的环节都能涉及到。

2. 不足和可能出现的情况：面面俱到往往是缺少侧重点，应该在实际教学中认真分析学生出现的问题，抓住关键点——突破。

【说课稿】

测量电源电动势和内阻说课稿

何京华

一、教材分析

这节课主要是设计实验和实验的误差分析，应该站在学生第一次接触到这个实验的角度，认认真真地分析这个实验。让学生切实地学会处理高中物理电学实验的较为准确的流程。

二、学情分析

学生已经经历了高中一个学期的学习习惯培养，所以应该具有一定的高中物理实验经验和方法。所以在这节实验课的教学中要充分体现学生的主体作用，带领学生对高中物理电学实验按照规范的操作流程进行实验。

三、教学目标

1. 明确实验目的：测电源的电动势和内阻。
2. 明确减小误差的方法。
3. 会进行系统误差分析。

四、实验操作流程

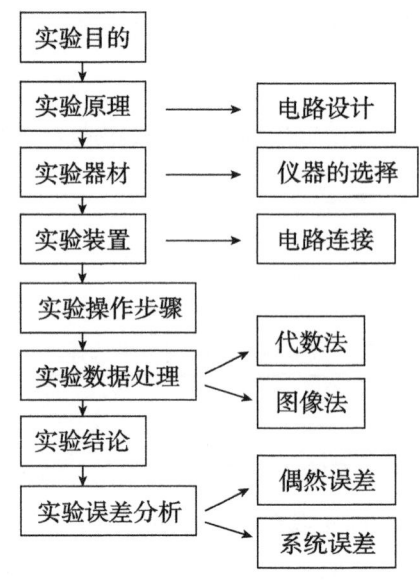

五、教学过程

1. 引课

从水果电池用伏特表粗测电动势的小实验入手，引入本节课测电源的电动势和内阻。紧接着是三个实验方案，让学生进行讨论，在其中选择最佳方案。

2. 讨论方案

方案一：只用一块伏特表。优点：简单。缺点：测量实际上为路端电压，不准确，不能测出内电阻。

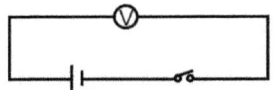

方案二：一块伏特表、一块电流表。如图

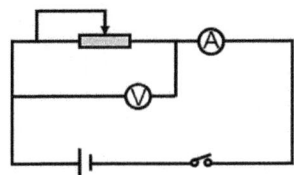

方案三：一块伏特表、一块电流表。如图

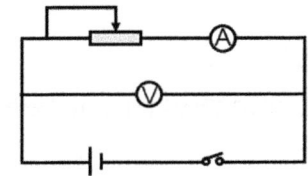

方案二和方案三的原理相同，都是依据闭合电路欧姆定律：$E = U + Ir$

其中 E 为电源电动势，U 为路端电压，I 为干路电流，r 为电源内阻。

请各位同学以学习小组为单位，讨论方案二和方案三哪一个更可行？

3. 汇报

方案二中安培表的示数是干路电流，但是伏特表的示数比路端电压小，所以会有系统误差。方案三中伏特表的示数是路端电压，但是安培表的示数比干路电流小，所以也会有系统误差。我们的目的是测电源的电动势和内阻，依据是 $E = U + Ir$，减小误差就是使得 U 与 Ir 之和更接近真实值。根据我们仪器的特点，一般都有 $R_V \gg r$ 而 r 一般都不会远大于 R_V，即安培表在方案二中的分压效果比伏特表方案三中的分流效果明显，对实验的影响更大些，所以方案三中的 U 与 Ir 之和更接近于 E，所以我们通常都选方案三。

4. 实验步骤

5. 记录数据

6. 数据处理

两个方法让学生进行分析比较，得出最佳方法。

方法一：代数法

利用上面的 6 组数据，根据 $E = U + Ir$ 列出 3 个二元一次方程组，分别求解，得到三组 E 和 r 值，然后求出平均值。

分析：这种方法比一组数据误差要小，但是数学解方程麻烦。

方法二：图像法

根据 $E = U + Ir$ 得出 $U = E - Ir$，以 I 为横轴，U 为纵轴，画出坐标系，将得到的 6 组数据描点、连线，并将图线两侧用虚线延长，分别交轴于两点。

对于作图法提出 4 条注意事项。

【误差分析】教师以提示方式为主，引导学生将自主关系明确化，并系统化。

用简便的思路（等效电源）来进行误差分析_____

其中等效电源电动势 $E_{等}$ 和内阻为 $r_{等}$：

外电路断开时，$E_{测}$ 即为电压表两端的电压，电压表内阻 R_V 与 r 串联，由电流相等

$$\frac{E_{测}}{R_V} = \frac{E_{真}}{R_V + r}$$

电源内阻的测量值 $r_{测}$ 等效于电压表内阻 R_V 与电源内阻 r 并联的总电阻

$$E_{等} = \frac{R_V}{R_V + r} E_{真} \qquad r_{等} = \frac{R_V r}{R_V + r}$$

结论：$\quad E_{测} = E_{等} < E_{真} \quad r_{测} = r_{等} < r_{真}$

【扩展思考】拓展思路，为电路创新设计打基础。若没有电流表怎么办？另有定值电阻、电阻箱可供选择。

"4.2 探究液体压强"教学设计系列

由军平

【教案】

一、指导思想与理论依据

（一）建构主义学习理论对教学设计的要求

建构主义学习理论认为，教学应以学生为中心，要求学生由外部刺激的被动接受者和知识的灌输对象转变为信息加工的主体、知识意义的主动建构者，强调学生对知识的主动探索、主动发现和对所学知识意义的主动建构。只有在真实的情境中才能使学习更为有效。因此，此设计让学生从生活经验入手，感知液体压强的存在；通过观察实验现象、思考猜想和分析，逐步确定液体压强的影响因素有哪些；通过小组讨论学习微小压强计的使用，并设计方案验证液体压强的影响因素。像科学家一样经历知识建立的全过程。

（二）教学设计应遵循学生认识发展的规律——用问题情境引发学生思考

学生的学习活动是一种思维活动。心理学研究表明，思维总是在一定的问题情境中产生的，思维过程就是不断发现问题和解决问题的过程。"问题"被视为探究式教学的核心。本节课的探究就是以创设问题情境为切入点的，通过观察帕斯卡模拟实验中液体压强的外在表现，提出问题，使学生产生浓厚的探索兴趣，引发思考，进而引导学生进行主动的探究。

（三）落实课程标准，提高学生科学素养

《全日制义务教育物理课程标准（实验）》（以下简称《课标》）指出，物理课程就是要通过科学的想象和科学的探究，使学生亲历探究过程，学习科学的探究方法，发展初步的科学探究能力，形成尊重事实、探索真理的科学态度。本节课从分析液体压强产生的原因开始，到猜想液体压强的影响因素，就是通过发展学生的想象力和分析概括能力，使学生养成良好的思维习惯；通过用微小压强计测量液体压强，动手实验、记录数据并展示实验

结果、分析概括结论，提高学生的实验能力，培养学生实事求是的科学态度。

二、教学背景分析

（一）教学内容

压强与浮力一章教学内容，属于课标对科学内容分类的物质间相互作用部分，是学生学习了力的概念、二力平衡以及质量和密度概念基础上，综合运用知识难度较大的一章。本章要学习固、液、气压强知识，以压强概念为主线，贯穿整章教材。本节课是学习了固体压强后研究静止液体压强规律的一节，是后面学习浮力的基础，也是本章的重点内容。此外，本节课是一节探究课，强调学生的探究活动，实际上是把科学探究的学习和科学内容的学习放到了同等重要的位置。

（二）学生情况

学生学习本节课前，已有固体压力压强的知识基础，也学习过一些探究的方法，但本节课目标要求较高，知识内容较为抽象，难度较大，需要学生有一定的思维能力和分析表达能力。因此设计增加了感性的实例，以激发学生的兴趣，并通过实验观察、探究问题、运用知识分析解决问题等使学生始终处于动手、动脑的参与过程。

（三）教学方式

讲授启发、小组合作探究

（四）教学手段

观看视频课件、演示实验，小组实验讨论分析、师生交流

（五）技术准备

计算机、实物投影、PPT课件、演示实验器材、分组实验的器材、学案

三、教学目标

（一）知识与技能

认识液体内部有压强；理解液体内部压强的规律；学会使用微小压强计；理解液体压强的计算式。

（二）过程与方法

通过对液体内部压强的实验探究，使学生知道物理实验是研究物理问题的方法之一，培养学生的观察、概括能力；发展探究意识、锻炼逻辑思维能力；通过将抽象问题具体化的方法，推导出液体内部压强公式；渗透物理学方法（模型法），培养学生抽象思维能力。

（三）情感、态度与价值观

通过观察实验，激发学生学习兴趣；根据已有知识大胆合理猜想，发掘新知；动手实

验探究,增强动手能力,养成科学的物理学习方法。

四、教学过程

教学过程	教师活动	学生活动	教学意图
引入新课	手压胸部时,感觉憋闷,因为手给胸部压力和压强了。泡温泉或游泳时,当水齐胸后有什么感觉?为什么? 那能否观察到水产生压强的现象呢? 观察实验:模拟帕斯卡实验 (1)观察到什么现象?是谁给气球的压强? (2)当手提高漏斗时,观察到气球怎样了?如果将漏斗提高到更高会怎样? 这就是著名的帕斯卡裂桶实验。 图片展示:帕斯卡裂桶实验。 提出问题:为什么液体内部会有压强呢?	憋闷,因为水给人了压力和压强。 观察实验现象,产生疑问 气球鼓起来了,说明水给球压强了。 观察到:气球变大了。 猜想会爆裂。	学生从已有经验开启对液体压强的思考。 观察液体压强产生的效果。
一、液体压强产生的原因	首先观察矿泉水瓶中未装水时,橡皮膜是什么样的? 逐渐向容器内增加水量,看到什么现象?说明液体对哪儿有压强?为什么? 演示水对侧壁有压强的实验,逐渐增加水,观察到什么现象?说明什么?因为什么? 把水换成其他液体呢?现象相似。说明什么? 板书: **一、液体压强产生的原因**	橡皮膜是平的。 观察得结论:水越多,橡皮膜鼓出的越多。说明液体对容器底部有压强;因为液体受到重力的作用。 观察得结论:水越多,橡皮膜鼓出越多,说明液体对容器侧壁有压强,因为液体具有流动性。 其他液体内部也有压强,因为它们也受重力和具有流动性。	再次感受液体压强的巨大效果。 观察实验,很容易得出液体压强产生的原因,小有收获,有成就感。
二、液体压强的影响因素 (1)猜想 控制变量法的使用	提出问题:通过上面的实验,猜想液体内部压强的方向如何?压强大小可能与什么因素有关呢?说出你的理由。 老师带学生分析重力越大、质量越大、体积越大、深度越深,底面积不同,深度不同。所以重力、质量、体积、底面积都归到深度这一因素上,我们描述液体中某一点的深度而不是高度,所以,归纳后影响因素有深度、密度、方向。	大胆猜想:质量、重力、体积、密度、高度、深度、底面积、方向等等。并对猜想因素做合理的分析筛选。	扩展思想:所有液体内部都有压强,为后面猜想液体压强的影响因素做铺垫。

续表

教学过程	教师活动	学生活动	教学意图
（2）微小压强计的使用 （3）探究实验一 （4）探究实验二 （5）探究实验三	如何探究液体内部的压强是否与方向有关？ 如何探究液体内部的压强是否与深度有关？ 如何探究液体内部的压强是否与液体的密度有关？ 这一方法叫什么？ 上述方法中，都需要观察液体压强的大小，液体压强如何测得呢？一起观察微小压强计的构造，并分析使用方法。 老师补充纠正微小压强计的使用方法。 将压强计的金属盒放入水中同一深度，任意改变朝向。 实验一：探究同种液体同一深度，各个方向压强的特点。 简要说出实验步骤。 实验二：探究液体压强与深度的关系。 简要说出实验步骤。 （尽早完成的小组，到讲桌前做探究实验三：探究液体压强与密度的关系） 老师板书： **二、液体压强的规律** ①液体内部朝各个方向都_____压强；在同一深度，各方向压强_____； ②同种液体（密度相同），深度越大，液体的压强_____； ③在深度相同时，液体的密度越大，压强_____。 猜想：有一个不同高度钻了孔的塑料容器，装满水后，会有什么现象？ 老师演示。	控制深度和密度不变，改变方向，观察液体压强的大小 控制密度和方向不变，改变深度，观察液体压强的大小 控制方向和深度不变，改变液体种类，观察液体压强的大小 控制变量法 观察微小压强计有：U行管装了红色液体，液面向平，橡皮导管与探头相连。当探头的橡皮膜收到压强时，U形管两段的液面出现高度差。 （1）学生动手轻轻按橡皮膜观察现象。 （2）将探头放入水中，水给探头压强，观察现象。 练习表格设计，并于实物投影上展示。 学生动手实验并记录数据于表格中，并展示实验数据于实物投影上。 学生回答并填于学案中。 水会沿孔喷出，且越深的地方喷出的越远。 学生观察验证自己的猜想。	大胆猜想 合理分析 加深对控制变量法的使用，锻炼学生表达能力。 引导学生观察两端高度差的变化。 鼓励学生对看到的现象进行分析。 引导学生观察实验现象并得出结论。 锻炼其动手实验的能力、解决实际问题的能力；适时给以指导。 帮助学生组织语言，力争使学生的表述更准确。 总结结论；加深记忆 应用已学知识做出猜想，观察实验，验证猜想。

教学过程	教师活动	学生活动	教学意图
三、总结结论	解释如下两个问题： 1. 为什么大坝都是上窄下宽？ 2. 为什么不同深度的潜水员装备不同？	深度越深，压强越大，作用效果越明显，所以厚，以免被冲垮。 深度越深，压强越大，需要更坚硬的材料做装备。	根据已学知识解释实际问题。
加深第二条规律 理论走向实际	引入视频：核弹爆炸 如此巨大的威力，我们必须严格控制它爆炸时的深度，否则后果会很严重。		
四、液体压强的数值 （1）推导液体压强计算式	这就要求，我们知道液体压强的数值，通过实验的方法，需要大量的工作，有没有其他的方法可以得出液体压强的数值呢？ 锦囊提示 1. 液体为什么对容器底部产生压强？ 2. 压强的定义式？ 引导学生取一个假想的液柱，你能推导出液体压强的计算式吗？	动手试试推导液体压强的计算式	
（2）液体压强的单位	列出公式中各物理量的国际单位，能得什么结论？	列出各物理量的国际单位并观察计算	扩展思维，学习模型法

【学案】

4.2《探究液体压强》学案

班级：_____   姓名：_____

★一、液体压强产生的原因

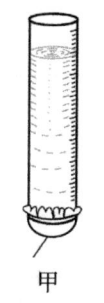
甲

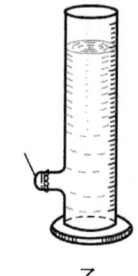
乙

a. 如图甲，液体对容器_____有压强，因为_____

b. 如图乙，液体对容器_____有压强，因为液体具有_____

★二、液体内部压强的影响因素

（1）猜想液体内部影响液体压强的因素有哪些？
_____

（2）测量液体压强的工具：_____

原理：当探头的橡皮膜受到压强时，U形管中两边的液面会形成_____

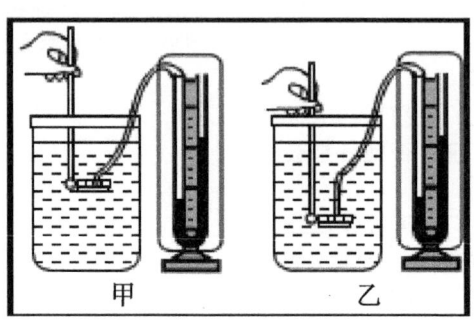

（3）探究实验1：探究液体压强与方向的关系

方向	向下	向上	向左	向右
压强计两侧液面高度差/cm				

结论：_____

（4）探究实验2：探究液体压强与深度的关系

深度/cm				
压强计两侧液面高度差/cm				

结论：_____

（5）探究实验3：液体压强与液体密度的关系

液体密度/g/cm³		
压强计两侧液面高度差/cm		

结论：_____

★三、总结液体压强的规律

（1）①液体内部朝各个方向都_____压强；在同一深度，各方向压强_____；

②同种液体（密度相同），深度越大，液体的压强_____；

③在深度相同时，液体的密度越大，压强_____。

（2）观察演示实验，如图示：这个实验现象说明什么？

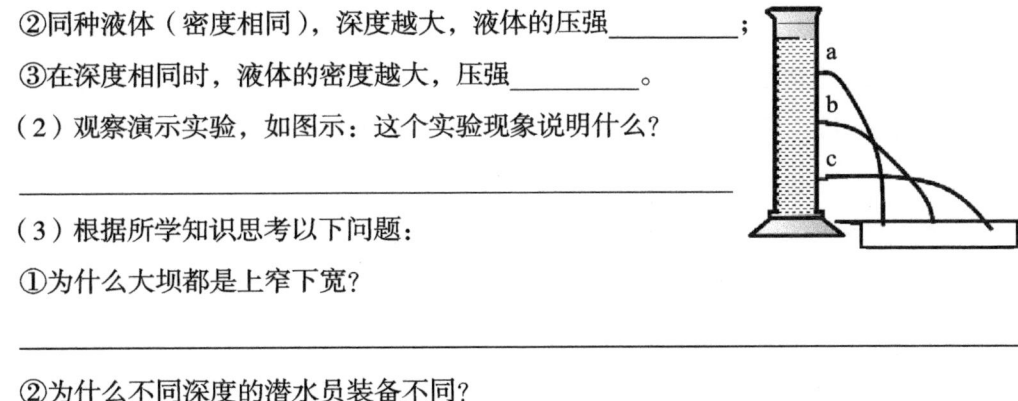

_____

（3）根据所学知识思考以下问题：

①为什么大坝都是上窄下宽？

_____

②为什么不同深度的潜水员装备不同？

_____

★**四、液体压强的数值**

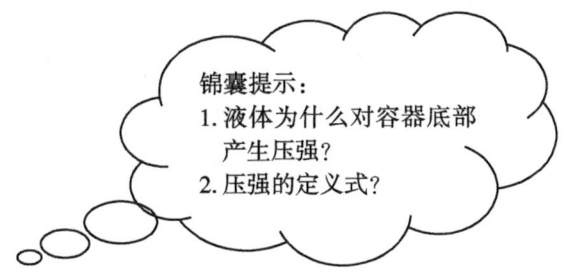

【案例反思】

"4.2 探究液体压强"反思

由军平

本节教学设计是根据北京师范大学出版社八年级《物理》第四章第二节《探究液体压强》而来，知识内容主要分为三部分：1.液体压强产生的原因，2.液体压强的影响因素，3.液体压强的计算公式。这是一节集观察思考、猜想推理、实验取证、数学推导运算等多个能力的大容量的设计。这节课上下来，我的反思有以下几点：

首先，要让学生的思维活跃起来，除了学生已有的经验储备，本节课在开始时设计了用身边常见的气球和塑料软管组合在一起，不断往管中加水，再现液体压强的效果，当停止加水后，将软管口的位置不断提高，来演示帕斯卡裂桶实验，让学生观察感知液体压强效果的同时，自然引起学生们的好奇和疑问。这也是给学生设计的启发铺垫，其中隐藏的正是液体压强的影响因素。比如，加水越多，气球鼓起的程度越大，隐藏着液体压强影响因素可能有水的质量（体积）等；又比如，停止加水后，软管口位置越高，气球鼓起程度越大，隐藏着液体压强影响因素除了水的量之外，可能还有水的高度（或说深度，学生对高度和深度还不清楚）。这些铺垫为研究液体压强影响因素奠定了基础，也希望学生体验到通过观察实验，不仅仅是验证某个真理，更是会从中发现新规律，生出更多的疑问的过程。

其次，在探究液体压强影响因素时，猜想环节学生根据观察，是有理由猜到液体压强的影响因素有水的重力、质量、体积、密度、深度、高度，甚至是面积、容器的形状等。我认为每一个猜想都是有道理的，每个猜想既是来源于直观经验，又是有一定道理的。比如在同一个柱状容器中，当倒入水的重力增大时，也就是水的质量增大时，也就是水的高度（深度）增大时，水对容器底的压强确实会增加。虽然作为教师，我们知道液体压强影响因素最终只有液体的密度和深度，那如何对待学生的猜想？是直接引导学生只猜想液体密度和深度？还是学生虽猜想了很多，但我们直接忽略掉其他项？我想都不合适，要保持住学生思考的热情，必须肯定学生的合理的猜想，以他们的猜想为素材，进一步合理分析，最终找到液体压强影响因素中最具有决定性的因素。处理好学生思考的"材料"与物理知识中的"真材实料"不仅仅是保持学生的思考热情，更是科学的思维过程，是培养学生逻辑思维能力最佳的素材。课堂内容虽多，探究环节也很多，但我们决不能忽视每一个培养学生物理学科素养的"点"。

本节课还有一点值得反思，就是整节课设计是以问题导向和贯穿起来的，所有的问题都是由老师提出，学生去思考的。虽然也还算顺利，但是我在想，这"十万个为什么"中，是不是有一些问题是学生在观察实验中会迸发出的疑问。比如，帕斯卡演示实验时，为什么加水越多，气球鼓起来越大？为什么加水后，软管口越高，气球鼓起来越大？水产生的压强大小到底受什么因素的影响？这些呼之欲出的问题怎样让学生自己提出来？如果学生有机会自己提出来，那大家的思维活动就会更主动起来，相互的激发也会更丰富，知识的主动构建才得以更好地实现。

时间关系，本节课只能完成本节中的前两部分内容，对于液体压强的计算公式，需要学生运用模型法和数学推导得到，既要理解深度，又要利用公式解决实际问题。所以只能留待下节课继续，所以我认为这节内容两个课时最为合适。

"立体几何中的向量方法（1）"教学设计系列

李雅萍

【教案】

"立体几何中的向量方法（1）"教学设计
教学背景分析
教学内容分析： 本节课的内容是人教A选修2-1第3章第二节内容的第一节课，本节课的核心内容就是利用空间向量来解决立体几何中平行和垂直两个问题．其一般方法是：先建立立体图形与空间向量的联系；进行空间向量运算；由向量运算的代数结果解释几何结论．也就是整个教学过程中所涉及到的"三部曲"：（1）建立立体图形与空间向量的联系．（2）进行向量的运算，从而研究平行或者垂直的问题．（3）根据运算的结果来解释几何结论． **学生情况：** 高二（1）班是一个丰台区三类学校的理科实验班，虽是实验班，但很多学生立体几何的学习存在困难，缺乏空间想象能力．前期通过空间向量及其运算的学习，学生知道空间任一直线由空间一点及直线的方向向量唯一确定，空间中任意平面由空间一点及两个不共线向量唯一确定，并且已经初步尝试了用向量来表示直线，解决了用向量证明空间两直线平行垂直关系，能计算线段长度和两异面直线所成角． 通过这节课的学习，想让学生会用向量去表示平面，建立立体图形与空间向量的联系，并掌握用空间向量方法表示立体几何中的平行和垂直关系．本节课要在学生的动手和合作探究方面下功夫，同时对于向量的运算与立体几何的结论的"翻译"也要反复巩固，还要让学生体会数形结合的数学思想和运用向量运算的结果来解释几何问题的一些基本思路． 由于我校学生的直观想象能力和数学抽象能力有限，所以本节课对书本的内容做出了相应的改动，比如书第104页"平面与平面平行的判定定理"的证明，换成了有具体几何模型的面面平行的判定．这样有利于增强学生对本章节学习的信心，提高学生的学习能力，从而对整个数学学习也有一定的促进作用． **教学方式：** 教师启发讲授与学生探究相结合 **教学手段：** 多媒体、实物模型

教学目标（内容框架）		
（一）教学目标 1. 理解法向量的概念，会求平面的法向量，能用空间向量表示立体几何中的平行和垂直关系； 2. 通过学生对模型的直观认识，利用向量的坐标运算将几何问题代数化，提高学生应用知识的能力； 3. 通过空间向量在立体几何中的运用，让学生感受空间向量作为工具解决几何问题的乐趣和意义，从而激发学数学、用数学的热情． （二）教学重点和难点 教学重点：法向量的定义及求法． 教学难点：建立立体图形与空间向量的联系，把立体几何问题转化为向量问题．		
教学过程（表格描述）		
教学阶段	教师活动	学生活动
复习旧知，导入课题	同学们，通过前面的学习，我们把向量从平面推广到了空间，并利用空间向量解决了一些立体几何问题，初步体会了空间向量在解决立体几何问题中的作用。下面请大家来解决这个问题： 引例：如图，正方体 $ABCD-A_1B_1C_1D_1$ 中，正方体棱长为1， （1）求证：$BD_1 \perp AB_1$；（2）求证：$BD_1 \perp$ 平面 AB_1C． 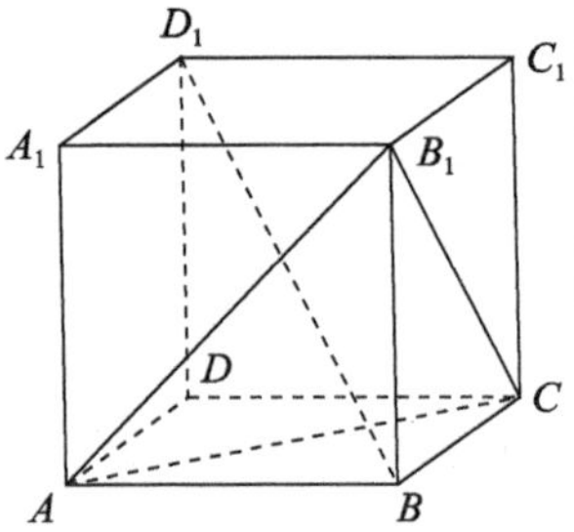 【设计意图】通过再次经历用空间向量表示直线，证明直线间的垂直关系，进一步体会向量运算带来的便捷．	求解问题，复习用向量方法解决立体几何问题的基本方法．
动手实践，形成概念	此时，$BD_1 \perp$ 平面 AB_1C，我们称 $\overrightarrow{BD_1}$ 为平面 AB_1C 的一个法向量。 一、法向量 如图，直线 $l \perp \alpha$，取直线 l 的方向向量 $\vec{a}$，则向量 $\vec{a}$ 叫做平面 α 的法向量． 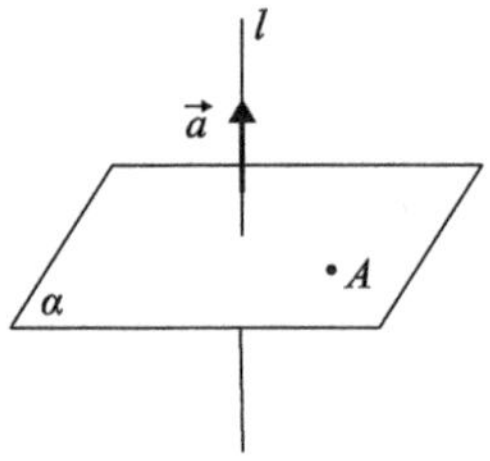 问题1：一个平面的法向量只有一个吗？ 预设：不是．所有与平面垂直的非零向量都是该平面的法向量．有无数多个． 问题2：这无数多个法向量之间有什么位置关系？ 预设：共线． 问题3：已知向量 $\vec{a}$，与向量 $\vec{a}$ 垂直的平面只有一个吗？它们之间有什么位置关系？ 预设：有无数个．平行． 问题4：你能把垂直于向量 $\vec{a}$ 的平面确定下来吗？	通过问答，引导学生思考，空间中平面的向量表示。学生动手探究（用纸板表示平面，笔表示向量），加深对法向量的理解．

教学阶段	教师活动	学生活动
	预设：给定一点 A，那么过点 A，以向量 $\vec{a}$ 为法向量的平面是完全确定的．（但是，在具体处理立体几何问题时，这个点 A 是不需要给定的） 小结：至此，立体几何中的点、线、面都能用向量来表示，就能将立体几何问题都转化为向量问题来解决．例如研究直线与平面关系，只要研究它们对应的方向向量和法向量之间关系；研究两平面之间关系，只要研究它们法向量之间关系．关键是，如何求平面的一个法向量呢？ 【设计意图】直接给出法向量的概念，通过问题串的设置，让学生进一步理解法向量的概念，借助具体模型，明确了法向量及一点能确定平面的位置，即用空间向量形式可以表达空间中确定的平面．这样就能将立体几何问题转化为向量问题来讨论．	
初步应用，巩固理解	例1. 如图，正方体 $ABCD-A_1B_1C_1D_1$ 中，以 D 为原点，建立空间直角坐标系，设正方体的棱长为1，则 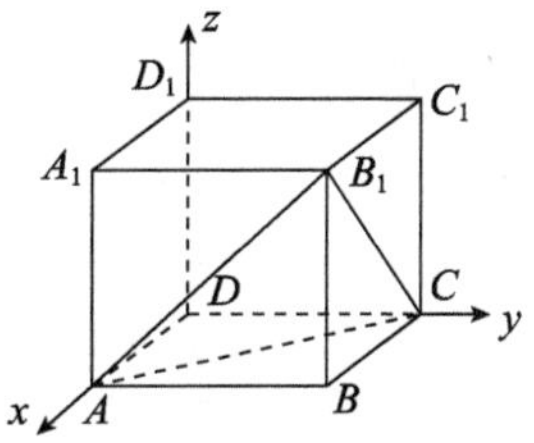 （1）平面 $ABCD$ 的一个法向量坐标为＿＿ $(0,0,1)$ ＿＿ （2）平面 AB_1C 的一个法向量坐标为＿＿ $(1,1,-1)$ ＿＿ 小结：求平面法向量的方法，强调一个"找"，一个"算"；能找不算． 【设计意图】让学生利用法向量的定义，求某个平面的法向量，总结求法向量的方法．	学生操作，并展示．
合作探究，归纳总结	现在我们来应用法向量解决问题。 问题3：在立体几何中，直线、平面之间有哪些平行、垂直的位置关系？如何用向量来表示它们之间的关系？请同学们合作讨论完成下列表格（发给学生空白的表格，前两列给出） 二、直线与平面位置关系的向量表示 设直线 l,m 的方向向量分别为 $\vec{a},\vec{b}$，平面 α,β 的法向量分别为 $\vec{u},\vec{v}$， 	位置关系	图形语言	符号语言	向量形式	向量运算
---	---	---	---	---
线线平行	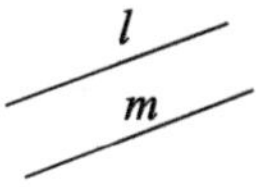	$l \parallel m$	$\vec{a} \parallel \vec{b}$	$\vec{a}=k\vec{b}$
线线垂直	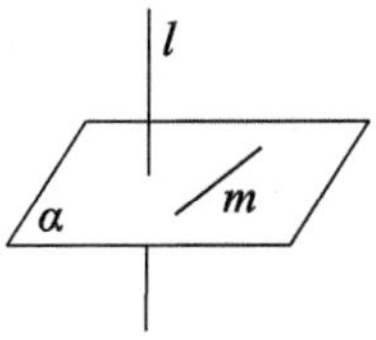	$l \perp m$	$\vec{a} \perp \vec{b}$	$\vec{a} \cdot \vec{b}=0$
线面平行	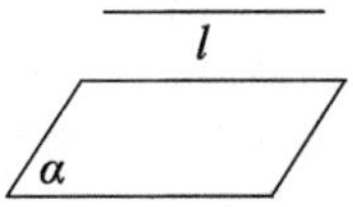	$l \parallel \alpha$ $l \not\subset \alpha$	$\vec{a} \perp \vec{u}$	$\vec{a} \cdot \vec{u}=0$		学生通过分组合作交流得出结果并推选代表讲解本组结论．

续表

教学阶段	教师活动	学生活动
	<table><tr><th>位置关系</th><th>图形语言</th><th>符号语言</th><th>向量形式</th><th>向量运算</th></tr><tr><td>线面垂直</td><td> 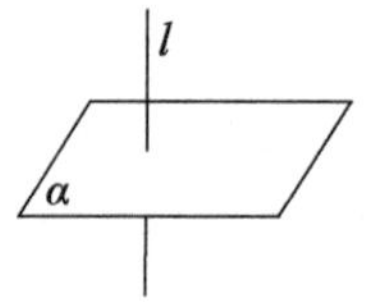</td><td>$l \perp \alpha$</td><td>$\vec{a} \mathbin{/\mkern-6mu/} \vec{u}$</td><td>$\vec{a} = k\vec{u}$</td></tr><tr><td>面面平行</td><td></td><td>$\alpha \mathbin{/\mkern-6mu/} \beta$</td><td>$\vec{u} \mathbin{/\mkern-6mu/} \vec{v}$</td><td>$\vec{u} = k\vec{v}$</td></tr><tr><td>面面垂直</td><td> 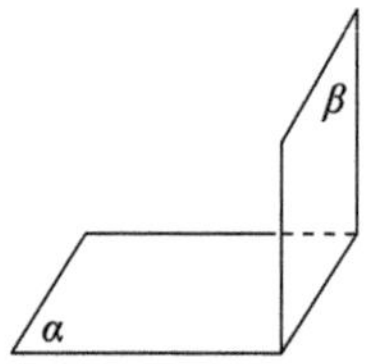</td><td>$\alpha \perp \beta$</td><td>$\vec{u} \perp \vec{v}$</td><td>$\vec{u} \cdot \vec{v} = 0$</td></tr></table> 小结：在用向量方法证明立体几何中的平行垂直关系时，只需求对应向量的数量积是否为0，或者向量是否共线． 【设计意图】通过自主探究的方式，让学生用不同的数学语言来认识立体几何的位置的本质，明确探究的目标，从而引导学生发现新的表现形式——向量形式，并从探究的过程中逐步完善研究立体几何的一般方法．	
实战演练，深化理解	例2. 如图，在正方体 $ABCD-A_1B_1C_1D_1$ 中，求证：平面 ACB_1 ∥ 平面 A_1C_1D 小结：判断面面是否平行，只需判断它们的法向量是否平行即可． 【设计意图】通过面面平行的证明，建立向量法和综合法解决立体几何问题的联系，突出了直线的方向向量和平面法向量的作用．	学生利用向量方法判断位置关系． 思考并书写．
归纳小结，提高认识	1. 通过这节课，你学到了什么知识？ 2. 在解决问题时，用到了哪些方法？ 【设计意图】让学生对本节课的知识方法进行反思和小结，加深对本课的核心知识方法的印象，也锻炼学生的语言表达及归纳的能力．	
布置作业，巩固知识	必做题：书第104页第1题、第112页第2题 选做题：三级跳第4页第10题 思考题：你能用直线的方向向量和平面的法向量表示空间中异面直线所成的角、直线与平面所成的角以及二面角的大小吗？ 【设计意图】通过分层作业满足不同层次学生巩固知识和发展能力的需要．	

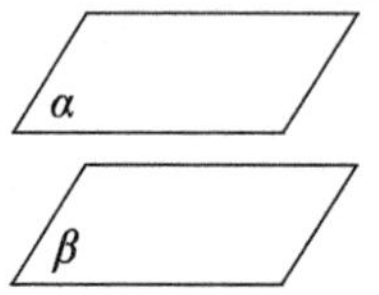

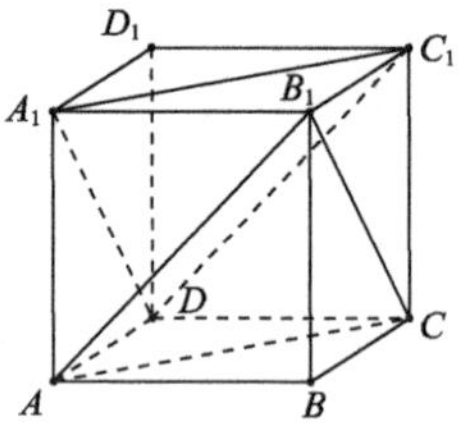

【学案】

立体几何中的向量方法学案

李雅萍

学习目标：

1. 理解法向量的概念，会求平面的法向量；
2. 能用空间向量表示立体几何中的平行和垂直关系.

学习重点：法向量的定义及求法.

学习难点：用空间向量表示立体几何中的平行和垂直关系.

一、复习旧知

例 1. 如图 1，正方体 $ABCD-A_1B_1C_1D_1$ 中，正方体棱长为 1，
（1）求证：$BD_1 \perp AB_1$；（2）求证：$BD_1 \perp$ 平面 AB_1C.

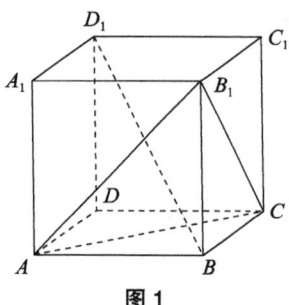

图 1

心得体会_____

二、形成概念

法向量的定义

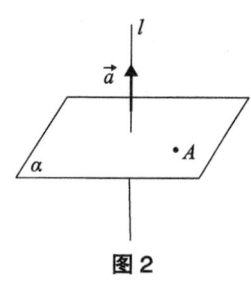

图 2

三、初步应用

例 2. 如图 1，正方体 $ABCD-A_1B_1C_1D_1$ 中，正方体棱长为 1，求下列向量的一个法向量

① 平面 $ABCD$ 的一个法向量坐标为_____

② 平面 AB_1C 的一个法向量坐标为_____

心得体会_____

四、合作探究

设直线 l, m 的方向向量分别为 $\vec{a}, \vec{b}$，平面 α, β 的法向量分别为 $\vec{u}, \vec{v}$，

位置关系	图形语言	符号语言	向量形式	向量运算
线线平行		$l // m$		
线线垂直		$l \perp m$		
线面平行		$l // \alpha$		
线面垂直		$l \perp \alpha$		
面面平行		$\alpha // \beta$		
面面垂直		$\alpha \perp \beta$		

五、层层深入

例题：如图，在正方体 $ABCD - A_1B_1C_1D_1$ 中，求证：平面 $ACB_1 //$ 平面 A_1C_1D.

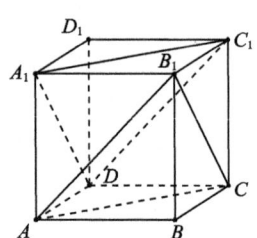

六、归纳总结

【案例反思】

"立体几何中的向量方法"教学启示与反思

李雅萍

一、理解数学，揭示本质

《普通高中数学课程标准（实验）》明确指出："高中数学课程应该返璞归真，努力揭示数学概念、法则、结论的发展过程和本质。"这其实也就给教师如何进行教学设计指明了方向。本节课的核心内容就是利用空间向量来解决立体几何中平行和垂直两个问题，是用向量方法解决立体几何问题的核心内容，关系到整个向量方法的理解和掌握。但教科书写得比较抽象，没有以具体几何体为载体进行阐述，不利于学生理解。笔者从以下两个方面进行理解和教学。

（一）立体几何中的向量方法，一个核心概念就是法向量

利用空间向量来解决立体几何中平行和垂直两个问题，其一般方法是：先建立立体图形与空间向量的联系；进行空间向量运算；由向量运算的代数结果解释几何结论。也就是整个教学过程中所涉及到的"三部曲"：①建立立体图形与空间向量的联系。②进行向量的运算，从而研究平行或者垂直的问题。③根据运算的结果来解释几何结论。这里最重要的就是建立图形与空间向量的关系，而平面与向量的关系，用法向量能最简单、方便地刻画。对法向量概念理解透彻了，研究平行垂直关系就迎刃而解了。在教学过程中，重点就是让学生充分理解法向量的定义和求法，有利于难点的分解和突破。

（二）法向量这个概念，是平面的代数描述

在平面向量的学习过程中，学生已经能很好地理解向量可以从数的方面进行计算，例如三点共线的数量关系、有关向量的几何问题代数化、代数问题几何化等。并且通过前面的学习，已经把向量从平面推广到了空间，并利用空间向量解决了一些立体几何问题，初步体会了用代数运算解决几何问题的过程。教学时，引导和帮助学生理解基本的算理和算法，为后续学习打下坚实的基础。

（三）深入理解法向量的"算"法

一个平面的法向量有无数多个，在用建立方程组解出法向量的过程中，只能得出比例

关系，这里最根本的原理是平面向量基本定理。这样的本质，得让学生自己去发现，才能理解得更透彻。

二、理解学生，准确定位

学生立体几何的学习存在困难，缺乏空间想象能力。前期通过空间向量及其运算的学习，学生知道空间任一直线由空间一点及直线的方向向量唯一确定，空间中任意平面由空间一点及两个不共线向量唯一确定。并且已经初步尝试了用向量来表示直线，解决了用向量证明空间两直线平行垂直关系，能计算线段长度和两异面直线所成角。

通过这节课的学习，想让学生会用向量去表示平面，建立立体图形与空间向量的联系，并掌握用空间向量方法表示立体几何中的平行和垂直关系。本节课要在学生的动手和合作探究方面下功夫，同时对于向量的运算与立体几何的结论的"翻译"也要反复巩固。让学生体会数形结合的数学思想和运用向量运算的结果来解释几何问题的一些基本思路。

由于学生的直观想象能力和数学抽象能力有限，所以本节课对书本的内容做出了相应的改动，比如"平面与平面平行的判定定理"的证明，换成了有具体几何模型的面面平行的判定。这样有利于增强学生对本章节学习的信心，提高学生的学习能力，从而对整个数学学习也有一定的促进作用。

三、理解教学，凸显主体

立体几何中的向量方法体现了几何问题代数化、代数问题几何化，这种思想是高中数学的重要思想方法，要在课堂上让学生有所感悟。在北京高考中，这是一个每年必考的解答题，对学生能力要求比较高，一节课是不可能讲透的。本节课只是一个开头，让学生初步体会。

所以，在本节课的教学活动中，要充分发挥学生这一主体的作用，作为教师只有关注学生思维才能更好地起到主导作用。课堂上给学生时间和空间，放手让学生实践。由方法的形成到课堂实验，教师始终关注每一位学生参与探究的全过程，完成教师角色的转变，教师真正成为学生活动的组织者、参与者、咨询者和合作者。只有完成这种角色的转变，才能更好地培养学生的创新意识和实践能力。

最后，我想说：通过本节公开课的研讨，笔者感触良多。在当前教改全面铺开的北京，如何优化教学方案，提高课堂效率，减轻学生的课业负担，应该是每一位教师应有的"智慧"。平时在教学中渗透"三个理解"的基本思想，提高有效性，做一个有智慧的教师，是笔者不断探索和学习的目标。在今后的教学中，还要继续贯彻这一思想，努力提升自己的水平，争取做一名学生喜欢的智慧教师。

【论文提炼】

基于"三个理解"，做智慧型教师

李雅萍

著名教育家章建跃教授在第五届全国优秀课评课时指出："理解数学""理解学生""理解教学"是进行数学有效教学的三大基石．笔者对此深有感触．现代教师，只有深刻理解这"三个理解"才能做真正意义上的"智慧型"教师，做学生的领航人．笔者最近参加了"北京市丰台区新课程研讨课"的展示活动，从践行"三个理解"的角度设计、完成了一节公开课《立体几何中的向量方法》，获得了区教研员和听课老师的一致好评，现将教学片段和反思整理成文，恳请大家批评指正．

教学片段

1. 复习旧知，导入课题

例1. 如图1，正方体 $ABCD-A_1B_1C_1D_1$ 中，正方体棱长为1，（1）求证：$BD_1 \perp AB_1$；（2）求证：$BD_1 \perp$ 平面 AB_1C．

设计意图：通过再次经历用空间向量表示直线，证明直线间的垂直关系，进一步体会向量运算带来的便捷．

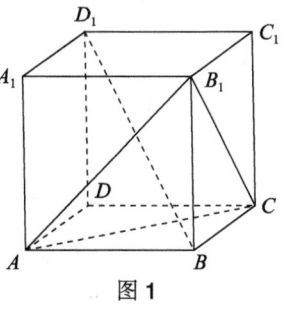

图1

2. 动手实践，形成概念

$BD_1 \perp$ 平面 AB_1C，我们称 $\overrightarrow{BD_1}$ 为平面 AB_1C 的一个法向量．

法向量的定义：如图2，直线 $l \perp \alpha$，取直线 l 的方向向量 $\vec{a}$，则向量 $\vec{a}$ 叫做平面 α 的法向量．

问题1：一个平面的法向量只有一个吗？

预设：不是．所有与平面垂直的非零向量都是该平面的法向量．有无数多个．

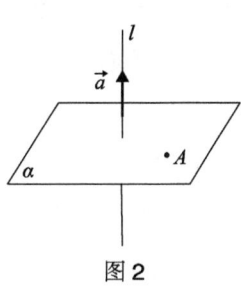

图2

问题2：这无数多个法向量之间有什么位置关系？

预设：共线．

问题3：已知向量 $\vec{a}$，与向量 $\vec{a}$ 垂直的平面只有一个吗？它们之间有什么位置关系？

预设：有无数个．平行．

问题4：你能把垂直于向量 $\vec{a}$ 的平面确定下来吗？

预设：给定一点 A，那么过点 A，以向量 $\vec{a}$ 为法向量的平面是完全确定的．（但是，

在具体处理立体几何问题时,这个点 A 是不需要给定的)

师生活动:通过问答,引导学生思考,空间中平面的向量表示.学生动手探究(用纸板表示平面,笔表示向量),加深对法向量的理解.

设计意图:直接给出法向量的概念,通过问题串的设置,让学生进一步理解法向量的概念,借助具体模型,明确了法向量及一点能确定平面的位置,即用空间向量形式可以表达空间中确定的平面.这样就能将立体几何问题转化为向量问题来讨论.

3. 初步应用,巩固理解

例 2. 如图 3,正方体 $ABCD-A_1B_1C_1D_1$ 中,以 D 为原点,建立空间直角坐标系,设正方体的棱长为 1,则

(3)平面 $ABCD$ 的一个法向量坐标为_____$(0,0,1)$_____

(4)平面 AB_1C 的一个法向量坐标为_____$(1,1,-1)$_____

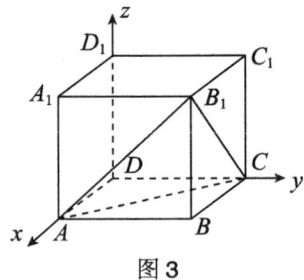

图 3

问题 5:如何说明平面 AB_1C 的一个法向量坐标为 $(1,1,-1)$?如果不能直接找到平面的垂线,如何求平面的一个法向量?

学生:找一个向量,能垂直平面内的两条相交直线.可设出这个向量.

问题 6:如何设一个向量?

学生:用坐标.设这个向量为 $\vec{n}=(x,y,z)$

问题 7:列出的三元一次方程组能解出来吗?(学生列出了三个方程)为什么三个方程三个未知数,但解不出具体的数值?

学生:不能,只能得 x,y,z 之间的关系.因为这个方程组有无数组解.

问题 8:为什么求平面法向量时,只要列出两个方程就够了?也就是用两个两条直线与法向量垂直?

学生:证明线面垂直时,只要证明直线与平面内的两条相交直线垂直.

教师补充:平面内的任意一个向量,都能用平面内的一组不共线的向量线性表示.所以,我们只要找平面内的两个不共线的向量,列两个方程就够了.

问题 9:我们不能得出方程的解,那能得什么?如何确定一个法向量?

学生:能得 x,y,z 之间的关系.设一个数,比如令 $x=1$,就能得出平面 AB_1C 的一个法向量坐标为 $(1,1,-1)$.

设计意图:让学生利用法向量的定义,求某个平面的法向量,总结求法向量的方法,强调一个"找",一个"算";能找不算.使学生从原理上理解计算平面法向量的方法步骤,明确算理.

4. 合作探究，归纳总结

探究：在立体几何中，直线、平面之间有哪些平行、垂直的位置关系？如何用向量来表示它们之间的关系？请同学们合作讨论完成下列表格（发给学生空白的表格，前两列给出）

设直线 l, m 的方向向量分别为 $\vec{a}, \vec{b}$，平面 α, β 的法向量分别为 $\vec{u}, \vec{v}$，

位置关系	图形语言	符号语言	向量形式	向量运算
线线平行		$l \parallel m$	$\vec{a} \parallel \vec{b}$	$\vec{a} = k\vec{b}$
线线垂直		$l \perp m$	$\vec{a} \perp \vec{b}$	$\vec{a} \cdot \vec{b} = 0$
线面平行		$l \parallel \alpha$	$\vec{a} \perp \vec{u}$ $l \not\subset \alpha$	$\vec{a} \cdot \vec{u} = 0$
线面垂直		$l \perp \alpha$	$\vec{a} \parallel \vec{u}$	$\vec{a} = k\vec{u}$
面面平行		$\alpha \parallel \beta$	$\vec{u} \parallel \vec{v}$	$\vec{u} = k\vec{v}$
面面垂直		$\alpha \perp \beta$	$\vec{u} \perp \vec{v}$	$\vec{u} \cdot \vec{v} = 0$

师生活动：学生通过分组合作交流得出结果并推选代表讲解本组结论．

设计意图：通过自主探究的方式，让学生用不同的数学语言来认识立体几何的位置的本质，明确探究的目标，从而引导学生发现新的表现形式——向量形式，并从探究的过程中逐步完善研究立体几何的一般方法．

"植物生长素的发现"教学设计系列

惠 婕

【教案】

教 学 背 景 分 析
"植物生长素的发现"一节揭示了植物向光性是在生长素调节作用下产生的，会为后面继续生长素的其他生理作用及激素应用奠定基础。"生长素的发现过程"中，科学研究的方法与过程在整个必修课本中处于重要地位，是培养学生实验研究能力的良好载体。同时也是新课程高考的高频考点。本班学生为理科普通班，有生物兴趣小组，能够结合教学内容设计完成一些实验并有一定分析能力。如何指导兴趣小组实验、如何发挥兴趣小组的作用引导全班同学分析实验、设计实验，感悟科学探究的过程并为后面学习奠定基础是教学设计的关键。
学 科 核 心 素 养
科学探究：能说出胚芽鞘的感光部位、弯曲生长部位、产生生长素部位，说明生长素的化学本质，表述科学探究的基本步骤。 科学思维：学会评价实验设计和分析实验结论，培养实验探究能力，训练思维的严谨性。 生命观念：通过实验方案设计与实验的分析评价，感悟科学探究的过程，体会科学家探究的艰辛，认同假说—演绎法在科学研究中的应用。
教 学 重、难 点
重点：生长素发现实验以及对相关实验设计和分析 难点：对生长素发现相关实验的设计和分析
教 学 准 备
指导兴趣小组做胚芽鞘生长探究实验并收集过程材料；制作课堂教学 PPT
教 学 过 程

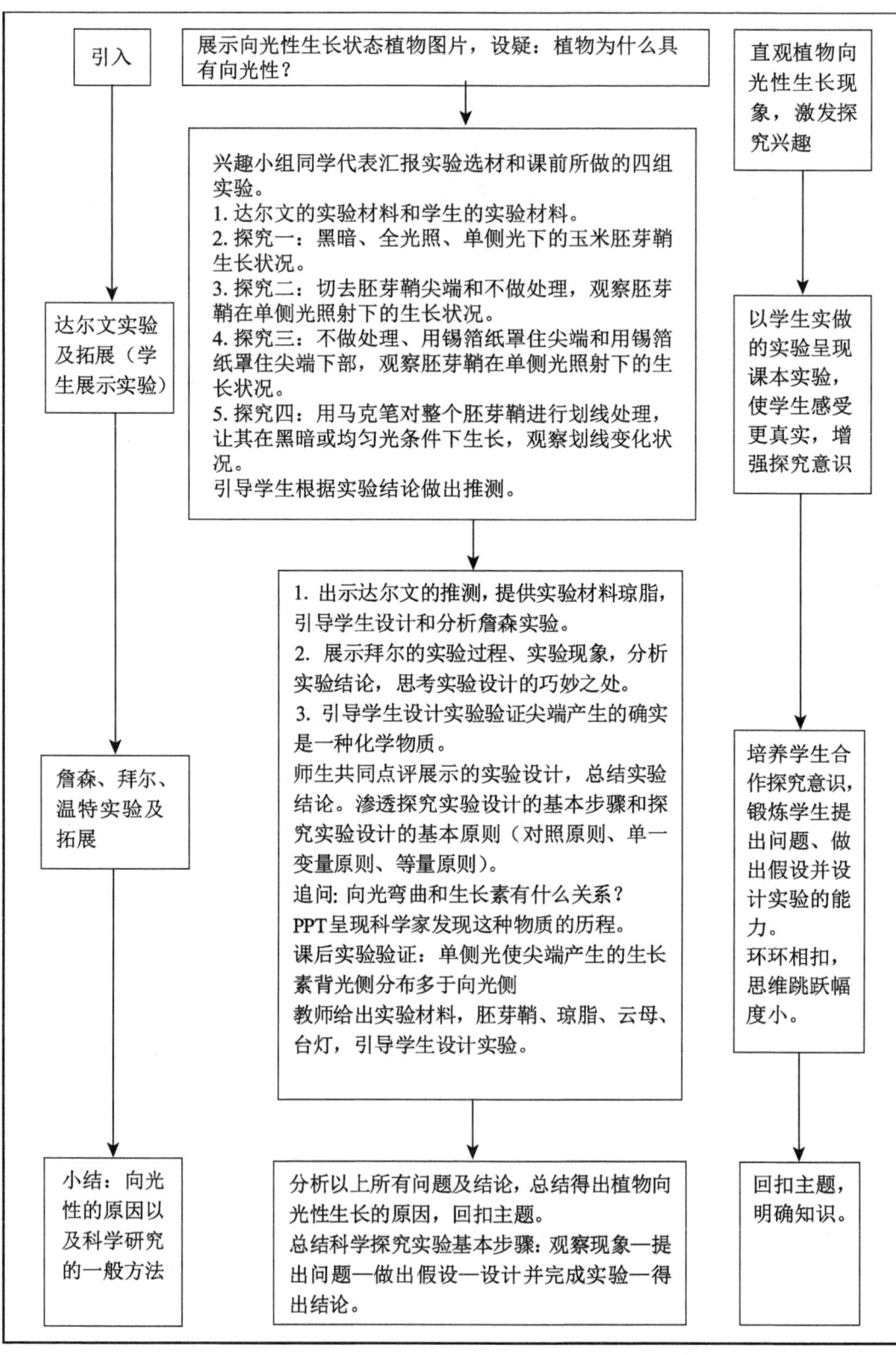

【学案】

植物生长素的发现

一、生长素的发现过程

1. 达尔文的实验

探究一：向光弯曲生长的外界因素是_____

探究二：弯曲生长与胚芽鞘的_____有关

探究三：感受光刺激的部位是_____

探究四：生长的部位是_____

2. 詹森的实验

实验结论：胚芽鞘尖端产生的影响可以透过琼脂片，_____到下部引起生长。

3. 拜尔的实验

实验结论：胚芽鞘尖端产生的影响在其下部_____造成的。

4. 画图设计实验证明胚芽鞘的弯曲生长确实是一种化学物质引起的。

二、生长素的产生、运输和分布

【评课议课】

让学习可见

——惠婕老师四个经典实验研究课评点

赵长河

惠婕老师这节课，由四个经典实验组成，重点是"生长素发现实验以及对相关实验设计和分析"，对应的生物学核心素养有，"科学探究"层面：能说出胚芽鞘的感光部位、弯曲生长部位、产生生长素部位，说明生长素的化学本质，表述科学探究的基本步骤；"科学思维"层面：学会评价实验设计和分析实验结论，培养实验探究能力，训练思维的严谨性；"生命观念"层面：通过实验方案设计与实验的分析评价，感悟科学探究的过程，体会科学家探究的艰辛，认同假说—演绎法在科学研究中的应用。

课堂流程基本按照达尔文、詹森、拜尔和温特的四个实验依次展开。这节实验探究课的亮点多多，尽管有些亮点因为时间限制，未能充分展开。我想，如果我们日常的每节课，能有其中的一两个点，日积月累，我们的整个学习过程就成为"可见的学习"，我们的课堂样态必将有质的提升。

第一，课前的真预习。达尔文的实验，是课前布置四个小组完成的。上课伊始，就是兴趣小组同学代表，汇报实验选材和课前所做的四组实验。惠婕老师把学生的汇报，以使用手机微信群呈现实验照片的形式加以呈现。可以看出课前真预习了，而且是高质量的预习了。如何做到课前真预习？主要在于老师的精心设计。首先，尽量把需要动手操作的部分放在预习阶段，这样课堂展示时才能熟练。其次，动手实验如果需要过程性观察，也需要放在课前。再次，"创设有利于学生感悟和探究的教学情境，让学生体会探索的过程和成功的喜悦，拉近科学的距离"。甚至课前的实验，经历了反复失败终于成功的过程。最后，预习的主问题要与课堂学习的重难点形成呼应。以此而言，惠婕老师的课前预习有真预习的效果。

第二，课中的真探究。课中的真探究表现之一，是用得上预习的内容。上课伊始，惠婕老师就引导学生从学生课前动手做的达尔文的四组实验中，推出结论。课中的真探究表现之二，是体悟已有经典实验的妙处，以便后续习得方法。这个环节是展示拜尔的实验过程、实验现象，分析实验结论，思考实验设计的巧妙之处。课中的真探究表现之三，是引导学生设计实验验证尖端产生的确实是一种化学物质。进而，师生共同点评展示的实验设计，总结实验结论。这其中又渗透了探究实验设计的基本步骤和探究实验设计的基本原则（对照原则、单一变量原则、等量原则）。这一步，已经由特殊到一般，由具体的案例探究上升到一般的方法总结。

第三，课后的真探究。首先，课后的探究要与课前、课中形成呼应。对课中习得，或者巩固，或者拓展。其次，课后的探究要体现基础性和选择性结合的特征。有些是共同基础性的要求，有些是多样选择性的提供。多样选择性，或者是纵向加深型的，或者是横向拓展型的。

【案例反思】

课前实验促进学科素养的发展
——"植物生长素的发现"教学启示与反思

惠 婕

"植物生长素的发现"是人教版高中生物学教材《稳态与环境》第3章"植物的激素调节"第1节的教学内容。教材中以达尔文、詹森、拜尔、温特、郭葛这五位科学家的实验为主线，逐步证明了生长素的存在，并且探究了生长素合成、运输、作用部位等问题。"生长素的发现过程"中，科学探究的方法与过程在整个必修课本中处于重要地位，是培养学生实验探究能力的良好载体。教材内容体现了科学家探究过程中实验方案设计和得出结论时逻辑上的严密性，旨在让学生体验科学家探索的过程和科学知识形成的过程，领悟科学家是怎样发现问题、寻找证据、在严密推理的基础上做出判断的，从中培养科学思维和科学探究能力。

教材中的实验是以简单示意图的形式呈现的，探究活动报告册也没有关于这五位科学家的实验信息。我摒弃了用动画来模拟科学家相关实验的做法，而是引导学生像科学家那样重走一遍探究之路。因为如果只是将实验简单示意图、动画呈现给学生，让学生看图说明实验现象，由此推测实验结果，无法激发学生的学习兴趣，学生学习起来也很吃力，无法真正体会其中的原理，培养科学思维和探究能力也不够充分。教育学家布鲁纳指出："教育不应该奉送真理，而应该叫人发现真理。"这节课既然属于探究型内容，那就让学生切实地去体验。限于现有实验室条件，五位科学家的实验不可能全部实施，那就选取适合学生探究实验的达尔文的实验。课前教师查找资料，提出大致可行的方案。提供实验材料玉米，将达尔文的实验拆分为四个小实验，学生以小组合作形式像科学家一样设计实验，探究实验选材、引起植物向光生长的外因、与植物向光生长有关的部位、感受光的部位这些问题，从而让学生体会探索的过程，拉近与科学的距离，培养学生创新精神和实践能力。课堂中各个小组展示实验设计方案和结果，交流、分析推测出尖端产生某种影响传递到下部造成植物向光性。这样激发了学生探究的兴趣，让学生亲眼观察了、亲身参与了实验，让学生体会探索的过程和成功的喜悦，渗透探究实验设计的基本步骤和探究实验设计的基本原则（对照原则、单一变量原则、等量原则）。为剖析其他四位科学家的实验做好铺垫，避免以往上这节课时虎头蛇尾，大量时间用在达尔文的实验，其他四位科学家的实验匆匆带过，提高了课堂的高效性和深度。

实施的过程是个充满曲折的过程。生长素的发现过程在生物科学史上是具有一定代表性的，是由几代科学家通过一系列的实验完成的，而这些实验在课本和实验报告册上并没有具体实施的过程，这就要求学生能够模仿科学家的探究方式自主地设计实施实验，从而完成一次完整的探究活动。在实验材料的选取上，用发现的眼光从现实生活中取材，能更加深刻地体会到生物科学与日常生活的联系性。通过查找资料，学生决定使用玉米种子制备实验材料。我们提前三个星期处理玉米种子，一般情况下三天能萌发的种子，由于三月的北京气温较低，用了一周才萌发。为了让每个小组有充足的实验材料，学生分别使用不同办法让玉米种子短时间内萌发，获得了大量的玉米胚芽鞘。值得一提的是，学生在此之前并不知道胚芽鞘具体是什么样子的，课本也并没有呈现图片，胚芽鞘是这节课的实验对象，是观察、研究和理解后续实验的重要基础，学生通过实验直观地对胚芽鞘的结构一目了然。下面主要展示四个实验：学生模仿科学家的探究方式尝试设计了实验1——探究单侧光对玉米胚芽鞘的影响。这个实验符合实验预期，并且我们总结了两个重要的数据，胚芽鞘初始长度在1cm，观察时间在48小时内，实验效果较好，超过48小时，真叶可能会长出。实验2——胚芽鞘的感光部位，学生在实验之前查找了大量的资料，发现对玉米的胚芽鞘尖端的具体位置并没有明确的规定，这就导致切除的长度不同会直接影响实验的结果，所以我们做了三组实验，分别切除0.2cm、0.3cm、0.4cm，结果发现0.3cm最合适。实验3——遮光小帽的选材，巧克力锡箔包装纸，隔绝性好，不沾粘，塑性效果好，实验时用牙签代替胚芽鞘，设计非常巧妙。实验4——生长的部位为拓展实验，科学家们没有做过的实验。因为学生在实验时提出疑问"胚芽鞘生长到底是哪一部分"，所以增添了这个实验。我们采用涂色的方式，用中性笔、马克笔效果不佳，使用防水眼线笔效果较好。

在设计完成这四个实验的过程中，学生摸索出实验材料的选取和实验实施的具体条件，并且对科学家的实验进行了补充。学生根据实验现象和实验结果能说出胚芽鞘的感光部位、弯曲生长部位、产生生长素部位，初步掌握探究实验的一般方法，学会控制变量和设计对照实验；学会评价实验设计和分析实验结论，培养了实验探究能力，训练了思维的严谨性；通过实验方案设计与实验的分析评价，感悟了科学探究的过程，体会了科学家探究的艰辛，形成了严谨的科学态度及创新、合作的科学精神。

这四组课前的探究实验，学生针对生物学现象，进行观察、提问、实验设计、方案实施以及对结果的交流和讨论，掌握了科学研究的基本思路和方法，提高了实践能力，在探究中，乐于并善于团队合作，勇于创新。在课堂中描述实验过程，学生体验了正确的实验设计思路和过程，训练了规范的语言描述，培养了严谨的科学态度。我认为这些都是非常必要和重要的。而且让我意料之外的是，其他三位科学家的实验学生可以自我设计出实验，思路基本和科学家一致，甚至出现了创新和批判的思想。在引导学生探究过程中，我常常有一种怦然心动的感觉，这种感觉来自学生亲身经历后的思考，来自学生像科学家那样孜孜以求的探索。我看到学生忙碌的身影，仿佛看到了科学家在积极地探索的身影。让学生模仿科学家做过的实验，又不停滞在简单的重复上，学生在体悟中掌握了科学方法的精髓，产生了超越前人的思索，这是这节课最有意义的一点。

【论文提炼】

基于发展生物学核心素养的"植物生长素的发现"的教学设计[①]

惠 婕

一、教材分析及设计思路

"植物生长素的发现"是人教版高中生物学教材《稳态与环境》第3章"植物的激素调节"第1节的教学内容。教材中以达尔文、詹森、拜尔、温特、郭葛这五位科学家的实验为主线，逐步证明了生长素的存在，并且探究了生长素合成、运输、作用部位等问题。生长素的发现过程中科学探究的方法与过程在整个必修课本中处于重要地位，是培养学生实验探究能力的良好载体。教材内容体现了科学家探究过程中实验方案设计和得出结论时逻辑上的严密性，旨在让学生体验科学家探索的过程和科学知识形成的过程，领悟科学家是怎样发现问题、寻找证据、在严密推理的基础上做出判断的，从中培养科学思维和科学探究能力。

教育学家布鲁纳指出："教育不应该奉送真理，而应该叫人发现真理。"教学中采用探究式教学，课前教师提供实验材料玉米胚芽鞘，将达尔文的实验拆分为四个小实验，学生以小组合作形式像科学家一样设计实验，探究实验选材、引起植物向光生长的外因、与植物向光生长有关的部位、感受光的部位这些问题，从而让学生体会探索的过程，拉近与科学的距离，培养学生创新精神和实践能力。课堂中各个小组展示实验设计方案和结果，交流、分析推测出尖端产生某种影响传递到下部造成植物向光性。对詹森的实验处理方式为教师介绍琼脂，学生自主设计并分析实验；对拜尔的实验主要通过设计问题串，步步深入引导学生分析得出实验结论。结合詹森和拜尔的实验，学生自主设计实验证明胚芽鞘尖端产生一种化学物质促使下部生长。整个过程中以学生的探究活动为主，通过这个过程激发了学生的学习兴趣，使他们领悟科学家探究的思维，推动了学生核心素养的发展。

二、教学目标

（一）知识目标

能说出胚芽鞘的感光部位、弯曲生长部位、产生生长素部位，说明生长素的化学本质，表述科学探究的基本步骤。

（二）能力目标

通过参与实验设计，培养学生的动手能力、实验设计能力，训练学生逻辑思维的严密

[①] 本文系北京市丰台区教育科学规划课题"新中高考背景下初高中学生生物学核心素养培养途径的实践研究"（编号：2016413—J）阶段性成果。

性；培养学生提出问题、分析问题、解决问题的能力及创新能力；培养学生收集、处理资料和信息的能力以及知识的迁移和重组能力，训练思维的严谨性。

（三）情感态度与价值观目标

通过实验方案设计与实验的分析评价，感悟科学探究的过程，体会科学家探究的艰辛，认同假说—演绎法在科学研究中的应用。

三、教学过程

（一）课前准备

提前一个星期播下玉米让其萌发，准备玉米胚芽鞘。达尔文发现生长素的实验过程可重复性强，适合学生进行自主探究活动。上课之前把学生分成四组，并给每小组确定一个探究的课题：实验选材、引起植物向光生长的外因、与植物向光生长有关的部位、感受光的部位。呈现教学目标，有利于分工、合作、学习讨论和小组之间的评价与竞争。并布置任务，在实验室先进行各种对比实验，把实验结果拍摄照片，上课时提供给全班同学学习讨论。

（二）导入新课

黑格尔说："内因决定事物发展，外因仅起影响作用。"展示植物向光生长的图片，激发学生思考，明确本节课的重点是探究引起植物向光性的外因和内因。教师提问：图片中植物表现出什么现象？自然界中植物的向光性应该比较普遍，引起植物向光性的外因和内因是什么？

（三）达尔文的实验

达尔文对植物向光性的本质进行了创造性的探索，从而拉开了半个多世纪对生长素进行研究的序幕。课前每个小组已经沿着达尔文的足迹进行了实验探究，各派代表展示探究课题。

探究一：达尔文的选材介绍与学生实验选材和处理过程。该小组学生介绍课前查阅的金丝雀鹢草资料和培养玉米胚芽鞘的过程。胚芽鞘是这节课的实验对象，是观察、研究和理解后续实验的重要基础。课堂上直观的展示，让学生对胚芽鞘的结构一目了然。

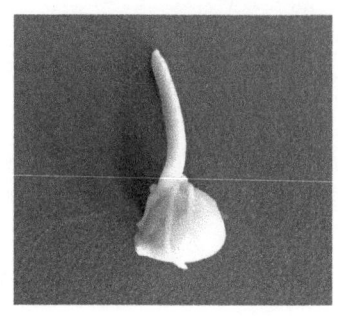

探究二：引起植物向光性的外因。该小组学生分析该实验的单一变量为是否有单侧光的照射，实验组的处理方式是单侧光照射（学生利用纸盒和台灯制造单侧光），对照组是均匀光照射，实验现象是实验组胚芽鞘弯曲生长，对照组直立生长（如下图），由此得出结论单侧光是引起植物向光生长的外因。

实验组　　　　　　　　　　　　对照组

探究三：与胚芽鞘尖端弯曲生长有关的部位。该小组学生选取生长程度相近的胚芽鞘，实验组的处理方式是切去胚芽鞘尖端，对照组的未作任何处理，实验现象是两天后实验组不生长不弯曲，对照组向光弯曲生长（如下图），由此得出结论弯曲生长与胚芽鞘的尖端有关。

实验组：图二的处理是切去尖端，给予右侧单侧光，两天后的观察结果如图三所示。

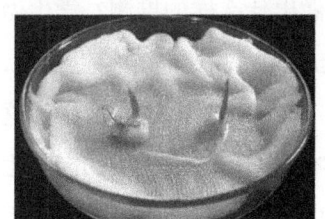 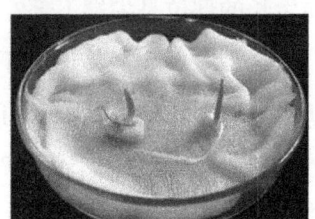 

对照组：图二的处理是未切去尖端，给予右侧单侧光，两天后的观察结果如图三所示。

探究四：胚芽鞘感受光刺激的部位。该小组学生选取生长程度相近的胚芽鞘，实验组的处理方式是用锡箔纸罩住胚芽鞘尖端（利用牙签制作锡箔小帽），对照组的处理方式是用锡箔纸罩住尖端下部，给予右侧单侧光照射，实验现象是两天后实验组直立生长，对照组向光弯曲生长（如下图），由此得出结论感受光刺激的部位是胚芽鞘尖端。

 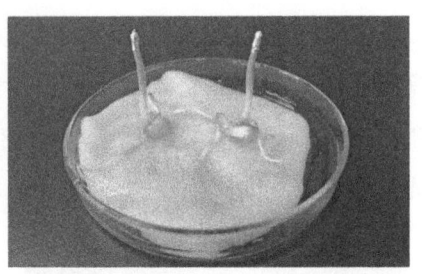

实验组：如图所示，用锡箔纸罩住尖端，两天后直立生长。

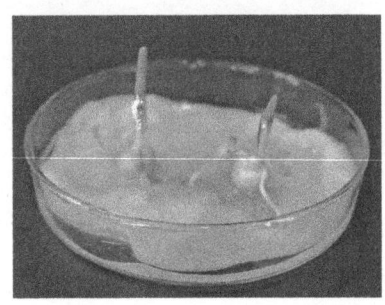 

对照组：如图所示，用锡箔纸罩住尖端下部，两天后向光弯曲生长。

这四组课前的探究实验，学生针对生物学现象，进行观察、提问、实验设计、方案实施以及对结果的交流和讨论，掌握了科学研究的基本思路和方法，提高了实践能力。在探究中，学生乐于并善于团队合作，勇于创新。在课堂中描述实验过程，学生体验了正确的实验设计思路和过程，训练了规范的语言描述，培养了严谨的科学态度。笔者认为这些都是非常有必要和重要的。

学生展示和交流结束后，教师出示达尔文的经典实验图，总结实验结论，提出问题：为什么感光部位是尖端，而弯曲生长的部位是尖端下部？你能做出什么样的推测？学生做出推测是尖端产生某种"影响"，这种"影响"传递到下部造成背光侧比向光侧生长快，使胚芽鞘出现向光性。要验证这个推测，需要证明三个问题，教师继续提问：你认为这种"影响"是以哪种形式存在的？"影响"能否向下传递？"影响"如何造成植物的向光生长？学生对第一个问题猜测可能是物质或电信号。教师介绍，由于当时科学水平有限，无法直接提取和判断这种"影响"，引导学生思考其他方法，学生提出可以转移，此时教师提供琼脂的资料，并且给学生提供胚芽鞘、单侧光、琼脂、刀片这些实验材料，让学生自己画实验设计图证明这种"影响"可以向下传递，由此引出了詹森的实验。

（四）詹森、拜尔和温特的实验

学生展示和阐述自己的实验设计图，大多数学生能够设计出和詹森类似的实验，并且排除了"影响"是电信号的可能性。教师出示詹森的实验图，让各小组对比自己和詹森的实验，评价詹森实验是否有缺陷，如何完善。经过讨论交流后，学生认为实验没有排除光的影响、切去尖端的胚芽鞘上应该放置相同的琼脂片。这个过程中，学生体验了实验设计的思路，学会了分析实验的方法，注意了实验设计的对照原则、控制变量原则，并且敢于向权威挑战。

那么这种"影响"是如何使植物出现向光性的？对拜尔的实验，教师设计环环相扣的问题串引导学生思考、分析。展示拜尔实验图提问：①尖端放置的位置与后来的弯曲的方向有什么关系？②尖端放左边，理论上哪一侧"影响"分布得多？哪一侧生长得快？③胚芽鞘左侧有某种"影响"，长得快；右侧没有"影响"，长得慢，说明这种"影响"的作用是什么？④拜尔和詹森相比，实验设计有什么优势？⑤拜尔和詹森相比，实验设计有什么缺点？⑥如果让你结合詹森和拜尔的实验设计证明胚芽鞘尖端产生一种化学物质促进下部生长，你如何设计？随着学生分析的逐步深入，自然而然设计出了温特的实验。

选取学生典型的实验设计，设置如下问题，带领学生进一步分析实验的意图：①设置第一组实验的目的？设置第二组实验的目的？②实验说明弯曲生长的原因是什么？③有创新的实验设计是否可行？分析合理之处。要求学生能用该实验的结论解释植物向光生长，帮助梳理本堂课最终所解决的问题，包括胚芽鞘感受单侧光的部位、生长素产生的部位、生长素在尖端和尖端下部运输的方向等。

这个环节中，通过创设合乎逻辑的问题串，学生带着问题积极自主地学习，由表入里、由浅入深地自我构建知识体系。预设问题时考虑到学生的承受能力，体现人文关怀，给学生搭台阶，环环相扣，思维跳跃度小，这样学生有信心把整节课学习完整。学生获得了知识，也领悟了生物学家在研究过程中所持有的观点以及解决问题的思路和方法，形成了科学思维的习惯，能够运用已有的知识和逻辑对新的问题进行思考和研究。同时通过对实验的改进使学生产生满足感，进一步增加了学习兴趣。

那么，生长素究竟是什么呢？经过生物学家多年的研究，终于在1931年郭葛首先从人尿中分离出具有生长素效应的化学物质，经鉴定这种物质是吲哚乙酸（IAA）。从1880年达尔文首次进行胚芽鞘的向光性实验到1931年生长素的成功提取，生长素的发现历时几十年，经过多位科学家的不懈努力，才终于完成。每位科学家的一小步汇成了科学的一大步。教师通过回顾生长素发现历程，使学生体验到科学发现不仅是一个充满艰辛的过程，而且是许多科学家共同努力的结果。

四、教学反思

17世纪捷克著名教育家夸美纽斯把"直观性"作为一项教学原则正式提出后，一直到今天，在实践中还有着很大的影响。笔者这节课的教学中，充分发挥实验直观教学的优势，收到了较好的效果。应用探究式教学，能够较好地培养学生的探究能力和科学思维，课堂的吸引力也更大，有助于学生发展核心素养和学习潜能。在自主性探究活动中，学生由被动学习变主动学习，有了更多的猜想空间，并且设计实验验证猜想，促进了他们学习的主动性、积极性和创新性，实现了知识的自我构建和理解。通过模拟实验及对实验进行分析，学生逐步领会到设计实验所要遵循的基本原则：科学性原则、对照性原则、单一变量原则。让学生模仿科学家做过的实验，又不停滞在简单的重复上，让学生在体悟中掌握科学方法的精髓，产生超越前人的思索，这是这节课最有意义的一点。

"Unit 5 Now and Then 复习课"
教学设计

王 妍

【教学分析】

一、教材分析

本课是北师大版英语七年级下册教材 Unit 5 的复习部分。本单元的话题是社区、学校生活，情感和情绪。本单元的语法重点主要涉及两个方面：一般过去时和不规则动词过去式。

本单元需要训练学生听说读写方面的语言技能，包括以下一些方面：听，能够通过听，获取中学生活经历的信息。说，能够谈论过去发生的事情；能够谈论自己学英语的经历。读，能够通过阅读，获取社区变化的信息；能够通过阅读，获取情绪和情感信息。写，能够写一篇短文，获取情绪和情感信息。本单元需要重点培养学生的情感态度目标是通过对比过去和现在，培养反思和对比能力。

学生通过"Lesson 13 Change in Our Town"阅读课的学习，获取家乡前后关于"城市、建筑、人、交通、商店"等五方面变迁的具体信息，同时学习 be 动词的一般过去时；通过"Lesson 14 My First Day"阅读课的学习，按照时间和事情发展的顺序，获取母子二人对入学第一天回忆的信息和情绪的变化，学习一般过去时规则动词的过去式；通过"Lesson 15 My Favourite Teacher"听力课的学习，获取陈成变化的细节信息，学习不规则动词的过去式；通过"Communication Workshop"阅读课的学习，获取 Nancy 英语学习的前后变化，引导学生关注阅读材料的文章结构、语言表达方式和连接词。

在本课，学生要综合使用本单元所获取的有关信息和词汇，以口头表达的形式完成一篇短文，主要谈论自己的英语学习经历。用一般过去时讨论之前存在的英语学习困难，如何解决困难，用一般现在时描述英语学习的现状。本节课主要以口语表达为主，锻炼初一学生说的能力，同时在学案上进行记录，为课后写作短文《My English Learning Experience》做铺垫。

二、学情分析

班级学生在初一开学以后的历次考试中，英语成绩都在进步，成绩的不断进步又增强了学生们的自信心，使得他们英语学习兴趣逐渐增加。通过本单元前面课程的学习，学生对于不规则动词过去式和一般过去时有所了解，但是在前期的调查中也发现，学生们对于写作普遍表现出畏难情绪，加之初一学生语言积累还不丰富，语言表达能力还有些欠缺，在写作的时候泛泛而谈，缺乏针对性和细节性。所以本课逐步搭建台阶，为最后的口头输出做铺垫，帮助学生清晰、明确地表达，也为课后的写作环节打下扎实的基础。同时通过课上的平台搭建，增强学生们日后写作的自信心。

三、教学目标

在本节课学习结束时，学生能够：

1. 用一般过去时清晰地描述英语学习存在的困难。
2. 用一般过去时有针对性地描述如何解决自己的英语学习困难。
3. 用一般现在时具体地表达英语学习的现状。
4. 通过逐层搭建的平台，总结自己的英语学习经历。
5. 在分享英语学习经历的同时，体会英语学习过程中的变化，树立学习自信心。

四、教学重难点

1. 用一般过去时清晰地描述英语学习存在的困难。
2. 用一般过去时有针对性地描述如何解决自己的英语学习困难。
3. 用一般现在时具体地表达英语学习的现状。

【教学过程】

教学环节及时间	教师活动	学生活动	设计意图
Pre-task			
Step 1（2 m'） Lead-in	1.T leads Ss to review the topics of Unit 5. 2.T asks Ss two questions to make them focus on the changes of English Learning. Q1:Do you have any changes in our school this year? Q2:Which lesson is also about English Learning? 3.T leads Ss to say out the key words of each paragraph in CW.	1.Ss review the topics of Unit 5. 2.Ss answer the questions. 3.Ss say out the key words of each paragraph in CW.	复习单元话题，引导学生关注英语学习经历。CW 段落主旨概括，引出本课关键词：difficulties, solutions, changes。
While-task：Build up the structure			
Step 2（10 m'） To lead Ss how to describe the difficulties clearly.	1.T shows the results of the survey about difficulties in English learning. 2.T leads Ss to pay attention to The Past Simple. 3.T helps Ss to make a dialogue with their difficulties. 4.T leads Ss to sumarize how to describe the difficulties clearly.	1.Ss look at the difficulties on PPT. 2.Ss Read together. 3.Ss make a dialogue in pairs. 4.Ss say out how to describe the difficulties clearly by themselves.	课前调查学生英语学习存在的困难，课上展示困难，全班分享。在教师引导下，帮助学生复习短语，对话练习一般过去时。引导学生总结如何清晰地表述自己所存在的困难。为最后的语言输出做第一层次的铺垫。
Step3（10 m'） To lead Ss how to describe the solutions clearly.	1.T asks Ss two questions： Q1:What did you do to make some changes in your difficulties? Q2:Do you think these ways are useful? 2. T asks Ss to do a match about difficulties and solutions. 3. Check the answer together. 4.T leads Ss to say out why the solutions in match are better. 5.T asks Ss to write some more useful solutions in the worksheet. 6. T asks Ss to say out the difficulties first and then the solutions.	1.Ss answer the questions. 2.Do the match. 3.Check answer together. 4.Ss say out the reasons. 5.Ss follow the examples and write some useful solutions in the worksheet. 6.Ss say out the difficulties first and then the solutions.	通过学生的回答和教师所给的示例，让学生对比分析，引导学生总结如何有针对性地解决自己的困难。为最后的语言输出做第二层的铺垫。

续表

教学环节及时间	教师活动	学生活动	设计意图
Step4（10 m'） To lead Ss how to describe the changes clearly.	1. T asks Ss to answer the question. Q：What is your English like now? 2. T shows two passages of Nancy's writing on PPT. 3. T asks Ss to discuss which one is better and the reason. 4. T leads Ss to summarize how to describe the changes clearly and pay attention to The Present Simple. 5. T asks Ss to write down the changes in the worksheet. 6. T asks Ss to say out the difficulties first and then the changes.	1. Ss answer the question. 2. Ss look at the two short passages and think of which one is better. 3. Ss say out which one is better and why. 4. Ss summarize how to describe the changes clearly and pay attention to The Present Simple. 5. Ss write down the changes in the worksheet. 6. Ss say out the difficulties first and then the changes.	学生对比同一个段落覆盖细节前后的不同，总结如何具体地、清晰地描述自己的变化。通过前后困难和变换的对比，突出过去时和一般现在时的不同用法。为最后的语言输出做最后一层的铺垫。
Post-task			
Step 5（7 m'） To present the task	T asks Ss to say out their English learning experience.	1. Ss practice in groups. 2. Ss say out their English learning experience in class.	学生口语展示，锻炼语言总结表达能力。
Homework（1 m'）	Write your presentation on your homework book individually.		落实到笔头，增加实效。
板书设计	My English Learning Experience difficulties　　　solutions　　　changes （The Past Simple）　　　　　　（The Present Simple） problems　details　　　针对性　　　针对性 　　　　　　　　　　具体　　　具体 　　　　　　　　　　可操作　　　清晰		

人教版 M5U1 "Great scientists-Reading & Speaking" 教学设计系列

王晓静

【教案】

课题名称：人教版 M5U1 Great scientists- Reading & Speaking
教师姓名：王晓静　　学校：中国教育科学研究院丰台实验学校　　班级：高二（5）班

指导思想与理论依据
《普通高中英语课程标准（2017 版）》要求强调对学生语言能力、文化意识、思维品质和学习能力的学科核心素养的培养，实现学科的育人价值。 《普通高中英语课程标准（2017 版）》提出了指向学科核心素养发展的英语学习活动观，明确活动是英语学习的基本形式。因此需要教师整合课程内容，优化教学方式，为学生设计有效的英语学习活动。 因此，在本节阅读课中，教师将整合教材内容，引导学生通过学习理解、应用实践和迁移创新并融合语言、思维和文化的学习活动，帮助学生理解文章内容、整合和归纳信息、表达自己的观点，提高分析和解决问题的能力，形成正确的价值观，落实英语学科核心素养。

教学背景分析
教学内容：这篇文本属于人与社会话题下的介绍性文章。介绍了科学家约翰·斯诺在实践中发现问题、提出假设、收集数据、分析研究、得出结论，并最终将结论应用于实践的科学过程。文章按照时间顺序展开，结构和脉络清晰。语言较为简练，词汇主要涉及到与疾病相关的话题词汇以及对主人公严谨科学态度相关的品质的记述。学习本文过程中，希望学生通过对约翰·斯诺解决问题的过程的探究，体会到科学家在相关领域的伟大贡献以及他严谨的科学态度，能够增强学生用科学的态度面对自己实际生活的能力。 **学生情况**：本班学生英语基础不够扎实，态度较认真。学生具备在阅读中获取事实性信息的能力，但是在归纳和整合信息、分析论证观点等方面的能力较为薄弱。学生对科学类话题较为陌生，对科学研究的步骤和科学家的严谨的科学精神的理解都比较片面。

续表

教学目标
At the end of the class, students should be able to 1.understand what is cholera, what is "King Cholera" and how John Snow defeated "King Cholera". 2.draw the process of how John defeated "King Cholera" and retell it in English. 3.get better understanding of analyzing and organizing information. 4.strengthen the sense of facing life with scientific attitude and develop the habit of cooperative learning.

教学重难点
重点：get the information about how John defeated "King Cholera" and integrate the process. 难点：summarize the process and extract the scientific attitude from.

教学过程			
教学步骤	教学活动		设计意图
Warming-up	Ask students to see some news spread on Wechat and their attitude towards it.		Build up the bridge between the knowledge from this class and students' daily life, arousing their interests in this class.
Pre-reading	1. Provide students with the title and brainstorm in groups what they want to know based on the title. 2. Choose one group to give their questions and Teacher writes them on the blackboard in three columns under the title.		Content predicting. Make preparation for the understanding of the whole class.
Fast-reading	Ask students to read and give a brief introduction to cholera and King Cholera, which helps students to find out the answers to the questions asked by themselves. Group discussion and presenting.		Clarify the basic concepts. Getting and analyzing detail information. Share idea in groups and learn from others.
Careful-reading Detail reading	Step I Read the passage and give a brief introduction to John Snow. Step II What is the most important thing in defeating cholera? Finding the cause was the most important. Step III Read the passage, find out what are the theories and match the two diseases below with them. 1. the spreading of phthisis ['θaɪsɪs]（肺结核）.		Getting and organizing detail information. Make preparation for the process drawing. Check students' understanding about the two theories.

续表

教学步骤	教学活动	设计意图
	2. the spreading of HIV（艾滋病）. The first theory suggested that cholera spread through _____. The second theory suggested that cholera spread through _____. Step IV Draw the process of the cause and the theories on the blackboard and bring in the key part–King Cholera. Step V Group work: Read the passage and try to finish drawing the process of how John defeated "King Cholera". Step VI Invite some groups to share their work to the class and state the process they get. Step VII Teacher supplements the following drawing of the process together with students while speaking it loudly together. Step VIII Lead students to summarize the beginning specific actions to general ways. Step IX Ask students to get the following steps, imitating the sentence pattern set by Teacher. Step X Lead students to get the scientific approaches John used, which are general to specific to general and practice to theory to practice.	Help students to get the logic between the sentences and make preparation for their later group work. Lead students to understand the stages of how John defeated "King Cholera". Check their understanding of the process. Help students to understand the process better and strengthen the memorizing. Practice how to summarize the specific information into general. Practice the ability of summarizing and get the scientific ways about how to solve a problem. Clarify the scientific ways John applied and introduce the scientific approaches students should learn from John Snow.
Post-reading	Review the three questions that students learnt in this class and let them to choose one topic that they are interested in to talk to their partners.	Review the knowledge of this class and create opportunity for students to express their ideas.
Summary	The scientists like John Snow have made great contributions to the world, which helps us to live better and better without suffering the diseases like cholera. Science has been improving our life from many aspects. Therefore, we need to learn from the great scientists about their scientific spirits of observing, analyzing and exploring, and to promote the further development of our society.	Further clarify the scientific spirits we get from John Snow and encourage students to use them in their life.

续表

教学步骤	教学活动	设计意图
Homework	1.Choose one piece of news that is popular in WeChat and design a process to prove your idea. 2.Read the passage again and fill in the blanks according to the content. John Snow was a well-known _____ in London in the _____ century. He wanted to find the _____ of cholera in order to _____ it. In 1854 when a cholera _____ out, he began to gather information. He _____ on a map where all the dead people had lived and he found that many people who had drunk the dirty water from the _____ died. So he decided that the polluted water carried cholera. He suggested that the _____ of all water supply be _____ and new methods of _____ with polluted water be found. Finally, "King Cholera" was defeated.	Apply the knowledge learnt from class to life and build up the scientific attitude towards their surroundings. Review the passage after class.

板书设计

Great scientists
Reading

John Snow	defeats	King Cholera	cause	find the problem
Who is he?	How?	What is this?	Theory 1　Theory 2	
What is his job?	Why?	Person or object?	suspect	make a suspecting
…	…	…	collect evidence	collet the evidence
Doctor/physician		Deadly; terrible;	King Cholera	
		Difficult to handle.	↓	
			mark on a map	make an analysis
			↓	
			find the cause	draw a conclusion
			↓	
			investigate the water ⎫	testify with
			↓	
			eople to remove the handle ⎬	practice
			↓	
			find the supporting evidence ⎭	
			↓	
			control the water	make a suggestion
			↓	
			"King Cholera" was defeated	problem solved

【学案】

Reading and Speaking

Worksheet

John Snow defeated "King Cholera"

1. **What do you want to know after reading this title? Please write them down.**

```
┌─────────────────────────────────────────────────────┐
│                                                     │
│                                                     │
│                                                     │
│                                                     │
└─────────────────────────────────────────────────────┘
```

2. Read the passage and give a brief introduction about cholera and King Cholera.

```
┌─────────────────────────────────────────────────────┐
│                                                     │
│                                                     │
│                                                     │
└─────────────────────────────────────────────────────┘
```

Cholera is a _____.

King Cholera refers to _____.

3. Read the passage and give a brief introduction about John Snow.

```
┌─────────────────────────────────────────────────────┐
│                                                     │
│                                                     │
└─────────────────────────────────────────────────────┘
```

The following sentences may offer you some help.

What did he do?

What do you think of him?

Why do you think so?

4. Read the passage and try to finish the flow chart（流程图）of how John defeated "King Cholera".

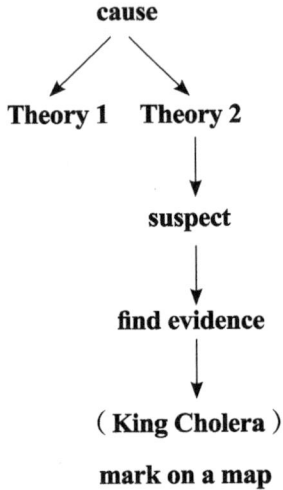

5. Choose one topic that you are interested in and tell your partner what you have learnt in this class.

*What is cholera and what is King Cholera?

*Who is John Snow?

*How he defeated "King Cholera"?

Homework：

1. Choose one piece of news that is popular in WeChat and design a process to prove your idea.

2. Read the passage again and fill in the blanks according to the content.

John Snow was a well-known _____ in London in the _____ century. He wanted to find the _____ of cholera in order to _____ it. In 1854 when a cholera _____ out, he began to gather information. He _____ on a map where all the dead people had lived and he found that many people who had drunk the dirty water from the _____ died. So he decided that the polluted water carried cholera. He suggested that the _____ of all water supply be _____ and new methods of _____ with polluted water be found. Finally, "King Cholera" was defeated.

【评课议课】

听王老师的阅读课后的几点感受：

1. 阅读课文前，让学生讨论看了本课的题目后，他们想知道哪些信息。这一步非常好，让学生带着期望去读课文，解答他们的疑惑。

2. 本节课体现的是整体教学法，是通过对文章的整体阅读来获取重要信息。给学生的信息是完整的，而不是细碎的。

3. 学生完成阅读后，通过画流程图的方式检验学生对本课的了解，也使学生了解了做一项研究的流程和方法，学习了科学家对待问题的科学严谨的态度。（孙青梅）

听王老师的阅读课后的几点感受：

1. 阅读前的输入从题目入手讨论发展的延展性的信息，充分地调动了学生学习的兴趣和积极性，带着问题参与课堂的学习，让学生更有目的性，更易于这节课知识的授课。

2. 本节课通过对文章的整体阅读来获取重要信息，给学生的信息是完整的，而不是支离破碎的。

3. 阅读后，通过画流程图的方式检验学生对本课的了解，会更清晰地了解课文的脉络，更易于对课文的理解。（李怀菊）

听王老师这节课，以下几点印象深刻：

1. 老师任务布置合理，学生阅读充分，个人思考充分，学生讨论充分，这样学生通过自己的阅读、同伴的讨论及老师的补充真正充分理解了文章。

2. 跳出了以前逐段阅读找答案的圈子，学生通篇阅读寻找需要的信息并归纳总结，这样学生逐渐形成篇章阅读和理解的能力。

3. 通过让学生完成流程图，进一步帮助理清文章脉络，教师的板书也特别清晰，让学生对于科学研究的步骤更加明了。（吴桃荣）

1. 让学生更有目的性地阅读前，从题目入手讨论发展的延展性的信息，充分地调动了学生学习的兴趣和积极性，带着问题参与课堂的学习，更易于这节课知识的授课。

2. 本节课给学生的信息是完整的，通过对文章的整体阅读来获取重要信息。

3. 读后，通过画流程图的方式检验学生对本课的了解，也使学生了解了做一项研究的流程和方法。（康春娜）

王老师为我们呈现了一节非常完整而富有逻辑性的阅读课。首先，老师的一切教学环节均以学生为中心，针对学生的问题去设计整个课堂。老师通过各种活动，调动学生的学习积极性，而不是让学生被动地接受填鸭式教学。其次，王老师通过流程图的形式，让学生更直观地学习到了解决问题的科学方式，进而也解决了本节课的重点及难点。（摆云）

很实在，让学生一环一环逐渐阅读，教给学生如何思考，如何分析问题，最终表达自己的想法。让学生在以后的阅读中也找到一定的技巧。（李丽华）

1. 本节课首先通过标题和图片预测课文内容，激发了学生的学习兴趣，同时课文的基本脉络也就清晰地呈现出来。
2. 板书的设计有效地帮助学生理解课文。
3. 通过完成流程图，学生清楚地了解 John Snow 做调查的过程，理解了课文，理解了做科学研究的步骤，培养了科学精神。（冷英华）

1. 本节课从标题入手，通过教师引导，学生积极思考，主动参与课堂教学，实现了以学生为中心的教学，充分尊重了学生的自主选择性。
2. 输入部分将课程知识与实际生活相联系，激发了学生的学习兴趣。
3. 小组合作学习在本节课贯穿始终，同组交互分享得到了充分体现。（杨曦）

王老师的课设计从微信导入，贴近学生生活；阅读过程中，重在培养学生整体阅读，有深度，从表象细节阅读进行推理，搭设台阶，引导分别进行人物和事件的评价。对学生的思维的发展进行了很好的训练。但在上课过程中，依然感到，即使是实验学校的学生，整体阅读中获取相关细节仍有障碍，归纳部分更加吃力，看来，思维训练是需要坚持不懈、持之以恒的。相信，这样训练下去，师生都必有所得。（伊娜）

本堂阅读课环节完整，内容充实。在老师的引导下，学生得到了充足时间去阅读并获取有关信息，阅读技能得到充分的训练。小组讨论是本堂课的亮点，有助于提高学生学习这篇课文的兴趣。同学们通过讨论互相促进，理解文章内容。最后以流程图的方式输出，有效地检验了学生对本篇课文理解的程度，同时还对做研究的步骤进行了梳理，达到了教学目标。（李满林）

王老师的这节课通过对文章主要内容的预测、分析结构，培养学生整体感知文章的能力。通过画流程图的方式明确 John Snow 打败"霍乱王"的过程。给予学生充分思考理解打败 King Cholera 的意义，并让学生寻找细节支持，培养了学生获取信息和准确理解信息的能力。（李芳芳）

此节阅读课有两处使人印象深刻。一是文章从篇结构入手，注重学生的篇章思维能力及在文中快速寻找答案的能力。二是在阅读中充分注重学生的口语表达与文字表达能力，收到了很好的效果。（林华）

王老师的这节课培养了学生通过标题和图片预测课文内容的能力，在阅读过程中培养了学生整体阅读能力，这样加大了阅读难度，提高了阅读能力，初做起来可能会有一定难度，但是长期坚持一定会收效很大。（程丽英）

阅读课中流程图的使用，保证了整体阅读，注重了学生的篇章思维能力。同时阅读中充分注重阅读与语言运用，训练了学生的口语表达与文字表达能力，收到了很好的效果。（骆惠宇）

王老师本节课体现了以学生为中心，铺设台阶，循序渐进地引导学生了解文章的知识脉络，并且用流程图帮助学生理解了解决问题的基本步骤和方法，一篇很难理解的文章通过王老师的精心设计变得非常清楚明了。在授课过程中教师也充分考虑到了学生的学习规律，用贴近学生实际的内容调动学生积极性。整节课教师教学流畅，思路清晰，是一节很好的研讨课。（殷萧）

【案例反思】

如何将英语学习活动观落实到课堂的探究与思考
——John Snow defeated "King Cholera" 理解和表达教学设计反思

《普通高中英语课程标准（2017 版）》中提出了指向学科核心素养发展的英语学习活动观，明确活动是英语学习的基本形式。通过学习活动，发展英语学科核心素养，实现立德树人的根本任务。在此背景下，对教师的课程设计能力提出了新的要求，教师需设计出具有综合性、关联性和实践性特点的英语学习活动，帮助学生获取、阐释和批判语篇意义，表达个人观点、意图和情感态度，发展多元思维，提高英语的学习和应用能力。在新课标的指导下，我以人教版第五模块第一单元的阅读材料为基础，对活动观在课堂中的实践进行了一次大胆尝试并收获了以下几点体会：

一、以学生为中心的教学思想应该贯穿于教学的各个环节

（一）课前环节

首先，备课过程中应结合自己的学生对其课堂反馈进行合理预测，多角度预测和准备，以确保授课活动的流畅。在初期备课阶段，我更多将教师本身对问题的回答角度作为参考，在试讲环节学生的答案出乎我的意料，容易导致自己的教学主线出现偏差。例如学生对于霍乱的背景知识的缺乏，导致学生无法准确理解主人公的贡献的伟大，也无法体会到科学家严谨的科学态度在解决问题时的重要性。因此教师需要了解学生的已知。阅读学习是学生对于特定问题在认识的基础上再认识的过程，所以教师需要准确把握学生的知识背景，在此基础上设计活动。因此我将其调整为在学生整体阅读之后给予学生必要的背景补充，一方面帮助学生获得话题背景概念，另一方面帮助学生在情境中认知和理解话题词汇。

（二）课中环节

课堂活动应以学生参与为主，大胆放手给学生去做。在老师合理的任务设置的前提下，通过自主学习、小组讨论、班级展示的方式，调动学生学习的积极性，而非让他们被动接受老师的观点和知识。本课设计过程中，我将约翰击败霍乱的过程作为一个核心任务活动布置给学生，学生通过提取信息、内化语言、形成概念图、获得结构化的知识。这样的过程不仅帮助学生学会了这篇文章，更重要的是帮助学生通过自主学习、合作学习和探究式学习的方式学会学习。活动的设置帮助学生有充分的时间和空间进行思考和讨论，在和谐平等的小组活动环境中，使自身的学习能力得到发展。

（三）课后环节

课后反馈环节设计了多层次的任务，围绕本课的 what、why 和 how 三个层次布置产出活动，充分关注了每个学习能力层次学生的掌握程度。同时借助网络平台，将课堂涉及到的主题进行扩展和延伸，帮助学生建立了移动的学习共同体，使学生的个性化学习得到了保障，深度学习成为了可能。

二、课程设计应符合认知规律，围绕教学核心内容展开

语篇是英语教学的基础资源。帮助学生将简单的文字信息经过加工形成自己的理解是阅读教学的关键。因此，教师深入研读语篇，获得文章的主题意义、逻辑结构、文化价值

等资源是非常关键的。传统教学只是依据文段的顺序，依次讲授，这样文字仍然是文字，对于学生的意义建构是没有帮助的。教师习惯设计出文章的主线，并以此为引导设计问题，学生的学习多半采取完成任务的形式，对于为什么要这么想不求甚解，一节课结束以后对于特定的主题的意义建构仍然是非常匮乏和空洞的。所以，教师应该在充分研读教材的基础上，抽出文章的逻辑主线，以文章的逻辑主线为引，设计丰富多样的活动，帮助学生在活动中自己发现问题、解决问题，通过活动体会出文章所传达的意义，进而对文字间的逻辑意义有更清晰的理解。本课设计中，教师围绕课前学生针对题目的预测展开，以此作为课程的主线，一方面充分尊重了学生的学习期待，另一方面将学生的学习活动围绕核心问题展开。通过简单获取即可处理的 who、归纳整合就能解决的 what 和深入研读语篇、分析内化才能完成的 how 三个层次的问题活动，帮助学生体会文章传达的文化和价值内涵；通过文章学习，学生对科学的态度有了更加清晰的理解，并指导自己今后的生活。教学活动应在深入研读语篇和了解学情的基础上展开，力求活动灵活而有针对性。

三、理解与表达紧密结合，有效促进学生形成有效的意义建构

理解性技能和表达性技能在语言学习中应该是相辅相成、相互促进的关系。我们需要给学生创造充分而有效的实践活动，发展学生的语言技能，为日后真实的语言交际打下基础。之前的授课过程中，一直希望给学生表达的机会，但是总苦于找不到合适的契机，感觉学生是为了说而说，不知道该让学生说些什么。通过这次教学尝试，我明白了表达环节一定是与理解相承接的。学生在独立阅读之后形成的初步理解，可以在小组讨论的过程中得到确认和补充，通过对于简单信息的复述即将理解到的文本语言转化为了学生自己的认知，同时对自己的理解进行了确认；对于思维导图的组内讨论，一方面帮助学生完善自己的思维，学会如何更加全面地看待问题，另一方面激发学生参与学习和体验语言的兴趣，在发展语言技能的同时提高分析问题和解决问题的能力。表达可以渗透在课程的各个环节，运用表达活动可以提升和促进学生的理解，逐渐形成良好的学习习惯，实现英语学科的核心素养。

四、积极思考，做到将课程知识与学生生活结合，调动学生学习积极性

本文涉及到的霍乱题材距离学生生活较远，科学家如何攻克这一疾病的严谨过程更是晦涩，如何保证学生在课堂中的积极阅读成为了一个很大的难题；帮助学生体会到科学家的严谨求真的态度对于学生的指导意义都成为了课程成功与否的影响因素。于是，课前导入以学生每天都会看到的各种"新发现"为引，拉近语篇承载的价值与学生生活的联系，激发学生的学习兴趣。语境渗透着情感、态度和价值观，也正是它们搭建起了学生生活

与语篇之间的桥梁。因此教学活动应该有效推动学生对主题的深入学习，体验和探索更新更好的生活，丰富人生阅历和思维方式，树立正确的世界观、人生观和价值观，实现知行合一。

【论文提炼】

指向核心素养培养的高中英语阅读教学活动实践

王晓静

一、问题的提出

教育部2018年新颁布的《普通高中英语课程标准（2017版）》（以下简称《新课标》）指出，英语学科核心素养主要包括语言能力、文化意识、思维品质和学习能力。英语学科学习要发展学生的核心素养，落实立德树人的根本任务。实施普通高中英语课程应以德育为魂、能力为重、基础为先、创新为上，注重在发展学生英语语言运用能力的过程中，帮助他们学习、理解和鉴赏中外优秀文化，培育中国情怀，坚定文化自信，扩展国际视野，增进国际理解，逐步提升跨文化沟通能力、思辨能力、学习能力和创新能力，形成正确的世界观、人生观和价值观。

《新课标》倡导指向学科核心素养发展的英语学习活动观和自主学习、合作学习、探究学习等学习方式，明确了活动是英语学习的基本形式，是学习者学习和尝试运用语言理解与表达意义，培养文化意识，发展多元思维，形成学习能力的主要途径。活动观的提出为整合课程内容、实施深度教学、落实课程总目标提供了有力保障，也为变革学生的学习方式、提升英语教与学的效果提供了可操作的途径。

笔者通过对于《新课标》的学习，进行了指向英语学科核心素养的高中英语阅读教学活动的尝试。本文以人教版高中英语教材第五模块第一单元的阅读材料为例，详析在高中英语阅读教学中如何落实英语学习活动观，培养学生的核心素养。

二、教材分析、学情分析、教学目标

（一）教材分析

第五模块第一单元的话题为 Great Scientists，文章 *John Snow Defeated "King Cholera"* 属于人与社会话题下的介绍性文章。介绍了科学家约翰·斯诺在实践中发现问题、提出假设、收集数据、分析研究、得出结论，并最终将结论应用于实践的科学过程。文章按照时间顺序展开，结构和脉络清晰。语言较为简练，词汇主要涉及到与疾病相关的话题词汇以

及对主人公严谨科学态度相关的品质的记述。学习本文过程中，希望学生通过对约翰·斯诺解决问题的过程的探究，体会到科学家在相关领域的伟大贡献以及他严谨的科学态度，能够增强学生用科学的态度面对自己实际生活的能力。

（二）学情分析

学生对科学类话题文章较为陌生，在语言理解层面学生对于霍乱也缺乏基本的信息的了解。学生具备在阅读中获取事实性信息的能力，但是在归纳和整合信息、分析论证观点等方面的逻辑性思维能力较为薄弱。学生追求快速的即时的娱乐生活，面对日常的学习和生活缺乏严谨求真的科学态度。

（三）教学目标

基于上文的教材分析和学情分析，笔者设置了如下的教学目标：

通过本节课的学习，学生能够：

1. 描述什么是霍乱，什么是"霍乱王"以及约翰是如何击败"霍乱王"的；
2. 画出约翰击败"霍乱王"的过程的流程图并用英语进行阐释；
3. 获得从实践到理论再到实践的分析和解决问题的方法；
4. 增强用科学态度面对生活的意识，养成合作学习的习惯。

三、指向核心素养培养的教学活动过程

通过学习，理解本课基于英语学科核心素养的基本理念和六要素整合的英语学习活动观；通过学习理解、应用实践、迁移创新等一系列体现综合性、关联性和实践性等特点的英语学习活动，引导学生构建知识、解决问题、批判思考。

（一）导入话题，感知课文

从生活情境入手吸引学生关注科学的态度与实际生活的关系，搭建文本与学生的桥梁。通过标题提问学生预测文章内容，引导学生关注文章整体信息，同时设立下课程主线，整个课程设计围绕学生的问题展开，体现以学生为中心的教学思想。本环节主要功能在于围绕语篇所提供的主题语境，基于学生自己现有的经历，激发学生兴趣，引导学生积极参与到对主题意义探究的英语学习活动当中来。

（二）完善背景，两手准备

承接上一环节学生通过预测题目所期待了解的信息（即 Who is John Snow, What is cholera and how he defeated）以及学生已有的知识和经验，铺垫必要的语言的文化背景知识。文中只提到了霍乱是一种传染病，但学生对其严重性的理解仍不能到位，但这对学生理解疾病如何得到控制以及主人公贡献的伟大非常关键，因此笔者补充了英文释义和相关新闻

资料，完善学生对主题语境的理解，在语境中激活与霍乱相关的词汇，感知并理解语言所表达的意义和语篇所承载的文化价值。同时，针对前期阅读"霍乱王"的概念学生是否理解做出两手准备，尊重了学生的思维认知规律和文字理解情况，对深入研读文本所预测的障碍进行了必要和灵活的设计与处理。

（三）获取梳理，推理论证

请学生结合语篇对主人公约翰进行推理，鼓励学生从语篇中获取新知；通过梳理、概括、整合信息，理解主人公做出了哪些卓越的贡献，结合自己的理解对主人公的优秀品质进行推理；形成新的知识结构，多方面、有依据地将语篇中的语言进行内化。打破文章段落间的屏障，从语篇整体的角度思考问题，进而对自己形成的新的知识结构展开分析和阐释，在语篇中获取优秀品质的例子并予以论证，目的在于实现对语言知识和文化价值的内化，巩固新的知识结构，形成自己的见解。

（四）概括整合，内化巩固

学生利用流程图的方式对主人公攻克"霍乱王"的过程的内容信息进行整合，通过自主与合作相结合的方式，完成了对信息的获取与梳理、概括与整合、内化与运用，引导学生在零散的信息和自己的理解之间建立关联，归纳和提炼出解决问题的步骤，有助于学生逻辑性思维的培养。对自己的流程图进行描述和阐释，实现了语言和知识之间的内化。学生在活动中完成信息整合、意义探究和交流表达。笔者为学生主动投入学习过程、深入理解语篇内涵创造了条件，使学生运用语篇中的语言和信息进行思维和表达。

（五）价值提升，拓展延伸

通过笔者与学生一起梳理主人公攻克"霍乱王"的过程，引导学生分析和归纳出解决问题的一般步骤，并再次提升至从实践到理论再到实践的科学态度和方法。此环节是从课内到课外的延伸，着重培养学生的逻辑性思维。与学生总结科学家严谨求真的优秀品质，使语篇所承载的价值取向得以再次明确，实现深度学习，促进能力向素养的转化。

（六）布置作业，评价创新

以科学态度为话题，迁移至学生生活，实现语篇价值的现实意义，互相启发，分享收获。鼓励学生利用现代技术开展主动、个性化的探究活动，实现深度学习。让学生根据自己的学习需求和认知兴趣，深化英语学科与学生生活的融合，提高英语学习的效率。此环节旨在帮助学生发展语言能力的同时，促进他们思维品质的发展，是对课文内容、思维逻辑和文化价值教学目标的综合训练与巩固。

四、结语

纵观整堂课的教学活动，始终围绕着学生中心，以学生活动的方式展开，较好地落实了《新课标》在教学提示中的要求：教师要采用丰富多样的教学方式和手段，进一步突出以主题为引领、以语篇为依托、以活动为途径的整合性教学方式。引导学生在活动中学习语言知识、发展语言技能、理解文化内涵、应用学习策略；在提升语言能力的同时，引导学生分析和审视事物和任务的真、善、美，实现对主题意义的深层理解，充分体现英语课程工具性与人文性的有机融合，落实好培养学生英语学科核心素养的任务。

学校教育要为学生的终身发展奠基，落实立德树人的根本任务。英语课程应更多尝试和探索在主题意义建构下，六要素整合的英语学习活动，让学生在活动中促进核心素养有效形成，为学生未来的终身学习打下坚实的基础。